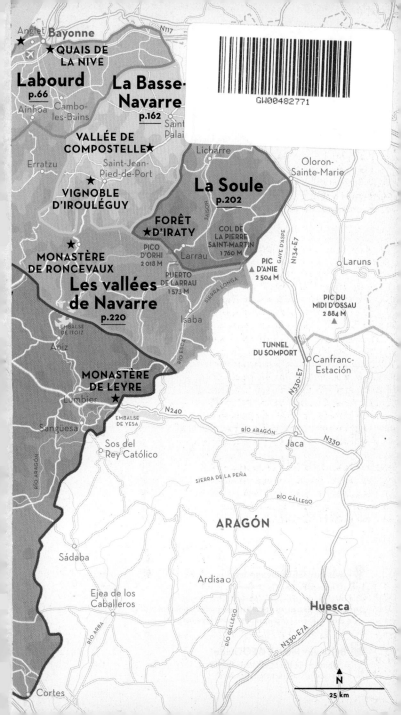

🗣 Avis aux GEOVoyageurs

Entre l'enquête faite sur le terrain
et la parution du guide, les établissements proposés
peuvent avoir disparu et certaines informations peuvent
avoir été modifiées : n'hésitez pas à nous faire part de
vos commentaires et de vos corrections !

📙 Boîte aux lettres GEOGuide

5, rue Sébastien-Bottin 75328 Paris Cedex 07
www.geo-guide.fr contact@geo-guide.fr

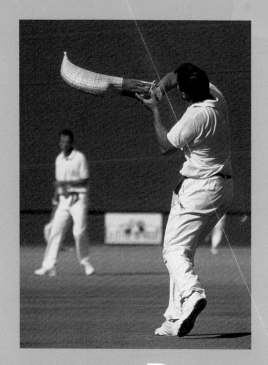

GEOGUIDE

Pays
basque

Lara Brutinot
Virginia Rigot-Muller

Ont également collaboré
à cet ouvrage
Maitane Ostolaza, Peggy Picot

Voyagez à la carte

Passionné d'architecture, amateur de sports nautiques,
adepte des vacances en famille ou inconditionnel du shopping ?
GEOGuide a sélectionné pour vous des lieux de séjour,
des sites à visiter, des adresses-plaisir et des activités multiples.
Choisissez ce qui vous ressemble et goûtez
pleinement votre voyage...

AU GRÉ DE VOS ENVIES

PAYS BASQUE

GEO**PANORAMA**

GEO**PRATIQUE**

GEO**REGION**

Mode d'emploi

★ Incontournable touristique
☆ À ne pas manquer dans la région
☺ Coup de cœur de l'auteur
● **Culture et patrimoine**
● Shopping
● **Cafés, bars et lieux de sortie**
● Sports et loisirs
● Activités familiales
● Restauration, hébergement

▶ GEO**DOCS**

GEOPANORAMA

Le surf, très en vogue à Biarritz (p.94).

COMPRENDRE
LE PAYS BASQUE

Géographie et paysages

Accordons-nous d'abord sur le périmètre considéré : le Pays basque dont il va être question ici n'a que faire des frontières – il a un pied en France, l'autre en Espagne, et il surfe autant sur les vagues de l'Atlantique que sur les reliefs des Pyrénées, rattrapé très vite à l'ouest par les premiers monts Cantabriques. C'est au total un territoire de quelque 20 000km², sur lequel cohabitent environ 3 millions d'individus, Français et Espagnols confondus – avec une plus forte proportion pour ces derniers : 6/7ᵉ du territoire et 11/12ᵉ de la population.

Géomorphologie

Vu d'avion, le Pays basque apparaît comme un triangle bombé en son centre, une croûte verte et boursouflée sur la face nord de l'Espagne. Plus de 150km de côtes se déploient de Biarritz à Bilbao – un littoral exposé plein nord sur un golfe de Gascogne houleux et poissonneux, au climat et à la végétation très atlantiques. Parallèles au rivage s'étendent un cordon relativement plat, puis une chaîne de montagnes imposante. Qu'elle soit issue des Pyrénées, à l'est, ou des monts Cantabriques, à l'ouest, la montagne basque forme une barre solide, tantôt humide et ondulée, vallonnée, par endroits hérissée de sommets, tantôt presque craquelée, desséchée, striée de sierras – là coulent ruisseaux et torrents. Au total, la montagne occupe plus de la moitié du Pays basque, seule sa pointe sud est à moins de 500m de hauteur, en dessous de Pampelune – une zone méditerranéenne sous l'influence de sa voisine la Castille. Ici plus aucune trace de l'humidité océanique : partout règne la sécheresse. Seule la vallée de l'Èbre, fleuve nourricier qui s'écoule d'ouest en est, lui apporte quelque fraîcheur.

Carte d'identité

Situation géographique le territoire du Pays basque s'étend sur le versant occidental des Pyrénées, dans le golfe de Gascogne
Superficie 20 664km²
Km de côtes plus de 170
Point culminant pic d'Anie (2 504m)
Statuts et régions France : Labourd, Basse-Navarre et Soule ; Espagne : Euskadi (Communauté autonome du Pays basque : Álava, Biscaye et Guipúzcoa, avec pour capitale Vitoria-Gasteiz) et Navarre
Population env. 3 000 000 d'habitants
Langues euskara, français et espagnol

Géologie

ÈRE PRIMAIRE À l'ère primaire, voici 300 millions d'années, les premières montagnes, massifs hercyniens, grès, gneiss et schiste mêlés, se sont soulevées et sont encore visibles au-jourd'hui, en quelques points isolés, ponctuant la ligne de faîte des Pyrénées, métamorphisées et granitisées.

ÈRE SECONDAIRE Les premiers plissements datent d'il y a 130 millions d'années ; ce fut aussi l'époque des sédimentations et des grès roses, dans la vallée de la Nive en particulier. Les sommets de l'ère secondaire se situent entre 1 000 et 1 500m, jamais plus haut.

ÈRE TERTIAIRE D'importants mouvements se sont produits ensuite, voici 70 millions d'années : au contact des deux plaques, européenne et ibérique, les Pyrénées se sont soulevées, et le golfe de Gascogne s'est ouvert complètement. À l'est, le pic d'Anie a formé le point culminant de la région (2 504m), dépassant le pic d'Orhy (2 017m), premier "2 000m" en venant de l'océan. La plupart des roches, à dominante calcaire, se sont entaillées de failles profondes, de canyons, pendant que les couches argilo-schisteuses se déroulaient en une succession de collines adoucies.

ÈRE QUATERNAIRE L'érosion glaciaire n'a pas beaucoup façonné ces terres : on y rencontre donc peu de montagnes dentelées, sculptées, mais un relief plutôt imposant. Les seules roches tendres qui ont pu être modelées se trouvent à l'ouest et à l'est de la chaîne axiale – là seulement l'érosion cisèle des dépressions, des fosses d'effondrement, à Cize et Ossès en particulier. Enfin, plus on s'approche de l'océan et plus les massifs s'écrasent, jusqu'à rejoindre finalement le niveau de la mer. L'Atlantique a longuement tenté de s'infiltrer au cœur des roches et y est parvenu : tout au long de la côte, désormais, c'est une véritable profusion de rias, taillées dans les marnes bleues, les flyschs et les grès calcaires formant des falaises bordées de quelques longues plages de sable blond.

Climat

La proximité de l'océan Atlantique et la barrière naturelle formée par la chaîne des montagnes donnent à la majeure partie du Pays basque un climat doux et

Entre France et Espagne, les sept provinces

En France, ce que l'on appelle le Pays basque occupe plus de la moitié du département des Pyrénées-Atlantiques, dans sa frange sud-ouest – serrée entre les derniers reliefs des Pyrénées et le littoral atlantique. Il est divisé en trois microrégions historiques : le **Labourd**, bordé par l'océan, la **Basse-Navarre**, au milieu des collines, et la **Soule**, tout au bout, la plus sauvage. De l'autre côté de la frontière, à cheval sur la chaîne des Pyrénées et les monts Cantabriques, deux autres régions s'étendent vers l'ouest et le sud de l'Espagne. Tout d'abord, la Communauté autonome du Pays basque, dite *Euskadi* en basque et *País Vasco* en castillan. À l'intérieur de cette division administrative, on répertorie trois provinces : le **Guipúzcoa** autour de San Sebastián, la **Biscaye** jusqu'à Bilbao, et l'**Álava** autour de Vitoria. Sa superficie totale est de 7 261km² et sa population de 2 125 000 personnes. La **Navarre** forme une communauté autonome distincte, mais de par son histoire et sa géographie, elle est fortement liée à l'entité géographique ici considérée. Sa superficie est de 10 421km² et sa population de quelque 600 000 personnes, dont plus de 195 000 à Pampelune, sa capitale (chiffres de 2006).

PANORAMA

humide tout au long de l'année. Le Gulf Stream adoucit ici toutes les températures : la moyenne de l'air est de 13°C et l'eau ne descend jamais au-dessous de 10°C – mais ne monte jamais non plus au-dessus de 22°C. La pluviosité est abondante, jusqu'à 3 000mm d'eau par an en Haute-Soule, sans être permanente : les averses sont fortes, presque tropicales, et le vent balaie les nuages très rapidement. Surtout s'il vient du sud de l'Espagne : il dégage avec force le soleil, même en plein hiver. Le Pays basque français bénéficie également d'un effet de fœhn puissant : l'air qui redescend de la montagne, par vent de sud-ouest en particulier, se réchauffe de mètre en mètre, jusqu'à permettre de siroter un café en tee-shirt aux terrasses de Biarritz en plein mois de janvier… Sur le versant sud, à l'abri des vents marins, le climat est beaucoup plus continental. Plus on descend de la montagne et plus l'eau est rare. Le caractère méridional du climat se fait très vite sentir dans la moitié sud de la Navarre et de l'Álava : les étés y sont plutôt chauds et arides, les hivers froids et secs. Les vents brûlants de la Castille dessèchent tout sur leur passage, sols et végétation confondus. Seule l'eau de la vallée de l'Èbre permet de fertiliser quelques terres.

Milieux naturels, flore et faune

Le littoral

La côte basque est constituée d'une succession de falaises de nature diverse – de calcaire ou de flysch, de grès, de marnes bleues, hautes d'une trentaine de mètres, cinquante parfois – mais aussi de criques encaissées, tapissées de galets et entrecoupées de belles plages de sable fin. En bordure de l'océan, la végétation se déploie en landes et prairies maritimes, en rangées de tamaris sur les dunes, en eucalyptus, en pins maritimes. Chaque espèce est adaptée au vent et au sel, agrippée aux falaises ou perchée en haut des plages. Et dans les estuaires, on rencontre aussi un milieu entre terre et mer, au confluent des eaux douces et salées, formant une vaste zone nourricière abritant oiseaux, poissons et invertébrés.

Des forêts denses et des pâturages d'altitude

Au-dessus de 1 000m d'altitude, le paysage devient grandiose, gorgé d'eau, émaillé de failles déchirées dans la pierre, et entrecoupé de forêts – ce sont les grandes hêtraies d'Iraty et le causse des Arbailles, ainsi que l'arrière-pays espagnol, au pied du Txindoxi et de l'Aitzgorri. Là, au milieu des crêtes calcaires, des rapaces nichent dans les canyons isolés, pendant que les moutons, en été, paissent sur le causse et traquent l'herbe rare. Les gorges plongent à pic dans les profondeurs de la terre – à Holzarté, Kakouetta, Lumbier – tandis que les myrtilles recouvrent le sol, entre deux gentianes, une callune et quelques trèfles vert tendre. Sous l'écorce, l'eau creuse encore et découvre des grottes, cavités ruisselantes, hérissées de concrétions diverses.

Les rivières, collines et prairies

À l'ouest et au nord de ces hautes montagnes, les reliefs se font moins escarpés, les pentes moins raides. La Rhune, côté français, atteint à peine 900m… C'est le pays des rivières – Adour, Bidouze, Nive et Nivelle, mais aussi toutes celles de Navarre –, des longues collines étirées, aux sommets dénudés, à l'herbe pelée par des milliers de troupeaux affamés. Quelques friches laissent pousser bruyère et ajonc, à côté d'un champ de maïs ou d'un enclos à brebis. La fougère s'éparpille au pied d'un chêne, arbre emblématique du pays, ou d'un châtaignier. Plus bas encore, en dessous de 200m d'altitude, la lande est devenue prairie ou bien, à nouveau, forêt naturelle – à moins qu'on ne l'ait reboisée en conifères.

Les sierras et les plaines du sud

Sur le versant méridional, la roche se fissure, fouettée par les vents : la végétation des sierras d'Aralar, d'Andia, d'Urbasa devient quasi désertique – chaque plante doit s'ingénier à garder son eau, à lutter contre la chaleur. Plus au sud encore, on plonge dans la dépression de l'Èbre et ses collines arides, rocailleuses. Mais autour du fleuve s'étend une vaste plaine agricole : la Ribera et la Rioja, pays de l'olivier et des cultures vivrières, de la vigne et des blés dorés. Les Bardenas Reales, enfilade de roches ocre et rouges, sculptées par les cours d'eau, forment le dernier rempart minéral avant d'autres terres, plus hospitalières.

Une faune exceptionnelle

Le Pays basque est réputé chez les naturalistes pour être un sanctuaire de la faune ailée : les sierras désertes, les canyons humides et sauvages sont autant de paradis pour les grands rapaces nicheurs. Sur les crêtes des Pyrénées, le long de la frontière, entre Soule et Navarre, on peut apercevoir le vautour fauve, le plus grand d'entre tous, mais aussi le gypaète barbu, très rare, ou encore le percnoptère d'Égypte, petit vautour blanc de 1,50m d'envergure tout au plus. De taille équivalente, l'aigle royal et le milan, noir ou royal, peuvent aussi se rencontrer dans ces zones, les uns charognards, les autres prédateurs. On a vu s'éteindre de nombreuses espèces, et l'ours des Pyrénées, malgré plusieurs campagnes de réintroduction, reste très menacé. Le retour du loup, dans les années 1980, a été quant à lui couronné de succès et on recense aujourd'hui quelque 2 000 individus. Reste encore les cerfs, chevreuils, sangliers, isards, blaireaux, renards et palombes. Un des moments clés de l'année au Pays basque est celui du passage migratoire : des millions d'oiseaux, cigognes, grues, etc., prennent la voie des airs, entre juillet et novembre, pour traverser l'Europe entière, atteindre l'Afrique et leurs lieux d'hivernage.

Espaces protégés

Côté français, on compte quelques zones sauvegardées telles que la forêt d'Iraty et celle des Arbailles. Du côté espagnol, plus de 20% de la surface du Pays basque sont préservés par le réseau Natura (réseau européen d'espaces naturels, régulé par l'Union européenne) et forment ainsi près de 60 espaces naturels protégés. Dans le Guipúzcoa, on visite le parc naturel d'Aralar, le parc d'Aaiko-Harria (près d'Oiartzur), ceux d'Aizkorri-Aratz et de Pagoeta (près de Zarautz), ainsi que le biotope du Rio Leizaran (près d'Andoin). En Biscaye, le site phare est la réserve naturelle de l'Urdaibai, classée réserve de la biosphère par l'Unesco, non loin du parc naturel d'Urkiola ; à l'ouest, le parc naturel d'Armañon, dans les Encartaciones, est protégé depuis 2006. En Álava, le parc naturel de Valderejo (35km^2 de faune et de flore diversifiée) avoisine celui de Gorbea-Gorbeia (200km^2 de massifs boisés au pied du mont Gorbea, à cheval sur la Biscaye), celui d'Izki (dans la sierra d'Acedo) et le biotope des lagunes de Laguardia. En Navarre, enfin, le parc naturel des Bardenas Reales (425km^2 de steppes sculptées par le vent), rivalise avec celui del Señorio de Bertiz (2 040ha de forêt), mais aussi avec les parcs naturels des sierras d'Urbasa et d'Andia.

Histoire

Zone frontalière à plusieurs titres, le Pays basque fut convoité pour son accès au littoral, écartelé entre la France, l'Espagne et à certaines époques l'Angleterre – mais aussi, à l'intérieur, entre les ducs et seigneurs des provinces d'Aragon, de Castille et de Navarre.

La préhistoire

Le Pays basque conserve des traces d'occupation humaine remontant au paléolithique – au moustérien très précisément –, soit autour de 100 000 ans, à l'époque du quaternaire. De cet âge de la pierre taillée, on a retrouvé de nombreux outils, à Ilbarritz, dans l'abri d'Olha à Cambo-les-Bains, ainsi que dans le massif d'Urbasa, côté espagnol. Puis les vestiges ont confirmé une présence humaine postérieure : les grottes d'Ekain, dans le Guipúzcoa, de Santimamine, mais surtout la grotte d'Isturitz, près de Saint-Martin-d'Arberoue, la plus parlante, avec ses peintures rupestres datant de l'aurignacien ou du magdalénien – c'est-à-dire de 35 000 à 9 000 ans avant notre ère. Le néolithique, âge de la pierre polie, voit les hommes se sédentariser : on commence à mettre au jour des traces de cultures, des vestiges de poteries et des indices de rites funéraires, datés des environs de 4 000 ans av. J.-C. à notre ère : un moulin à Lutmenxa, en Biscaye, une nécropole à Occabe, en Soule, de nombreux dolmens – près d'une centaine côté français et autant côté espagnol, dans les massifs de Gorbea, Urbasa, Aralar et Aitgorri. L'âge du Bronze, vers 2000 av. J.-C., livre des premiers exemples d'objets venant de Méditerranée, apportés

Patrimoine préhistorique et antique

Sites préhistoriques

Vestiges et monuments romains

PANORAMA

par des marchands. C'est à l'âge du Fer, à partir de 800 av. J.-C., que les Celtes débarquent dans la région. Ils connaissent le travail du fer, l'araire, maîtrisent la culture de la fève et du lin, bâtissent les premières enceintes fortifiées, ainsi que de nombreux cromlechs, cercles de pierre où sont déposées les cendres des défunts. S'ils se mélangent à la population des plaines, ils ne pénètrent que très peu dans les montagnes.

La parenthèse romaine

Les premières troupes romaines arrivent par la vallée de l'Èbre, en 218 av. J.-C., et au fil des années leur avancée fait reculer les autochtones, toujours à l'abri des Pyrénées. D'après les auteurs gréco-latins, on appelle ces derniers les Vascones, en les distinguant de la majorité des Aquitains et d'autant plus des Celtes de la Gaule, et en situant leur aire linguistique dans un triangle Garonne-Océan-Pyrénées. Les Romains s'installent à leurs côtés, dans les plaines de Navarre et d'Álava. En 76 av. J.-C., Pompée conquiert le bassin de l'Èbre et fait d'Iruinea la ville de Pompeiopolis, future Pampelune. Le nord des Pyrénées est conquis en 27 av. J.-C., et un grand axe routier le relie au sud, emprunté par les soldats et servant au transport des marchandises. Vignes et oliviers émaillent les champs, et l'exploitation des mines, comme des salines, prend son essor.

Des invasions barbares à la *Reconquista*

Dès le ve siècle, les Wisigoths déferlent sur la région, bientôt rejoints par les Francs de Clovis qui leur disputent les territoires. Les premiers gardent le sud des Pyrénées, les seconds le nord. Entre les deux, les Vascons choisissent alternativement leur camp, passant de l'un à l'autre, parfois même aux côtés d'armées arabes – pour préserver un minimum leur liberté d'action. En 778, ils s'allient aux Navarrais contre Charlemagne et infligent à ce dernier la défaite de Roncevaux. Ce qui vaut au jeune duché de Vasconie d'être incorporé

PANORAMA

au royaume franc en 781. Mais vingt ans plus tard, un certain Sanche Loup s'autoproclame prince des Vascons, contrôlant un vaste territoire de Pampelune à la Garonne. Sa descendance fera alliance avec le royaume de Navarre aux Xe et XIe siècles, sous les règnes de Sanche le Grand et Sanche Guillaume, pour reconquérir les terres prises par les musulmans.

Le royaume de Navarre en lutte perpétuelle

Les générations suivantes assistent, de siècle en siècle, à l'émiettement du principat de Vasconie et du royaume de Navarre. Quelques puissants vicomtes francs s'emparent de la Soule et du Labourd, puis, à contrecœur, les cèdent aux ducs d'Aquitaine, qui à leur tour les cèdent aux Anglais, en raison du mariage d'Aliénor d'Aquitaine avec Henri Plantagenêt, en 1152. En même temps, le roi de Castille, Alphonse VI, revendique la Biscaye, le Guipúzcoa et l'Álava. Face à cette fronde, le roi de Navarre se bat pour conserver la Basse-Navarre et attirer des populations nouvelles – des *francos* pour la plupart, empiétant sur les terres du Bas-Adour. Après sa victoire aux côtés de la Castille contre les musulmans, à Las Navas de Tolosa, en 1213, Sanche le Fort meurt et laisse son neveu, Thibault de Champagne, sur le trône. C'est sous son règne, en 1330, qu'est rédigé le statut politique original du *fuero general*, régulant par contrat le partage du pouvoir entre le roi, la noblesse, la bourgeoisie urbaine et les grands monastères, tout en posant les bases des rapports sociaux. Mais au XVIe siècle, sous l'impulsion d'Isabelle de Castille et de Ferdinand d'Aragon, la Castille enlève la Navarre à la famille des Foix-d'Albret. S'ensuivent dix années de luttes sanglantes, d'éradication systématique des élites non soumises, pour aboutir à un vaste royaume d'Espagne, catholique et "réunifié".

L'intégration du nord du Pays basque à la France

Exilée de son royaume d'origine, la famille des Foix-d'Albret reprend possession, pour le compte du roi de France, des territoires situés au nord des Pyrénées. Saint-Palais devient la capitale administrative de la Soule, du Labourd et de la Basse-Navarre, un *for* moderne qui persistera jusqu'à la Révolution, avec pour la gestion des affaires paroissiales la tenue d'un *blitzar*, système d'organisation collective et communautaire propre à chaque village. Depuis l'accession au trône d'Henri IV, fils de Jeanne d'Albret, en 1589, le roi se dit désormais "de France et de Navarre", préparant un avenir plus centralisé qu'il ne l'était au départ. La signature du traité des Pyrénées, en 1659, entérine la répartition des terres et fixe la frontière entre la France et l'Espagne à ces mêmes Pyrénées. La Révolution française puis la République raccordent le Pays basque au département des Basses-Pyrénées – ce qui signifie, pour beaucoup de Basques, le début de l'exil.

Les guerres carlistes

Aux XVIIIe et XIXe siècles, deux grands courants s'affrontent : une bourgeoisie éclairée, sensible aux idées libérales des nouveaux économistes et à l'intérêt d'une centralisation accrue, fait face aux défenseurs du système des *fueros*, partisans d'une autonomie relative du Pays basque. Puis, pour des questions dynastiques, Charles de Bourbon, voyant sa nièce lui rafler le trône, se soulève, prend le parti de défendre, à son tour, les *fueros,* s'assurant ainsi le soutien de toute une partie de la population rurale. La première guerre carliste, de 1833 à 1839, se solde par une défaite et la perte de certaines libertés basques : la Navarre n'est plus alors qu'une simple province espagnole. La majeure partie du territoire perd complètement le privilège des *fors* à la suite de la troisième guerre carliste, de 1872 à 1876 : les Basques deviennent de simples sujets espagnols, soumis aux mêmes lois – hormis quelques exceptions en Navarre et Álava. Cette fois ce sont les Basques du sud qui, en nombre, choisissent l'exil – vers l'Amérique du Sud en particulier, l'Argentine, l'Uruguay, le Chili, mais aussi la Californie, cédant à l'attrait mythique des mines d'or.

La guerre civile et la dictature

En 1931, les trois quarts des maires du Pays basque sud signent à Estella (Navarre) un projet d'autonomie des quatre provinces, Guipúzcoa, Biscaye, Álava et Navarre. Mais la IIᵉ République, très à gauche et anticléricale, est proclamée avant que le statut ne soit entériné. La Navarre, toujours très catholique, ne peut la soutenir et la coalition se divise. Les républicains accordent l'autonomie aux trois autres provinces en 1936, ainsi que la constitution d'une armée spéciale d'Euskadi, pendant que la Navarre penche pour Franco, suivie de près par l'Álava. L'armée franquiste gagne du terrain et en 1937 on assiste au bombardement d'un symbole basque, Gernika. L'autonomie est de courte durée : en 1937, Bilbao tombe et, deux ans plus tard, la dictature l'emporte. Une nouvelle vague d'exil entraîne au loin ceux qui ne furent pas massacrés ou faits prisonniers au combat. On dénombre près de 100 000 prisonniers, 50 000 tués et 200 000 exilés.

Nationalisme et autonomie

La reconnaissance internationale du régime de Franco accentue l'écœurement des Basques et renforce encore les aspirations nationalistes. L'interdiction de pratiquer la langue basque, entre autres sanctions, incite à créer au sud, en 1959, l'ETA – Euskadi Ta Askatasuna, littéralement Pays basque et liberté – et au nord, Enbata. Les actions se multiplient et deviennent de plus en plus violentes : en 1973, un des bras droits de Franco est assassiné. La mort du dictateur en 1975 et la restauration de la monarchie ne changent pas grand-chose, du moins dans un premier temps puisque la nouvelle Constitution espagnole de 1978, approuvée par référendum, prévoit enfin la création de communautés autonomes. Mais bon nombre de Basques ne votent pas ce texte car le PNV (Parti nationaliste basque) n'a pas été invité à la réunion du groupe d'experts chargés de sa rédaction. Cependant avec la proclamation, en 1979, des statuts de la Communauté autonome basque, regroupant le Guipúzcoa, la Biscaye et l'Álava, les nationalistes les plus modérés se considèrent comme satisfaits. Un groupe plus extrémiste naît alors pour continuer la lutte pour l'indépendance : Herri Batasuna. En 1980, les nationalistes remportent la majorité des sièges du parlement régional, ce qui ne fait qu'encourager la pression autonomiste. Ni la gauche, arrivée au

GEOPLUS

L'IDENTITÉ BASQUE

La renaissance d'une nation

Par **Maitane Ostolaza,** historienne et universitaire

Parmi les traits qui caractérisent l'histoire récente des Basques, deux sont essentiels : la langue basque, ou euskera, et les fueros, lois territoriales conférant aux provinces basques un degré élevé d'autonomie. Sans oublier les conflits politiques de ces dernières décennies.

La langue, aux origines et aux parentés incertaines, constitue sans doute le premier référent clé dans la construction d'une identité commune des deux côtés de la frontière : les territoires groupés sous le nom de Pays basque, ou *Euskal Herria,* l'ont été parce qu'on y a parlé l'euskera. Les sept provinces, les "sept sœurs" actuellement divisées en trois unités politico-administratives, partagent aussi une histoire politique. Les *fueros* d'Ancien Régime, supprimés en France à la Révolution, objets d'affrontements armés pendant le XIXe siècle espagnol, ont forgé en bonne partie l'identité basque d'aujourd'hui. Les limites de cette entité culturelle, en reprenant leurs frontières, font directement référence aux anciens *fueros,* eux-mêmes déterminés par une communauté linguistique.

La nation basque entre en scène Cette définition

éminemment culturelle de l'identité basque rejoint les conceptions de la nation, développées en Allemagne pendant le XIXe siècle, qui façonnent une bonne partie des imaginaires nationaux européens. Si, dès les premiers temps de la Révolution française, les frères Garat demandent la création d'un département basque séparé du Béarn, c'est lors des périodes romantique et tardo-romantique que se manifeste l'intérêt grandissant pour les origines et les particularités de ce peuple. La *Eusko Pizkundea,* ou renaissance basque, s'inscrit dans cette mouvance. Dans les territoires espagnols ainsi que dans ceux du Nord, ou *Iparralde,* des revues et des associations voient le jour ; elles valorisent le folklore et les traditions, des personnalités s'y engagent et promeuvent la littérature tout comme les études portant sur la langue basque. La revue *Euskara,* d'Arturo Campion, ainsi que la *Revue internationale d'études basques,* de Julio Urquijo, s'inscrivent dans cette mouvance. Côté espagnol, le mouvement littéraire et folklorique se voit vite mêlé aux conflits civils légitimistes qui jalonnent le XIXe siècle. Comme en Catalogne, les provinces rurales basco-espagnoles basculent en faveur du mouvement carliste. Traditionaliste et catholique, celui-ci s'oppose au centralisme prôné par les libéraux et défend le maintien des *fueros*. Les particularités institutionnelles et culturelles se trouvent désormais au centre des priorités politiques.

L'abolition des *fueros*
Le mouvement pro-*fueros* coïncide avec les grandes transformations socio-économiques intervenues au sein de la société basco-espagnole à la fin du XIXe siècle, amplifiées par l'issue des affrontements militaires. En 1876, lors de la troisième et dernière guerre civile du XIXe siècle espagnol, la défaite du mouvement carliste antilibéral entraîne l'abolition des *fueros*.

Si le gouvernement Cánovas concède en 1878 une autonomie fiscale et financière aux provinces basques – les *Conciertos Económicos*, qui, à la différence de l'Araba et de la Nafarroa, seront supprimés au Guipúzcoa et en Biscaye pendant le franquisme puis rétablis avec l'*Estatuto de Autonomía* de 1979 –, l'abandon des *fueros* devient le premier référent de la vie politique. Ce phénomène est accentué par la rapide industrialisation, au Guipúzcoa et surtout en Biscaye, autour du grand Bilbao où l'arrivée massive d'immigrants accélère la crise de la société traditionnelle. Le malaise se cristallise vite en courant politique avec l'apparition, en 1895, d'un nouvel acteur qui transformera la réalité basque : le nationalisme lié au Parti nationaliste basque (EAJ-PNV) et à son fondateur, Sabino Arana.

GLOSSAIRE

● **ETA** *Euskadi Ta Askatasuna ("Pays basque et liberté"), organisation indépendandiste armée, considérée comme terroriste*

● **Eusko Pizkundea** *Renaissance basque, mouvement intellectuel du XIXe siècle*

● **Herri Batasuna** *Parti d'extrême gauche ("Unité populaire"), considéré comme terroriste, devenu Batasuna ("Unité") en 2000*

● **Ikurriña** *Drapeau national basque*

● **PNV** *Parti nationaliste basque*

Le nationalisme conçoit Euzkadi
Le nationalisme basque vise avant tout à préserver la pureté d'une identité menacée. Dans ce contexte, la basquité s'associe fortement aux régions rurales et côtières du territoire. Les positions antilibérales et le catholicisme intégriste donnent naissance à la définition du Basque croyant – *euskaldun fededun*. En ce sens, la "race" et la langue sont présentées comme témoins privilégiés de l'isolement traditionnel des Basques. En outre apparaissent à cette époque de nouveaux éléments symboliques qui joueront désormais un rôle majeur dans la vie sociale : le drapeau national, *ikurriña*, des chants basques, le néologisme *Euzkadi* (communauté de personnes originaires des sept provinces).

Entre autonomie et indépendance Force est de constater que le mouvement basque s'est affirmé dès ses débuts comme beaucoup plus radical que celui de la Catalogne, l'autre grand pôle nationaliste de l'Espagne. Si les Catalans se montrent toujours enclins à jouer un rôle dynamique au sein de l'Espagne, affichant leur volonté de modernisation, le nationalisme basque s'est construit en dressant un antagonisme fondamental entre identités basque et espagnole. L'un des premiers objectifs proclamés du PNV est bien l'indépendance. Cette revendication, pourtant toujours d'actualité, passera au second plan dans l'histoire basque récente. Les désaccords sur ce point crucial, à l'origine de certaines scissions au sein du mouvement nationaliste, telle la naissance de l'ETA en 1959, ont fortement marqué la société basque contemporaine.

Vers la création de la communauté nationale Cette idéologie construite sur la nostalgie des valeurs traditionnelles n'a pas empêché le PNV d'accompagner le processus de modernisation du pays. Et ce point reste essentiel pour comprendre les évolutions d'un modèle social particulièrement réussi. Le PNV a toujours su s'adapter aux défis actuels. Il a épousé les axes de l'industrialisation au Pays basque, plus forte en Biscaye et au Guipúzcoa que dans les provinces d'Álava et de Navarre, jouant dès le début un rôle de moteur politique et social. Sa structuration interne, ainsi qu'une implantation toujours grandissante, s'accompagne de moyens de propagande modernes : presse populaire (le journal *Euzkadi*), théâtre engagé avec des auteurs comme Viar, Azkue ou Sabino Arana, mouvements associatifs. Le sentiment basquiste se renforce dans la clandestinité pendant la période franquiste. Le PNV et le nationalisme de gauche lié à l'ETA promeuvent alors une "rebasquisation" de la société. En témoignent la multiplication d'écoles basques, *ikastola*, la création d'une radio en euskera ainsi que les manifestations culturelles et folkloriques en faveur de la langue.

> L'identité basque sort de son contexte strictement traditionnel pour investir la société moderne : équipes sportives, rock, labels de qualité..."

Institutionnalisation de la culture Avec la transition démocratique espagnole et la constitution de gouvernements au sein de la Communauté autonome basque (Álava, Biscaye et Guipúzcoa) et en Navarre, les initiatives visant la basquisation de la société bénéficient d'un nouvel élan. L'apparition de journaux (tels qu'*Egunkaria*, aujourd'hui interdit et remplacé par *Berriq*), de radios et de télévisions amplifie les effets d'une politique institutionnelle qui officialise l'euskera et encourage son apprentissage. Parallèlement, l'identité basque sort de son contexte strictement traditionnel pour investir la société moderne : équipes sportives, rock, labels de qualité…

Le Pays basque français

On peut établir certains parallèles historiques entre les situations culturelles des deux parties du Pays basque. Le modèle politique proposé par le PNV et ses alternatives nationalistes ont eu une certaine influence du côté français, particulièrement à partir de l'exil nationaliste qui suit la guerre civile espagnole (1936-1939). Ainsi, les mêmes partis nationalistes se retrouvent des deux côtés de la frontière. Néanmoins, les références des uns et des autres à l'unité linguistique et culturelle des provinces basques – *Zazpiak Bat* – masquent de grandes différences entre *Hegoalde*, la partie espagnole, et *Iparralde*, la partie française, fortement marquée par un État centralisateur. Certes, il existe aussi en Iparralde une conscience identitaire : certaines prises de position, à la fin du XIXe siècle, en faveur de la renaissance de la langue et de la culture basques vont de pair avec le renforcement du régionalisme en France. L'expérience traumatique de la Première Guerre mondiale contribuera de façon déterminante à l'assimilation de la population basque au sein de la nation française. Il faut attendre les années 1960 pour voir réapparaître sur la scène les vieilles positions basquistes. Elles regroupent cette fois toutes les sensibilités politiques : d'abord autour d'Enbata (1963), puis en accompagnant la mobilisation en faveur de la création d'un département basque. Si ces revendications sont pour la plupart d'ordre économique, s'y exprime également l'intérêt pour la culture et la langue euskera.

Une identité changeante et ouverte

Dans le contexte actuel, la perte croissante de légitimité des groupes les plus radicaux ainsi que les nombreuses scissions au sein du mouvement nationaliste favorisent l'essor d'activités économiques et culturelles en marge des institutions. La voie semble désormais ouverte à la libre collaboration entre acteurs sociaux d'horizons divers, indépendamment de leur lieu de résidence ou de leur affiliation politique, dans le cadre du processus de construction d'une Europe qui se pense à partir de ses différences ○

● **UNE LANGUE INCLASSABLE**

Le mystère demeure sur les origines de l'euskera, l'inclassable langue basque. L'immense majorité des langues parlées en Europe appartient au groupe indo-européen, ce qui n'est pas le cas du basque, que les spécialistes peinent à rapprocher de toute autre langue. Sa syntaxe est unique en son genre et, même si son vocabulaire s'est enrichi de mots d'origine française et espagnole, celui-ci reste également très spécifique, sans parenté avec d'autres langues, notamment latines, pourtant parlées dans des régions géographiquement proches.

pouvoir en 1982, ni la droite de J. M. Aznar, en 1996, ne parviennent à trouver un accord avec l'ETA, et les attentats s'enchaînent, entraînant entre 1983 et 1987 des réactions tout aussi violentes d'un nouveau groupe, le GAL – Groupe antiterroriste de libération. Les revendications s'accumulent, du côté français comme du côté espagnol. S'ajoute à leur liste la demande de rapprochement des prisonniers basques de leur famille, demande sans cesse rejetée par les gouvernements des deux pays, ce qui déclenche en 1999 après une trêve de plusieurs mois la reprise des hostilités armées. Les gouvernements multiplient les actions pour lutter contre l'ETA. En 2002, les activités de Batasuna, branche politique de l'ETA, sont suspendues et le parti rendu illégal en 2003. En mai 2005, J. L. R. Zapatero, premier ministre depuis 2004, présente au Parlement une motion qui prévoit l'ouverture d'un processus de dialogue, suivi en mars 2006 par un cessez-le-feu de l'organisation indépendantiste. Mais l'atmosphère se dégrade très vite jusqu'à l'attentat à la voiture piégée en décembre 2006 à l'aéroport de Madrid, qui fait deux morts. Le processus de paix est un échec et l'ETA annonce en juin 2007 une rupture du cessez-le-feu et la reprise des attentats. Sur le plan politique, le PNV perd sa première place électorale (devancé par le parti socialiste) lors du scrutin législatif de mars 2008. Un an plus tard, les élections régionales replacent cependant le PNV en tête des votes mais grâce à une coalition, c'est le leader du parti socialiste, Patxi López, qui accède à la présidence du parlement basque. Parallèlement, l'ETA commet de nouveaux attentats en 2008-2009, notamment contre la police, qui font plusieurs victimes.

Économie

Le Pays basque de l'intérieur vit essentiellement d'élevage, quand son littoral draine toutes les énergies : industrie, pêche et services, sans compter le tourisme.

L'agriculture

ÉLEVAGE Activité multiséculaire au Pays basque, héritée de ses premiers habitants, l'élevage se prête particulièrement bien au relief et au climat de la région, dans son versant nord surtout. L'humidité entretient des pâturages exquis pour des cheptels entiers de bovins et d'ovins ; il suffit de franchir un col, de passer d'une vallée à une autre, mieux exposée, pour assurer la pitance du troupeau. Les exploitations sont en général de petite taille, familiales le plus souvent, orientées soit vers le lait de brebis et la vache à viande, soit vers le lait de vache et quelques races à viande, en raison de la plus forte demande du marché. Les brebis, des manechs à tête rousse ou noire de la Basse-Navarre et de la Soule à la Biscaye, sont menées à l'estive au printemps et restent sur les hauts pâturages jusqu'en novembre, veillées par des bergers qui, à tour de rôle, assurent une permanence. La production du fromage de brebis, ossau-iraty en tête, ne se fait plus maintenant sur place : on le fabrique à l'exploitation, dans la vallée. On élève également d'autres espèces : des pottoks, race locale de poneys, appréciés longtemps pour leur viande mais de plus en plus pour la prairie et comme montures. Quelques chèvres, enfin, sont élevées dans le Guipúzcoa et la Biscaye, ainsi que des porcs, dans les vallées boisées.

La pêche, une tradition basque

De la baleine à la morue Depuis le début du Moyen Âge, dès le VIIe siècle exactement, les Basques sont réputés pour leur hardiesse à la pêche à la baleine. Jusqu'au XVe siècle, les baleines franches passent l'hiver dans le golfe de Gascogne – aussi retrouve-t-on sur la côte d'anciens postes de guet, promontoires qui permettent de scruter la mer et d'y déceler la présence des cétacés. Le changement de route des baleines modifie les habitudes de pêche, et les Basques embarquent vers le Groenland, Terre-Neuve, les eaux du Labrador pour traquer le géant des mers. Mais à partir du XVIIe siècle, les Anglais et les Hollandais reprennent le marché en main et les marins basques, hésitant entre émigration et piraterie, se tournent alors vers une autre pêche, aussi longue et lointaine : celle de la morue.

Le thon et la sardine Dès le XIXe siècle, après quelques conflits avec les Bretons, une nouvelle pêche fait son apparition : la sardine, objet de toutes les convoitises, pendant que la pêche à l'appât vivant attire les premiers thons dans ses filets. Une pêche côtière qui devient peu de temps après une pêche lointaine, vers le Sénégal, la Côte d'Ivoire. Dans les années 1950, Saint-Jean-de-Luz, premier port sardinier et thonier de France, est concurrencé par Bilbao – aujourd'hui deuxième port de l'Atlantique après Vigo – et Pasajes, Bermeo, Ondarroa et Lekeitio. Les Basques pêchent aujourd'hui, au filet, la sardine en hiver et l'anchois au printemps, mais en 2007 et 2008, cette dernière pêche a été interdite dans le golfe de Gascogne, en raison de la faiblesse des stocks. Le thon rouge s'attrape en été, et le blanc à l'automne – à la canne et à l'appât vivant, comme autrefois. Mais la réglementation internationale de la pêche au thon rouge évoluera sans doute en 2011, afin de préserver cette espèce menacée. Au chalut, on capture à pleines brassées quelques soles et rougets, daurades et merlus. La vente est assurée par un système coopératif, hérité des anciennes structures familiales et confréries, les *kofradias,* qui prennent en charge la criée mais aussi l'entretien des quais et des chantiers de réparation.

CULTURES La polyculture traditionnelle a laissé la place, longtemps, à une spécialisation unique : la culture du maïs, pratiquée pendant des années sur de petites parcelles de manière intensive. On en revient un peu, le marché n'étant pas si lucratif que cela, et on se tourne vers d'autres récoltes : le piment autour d'Espelette, les pommes à cidre le long de la côte du Guipúzcoa, les cerises du côté d'Ixtassou et de Cambo-les-Bains. Dans la vallée de l'Èbre, on cultive essentiellement du blé, sur d'immenses surfaces et de façon très mécanisée, mais aussi de la vigne et de l'olivier, ainsi que des fruits et légumes, qui apprécient les sols alluvionnaires, riches en sédiments.

L'industrie

AGROALIMENTAIRE Liée au secteur agricole, la production industrielle de fromage de brebis et de jambon de Bayonne fait vivre une bonne partie du Pays basque côté nord. En Espagne, celle du vin a connu une évolution similaire dans certains secteurs de la Rioja et la qualité des produits s'est en général accrue, tout comme le nombre d'AOC. De la même façon, la production de foie gras a augmenté ces dernières années dans la région, la plaçant en deuxième position pour le marché français, pendant que Bayonne et San Sebastián axaient leur production agroalimentaire sur le chocolat.

DES PETITES UNITÉS DE TRANSFORMATION À côté des grands complexes industriels et portuaires, les vallées du Guipúzcoa, d'une partie de la Biscaye et de l'arrière-pays bayonnais – avec des sociétés souvent implantées dans le BAB, le triangle Bayonne-Anglet-Biarritz – ont développé une grande variété d'activités industrielles. La plupart sont d'origine traditionnelle, manufacturières, comme le travail du bois, du cuir et du papier, mais aussi celui du textile, autour de Saint-Jean-de-Luz. L'espadrille sort toujours des ateliers de Mauléon, sa capitale depuis le XIXe siècle ; cette production artisanale est devenue, comme beaucoup d'autres, industrielle.

SIDÉRURGIE ET CHIMIE Le sous-sol du Pays basque a longtemps été un vaste réservoir de minerai : fer, cuivre et plomb, extraits depuis des millénaires, ont été exploités intensivement au XIXe siècle, puis relativement abandonnés au tournant du XXe siècle. Bilbao est pourtant restée la ville du fer et de l'acier – sans conteste l'un des pôles métallurgiques les plus importants d'Espagne, ouvert, par l'océan, sur le monde entier. Après la crise des années 1970, puis la fermeture d'un grand nombre de ses chantiers navals, elle s'est reconvertie dans la pétrochimie et les technologies de pointe, pendant qu'alentour se développait une production de biens intermédiaires et de biens d'équipement. Pôle industriel important, Bayonne exporte depuis une quinzaine d'années du soufre, du gaz du gisement de Lacq, des produits chimiques et dérivés du pétrole.

Le commerce et le tourisme

UN COMMERCE OUVERT SUR L'OCÉAN Depuis l'époque des grands armateurs, aux XVIIIe et XIXe siècles, Bilbao et San Sebastián ont su nouer et maintenir d'étroites relations commerciales avec l'Europe du Nord-Ouest et l'Amérique. Un capitalisme dynamique dope toutes les initiatives et les soutient financièrement. Quelques grandes banques ont fait de Bilbao une ville de tradition financière, et ses entreprises ont une dimension nationale, voire internationale. Bayonne à son tour se hisse dans la cour des grands et entreprend de développer son activité portuaire, entre ferroutage et ferry-boats, tout en exportant la production de l'arrière-pays.

LA CONTREBANDE La contrebande était traditionnelle dans cette zone frontalière mais l'implantation d'un bureau des douanes, en 1717, à la frontière politique entre la France et l'Espagne, fit perdre nombre de privilèges aux populations locales. Aussi ont-elles continué à vendre leurs marchandises des deux côtés de la frontière à des tarifs plus qu'avantageux, des vins au chocolat en passant par le tabac, le sucre mais aussi les brebis et les chevaux. En temps de guerre, ces contrebandiers expérimentés deviennent des passeurs d'hommes, d'armes ou de vivres. Après la première guerre carliste, ils ravitaillent don Carlos, et pendant la Seconde Guerre mondiale, les Basques font traverser clandestinement les Pyrénées à tous ceux qui en ont besoin. Aujourd'hui encore subsiste une activité, secrète bien sûr, sur ces chemins historiques.

LE TOURISME La grande vogue des bains de mer, lancée au Second Empire par la venue à Biarritz de Napoléon III et de l'impératrice Eugénie, a attiré sur la côte basque une foule croissante d'estivants, artistes et célébrités, pionniers du tourisme balnéaire. Coco Chanel et des lignées de princes russes exilés se retrouvaient le soir à la Réserve de Ciboure, dancing extravagant donnant sur la mer. Biarritz a connu son heure de gloire aux XIXe et XXe siècles, mais San Sebastián accueillait déjà les grands du royaume en villégiature au Moyen Âge. Aujourd'hui s'y côtoient les héritiers de la grande bourgeoisie espagnole et basque et des surfers toujours plus nombreux. Sur la côte, aimantées par ces deux pôles, quelques stations touristiques égrènent leurs constructions nouvelles, destinées à accueillir en nombre les vacanciers. L'intérieur des terres a vu se développer un autre tourisme, celui des amateurs de nature et de randonnées. Et les chemins de Saint-Jacques, au tracé multiséculaire, connaissent depuis le milieu des années 1990 un regain d'affluence.

Fêtes, musique et danses

Pour donner vie à leur identité commune et la célébrer, les provinces du Pays basque organisent depuis des siècles de grandes fêtes populaires, qui mêlent musiques, danses, jeux et sports, expositions d'artisanat et de produits du pays.

Les fêtes

On ne peut ici toutes les recenser mais elles sont vraiment très nombreuses, tout au long de l'année, et ce depuis des siècles. Essentiellement rurales, imprégnées de la religion catholique mais aussi de mythes, de rites ancestraux, elles sont le ferment et le reflet d'une culture. L'hiver est animé par les fêtes

● **LE CARNAVAL**
En janvier, dans les campagnes comme en ville, débute la grande période des carnavals : en Soule, les mascarades déferlent dans les villages jusqu'à la mi-Carême, et partout ailleurs processions et défilés mettent en scène des personnages légendaires, costumés et masqués. Les carnavals les plus débridés se déroulent en Navarre, à Lantz, Iturren y Zubieta, Alsasua. Les *romerias*, en Álava, sont renommées pour les tonnes d'escargots englouties à cette occasion.

de carnaval. Avec la fin du printemps arrive la Fête-Dieu, que l'on prépare depuis des mois dans les campagnes ; chacun de confectionner son costume, de repérer sa place dans le défilé… L'été voit célébrer toutes les fêtes de la Saint-Jean et celles des pêcheurs. À Pampelune les *Sanfermines*, début juillet, enflamment la ville pendant une semaine, et à Vitoria la *Virgen Blanca*, au tout début du mois d'août, attire des milliers de visiteurs. En Basse-Navarre, l'été s'achève au son de la cavalcade, au milieu d'un tourbillon de danseurs et cavaliers.

Les danses

Tout aussi nombreuses que les fêtes, les danses du Pays basque sont aussi diverses que colorées – on en dénombre au total plus de deux cents. Le costume compte beaucoup dans leur renommée, tant son élégance est recherchée – longues jupes, tabliers, gilets de laine et souliers plats en peau, lacés sur des bas, déclinés selon les villages et les provinces. L'ensemble, en mouvement, est très impressionnant. Certaines d'entre elles sont ouvertes à tous, pratiquées lors des fêtes et cérémonies rituelles. D'autres sont enseignées par des maîtres à de jeunes hommes seulement. La danse en chaîne est comme une farandole où hommes et femmes sont reliés par des mouchoirs multicolores – "fermée", elle est en cercle, "ouverte", elle est en file. Parmi les sauts basques, le *mutxiko* est dansé par les jeunes hommes, le dimanche, en cercle – au rythme d'une marche suspendue, très chorégraphiée. Luis Mariano a fait connaître le *fandango* bien au-delà des frontières du Pays basque. Cette danse a progressé au XIXe siècle de l'Espagne vers le nord des Pyrénées et cette valse lente, ponctuée de claquements de doigts, est pratiquée désormais jusqu'en Soule.

La musique

La grande caractéristique de la musique basque traditionnelle tient à son attachement aux sonorités mineures et aux échelles diatoniques. Les rythmes sont très martelés – par les percussions en particulier, tambourins et autres *ttun-ttun*, *txalaparta* ou *soïnua*, ce dernier étant muni de cordes qui sont frappées. L'accordéon diatonique est lui aussi encore utilisé. Les sonorités sont données par la flûte à trois trous, le *txitxu* – il en existe trois tailles différentes, de la plus aiguë, le *txirula*, à la plus grave, le *silbote*. Les mélodies se prêtent tout particulièrement à la danse. Au-delà de cette musique populaire, le Pays basque vit naître de nombreux compositeurs, du XVe au XXe siècle : Antxorena, Antxieta, puis plus tard Guridi, Uzandizaga et Donostia. Le plus connu d'entre tous fut sans conteste Maurice Ravel, né à Ciboure en 1875 – il a parfois adopté certains rythmes basques dans ses compositions. Hommage à sa terre natale, il a laissé un concerto inachevé intitulé *Zazpiak Bat*.

Les chants

Les chants les plus anciens, longs poèmes épiques ou complaintes, sont exécutés par un ou plusieurs chanteurs, lors des fêtes, mariages et autres cérémonies. Le chant choral, très prisé, est réservé aux hommes et entonné à l'église ou lors de fêtes religieuses. Des chorales profanes, comprenant de 8 à 80 chanteurs, existent également, mais leur rythme reste proche de celui des chants sacrés. Des improvisateurs, les *bertsolaris*, excellent dans l'art d'entonner une mélodie sur laquelle ils composent aussitôt des vers. Depuis le xviiie siècle, leurs joutes enchantent les spectateurs. Aujourd'hui, de nombreux artistes basques inventent leur propre répertoire à partir de cet héritage multiple, tels Amia Zubira et Beñat Achiary, chanteurs à thème engagés dans la défense de la langue et de l'identité basque, comme, dans un autre genre, Anne Etchegoyen.

Sports et jeux traditionnels

La pelote

Le mouvement est ample et élégant, les joueurs athlétiques et vêtus de blanc. À l'ombre du fronton les parties s'enchaînent, captivant tout le village. La pelote est le nom de la balle – désormais en caoutchouc, mais parfois encore recouverte de laine puis de cuir cousu – qui est projetée contre un mur à l'aide d'un gant d'osier, la chistera. Au Moyen Âge, on l'appelait jeu de paume, et elle en a hérité les règles de base, ainsi que nombre de ses variantes. La pelote à main nue, *eskutik*, est la plus ardue, mais c'est la *cesta punta*, jouée avec une grande chistera, qui est la plus impressionnante par son jeu acrobatique et la vitesse de sa balle (jusqu'à 300km/h). Parfois l'on joue avec des battoirs en bois, les *palas*, ou bien avec des raquettes de cordes tressées, les *xare*. La pelote se pratique en équipe, contre le mur (en indirect), ou face à face, avec ou sans filet (en direct) – le rebot en est l'une des variantes les plus complexes. Il existe trois types de frontons (terrains) : la place libre (mur unique), le trinquet (quatre murs) et le fronton avec mur à gauche (deux variantes, une courte, et l'autre longue : le *jaï-alaï*). Chaque village basque possède son fronton et son aire de jeu, dénommée place libre, qui revêtent la même importance que l'église et la mairie.

LE RUGBY
Très populaire dans le Sud-Ouest de la France, ce sport importé des îles britanniques s'est établi au Pays basque français à la fin du xixe siècle. Club emblématique, le Biarritz Olympique figure parmi les meilleurs du championnat de France, qu'il a remporté à cinq reprises, dont trois fois dans les années 2000. Quant à l'Aviron bayonnais, il est détenteur de trois titres de champion de France obtenus... au début du siècle dernier. Mais le rugby ne jouit pas du même engouement en Espagne, où est pourtant disputé un championnat auquel participent plusieurs équipes basques.

Les épreuves de force

Traditionnellement, tous les ans, ont lieu des épreuves, défis et contestes, aussi bien en

Espagne que du côté français. Les bûcherons, *aizkolaris,* omniprésents en Navarre, Soule et Basse-Navarre, ont leur épreuve de coupe de bois à la scie. Les maçons, *arrijasotzaile,* rivalisent entre eux lors de levers de pierre – certains ont déjà soulevé plus de 300kg ! Les faucheurs, *segalariak,* s'affrontent lors d'un concours de fauche d'herbe en un temps record, ou lors du lever de botte de paille, de charrette, du port de sacs et du tir à la corde, la *sokatira,* en équipe. Dans la montagne, les *korrikolaris* (ou coureurs) s'opposent régulièrement ; les bergers ne sont pas en reste, et les compétitions mettant en scène les chiens de troupeaux font l'objet de toutes les attentions. Les bœufs sont savamment préparés toute l'année pour les concours d'attelage, les *idi probak,* où ils doivent traîner sur une place des pierres de plusieurs centaines de kilos. Sur l'eau, les communes littorales s'affrontent au cours de régates de traînières – courses à la rame célèbres dans tout le Guipúzcoa mais aussi, à nouveau, à Saint-Jean-de-Luz, en été.

La corrida

C'est en Navarre, ne l'oublions pas, qu'a été inventée la corrida, autant dire que le Pays basque vibre à chaque occasion de se confronter au taureau. Chaque village de cette province a son arène et quand il n'y a pas de corrida, il existe au moins un lâcher de vachettes dans les rues de la ville. Les combats les plus spectaculaires se déroulent à Bayonne, San Sebastián et Bilbao, et à Pampelune les fêtes de San Fermín sont tout entières dédiées au dieu taureau.

● PIÈCES UNIQUES
Chaque *makhila* est unique : au printemps, la tige de néflier est entaillée sur pied au couteau, de sorte que c'est la sève, en cicatrisant, qui va sculpter le bâton. On la coupe en janvier, on la passe au four puis on la laisse sécher pendant plusieurs années. Alors seulement commence le vrai travail de l'artisan, qui redresse la tige, la teint ou la passe encore au feu, avant d'y appliquer une gaine de cuir et un pommeau que surmonte une solide pointe d'acier.

Artisanat

Indissociable de l'identité basque, l'artisanat s'en fait le prolongement et chaque province recèle encore aujourd'hui des artisans qui perpétuent un savoir-faire ancestral.

Le *makhila*

La grande vedette de l'artisanat basque est sans conteste le *makhila,* bâton de berger utilisé pour la marche en montagne mais aussi pour la défense, fait de bois de néflier et surmonté d'un pommeau de cuivre où sont gravés le nom de l'artisan et une devise choisie par le futur propriétaire.

Le mobilier

Certains meubles basques sont tout à fait originaux, tant par leur utilisation que leur ornementation, taillée en creux, au couteau, influencée à la fois par des thèmes "euskariens", typiquement basques – comme la croix basque, *lauburu,* ou des rosaces – et hispano-mauresques, comme l'éventail ouvert. De nombreux motifs religieux prennent pour thème le culte du Soleil, de la Lune et des étoiles. Aux XVIIe et XVIIIe siècles, les meubles étaient confectionnés en chêne et en châtaignier, par la suite à partir d'arbres fruitiers. Les régions du littoral fabriquent des meubles empreints d'influences diverses, alors que les terres de l'intérieur ont leur propre style, en Basse-Navarre et en Navarre en particulier. La Soule et l'Álava, provinces plus pauvres, affichent un mobilier plus dépouillé. L'un des meubles les plus originaux est le banc, dit *cicelü* ou *züzülüa*, dont la partie centrale du haut dossier, pivotante, peut s'abaisser en une tablette, idéale pour manger au coin du feu. Les coffres, dit *kutxa*, sont également remarquables, aussi bien du côté français que du côté espagnol. Destinés à abriter le linge ou à conserver le pain, ils présentent souvent des motifs de croix discoïdales. Les meubles de maison sont innombrables : vaisseliers, armoires, buffets – les *mankas* de Basse-Navarre notamment. Les tables du sud sont plutôt sobres, dotées d'un seul long tiroir, alors que celles du nord, beaucoup plus imposantes, sont munies de deux ou trois tiroirs. Les sièges, enfin, sont richement décorés au sud, mais peu confortables, quand ceux du nord, paillés, ont une assise large et trapézoïdale.

Le linge et les vêtements

Solide et coloré, le linge basque est désormais bien connu, au-delà des frontières de ce petit pays. À l'origine il était fait de lin, tissé à la main – sur un fond blanc, les différentes largeurs des rayures servaient à identifier son appartenance, afin d'éviter les confusions au lavoir. Les rayures étaient toujours disposées par sept, symboles des sept provinces basques, et de couleur rouge ou bleue. Il y avait plusieurs sortes de linge : le linge de maison, comprenant nappes et serviettes, et les *mantas*, dont on recouvrait les bœufs en été pour les protéger de la chaleur. Aujourd'hui, le tissage s'est mécanisé et on utilise toutes les couleurs de l'arc-en-ciel. Très souvent, le coton a remplacé le lin, et de nouveaux motifs apparaissent, reprenant les autres symboles basques que sont les croix et les virgules. Dans le sud du Pays basque, on peut également se procurer des foulards d'*arrantzale*, en coton blanc et bleu. La laine y est encore employée pour confectionner les *kaikus*, vestes ornées de pompons, ou bien les bérets, à Tolosa en particulier. Leur renommée doit autant aux acteurs et réalisateurs d'Hollywood qui les ont arborés, John Huston, Billy Wilder, Marlène Dietrich ou Rudolph Valentino, qu'à d'autres personnalités comme Wagner ou le Che.

Architecture et habitat

L'habitat de montagne

En moyenne montagne, on rencontre surtout des *bordaldi*, semblables aux granges des Pyrénées. Construites au bord d'une prairie, elles sont composées de deux parties : une *borde*, dotée d'un rez-de-chaussée pour les bêtes et d'un étage pour le foin, et une *olha*, où résident les hommes. Plus haut, dans l'estive, l'habitat traditionnel est le *cayolar* – une cabane bordant un parc et deux enclos. L'un est réservé à la traite, l'autre au regroupement des brebis. Le tout à côté d'une zone de pacage ouverte aux brebis comme aux porcs.

PANORAMA

L'habitat rural

Le paysage et l'activité humaine modèlent des habitats à leur image : les hameaux de montagne, appelés quartiers, regroupaient négociants, bourgeois et artisans. La maison basque, ou *etxea*, est très importante dans l'organisation sociale du Pays basque, et son nom désigne plus facilement une famille que le patronyme. Selon les provinces ou régions, on en rencontre différents types, mais toutes sont orientées à l'est, tournant le dos aux vents de l'Atlantique. La maison de type labourdin est celle qui caractérise en général le style basque : une ossature de bois posée sur un soubassement de pierre, qui compense les irrégularités du terrain, avec des murs de torchis blanchis à la chaux. Les pans de bois apparents sont peints de rouge sang de bœuf ou d'une couleur bleu-vert. La toiture, à l'origine symétrique, devient souvent asymétrique à la suite d'un agrandissement. La maison bas-navarraise est plus massive mais aussi plus travaillée : un linteau ouvragé – sur lequel sont indiqués le nom de la famille, la date de construction et parfois le nom du maçon – surmonte la porte d'entrée, elle-même réunie à la fenêtre du haut par un bel encadrement de pierre, en forme de bouteille. On retrouve également de nombreuses pierres du pays, grès roses et rouges, dans les murs d'angle. L'architecture des maisons et *caseros* de Navarre est assez semblable, avec quelques splendides exemples de demeures seigneuriales blasonnées, construites par des Basques exilés au retour des Amériques, au XVIIe siècle, toutes en pierre, très massives. En Biscaye et au Guipúzcoa, les fermes les plus riches sont également en pierre, assez monumentales, quand les plus modestes se contentent de torchis blanchi à la chaux. Plus large et recouverte d'ardoises, et non de tuiles, la maison souletine est adaptée aux rigueurs du climat montagnard : la forte pente du toit à quatre pans a été conçue pour affronter la neige, comme dans le Béarn voisin. Parfois, sur les murs des maisons ou des clôtures, on retrouve de beaux appareillages en galets de rivière.

L'habitat urbain

Les maisons de ville utilisent les mêmes matériaux de construction que les maisons rurales. Côté français, en Labourd, elles sont à colombages, à trois étages en encorbellement. Du bois pour la façade et de la pierre seulement au rez-de-chaussée. Le premier niveau sert souvent d'entrepôt, de magasin ou d'atelier. En Basse-Navarre, plus riches, elles arborent plutôt du grès rose ou gris. Sur l'arrière, elles s'ouvrent parfois sur une cour, passé un porche d'entrée. En Soule, les maisons sont séparées par des venelles, pour laisser circuler la pluie et la neige, avec des murs faits de galets et cailloux, parfois blanchis à la chaux. Les balcons, orientés au sud, servent de séchoir. Côté espagnol, les villes du littoral ont bénéficié, au XIXe siècle, du talent des architectes de la Belle Époque : les riches armateurs ont financé la construction de nombreux immeubles et villas de pierre, dotés de balcons ouvragés. Pampelune et Vitoria, à l'intérieur des terres, ont conservé quelques beaux édifices anciens.

LES POLITIQUES D'URBANISME Dans les grandes villes, la période franquiste a marqué l'architecture – seule San Sebastián a conservé une certaine harmonie datant de la Belle Époque. Ailleurs, la beauté de plusieurs édifices a été entachée par la construction hâtive d'immeubles gris et tristes, au

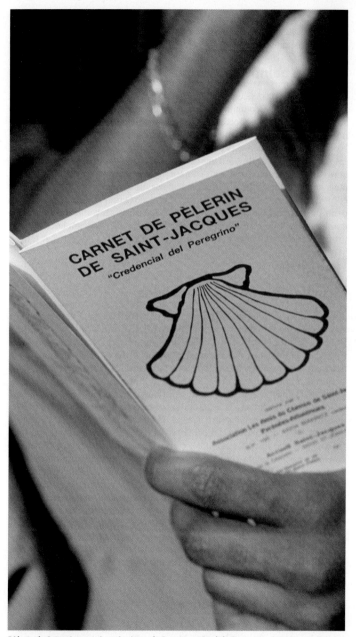

Pèlerin de Saint-Jacques (p.172), région de Saint-Jean-Pied-de-Port.

centre-ville parfois mais surtout dans les faubourgs. Le talent des architectes contemporains s'exprime désormais avec éclat, le musée Guggenheim de Bilbao en est une démonstration éblouissante.

Le style balnéaire basque

Tout au long du XIXᵉ siècle, jusqu'aux années 1930, les architectes ont donné libre cours à leur imagination… tout était permis, des emprunts à Versailles aux exubérances Arts déco, mêlant très librement les styles néomauresque et néoclassique. Biarritz étale au soleil ses villas et hôtels extravagants – l'Effet de Nuit, néobasque et néo-espagnol, signé par Mallet-Stevens, en est un exemple éclatant. C'est le cas tout le long de la côte, jusqu'à San Sebastián. Dans les années 1920, les architectes empruntent également au style rural – labourdin mais aussi navarrais – ses lignes principales qu'ils adaptent aux contraintes et modes de leur décennie. Le ciment remplace le bois en façade, mais il est peint de sorte que l'on s'y méprenne. De faux blasons sont reproduits, à la manière de ce que l'on trouve dans les maisons nobles espagnoles, avec une profusion de ferronneries et de toits débordants.

Religion

Les chemins de Saint-Jacques

Tous les itinéraires du plus grand pèlerinage chrétien d'Occident se rejoignent au Pays basque, à Puente La Reina très exactement, avant de poursuivre vers Burgos et, ultime étape, Saint-Jacques-de-Compostelle. Depuis le Moyen Âge, les fidèles de France, d'Allemagne, de Pologne, de Hongrie ou encore d'Italie déferlent par centaines de milliers pour se recueillir sur le tombeau de saint Jacques, l'un des douze apôtres, à qui fut attribuée, au VIIIᵉ siècle, l'évangélisation de l'Espagne. À cette époque, le monde chrétien se défend contre l'invasion arabo-musulmane et a besoin de renforcer son identité. Au IXᵉ siècle, on offre une sépulture à l'apôtre dans le village de Compostelle. Très vite, une église est bâtie, qui devient cathédrale, et les premiers pèlerins font le voyage. Au XIIᵉ siècle, le *Liber Sancti Jacobi* comporte une partie intitulée *"Guide du pèlerin"*, rédigée par un certain Aimery Picaud de Parthenay. La dévotion se développe, soutenue par toute la chrétienté, des ordres monastiques aux rois, princes et chevaliers. Du XIIᵉ au XVᵉ siècle, le pèlerinage connaît son apogée et tout au long de la route sont érigés églises, chapelles, autels – mais aussi des gîtes d'étape pour les pèlerins, pour les plus modestes comme les plus aisés, et parfois même des villes nouvelles. On distingue quatre voies principales à travers la France : la *via Turonensis* partant de Tours, la *via Lemovicensis* de Vézelay et la *via Podiensis* du Puy-en-Velay se rejoignent à Saint-Palais ; la quatrième, la *via Tolosana*, au départ d'Arles gagne Puente La Reina par le col du Somport (cf. La Basse-Navarre, GEOPlus Les chemins de Saint-Jacques).

L'architecture religieuse

Aux premiers temps du Moyen Âge, l'architecture religieuse du Pays basque est influencée à la fois par le style arabe, au sud – stucs ouvragés, coupoles à nervures et arc en fer à cheval – et par les styles aquitain ou languedocien, au nord. L'art roman ne prend son véritable essor qu'avec le développement du pèlerinage de Compostelle – sous le règne de Sanche le Grand en Navarre en particulier, à Sangüesa, Olite et Pampelune. Des maçons et sculpteurs de l'Europe entière impriment leurs styles, leurs motifs et leurs techniques, et les premières voûtes de pierre remplacent les charpentes en bois tandis que peintures et sculptures viennent orner plafonds, murs, chapiteaux et portails de la région. À la fin du XIIIᵉ siècle, l'influence de l'ordre de Cluny décline au profit de celui de Cîteaux, les lignes s'épurent, la lumière entre par de nombreuses fenêtres et les voûtes s'élèvent, afin de mieux amplifier le chant des moines. L'ère du gothique s'annonce, à Bayonne tout d'abord, pour sa cathédrale, puis à Pampelune et Roncevaux. Quelques châteaux de Navarre et de Biscaye relèvent de ce style qui affiche une plus grande élégance, mais ils restent massifs et robustes, conçus pour la défense. Au XVᵉ siècle, la Renaissance s'incarne dans les courbes et les coupoles, les colonnes, frontons et volutes. La Contre-Réforme encourage le baroque face à la rigueur protestante et l'on voit apparaître une foison de décors et d'ornements, de dorures, dont quelques splendides retables. En général, le plan et les volumes des églises du Pays basque sont relativement simples : une nef unique, rectangulaire et sans transepts ni bas-côtés, avec un chevet carré, en demi-cercle ou à pans coupés, orienté à l'est. En face, à l'ouest, un mur protège la façade principale et le portail d'entrée, généralement surmonté d'un porche ou d'une tour-clocher. À l'intérieur, des galeries en bois ont été rajoutées à partir du XVIᵉ siècle, afin de gagner de la place et de permettre d'accueillir tous les fidèles.

Les stèles funéraires

Ces disques de pierre dressés sur des socles sont orientés est-ouest pour bénéficier le plus longtemps du soleil. Les stèles en portent d'ailleurs souvent le symbole, sous la forme de rosaces en particulier. On a retrouvé quelques stèles discoïdales très anciennes, datant de 2500 avant notre ère, dans la province de l'Álava, mais c'est surtout à partir du XVIᵉ siècle qu'elles ont été utilisées, jusqu'à nos jours. Lantabat et Ostabat, dans la partie française, en possèdent de nombreux exemplaires ; on y trouve aussi des croix navarraises.

Littérature

Les prémices

Les premiers écrits en langue basque apparaissent à la fin du Moyen Âge, au tournant des XIVᵉ et XVᵉ siècles. Ces chants de guerre civile racontent les batailles et les faits d'armes de l'époque, les luttes de Gramont contre Beaumont. Le plus beau d'entre eux est sans conteste la *Chanson de Bereterretche*. Au même moment voient le jour les *eresiak*, sortes de complaintes à plusieurs voix de femmes, conçues pour les mariages le plus souvent. La pastorale souletine est un genre qui se développe autour de 1450 : apparentée aux mystères de l'Europe rurale de cette période, ses représentations en plein air connaissent, aujourd'hui encore, un grand succès populaire. Le premier livre entièrement rédigé en basque est imprimé au XVIᵉ siècle : c'est le grand poème de Bernard Dechepare – Bernat Echeparecoa – en hommage à sa langue : *Prémices de la langue des Basques*. À peu près en même temps, Jeanne d'Albret (mère du futur Henri IV) commande au Labourdin Lissarrague une traduction du Nouveau Testament en basque qui paraît en 1571. Dans les années qui suivent se développe autour de Ciboure et de Sare un groupe d'humanistes éclairés, parmi lesquels on remarque Joanes Etcheberri pour ses poèmes sacrés, ainsi qu'un certain Gasteluzar. En 1643, l'un des chefs-d'œuvre de la littérature basque s'impose : *Guero (Après)* d'Axular, ouvrage typiquement Renaissance par ses références au monde antique, mais aussi très populaire par sa connaissance de l'homme et du terroir basque.

Les temps modernes

Au Guipúzcoa et en Biscaye, au XVIIIᵉ siècle, les ouvrages de grammaire et de rhétorique – de Larramendi, Lizarraga et Mendiburu – engendrent un renouveau littéraire. Au XIXᵉ siècle se développe une profusion des genres, poésies, fables, textes folkloriques, comme le *Peru Abarka* de Moguel, en Biscaye, influencé par la venue de Humboldt et son travail sur les civilisations primitives. Au moment des guerres carlistes circulent de nombreux ouvrages patriotiques, mais aussi des journaux, des essais historiques et politiques, quelques romans et des poèmes, encore, dont les auteurs s'appellent Etchaun, Vilinch, Ellisamburu et Iparraguirre. Des revues apparaissent : *Euskal-Herria* à San Sebastián, *Eskualduna* au Labourd, et *Askue* à Bilbao, qui ont un certain rayonnement.

Le regard des écrivains voyageurs

De tout temps, le Pays basque a attiré les écrivains. Victor Hugo, en route vers l'Espagne avec Juliette Drouet, en 1843, relate ses impressions premières et note que les Basques sont unis par une "mystérieuse chimie selon laquelle se fait et se défait l'humanité". Pierre Loti, nommé en 1891 à Hendaye commandant de la canonnière *Le Javelot*, s'éprend du pays plus que de raison, au point de courir la montagne avec les contrebandiers, porter le béret et jouer à la pelote, jusqu'à tomber amoureux d'une jeune Basque. *Ramuntcho*, écrit en 1897, atteste ce voyage. Le poète et romancier Francis Jammes, ami de Mallarmé et d'André Gide, ne cessa de rendre hommage à sa terre natale, entre Pays basque et Béarn, dans son *Mariage basque* en particulier, publié en 1926, alors qu'il vivait à Hasparren. Pierre Benoît, installé à Ciboure à la fin de sa vie, composa un tableau de son pays d'élection, intitulé sobrement *Le Pays basque*, et publié en 1954. Roland Barthes, enfin, natif de Bayonne, évoque ses souvenirs d'enfance dans quelques passages de son autobiographie, *Roland Barthes par Roland Barthes*, parue en 1975.

Le XXe siècle

En 1919, est fondée l'Académie de la langue basque, *Euskaltzaindia,* renforçant le sentiment d'appartenance à une même communauté. Ce qui vaudra à certains d'être fusillés par les franquistes, quinze ans plus tard, comme l'animateur de la revue *Vakinta,* José de Ariztimuño, dit Aitzol, éliminé en même temps que 118 prêtres basques. On distingue notamment José Maria de Aguirre, plus connu sous le nom de Lizardi, célèbre pour son chef-d'œuvre, *Biotz begetian (Aux yeux du cœur),* ainsi qu'un certain Urquiaga, au nom de plume Lauaxeta, auteur de *Bide barrijak (Chemins nouveaux)* et *Arrats beran (Au crépuscule).* Pío Baroja, natif de San Sebastián, a écrit un roman sur la période des guerres carlistes, *Zalacain l'aventurier,* publié en 1909. La campagne et les ports de pêche sont évoqués dans les œuvres de Domingo de Aguirre – *Kresala (Eau de mer)* et *Garoa (Fougère).* Orixe, au milieu du siècle, alors qu'il était en exil, a brossé un tableau éloquent de son peuple dans *Euskaldunak (Les Basques).* Jon Mirande, Basque né à Paris, incarne la nouvelle génération dans les années 1960, rapidement suivi par Bernardo Atxaga. Né en 1951 près de San Sebastián, ce dernier est bien accueilli par la presse comme par le public.

Peinture

Les premières représentations artistiques du Pays basque qui nous soient connues sont les grands tableaux du peintre de cour, chargé des ports de France, Joseph Vernet. Il vient à Bayonne en 1759, y passe deux ans, et livrera deux vues de la ville, précieux témoignages de cette époque. Moins pittoresque et plus proche de la nature, la vision des peintres de la seconde moitié du XIXe siècle s'apparente à celle de l'école de Barbizon. Julien Valette, mais aussi Lucien Jouin, Léon Bonnat, parviennent à capter les nuances subtiles d'un bleu qui ici ne finit jamais.

Gernika

Doit-on encore présenter ce célébrissime tableau de Picasso, commandé par le gouvernement républicain espagnol en 1937 et baptisé du nom de la petite ville basque, après son effroyable bombardement ? Corps disloqués, détresse expressionniste des visages, dans un espace à plans triangulaires, propre au cubisme. Le taureau y symbolise la brutalité aveugle, le cheval représente le peuple, et la colombe blessée, la liberté. Dans cette œuvre éminemment forte, bouleversante, aux teintes crépusculaires, Picasso dit exprimer son "horreur de la caste militaire qui a fait sombrer l'Espagne dans un océan de douleur et de mort". Après avoir été longtemps exposé au Museum of Modern Art de New York, il est conservé depuis 1981 à Madrid.

Gastronomie et boissons

Les produits phares

Sur la côte, le poisson est roi : thon rouge (sa pêche pourrait être interdite à partir de 2011 afin de protéger l'espèce) ou blanc, sardine, anchois, mais

PANORAMA

PANORAMA

● **LES *PINTXOS***
On picore cette variante locale des tapas à l'apéritif : croquettes au fromage ou de morue, chipirons grillés et jambon finement tranché, parmi bien d'autres *banderillas*, petites brochettes succulentes à commander avec un verre de rioja ou de txakoli.

aussi daurade, sole, merlu. À leurs côtés, sur les étals, vous trouverez des petits encornets, les chipirons, ainsi que quelques palourdes, les seuls coquillages de la région. À l'intérieur du pays : le fromage de brebis, l'ossau-iraty côté français, se déguste avec de la pâte de coing ou de la confiture de cerise noire – un régal ! – tout comme l'idiazabal, du côté espagnol, meilleur encore que son cousin le roncal. Autre vedette : l'incontournable jambon de Bayonne. Attention, il ne vient pas toujours de la région, il n'y a parfois été qu'affiné les derniers mois. Goûtez au *jabugo*, élaboré à partir de viande de porc sauvage, nourri aux châtaignes et aux glands, ou le *serrano*, côté espagnol. Les charcuteries, lorsqu'elles sont artisanales, sont succulentes : plus d'un gourmand se damnerait pour une petite saucisse de foie, un *chichon* – rillon fondant – et quelques tranches de ventrèche – une délicate poitrine fumée, relevée de piment. Les champignons sont également à l'honneur, des cèpes dans leur grande majorité. Enfin, le piment, d'Espelette ou des environs, emblème incontournable du Pays basque, est utilisé haché ou en purée, en condiment. Sans oublier les douceurs traditionnelles – le chocolat amer de Bayonne, San Sebastián et Tolosa, mais surtout les macarons et les *muxu*, des biscuits et pâtisseries à base de pâte d'amandes ou de pignons. Et vous ne repartirez pas sans quelques tablettes de *turrón*, un succulent nougat.

Les spécialités

Évoquons en premier lieu la piperade, savoureuse compotée de tomates, poivrons, ail et oignons, qui accompagne nombre de viandes et de poissons, dont l'agneau et le thon grillés, ou bien encore le poulet, qui alors devient "basquaise", et la morue mijotée, dite "à la biscayenne" ou *bacalao al pil-pil*. On y ajoute parfois quelques tranches de jambon et des œufs brouillés, et c'est un plat complet. Plat traditionnel des jours de foire, l'*axoa* de veau, au piment d'espelette, est un plat familial très apprécié. Le *marmitako*, ragoût traditionnel à base de thon et de pommes de terre, se consomme sur la côte, en particulier entre Bermeo et Lekeitio. Le merlu se mange *koxkera*, passé à la poêle avec de l'huile d'olive et une poignée de légumes frais. Le *ttoro*, soupe de poisson typique des environs de Saint-Jean-de-Luz, était cuisiné avec des têtes de morue puis avec du merlu, épaissi de pommes de terre. Le *txanguro*, araignée de mer farcie et cuite au four, est apprécié à Azpeitia et sur la côte du Guipúzcoa et de la Biscaye. Enfin à Noël, on se régale de civelles, ou pibales, servies en cassolette avec de l'ail et du piment.

Les vins

Le Pays basque dispose de plusieurs vignobles, de qualités variées. Celui de l'irouléguy, côté français, produit aujourd'hui d'excellents vins. Si sa surface, 200ha, en fait le plus petit vignoble français, il a traversé les siècles : les premiers pieds de vigne furent plantés par les moines de Roncevaux, au xie siècle, sur des terrasses escarpées, encore aujourd'hui difficiles à travailler. À l'époque, les moines élevaient un vin destiné aux pèlerins en route vers Saint-Jacques, mais aujourd'hui l'irouléguy se vend aussi à Paris. Récoltés à la main, les raisins composant les vins rouges ou rosés sont issus de cépages bordelais – tannat, cabernet franc et sauvignon. Les vins blancs sont assemblés à partir de cépages locaux : courbu et manseng. Côté espagnol, aux environs de Getaria et de Bakio, entre Guipúzcoa et Biscaye, on obtient un vin blanc sec et mousseux surprenant, le txakoli. Ce tout petit terroir – 80ha seulement – est planté du cépage curixketu, travaillé à la main et de façon traditionnelle. Mais les vins de renom de la région sont incontestablement ceux de la Rioja – la Rioja Alavesa, en Álava, pour la partie basque, sur quelque 8 000ha autour de Labastida, en particulier. Très tanniques, les vins rouges sont issus du cépage tempranillo. Pour mieux protéger les baies du soleil et de la chaleur, les pieds de vigne sont taillés en godet, non palissés, pour rester assez touffus. Le Navarra, enfin, est le plus grand vignoble – 13 000ha – et la qualité de ses vins, des rosés élaborés à base de grenache, même si elle n'a pas encore atteint celle de ses voisins, progresse sûrement.

Le cidre

Autrefois présentes partout au Pays basque, les cidreries font désormais la réputation du Guipúzcoa, en hiver surtout lorsque l'on y déguste le cidre tout frais tiré du tonneau, à la *kupela*. Son goût varie selon les pommes : récoltées une fois tombées à terre, elles peuvent être plus ou moins acidulées ou sucrées. Les cidreries offrent également, sur place, de quoi se sustenter – certaines sont devenues de véritables restaurants où l'on se presse le soir en fin de semaine.

Enfants du pays

JUAN SEBASTIÁN ELCANO (1487-1526) Tout jeune, il navigue sur des bateaux de pêche à Getaria, puis s'embarque au long cours en 1509, vers la Méditerranée. En 1519, il fait route avec Magellan pour les Indes orientales, et à la mort de celui-ci en 1521 aux Philippines, il prend la tête de l'expédition jusqu'au cap de Bonne-Espérance. Juan Sebastián Elcano revient en 1522 en Espagne, après avoir réalisé un tour du monde complet.

IGNACIO DE LOYOLA (1491-1556) L'homme d'Église voit le jour dans l'une des belles demeures fortifiées du Guipúzcoa, à Azpeitia, au sein d'une famille noble. Blessé lors du siège de Pampelune, il revient dans la demeure familiale pour une longue convalescence au cours de laquelle il fait une expérience spirituelle déterminante. Après quelques mois de retraite et un pèlerinage à Jérusalem, il consacre sa vie à l'évangélisation. Avec ses premiers disciples, il fonde la Compagnie de Jésus – une histoire que l'on parcourt pas à pas dans le sanctuaire aménagé en son honneur, à Azpeitia.

JEANNE D'ALBRET (1528-1572) Fille du roi de Navarre Henri d'Albret et de Marguerite d'Angoulême (la sœur de François Ier), elle fut à son tour reine de Navarre, de 1555 à 1572, mariée un temps au duc de Clèves puis à Antoine de Bourbon, dont elle aura un fils, le futur Henri IV. Farouche calviniste et,

PANORAMA

comme sa mère, grande amie des lettres, elle encourage la traduction du *Nouveau Testament* en basque, en 1571, par un Labourdin : Lissarrague, l'un des premiers grands écrivains basques avec Dechepare et Axular, tous trois hommes d'Église.

LÉON BONNAT (1833-1922) Le musée des Beaux-arts de Bayonne, sa ville natale, porte son nom. Ce peintre doit sa notoriété aux portraits de Thiers, Jules Ferry, Mme Léopold Stern et Victor Hugo. Grand collectionneur, il rassembla des dessins et peintures du monde entier.

FRANCIS JAMMES (1868-1938) Le poète passe une grande partie de son enfance à Pau, puis après quelques années consacrées à sillonner le monde, vient finir sa vie à Hasparren. Il y reçoit François Mauriac, Roger Martin du Gard et Paul Valéry, dans sa maison d'Eyhartzea.

PÍO BAROJA (1872-1956) Écrivain parmi les plus marquants du début du XXᵉ siècle, il a mis en scène la vie des Basques et des Espagnols et s'est attaché à décrire l'existence des exclus. Dans *Zalacain l'aventurier* (1909), il aborde l'épisode tourmenté des guerres carlistes. Il n'est pas une ville basque qui n'ait une rue à son nom aujourd'hui…

MAURICE RAVEL (1875-1937) Parti jeune de Ciboure, le compositeur n'a cessé de revenir dans son pays natal. On ne présente plus ce créateur, auquel trois œuvres assurèrent une renommée mondiale : le *Boléro* (1928), le *Concerto en sol* et le *Concerto pour la main gauche* (1931). Il fut l'ami de Satie, Larbaud, Diaghilev et Stravinski.

JOSEPH APESTEGUY (1881-1950) Dit "Chiquito de Cambo", le joueur de pelote le plus célèbre du Pays basque d'avant-guerre, acclamé par les plus grands : Edouard VII d'Angleterre comptait parmi ses plus fervents supporters.

RAMIRO ARRUE (1892-1971) Peintre, il a célébré l'amour de son pays natal, le culte de la terre, des travaux agricoles, de la mer. On visite encore aujourd'hui son atelier à Ciboure, dans la rue Maspoue.

CRISTÓBAL BALENCIAGA (1895-1972) C'est sur les quais de Getaria, sa ville natale, que, enfant déjà, il rêve de robes pour parer les femmes. Personnalité austère et énigmatique, dotée d'un immense talent, il devient l'un des grands de la haute couture du XXᵉ siècle.

JORGE OTEIZA (1908-2003) Né en 1908 à Orio, ce grand sculpteur basque, poète mystique, fut pendant un temps proche de Chillida, avant de s'en éloigner. Les œuvres des deux artistes sont pourtant souvent réunies, dans les musées, au fil des places et des rues du pays.

LUIS MARIANO (1914-1970) Arcangues, petit village du Labourd où est enterré Luis Mariano, conserve une splendide statue du chanteur, œuvre de Paul Belmondo.

ROLAND BARTHES (1915-1980) C'est à Bayonne que l'écrivain passe ses dix premières années. Dans son autobiographie *Roland Barthes par Roland Barthes*, éditée en 1975, il évoque les différentes atmosphères de cette ville à travers ses odeurs : la corde des sandaliers, la cire des vieux bois, l'huile espagnole et quelques effluves de chocolat…

PEPITA EMBIL (1918-1993) Mère du célèbre ténor Placido Domingo, née à Getaria, elle commence par des cours de chant à San Sebastián, puis débute sa carrière au théâtre Liceo de Barcelone. Grande vedette lyrique espagnole, elle épouse le baryton Placido Domingo père avec qui elle s'installe au Mexique. Ils y créent leur propre compagnie lyrique et y élèvent leurs enfants.

EDUARDO CHILLIDA (1924-2002) Sculpteur philosophe, épris de lumière, de formes, créateur selon Bachelard d'un "cosmos de fer", il naît à San Sebastián où il passe une grande partie de sa vie. Il revient en 1951 à Hernani dans sa splendide propriété, dotée d'un jardin immense où sont exposées ses plus belles œuvres. Sa femme veille aujourd'hui encore sur ce domaine qu'il faut absolument visiter. Pour voir les autres sculptures de Chillida, sillonnez le Pays basque, de la baie de la Concha au jardin de Gernika…

GABRIEL ARESTI (1933-1975) Poète engagé, à la tête du mouvement de renaissance de la littérature basque d'après-guerre. Il prit le relais de Jon Miranda pour faire revivre la poésie basque, mais mourut prématurément, entrant dans la légende.

PANORAMA

GEOPRATIQUE

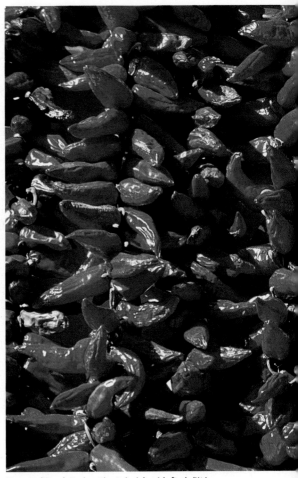

Piments d'Espelette (p.148), mis à sécher à la fin de l'été.

INFORMATIONS
UTILES DE A À Z

ALLER AU PAYS BASQUE EN AVION

de France

Air France Des vols quotidiens au départ de Paris (Roissy-CDG et Orly) sont programmés vers les aéroports de Bilbao (durée 1h45, AR à partir de 119€) et de Biarritz (1h15, AR à partir de 60€). Vers ce dernier, départs possibles de nombreuses villes en France. Renseignez-vous bien sur les tarifs appliqués par Air France : gammes "Évasion" aux prix évoluant en fonction de la date d'achat et "Week-end" pour des voyages autour du week-end avec des réservations jusqu'à la veille du départ. Attention, l'offre "Week-end" n'est ni remboursable ni échangeable. Par ailleurs, des tarifs préférentiels sont accordés aux moins de 25 ans, étudiants (jusqu'à 26 ans), couples, familles, seniors et enfants. Enfin, la carte "Flying blue" permet d'additionner des miles afin de bénéficier de billets gratuits (carte nominative valable sur les vols France et étranger). En ligne : "Coup de cœur" est une sélection de destinations de dernière minute en France et en Europe proposée à prix réduit le mercredi, à partir de minuit. Possibilité de réserver un billet sur le site Internet. *49, av. de l'Opéra 75002 Paris Tél. 3654 www.airfrance.fr*

EasyJet Cette compagnie low cost effectue deux vols quotidiens en semaine au départ de Paris (Roissy-CDG) vers Biarritz, à partir de 31,49€. *www.easyjet.com*

de Belgique

SN Brussels Airlines La compagnie belge effectue deux vols par jour en semaine et un vol quotidien le week-end vers Bilbao. Comptez 2h de vol et à partir de 119€ pour un billet AR.

www.brusselsairlines.com **France** *Aéroport-CDG Terminal 1, 95700 Roissy-en-France Tél. 0892 64 00 30* **Belgique** *Aéroport Bruxelles Ringbaan, 26 1831 Diegem Tél. 09 025 16 00*

de Suisse

Air France Air France assure des vols tlj. entre Genève et Biarritz à partir de 249FS pour un billet AR. *Comptoir de vente dans l'aéroport de Genève Tél. 022 827 87 81 www.airfrance.ch*

Flybaboo Vols à bas coût en saison entre Genève et Biarritz. *www.flybaboo.com*

du Canada

Air Canada La compagnie n'effectue pas de liaison directe vers le Pays basque mais vous pouvez prendre un vol (1 à 2 vols/j.) direct Montréal-Paris (AR à partir de 718$) puis une correspondance (cf. de France). Il est également possible de faire Montréal-Bilbao via Francfort tlj. à partir de 1 200$ (la liaison Francfort-Bilbao étant assurée par la Lufthansa). *www.aircanada.com* **France** *Aéroport Charles-de-Gaulle Terminal 2A porte 5 Paris Tél. 0825 880 881* **Espagne** *Av. de Concha-Espina, 2a Planta 28016 Madrid Tél. 914 58 55 71* **Canada** *Comptoir de vente dans les aéroports de Montréal et de Toronto Tél. 1 888 247 2262*

Air France *2000, rue Mansfield Montréal Québec H3A 3A3, Aéroport International de Toronto-Pearson Terminal 3 Toronto Ontario Tél. 1 800 667 2747 www.airfrance.ca*

mesures de sécurité pour le bagage de cabine

Rappelons que, lorsqu'ils passent aux points de contrôle de sécurité des aéroports européens et canadiens, les voyageurs peuvent avoir en leur possession des produits liquides (gels, substances pâteuses, lotions, contenu des récipients à pression, dentifrice, gel capillaire, boissons, potages, sirops, parfums, mousse à raser, aérosols...) à condition que les contenants ne dépassent pas, chacun, 100ml ou 100g et qu'ils soient regroupés dans un sac en plastique transparent à fermeture par pression et glissière, bien scellé, d'une capacité maximale de 1l (environ 20cmx20cm). Les articles ne doivent pas remplir le sac à pleine capacité ni en étirer les parois. Un seul sac est permis par personne. Les aliments pour bébé et le lait, quand les passagers voyagent avec un enfant de deux ans ou moins, de même que les médicaments vendus sur ordonnance et les médicaments essentiels en vente libre ne sont pas soumis à ces restrictions. Nous vous conseillons donc de placer dans vos bagages de soute, avant l'enregistrement, tous les produits liquides dont vous n'aurez pas besoin en cabine.

ALLER AU PAYS BASQUE EN TRAIN

de France

Plusieurs TGV quittent tous les jours Paris-Montparnasse pour Irun (5h30 de trajet), via Bayonne, Biarritz et Hendaye. Au retour, le départ s'effectue à Hendaye. Un train de nuit rejoint Irun (départ de la gare d'Austerlitz à 23h10, arrivée à 7h36). Un auto/train au départ de Paris vers Biarritz est proposé tous les jours en été et 3 fois par semaine en hiver, de 49 à 271€ AS. Départs aussi de Metz et Strasbourg en été, une fois/semaine. Le Trainhôtel Elipsos relie Paris à plusieurs villes d'Espagne, dont Vitoria-Gasteiz (8h30 de trajet et AS env. 151€ en siège inclinable). *Rens.* *Tél. 3635 www.voyages-sncf. com et www.elipsos.com*

de Belgique

Pas de train direct vers le Pays basque mais une vingtaine de Thalys Bruxelles-Paris (1h25) sont proposés tous les jours. Prendre ensuite une correspondance (cf. de France). Autre solution, un train par jour relie Bruxelles à Bordeaux (AS à partir de 43€), puis prendre une correspondance. *Tél. 02 528 28 28 www. b-rail.be*

de Suisse

Un train de nuit (tlj. en été) fait la liaison Genève-Biarritz (départ 20h44, arrivée 10h34) et Genève-Hendaye (arrivée 10h58). Couchette AS à partir de 173FS. **CFF** *Tél. 0900 300 300 www.cff.ch*

réductions SNCF

Avec le tarif Loisir, les voyageurs occasionnels qui réserveront le plus tôt possible leur billet bénéficieront de prix avantageux. Un tarif Loisir "week-end" (AR avec nuit du samedi sur place, ou AR dans la journée du samedi ou du dimanche) accorde également une remise, variable selon les disponibilités et la date de réservation. Les tarifs Prem's permettent d'obtenir des prix très attractifs (à partir de 17€ pour les trains Téoz, de 22€ pour les TGV), à condition de les réserver longtemps à l'avance (jusqu'à trois mois). Pour les voyageurs réguliers, des cartes annuelles attribuent des réductions diverses : carte Enfant + (69€, de 25 à 50% pour les enfants de moins de 12 ans, et 4 accompagnateurs au

PRATIQUE

PRATIQUE

plus), 12-25 ans (49€, de 25 à 60%), Senior (55€, de 25 à 50% pour les plus de 60 ans) et Escapades (85€, de 25 à 40% pour tout AR de plus de 200km avec nuit du samedi sur place, ou AR dans la journée du samedi ou du dimanche). La SNCF propose également des avantages pour les professionnels, les grands voyageurs, les familles nombreuses, les groupes, etc. **SNCF** *Tél. info. 3635 www.voyages-sncf.com*

pass InterRail

Les compagnies de chemin de fer de 30 pays d'Europe se sont unies pour proposer 2 pass, permettant de voyager en 1re ou en 2de classe. *Rens. http://francais.interrailnet.com et www.interrail.net*
Global Pass Il est valable dans l'ensemble des pays (sauf celui d'origine), pour une durée de 5 jours à un mois, sans limite de trajets. Pour un pass de 5 jours (utilisable sur une période de 10 jours) en 2de classe, comptez 249€ en plein tarif, 159€ pour les moins de 26 ans. Pour 1 mois, comptez 599€ en plein tarif, 399€ pour les moins de 26 ans.
One Country Pass On peut l'utiliser dans un seul pays, parmi un choix de 27, pour une durée de 3, 4, 6 ou 8 jours consécutifs ou non, sur une période d'un mois. En France, le prix du Pass en 2de classe va, pour un adulte, de 189 à 299€, et de 125 à 194€ pour un jeune de moins de 26 ans. En Espagne, comptez de 109 à 229€ en 2de classe pour un adulte, et de 71 à 149€ pour un jeune de moins de 26 ans.

promotions

Des promotions de "Dernière minute", uniquement sur Internet avec paiement en ligne, proposent, le mardi, des billets avec 50% de réduction pour 50 destinations à utiliser entre le mercredi et le mardi suivant. Tous ces billets sont nominatifs, non remboursables et non échangeables.

ALLER AU PAYS BASQUE EN CAR

de France

Eurolines propose des liaisons régulières entre de nombreuses villes en France et Bilbao, Irun, San Sebastián, Pampelune et Vitoria. Paris-Bilbao : env. 11h30 de trajet et à partir de 108€ AR. *Gare routière internationale Paris Gallieni 28, av. du Général-de-Gaulle BP 313 93541 Bagnolet Cedex Tél. 0892 89 90 91 www.eurolines.fr*

de Belgique

Liaisons régulières entre Bruxelles et Bilbao, via San Sebastián : 25h de trajet et à partir de 104€ AR. Pour Bayonne : 18h et 100€. *Coach Station CCN Rue du Progrès, 80 1000 Bruxelles Tél. 02 274 13 50 www. eurolines.be*

de Suisse

Trois bus par semaine effectuent la liaison Genève-Bilbao : env. 15h et à partir de 243FS AR. *Alsa + Eggmann Rue du Mont-Blanc, 14 Genève Tél. 022 716 91 10 www.eurolines.ch*

pass, réductions et promotions

Le pass Eurolines, 15 ou 30 jours, permet de voyager entre 45 villes européennes. Pass à 205€ (15 j.) et 310€ (30j.), tarifs basse saison. Réduction de 10% pour les moins de 26 ans, et promotions ponctuelles, se renseigner. *www.eurolines-pass.com*

Accès

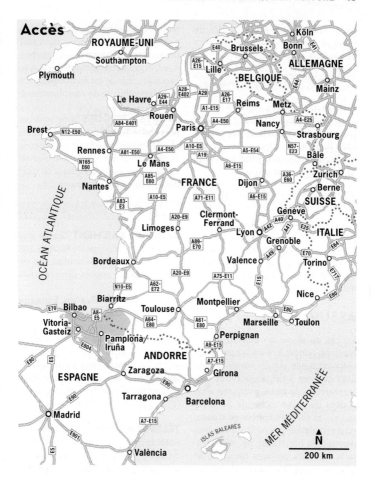

PRATIQUE

ALLER AU PAYS BASQUE EN VOITURE

de France

De Paris, prendre l'autoroute "Aquitaine" (A10) jusqu'à Bordeaux. De là, suivre la direction de Bayonne (A63 et N10) et emprunter l'A8 pour San Sebastián ou Bilbao. Prévoir environ 60€ de péage. Paris-Bayonne : 770km. De Lyon, emprunter l'axe autoroutier (cf. de Suisse) Saint-Étienne-Clermont-Ferrand-Bordeaux pour rejoindre l'A63 et l'A10. Lyon-Bayonne : 750km. De Marseille, prendre l'A54 jusqu'à Nîmes puis l'A9 avant d'obliquer après Narbonne sur l'A61 jusqu'à Toulouse. À partir de Toulouse, emprunter l'A64 vers Pau et Bayonne. Marseille-Bayonne : 700km.

de Belgique

De Bruxelles, prendre la direction de Lille (E429), puis celle de Paris

PRATIQUE

par l'"autoroute du nord" (A1) (cf. de France). Bruxelles-Bayonne : 1 075km et env. 70€ de péage.

de Suisse

À partir de Genève, rejoindre Lyon (A40 et A42), puis Clermont-Ferrand (A47 et A72) où vous pourrez prendre l'A89 direction Bordeaux. À proximité de Bordeaux, suivre l'A63 et la N10. Env. 930km et 55€ de péage.

formalités

Pour circuler dans l'Union européenne, munissez-vous des papiers du véhicule, de votre assurance de responsabilité civile, de votre permis de conduire et d'une carte d'identité nationale ou d'un passeport.

ASSURANCES

En cas de séjour en Euskadi ou en Navarre, pensez à relire le contrat de votre mutuelle afin de savoir si vous êtes couvert à l'étranger. Pour une couverture de base, procurez-vous auprès de votre caisse de Sécurité sociale la carte européenne d'assurance maladie (CEAM) : elle vous permet de bénéficier de soins gratuits dans les services de santé et hôpitaux publics. Les cartes bancaires prévoient une assistance médicale à l'étranger plus complète (mais avec une franchise) ainsi que le rapatriement médical – renseignez-vous auprès de votre banque avant de souscrire une éventuelle assurance complémentaire.
Europ Assistance *Tél.* 01 41 85 85 85 *www.europ-assistance.fr*
Mondial Assistance *Tél.* 01 40 25 25 04 *www.mondial-assistance.fr*

PANNES OU ACCIDENTS DE VOITURE Les contrats d'assurance auto-mobile comprennent un service d'assistance en cas de panne ou d'accident : frais de remorquage, rapatriement et/ou hébergement des passagers si le véhicule est immobilisé, location d'un véhicule de remplacement.

SPORTS À RISQUES Ils ne sont pas tous couverts par les mutuelles classiques. Dans ce cas, il faut souscrire une assurance spéciale, ou bien pratiquer ces activités dans le cadre d'un club, qui en principe vous couvre.

perte et vol

CARTE DE PAIEMENT Quelle que soit votre carte, appelez le 0892 705 705 (7j./7, 24h/24). N'oubliez pas de déclarer le vol auprès des autorités locales.
Annulation CB Visa en Espagne *Tél.* 900 99 11 24

CHÉQUIER Contactez immédiatement votre banque pour faire opposition. Vous pouvez en plus déclarer le vol de vos chèques au Centre régional d'appel des chèques perdus ou volés (7j./7, 24h/24). *Tél.* 0892 68 32 08

TÉLÉPHONE PORTABLE Pensez à noter le numéro d'identification IMEI de votre appareil (il s'affiche quand vous composez le *#06# sur votre clavier) : il permet de bloquer votre téléphone et vous sera demandé lors de toute déclaration à la police ou à la gendarmerie. Pour suspendre la ligne, contactez votre opérateur.

BUDGET ET SAISONS TOURISTIQUES

budget

Vous vous apercevrez très vite que les prix diminuent au fur et à mesure que vous vous éloignez du littoral.

Une baisse perceptible autant pour le logement que pour la restauration. Il vous sera par ailleurs pratiquement impossible en saison de loger à proximité des plages, même en camping, si vous n'avez pas réservé. À l'intérieur des terres (Álava, Basse-Navarre, Soule et Navarre), l'offre hôtelière est plus restreinte, mais également plus modeste : gîtes et campings ruraux constituent une alternative abordable pour les séjours en famille. Pour dormir, vous débourserez en moyenne 20€ (2 pers. en camping) et 60€ la nuit (dans une double confortable). Pour vous restaurer, les menus démarrent à 15€ environ, mais on peut trouver de bonnes formules de midi à 10€ environ. À la carte, tablez plutôt sur 30€ minimum le repas dans un bon établissement. Enfin, un déjeuner rapide (salade gourmande ou omelette aux cèpes) vous coûtera entre 7 et 10€ (cf. Hébergement et Restauration).

saisons touristiques

Les hôteliers pratiquent habituellement trois saisons tarifaires : une basse saison de décembre à mai, une moyenne saison en juin-début juillet et septembre, une haute saison lors du pic d'affluence à partir de mi-juillet jusqu'à fin août. Ce calendrier varie un peu en fonction des vacances scolaires, des jours fériés et des attraits spécifiques de l'endroit ; ainsi, les prix augmentent en hiver à Iraty (pistes de ski de fond et randonnées en raquette) ou pendant la saison de la chasse à la palombe, dans l'arrière-pays : hôtels et restaurants à proximité des cols de chasse affichent très vite complet.

gamme de prix

Sauf mention contraire, nos prix s'entendent en haute saison, sur la base d'une chambre double standard équipée de salle de bains, sans le petit déjeuner ni la taxe de séjour (fixée par la commune, elle est généralement incluse dans le prix indiqué au public). Pour les restaurants, il s'agit du prix moyen d'un repas complet sans les boissons.

CARTES ROUTIÈRES

Il vous sera difficile de trouver une carte routière satisfaisante du Pays basque "unifié". Pour circuler côté nord, la carte IGN TOP 100 *Pau-Bayonne* (n°69) s'avère idéale, car elle correspond mieux à la région qu'une carte du département. À l'échelle 1/100 000, elle indique les courbes de niveaux et les curiosités touristiques (musées, chapelles, dolmens et cromlechs, GR®, etc.). Côté sud, la carte la plus pratique est celle des éditions Michelin : *País Vasco, Navarra, La Rioja* (n°573). Editorial Everest publie aussi une carte de l'Euskadi, *Comunidad autónoma vasca*. Vous trouverez toutes ces cartes sur place, en librairie, dans les grandes agglomérations. Pour les cartes topographiques, cf. Sports et loisirs, Randonnée pédestre.

PRATIQUE

GAMME DE PRIX	RESTAURATION	HÉBERGEMENT
Très petits prix	moins de 10€	moins de 30€
Petits prix	de 10€ à 15€	de 30€ à 40€
Prix moyens	de 16€ à 25€	de 41€ à 60€
Prix élevés	de 26€ à 45€	de 61€ à 80€
Prix très élevés	plus de 45€	plus de 80€

PRATIQUE

FÊTES ET MANIFESTATIONS

Carnavals, *romerias*, foires gastronomiques et fêtes patronales rythment la vie du moindre des villages basques. Ces festivités s'accompagnent le plus souvent de danses et de chants traditionnels, de défilés costumés. Au sud, il faut ajouter à ces réjouissances les *tamborradas*, *ferias* et *encierros* – les plus importants sont ceux de Vitoria, San Sebastián, Bilbao et Pampelune. Pour ne rien rater de ces manifestations, procurez-vous dans les offices de tourisme le *Guide des fêtes en Pays basque*, très complet. En Espagne, vous trouverez également dans les offices de tourisme des brochures détaillant les manifestations par province.

fêtes et manifestations

Janvier	**San Sebastián, Azpeitia** *Tamborrada*, le 20 janvier
	Espelette Foire du pottok, derniers mar.-mer.
	Biarritz Fipa, festival international de cinéma
Février-mars	**Tolosa, Zalduondo, Lanz, Altsasua** Carnavals
	Javier Pèlerinages de Saint François-Xavier, le 1er week-end de mars
Avril	**Bayonne** Foire aux jambons, durant la Semaine sainte
	Balmaseda, San Sebastián Processions de la Semaine sainte
	Vitoria *Romería* de San Prudencio, le 28 avril
Juin	**Oñati** Processions de la Fête-Dieu, le dim. suivant la Fête-Dieu
	Biarritz Casetas de Biarritz, la dernière sem. (mer.-dim.) de juin
	Burguete Fête de la Saint-Jean, le 23 juin
	Tolosa Bordon Dantza, le 24 juin
	Saint-Jean-de-Luz Fêtes de la Saint-Jean, 4 jours fin juin
	Lekeitio Fête des pêcheurs (Kaxarranka), le 29 juin
	Irun *Alarde* de San Marcial, le 30 juin
Juillet	**Biarritz** Compétitions de *cesta punta* en juillet-août
	Bayonne Saison des ferias, en juillet-août
	San Sebastián, Vitoria, Getxo Festival international de jazz
	Zumarraga Ezpata-Dantza à l'ermitage de l'Antigua, le 2 juillet
	Pampelune San Fermín, du 6 au 14 juillet
	Bayonne La Ruée au jazz, mi-juillet
	Santurzi Offrande à la Vierge du Carmen, le 16 juillet
	Antzuola Alarde del Moro, 2e ou 3e sam. de juillet
	Hondarribia Fêtes de la Kutxa, le 25 juillet
	Tudela Fêtes de la Sainte-Anne, sem. autour du 26 juillet
	Ordizia Esku-Dantza de Santaneros, le 27 juillet
Août	**Bayonne** Fêtes de Bayonne, 5 j. : le 1er week-end d'août
	Estella Fête patronale, autour du 1er dim. d'août
	Vitoria-Gasteiz Fêtes de la Virgen Blanca, du 4 au 9 août
	Mauléon Fête de l'espadrille, le 15 août
	San Sebastián Semana Grande, semaine du 15 août
	Saint-Palais Festival de force basque, 3e dim. d'août
	Tardets Foire aux fromages, fin août

Septembre	**Ochagavia** Romería de la Vierge de la Muskilda, le 8 septembre
	Biarritz Le Temps d'aimer, festival de danse
	Hondarribia Alarde, le 8 septembre
	Zarautz Euskal Jaia – fête basque, le 9 septembre
	San Sebastián Régates de traînières, 1er et 2e dim. de septembre
	Sare Sarako bestak, sem. du 2e dim. (sam.-mer.) de septembre
	Oñati Concours international de chiens de berger, le dim. avant le 29 septembre
	San Sebastián Festival international de cinéma
	Biarritz Festival de Biarritz, cinéma et culture d'Amérique latine, septembre-octobre
	Vitoria-Gasteiz Festival international de théâtre, à partir de fin septembre et pendant 2 mois
Octobre	**Elorrio** Alarde et aurresku d'Errebordillos, le 1er dim. d'octobre
	Bayonne/Biarritz Festival de théâtre franco-ibérique et latino-américain
	Espelette Fête du piment, dernier week-end d'octobre
Décembre	**Segura** San Nicolas Obispillo, le 6 décembre
	Zumarraga et Urretxu Foire de Sainte-Lucie, le 13 décembre
	Bilbao, San Sebastián, Azpeitia Saint-Thomas, le 21 décembre
	Labastida Noël des bergers, les 24 et 25 décembre

PRATIQUE

HANDICAPÉS

Seuls les musées et hôtels les plus récents répondent aux normes d'accueil des personnes à mobilité réduite. Cependant, certains campings et chambres d'hôtes, sensibilisés par les associations, font un effort dans l'aménagement de leurs installations. Les villes balnéaires disposent presque toutes d'une plage offrant services (personnel) et équipements adaptés aux handicapés moteurs. En France, elles sont labellisées par Handiplage (rampes d'accès, tiralos, présence de handiplagistes). Cette association édite aussi un guide du Pays basque, *Handi Long*, répertoriant les hébergements, restaurants, piscines et structures de loisirs adaptés aux handicapés moteur ou autres. Le comité départemental de tourisme fournit la liste des établissements, des lieux de visites et des prestataires d'activités labellisés Tourisme et Handicap.
Association des paralysés de France–Délégation départementale Pays
basque 2, rue Jacques-Lafitte 64400 Bayonne Tél. 05 59 59 02 14 www.apf. asso.fr
Association Handiplage 39, rue des Faures 64100 Bayonne Tél. 05 59 59 24 21 www.handiplage.fr
Comité départemental de tourisme www.tourisme64.com

HÉBERGEMENT

campings

La solution la moins onéreuse pour le tourisme de loisirs classique. Les campings sont très nombreux sur la côte, mais le plus souvent bondés (réservation indispensable en été) et suréquipés (piscines, aires de jeux, animations). En saison, les prix atteignent environ 20€ pour 2 pers. (emplacement de voiture compris). Dans l'arrière-pays, l'offre s'élargit du camping 5 étoiles à l'aire naturelle attenante à une ferme où, si le confort est sommaire, la vue sur les Pyrénées ou la campagne déçoit rarement. Pensez à vous renseigner auprès des auberges de jeunesse : certaines disposent également d'un terrain où il est possible de planter sa tente. Les campings ouvrent généralement d'avril à octobre.

Gîtes de France Consultez la sélection de "Campings à la ferme" : des emplacements spacieux, un cadre rural, un terrain arboré. *56, rue Saint-Lazare 75439 Paris Cedex 9 Tél. 01 49 70 75 75 www.gites-de-france.com*

Campings de charme en terre basque Cette association regroupe dix campings en Pays basque nord, qui ont en commun leur taille modeste et un accueil familial. *www.lescampingsdecharme.com*

Federación de Euskadi de campings La liste des campings fédérés en Euskadi. *Tél. 943 83 48 01 www.campings euskadi.com*

Asociación de campings de Navarra Un site en français, recensant une vingtaine de campings en Navarre. *Tél. 948 26 84 12 www.campings navarra.com*

auberges de jeunesse

On en compte deux au nord, une bonne vingtaine côté Pays basque espagnol. Elles n'offrent pas toutes le même niveau de confort, mais les meilleures jouissent d'un bel environnement et proposent principalement des chambres doubles ou quadruples, dotées de salles de bains. Comptez de 15 à 20€/pers. la nuitée selon la saison.

Fédération unie des auberges de jeunesse (FUAJ) *Tél. 01 44 89 87 27 www.fuaj.org*

Red de Albergues Juveniles (REAJ) Le réseau espagnol de la IYHF est géré par les communautés autonomes. Il faut être muni de sa carte FUAJ ou bien l'acheter sur place pour pouvoir y accéder. *Euskadi Tél. 945 01*

95 39 *Navarre Tél. 848 42 78 99 www. gazteaukera.euskadi.net www.cfna varra.es Espagne www.reaj.com*

gîtes, chambres d'hôtes et fermes auberges

CHAMBRES D'HÔTES Ce mode d'hébergement connaît un véritable engouement des deux côtés des Pyrénées. Un succès dû à la modicité des prix (à partir de 40€ la double) et à la réelle qualité de l'accueil. Pour une somme allant de 40 à 70€, il n'est pas rare de se retrouver dans une chambre de caractère (décoration soignée, vue) aux prestations excellentes (literie et propreté impeccables, confitures et pains maison, accueil personnalisé). Sans parler du plaisir de loger dans une ferme traditionnelle restaurée, une maison noble médiévale en pleine campagne, une villa balnéaire du XIXe siècle... Le petit déjeuner est compris dans le prix de la nuitée. Les principaux labels sont décernés par Gîtes de France et Clévacances. En Espagne, on les appelle *casas rurales* – terme qui désigne aussi bien la chambre chez l'habitant que le gîte rural. Pour vous renseigner, consultez les sites officiels www.euskadi.net (renseignements en français sur des hôtels, gîtes, itinéraires, événements... et possibilité de télécharger des brochures) et www. turismo.navarra.es. Si vous prévoyez de loger dans un coin de campagne reculé, pensez à demander si le propriétaire propose la table d'hôtes.

Gîtes de France Pyrénées-Atlantiques À l'offre classique s'ajoute une sélection de gîtes "Pêche" et "Chemins de Saint-Jacques de Compostelle" – conseils du propriétaire, documentation disponible, proximité géographique des centres d'intérêt de la thématique. *Tél. 05 59 46 37 00 www. gites64.com*

Clévacances Pyrénées-Atlantiques
Tél. 0820 054 064 www.tourisme64. com

Asociación de agroturismo y casas rurales de Euskadi Un site en français, très complet, avec des photos. *Tél. 902 13 00 31 ou 610 25 60 60 www. nekatur.net*

GÎTES La location au week-end ou à la semaine d'un gîte rural (maison ou appartement équipé) peut s'avérer avantageuse dès que l'on est en famille ou en groupe. Comptez à partir de 250€ la semaine pour 4-5 pers. Les randonneurs et VTTistes s'intéresseront davantage aux gîtes d'étape, situés à proximité des sentiers de randonnée (dortoirs, chambres doubles ou quadruples, cuisine en accès libre). Une formule idéale lorsque l'on est en itinérance ou pour les courts séjours sportifs. Comptez autour de 10€ la nuit.

Gîtes de France Pyrénées-Atlantiques Gîtes ruraux, gîtes d'étape (à la nuitée) et gîtes de séjour (courts séjours pour randonneurs) consultables en ligne. *Tél. 05 59 46 37 00 www. gites64.com*

Clévacances Pyrénées-Atlantiques Large offre de locations de vacances (meublés dans résidences, chalets, maisons). *Tél. 0820 054 064 www. tourisme64.com*

Asociación de agroturismo y casas rurales de Euskadi *Tél. 902 13 00 31 ou 610 25 60 60 www.nekatur.net*

Guide des gîtes d'étape et refuges Ce site exhaustif recense les hébergements à petits prix (gîtes d'étape, refuges, maisons de pèlerins, auberges de jeunesse, campings) en France, en Euskadi et en Navarre, à l'intention des adeptes de sports de nature (cavaliers, randonneurs, skieurs, alpinistes, etc.). *www.gites-refuges.com*

FERMES AUBERGES Les exploitations agricoles proposent des formules d'hébergement proches des chambres d'hôtes, des séjours en ferme équestre, des aires naturelles de camping...

Bienvenue à la ferme en Béarn et Pays basque *Tél. 05 59 80 70 13 www. alaferme64.com*

Accueil pays Béarn-Pays basque *www.accueil-paysan.com*

Asociación de agroturismo y casas rurales de Euskadi La rubrique "agrotourisme" concerne uniquement l'hébergement dans des exploitations agricoles en activité. *Tél. 902 13 00 31 ou 610 25 60 60 www.nekatur.net*

locations saisonnières

Les offices de tourisme disposent d'une liste des locations saisonnières. Plusieurs sites proposent sur Internet des appartements à louer à la semaine ou au week-end, entre particuliers notamment. Vous trouverez leurs offres sur www.abritel.fr, www.location-france.com, www.sejournet.com.

hôtels et pensions

HÔTELS Du modeste 2-étoiles aux établissements affiliés aux chaînes Relais&Châteaux (www.relaischateaux.com) ou Relais du silence (www.silencehotel.com), vous devriez pouvoir trouver votre bonheur. D'autant que l'offre tend à se spécialiser pour répondre à tous les types de loisirs : courts séjours thématiques en partenariat avec les offices de tourisme (forfaits golf, thalasso, charme, etc.), label "Logis Randonnée Pédestre" (www.logis-de-france.fr) pour des services ciblés (petits déjeuners énergétiques, paniers-repas, bulletins météo, topoguides à disposition, etc.). En Espagne, les tarifs sont légèrement moins élevés qu'en France en zone rurale, mais équivalents sur le littoral. Si vous pouvez vous offrir une nuit à plus de 100€,

PRATIQUE

PRATIQUE

tournez-vous vers la chaîne Paradores de España – de remarquables châteaux classés, et le standing d'un grand palace, pour un honnête rapport qualité-prix ; renseignez-vous sur les offres spéciales et les réductions proposées (www.parador.es). Les budgets plus restreints se replieront sur le réseau des *pensiones* (*hosteles, fondas, casas de huespedes, hospedajes, residencias, moteles*).

PENSIONS Moins chères que les hôtels, elles offrent un niveau de confort très disparate : mieux vaut se fier au prix au moment de choisir. Dans une pension de caractère, comptez à partir de 45€ la double. Quelques points de vocabulaire : pour obtenir une chambre avec un grand lit pour deux, il faut préciser *con una cama de matrimonio*. Pour obtenir la même avec deux lits jumeaux, préciser *con dos camas* – les confusions sont très fréquentes lors de la prise des réservations. Quand on est seul, on se voit proposer une chambre single, *una habitación sencilla*, moins chère, ou bien une double occupée individuellement, *una doble de uso individual*, plus chère mais en général plus confortable.

Asociación de hoteles rurales de Navarra Des petits hôtels de charme en pleine campagne. *Tél.* 948 17 60 05 *www.hotelesruralesnavarra.es*
Paradores de España *Tél.* 902 54 79 79 *www.parador.es*

MÉDIAS

presse écrite

QUOTIDIENS *Sud-Ouest* (www.sudouest.com), le deuxième plus grand quotidien régional de France, atterrit le matin dans tous les kiosques. Selon les villes, vous trouverez également différentes publications locales, avec quelques articles en euskara. Parmi les plus lues, le quotidien bayonnais *Le Journal du Pays basque* (www.lejpb.com) et l'hebdomadaire *La Semaine du Pays basque* (www.semainedupaysbasque.fr), avec toute l'actualité politique, sportive et culturelle. En Euskadi, les deux plus grands quotidiens d'information sont *El Diario Vasco* (www.diariovasco.com), dans la province du Guipúzcoa, et *El Correo* (www.elcorreodigital.com), en Biscaye. La Navarre compte l'un des plus importants quotidiens régionaux du pays, le *Diario de Navarra* (www.diariodenavarra.es).

MAGAZINES Le trimestriel francophone *Pays basque Magazine* propose de multiples idées de balades en Pays basque nord et sud (plages, randonnées en montagne, en forêt), toujours accompagnées de belles photos. Également des bonnes adresses, des reportages de société et culturels (www.paysbasquemagazine.com).

télévision

France 3 Aquitaine diffuse tous les samedis à 19h10 le magazine d'information *Euskal Herri Pays basque*. Une initiative louable, mais insuffisante au regard des défenseurs de la culture et de la langue basques. La plus importante télévision basque, Euskal Telebista, est aussi la première télévision autonome d'Espagne, diffusée de l'Euskadi. Le groupe possède cinq chaînes, dont les hertziennes ETB1 (en euskara), ETB2 (en castillan), et la chaîne satellite ETBSat.

radio

En plus d'une myriade de radios locales, vous capterez la fréquence régionale de France Bleu Pays basque (FM101,3). En Euskadi, le groupe Euskal Telebista gère cinq stations très écoutées : Euskadi Irratia, Radio Euskadi, Radio Vitoria, Euzkadi Gaztea, Radio EiTB Irratia. Signalons encore deux radios au Pays basque espagnol : Radio Álava (FM98) et Radio Guipúzcoa (FM97,7).

OFFICES DE TOURISME

Pour les offices de tourisme sur place, reportez-vous à nos rubriques Mode d'emploi.

Comité départemental du tourisme Béarn-Pays basque 2, *allée des Platanes 64100 Bayonne Tél. 05 59 30 01 30 www.tourisme64.com*

Office espagnol de tourisme 43, *rue Decamps 75016 Paris Tél. 01 45 03 82 50 www.spain.info/fr*

Maison basque de Paris/Pariseko Eskual Etxea 59, *av. Gabriel-Péri 93400 Saint-Ouen Tél. 01 40 10 11 11 www.eskualetxea.com*

Office de tourisme de Navarre Un moteur de recherche et des informations touristiques diverses (fêtes, traditions, patrimoine, hébergement). *Tél. 848 420 420 www.turismo.navarra.es*

Office de tourisme d'Euskadi Des pages en français sur le tourisme, téléchargement de brochures pour l'hébergement. *www.euskadi.net*

PARCS NATURELS

Ils sont très nombreux en Euskadi et en Navarre. Valderejo, balafré par le défilé du Purón, regorgeant de cascades et d'étangs, Gorbeia, domaine gardé des cerfs, chevreuils et sangliers, Aralar ou Urkolar, avec leurs majestueuses montagnes calcaires, où nichent les vautours fauves, Izki, Aiako Herria... Renseignez-vous auprès du centre d'interprétation des parcs sur les différentes approches proposées : randonnée libre ou accompagnée d'un guide naturaliste, escalade, spéléologie.

PLAGES

De Bayonne à Bilbao, le littoral basque s'étire sur 280km de côtes déchiquetées. Anglet s'apparente encore aux plages landaises, large bande de sable ourlée de pinèdes. À partir de Biarritz, la corniche basque présente un relief tourmenté : falaises plissées battues par la mer, plages encaissées (Laga, Malkorbe, plage du Port Vieux), montagnes vertes dévalant dans l'océan, criques sauvages aux allures d'île aux trésors (baie de Loya, Sakoneta), estuaires et baies aux eaux tranquilles... De quoi satisfaire à la fois les adeptes du farniente et du bronzage, du surf et des sports nautiques. Pour des ambiances plus huppées, reste l'indémodable sable fin de la Grande Plage à Biarritz, d'Ondarreta et de La Concha à San Sebastián. Les plages de la côte cantabrique sont un peu moins fréquentées que celles de la côte aquitaine.

pavillons de couleur

Plantés dans le sable, ils réglementent la baignade. Leur absence indique que la plage n'est pas surveillée. Le drapeau rouge interdit la baignade, sauf aux surfeurs (minimum 3 personnes dans l'eau). Le jaune autorise la baignade uniquement dans une zone délimitée par deux pavillons bleus. Le drapeau vert signifie que la mer est calme et la baignade sans danger. Les drapeaux verts avec un rond rouge délimitent la zone de surf. Ce code couleur s'applique aussi en Espagne.

naturisme

Aucun arrêté préfectoral n'autorise la pratique du naturisme sur les plages de la côte basque nord mais il peut être toléré par endroits (renseignez-vous auprès de la fédération). Les clubs, campings et piscines naturistes

PRATIQUE

y sont aussi inexistants. En Espagne, le naturisme n'est pas interdit par la loi et peut être théoriquement pratiqué sur toutes les plages. L'Asociación de naturistas vascos indique les plus fréquentées, à l'instar de Barrika.

Fédération française de naturisme *Tél. 0892 69 32 82 www.ffn-naturisme. com*

Euskal Naturista Elkartea Asociación de Naturistas Vascos. *Tél. 685 702 712 www.ene-naturismo.org*

courants

Sur les plages à fonds sableux ouvertes à la houle, prenez garde aux courants de baïne qui entraînent le baigneur vers le large. Si, malgré tout, vous étiez pris dans l'un d'eux, n'essayez pas de vous dégager, vous risqueriez de vous fatiguer (ces courants circulaires ramènent souvent le baigneur vers le littoral). Attendez qu'il se soit affaibli pour regagner la plage, et évitez de vous épuiser, surtout sur une plage non surveillée dont vous ne connaissez pas les courants.

QUAND PARTIR ?

L'été, avec ses nombreuses ferias et ses températures agréables, est la saison idéale pour découvrir la culture basque ou simplement effectuer un séjour balnéaire. Malgré les orages fréquents, les amateurs de randonnées profiteront également de cette saison pour apprécier les Pyrénées, cédant la place aux skieurs les mois d'hiver. Quant à l'automne, il reste très agréable pour visiter la région, partir en forêt pour une cueillette aux champignons ou participer aux fêtes des vendanges. Évitez en revanche le printemps et le début de l'hiver, où les pluies sont plus abondantes.

RESTAURATION

horaires

Au nord des Pyrénées, les horaires de la restauration ne dérogent pas à la règle nationale : le déjeuner se déroule de 12h45 à 13h30, le dîner de 19h45 à 21h. Étant donné la proximité de la frontière espagnole, n'hésitez pas à passer de "l'autre côté" si le rythme de vos vacances a fini par décaler vos horaires : côté espagnol, le déjeuner est servi aux alentours de 14h30, le dîner à partir de 21h. Ces horaires sont valables surtout dans les grandes villes et la zone littorale. Dans les bourgades reculées des vallées de Navarre, déjeuner et dîner sont servis beaucoup plus tôt.

Climat et saisons

Saison touristique	juillet et août	
Températures	**Bilbao**	**Biarritz**
min./max. en février	6°/14°C	5°C/12°C
min./max en août	16°C/25°C	15°C/23°C
Précipitations		
moyenne en février	90mm/14j.	124mm/10j.
moyenne en août	85mm/14j.	111mm/7j.
Ensoleillement		
moyenne en février	4h/j.	4h/j.
moyenne en août	6h/j.	7h/j.
Température de la mer		
moyenne en février		13°C
moyenne en août		22°C
Prévisions Météo France	Tél. 08 92 68 02 64 ou 3250 www.meteofrance.com	

types d'établissements

En plus de la restauration classique, vous trouverez côté sud une série d'établissements à la carte caractéristique. Les bars-restaurants proposent une cuisine bon marché : sandwichs divers, menus du jour (*menu del día*) et *platos combinados* (assiettes de viande, poisson ou charcuterie, garnies d'œuf, de légumes et de frites) autour de 10€. Dans les bars à tapas, les *raciones* et *media-raciones* (anchois marinés, croquettes, chipirons grillés), servis à partir de 11h, peuvent caler les petites faims et parfois remplacer un vrai repas. Les *ventas* postées à la frontière espagnole, épiceries où les Basques du nord venaient jadis se ravitailler à la barbe des douaniers, mitonnent de nos jours une cuisine simple et robuste (omelettes, piperades) à l'intention des randonneurs. Dans la campagne, une halte s'impose dans les cidreries pour la dégustation du *txotx*, le cidre jailli directement du tonneau. Le menu type de la cidrerie comprend omelette à la morue (*tortilla de bacalao*), côtes de bœuf (*chuleton*) et poisson grillé. Enfin, dans un tout autre registre, ne manquez pas de découvrir la "nouvelle cuisine" basque. La province du Guipúzcoa, et plus particulièrement la zone comprise entre Hondarribia et San Sebastián, détient le record d'établissements étoilés au mètre carré (après Paris). Une expérience gustative qui vous coûtera au moins 50€ le menu. Un peu moins chers, les restaurants des Paradores vous permettront de déguster une cuisine de qualité pour environ 40€.

ROUTES THÉMATIQUES

L'office de tourisme d'Euskadi met à votre disposition des plaquettes thématiques pour une découverte transversale du pays : la route des maisons fortifiées et châteaux forts, la route des îles sur le littoral de Biscaye, celle des phares le long de la côte du Guipúzcoa. En Pays basque nord, la brochure *La Route gourmande des Basques* réunit dix adresses de producteurs artisanaux, dispersés en Labourd et Basse-Navarre, qui proposent des spécialités variées, du miel au gâteau basque, du cochon pie noir à la truite. Toujours dans le domaine de la gastronomie, la route du fromage d'Ossau-Iraty (documentation disponible dans les offices de tourisme) vous conduit quant à elle du Labourd au Béarn, entre fermes et bergeries. Enfin, les chemins de Saint-Jacques-de-Compostelle convergent vers la Basse-Navare avant de franchir les Pyrénées (cf. La Basse-Navare, GEOPlus Sur les chemins de Saint-Jacques).

SÉCURITÉ ET DANGERS

bulletins météorologiques

Consultez la météo avant de vous aventurer en mer ou en montagne – les orages surviennent brusquement, notamment en août. **Météo France** *Tél. 0892 68 02 64 (département des Pyrénées-Atlantiques) www.meteofrance.com*

écobuage

Les feux pastoraux allumés par les éleveurs pour l'entretien de la montagne constituent une pratique réglementée. L'écobuage, entre janvier et mars, sert à entretenir les pâturages en éliminant principalement les ajoncs, ces épineux qui gênent le parcours des bêtes. Des panneaux obligatoires informent le randonneur des mises à feu mais il est plus prudent, durant cette période, de se renseigner avant le départ auprès de la mairie, de l'office de tourisme ou des pompiers. Des randonneurs se sont déjà retrouvés encerclés par les flammes et l'issue peut être tragique.

Pompiers *Tél. 18 (France) ou 112 (Espagne)*

SHOPPING

Souvenez-vous qu'en Espagne, les magasins ferment de 13h30 à 16h30 environ (à l'heure du déjeuner et de la sieste...). Le soir, les commerces restent ouverts jusqu'à 20h (fermeture le samedi après-midi et le dimanche).

produits du terroir

Facilement transportables, emballés sous vide dans les épiceries fines, les jambons basques méritent une place de choix dans votre cabas. Ils s'appellent jambons de Bayonne, *serrano, jabugo, pata negra,* et ont en commun leurs longs mois d'affinage et leur goût musqué tout en finesse. Toujours dans le domaine de la charcuterie, faites le plein de chorizos de Pampelune, boudins de la vallée d'Aiala, saucissons secs et autres salaisons artisanales – les vivres parfaits pour un pique-nique en montagne. La région compte aussi trois fromages de brebis d'appellation d'origine contrôlée : le roncal et l'idiabazal côté sud, l'ossauiraty côté nord. En France, vous trouverez toutes les spécialités de canard communes au Sud-Ouest (foies gras, confits, magrets fumés, rillettes...). À savoir : l'appellation Idoki regroupe les paysans adeptes d'une production raisonnée – le gage de produits fermiers, transformés dans de petites exploitations, sans activateurs de croissance ni addition d'assaisonnements chimiques. Enfin, n'oublions pas les douceurs : chocolats de Bayonne, macarons de Saint-Jean-de-Luz, confiseries de Vitoria (*vasquitos, nesquitas*) et, pourquoi pas, sablés et gâteaux basques du moulin de Bassilour (Bidart).

vins et alcools

Parmi les vins du Pays basque bénéficiant d'une appellation, citons les irouléguy (le plus petit vignoble de France) et, plus au sud, les vins très réputés de la Rioja Alavesa voisine. Le txakoli, vin blanc fruité et légèrement pétillant, peut se boire très frais, en apéritif accompagné de *pintxos*. Signalons aussi le patxaran (liqueur de prunelle) et les excellents cidres - une production fortement ancrée dans la province du Guipúzcoa. En France, les bouteilles proviennent majoritairement de la cidrerie artisanale Txopinondo et de la coopérative Eztigar.

artisanat

Le béret, originairement béarnais, demeure le couvre-chef favori des Basques, surtout dans les campagnes. En Euskadi, il coiffe notamment la police autonome, Ertzantza. Les espadrilles restent très utilisées lors des démonstrations de danses basques. Dotées de rubans que l'on attache à la cheville, elles sont portées aussi bien par les hommes que par les femmes. On les trouve aujourd'hui déclinées dans tous les styles, matières et couleurs. De même, le linge basque s'est transformé en sacs de plage, cabas, nappes, torchons et serviettes aux couleurs chatoyantes - dans le respect fidèle des traditionnelles rayures.

SPORTS ET LOISIRS

randonnée pédestre

Chemins forestiers dans la hêtraie d'Iraty, sentiers pastoraux sur les crêtes pyrénéennes, routes des vignobles ou des *ventas*... Au Pays basque, les randonnées associent au plaisir de la marche celui de la découverte d'un terroir et d'une culture profondément

PRATIQUE

Pelote basque (p.27), pratiquée à main nue ou avec un gant en osier (chistera).

Dans l'arène (p.28), écarteur en costume traditionnel.

PRATIQUE

rurale. Pour des idées de randonnée, cf. La Basse-Navarre, GEOPlus Randonnée pédestre et aussi GEOPratique, Routes thématiques.

LES SENTIERS BALISÉS Le Pays basque est traversé par 20 GR® (sentiers de grande randonnée homologués par les fédérations de randonnée française et espagnole) au balisage rouge et blanc. Au nord, ce sont les GR®8 (de l'Adour aux Pyrénées), le GR®10 (les Pyrénées de l'Atlantique à la Méditerranée) et le GR®65 (chemin de Saint-Jacques-de-Compostelle) ; au sud, les 17 autres, dont le GR®35 (chemin de la transhumance), le GR®38 (la route du vin et du poisson), le GR®98 (réserve d'Urdaibai). Quelques beaux et longs itinéraires traversent la partie espagnole : le GR®34 descend tout le Guipúzcoa, de San Sebastián jusqu'à Aranzazu, par les chemins de transhumance, sur plus de 80km ; le GR®35 part de la Sierra d'Aralar vers la côte, par des chemins similaires, sur une quarantaine de kilomètres ; le GR®121 fait tout le tour du Guipúzcoa, en 282km. Ce réseau est complété par celui des PR® (Promenade et Randonnée), des itinéraires en boucle plus courts (de 1h à 6h), à la signalétique jaune et blanc. En Espagne, les sentiers balisés en vert et blanc correspondent aux senderos locales (SL), des parcours de moins de 10km. En France, les communes élaborent des plans locaux de randonnée dont les itinéraires (en jaune), plus ou moins corsés, s'appuient sur ces différents réseaux. Vous trouverez leur descriptif dans les topo-guides *Sentiers et randonnées en Pays basque*, vendus dans les offices de tourisme. **Fédération française de randonnée pédestre (FFRP)** *www.ffrandonnee.fr* **Comité départemental des Pyrénées-Atlantiques** *Tél. 05 59 14 18 80 ou 06 85 10 93 37 www.rando64.com*

Euskal Mendizale Federakundea Federación Vasca de Montañismo. *Tél. 943 47 42 79 www.emf-fvm.com* **Federación Navarra de Deportes de Montaña y Escalada** *Tél. 948 22 46 83 www.mendinavarra.com*

RANDONNÉES EN INDIVIDUEL Ces divers sentiers ne présentent pas de difficulté majeure. Ils suivent d'anciens chemins de transhumance ou d'anciennes voies romaines, en moyenne montagne. Sur les plus hauts cols, vous croiserez toujours des sentes de brebis et quelques pottoks aventureux, preuve s'il en faut que la montagne basque est entièrement domestiquée. Les précautions d'usage doivent cependant être observées : ne jamais partir sans avoir consulté la météo, toujours prévenir quelqu'un de son itinéraire, s'informer sur les risques d'écobuage, ne pas s'écarter des sentiers car la végétation peut obstruer des gouffres ou crevasses, nombreux dans ces massifs calcaires. Si vous êtes un randonneur chevronné, offrez-vous un parcours de plusieurs jours, en suivant un tronçon de GR®. Vous trouverez la liste des gîtes et refuges sur les sites www.gites-refuges.com, www.refugiosyalbergues.com et auprès des fédérations de randonnée pédestre.

RANDONNÉES ET BALADES ACCOMPAGNÉES En saison, les offices de tourisme organisent des promenades, sportives ou thématiques. Consultez également le calendrier des associations locales de marcheurs, dont vous pourrez intégrer les sorties hebdomadaires. Guides et accompagnateurs de montagne proposent par ailleurs des sorties à la carte, souvent agrémentées d'une visite-dégustation chez un producteur local. La difficulté du parcours est adaptée au niveau du groupe. Enfin, les balades accompagnées d'un âne de bât peuvent s'avérer intéressantes lorsque l'on est avec de jeunes enfants, ou tout simplement pour le transport des gourdes et du casse-croûte (pour une sélection de prestataires, cf. La Basse-Navarre, GEO-Plus De forêts en sommets).

CONSEILS Quelle que soit la randonnée choisie, portez des chaussures adaptées à la marche (semelles crantées, cheville maintenue). Veillez à bien étudier les parcours pour déterminer votre choix : ne vous surestimez pas et prenez en compte les conditions telles que la température ou le dénivelé, facteurs limitants, notamment pour les enfants ou les personnes peu entraînées. Il est recommandé de partir tôt, afin d'échapper aux grosses chaleurs, et de rester vigilant sur les risques d'orages, souvent violents dans les Pyrénées. Si toutefois vous vous faites surprendre par l'orage, évitez de courir, de stationner sur un sommet ou sous un arbre. Enfin, n'oubliez pas que la montagne basque est avant tout le domaine des éleveurs : respectez l'activité agropastorale. Ne vous approchez pas des troupeaux, refermez les portails, respectez les clôtures, tenez les chiens en laisse. Au mois d'octobre, la montagne est aussi le domaine des chasseurs de palombes. Mieux vaut alors éviter les cols ou les crêtes où se pratique la chasse aux filets, en palombières ou à l'affût.

Secours en montagne *Tél.* 112 (en France et en Espagne)

ÉQUIPEMENT Prévoyez une trousse de premiers secours, un vêtement chaud, un vêtement de pluie, de la crème et des lunettes solaires, un litre et demi d'eau par personne et des pastilles pour purifier l'eau (de type Micropur®), les ruisseaux ou sources pouvant être souillés par les troupeaux.

CARTES Même si l'on a un topo-guide, il est indispensable de se munir d'une bonne carte topographique indiquant les sentiers, les gîtes et refuges, les sites naturels, les bergeries de montagne, etc. Les plus précises sont les cartes IGN Top 25 (1/25 000) : elles mentionnent la végétation (bois, forêt, bosquets...) et permettent de se repérer précisément. Vous pouvez aussi opter pour les cartes Rando Édition *Pays basque est* et *Pays basque ouest* (1/50 000), qui couvrent des zones plus larges. Côté espagnol, les cartes topographiques au 1/25 000 sont publiées par Mapa Alpina, celles au 1/50 000 par l'Instituto Geográfico.

randonnée équestre

Des dizaines de clubs et de fermes équestres proposent des sorties allant de quelques heures à plusieurs jours sur les sentiers transfrontaliers, les chemins de Saint-Jacques, les pistes des parcs naturels, les vallées occidentales d'Álava... Les cavaliers confirmés pourront s'aventurer seuls sur le Circuit des contrebandiers, itinéraire équestre de sept jours de Saint-Palais à Aïnhoa (balisage orange marqué au sol).

Comité départemental de tourisme équestre des Pyrénées-Atlantiques Pour obtenir la liste des hébergements équestres et des informations sur le Circuit des contrebandiers. *Tél.* 05 59 29 15 76 www.tourisme-equestre.fr **Federación Vasca de Hípica** *Tél.* 944 73 48 95 www.fvh.org **Federación Navarra de Hípica** *Tél.* 948 22 74 75 www.fnhipica.com

cyclotourisme

Avec ses forêts, ses coteaux cultivés et ses montagnes apprivoisées, le Pays basque offre un formidable terrain d'aventure pour la pratique du VTT et du cyclotourisme. En France,

PRATIQUE

PRATIQUE

les plans locaux de randonnée comportent toujours plusieurs itinéraires cyclistes aux difficultés variées. Côté espagnol, près d'une dizaine de Vías Verdes, ces voies ferroviaires reconverties en "voies vertes" cyclables, parcourent la Navarre et l'Euskadi.
Comité départemental de cyclotourisme *Tél. 05 59 02 53 93 http://pyrenees-atlantiques.ffct.org*
Fundación de los Ferrocarriles Españoles – Departamento de Vías Verdes *www.ffe.es/viasverdes/index.html*

ques comme Chantaco, tenu depuis sa création (1928) par la famille Lacoste et ayant reçu Charlie Chaplin et le prince de Galles, entre autres personnalités.
Golf Pass Biarritz Pour découvrir dans des conditions avantageuses cinq parcours autour de Biarritz (de 240 à 300€ selon la saison). *Tél. 05 59 03 71 80 www.golfpassbiarritz.com*
Federación Navarra de Golf *Tél. 948 21 01 32 www.fnavarragolf.com*
Federación Vasca de Golf *Tél. 945 13 12 02 www.euskogolf.com*

escalade

Pour vous hisser sur les cimes à la force de vos doigts, visez les parois en grès ou en calcaire, abondantes en prises, du massif du Mondarrain, du ravin d'Urio ou du parc naturel d'Aralar. Parmi les plus beaux défis de la région, citons l'Aitzkorri (1 551m), le Gorbeia (1 481m) ou le Txindoki (1 342m), d'où vous narguerez vautours fauves et circaètes Jean-le-Blanc. De nombreux clubs et rochers écoles permettent une bonne initiation.
Comité départemental de la montagne et de l'escalade des Pyrénées-Atlantiques *Tél. 05 59 14 18 90 www.ffme.fr/cd/64/*
Euskal Mendizale Federakundea Federación Vasca de Montañismo *Tél. 943 47 42 79 www.emf-fvm.com*
Federación Navarra de Deportes de Montaña y Escalada *Tél. 948 22 46 83 www.mendinavarra.com*

golf

Nichés au creux de la campagne ou bravant l'océan, les parcours basques jouissent de merveilleux cadres naturels. En tout, on en compte près d'une quinzaine en Pays basque nord (Biarritz, Bidart, Saint-Jean-de-Luz) et sud (San Sebastián, Zarautz, Zuia...). Parmi eux, quelques parcours mythi-

spéléologie

Les massifs karstiques basques sont pour le spéléologue un véritable paradis : rivières souterraines et eaux de pluie ont conjugué leur action corrosive et creusé fissures, failles, gouffres et un labyrinthe de grottes aux splendides formations calcaires. Plusieurs prestataires proposent de découvrir ces cavités féeriques. Des parcours aisés (largeur des grottes, progression horizontale) peuvent être entrepris avec un équipement minimal (casques et lanternes), d'autres comprennent un peu de rappel. Au final, la découverte d'un sport et de l'histoire géologique de la région. Les sites sont nombreux en Biscaye (Pozalagua aux Encartaciones, le parc naturel Urkiola, le massif d'Aitzkorri), en Navarre (mont Aralar, Valle de Aezkoa), au Guipúzcoa (Mondragon), en Soule (massif des Arbailles).
Fédération française de spéléologie *Tél. 04 72 56 09 63 www.ffspeleo.fr*
Comité départemental de spéléologie des Pyrénées-Atlantiques *Tél. 05 59 14 19 19*
Federación Española de Espeleología *Tél. 913 09 36 74 www.fedespeleo.com*
Nafar Espeleologi Batzordea Federación Navarra de Espeleología. *Tél. 948 21 07 56 http://eureka.ya.com/fnspeleo*

plongée

SITES À l'image du relief émergé, les paysages sous-marins révèlent le profil irrégulier de la corniche basque : failles, secs, tombants, grottes et quelques fonds sableux. Les meilleurs sites de plongée se trouvent au golfe de Biscaye : les environs de l'île Billano, la plage d'Orrua, à l'embouchure de l'Urola, ou le Ratón de Getaria, paradis des pêcheurs à l'ouest de Zarautz. On y observe la flore et la faune (spirographes, langoustes, poulpes, raies, congres, gorgones) typiques de l'Atlantique sud. La zone entre Zumaia et Deba, aux fonds peu profonds (entre 3 et 8m), est idéale pour une initiation.

CHOIX D'UN CLUB Les maîtres mots d'une plongée doivent être plaisir et sécurité, en toutes circonstances. Ne plongez que si vous en avez réellement envie – il faut que vous vous sentiez en forme, reposé, et qu'à la première approche les moniteurs, le club, les conditions de plongée vous aient mis en confiance. N'hésitez pas à poser des questions ou à signaler un désagrément à votre moniteur ; son rôle est de vous conseiller et de vous rassurer. Informez-le de vos éventuelles expériences précédentes et, notamment, de la date de votre dernière plongée. Il existe deux types de formations, délivrant des brevets à équivalence Padi, Naui, SSI (associations américaines) ou CMAS (Confédération mondiale des activités subaquatiques). Les fédérations de plongée française et espagnole reconnaissent uniquement les formations CMAS. En revanche, la formation Padi prévaut dans la zone Pacifique et Caraïbe anglophone. Le baptême est une expérience vraiment à part, permettant de goûter rapidement aux plaisirs de la plongée sans en approfondir les connaissances techniques. Il se déroule dans moins de 5m d'eau, et dure 30min. Comptez au minimum entre 20 et 40€ la plongée, 35 et 45€ le baptême, et entre 230 et 300€ la formation niveau 1.

Fédération française d'études et de sports sous-marins (FFESSM) *Tél. 04 91 33 99 31 www.ffessm.fr*

Comité interrégional Atlantique sud *Tél. 05 56 17 01 03*

Federación Española de Actividades Subacuáticas (FEDAS) *Tél. 932 00 67 69 ou 932 00 92 00 www.fedas.es*

Euskal Herriko Urpeko Iharduren Federakuntza Federación Vasca de Actividades Subacuáticas. *Tél. 943 47 20 57 www.ehuif-fvas.org*

Federación Navarra de Actividades Subacuáticas *Tél. 848 42 78 51 fnas@ masbytes.com*

sports en eaux vives

CANOË-KAYAK Rien de tel que le kayak de mer pour explorer la côte découpée en caps et en criques paradisiaques, accessibles seulement par la mer. Les centres nautiques suggèrent le cabotage vers l'île d'Izaro, le cap d'Ogoño, la minuscule baie de Loya ou sur celle de la Concha... Incontournable également, la sortie en canoë dans l'estuaire classé réserve de la biosphère d'Urdaibai, où les oiseaux migrateurs se posent par milliers avant de franchir les Pyrénées. Pour des sensations fortes, glissez en pirogue hawaïenne sur les déferlantes de la baie de Txingudi. Côté rivière, les eaux de la Nive ou du Rio Gallego, tantôt calmes, tantôt tumultueuses, se prêtent à tous les types de navigation : balades en famille sur des cours paresseux, énergiques descentes en raft ou en hydrospeed sur des passages de niveaux 2 et 3. Bidarray, en Basse-Navarre, est l'une des grandes plates-formes de sports en eaux vives de la région.

Fédération française de canoë-kayak *Tél. 01 45 11 08 50 www.ffck.org*

PRATIQUE

Comité départemental de canoë-kayak des Pyrénées-Atlantiques Tél. 05 59 14 19 19
Real Federación Española de Piragüismo Tél. 956 25 21 87 www.rfep.es
Euskadiko Kanoe Federakuntza / Federación Vasca de Piragüismo Tél. 943 47 04 83 www.fvpiraguismo.org
Federación de Piragüismo de la Comunidad Autónoma de Navarra Tél. 948 14 99 55 corres@fenapi.es

voile et planche à voile

Les structures de location de bateaux ou de voile légère (catamaran, dériveur) se concentrent à Saint-Jean-de-Luz/Ciboure, Hendaye (station voile de la FFV), Hondarribia, San Sebastián, Zarautz, Getaria, Leikeitio, Bermeo, Plantzia, Geitxo. De la simple escapade à la journée aux croisières de plusieurs jours, les formules se négocient avec ou sans skipper. Le grand must : la croisière d'une semaine, de Biarritz à Bilbao, avec escales dans les ports de pêche et criques désertes. Par ailleurs, les nombreuses baies de la côte (Hendaye, San Sebastián, Gorliz, Getxo) et les plans d'eau douce de l'intérieur (lacs Urrunaga et l'Ullíbari en Álava) offrent des conditions idéales pour une initiation à la planche à voile.
Fédération française de voile Tél. 01 40 60 37 00 www.ffvoile.org
Real Federación Española de Vela Tél. 915 19 50 08 www.rfev.es
Federación Vasca de Vela Tél. 943 45 37 67 www.euskalbela.es
Federación Navarra de Vela Tél. 848 42 78 59 www.federacionnavarradevela.com

surf

Ce n'est pas pour rien que le surf européen est né sur la côte basque. D'Anglet à Bilbao, une multitude de spots contribuent à la réputation internationale du littoral. Les plus grandes compétitions se tiennent à Anglet, Biarritz, Zarautz. Les vagues les plus recherchées d'Europe viennent se briser à Mundaka (en Biscaye), minuscule plage sauvage ardemment défendue par les "locaux". Face à l'affluence, il est indispensable de respecter les règles de base de priorité et de convivialité. Songez aussi à consulter un calendrier des marées (dans les offices de tourisme), car certaines plages deviennent impraticables à marée haute. Pour des informations sur les spots et la météo du jour, cliquez sur le site www.surf-report.com (France) ou www.globalsurfers.com. La bible du surfrider pratique s'appelle *The Stormrider Guide Europe* (Low Pressure Publications) : tous les spots européens y sont passés au crible (les vents, les marées, les caractéristiques des vagues) en français. Enfin, l'association militante Surfrider Foundation informe de la qualité des eaux sur le net (www.surfrider-europe.org).
Fédération française de surf Tél. 05 58 43 55 88 www.surfingfrance.com
Comité départemental Côte basque de surf Tél. 06 30 33 24 74 www.surfingaquitaine.com
Federación Española de Surf Tél. 981 31 16 66 www.fesurf.net
Euskal Herriko Surfing Federazioa (EHSF) www.euskalsurf.com Tél. 944 73 51 25

vol libre

Les beaux jours, vous pourrez admirer les parapentes multicolores qui voltigent dans le ciel bleu en un ballet silencieux. Si vous rêvez de flotter ainsi dans les airs, les clubs locaux organisent des vols en tandem ou solo à partir des hauteurs du Baigura (Basse-Navarre), du mont Ernio (Guipúzcoa), des hauts plateaux d'Entzia, entre autres sites. Pour survoler la mer et atterrir sur

les plages, on s'élève dans les airs au départ des falaises de Sopelana, du mont Talaimendi (Zarautz), du mont Ulia (San Sebastián). Décollage plus technique et réservé aux détenteurs du brevet de pilote depuis Erretgia, à Bidart (maîtrise des basses vitesses, virages serrés, danger à marée haute).
Fédération française de vol libre *Tél. 04 97 03 82 82 www.ffvl.fr*
Real Federación Aeronáutica Española *Tél. 915 08 29 50 ou 915 08 54 80 www.rfae.org*
Federación Navarra de Deportes Aéreos *Tél. 948 22 13 23*
Federación Vasca de los Deportes Aéreos *Tél. 944 02 08 93 www.eakf. net*

pêche

COURS D'EAU Le Pays basque intérieur réserve de splendides coins de nature où s'adonner à la pêche à la mouche, dans des cours d'eau classés de 1re et 2e catégories. La Nive, la Nive des Aldudes, le Saison regorgent de truites et il n'est pas rare d'y taquiner le saumon en période de remontée. Goujons et écrevisses se baignent dans la Bidouze, la Joyeuse et autres cours d'eau du pays de Mixe. Pour pêcher les anguilles, les black-bass, les carpes, aventurez-vous jusqu'en Navarre, sur les rives des *rios* Leitzaran, Baztan-Bidasoa, Orabidea, Urrobi, Irati. Vous trouverez des parcours *no kill* sur les tronçons de la Nivelle, de la Bidouze du Bayas, du Zadorra, du Cadagua, du Mayor. Les amateurs de pêche au large trouveront à San Sebastián, Getaria, Ciboure, des bateaux proposant de les embarquer une matinée (matériel fourni).

PERMIS En France comme en Espagne, la pêche est réglementée : il faut être muni d'un permis et s'être acquitté d'une taxe piscicole. Les pêcheurs vacanciers trouveront des timbres "vacances" à 30€ valables 15 jours. Ces documents sont délivrés par les associations agréées et les marchands d'articles de pêche. Si vous vous dispensez des services d'un guide, renseignez-vous bien sur les parcours : il faut parfois un permis supplémentaire pour pêcher dans les cours d'eau appartenant aux commissions syndicales ou à des associations de riverains. Une réglementation y est également en vigueur : zones interdites, taille des prises contrôlée... Côté français, un *Memento Pêche*, guide riche en informations, est disponible dans les sites agréés AAPPMA.
Fédération des Pyrénées-Atlantiques pour la pêche et la protection du milieu aquatique (AAPPMA) *Tél. 05 59 84 98 50 www.unpf.fr/64*
Federación Española de Pesca y Casting *Tél. 915 32 83 52/53 www.fepyc.es*
Arrantza eta Kasting Euskal Federakuntza (Federación Vasca de Pesca y Casting) *Tél. 943 46 67 90 www.fvpyc.org*
Federación Navarra de Pesca y Casting *Tél. 848 42 78 53 fednavarra@ yahoo.es*

sports d'hiver

L'hiver, les pistes de ski de fond et les parcours de randonnée en raquette attirent les amateurs au cœur de la forêt d'Iraty. Vous trouverez des stations équipées en hébergements et en structures d'accueil aux Chalets d'Iraty (Soule), à Larra-Belagua (Valle de Roncal) et à Abodi-Salazar (Valle de Salazar).
Chalets d'Iraty *Tél. 05 59 28 51 29 www.chalets-pays-basque.com*
Abodi *Rens. auprès de l'office de tourisme de Ochagavia Tél. 948 89 06 41*
Larra-Belagua *Rens. auprès de l'office de tourisme de Roncal Tél. 948 47 52 56*

PRATIQUE

TÉLÉPHONE

Les numéros espagnols comportent 9 chiffres, les deux ou trois premiers correspondant à l'indicatif de la province. Pour un appel international, composez le 00 suivi du préfixe du pays : 34 pour l'Espagne, 33 pour la France. D'Espagne, vous pourrez appeler la France d'une cabine téléphonique avec une carte prépayée (7,50 ou 15€, dans les bureaux de tabac) ou d'un *locutorio* où les appels sont facturés à la minute. Pour téléphoner d'un portable à l'intérieur de l'Espagne à moindre coût, demandez dans un *locutorio* la "libération" de votre portable (10€ suivant l'opérateur) pour avoir un téléphone espagnol ; vous pourrez ensuite le recharger dans les *locutorios* ou aux guichets automatiques des banques.

numéros utiles en Espagne

Renseignements internationaux *Tél. 118 25 ou www.annuairedumonde. com*
Urgences *Tél. 112 (en France et en Espagne)*

THALASSOTHÉRAPIE ET THERMALISME

Les instituts de thalassothérapie, une dizaine sur la côte (à Biarritz, Saint-Jean-de-Luz, Hendaye, San Sebastián, Lekeitio, Zumaia), adaptent de plus en plus leurs programmes de soins médicaux à la clientèle estivale en simple recherche de bien-être et de détente. Pour vous faire chouchouter à la journée ou le temps d'un long week-end, vous trouverez des forfaits antistress, minceur, beauté ou jeune maman, avec souvent l'hébergement intégré. La station thermale de Cambo-les-Bains traite les affections respiratoires et articulaires. *Rens. auprès des offices de tourisme*

TRANSPORTS INTÉRIEURS

voiture

RÉSEAU ROUTIER Il se compose en Espagne comme en France de routes nationales gratuites et d'autoroutes (*autopistas*) payantes. L'A63, Bayonne-Hendaye, se poursuit au-delà de la frontière par Irún, San Sebastián, Bilbao. On conduira avec prudence sur les routes sinueuses des cols pyrénéens. Les limitations de vitesse pour les voitures sont de 120km/h sur autoroute et voie rapide (*autopistas et autovías*) (130 et 110km/h en France), 100km/h sur les routes conventionnelles et 90km/h sur les routes secondaires (90km/h en France), 50km/h en ville. En cas de contrôle, vous êtes tenu d'avoir sur vous les documents du véhicule et votre permis de conduire.

Tableau kilométrique

	Bayonne	Saint-Palais	Mauléon	San Sebastián	Bilbao	Vitoria
Saint-Palais	55					
Mauléon	87	23				
San Sebastián	53	104	135			
Bilbao	149	198	221	98		
Vitoria	164	212	209	118	65	
Pampelune	116	105	113	79	154	297

LOCATION DE VOITURES Les grandes agences ont leurs bureaux dans les aéroports, les principales gares et villes. Pour l'Espagne, il peut s'avérer plus intéressant de réserver de la France.

Avis *France* Tél. 0820 05 05 05 *Espagne* Tél. (00 34) 902 18 08 54
Europcar *France* Tél. 0825 358 358 *Espagne* Tél. (00 34) 902 10 50 30
Hertz *France* Tél. 0825 86 18 61 *Espagne* Tél. (00 34) 913 72 93 00

car

Plusieurs compagnies d'autocars complètent ce réseau. Elles fonctionnent cependant surtout en période scolaire – renseignez-vous auprès des gares et des offices de tourisme sur les horaires, en n'oubliant pas de prévoir le retour. Les compagnies d'autocars Alsa (www. alsa.es), Bilmanbus (www.bilmanbus. es) sillonnent l'Euskadi et la Navarre. Movelia (www.movelia.es) regroupe plusieurs compagnies, horaires des bus et tarifs sur son site Internet.

train

EN FRANCE Le TGV Sud-Ouest dessert Bayonne, Biarritz, Saint-Jean-de-Luz et Hendaye, d'où l'on peut poursuivre vers l'Espagne. Le TER Aquitaine relie Bayonne aux villes côtières et au Pays basque intérieur (Cambo, Itxassou, Bidarray, Saint-Étienne-de-Baïgorry, Saint-Jean-Pied-de-Port). **SNCF** Tél. 3635 www.voyages-sncf. com www.ter-sncf.com idtgv.com

EN ESPAGNE Le réseau ferré, moderne et efficace, est exploité par la compagnie nationale Renfe. Les lignes d'EuskoTren, gérées par la communauté autonome basque, assurent les liaisons interurbaines à l'intérieur des provinces et relient Bilbao à San Sebastián. **Renfe** Tél. 902 10 52 05 www.renfe.es

EuskoTren *Tél.* 902 54 32 10 www. euskotren.es

TRAVAILLER SUR PLACE

En été, l'offre d'emplois saisonniers se concentre sur les villes balnéaires et celles de l'intérieur qui connaissent la plus grande fréquentation (Sare, Saint-Jean-Pied-de-Port). Il est indispensable de parler une langue étrangère (beaucoup d'Anglais et d'Allemands, notamment sur les étapes du chemin de Saint-Jacques-de-Compostelle) et, bien sûr, l'espagnol côté sud. Pour plus d'informations, contactez les agences d'intérim, lisez la presse locale et n'hésitez pas à mener votre propre enquête auprès des hôtels, restaurants et auberges de jeunesse. À Bilbao, le consulat de France peut être une source d'informations utile. La plupart des offres d'emploi émanent des hôtels et des restaurants, des villages de vacances, parfois aussi des familles en recherche d'une baby-sitter pour la saison. Les coopératives agricoles recrutent également au moment des récoltes, y compris pour les vendanges, en septembre. Sachez que vous n'avez pas besoin d'un visa particulier pour travailler en Espagne si vous y séjournez moins de trois mois. Au-delà, il faut demander une carte de résident (avant la fin du premier mois).
Centre régional d'information jeunesse Aquitaine (CIJA) Un guide des jobs d'été à télécharger sur le site. *Tél.* 05 56 56 00 56 www.info-jeune. net et www.cija.net
www.anpe.fr/region/aquitaine Toute l'offre de la région.
www.anefa.org Offres d'emplois saisonniers agricoles.

PRATIQUE

GEOREGION

La Grande Plage de Biarritz (p.98), station balnéaire emblématique.

LE LABOURD

LE LABOURD

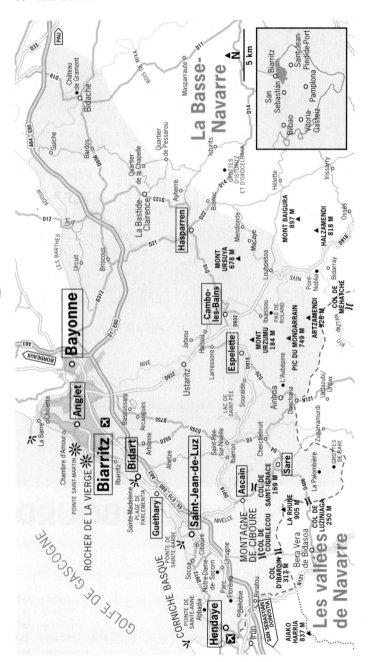

☺ **BAYONNE** BAÏONA

Biarritz ○   ● **Bayonne**

"Bayonne, ville aux deux fleuves, ville parfaite…" écrivait Roland Barthes. C'est l'eau, en effet, qui est à l'origine du charme puissant que dégage la ville. Celles de la Nive et de l'Adour ont charrié dans leur course des mots basques et gascons, avant d'aller se jeter dans la mer. Elles ont forgé le destin maritime de la cité et son caractère mixte. Aujourd'hui, le mouvement des marées ne rythme plus le va-et-vient des bateaux mais celui des pêcheurs à la ligne, juchés sur les ponts de la Nive. De part et d'autre des quais, les maisons à pans de bois colorés, sagement alignées, semblent attendre le déchargement d'une batellerie disparue : gabares, chalibardons, couralins… Curieux mélange que celui de Bayonne, où sans cesse le passé rattrape le présent. Il suffit de fermer les yeux pour entendre le martèlement des enclumes de la rue des Faures ; encore un pas, et c'est l'odeur des morues étalées au soleil qui vient vous chatouiller les narines ; rue Coursic, l'imagination s'enflamme et vous voilà corsaire, partant à l'assaut des ruelles malfamées du Petit-Bayonne. Plus loin, en poussant une porte au hasard, vous volerez les secrets intimes de ces habitations étroites – des escaliers sur cour ouvragés, merveilles de menuiserie ou de ferronnerie. À l'animation du port s'est substituée celle des terrasses de cafés : la nuit, la douceur du climat invite à traîner. Et peu à peu, déambulant ainsi au gré du hasard, vous comprenez qu'à Bayonne, vous n'avez guère besoin de guide : c'est la ville qui vous emporte et qui vous mène, si vous lui laissez le temps de vous séduire…

LE LABOURD Bayonne est la capitale du Labourd, la plus occidentale des trois provinces du Pays basque nord. La seule, côté français, à bénéficier d'une façade maritime. L'Adour délimite sa frontière au nord, la Bidassoa la sépare, au sud, de la province de Guipúzcoa. La côte, très urbanisée sous l'impulsion du tourisme balnéaire, contraste avec un arrière-pays encore rural, au relief doux et vallonné, où l'on pratique l'élevage ovin et bovin. Son plus haut sommet, la Rhune, s'élève à peine à 900m, dernier soubresaut de la chaîne pyrénéenne avant son plongeon dans la mer. Loin des fastes du littoral, la campagne labourdine attire les amateurs de tourisme vert et de tranquillité : bonnes tables et hôtels de charme y abondent.

UNE VILLE FORTIFIÉE À Bayonne, on passe de la vieille ville à la ville nouvelle comme on entre et sort d'un musée : la limite est nette, formidablement démarquée par ce corset de pierre qui, pendant 500 ans, empêcha l'expansion urbaine du vieux centre. Les premières fortifications furent élevées par les Romains, qui fondèrent au VIe siècle un castrum sur le haut de la butte du Petit-Bayonne. Le site était stratégique : éloigné des zones marécageuses des abords de l'Adour, au confluent de deux grands fleuves. Le bourg se développa derrière cette ceinture jusqu'au XIIe siècle, époque à laquelle on démolit des pans du mur pour créer les bas quartiers, sur pilotis, dans les marécages. De nouveaux remparts furent érigés pour contenir ces faubourgs, autour notamment du Bourg neuf, l'actuel Petit-Bayonne. Sous la domination anglaise (en 1151, à la suite du mariage d'Aliénor et d'Henri Plantagenêt, l'Aquitaine passe sous le giron du royaume d'Angleterre), le système défensif est renforcé, d'autant que la capitale se coupe de sa province, demeurée sous l'autorité du vicomte du Labourd, exilé à Ustaritz. Mais c'est pour Bayonne une période de prospérité : avant-poste précieux de la couronne anglaise, elle bénéficie de larges privilèges commerciaux. La flotte commerciale et militaire s'agrandit, son port la met en communication avec l'Aquitaine via l'Adour et avec la Basse-Navarre via la Nive. La réintégration de l'Aquitaine au royaume de France, en 1451, entraîne une nouvelle phase de fortifications. Au cours de ces différentes étapes, et jusqu'au XIXe siècle, le développement urbain devra se conformer à un tracé fixé dès le XIVe siècle, ce qui explique l'extrême densité du parcellaire bayonnais. Ce n'est qu'en 1907 que les remparts sont déclassés, permettant le percement d'avenues qui désenclaveront le centre. Depuis, la ville essaye péniblement de conjuguer la préservation de son patrimoine avec les impératifs de logement et ses ambitions de capitale économique et culturelle du Pays basque. Le Nouveau-Bayonne s'est construit au-delà des allées Palmy dans les années 1920. L'activité portuaire s'est déplacée au début du XXe siècle vers l'embouchure de l'Adour, où s'est développée la zone industrielle. Bayonne est aujourd'hui le neuvième port de France et le moteur industriel de l'agglomération BAB (Biarritz-Anglet-Bayonne) – ses deux voisines ayant choisi la carte de l'essor touristique.

LES FÊTES DE BAYONNE D'aucuns prétendent qu'elles détrônent la San Fermín de Pampelune, devenue trop touristique… Le fait est que, depuis leur création en 1932, ces Fêtes inénarrables, mi-laïques mi-religieuses, connaissent un succès grandissant et sans faille. De nos jours, on vient de partout en France et en Espagne pour "faire les Fêtes", vivre ces cinq jours de liesse, de fraternisation bon enfant et de beuveries redoutables. Les festivités s'ouvrent place de la Mairie par un feu d'artifice et une cavalcade de grosses têtes, sous le haut patronage du roi Léon. Les programmes s'enchaînent vingt-quatre heures sur vingt-quatre : *mutxiko* (danse basque), messes et bénédictions, orchestres populaires, courses de vachettes, *corso* lumineux (défilé de char), corridas, bals publics, *bandas*… Parmi les temps forts, les tablées conviviales et les soirées tardives organisées par les *peñas,* ces associations amicales devenues l'un des piliers de la vie festive bayonnaise. Attention, la tenue blanche, agrémentée d'un foulard et d'une ceinture rouge, est de rigueur !

Tableau kilométrique

	Bayonne	Anglet	Biarritz	Saint-Jean-de-Luz
Anglet	4			
Biarritz	8	4		
Saint-Jean-de-Luz	21	17	16	
San Sebastián	55	51	50	34

MODE D'EMPLOI

accès

EN AVION

Vols Air France au départ de Paris, Lyon et Clermont-Ferrand ; vols hebdomadaires à partir de Strasbourg, Nice et Genève. Également des liaisons de Paris avec EasyJet ainsi que des vols de Lyon, Clermont, Nice et Genève avec Régional (partenariat avec Air France) ; de Genève, autre liaison avec Flybaboo.com en saison.
Aéroport Biarritz-Anglet-Bayonne (BAB) (plan 2, B2) À 5km au sud-ouest de Bayonne. *Tél.* 05 59 43 83 83 *www.biarritz.aeroport.fr*
Liaisons aéroport centre-ville Liaisons vers le centre-ville avec les bus STAB (ligne 6, direction Bayonne gare). En taxi, comptez entre 15 et 20€.

EN VOITURE

Bayonne se situe sur l'axe des autoroutes A63 (à 190km au sud-ouest de Bordeaux) et A64 (à 300km à l'ouest de Toulouse). La frontière espagnole est à 25km par l'A63 (E05-70-80).

EN TRAIN

TGV quotidiens au départ de Paris et de Lille (en haute saison). Le TER Aquitaine relie Bayonne à Bordeaux, Pau, Saint-Jean-Pied-de-Port, et la côte basque jusqu'à Hendaye. De la gare, des bus de la STAB permettent de rejoindre le Grand-Bayonne (arrêts Mairie ou Place des Basques) et le Petit-Bayonne (arrêt Réduit).
Gare SNCF (plan 1, C1) *Place Pereire Tél.* 3635 *www.sncf-voyages.com*

EN CAR

ATCRB La ligne Bayonne/Saint-Jean-de-Luz/Hendaye relie les villages de la côte en suivant le tracé de la N10. *Tél.* 05 59 26 06 99 ou 05 59 08 00 33

PESA La compagnie espagnole assure des liaisons régulières entre Bayonne et Bilbao via Saint-Jean-de-Luz, Hendaye, Irún et San Sebastián. Arrêt place des Basques. *Tél. (00 34) 902 10 12 10 www.pesa.net*

orientation

Les trois quartiers historiques de la ville se sont développés sur les berges de l'Adour et de la Nive : rive gauche, le Grand-Bayonne ; au confluent des deux cours d'eau, le Petit-Bayonne, solidement amarré au Grand-Bayonne par les quatre ponts qui enjambent la Nive ; de l'autre côté de l'Adour, le quartier Saint-Esprit avec la gare.
Grand-Bayonne (plan 1, B2-B3) Le Grand-Bayonne enroule son dédale de ruelles piétonnes et commerçantes autour de la cathédrale Sainte-Marie.
Petit-Bayonne (plan 1, C2-C3) C'est le quartier des étudiants, des restaurants bon marché et des virées nocturnes. Les deux prestigieux musées de Bayonne, le Musée basque et le musée Bonnat, y ont élu domicile.
Quartier Saint-Esprit (plan 1, C1) Le quartier Saint-Esprit, traditionnellement marginal et multiculturel, présente un visage plus populaire.

informations touristiques

Office de tourisme (plan 1, A2) Des bureaux toujours grouillants d'activité, bien fournis en documentation sur la ville et le Pays basque nord et sud. Billetterie spectacles. *Pl. des Basques Tél.* 0820 42 64 64 *www.bayonne-tourisme.com Ouvert juil.-août : lun.-sam. 9h-19h, dim. 10h-13h ; sept.-juin : lun.-ven. 9h-18h, sam. 10h-18h*
☺ **Visites guidées** L'office de tourisme organise des visites thématiques (calendrier sur demande) animées par des guides-conférenciers. Pour découvrir un Bayonne méconnu

LE LABOURD

et pénétrer dans des lieux habituellement fermés. *5€ par personne, gratuit pour les moins de 12 ans*

transports et circulation

Abandonnez votre voiture dans l'un des parkings périphériques et visitez la ville à pied : vous vous simplifierez la vie ! Les rues piétonnes ou à sens unique sont nombreuses et les distances à parcourir réduites. De plus, la municipalité a mis en place un système de navettes gratuites au départ de ces parcs de stationnement. Très pratique, la ligne fait l'aller-retour de la porte d'Espagne (Grand-Bayonne) jusqu'au parking Glain (Petit-Bayonne) en une quinzaine d'arrêts. Pour rejoindre le quartier Saint-Esprit, vous pouvez prendre gratuitement les bus de la STAB reliant la gare à la mairie en présentant le Pass Adour, à retirer au parking de la SNCF ou à la mairie. Des vélos sont également mis à disposition par l'office de tourisme durant ses horaires d'ouverture.

Navettes gratuites Plan disponible à l'office de tourisme. *Lun.-sam. 7h30-19h30 Pass Adour 6h30-19h30 Fermé j. fér.*

STAB La Société de transports en commun de Bayonne sillonne la zone BAB, Tarnos, Boucau et Saint-Pierre-d'Irube. Plan du réseau à l'office de tourisme. Ticket à bord 1,20€, forfait 24h 4€. *Espace bus Arceaux de l'hôtel de ville Pl. Charles-de-Gaulle Tél. 05 59 52 59 52 www.bus-stab.com Ouvert lun.-sam. 8h-12h et 13h30-18h*

stationnement

STATIONNEMENTS GRATUITS
Derrière les remparts du Petit-Bayonne (parkings Mousserolles et Glain) et du Grand-Bayonne (parkings Lamarque, Porte d'Espagne, Lautrec et Champ de foire).

STATIONNEMENTS PAYANTS COUVERTS
Le plus central se trouve au bout de la rue Pannecau, dans les remparts de Vauban (parking Sainte-Claire). Également à la gare, ou bien vers l'avenue des Allées-Paulmy (parkings Paulmy et Vauban).

STATIONNEMENTS PAYANTS DE SURFACE
Vous trouverez où vous garer vers la mairie (place Charles-de-Gaulle), l'office de tourisme (place des Basques), sur le carreau des Halles (sauf vendredi matin et samedi, jours de marché), sur le champ de foire ou encore au bout de la rue Pannecau. *Payant 9h-19h*

location de voitures

Europcar *Aéroport Tél. 05 59 43 80 20 ou 05 59 03 51 65*
Hertz *Aéroport Tél. 0825 38 78 78*
Avis *Aéroport Tél. 05 59 23 67 92* **Gare** *SNCF Tél. 05 59 55 06 56*
Sixt *Aéroport Tél. 05 59 43 76 61*

location de deux-roues

Deux pistes cyclables bordent les fleuves : l'une longe l'Adour jusqu'à Anglet (en passant par la zone industrielle du port), l'autre, plus agréable, emprunte l'ancien chemin de halage qui suit le cours de la Nive.

Cyclocom Service de prêt gratuit de vélos proposé en collaboration avec la mairie de Bayonne. Neuf points de prêt sont disséminés dans la ville (office de tourisme, Maison des associations, Bureau information jeunesse, etc.). En échange d'une pièce d'identité et d'un chèque de caution, on y emprunte un cycle, pour une durée d'une journée maximum. Prêt possible à partir de 15 ans. Également des formules d'abonnement. *Tél. 06 98 08 89 91 www.cyclocom.fr*

Adour Hôtel (plan 1, C1) Cet hôtel loue des vélos à la journée (12,50€), au week-end (23€) ou pour plus longtemps. Caution obligatoire (230€). *13, pl. Sainte-Ursule Tél. 05 59 55 11 31*
Parking Sainte-Claire Prêt gratuit d'un vélo à la journée pour les automobilistes garés au parking (il faut laisser une pièce d'identité et les clés de sa voiture). Cf. Cyclocom.

accès Internet

Cyber Net Café (plan 1, C1) 4,50€/h ; 0,15€/min. *9, pl. de la République Tél. 05 59 50 85 10 barmanbtz@yahoo.fr Ouvert lun.-sam. 7h-20h, dim. 10h-20h*

marchés

Marché des Halles (plan 1, B3) Au bord de la Nive. Le samedi, le marché déborde de sa structure métallique et occupe les quais et le parking. *Ouvert tlj. 8h-14h, et 15h30-19h ven. et veilles de fêtes*
Marché de Saint-Esprit (plan 1, C1) Place de la République. *Alimentaire : ven. et dim. 7h-13h Marché biologique et équitable : 2ᵉ sam. du mois*
Brocante (plan 1, B3) Sur le carreau des Halles. *Ven. 7h-14h*

foires, fêtes et manifestations

Foire au jambon (plan 1, B3) La grande messe du jambon réunit les producteurs du bassin de l'Adour, des Aldudes et du sud des Landes. *Jeu.-dim. (Semaine sainte), sur le carreau des Halles*
Journées du chocolat *En mai : week-end de l'Ascension*
Marché médiéval Reconstitution d'un marché médiéval avec artisans costumés (potiers, herboristes, relieurs...) et spectacles de rue. *Porte d'Espagne, 12-14 juil. www.marchemedieval.org*
La Ruée au jazz Ce festival international de jazz envahit pendant cinq jours les rues et les bars du Petit-Bayonne. Nombreux concerts gratuits. *Mi-juil.*
☺**Fêtes de Bayonne** Le rendez-vous incontournable du calendrier bayonnais. *www.fetesdebayonne.com Cinq jours fin juil.-début août*
Festival de théâtre franco-ibérique et latino-américain Dans les salles et théâtres de Bayonne et Biarritz : expositions, représentations théâtrales, films au cinéma Atalante. *www.theatre-des-chimeres.com En oct.*
Baionan Kantuz Prestation en plein air du chœur masculin Baionan Kantuz. *Halles du quai Jauréguiberry Dernier sam. du mois à 11h*

DÉCOUVRIR
Le Grand-Bayonne

☆ **Les essentiels** Les quais de la Nive et la cathédrale Sainte-Marie
Découvrir autrement Promenez-vous au pied des remparts de Vauban, assistez à une corrida, dégustez des chocolats chez Daranatz et participez aux fêtes de Bayonne au milieu de l'été ➤ **Carnet d'adresses p.83**

LE LABOURD

Plan 1 Bayonne

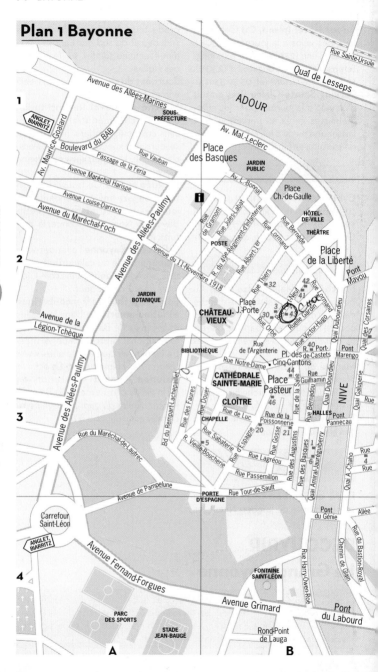

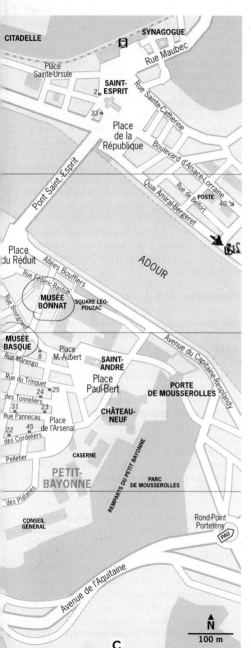

RESTAURATION (n° 1 à 8)

Auberge du Cheval Blanc	**8**	C3
El Asador	**5**	B3
Ibaia	**1**	B3
Itsaski	**6**	B3
Le Bayonnais	**7**	B2
Le Bistrot Sainte-Cluque	**2**	C1
Le Chaho	**4**	B3
Le Chistera	**3**	B2

CAFÉS, BARS ET LIEUX DE SORTIE (n° 20 à 25)

Bar du trinquet Saint-André	**25**	C3
Café Salud	**23**	C3
Chai Ramina	**20**	B3
Killarney Pub	**22**	C3
La Luna Negra	**21**	B3
Patxoki	**24**	C3

HÉBERGEMENT (n° 30 à 33)

Hôtel Loustau	**33**	C1
Hôtel Monbar	**31**	C3
Le Grand Hôtel	**32**	B2
Le Port-Neuf	**30**	B2

SHOPPING (n° 40 à 46)

Aubard	**40**	B3/C2
Chocolat Cazenave	**41**	B2
Daranatz	**42**	B2
L'Atelier du Chocolat	**43**	B2
Montauzer	**44**	B3
Pierre Ibaïalde	**45**	C3
Pierre Oteiza	**46**	B3

LE LABOURD

C

N
100 m

Partez de la place de la Liberté, dominée par le bâtiment à arcades du théâtre municipal et de l'hôtel de ville. Sa configuration date du milieu du XIXe siècle – des travaux de terrassement ont permis d'agrandir sa surface, gagnée sur l'Adour. Sur le dallage, vous lirez la devise de la ville, *Nunque polluta* (jamais souillée), accompagnée des armes de Bayonne, de Saint-Esprit, du Labourd, de Gascogne et d'Aquitaine. La rue du Port-Neuf, qui s'engage dans le quartier, était anciennement un canal, comblé au XVIIe siècle. De nos jours, des maisons à arceaux abritent hôtels, restaurants et boutiques de chocolatiers. En s'enfonçant un peu plus loin, on atteint le cœur du vieux Bayonne, ramassé jusqu'au XIXe siècle autour de la cathédrale. Sur la place Pasteur, à l'emplacement de la fontaine, se dressait le pilori. La rue de l'Argenterie, sur la gauche, débouche sur la place des Cinq-Cantons, ancienne bourse en plein air où les négociants effectuaient leurs transactions financières. Les ruelles qui entourent la cathédrale ont, pour la plupart, gardé le souvenir des corporations de métiers qui les occupaient : ainsi de la rue des Faures (forgerons), de l'Argenterie (orfèvres et changeurs), de la Sabaterie (cordonniers et savetiers), etc. La rue d'Espagne a, quant à elle, conservé son caractère commerçant. Bordée de maisons hautes et étroites, elle présente un ensemble harmonieux de façades percées de deux fenêtres par étage, ornées de balcons en fer forgé.

☺ **Remparts et fortifications** (plan 1, A2-B4) Les remparts qui entourent

Bayonne sont l'œuvre de Vauban. Entre 1680 et 1684, l'ingénieur militaire de Louis XIV entreprit de perfectionner le système défensif de la ville en le doublant d'une seconde ceinture de protection. Depuis le Château-Vieux (ne se visite pas), forteresse massive construite au XIIe siècle par le vicomte du Labourd, une promenade sur le boulevard Lachepaillet permet de parcourir une bonne partie de ce mur d'enceinte et de visualiser glacis et bastions. Au pied des murs, les fossés ont été transformés en espaces verts. De l'autre côté du boulevard se dégage une superbe vue sur le front de maisons de la ville médiévale, confinée derrière le tracé du premier mur : serrées les unes contre les autres avec leurs volets colorés et brinquebalants, elles traduisent parfaitement la métaphore du corset de pierre qui semble les comprimer ! Çà et là, des tours et des pans du mur romain et médiéval sont toujours visibles, notamment au niveau du bastion Lachepaillet et le long de la rue du Tour-de-Sault. Sur votre gauche, la rue des Augustins, prolongée par la rue de la Salie, épouse le tracé du fossé romain.

★ ☺ **Quais de la Nive** (plan 1, B2-B3) Au Moyen Âge, ces quais grouillaient

de l'activité des chantiers navals et du trafic fluvial. Les rues perpendiculaires à la Nive étaient à l'origine des canaux, ou ports : de Bertaco, de Suzeye, de Castets. Les quais, en bois puis en maçonnerie, furent bâtis à partir du XVIe siècle, après les travaux d'ouverture de l'estuaire de l'Adour (1578), dont l'ensablement progressif avait condamné le port de Bayonne. Les anneaux auxquels on amarrait les galupes, embarcations qui circulaient sur la Nive et l'Adour, sont toujours là. Des maisons à pans de bois rouge, bleu ou vert forment une haie multicolore et uniforme des deux côtés de la rive. Les verrières des toitures qui scintillent au soleil datent du XIXe siècle – un souci de confort pour éclairer les appartements construits dans les arrière-cours.

LE LABOURD

VITRAUX DE VIRTUOSES

Dans la cathédrale, les vitraux (XVe-XVIe siècles) des hautes fenêtres racontent des scènes de la Genèse et de la Bible. Mais le plus beau d'entre eux se trouve dans la chapelle Saint-Jérôme (bas-côté gauche) : de composition complexe, avec plusieurs plans en profondeur, il figure la guérison de la fille de la Cananéenne (1531).

☆ ☺ **Cathédrale Sainte-Marie (plan 1, B3)**
Ce bel édifice gothique rayonnant a fière allure, perché sur les hauteurs de la butte du Grand-Bayonne. Sa construction s'échelonna du XIIIe au XVIe siècle, puis d'importants remaniements menés au XIXe siècle par Boeswillwald lui donnèrent sa physionomie actuelle et les deux flèches de 80m qui pointent vers le ciel. La nef, composée de 7 travées à 3 étages, présente à la croisée des ogives des clés de voûte armoriées reproduisant les armes de France (fleur de lys) et d'Angleterre (trois léopards). L'une d'entre elles, dans le transept sud, illustre une nef bayonnaise, témoignage de la vocation maritime de la cité. Le déambulatoire dessert sept chapelles décorées au XIXe siècle par Steinheil, qui travailla également à la chapelle Impériale de Biarritz. La sacristie abrite le seul portail (XIIIe s.) ayant échappé aux dégradations des insurgés pendant la Révolution. Il donnait à l'origine accès au cloître. Admirez ses tympans historiés et la profusion de détails de ses voussures sculptées de scènes de la fin du monde. Vous terminerez votre visite par le cloître, contre le flanc sud de la cathédrale, un harmonieux ensemble gothique du XIVe siècle. L'une de ses quatre galeries fut démolie au XIXe pour permettre la construction de la sacristie et de la chapelle Saint-Léon. **Cathédrale** *Pl. Monseigneur-Vansteenberghe Tél. 05 59 59 17 82 Visite 10h-11h45 et 15h-17h45, dim. 15h30-17h45* **Cloître** *Pl. Pasteur Tél. 05 59 46 11 43 Ouvert tlj. 9h30-12h30 et 14h-18h (17h oct.-mai)*

Jardin botanique (plan 1, A2) Aménagé dans un bastion des remparts de Vauban, il domine les anciens fossés. Le décor est d'inspiration japonaise : passerelle, pièce d'eau et cascade habillent un parcours qui serpente parmi un millier de variétés étiquetées, associées selon leurs couleurs et leur parfum. *Allée des Tarrides Ouvert mi-avr.-mi-oct. : tlj. 9h-12h et 14h-18h*

● **Où acheter des jambons, de la charcuterie ?** Le jambon de Bayonne tient son appellation de son lieu de commercialisation : le port de Bayonne. Aujourd'hui, l'appellation est soumise à une IGP (indication géographique protégée), qui restreint sa zone de salaison au bassin de l'Adour. La zone d'élevage, en revanche, couvre 22 départements ! De plus en plus, les producteurs et éleveurs basques s'organisent en associations pour défendre la spécificité de leurs produits, fondée plus précisément sur la zone et les modalités d'élevage. N'hésitez pas à les découvrir dans les commerces gourmets de Bayonne.
☺ **Montauzer (plan 1, B3)** Une maison réputée pour ses conserves de porc et de volaille et pour ses salaisons (saucissons, jambons secs, ventrèches). Profitez-en pour goûter les jambons Ibaïona, issus de porcs Large White nourris aux céréales. Leur goût musqué, très fin, est le fruit d'une maturation de près de 15 mois. *17, rue de la Salie Tél. 05 59 56 84 04 Ouvert 7h30-12h30 et 16h30-19h30 Fermé dim. et lun. a.-m.*
☺ **Pierre Oteiza (plan 1, B3)** Cet éleveur de la vallée des Aldudes (Basse-Navarre) a participé à la réhabilitation des porcs basques pie noir. Évoluant en

LE LABOURD

liberté, ils se nourrissent de glands, d'herbes et de racines et donnent un jambon parfumé, séché au minimum 14 mois. *70, rue d'Espagne Tél. 05 59 25 56 89 www. pierreoteiza.com (vente en ligne) Ouvert mar.-sam. 10h-12h30 et 14h-19h*
Aubard (plan 1, B3) Jambon, pâté et boudin basques, tripes, saucisses, confit de canard... faits maison. Créé en 1946, cet établissement tenu par le petit-fils du fondateur propose aussi des plats cuisinés. Deux boutiques. *43, bd Alsace-Lorraine Tél. 05 59 55 02 27 et 8, rue Port-de-Castets Tél. 05 59 59 52 03 www. charcuterie-aubard.fr Ouvert mar.-sam. 7h30-12h30 et 15h-19h*

● **Où savourer des chocolats ?** Ce sont les Juifs expulsés d'Espagne par l'Inquisition qui introduisirent en France les techniques de fabrication du chocolat. Le breuvage des rois aztèques, tant apprécié des colons espagnols, allait désormais conquérir la France entière à partir de Bayonne. La ville se spécialisa dans cette production au XVIIIe siècle et compte toujours un grand nombre d'excellentes chocolateries artisanales.
Daranatz (plan 1, B2) Depuis 1890, cette chocolaterie traditionnelle perpétue des recettes jalousement gardées : ganaches aux épices et à la fleur d'oranger, pralinés aux amandes d'Espagne, tablettes parfumées à la vanille... Également des tourons aux couleurs appétissantes. *15, rue du Port-Neuf Tél. 05 59 59 03 55 Ouvert lun.-sam. 9h15-19h*
L'Atelier du Chocolat (plan 1, B2) Cette enseigne bayonnaise compte aujourd'hui près de 35 boutiques à travers la France... Du chocolat vendu en vrac, et quelques recettes originales, comme celles au gingembre ou au piment d'Espelette. Pour éduquer le palais et apprendre à différencier les "grands crus", optez pour des chocolats extra-noirs (70%) au cacao de São Tomé, d'Équateur,

Bonnes tables

De la table étoilée à la simple *casa rural*, la gastronomie basque est une invitation à la gourmandise.

El Asador (Bayonne) _____ 84
Auberge du Cheval Blanc
(Bayonne) _____ 85
La Fleur de sel (Anglet) _____ 93
Le Clos basque (Biarritz) _____ 110
Chez Albert (Biarritz) _____ 111
La Table des frères Ibarboure
(Guéthary) _____ 120
Arrantzaleak
(Ciboure) _____ 131
Chez Pantxua (Ciboure) _____ 131
Maison E. Bernat/Le Patio
(Saint-Jean-Pied-de-Port) _____ 178
Les Pyrénées
(Saint-Jean-Pied-de-Port) _____ 178

Hôtel-restaurant
Saint-Sylvestre (Esnazu) _____ 186
Auberge Iparla (Iparla) _____ 194
Auberge du Lausset
(L'Hôpital-Saint-Blaise) _____ 210
Hôtel-restaurant
Chilo (Barcus) _____ 210
Etchémaïté (Larrau) _____ 217
Marqués de Riscal (Elciego) _ 305
Miramón Arbelaitz
(San Sebastián) _____ 349
Akelarre (San Sebastián) _____ 350
Arzak (San Sebastián) _____ 350
Mugaritz (San Sebastián) _____ 350
Martín Berasategui
(San Sebastián) _____ 350
Etxanobe (Bilbao) _____ 420
Zortziko (Bilbao) _____ 420

ou de Madagascar... Les assortiments présentés en "bouquets" pourront faire un cadeau amusant. **Boutique** *37, rue Port-Neuf Tél. 05 59 25 72 95 Ouvert lun.-sam. 10h-12h30 et 14h-19h (ven. 10h-19h)* **Ateliers** *7, allée de Gibeleou Tél. 05 59 55 00 15 www.atelierduchocolat.fr Visite 5,60€, 4-12 ans 2,80€*

Chocolat Cazenave (plan 1, B2) Une vénérable institution, dotée d'un joli salon de thé : l'occasion de goûter l'une des spécialités de la maison, le chocolat chaud moussé à la main, accompagné d'un petit pot de chantilly. *19, rue du Port-Neuf Tél. 05 59 59 03 16 Ouvert lun.-sam 9h-12h et 14h-19h Fermé dim.-lun. hors saison*

● ☺ **Où faire une pause déjeuner ?** Coincée sur les quais, entre deux restaurants, cette bodega est toujours bondée. Pour accompagner le vin, la maison propose une multitude de plats à petits prix : grosses salades au confit de canard ou aux pommes de terre tièdes et à la morue, brochettes, chipirons ou crevettes *a la plancha*, pieds de cochon, boudin de pays, assiettes de jambon de Bayonne... Plats de 8 à 13€. L'ambiance est informelle : si l'on ne trouve pas de place en terrasse à l'une des grandes tables vite prises d'assaut, on ira consommer debout au comptoir ou dans la rue ! **Ibaia (plan 1, B3)** *45, quai Amiral-Jauréguiberry Tél. 05 59 59 86 66 Ouvert mar.-sam. 12h30-15h et 19h30-2h*

● **Assister à une corrida** Les arènes sont situées dans le quartier du Nouveau-Bayonne, à l'ouest du Grand-Bayonne. La *temporada* (saison) court de juillet à septembre. Au programme dans les arènes néomauresques de Lachepaillet : corridas et *novilladas* (affrontements de jeunes toreros et de jeunes taureaux) avec ou sans picador. Les premiers prix sont à 18€, mais grimpent très vite en fonction des têtes d'affiche. **Arènes municipales** *Quartier du Nouveau-Bayonne, à l'ouest du Grand-Bayonne Av. des Fleurs* **Points de vente** *Bureau des arènes Rue Alfred-Boulant Tél. 0892 46 64 64 www.corridas.bayonne.fr Ouvert juil.-sept. : lun.-ven. 10h-13h et 16h-19h Office de tourisme Place des Basques Tél. 05 59 25 61 36 Ouvert juil.-sept. : lun.-ven. 10h-13h et 15h30-18h30*

Le Petit-Bayonne

☆ **Les essentiels** Le Musée basque et le musée Bonnat **Découvrir autrement** Découvrez la pelote à main nue au trinquet Saint-André et allez boire un dernier verre à proximité de la place Paul-Bert

➤ **Carnet d'adresses p.83**

Partez du pont Mayou, qui offre une belle perspective sur les maisons à arceaux alignées le long des quais. Sur la place du Réduit se dressait autrefois un mur de protection muni d'une échauguette. L'ensemble fut rasé au XIXᵉ siècle et l'échauguette, dernier vestige du système défensif, s'effondra en 1937, au grand dam des Bayonnais... La municipalité l'a reconstruite en 2006. Enfoncez-vous un peu plus dans le quartier, et observez les slogans et drapeaux basques sur les façades des maisons : un héritage politique des nationalistes basque-espagnols, exilés ici sous la dictature de Franco. Rue Bourg-Neuf, remarquez, là encore, l'extrême étroitesse des demeures, construites sur des parcelles de 4m de largeur ! Autres ruelles caractéristiques : la rue Panneau, canal comblé au XVIᵉ siècle dont les arceaux ont été intégrés

LE LABOURD

aux maisons, et les rues des Cordeliers et des Tonneliers, également bordées de maisons à arceaux. L'église Saint-André (1856-1862) renferme un tableau de Léon Bonnat, *L'Assomption*, et un bel orgue offert par Napoléon III. C'est sur la place Paul-Bert qu'ont lieu les courses de vachettes pendant les fêtes de Bayonne. Pour accéder aux fortifications de Vauban, remontez la rue Cardinal-Godin et franchissez la première ceinture. Vous arrivez à la porte de Mousserolles, dont le pont-levis et la herse sont en parfait état de conservation. Le Château-Neuf (1460-1489), érigé pour surveiller la population après la reconquête de Bayonne, accueille aujourd'hui un IUT d'informatique et des bureaux du Musée basque. Tout ce quartier a été transformé par, notamment, la réhabilitation des logements et l'agrandissement du pôle universitaire.

☆ ☺ **Musée basque (plan 1, C3)** Le musée, qui occupe l'ancienne demeure (XVIe s.) d'un riche commerçant bayonnais, dresse un large panorama de la culture basque et de l'histoire de Bayonne. Sa présentation, claire et ludique, servie par une muséographie résolument moderne, évite l'écueil d'un exposé trop didactique et linéaire. Deux mille objets dispersés sur 4 000m², enregistrements sonores et vidéos, renseignent le visiteur et abordent des sujets variés : préhistoire, agropastoralisme, vie sociale. Très beau mobilier basque dans la section consacrée à *l'etche* (maison traditionnelle) ; également intéressante, la partie sur la pêche et la navigation. *Maison Dagourette 37, quai des Corsaires Tél. 05 59 59 08 98 www.musee-basque.com Ouvert mar.-dim. 10h-18h30 ; juil.-août : tlj. 10h-18h30, nocturne gratuite mer. 18h30-21h30 Entrée 5,50€, tarif réduit 3€ Billet jumelé avec le musée Bonnat 9€, tarif réduit 4,50€ Gratuit moins de 18 ans et 1er dim. du mois (sauf en juil.-août)*

● **DESSINS ET PORTRAITS** Au musée Bonnat, ne pas manquer la très belle collection d'esquisses du Cabinet des dessins, ainsi que la passionnante galerie de portraits ouverte sur le patio. Bonnat fut lui-même un portraitiste très sollicité par le tout-Paris de la IIIe République.

☆ ☺ **Musée Bonnat (plan 1, C2)** Ses collections exceptionnelles sont en grande partie constituées des œuvres que le peintre Léon Bonnat (1833-1922) réunit entre 1880 et 1900 et légua à sa ville natale. Le sous-sol est réservé à l'art antique (égyptien, grec et romain), le rez-de-chaussée, aux œuvres de Bonnat et de l'école bayonnaise. Les deux autres niveaux exposent près de cinq siècles d'art européen : Rubens, Van Dyck, Vinci, Raphaël, Michel-Ange, Titien y sont représentés. Les écoles espagnole (Greco, Goya) et française (Géricault, Ingres, Delacroix, Corot, Degas) y prennent une place importante, reflet des influences artistiques de Léon Bonnat. À l'espace Le Carré ont lieu les expositions temporaires d'art contemporain. *5, rue Jacques-Laffitte Tél. 05 59 59 08 52 www.museebonnat.bayonne.fr Ouvert mer.-lun. 10h-18h30 (nov.-avr. 10h-12h30 et 14h-18h) ; juil.-août : tlj. 10h-18h30 et nocturne gratuite mer. jusqu'à 21h30 Entrée 5,50€, tarif réduit 3€ Billet jumelé avec le Musée basque 9€, tarif réduit 4,50€ Gratuit moins de 18 ans et 1er dim. du mois (sauf juil.-août)*

● **Où acheter des jambons, de la charcuterie ?** Cet atelier artisanal de salaisons a pignon sur rue dans le Petit-Bayonne. Avant d'acheter, vous pourrez participer à la visite-dégustation. Dans les odeurs entêtantes des jambons de Bayonne suspendus au plafond, vous découvrirez les différentes étapes de la fabrication : la salaison au sel gemme, le séchage à basse température et enfin l'affinage, le tout se déroulant au fil de 7 à 10 mois. **Pierre Ibaïalde (plan 1, C3)** *41, rue des Cordeliers Tél. 05 59 25 65 30 www.pierre-ibaialde.com Ouvert 9h-12h30 et 14h-18h Fermé sam. a.-m., dim. et lun. hors saison*

● ☺ **Suivre une partie de pelote à main nue** D'octobre à juin, tous les jeudis à 16h30, les *pilotazale* viennent taper la pelote dans le fronton couvert du Petit-Bayonne. Un rendez-vous incontournable pour l'ambiance et le cadre : il s'agit en effet du plus ancien trinquet du Pays basque, son existence étant déjà attestée au XVIᵉ siècle. On assiste à la partie installé dans les galeries, derrière des filets de protection. ☺ **Trinquet Saint-André (plan 1, C3)** *2, rue du Jeu-de-Paume Tél. 05 59 25 76 81 Ouvert lun.-sam. 9h-22h ; parties tous les jeu. à partir de 16h30 Fermé j. fér. et juil.-sept.*

Le quartier Saint-Esprit

☆ **Les essentiels** La sculpture représentant la Fuite en Égypte de l'église Saint-Esprit **Découvrir autrement** Assistez à une représentation du festival de théâtre franco-ibérique et latino-américain en octobre

➤ **Carnet d'adresses p.83**

Visite du quartier (plan 1, C1) Sur la rive droite de l'Adour, la bourgade de Saint-Esprit fut pendant longtemps un village à part entière, annexé à Bayonne seulement en 1857. L'histoire de son développement est indissociable de celle des Juifs "portugais", chassés d'Espagne par l'Inquisition et venus s'établir là au XVIᵉ siècle. Malgré les nombreuses restrictions et interdictions qui la frappaient, la communauté prospéra au point de devenir, au XVIIIᵉ siècle, la plus grande de France. Le village originel s'organisait autour de la place de la République et de l'église, mais les importants travaux menés au XIXᵉ siècle (construction de la gare, du pont, du boulevard d'Alsace-Lorraine) ont profondément déstructuré le tissu urbain. Sur la place demeure la fontaine où les Bayonnais venaient, au XIXᵉ siècle encore, s'approvisionner en eau potable. L'église, bâtie sur un prieuré roman et maintes fois remaniée, renferme un joyau : un groupe en bois polychrome sculpté représentant ☆ **la Fuite en Égypte** (XVᵉ s.). La synagogue de Bayonne, de style néoclassique (1837), se dresse rue Maubec. C'est sur les hauteurs du bourg que Vauban choisit de construire la citadelle, conçue pour accueillir une garnison de 900 hommes. Le Saint-Esprit est de nos jours un quartier vivant et métissé, peuplé de restaurants chinois, turcs ou marocains.

Les environs de Bayonne

☆ **Les essentiels** Le château de Bidache **Découvrir autrement** Observez les oiseaux lors d'une randonnée dans les barthes

➤ **Carnet d'adresses p.83**

LE LABOURD

La vallée de l'Adour

À partir de Bayonne, la D261 épouse le cours de l'Adour. **Urt**, première bourgade que croise la départementale, était jadis un port de pêche florissant, entouré d'ateliers de batellerie réputés. L'arrivée du chemin de fer signa le déclin de cette industrie et des nombreux métiers artisanaux qui en dépendaient. Partant du port, une jolie promenade borde la rivière (cf. Faire une randonnée naturaliste dans les barthes). **Urcuit**, légèrement en retrait du fleuve, affirme un caractère plus basque : une église au clocher carré, sertie d'un cimetière aux stèles discoïdales. Plus loin, par la D261, se dressent les ruines, grignotées par la végétation, du château de **Guiche** (XIVe s.). La forteresse contrôlait de son promontoire les eaux de la Bidouze, en territoire navarrais. Un peu plus au sud par la D653, le village de Bidache occupe lui aussi une crête en surplomb de la Bidouze.

Bidache Ce village recèle le plus vieux cimetière juif de France (XVIIe s.), dernière trace d'une communauté qui vécut là sous la protection des Gramont. Plusieurs sentiers de randonnée rayonnent dans les environs de l'Adour et de la Bidouze. Vous trouverez leur descriptif dans le topo-guide *42 randonnées du Val d'Adour au Baigura*, en vente à l'office de tourisme de Bidache, qui propose aussi un audioguide gratuit pour visiter le village et en savoir plus sur l'histoire du ☆ **château**. Érigé au XVIe siècle, incendié en 1796, cet édifice aujourd'hui en ruine appartenait aux seigneurs de Gramont. Leurs terres se trouvant aux limites des royaumes de France et de Navarre, ces hommes téméraires décidèrent, en 1570, de proclamer la principauté de Bidache, annexée à la France seulement à la Révolution. Le château, en cours de restauration, ne se visite pas, mais son parc, accessible aux visiteurs, permet de s'approcher des ruines. **Office de tourisme** *1, pl. du Foirail 64520 Bidache Tél. 05 59 56 03 49 office.tourisme.bidache@wanadoo.fr Ouvert juil.-août : tlj. 9h-12h30 et 15h-18h30 ; sept.-juin : mar.-sam. mêmes horaires*

● **Faire une randonnée naturaliste dans les barthes** Les barthes sont des terres humides, régulièrement inondées par les eaux de l'Adour, riches en faune et en flore. Asséchées pour les besoins de l'agriculture, elles tendent aujourd'hui à disparaître. Leur écosystème fragile présente une grande variété de milieux. Pour entreprendre ce circuit, munissez-vous d'une carte de randonnée ou de la fiche descriptive disponible à l'office de tourisme d'Urt. **Barthes d'Etchepettes** L'itinéraire, en boucle, débute le long des berges de l'Adour, dont il épouse les rives avant de s'engager dans les terres, pour traverser la D261. Le chemin passe alors près d'une pépinière, puis longe un champ. On remarque ici quelques vestiges d'une aulnaie, rasée pour permettre la mise en culture. L'itinéraire rejoint ensuite le chemin de halage de la rivière Ardanavy, puis suit la sente qui, sur la gauche, pénètre dans les barthes, couvertes d'aulnes glutineux, avant de rejoindre le village. Le naturaliste averti observera la faune qui peuple ce milieu aquatique : hérons cendrés, grands cormorans, martins-pêcheurs, pics-verts, bécasses des bois, poules d'eau, foulques macroules, aigrettes... Les mammifères, tel le vison d'Europe, sont plus difficiles à surprendre, mais on peut repérer, sur le sol humide, des traces de sangliers, renards, blaireaux ou chevreuils. *Boucle de 2h, facile, balisage jaune*

Accès *Port d'Urt (à partir du parking)* **Cartographie** IGN Top 25 1/25 000, 1344 OT *ou* Michelin Local 1/150 000, n°342 *Hautes-Pyrénées, Pyrénées-Atlantiques* **Office de tourisme** *Av. des Pyrénées 64240* **Urt** *Tél.* 05 59 56 24 65 *www.urt-accueil.com*

CARNET D'ADRESSES

Lieux de sortie

En temps normal, la nuit bayonnaise n'est guère trépidante... Mais il suffit d'un événement, d'un concert dans les arènes de Lachepaillet, pour voir affluer toute la jeunesse du BAB ! Le temps des Fêtes, on vient d'encore plus loin pour vivre une nuit d'ivresse en ville. Cette effervescence demeure palpable pendant les mois d'été.

Cinéma

☺ **L'Atalante** Un cinéma d'art et d'essai, agrémenté d'un bar-cafétéria, dans le paisible quartier Saint-Esprit. Films primés, avant-premières, documentaires. *Quartier Saint-Esprit 7, rue Denis-Etcheverry et 3, quai Amiral-Sala* *Tél.* 05 59 55 76 63

Bars

Fief indémodable des noctambules, le **Petit-Bayonne** doit figurer dans l'itinéraire de vos déambulations nocturnes. Restaurants et bars typés s'agglutinent le long des rues Tonneliers, Pannecau et Cordeliers, mais quand l'animation bat son plein, c'est debout, sur la place Paul-Bert, qu'on finit sa bière. Ambiance Irish Pub au Killarney Pub, où l'on propose des plateaux dégustation de 9 bières à 15€. Au Café Salud, le verre de ti-punch est de rigueur. Vous pourrez également tenter de vous infiltrer au bar du trinquet Saint-André, domaine bien gardé des amateurs de pelote. Autre lieu emblématique, le Patxoki, bar militant et sympathisant de la cause des indépendantistes, aux murs tapissés d'affiches en euskara. **Killarney Pub (plan 1, C3)** *33, rue des Cordeliers* *Tél.* 05 59 25 75 51 **Café Salud (plan 1, C3)** *63, rue Pannecau* *Tél.* 05 59 59 14 49 **Patxoki (plan 1, C3)** *23 bis, rue des Tonneliers* *Tél.* 05 59 59 06 54 **Bar du trinquet Saint-André (plan 1, C3)** *Tél.* 05 59 25 76 81

☺ **Chai/chez Ramina (plan 1, B3)** Une institution bayonnaise qui ne désemplit pas pendant les Fêtes. C'est vrai que l'endroit est tout petit, encombré d'objets incongrus : cages d'oiseaux, cornes de taureaux, un aquarium où ont échoué une paire de lunettes et un portable... Au bar, le patron sert de généreuses rasades de whisky et des cocktails à base de rhum ou de vodka. Chaleureux ! *Grand-Bayonne* *11, rue de la Poissonnerie* *Tél.* 05 59 59 33 01 *Ouvert mar.-sam. 9h30-20h (2h ven.-sam.)*

Cabaret

La Luna Negra (plan 1, B3) Sympathique cabaret tapi dans la discrète rue des Augustins. Programmation éclectique (café-théâtre, contes, jazz, reggae, ska, chanson...) et nuits thématiques : les jeudis du Blues et des soirées dansantes, à date variable, pour s'essayer au tango, à la salsa et aux sévillanes. Entrée 7-15€ selon la programmation. *Grand-Bayonne* *Rue des Augustins* *Tél.* 05 59 25 78 05 *www.lunanegra.info Ouvert mer.-sam. 18h-2h Fermé juil.-août*

LE LABOURD

Restauration

Les beaux jours venus, on ne résistera pas au plaisir de dîner près de l'eau, à l'une des terrasses qui bordent les quais de la Nive. Pour déjeuner, on choisira un des établissements de la rue du Port-Neuf, qui dressent leurs tables sous les arceaux. Côté Petit-Bayonne, des restaurants animés conviendront aux bourses les plus dégarnies.

🍴 prix moyens

☺ **Le Bistrot Sainte-Cluque (plan 1, C1)** Sans doute la meilleure adresse du quartier Saint-Esprit. Des plats frais et savoureux, comme le magret de canard au miel et citron, la morue rôtie à l'ail confit, ou la copieuse salade à la feta, tomates séchées, cœurs d'artichauts et aubergines grillées... De quoi vous ragaillardir pour la journée ! De plus, l'accueil est jovial et diligent. La grande salle, rustique, aux murs de pierre et aux poutres apparentes, s'ouvre largement sur la ruelle qui longe les flancs de l'église Saint-Esprit. Menu à 17€ (et à 10€ à midi en semaine), plats aux alentours de 14€, plat du jour à 9,50€ le soir. *Quartier Saint-Esprit* 9, rue Hugues Tél. 05 59 55 82 43 *Ouvert tlj. 12h-14h et 19h-22h30*

Le Chistera (plan 1, B2) L'une des institutions de la ville, non tant par sa cuisine que par la personnalité de son patron : Jean-Pierre Marmouyet et un ancien champion de *cesta punta*, discipline de la pelote basque qui se joue avec la grande chistera, sorte de gant en rotin dont vous verrez des exemplaires accrochés aux murs de la maison, tels des trophées... À la carte, les incontournables spécialités de la cuisine basque : *parillada* de poissons, tripes ou poulet à la basquaise, piperade. Plats autour de 14€. *Grand-Bayonne* 42, rue du Port-Neuf Tél. 05

Et aussi...

Un déjeuner sur le pouce
Ibaia ———————————— 79

Des achats gourmets...
Montauzer ————————— 77
Pierre Oteiza ————————— 77
Aubard ———————————— 78
Pierre Ibaïalde ——————— 81

...et gourmands
Daranatz ——————————— 78
L'Atelier du Chocolat ———— 78
Chocolat Cazenave —————— 79

---

59 59 25 93 *www.lechistera.com Ouvert été : tlj. 12h-14h30 er 19h-22h ; hors saison : mar. midi, mer. midi, jeu.-dim. midi et soir 12h-14h, jeu.-dim. 19h-21h30*

Le Chaho (plan 1, B3) Une petite pièce, étirée tout en longueur, dont les tables débordent à l'arrière sur la vaste esplanade de la rue Pelletier. La carte, aux accents espagnols, se concentre essentiellement sur les poissons et les fruits de mer, préparés *a la plancha*. Pour commencer, on pourra piocher dans l'assortiment de tapas chaudes et froides, servies pour 2 personnes (ven. et sam. soir). À accompagner par exemple d'un délicieux vin de Navarre. Plats à partir de 12€. On peut aussi se contenter de venir au Chaho pour boire un verre au bar. *Petit-Bayonne 4, rue des Cordeliers Tél. 05 59 25 54 95 Ouvert 10h-14h30 et 19h-0h (2h le week-end)*

🍴 prix élevés

☺ **El Asador (plan 1, B3)** Voilà plusieurs années que Maria Jesus séduit les papilles d'une clientèle toujours plus fidèle et nombreuse... C'est que sa cuisine familiale, inventée au gré de la pêche et du marché du jour, ne souffre aucun compromis : tous les produits sont frais, et les poissons de ligne achetés directement auprès des petits pêcheurs. Parmi les plats vedettes, l'agneau de lait de Castille au four (sur commande). Succulentes viandes grillées, fondantes *croquetas de bacalao*. Menu environ 20€, plats de 16 à 18€. *Grand-Bayonne* 19, *rue Vieille-Boucherie* Tél. 05 59 59 08 57 *Ouvert tlj. 12h-14h et 20h-22h Fermé dim. soir et lun.*

Itsaski (plan 1, B3) On le repère vite, sur les quais, grâce au banc d'écailler installé à l'extérieur. Ici, on célèbre les produits de la pêche, depuis la carte jusqu'à la décoration de la salle, qui évoque l'intérieur d'un bateau – le cuisinier officie au fond de la pièce, dans la cabine du capitaine. Plateau de fruits de mer (45€ pour 2 personnes), poêlée de chipirons frais, crabe farci... Plats de 13 à 18€. *Grand-Bayonne* 43, *quai Amiral-Jauréguiberry* Tél. 05 59 46 13 96 *Ouvert tlj. 12h-14h et 19h30-22h30 Fermé mer. et lun. soir*

Le Bayonnais (plan 1, B2) Que ce soit dans le cadre chaleureux de la salle en bois décorée d'azulejos ou sur la terrasse bâchée aux couleurs marines, on vient de loin pour déguster la cuisine résolument basque de Christophe Pascal. La carte décline ce que le terroir offre de meilleur : foie gras de canard mi-cuit, chipirons en persillade, magret de canard grillé. Plats autour de 15-20€. *Petit-Bayonne* 38, *quai des Corsaires* Tél. 05 59 25 61 19 *Ouvert*

12h-13h30 et 19h30-21h30 Fermé dim. (et lun. hors saison)

Auberge du Cheval Blanc (plan 1, C3) Si l'ambiance est un peu trop guindée, ici on se concentre surtout sur son assiette, méticuleusement préparée par le chef étoilé Jean-Claude Tellechea. L'inspiration vient des montagnes basques et de leurs eaux claires : truites de Banka, *ardi gasna* fermier, jambons Ibaïona, palombes en saison. Pour seulement 30€, le menu du pays, servi tous les jours en semaine, permet de vivre cette expérience gustative à moindres frais. Accueil aimable. Menus de 30 à 40€, et un menu surprise à 80€ ; plats de 18€ à 40€. *Petit-Bayonne* 68, *rue Bourg-Neuf* Tél. 05 59 59 01 33 *Ouvert tlj. 12h-13h30 et 19h30-21h30 Fermé sept.-juin : lun., sam. midi et dim. soir.*

Hébergement

Le parc hôtelier de Bayonne n'offre pas un choix très large : si vous venez en saison, notamment pendant les Fêtes de Bayonne, pensez à réserver.

petits prix

☺ **Hôtel Monbar (plan 1, C3)** Une aubaine, en plein Petit-Bayonne ! Ce n'est certes pas le grand luxe, mais, à ce prix-là, on ne peut guère se plaindre. D'autant que les chambres sont plutôt grandes, claires et soignées. Un escalier, large et central, conduit aux étages, surmonté d'une verrière qui laisse filtrer la lumière – une configuration

LE LABOURD

GAMME DE PRIX	RESTAURATION	HÉBERGEMENT
Très petits prix	moins de 10€	moins de 30€
Petits prix	de 10€ à 15€	de 30€ à 40€
Prix moyens	de 16€ à 25€	de 41€ à 60€
Prix élevés	de 26€ à 45€	de 61€ à 80€
Prix très élevés	plus de 45€	plus de 80€

LE LABOURD

typique des immeubles du quartier. Préférez les chambres ouvrant de ce côté : vous bénéficierez de la clarté du jour, sans le bruit de la rue... Double à partir de 34€, petit déj. 4,60€. *Petit-Bayonne 24, rue Pannecau Tél. 05 59 59 26 80 www.hotelmonbar.com*

 prix moyens

Le Port-Neuf (plan 1, B2) Les chambres du Port-Neuf, deux par étage distribuées de part et d'autre d'une étroite cage d'escalier, ont toutes été décorées avec des attentions de grand-mère : papier peint orange fleuri sur les murs, fleurs artificielles arrangées sur la table ou aux fenêtres... Un établissement très bien situé, de 5 chambres seulement, dont le bouche à oreille assure un succès constant. Les patrons tiennent le bar du rez-de-chaussée. Double 41€, petit déj. 5€. *Grand-Bayonne 44, rue du Port-Neuf Tél. 05 59 25 65 83 www.hotel-leportneuf.com*

 prix très élevés

Hôtel Loustau (plan 1, C1) Du pont Saint-Esprit, on repère la silhouette massive de l'hôtel Loustau, dont les chambres donnent sur le fleuve. Élevé en 1786 par un certain M. Suarez, cet immeuble illustrait alors la réussite de la communauté juive du quartier. L'intérieur est malheureusement un peu aseptisé – nous n'avons cependant rien à redire sur l'équipement des chambres en lui-même. Accueil agréable. Chambres doubles de 83 à 135€. Petit déjeuner buffet très copieux (œuf, saucisses, etc.) à 12€. *Quartier Saint-Esprit 1, place de la République Tél. 05 59 55 08 08 www.hotel-loustau.com*

Le Grand Hôtel (plan 1, B2) Cet hôtel de la chaîne Best Western a l'avantage d'être central et de disposer d'un parking privé (13€/jour). Les chambres offrent tout le confort moderne, mais demeurent assez impersonnelles. Double entre 69 et 211€. Petit déjeuner buffet 12€. *Grand-Bayonne 21, rue Thiers Tél. 05 59 59 62 00 www.bw-legrandhotel.com*

Dans les environs

 camping

☺ **Camping d'Etche Zahar** Un camping d'à peine 43 emplacements, à l'esprit familial, qui a reçu les labels "Clef verte" (environnement) et "Tourisme et handicap". Une verte pelouse accueille piscine, laverie (lave-linge et sèche-linge)... et même de superbes tentes meublées ! Possibilité de louer des bungalows et des chalets accessibles aux personnes à mobilité réduite. Cadre paisible, en marge d'un petit bourg des bords de l'Adour, Urt, qui constitue la porte d'entrée idéale du Labourd pour ceux qui désirent éviter la côte. Location de VTC. Camping : 3,70€/pers., emplacement 8,40€, voiture 2,20€ ; électricité 2,80€. *Allée de Mesplès 64240 Urt (à 15km à l'est de Bayonne par la D261) Tél. 05 59 56 27 36 www.etche-zahar.fr Camping ouvert mi-mars-début nov., bungalows et chalets fév.-déc.*

GAMME DE PRIX	RESTAURATION	HÉBERGEMENT
Très petits prix	moins de 10€	moins de 30€
Petits prix	de 10€ à 15€	de 30€ à 40€
Prix moyens	de 16€ à 25€	de 41€ à 60€
Prix élevés	de 26€ à 45€	de 61€ à 80€
Prix très élevés	plus de 45€	plus de 80€

☺ **Relais Linague** Des chambres d'hôtes fraîches et douillettes dans une ancienne ferme du XVIIe siècle entourée de prairies. De votre fenêtre, vous verrez paître les chevaux des propriétaires. Les chambres, admirablement décorées, allient raffinement et simplicité. Accueil aimable et chaleureux. Double de 52 à 60€, petit déjeuner compris. *Chemin de Linague 64990 Urcuit (à 10km à l'est de Bayonne, suivre la D261 puis la D257) Tél.* 05 59 42 97 97 *www.relaislinague.com*

ANGLET ANGELU   64600

Commune enserrée entre Bayonne et Biarritz, ses prestigieuses voisines de l'agglomération BAB (cf. plan 2), Anglet ne possède ni le charisme de la première, ni le charme de la deuxième... Sur son front de mer s'égrènent des constructions modernes sans cachet, au pied desquelles s'alignent des restaurants qui se ressemblent ; le parc hôtelier a été monopolisé par les villages de vacances et les chaînes standardisées. Toutefois, la ville demeure une destination de choix pour les amateurs de glisse et de bronzage : avec ses 4,5km de plages, Anglet dispose du plus long littoral de la côte basque. Un profil rectiligne et sauvage, ourlé d'un cordon de dunes et de pinèdes, qui évoque les côtes landaises du nord de l'Adour. L'océan, péniblement dompté à l'aide de digues et d'épis, s'y déchaîne en vagues puissantes qui ont fait la réputation de la station. L'été, la ville vit au rythme d'un tourisme balnéaire et populaire, plutôt jeune, sportif et familial.

LE LABOURD

MODE D'EMPLOI

accès

EN AVION
L'aéroport BAB se trouve à 2km au sud du centre d'Anglet (plan 2, B2). Le bus n°6 de la STAB (direction quartier du Gaz) vous déposera à la limite des communes de Biarritz et d'Anglet (cf. Bayonne, Mode d'emploi).

EN VOITURE
La N10 (Bordeaux-Hendaye) traverse l'agglomération BAB. En partant de Bayonne ou Biarritz, empruntez plutôt le boulevard du BAB (D260).

EN CAR
De Bayonne, les bus STAB 7.1 ou 7.2 desservent les plages d'Anglet. La ligne 2 ou B le dimanche (Biarritz-Bayonne) passe à proximité de l'office de tourisme des Cinq Cantons. De Biarritz, la ligne 9 longe tout le littoral d'Anglet (en direction de La Barre). La ligne 14 dessert la ville d'Anglet jusqu'aux plages de la Chambre d'Amour.
STAB *Tél.* 05 59 52 59 52 *www.bus-stab.com Ouvert lun.-sam. 8h-12h et 13h30-18h*

LE LABOURD

orientation

Anglet est une ville relativement étendue mais les plages demeurent son principal attrait ; les visiteurs se concentrent dans le secteur situé entre le littoral et la forêt du Pignada. Les restaurants ouvrent leur terrasse sur le front de mer dans le quartier de la Chambre-d'Amour, le plus animé. Une promenade jalonnée de kiosques, fréquentée par les joggers, longe les plages jusqu'à la Barre.

circulation et transports

En règle générale, le trafic dans l'agglomération Bayonne-Anglet-Biarritz est très encombré en saison... Stationnement gratuit dans toute la ville : juste en face de l'office de tourisme, ou bien près des plages, sur l'avenue du Rayon-Vert. Les plans de réseau des bus STAB et les fiches horaires de chaque ligne sont disponibles à l'office de tourisme.

informations touristiques

Office de tourisme Anglet-Cinq cantons (plan 2, B2) Il propose un circuit audioguidé de 2h le long des plages et du quartier de Chiberta, ainsi que des excursions en car. Une antenne est également ouverte en face de la plage des Sables d'or. Pack audioguide gratuit. *1, av. de la Chambre-d'Amour Tél. 05 59 03 77 01 Ouvert lun.-sam. 9h-19h Fermé sam. a.-m. et horaires réduits hors saison Antenne Av. des Dauphins Tél. 05 59 03 93 43 Centrale de réservation Tél. 08 25 84 42 84*

location de deux-roues

Plusieurs sentiers à parcourir à vélo dans la forêt du Pignada. Du boulevard des Plages (piste cyclable tout le long), empruntez la piste qui borde l'avenue Marcel-Chassagny et l'avenue du Lac jusqu'à la forêt.

Loisirs 64 Location de VTT à 5min de l'océan Atlantique : 14€/jour. *21, rue Hirigogne Tél. 05 59 93 35 65 ou 06 14 59 26 11 www.loisirs64.com Ouvert tlj. 9h-18h*
Blancpignon Sports 12€/jour. *30, av. de l'Adour Tél. 05 59 31 10 89 www. blanc-pignon-sports.com*

marchés

Marché *Esplanade de Quintaou, jeudi et dimanche matin*
Brocante *Place des Cinq-Cantons (Gal-Leclerc), 2e dimanche du mois*
Marché aux puces *Esplanade du Quintaou, 4e samedi du mois 8h-18h*
Marché de nuit *Esplanade des Sables d'or, ven. soir juil.-août*

manifestations

Arrêt sur Rivage Anglet fête son littoral. Théâtre, artistes de rue. *En mai, espaces verts, plage des Cavaliers*
Footing gastronomique Course pédestre avec dégustation de produits locaux. *En mai, plage des Sables d'or*
Tournoi de pelote Pilotarienak À main nue. *En mai, trinquet Haïtz Pean*
Spectacle pyro-symphonique *Mijuillet, plage de Marinella*
Anglet Rugby Festival *En juillet, plage des Sables d'or*
Les cabanas Fête des associations sportives d'Anglet. *En août, plage de la Barre*
Surf de nuit Festival de surf et musique en nocturne, démonstrations, concerts et projections de film de glisse. *En août, plage des Sables d'or*
Femina Beach Volley Compétition de beach volley féminin. *Fin août, plage des Sables d'or*
Royal Single Trophée Compétition de surf avec des planches seventies, concert. *En septembre, plage de la Marinella*

LE LABOURD

Plan 2 Bayonne Anglet Biarritz

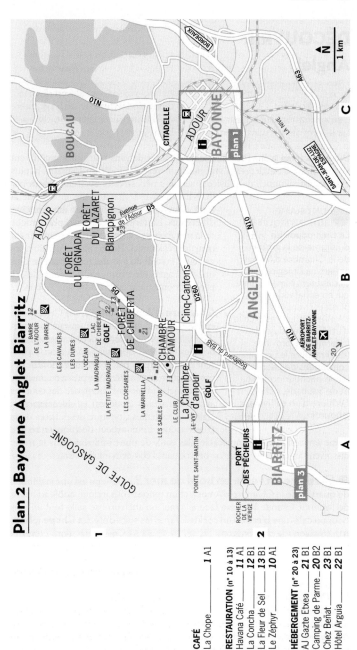

CAFÉ

La Chope _____ **1** A1

RESTAURATION (n° 10 à 13)

Havana Café _____ **11** A1
La Concha _____ **12** B1
La Fleur de Sel _____ **13** B1
Le Zéphyr _____ **10** A1

HÉBERGEMENT (n° 20 à 23)

AJ Gazte Etxea _____ **21** B1
Camping de Parme _ **20** B2
Chez Béniat _____ **23** B1
Hôtel Arguia _____ **22** B1

DÉCOUVRIR
Anglet

☆ **Les essentiels** La plage des Cavaliers : spot de surf de renommée internationale **Découvrir autrement** Initiez-vous au surf avec Sport écume, détendez-vous sur la plage de la Marinella et parcourez la pinède à cheval
➤ **Carnet d'adresses p.93**

Pinèdes (plan 2, B1) Près de 250ha de forêt de pins maritimes recouvrent la commune d'Anglet – un vrai poumon vert. La forêt du Pignada, la plus grande, est sillonnée de plusieurs sentiers pédestres et cyclistes balisés par l'ONF. Un plan à chacune des entrées de la forêt désigne les itinéraires par des couleurs différentes. La forêt de Chiberta, plus proche de la mer, héberge le golf d'Anglet et un élégant quartier résidentiel. Enfin, moins connue des visiteurs, la forêt du Lazaret réserve néanmoins une très agréable promenade le long de ses parcours ombragés en bordure de l'Adour.

● **UN DRAME ROMANTIQUE**
Le récit populaire du drame de la grotte de la Chambre d'Amour enflamma l'imagination des auteurs romantiques, qui en échafaudèrent plusieurs versions. La plus connue reste celle d'Étienne de Jouy, dont *L'Hermite de province* (1817) raconte les amours contrariées de Laorens, jeune pêcheur orphelin, et de Saubade, riche héritière d'un cultivateur labourdin.

Chambre d'Amour (plan 2, B1) Cette grotte creusée au pied de la falaise tirerait son nom d'un fait divers XVIIe siècle : deux jeunes amants, dont les familles s'opposaient à l'union, y périrent noyés, surpris par la brusque montée des eaux un jour de tempête. Plus prosaïquement, le site permet d'observer l'alternance des couches argilo-marneuses (foncées) et calcaires (plus claires et saillantes), typique des falaises de la côte basque. Leur aspect déchiqueté résulte d'une érosion lente et implacable : les eaux de pluie infiltrées dans la roche dissolvent les couches calcaires, provoquant l'éboulement des strates.

● **Où boire un verre en bord de mer ?** La Chope est une institution du quartier de la Chambre-d'Amour, et un rendez-vous indémodable à l'heure de l'apéritif. Grande terrasse face à la mer ou chaleureuse salle tout en bois pour un café, une bière ou un cocktail. Tapas les soirs d'été. **La Chope (plan 2, A1)** *7, esplanade des Gascons Tél. 05 59 03 82 53 Ouvert avr.-sept. : 10h-2h ; oct.-mars : 10h-22h*

● **Chasser les bonnes vagues** Voici tous les spots de surf d'Anglet, du sud au nord.
Le VVF (plan 2, A2) La plage est dominée par la silhouette du village de vacances dont elle porte le nom. Elle marque la transition entre les côtes sableuses caractéristiques du littoral landais et le relief encaissé, hérissé de falaises verticales de la côte basque. C'est le seul spot angloy où la vague vient se briser sur un fond rocheux, garantissant une longue déferlante qui se forme

sur les contreforts de la falaise, notamment à marée montante et par grosse houle. La plage conserve des vestiges du mur de l'Atlantique, élevé par l'armée allemande lors de la Seconde Guerre mondiale.

Le Club et les Sables d'or (plan 2, A1) La première est le territoire de l'Anglet Surf Club. Un spot réputé pour ses *shore breaks*, des vagues qui se brisent près du bord, dont raffolent les bodyboarders. La deuxième, séparée par un épi, est surtout un spot "d'après-plage" : une bonne trentaine de bars et restaurants s'y disputent le front de mer ! Inutile de s'y rendre à marée haute, y compris pour la baignade, car la mer recouvre alors entièrement le sable.

La Marinella (plan 2, A1) La plage la plus fréquentée d'Anglet, aussi bien dans l'eau que sur le sable ! Les conditions de surf y sont toujours optimales et peu risquées, indépendamment des marées, ce qui en fait un site très prisé des écoles de surf. L'affluence s'explique également par la proximité de l'auberge de jeunesse et du camping Fontaine Laborde.

Les Corsaires (plan 2, A1) Le cadre devient ici plus sauvage : la route s'éloigne du littoral et la nature reprend ses droits. Comme la Marinella, c'est une plage praticable à longueur d'année.

La Madrague et la Petite Madrague (plan 2, A1-B1) La Madrague est un spot instable, variant beaucoup selon les courants et l'emplacement des bancs de sable. Quand les conditions sont réunies, la houle forme un *beach break* des plus réjouissants. Sa petite sœur, plage non surveillée, est le rendez-vous branché de la jeunesse d'Anglet.

☆ **L'Océan, les Dunes, les Cavaliers (plan 2, B1)** Au niveau du golf, le littoral, dégagé d'épis, déroule sa langue de sable jusqu'à la plage des Cavaliers. Ces spots, tributaires de bancs de sable très mouvants, demeurent néanmoins réputés parmi les *tuberiders* pour leurs vagues tubulaires et consistantes, idéales par petite houle, à marée basse ou mi-marée. Les Dunes est la moins fréquentée (un seul accès possible, par le tunnel du golf). Les Cavaliers, plage considérée comme le

LE LABOURD

Prudence sur les planches

Le littoral angloy se caractérise par ses *beach breaks* – des vagues creuses et puissantes, formées par des bancs de sable que les courants charrient à partir des Landes. Ces vagues sont par définition imprévisibles, car tributaires du relief très mouvant des hauts fonds sableux. Les digues et épis qui séparent aujourd'hui les plages ont été construits dans les années 1970 pour lutter contre le recul du littoral. Pour le surfeur, les épis améliorent les conditions de glisse en favorisant la formation des bancs de sable et en facilitant le passage de la barre grâce aux courants qu'ils génèrent. Mais ils présentent un danger évident : mieux vaut ne pas finir sa manœuvre sur eux ! Observez bien les déferlantes avant de vous lancer... Surveillez également l'horaire des marées : dans de nombreux spots, le ressac des vagues (*backwash*) à marée haute rend le surf impraticable. Le calendrier des marées est disponible à l'office de tourisme et dans les magasins de surf.

meilleur spot d'Anglet, accueille les compétitions internationales de surf professionnel. On y verra fréquemment évoluer des surfeurs de haut niveau.

La Barre (plan 2, B1) La construction de la digue des Cavaliers et le prolongement, au nord, de la jetée de l'Adour ont entraîné la disparition d'une vague mythique, de renommée mondiale. Elle prenait naissance au niveau d'une barre de sable créée par les effets conjugués des courants de l'Adour et de l'océan, bloquant régulièrement le trafic portuaire à la sortie du fleuve. De nos jours, la Barre se prête au surf uniquement par grosse houle. Cette plage pâtit par ailleurs de la proximité de la zone portuaire – la propreté des eaux laisse à désirer. À éviter à marée haute.

● Apprendre à surfer

Anglet Surf Club (plan 2, A1) Le seul club associatif d'Anglet, labellisé par la FFS, fier de ses nombreux licenciés en compétition ! Ambiance décontractée, surf sérieux. Stages intensifs (5x2h : 140€) ; cotisation trimestrielle 80€ (2h/sem.) plus 30€ (licence annuelle FFS). *Établissement des Bains Esplanade des Docteurs-Gentilhe (Chambre-d'Amour) Tél. 05 59 03 01 66 www.angletsurf.org*

Sport Écume (plan 2, A1) École affiliée à la FFS, proposant des cours individuels (2 pers. maximum), pour une mise en confiance tout en douceur... Cours à la carte 29€/2h ; cours particulier (1 ou 2 pers.) 60€/h ; stage surf ou bodyboard (5j., 1h30/j.) 139€. *21, av. de la Chambre-d'Amour Tél. 05 59 03 54 67 ou 06 18 22 37 82 www.rainbow-surfschool.com*

Freestyle Surf Academy (plan 2, A1) Cours à la carte 30€/1h30 ; 6x1h30 : 149€ ; 10x1h30 : 229€. *22, av. des Dauphins (Sables d'or) Tél. 05 59 03 27 24 ou 06 09 87 15 46*

● Parcourir la pinède à cheval

Un centre équestre idéalement implanté au cœur de la forêt du Pignada. Sorties tous niveaux le long des sentiers balisés de la pinède. 18€/1h. **Club hippique** *1, route du Petit-Palais Tél. 05 59 63 83 45 Ouvert lun.-sam. 9h-12h et 14h-19h Fermé lun. matin, dim. en saison et jeu. hors saison*

● Défier l'apesanteur

Passerelles, échelles et tyrolienne colonisent la cime des arbres sur une aire de la forêt de Chiberta proche de l'avenue de l'Adour. Un exercice ludique qui demande plus d'adresse que de force. Parcours de 10 à 30€. Le parcours Castors s'adresse aux plus jeunes (à partir de 5 ans), et le parcours super-castors aux 7-10 ans (15€). **Évolution 2** *130, av. de l'Adour Tél. 05 59 42 03 06 www.evolution2.com/paysbasque Ouvert été : tlj. 10h-20h Hors saison : week-end et j. fér. 14h-20h*

● Aller à la plage en famille

Plages surveillées (plan 2, A1-B1) Le VVF, les Sables d'or, la Marinella, les Corsaires, la Madrague, l'Océan, les Cavaliers, la Barre. *Mi-juin-mi-sept. : 10h30-19h*

Clubs enfants (plan 2, A1) Le club Les Moussaillons propose les activités traditionnelles d'un club de plage, ludiques et sportives. À partir de 3 ans, formule journée 25€. L'Indiana met à la disposition des enfants une structure gonflable, un trampoline, des jeux... sous la surveillance des parents. **Les Moussaillons** *Plage de Marinella Tél. 06 79 92 71 89 ou 06 77 63 67 25 http://les.moussaillons. free.fr* **Indiana** *Plage de Marinella*

CARNET D'ADRESSES

Restauration

🍴 prix moyens

Havana Café (plan 2, A1) Un bar-restaurant à l'ambiance musicale et décontractée... Côté comptoir, tapas chaudes (cœurs d'artichauts poêlés au jambon serrano, moules *a la plancha*) et cocktails cubains sont au rendez-vous ; côté terrasse, on déguste une cuisine tout aussi latine, relevée d'ail et d'huile d'olive, qu'on arrosera d'un pichet de sangria. Également de grandes salades colorées et des glaces artisanales. Tapas env. 7€, plats autour de 14€, plat du jour (en semaine) 8,50€. *40, av. des Vagues Tél. 05 59 03 77 40 pagesperso-orange. fr/havana.cafe Ouvert tlj. 12h-14h15 et 19h30-22h30 (nov.-mars : service du soir seulement ven.-sam.)*

Le Zéphyr (plan 2, A1) Parmi les nombreux restaurants qui ouvrent leur terrasse sur l'esplanade des Gascons, le Zéphyr ne vous décevra pas. Si le beau temps n'est pas au rendez-vous, installez-vous dans la salle, décorée comme un bateau : ses larges baies vitrées ouvrent sur l'océan. Le chef Ludovic Didier valorise le terroir tout en jouant les mélanges sucré-salé. Nous vous conseillons particulièrement les assiettes gourmandes : la Royale (noix de Saint-Jacques tièdes et papillotes de gambas) ; la Fermière (gésiers et fricassée de poulet aux cèpes) ; la Pays (fromage de brebis, jambon serrano et magret de canard aux cerises). À midi, assiette et plat du jour respectivement à 12€ et 8,50€. Plats autour de 14-21€, menu gourmand 24,50€. *7, esplanade des Gascons Tél. 05 59 03 79 50 Ouvert avr.-sept. : tlj. 12h-15h et 19h-23h ; oct.-mars : tlj. midi, ven.-sam. midi et soir*

La Concha (plan 2, B1) Tout au bout du littoral, à quelques encablures de l'embouchure de l'Adour et du port de Bayonne, un restaurant aux consonances espagnoles, réputé pour ses viandes et ses poissons grillés. La carte fait aussi la part belle aux coquillages et aux crustacés – pour un aperçu général, nous vous recommandons l'assiette de l'écailler (14,50€) : huîtres, langoustines, crevettes roses, bulots, coques, étrilles, amandes, palourdes... Plats à environ 15-20€, plateau de fruits de mer 34€. *Patinoire (plage de la Barre) 299, av. de l'Adour Tél. 05 59 63 49 52 Ouvert tlj. 12h-14h et 19h30-22h30*

🍴 prix élevés

La Fleur de Sel (plan 2, B1) Dans cette discrète maison aux volets verts du quartier de Chiberta se cache l'adresse gastronomique d'Anglet. Salle bourgeoise avec cheminée l'hiver, petite terrasse fleurie en été. Le chef propose un menu unique, à composer soi-même à partir de la dizaine de plats de la carte (6 entrées, 6 plats, 6 desserts). Parmi les recettes qui ont fait la réputation du lieu, la dorade cuite dans sa croûte de sel de Guérande, parfumée aux herbes fraîches et l'assiette gourmande au foie gras. Menu 30€. *5, av. de la Forêt Tél. 05 59 63 88 66 Ouvert mar.-dim. (fermé mer. midi) 12h-14h et 19h30-22h Fermé dim. soir hors saison*

Hébergement

Anglet n'offre pas beaucoup de choix en matière d'hébergement. Entre le grand complexe hôtelier du golf et celui du centre de thalassothérapie, les villages de vacances et les rési-

LE LABOURD

LE LABOURD

dences hôtelières, il ne reste finalement que peu d'alternatives pour le voyageur indépendant...

camping

Camping de Parme (plan 2, B2) Un camping 3 étoiles tout confort : piscines, aire de jeux, bar, restaurant, machines à laver et sécher le linge... Forfait 2 pers., emplacement et voiture de 17€ à 27€ selon la saison. *2, allée de Etchecopar Quartier Brindos Tél. 05 59 23 03 00 www.campingdeparme. com Ouvert avr.-oct.*

auberge de jeunesse

☺ **AJ Gazte Etxea (plan 2, B1)** Auberge de jeunesse dynamique et conviviale, située en bordure de pinède, pas trop loin des plages. L'équipe loue VTT (10€/j.) et planches de surf (10€/j.). Le soir, concerts et bœufs bienvenus au Scottish Pub. Possibilité de camper dans le parc (20 emplacements) : environ 10€ la nuit. Carte d'adhérent obligatoire 16€ (moins de 26 ans : 11€), nuit à partir de 16,60€/pers. *19, route des Vignes Tél. 05 59 58 70 00 biarritz@fuaj.org www.fuaj.org Fermé mi-nov.-mars*

prix moyens

☺ **Hôtel Arguia (plan 2, B1)** Sans aucun doute l'un des meilleurs rapports qualité-prix de la ville ! On s'étonne même d'une telle modicité de prix dans ce quartier considéré comme cossu, construit dans les années 1930 dans la forêt de Chiberta. L'hôtel se compose de deux villas blanches situées dans un grand parc. Les chambres, simples mais spacieuses, donnent sur le parc ou sur le golf de Chiberta. Toutes différentes, elles proposent des niveaux de confort variés. Doubles de 40 à 66€ selon la saison et le confort, petit déj. 4,50€. *9, av. des Crêtes (à 500m de la plage de la Madrague) Tél. 05 59 63 83 82 http://arguia.free.fr Fermé Toussaint-Pâques*

Chez Beñat (plan 2, B1) Ce petit hôtel-restaurant fonctionnel dispose de chambres conviviales, à l'agréable décoration colorée. Chambre double 42-52€ (douche seulement), 52-62€ du 1er au 15 août. L'été le restaurant sert une cuisine régionale. Comptez entre 20 et 30€ pour un repas à la carte. *87, av. de l'Adour Tél. 05 59 63 62 29 Restaurant fermé en saison : sam. midi, dim. midi ; hors saison : dim.*

★ ☺ BIARRITZ

64200

Biarritz ● Bayonne ○

Un relief capricieux, une architecture fantaisiste, une mer d'une beauté insensée... Biarritz ne ressemble à rien d'autre, il faut l'avouer, et cela se remarque dès que l'on pénètre dans la ville : juxtaposition de villas extravagantes et étourdissant enchevêtrement urbain. Coquette et impétueuse, la ville s'est tout entière développée sur la ligne du littoral, bravant les vents, fascinée par la beauté de l'océan. Le promeneur d'aujourd'hui s'en réjouit, sillonnant avec le même émerveillement qu'hier ce front de mer accidenté, parcouru d'allées plantées de tamaris. Les points de vue sur la mer et sur la côte se démultiplient au rythme de ses pas.

Une vraie station balnéaire en somme, inventée pour les bains et le plaisir des yeux. Moins mondaine qu'autrefois, Biarritz a démocratisé ses loisirs – parmi eux la plage, le surf, le farniente, le golf, la thalassothérapie. Elle est aussi devenue plus urbaine, et propose largement de quoi satisfaire un visiteur débarquant un jour de pluie...

LA PÊCHE À LA BALEINE Ce sont probablement les Vikings qui enseignèrent à ce peuple d'agriculteurs des côtes basques les techniques de pêche et de navigation. Les Basques s'illustrèrent pendant tout le Moyen Âge en tant que marins, corsaires et pêcheurs émérites. Biarritz connut son heure de gloire du XIIe au XVIIIe siècle grâce à une activité très lucrative : la chasse à la baleine. La côte, vers Bidart et Guéthary, conserve les vestiges de cette pratique : des tours de guet, dénommées *atalaye*, desquelles on surveillait le large. Au passage des baleines, l'alarme était donnée par une cloche ou des signaux de fumée. Les hommes du village se hâtaient de mettre à l'eau les embarcations, garnies de harpons et de provisions. La capture d'un de ces grands cétacés représentait une véritable manne pour la petite communauté. Tout se récupérait : la chair, la langue (un mets de choix, réservé à l'archevêque de Bayonne), la graisse, le foie et même les os, avec lesquels les pêcheurs confectionnaient meubles et charpentes. Le changement d'itinéraire des grands cétacés entraînera le déclin de cette économie.

BIARRITZ DEVIENT MONDAINE Biarritz n'est encore qu'un modeste village de pêcheurs, avec un quartier bas et un quartier haut perché sur le plateau de l'Atalaye, lorsqu'Eugénie et Napoléon III y séjournent pour la première fois. La bourgade avait déjà reçu la visite de quelques intellectuels bien nés à l'âme romantique et vagabonde, parmi lesquels Flaubert, Hugo, Stendhal. L'installation du couple impérial et la construction de la Villa Eugénie en 1855 scellent son destin de ville balnéaire. Le couple entraîne avec lui sa cour et toutes les têtes couronnées et grandes fortunes d'Europe. Châteaux, parcs, hôtels particuliers poussent au rythme des arrivées. Avec la fin du Second Empire et le morcellement des terrains, cette urbanisation anarchique s'accentue. En moins de dix ans, près de 300 villas voient le jour dans la station ! Toutes affichent leur individualité, rivalisant de faste et de beauté en un ensemble éclectique d'architectures anglo-normandes, néobasques, gothiques, hispano-mauresques ou médiévales… Les Années folles répandent un souffle d'insouciance et de gaieté savamment entretenues par une société brillante et assoiffée de plaisirs : cabarets, casinos, soirées délurées reçoivent le bottin mondain – les rois Édouard VII et Alphonse XIII, Sarah Bernhardt, Coco Chanel, Sacha Guitry, Charlie Chaplin, Pablo Picasso… C'est l'apogée du mythe Biarritz, que viendront briser l'occupation nazie et les bombardements alliés de 1944.

NAISSANCE DU SURF EUROPÉEN En 1957, le scénariste américain Peter Viertel débarque à Biarritz avec son épouse Deborah Kerr pour accompagner le tournage du film *Le soleil se lève aussi*. Entre les prises, l'homme se livre à un sport inconnu des Français, d'origine hawaïenne, déjà pratiqué en Californie : le surf. Cette vision bouleversera une bande

LE LABOURD

de pionniers, les célèbres "tontons surfeurs", à l'origine du premier club de surf européen, le Waikiki Surf Club. La révolution culturelle des années 1968-1970 aidant, c'est tout un état d'esprit qui se trouve lié à cette pratique : le voyage, l'hédonisme, le retour à la nature… De nos jours, le surf fait vivre une industrie florissante qui a ses quartiers bien implantés à Biarritz : presse spécialisée, compétitions, industrie vestimentaire, événements promotionnels, écoles de surf et, bien sûr, le tourisme sportif.

MODE D'EMPLOI

accès

EN AVION
L'aéroport BAB se trouve à 3km du centre-ville – à 5min en taxi (mais il faut quand même débourser entre 12 et 15€), 20min par la ligne 6 (C le dimanche) de la STAB, direction quartier du Gaz (cf. Bayonne, Mode d'emploi).

EN VOITURE
Biarritz est la commune la plus à l'ouest de l'agglomération BAB. On y accède par Bayonne et Anglet : quittez l'autoroute sortie 6 (A63) ou 5.1 (A64) pour rejoindre la N10 puis la D910. Si vous souhaitez éviter le BAB, poursuivez l'A63 vers le sud jusqu'à la sortie 4 pour rejoindre la N10. À l'approche du rond-point de La Négresse, passez sous le viaduc pour vous engager dans l'avenue J.-F.-Kennedy.

EN TRAIN
TGV au départ de Paris et Lille (1 AR/j. en haute saison sur la ligne Lille-Irún) ; TER Aquitaine vers Bordeaux, Pau, Saint-Jean-Pied-de-Port et les villages de la côte basque. Face à la gare se trouve le terminus de la ligne 2 (B le dimanche) de la STAB, qui dessert le centre-ville.
Gare La Négresse *Allée du Moura (à 4km du centre-ville, près de l'aéroport) Ouvert lun.-ven. 9h-12h et 14h-18h*
SNCF *Tél. 3635 www.voyages-sncf. com www.idtgv.com*

EN CAR
ATCRB Liaisons entre Saint-Jean-de-Luz et Biarritz : arrêt Square d'Ixelles. Par la ligne Saint-Jean-de-Luz/Bayonne, descendez à l'arrêt de la gare La Négresse. Circule tlj. 7h-20h, env. 10 AR/j. (service allégé hors saison). *Tél. 05 59 26 06 99 www. transdev-atcrb.com*
PESA Cette compagnie espagnole assure des liaisons régulières entre Bayonne et Bilbao via Saint-Jean-de-Luz, Hendaye, Irún et San Sebastián. Arrêt Square d'Ixelles. *Tél. (00 34) 902 10 12 10 www.pesa.net*

orientation

Le centre commercial se concentre autour du périmètre de la place Clemenceau. En descendant la rue Gambetta, vous parvenez aux Halles, bordées de restaurants et d'épiceries fines. La rue Mazagran, qui part dans l'autre sens, rassemble une enfilade de boutiques de mode, décoration, souvenirs et gadgets divers. Plus loin, la rue du Vieux-Port réunit les petits bars, restaurants, pizzerias. Ce périmètre, jusqu'à la place Sainte-Eugénie, connaît la plus grande animation nocturne.

informations touristiques

Office de tourisme Javalquinto (plan 3, C1) Installé dans une jolie villa néogothique, dans l'ancienne résidence du duc d'Osuna, marquis de Javalquinto. En saison, trois autres kiosques d'information sont ouverts au public : à la gare, à l'espace Bellevue, et au casino municipal. *Square d'Ixelles Tél. 05 59 22 37 00 www.biarritz.fr Ouvert sept.-juin : lun.-ven. 9h-18h, sam.-dim. 10h-17h ; juil.-août : tlj. 9h-19h*

location de voitures

Pour les agences localisées à l'aéroport, cf. Bayonne, Mode d'emploi.
Avis *Gare La Négresse Tél. 05 59 23 28 68*

transports et circulation

Comme partout ailleurs dans l'agglomération du BAB et sur la côte en général, le trafic devient extrêmemment dense en saison. Mieux vaut garer sa voiture et se balader à pied, d'autant plus si vous restez dans le secteur allant de la Gare du Midi (plan 3, C3) au rocher de la Vierge (plan 3, A1). À ceux qui sont logés un peu plus loin nous conseillons d'emprunter le bus.
Parkings gratuits Plateau de l'Atalaye (payant en saison), av. Charles-Floquet, av. Beaurivage (payant en saison).
Parkings couverts Parkings Casino (29, bd du Général-de-Gaulle), Grande Plage (bd du Général-de-Gaulle), Clemenceau (16, av. du Maréchal-Foch), Hurlague (derrière la Gare du Midi), Médiathèque (av. de Verdun), Sainte-Eugénie (pl. Sainte-Eugénie), Bellevue (pl. Georges-Clemenceau). *Ouvert 24h/24*
STAB La plupart des lignes de bus passent par les arrêts Clemenceau (pl. Georges-Clemenceau) et Mairie (av. Edouard-VII). Procurez-vous un plan à l'office de tourisme ou à l'agence biarrote de la STAB. *Av. Louis-Barthou Javalquinto. Tél. 05 59 52 59 52 www.bus-stab.com*

accès Internet

Formatic Cybercafé (plan 3, C1) Connexion 1€/15 min. *15, av. de la Marne Tél. 05 59 22 12 79 http:// formatic64.fr Ouvert tlj. 9h-20h (sam. 10h-18h)*

marchés, fêtes et manifestations

Halles (plan 3, B2) Un marché animé et coloré. *www.halles-biarritz.fr Ouvert tlj. 7h-13h*
FIPA Le festival international de programmes audiovisuels est le grand rendez-vous des professionnels du petit écran : fictions, documentaires, grands reportages... Les projections ont lieu à la Gare du Midi, à l'espace Bellevue et au cinéma Le Royal. *Fin janvier www.fipa.tm.fr*
Biarritz Maider Arostéguy Cette compétition, qui ouvre la saison du surf sur la côte atlantique, réunit les meilleurs surfeurs européens, catégories masculine et féminine, adulte et enfant. *Fin mars, Grande Plage*
☺ **Casetas de Biarritz** Une célébration gastronomique sur la plage de la Côte des Basques. La plupart des restaurateurs biarrots migrent pour quelques jours avec leurs casseroles dans des kiosques dressés sur la promenade : concerts et animations au clair de lune. *Du mercredi au dimanche pendant la dernière semaine de juin, plage de la Côte des Basques Tél. 05 59 22 50 50*
Roxy Jam Biarritz Festival d'art et de musique, et championnat de longboard féminin. *Mi-juillet, plage de la Côte des Basques www.roxyjam. com*
Compétitions de cesta punta Deux grands rendez-vous opposent les meilleurs professionnels de la variante la plus rapide et spectaculaire de la pelote basque (la balle peut atteindre

300km/h !), 3 jours par semaine : le Biarritz Masters Jaï Alaï (juil.) et le Gant d'or (août). *Euskal-Jaï Parc des sports d'Aguiléra Tél. 05 59 23 91 09* **Le Temps d'aimer** Festival de danse. *En septembre www.letempsdaimer. com*

☺ **Festival de Biarritz** Festival de cinémas et cultures d'Amérique latine : littérature, arts plastiques, musique, cinéma, danse et forums. *Septembre-octobre Tél. 01 55 80 71 20 www.festi valdebiarritz.com*

DÉCOUVRIR
Biarritz

☆ Les essentiels La Grande Plage, le musée de la Mer, la chapelle impériale, le musée Asiatica Découvrir autrement Appréciez la vue du rocher de la Vierge, assistez au va-et-vient des bateaux, attablé en terrasse au restaurant Chez Albert ➤ Carnet d'adresses p.108

Le front de mer

Parce que la ville s'est développée de façon anarchique en bordure de l'océan, sans tenir compte de son centre historique ou administratif, nous vous conseillons de débuter votre visite par une promenade littorale. Du phare, qui offre une belle perspective sur la côte, descendez le long du front de mer jusqu'à la Grande Plage. Vous pourrez ensuite continuer en direction du centre, ou bien suivre les contours du littoral, en passant par le port des Pêcheurs, le plateau de l'Atalaye et le Port-Vieux. Une promenade plantée de tamaris permet ensuite d'accéder aux plages de la Côte des Basques, Marbella et Milady, escortées de hautes falaises marneuses. Ces escarpements abrupts, rongés par les vagues et les eaux pluviales, s'ébranlèrent en emportant nombre de villas : leurs propriétaires avaient osé défier les éléments pour s'attribuer la plus belle vue. C'est ainsi que disparut, en 1950, la Villa Marbella (1863), résidence hispano-mauresque de Lady Bruce (surnommée Milady par les Biarrots). On remarquera les importants travaux de consolidation entrepris par la ville de Biarritz sur cette portion du littoral : la falaise a été redessinée en pente douce, la base renforcée par des enrochements, les eaux de pluie ont été drainées, et le paysage a donc été profondément modifié.

☆ ☺ **Grande Plage** (plan 3, C1) C'est l'une des plages emblématiques de Biarritz, dont le sable se pique en été de tentes qui lui confèrent un charme désuet. Les bains mauresques ont disparu et cédé la place au **casino** (1901), remanié en 1921 selon le goût Arts déco de l'époque. Dans les années 1990, le bâtiment échappa de justesse à la destruction et fut entièrement restauré. Admirez le hall d'entrée et ses mosaïques. À l'intérieur se côtoient un restaurant, un cabaret, des salles de jeux et de machines à sous ainsi qu'une piscine municipale d'eau de mer chauffée. Le Bellevue (1858), au bout de la plage, abritait également un casino, le premier de la côte basque. C'est de nos jours un espace muséal équipé de salles de congrès.

☺ **Phare de Biarritz** (hors plan 3 par C1) Érigé au nord de la Grande Plage, sur la pointe Saint-Martin (1834), il domine la mer de 73m. L'ascension de ses 248 marches permet de jouir d'un splendide panorama embrassant jusqu'aux Pyrénées basques au sud, au-delà de l'Adour au nord. À ses pieds, l'esplanade offre une vue également remarquable sur la plage Miramar et la Grande Plage, que bordent des façades facilement repérables. Le Miramar, construction moderne du centre de thalassothérapie, s'étage en bandes blanches et noires ; l'hôtel du Palais, bâtisse ocre qui s'avance sur le sable, marque la limite entre les deux plages ; le Victoria Surf, gigantesque résidence hôtelière en triangle de béton, souleva les plus âpres critiques lors de sa construction ; le casino Arts déco, avec sa galerie ouverte sur la mer ; enfin, tout au bout, l'espace Bellevue, reconnaissable à sa rotonde. Des sentiers et jardins en terrasses conduisent jusqu'au sable. **Phare** *(au nord de la Grande Plage) Ouvert juil.-août : tlj. ; hors saison : se rens. à l'office de tourisme Entrée 2€*

☺ **Port des Pêcheurs** (plan 3, B1) Au sud de la Grande Plage, ce charmant port a conservé le caractère du village d'antan. Des crampottes, anciennes cabanes de pêcheurs aux murs blancs et aux volets colorés, s'alignent en face des bateaux amarrés. Certaines accueillent aujourd'hui restaurants, club de plongée et quelques locataires chanceux. Les bassins et digues du port furent bâtis par Napoléon III : ils devaient faciliter l'accès au chantier du port du Refuge, au pied du rocher de la Vierge.

☺ **Plateau de l'Atalaye** (plan 3, A1) La tour de guet a disparu mais le plateau, parcouru d'allées plantées de tamaris et d'hortensias, jalonné de bancs, dégage de très jolis points de vue sur le littoral. Un chemin conduit au rocher de la Vierge et à l'entrée du musée de la Mer.

☺ **Rocher de la Vierge** (plan 3, A1) Image d'Épinal de la ville, ce rocher battu par les eaux émerge en face du plateau de l'Atalaye. Une statue de la Vierge, protectrice des pêcheurs, en coiffe le sommet depuis 1865. Avec les récifs qui l'entourent, il compose un paysage paisible par beau temps, terrifiant lorsque les éléments se déchaînent. Le rocher fut relié à la terre ferme par la volonté de Napoléon III, qui projetait de doter Biarritz d'un nouveau port. La première digue élevée fut brisée par les vagues avant son achèvement, et le port du Refuge ne vit finalement jamais le jour. La passerelle métallique a remplacé le pont en bois et le lieu est devenu un belvédère apprécié. La vue embrasse le littoral de part et d'autre de l'Atalaye. Sur le plateau, notez la silhouette grise hérissée de tourelles de la Villa Le Goéland (XIXe s.), en pierre de Bidache, brique et pans de bois. Autre habitation emblématique du patrimoine biarrot, la Villa Belza semble se dresser contre les flots depuis son piton rocheux entre le Port-Vieux et la Côte

● **EN TOUTE SÉCURITÉ**
Port-Vieux est une plage familiale par excellence, du fait de ses eaux toujours calmes, bien abritées par les falaises et les rochers qui l'encadrent. Les bars et restaurants qui la bordent proposent en prime la vue sur la mer. Le rocher Boucalot, en face, est un site protégé de reproduction des oiseaux marins. **Plage de Port-Vieux** (plan 3, A2)

Plan 3 Biarritz

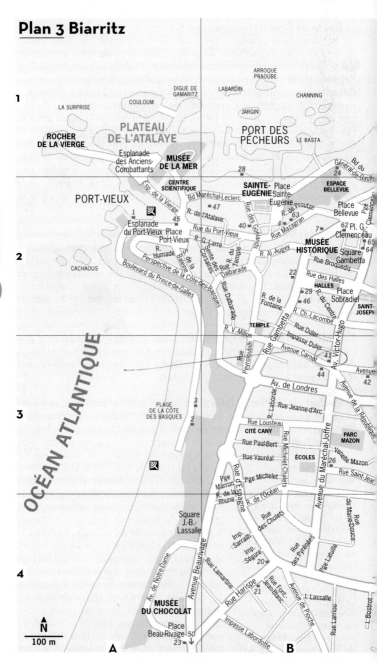

LE LABOURD

1

LA SURPRISE
COULOUM
DIGUE DE GAMARITZ
LABARDIN
ARROQUE PRAOUBE
CHANNING
JARGIN

ROCHER DE LA VIERGE
PLATEAU DE L'ATALAYE
PORT DES PÊCHEURS
LE BASTA
Bd du Général-de-Gaulle

Esplanade des Anciens-Combattants
MUSÉE DE LA MER
28
24

CENTRE SCIENTIFIQUE
SAINTE-EUGÉNIE
Place Sainte-Eugénie
ESPACE BELLEVUE

PORT-VIEUX
Esp. de la Vierge
Bd Maréchal-Leclerc
R. de Proutze
Place Bellevue

47
R. de l'Atalaye
R. des Grélands
7
63
Pl. G. Clemenceau

45
40
Rue du Port-Vieux
R. Mazagran
MUSÉE HISTORIQUE
62 Pl. G.
65
64

Esplanade du Port-Vieux
Place Port-Vieux
R. G. Larre
R. Al.-Augey
Square Gambetta

2

CACHAOUS
R. Humade
Sente des Casernes
R. de la Baline
R. du Temple
Rue Broquedis

Boulevard du Prince-de-Galles
Perspective de la Côte-des-Basques
R. Dalbarade
22
Rue des Halles

R. de la Fontaine
HALLES
29
46
R. du Centre
Place Sobradiel
SAINT-JOSEPH

R. Dalbarade
R. Ch.-Lacombe

TEMPLE
R. V.-Millon
Rue Gambetta
Rue Duler
Impasse Duler
41
Av. Victor-Hugo

Rue Perrolubilh
Avenue Carnot
Avenue

44
42

OCÉAN ATLANTIQUE

Av. de Londres
Avenue de la République

3

PLAGE DE LA CÔTE DES BASQUES
3
2
Rue Laborde
Rue Jeanne-d'Arc

Rue Lousteau
CITÉ CANY
Rue Michelet-Chalets

Rue Paul-Bert
ÉCOLES
PARC MAZON
Venelle Mazon

Rue Vauréal
26
Rue Saint-Jean

Pge Marron
Pge Michelet
Avenue du Maréchal-Joffre

R. de la Rhune
R. d'Espagne
R. de l'Océan
Rue de Marie-Douce

Square J.-B.-Lassalle
Rue des Cholets

Imp. Sarralh
Rue des Pyrénées
Pge Latulie

4

Av. de Notre-Dame
Avenue Beaurivage
Rue Lamartine
Imp. Ségure
20
Rue Font.-Jean-Blanc
Avenue de Pioche
Rue Larriou
I.-Bostrot

MUSÉE DU CHOCOLAT
21
J. Lassalle

Place Beau-Rivage 50
23
Rue Harispe
Impasse Labordotte

N
100 m

A   **B**

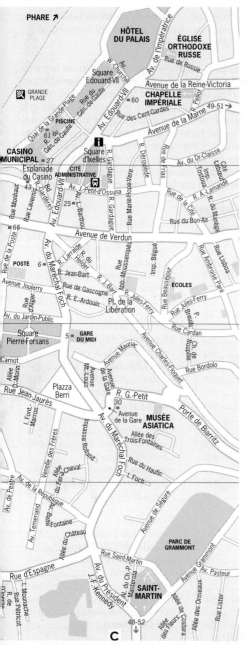

CAFÉS, BARS ET LIEUX DE SORTIE (n° 1 à 7)

Côte 57	**3**	A3
Gare du Midi	**5**	C3
La Santa Maria	**1**	A2
Le Caveau	**7**	B2
Le Royal	**6**	C2
Le Surfing	**2**	A3
Ventilo Caffe	**4**	B2

RESTAURATION (n° 20 à 30)

3 salsas	**21**	B4
Bar Jean	**29**	B2
Café de la Grande Plage	**27**	C1
Chez Albert	**28**	B1
El Bodegon	**30**	C3
L'Abri-côtier	**24**	B1
La Tantina de Burgos	**23**	A4
Le Clos Basque	**25**	C2
Le Crabe Tambour	**20**	B4
Le Saint Amour	**22**	B2
Sidreria Hernani	**26**	B3

HÉBERGEMENT (n° 40 à 52)

Auberge de jeunesse	**48**	C4
Hôtel Atalaye	**40**	B1
Hôtel Gardénia	**41**	B3
Hôtel Le Caritz	**45**	A2
Hôtel Maïtagaria	**42**	B3
Hôtel Saint-Charles	**49**	C1
Hôtel Saint-Julien	**44**	B3
La Ferme de Biarritz	**50**	A4
Le Petit Hôtel	**43**	C2
Le Val Florès	**51**	C1
Maison Garnier	**46**	B2
Nere Chocoa	**52**	C4
Villa Le Goéland	**47**	B2

SHOPPING (n° 60 à 66)

Boutique Jean-Vier	**60**	C1
Dodin	**61**	C1
Henriet	**62**	B2
Les sandales d'Eugénie	**63**	B2
Maison Arostéguy	**64**	B2
Mille et un fromages	**65**	B2
Miremont	**66**	C2

LE LABOURD

des Basques. Durant les Années folles, la maison abrita un cabaret russe, célèbre pour ses soirées extravagantes. Elle est aujourd'hui compartimentée en appartements. *Accès interdit par gros temps*

☆ ☺ **Musée de la Mer (plan 3, A1)** Petits et grands expriment la même fascination devant les aquariums géants où évoluent pieuvres, hippocampes, congres, murènes, raies… et tout ce qui constitue la faune et la flore marines du golfe de Gascogne. Point d'orgue du parcours, la grotte des squales et le bassin des phoques. Présentation très pédagogique, adaptée aux plus jeunes, complétée par des maquettes illustrant les différentes techniques de pêche artisanale et de pêche à la baleine. L'exposition se clôt au dernier niveau, par l'espace ornithologique. À ne pas manquer, le repas des phoques (à 10h30 et 17h) et la vue panoramique de la terrasse. Le musée est installé dans un très beau bâtiment Arts déco (1933) aux lignes pures et au profil en proue de

LE LABOURD

navire. *Esplanade du rocher de la Vierge Tél. 05 59 22 33 34 www.museedelamer. com Ouvert juil.-août : tlj. 9h30-24h ; juin, sept. et vac. scol. : tlj. 9h30-19h (ou 18h) ; hors saison : mar.-dim. 9h30-12h30 et 14h-18h Fermé 25 déc., 1ᵉʳ jan. et 2 sem. en jan. Entrée 7,80€ Tarif réduit 5€ Audioguide 3€*

Port-Vieux (plan 3, A2) Le premier port de Biarritz, autour duquel s'est organisée l'activité de la pêche à la baleine. Les grands cétacés étaient remorqués jusqu'à cette crique et le dépeçage s'effectuait directement sur le sable. Au XIXᵉ siècle, la mode des bains de mer entraîna la construction d'un bâtiment (1858) réservé au déshabillage des baigneurs – disparu lors des bombardements de 1944. Aujourd'hui, les galeries élevées contre la falaise accueillent bars et restaurants. La plage abrite l'association des Ours blancs dont les membres se baignent toute l'année, connue pour un rituel bien rôdé : les bains de minuit des 24 et 31 décembre.

● Où boire un verre face au soleil couchant ?

☺ **Côte 57** (plan 3, A3) Vous êtes ici aux premières loges pour ce spectacle quotidien pris très au sérieux : confortablement allongé sur votre transat, les yeux rivés sur la ligne d'horizon, il ne vous reste plus qu'à attendre... et à guetter ce fameux "rayon vert", ultime adieu du soleil avant de sombrer dans la mer. Le Côte 57 exploite superbement son emplacement, un peu comme une salle de cinéma ouverte sur le large. Déco élégante et design, sélection musicale house et trip hop, avec DJ sets à l'occasion. Le nom du lieu est un clin d'œil aux "tontons surfeurs", les premiers chasseurs de vagues sur la Côte des Basques, en 1957. *Côte des Basques Tél. 05 59 22 27 83 Ouvert tlj. 10-2h Fermé sept.-juin : lun. ; jan.*

La Santa Maria (plan 3, A2) La minuscule terrasse de ce restaurant, accrochée aux falaises du Port-Vieux, surplombe l'eau. Juste en face, le rocher de la Vierge et sa passerelle ; à vos pieds, une mer calme qui invite à un plongeon rafraî-chissant. On s'y éternise volontiers durant la journée au prétexte d'une coupe glacée, le soir devant un verre accompagné de tapas sous un ciel chamarré de rose. *Esplanade du Port-Vieux Tél. 05 59 24 53 11 Ouvert juil.-août : tlj. 12h-2h ; sept.-juin : lun.-mar. et jeu.-dim. 12h-23h*

Le Surfing (plan 3, A3) Le bar-restaurant de Robert Rabagny, créateur et organisateur du Biarritz Surf Festival, est tout entier imprégné de sa passion. Au bout de la plage de la Côte des Basques, le Surfing s'ouvre à la houle et au vent. À l'intérieur, des planches de surf envahissent les murs et le plafond, dont certaines s'avèrent de vraies reliques. Par beau temps, la terrasse en teck invite à tutoyer l'océan, pour un verre ou un dîner, dans les senteurs d'embruns et sous une voûte étoilée. *Plats 15-20€, menu 24€. 9, bd du Prince-de-Galles (plage de la Côte des Basques) Tél. 05 59 24 78 72 Ouvert avr.-sept. : tlj. Fermé nov.-jan. : lun.-mar. et mer. soir*

● Aller à la plage, surfer La baignade est surveillée sur toutes les plages biarrotes en saison. *Se renseigner à la mairie pour les horaires Tél. 05 59 41 59 41*

☆ **Grande Plage et Miramar** (plan 3, C1) Amateurs de bronzette et de sable fin, étendez votre serviette ici ! Ces deux belles plages, reliées par un passage sous l'hôtel du Palais, s'ouvrent au grand large, où effleurent çà et là des rochers colonisés par les cormorans et les goélands (l'un d'eux, la Roche ronde, est classé réserve naturelle). Attention aux courants dits de baïne, qui entraînent les baigneurs vers le large ; caractéristiques des plages à fond sableux, ils se forment à mi-marée. La plage est aussi prisée des amateurs de surf : ses vagues de sable (*beach breaks*), puissantes et tubulaires en toute saison, attirent les adeptes du *powersurfing* – pratique qui consiste à enchaîner les manœuvres musclées et explosives. Clubs enfants.

Côte des Basques (plan 3, A3) La plage est longée par une promenade, où se tiennent les Casetas en juin. Attention, elle ne se prête pas à la baignade à marée haute. La Côte des Basques est un spot mythique : le surf européen y vit le jour… De nombreux longboarders évoluent dans ses eaux.

Marbella et Milady À la suite de la Côte des Basques, l'été, leurs vagues petites et moyennes sont idéales pour la pratique du surf. À noter : la plage de Milady, labellisée Handiplage (cf. GEOPratique, Handicapés), offre en juillet-août des équipements adaptés : stationnement réservé, tiralos et handiplagistes.

● **S'initier au surf** Biarritz compte une dizaine d'écoles de surf et body-board, indépendantes ou affiliées à la FFS. Liste disponible à l'OT.

Biarritz Association Surf Club's (BASC) Pour assurer la formation des jeunes surfeurs, quatre prestigieuses écoles biarrotes se sont regroupées en association, dispensant un enseignement à l'année. Également des formules pour les vacanciers : initiation (1h30) 35€ et stages (5x2h) 150€, 20% de réduction de sept. à juin. *Centre de glisse, plage de Milady Tél. 05 59 23 24 42 www.surfbiarritz.com*

Hastea Cette école labellisée par la FFS propose des cours particuliers ou collectifs et des stages de différents niveaux. Les leçons ont lieu sur la plage de la Côte des Basques. Cours particulier (1h) 75€, groupe (1h30) 35€, ministages (3x1h30) 90€ et (5x1h30) 160€. *75, rue du Bon-Air Tél. 05 59 24 23 89 ou 06 81 93 98 66 www.hastea.com*

Lagoondy L'équipe vous emmène surfer plus au sud, au Pavillon royal (Bidart) ou à Hendaye. L'école propose aussi une formule Surf Camp : une semaine de stage de surf ou bodyboard, en pension complète, avec hébergement au camping à Bidart. Affiliée à la FFS. Cours (1h30) 35€, stage (3x1h30) 90€, (6x1h30) 160€, Surf Camp de 460 à 540€/semaine selon la saison. *47, av. de Braou Tél. 05 59 24 62 86 ou 06 18 61 94 11 www.lagoondy.com*

● **Se balader au clair de lune** Du phare de Biarritz jusqu'au Port-Vieux, le littoral biarrot est nimbé d'un voile de lueurs chaudes et froides savamment dosées par le célèbre concepteur de lumière Pierre Bideau, responsable, entre autres, de l'éclairage de la tour Eiffel. Une réussite, associant la mise en valeur de prestigieuses façades (l'hôtel du Palais, le Casino, le Bellevue, le musée de la Mer) avec le somptueux cadre naturel de la côte : le rocher de la Vierge, les falaises escarpées, jusqu'à l'écume blanche des vagues que les projecteurs réfléchissent pour mieux souligner leur mouvement incessant.

La ville

Avenue de l'Impératrice (plan 3, C1) À la vente du parc de 15ha de la Villa Eugénie (1880), des lots furent constitués et achetés par des aristocrates de diverses nationalités. Demeures et hôtels cossus sortirent de terre, affichant des styles disparates et l'opulence de leurs propriétaires. Une promenade le long de l'avenue de l'Impératrice permet d'apprécier cette variété architecturale propre à Biarritz. Au n°1, l'hôtel du Palais se trouve à l'emplacement de la résidence impériale. En 1893, celle-ci fut transformée en hôtel casino, mais un incendie ravagea l'édifice, dont il ne reste que peu de vestiges. L'hôtel actuel (1905), de style néo-Louis XIII, est une structure en béton armé avec un décor de fausses briques et pierres. Au n°9, les chalets Édouard VII, d'allure néonormande, jouxtent les villas mauresques Marrakech et Casablanca (rue Louison-Bobet), à la forme cubique. Au n°15, la Roche ronde (1884), curieux château néogothique affublé de tours crénelées, échauguettes, mâchicoulis et tourelles pointues, semble s'être échappé d'un conte de fées et de sorcières. La Villa Cyrano (1902), au n°18, arbore un style néogothique (lucarnes, arcs et arcatures en pierre) où se mêlent des éléments décoratifs Art nouveau (ferronnerie et décor sculpté). La Villa Martine (n°54) présente un foisonnement décoratif et un traitement dissymétrique typique de l'éclectisme. Depuis la prise de conscience survenue dans les années 1990 sur la nécessité de préserver le patrimoine architectural biarrot, la majorité des villas de ce quartier se trouve classée.

> ● **VILLA DÉMONTÉE**
> La villa Cyrano fut méticuleusement démontée et reconstituée, à une centaine de mètres de son emplacement original, pour permettre l'édification de l'hôtel Carlton.

LE LABOURD

Église orthodoxe russe (plan 3, C1)

Érigée en 1892 grâce à des fonds privés, l'église Saint-Alexandre-Nevsky, coiffée d'un dôme bleu, témoigne de l'importance de la communauté russe de Biarritz entre la fin du Second Empire et les années 1930 : l'aristocratie tsariste, d'abord, puis la noblesse exilée après la révolution de 1917 en firent leur lieu de villégiature. L'édifice fut restauré en 1984, là encore avec le concours financier de la communauté. *8, av. de l'Impératrice Ouvert juin-sept. : tlj. 14h30-17h ; hors saison : jeu. et sam. a.-m.*

☆ Chapelle impériale (plan 3, C1)

Cette chapelle (1864), élevée à la demande d'Eugénie juste à la lisière du parc qui entourait sa propriété, demeure le seul souvenir du domaine impérial. Elle illustre à merveille l'éclectisme en vogue au XIXe siècle, mêlant les matériaux (la brique et la pierre) et les répertoires architecturaux (hispano-mauresque et romano-byzantin). Son architecte, Émile Boeswillwald, disciple de Viollet-le-Duc, œuvra également à la restauration de la cathédrale de Bayonne. L'intérieur richement décoré, contraste avec la sobriété affichée de l'extérieur : plafonds peints, azulejos, motifs floraux et géométriques et les initiales enlacées de Napoléon et Eugénie parent la nef unique et l'abside semi-circulaire. À noter, la Vierge noire entourée de lauriers, de rosiers et de fleurs de lys représentée sur la voûte en cul-de-four par Louis Steinheil. La chapelle fut dédiée à Notre-Dame de Guadalupe dans le contexte de la campagne du Mexique. *Rue des Cent-Gardes Ouvert avr.-oct. (se rens. à l'office de tourisme pour les horaires) Entrée 3€*

Église Sainte-Eugénie (plan 3, B2)

Une première chapelle fut édifiée sur ce site proche du bord de mer au XIXe siècle, l'église Saint-Martin se trouvant trop éloignée du nouvel épicentre du bourg. L'église actuelle date de 1905 et conserve un bel orgue primé à l'Exposition universelle de 1900.

LE LABOURD

Musée historique (plan 3, B2) Ce musée associatif installé dans l'église anglicane désaffectée Saint-Andrew (XIXᵉ s.) propose un exposé historique malheureusement succinct pour les non-initiés : une présentation pêle-mêle d'objets (piano-forte de la reine Nathalie de Serbie, coffre de corsaire du XIVᵉ s.), de documents (ordonnance d'Henri III réglementant la pêche à la baleine, photos du Biarritz 1900, coupures de journaux, affiches) et de costumes de l'époque du Second Empire, avec, pour seul support, un descriptif concis distribué à l'entrée. *Rue Broquedis Tél. 05 59 24 86 28 Ouvert mar.-sam. 10h-12h30 et 14h-18h30 Entrée 3€, tarif réduit 1€*

☆ **Musée Asiatica** (plan 3, C3) On est surpris par le nombre et la qualité des pièces réunies dans ce musée d'apparence modeste : il vous faudra prévoir une bonne matinée de visite ! Le fonds, exceptionnel, issu de la collection privée de Michel Postel, son fondateur, présente objets rituels, bijoux et statuettes d'Inde (au sous-sol), du Tibet, de Chine et du Népal (au rdc). Parmi les plus intéressants, des jades finement ciselés datés de 5 000 ans, des masques rituels d'Himalaya, des bronzes et porcelaines chinois, des *thangkas* (tissus peints tibétains). Aux amateurs non éclairés, nous conseillons la visite audioguidée (1h30). *1, rue Guy-Petit Tél. 05 59 22 78 78 www.museeasiatica.com Ouvert pendant vac. scol. : lun.-ven. 10h30-18h30, sam.-dim. 14h-19h ; hors vac. scol. : lun.-ven. 14h-18h30, sam.-dim. 14h-19h Entrée 7€, moins de 25 ans 5€, audioguide 5€*

Église Saint-Martin (plan 3, C4) C'est l'ancienne église de Biarritz, autour de laquelle se développa le bourg primitif, à l'écart du hameau de pêcheurs. Les documents font mention de son existence dès le XIᵉ siècle, mais elle fut remaniée à plusieurs reprises. L'intérieur présente un chœur gothique flamboyant (probablement du XVIᵉ s.), mais le porche date du XIXᵉ siècle. Le cimetière qui l'entoure conserve des tombes des prestigieuses familles biarrotes du XIXᵉ siècle. *Allée du Chanoine-Manterola Rens. (presbytère) 05 59 23 05 19*

Musée du chocolat (plan 3, A4) Pour en connaître tous les secrets de fabrication : de salle en salle, on découvre moules, outils, machines et une collection d'affiches et d'objets publicitaires. La visite se termine par une dégustation et un passage par la boutique. *14, av. Beau-Rivage Tél. 05 59 23 27 72 www.planetemusee duchocolat.com Visite guidée vac. scol. : lun.-dim. 10h-18h30 (du lun. au sam. hors vac. scol.) Entrée 6€, 4-12 ans 4€*

● **Où s'offrir des souvenirs gourmands ?**

Henriet (plan 3, B2) Une minuscule boutique en boiserie bleue, dont les vieilles vitrines exposent des merveilles chocolatées. *Pl. Clemenceau Tél. 05 59 24 24 15 Ouvert tlj. 9h30-19h*

Dodin (plan 3, C1) Ce confiseur chocolatier, réputé aussi pour ses tourons et, surtout, ses caramels, est l'inventeur du "béret basque" : une mousse au chocolat sous une génoise, saupoudrée de vermicelles au chocolat. *Quai de la Grande-Plage Tél. 05 59 22 10 43 www.dodin.eu Ouvert tlj. juil.-août : 9h-24h ; sept.-juin : 10h-19h*

Miremont (plan 3, C2) Une pâtisserie-salon de thé tout en dorures et moulures. Ce spécialiste du caramel fournissait autrefois la maison royale d'Espagne. *1 bis, pl. Clemenceau Tél. 05 59 24 01 38 www.miremont-biarritz.com Ouvert tlj. 9h-20h*

☺ **Maison Arostéguy (plan 3, B2)** La plus ancienne épicerie fine de Biarritz, jadis fournisseur du couple impérial en villégiature. De vieilles étagères en bois montent à l'assaut de hauts murs, chargées de conserves de piments d'Espelette, de pâtés, de rillettes, de bouteilles d'huile d'olive, de vins d'Irouléguy, de sirop de violette… Également des spécialités venues d'ailleurs, comme le caviar d'Iran. La salle attenante est entièrement consacrée aux thés et confitures. *5, av. Victor-Hugo Tél. 05 59 24 00 52 www.arosteguy.com Ouvert 9h30-13h et 15h-19h30 Fermé juil.-août : dim. a.-m. (dim. mat.-lun. hors saison)*

☺ **Mille et un fromages (plan 3, B2)** Charmante épicerie-crèmerie où l'odeur des fromages assaille vos narines dès le pas de la porte. Vous trouverez ici le traditionnel *ardi gasna*, fromage fermier de brebis produit au *cayolar* (cabane de berger en haute montagne), ainsi que de fabuleux yaourts maison. Également huiles d'olive, pâtes fraîches, foie gras des Landes, et de belles bouteilles de vin. L'enseigne dispose aussi d'un stand aux halles centrales. *8, av. Victor-Hugo Tél. 05 59 24 67 88 Ouvert tlj. 8h30-13h et 16h-19h45 Fermé dim. hors saison*

● ☺ **Où acheter des espadrilles ?** Sans aucun doute le must de l'espadrille, signé Pare Gabia : elles sont cousues main, déclinées dans les modèles et les coloris les plus variés, et dûment assorties aux sacs à main en cuir et en toile. Comptez de 11 à 115€ la paire. **Les sandales d'Eugénie (plan 3, B2)** *18, rue Mazagran Tél. 05 59 24 22 51 www.paregabia.com Ouvert juil.-août : 10h-20h ; hors saison : 10h-13h et 15h-19h Fermé dim. en hiver et nov.-fév.*

● **Où trouver du linge basque ?** Jean Vier, grand manitou du linge basque, est à l'origine du formidable coup de jeune qu'a connu cette industrie dans les années 1980, en proposant un travail différent des matières et des couleurs. La marque dicte à chaque saison les coloris à la mode et habille les tables les plus prestigieuses, parmi lesquelles celles du chef Alain Ducasse dans son auberge Ostapé de Bidarray. Nappes, torchons, sets de table en coton damassé ou en lin, striés des sept rayures traditionnelles. Comptez 10 à 14€ le torchon, 20 à 40€ le tablier, à partir de 62€ la nappe. Les fins de série s'achètent à prix rabattus. **Boutique Jean-Vier (plan 3, C1)** *58 bis, av. Édouard-VII Tél. 05 59 22 29 36 www.jean-vier.com Ouvert lun.-sam. 10h-12h30 et 14h30-19h (été 9h-19h30) Autre magasin au 25, rue Mazagran (plan 3, B2)*

● **Où faire une pause tapas ?** La petite terrasse du bar Jean, attenante aux halles, dressée de tables en fer rouge, est tous les jours prise d'assaut à la fin du marché. On vient s'y rafraîchir de quelques huîtres ou piocher en se léchant les doigts dans des fritures d'anchois (9€) ou des sardines grillées (7,50€). Les tapas (des canapés tartinés de purée d'olives, d'anchois…) sont à 1€. Pour ceux à qui cette mise en bouche aura ouvert l'appétit, l'endroit sert aussi une cuisine de marché (poissons grillés, côte de bœuf), dans le joyeux brouhaha de sa salle aux murs couverts d'azulejos. Plats 10-15€. **Bar Jean (plan 3, B2)** *5, rue des Halles Tél. 05 59 24 80 38 Ouvert tlj. 12h-14h et 18h30-2h Fermé mar.-mer. hors saison*

LE LABOURD

Les environs de Biarritz

☺ **Arcangues** Charmant village typiquement labourdin, ramassé autour de son église, de son cimetière, de sa mairie et de son fronton. L'église du XVIᵉ siècle conserve de jolies galeries sculptées (XVIIIᵉ s.). Vous pouvez, moyennant une pièce, actionner l'éclairage et admirer le retable et les peintures du plafond. La sépulture de la famille d'Arcangues, seigneurs du village, se trouve dans la chapelle. Du cimetière qui surplombe la vallée, le panorama s'étend des Pyrénées à l'océan. Parmi les tombes (quelques-unes aux stèles discoïdales), la plus célèbre est celle du chanteur Luis Mariano, gravée du nom de Mariano Gonzales. Le château (1900) qui surveille le bourg, entouré d'un golf, appartient toujours à la famille d'Arcangues. L'office de tourisme distribue les plans d'itinéraires de deux balades bucoliques, Oihana (1h) et Kalika (1h30), qui parcourent le golf, la campagne et les sous-bois. *64200 **Arcangues** Sur la D3, à 10km au sud-est de Biarritz (suivre la signalisation jusqu'au parking, à l'extérieur du bourg)* **Office de tourisme** *À l'entrée du village Tél. 05 59 43 08 55 Ouvert mai-oct. : tlj. 10h-12h30 et 14h-19h ; nov.-avr. : lun.-ven. 9h-12h et 14h-18h*

CARNET D'ADRESSES

Lieux de sortie

Salle de spectacles, cinéma

Pour connaître la programmation des salles de spectacles de Biarritz, procurez-vous le *Biarritzscope*, gratuit, disponible à l'office de tourisme, dans les hôtels et les bars.

Gare du Midi (plan 3, C3) Cette gare (1912) désaffectée s'est transformée en une belle salle de spectacle et auditorium à la programmation variée – concerts, danse. Elle accueille aussi le Centre chorégraphique national de Biarritz. *23, av. du Maréchal-Foch Tél. 05 59 22 19 19*

Le Royal (plan 3, C2) Le pendant biarrot de l'Atalante bayonnaise : un cinéma d'art et d'essai, à la programmation excellente, proposant des avant-premières, ainsi que des rencontres avec les réalisateurs et les acteurs. *8, av. du Maréchal-Foch Tél. 05 59 24 45 62 www.royal-biarritz.com*

Bar du soir

☺ **Ventilo Caffe (plan 3, B2)** Sans doute l'un des lieux les plus sympathiques de Biarritz. Si le matin quelques visiteurs viennent y prendre le petit déjeuner, c'est en début de soirée que la salle se remplit pour des apéritifs prolongés. Un petit bar éclectique, aux meubles disparates et aux canapés moelleux, animé par une équipe soudée et festive. Vers 22h, le volume sonore augmente et diffuse les *bites* de la house, du hip hop et de la musique électronique. DJ sets et musiciens sont invités à l'occasion. Cocktails 6€, snack l'après-midi (croque-salade, omelettes). *30, rue Mazagran Tél. 05 59 24 31 42 Ouvert juil.-sept. : tlj. 7h-3h Fermé mardi hors saison*

Bar à tapas

☺ **El Bodegon (plan 3, C3)** Assurément le plus couru des bars à tapas de Biarritz ! Jusqu'à 2h du matin, on s'y presse pour une soirée festive autour de quelques verres de vin rouge et de tapas pour tous les budgets. L'endroit propose aussi une cuisine basco-espagnole, avec des viandes grillées *a la plancha*, entre 10 et 20€. Tapas à 1€. 5, av. de la Gare Tél. 05 59 24 60 09 Ouvert juil.-août : tlj. 19h-2h Fermé dim.-lun. hors saison

Club

Le Caveau (plan 3, B2) L'adresse mythique des nuits gays de Biarritz, où se presse du beau monde. Deux niveaux et deux ambiances : le rez-de-chaussée, volontiers kitsch et décalé, à grand renfort de Claude François et de Sylvie Vartan ; le sous-sol, fréquenté par les clubbers et les amateurs de musique techno. 4, rue Gambetta Tél. 05 59 24 16 17 Ouvert tlj. 22h30-5h

Restauration

🍴 petits prix

☺ **3 salsas (plan 3, B4)** Il règne tous les soirs dans cette salle pleine à craquer une ambiance de fête. Le secret d'un tel succès ? Des plats mexicains colorés et abordables, un service jovial... et de bonnes doses de margarita maison, servie au verre (4€) ou au pichet (12,50 et 25€), que d'aucuns affirment être le meilleur cocktail de la ville. L'endroit ne prend pas de réservation : vendredi et samedi soir, il faut donc arriver tôt ou patienter au bar jusqu'à ce qu'une table se libère, devant un cocktail maison et des tacos

Et aussi...

Boire un verre
La Santa Maria _____ 103
Le Surfing _____ 103
Côte 57 _____ 103

Grignoter des tapas
Bar Jean _____ 107
El Bodegon _____ 108

à la purée de tomates. Salades 7-10€, plats 9-15€, tequila 6€. 5, rue Harispe Tél. 05 59 23 04 53 Ouvert à partir de 19h45 Fermé mer.

🍴 prix moyens

Le Crabe Tambour (plan 3, B4) Avec sa formule du jour à 12,50€ (plat, dessert, un quart de vin) et son menu basque à 18€, cette bonne table régionale satisfera vos papilles sans ruiner votre portefeuille. Dans une grande salle rustique, on goûte une cuisine basque des plus réussies – très tendre brochette de lotte au sel de Guérande, appétissante poularde à la basquaise. En dessert, on commandera le traditionnel *ardi gasna* et sa purée de figues, le tout dûment arrosé d'un vin d'Irouléguy blanc ou rouge. Accueil aimable et fidèle clientèle locale. 49, rue d'Espagne Tél. 05 59 23 24 53 Ouvert tlj. 12h-14h et 19h30-22h

☺ **Le Saint Amour (plan 3, B2)** Une cuisine sympathique et honnête dans la meilleure tradition du bou-

LE LABOURD

GAMME DE PRIX	RESTAURATION	HÉBERGEMENT
Très petits prix	moins de 10€	moins de 30€
Petits prix	de 10€ à 15€	de 30€ à 40€
Prix moyens	de 16€ à 25€	de 41€ à 60€
Prix élevés	de 26€ à 45€	de 61€ à 80€
Prix très élevés	plus de 45€	plus de 80€

chon lyonnais : ici, il faut choisir les savoureuses andouillettes grillées, le boudin du pays aux deux pommes ou encore les rognons de veau à la graine de moutarde... Pour les accompagner, fiez-vous à la belle sélection de vins du patron. En dessert, le moelleux au chocolat (7€), rêve de douceur, ne risque pas de vous décevoir. À midi, plats du jour de 10 à 16€. Le soir, plats de 12 à 18€. *26, rue Gambetta Tél. 05 59 24 19 64 Ouvert mar.-sam. 12h-14h30 et 20h-22h*

La Tantina de Burgos (plan 3, A4) Pour un voyage en terre basque espagnole : dès l'entrée, le chef aiguisant ses couteaux devant des *planchas* brûlantes et un grill au feu de bois donne le ton. Tous les ingrédients de la carte y passeront : moules, chipirons, steak de thon, boudin basque... Un vrai bonheur. Poissons autour de 15-20€, viandes autour de 12-18€. *2, pl. Beau-Rivage Tél. 05 59 23 24 47 Ouvert lun.-sam. midi et soir Fermé dim.-lun. hors saison*

🍴 prix élevés

☺ **Le Clos Basque (plan 3, C2)** Du charme, et une touche toute féminine dans l'art de l'accueil et de la présentation. Le cadre flatte l'œil : la salle, aux murs en pierre et au sol pavé de tomettes, le linge de table en tissu basque crème et olive, la terrasse ombragée, protégée de la rue par un rideau de verdure. Le chef, Béatrice Viateau, propose un menu à la carte (24€) inventif, teinté d'exotisme, à l'image de la nage de fruits de mer aux petits légumes à la citronnelle ou le quasi de veau rôti entier à la tapenade de légumes et spaghettis de courgette au citron. Un talent confirmé, une clientèle conquise. Réservation indispensable. *12, rue Louis-Barthou Tél. 05 59 24 24 96 Ouvert 12h-14h et*

19h45-21h30 Fermé juil.-août : lun. ; sept.-juin : dim. soir-lun.*

☺ **Sidreria Hernani (plan 3, B3)** Dans l'ambiance exaltée des cidreries, telle qu'on la connaît de l'autre côté des Pyrénées, cet établissement tout en longueur sert *chuletas* (côtes d'agneau) et côtes de bœuf passées au gros sel et grillées a *la plancha*, *tortillas* de morue, poissons frais du jour et autres grands classiques, à accompagner de cidre ou de sangria très fraîche. Au bar, copieuses assiettes de tapas. Service affairé et énergique. Âmes sensibles au bruit s'abstenir ! Comptez autour de 30€ le repas. *27-29, av. du Maréchal-Joffre Tél. 05 59 23 01 01 Ouvert tlj. 20h-0h Fermé trois semaines en juin*

Face à la mer

🍴 prix moyens

L'Abri-côtier (plan 3, B1) De la terrasse, au pied de l'immeuble Bellevue, la vue lorgne sur le casino et les tentes multicolores de la Grande Plage... Nous vous conseillons l'excellente et pantagruélique *parillada* de poissons et de fruits de mer (env. 18€), que les petits appétits pourront largement se partager à deux. En entrée, commandez les huîtres d'Arcachon (14,60€ la douzaine). Et, pour finir en légèreté, la crème glacée au lait de brebis et son coulis de caramel... Plats autour de 15€. *31, bd du Général-de-Gaulle Tél. 05 59 24 49 01 Ouvert 12h-14h et 19h15-22h Fermé hors saison : lun. soir et mar.*

🍴 prix élevés

Café de la Grande Plage (plan 3, C1) On s'étonne agréablement, en pénétrant dans le restaurant du casino, de cette ambiance de brasserie un brin informelle. On déjeune dans une grande salle au décor années 1930 parcourue sur toute sa longueur d'une baie vitrée ouverte au grand large. À la carte, optez pour les poissons et fruits de mer, de première fraîcheur – le vendredi, le buffet libre de fruits de mer (38€) fait un malheur, et la réservation est recommandée. Service efficace et amical. Menus à 19,50 ou 28€ à midi, 28€ le soir. Assiette de l'écailler 22€. *1, av. Édouard-VII Tél. 05 59 22 77 88 Ouvert tlj. 12h-15h (14h30 en semaine en hiver) et 19h30-22h*

Chez Albert (plan 3, B1) Depuis quinze ans, ce restaurant, modestement installé dans une des crampottes du port des pêcheurs, demeure toujours aussi hype. Le cadre, d'abord, est charmant, face aux bateaux amarrés au port, dont les parfums d'iode et de pêche sont un bon présage pour la suite... Attablé en terrasse, au creux du promontoire de l'Atalaye, on oublierait presque la ville pour n'avoir d'yeux que pour l'océan. La carte, ensuite, qui fait honneur aux produits de la mer : poissons frais, paellas, homard. Accueil agréable, prix à la hauteur de la réputation... Poissons autour de 20€, plateau de fruits de mer 39€, menu env. 40€. *Port des pêcheurs Tél. 05 59 24 43 84 Ouvert lun.-mar. et jeu.-dim. 12h15-14h et 19h30-22h (week-end 23h)*

À Arcangues

 prix moyens

☺ **Auberge d'Achtal** Une terrasse de rêve : à l'ombre des platanes, donnant sur un paysage de collines vertes ondulant à perte de vue, au cœur d'un village grand comme un mouchoir de poche. Vous êtes à peine à quelques kilomètres de Biarritz, et pourtant le Pays basque intérieur vous dévoile déjà ses charmes discrets. Le cadre idéal pour goûter, suivant la saison,

une savoureuse cuisine du terroir : omelette aux cèpes (12€), piperade au jambon de Bayonne (12€), agneau de lait du pays (22€). Un très bon moment de détente. Menu à 28€. *Place du Fronton Arcangues Tél. 05 59 43 05 56 Ouvert tlj. midi et soir Fermé mar.-mer. hors saison*

prix très élevés

☺ **Le Moulin d'Alotz** Une adresse de charme, perdue dans la campagne d'Arcangues. Dans un ancien moulin à eau, une petite vingtaine de couverts incitent à un dîner intime et romantique – au coin du feu ou face au jardin et à ses saules pleureurs, dans la fraîcheur du ruisseau qui coule tout près. Carte élaborée, desserts raffinés. Menu-carte 55€. *Chemin d'Alotz Errota Arcangues Tél. 05 59 43 04 54 Ouvert 12h-13h45 et 20h-21h45 Fermé mar.-mer.*

Hégergement

auberge de jeunesse

☺ **Auberge de jeunesse Fuaj (hors plan 3 par C4)** Installée dans le lotissement des Terrasses du lac, l'auberge de jeunesse de Biarritz jouit d'un environnement enchanteur. En pleine verdure, à deux pas du lac Mouriscot – dont on rejoint les rives en longeant le sentier qui, en face de l'entrée, s'enfonce dans les bois. Les chambres, toutes équipées de sdb, accueillent 5 à 7 lits. Location de vélos (10€/j.), restaurant (repas 10€ env.), cafétéria, machines à laver et sèche-linge. Attention, cette auberge "grand luxe" affiche souvent complet ! Le site est en revanche un peu excentré : mieux vaut être motorisé. Comptez 19,50€ la nuit, petit déj. compris. Carte d'adhérent obligatoire, en vente sur place. *8, rue Chiquito-de-Cambo Tél. 05 59 41 76 00 www.hibiarritz.org*

LE LABOURD

LE LABOURD

prix moyens

☺ **Hôtel Atalaye (plan 3, B2)** On peut difficilement rêver mieux : un hôtel à moins de 50€ (si vous ne tenez pas à la vue sur la mer...), juché sur le plateau de l'Atalaye, au-dessus des crampottes du port des Pêcheurs et à deux pas de la plage du Port-Vieux. Chambres modestes mais très soignées. Chambre double 42€ (57€ avec bains et vue sur mer), juil.-sept. 52€ (76€ avec bains et vue sur mer). Petit déj. 6€ (7€ dans la chambre). *Plateau de l'Atalaye 6, rue des Goélands Tél. 05 59 24 06 76 www. hotelatalaye.com Fermé mi-nov.-mi-déc. et trois semaines en jan.*

Hôtel Gardénia (plan 3, B3) Une petite vingtaine de chambres modestes mais spacieuses distribuées dans une belle maison rose. Un emplacement central, près des halles et du musée Asiatica. Chambre double à 52€ (juil.-août 70€), petit déjeuner à 6€. *19, av. Carnot Tél. 05 59 24 10 46 www. hotel-gardenia.com Fermé nov.-jan.*

☺ **La Ferme de Biarritz (hors plan 3 par A4)** Une maison d'hôtes de caractère installée dans une ancienne ferme du XVIIᵉ siècle entourée d'un jardin. Les six chambres sous les combles dégagent un charme fou : poutres peintes en blanc, sol en jonc de mer, meubles patinés, dessus-de-lit indiens piqués constellés de miroirs. Toutes comprennent une salle de bains percée d'une lucarne et un petit frigo très pratique. Pour les familles, chambre en duplex, équipée de bai-gnoire ou suite-appartement 4-5 pers. de 350 à 750€/semaine selon la saison. Double 55-65€ (75€ en août), petit déj. 8€. *15, rue d'Harcet Tél. 05 59 23 40 27 www.fermedebiarritz.com Fermé 15 jours en déc.*

Le Val Florès (hors plan 3 par C1) Installé dans une ancienne villa à la façade classée, le Val Florès offre un cadre très agréable : des chambres aux tons crème (Tradition), une terrasse à l'ombre d'un magnolia centenaire, un restaurant de qualité. Les chambres standard, plus impersonnelles, s'avèrent aussi tout à fait correctes. Parking privé gratuit. Double de 65 à 75€ selon le confort et la saison ; petit déjeuner buffet 7,90€, anglais 9,90€ ; demi-pension 63€/pers. *48, av. de la Marne Tél. 05 59 24 07 94 www. hotel-valflores.com*

prix élevés

☺ **Hôtel Maïtagaria (plan 3, B3)** Si l'affaire a été reprise par le fils, l'ancienne propriétaire de l'hôtel n'est jamais loin, chinant les meubles Arts déco qui viendront personnaliser chacune des chambres. Elles sont toutes différentes, claires, pratiques (grands placards avec portes miroir) et impeccablement tenues. L'établissement, un hôtel particulier du XIXᵉ siècle avec jardin fleuri, est à deux pas du centreville et des halles, face au square Forsans. Chambre double à 59€ (à 72€ juil.-sept.), petit déjeuner 8€. *34, av. Carnot Tél. 05 59 24 26 65 www. hotel-maitagaria.com*

GAMME DE PRIX	RESTAURATION	HÉBERGEMENT
Très petits prix	moins de 10€	moins de 30€
Petits prix	de 10€ à 15€	de 30€ à 40€
Prix moyens	de 16€ à 25€	de 41€ à 60€
Prix élevés	de 26€ à 45€	de 61€ à 80€
Prix très élevés	plus de 45€	plus de 80€

Le Petit Hôtel (plan 3, C2) Très central, dans une ruelle à deux pas de la Grande Plage, un établissement de 12 chambres à peine, donnant pour quelques-unes sur l'esplanade du casino. Arrangées dans les tons bleu ou jaune, sans grandes prétentions décoratives, elles sont néanmoins agréables. Chambre double 61€ (juil.-août 89€). *11, rue Gardères Tél. 05 59 24 87 00 www.petit hotel-biarritz.com*

Le Saint-Charles (hors plan 3 par C1) Pour connaître l'histoire de cette ancienne maison de maître, il faudrait pouvoir interroger le majestueux magnolia du jardin, vieux de plus de 200 ans... D'après le propriétaire, il s'agirait de la résidence d'été d'un prince roumain, construite à la fin du XIXe siècle. Depuis son acquisition, le nouvel hôte des lieux veille personnellement au maintien de leur charme suranné. On apprécie particulièrement les dessus-de-lit blancs brodés, les tissus assortis, les meubles chinés dans les brocantes, les grandes têtes de lit en bois et les plantes vertes dans les salles de bains. Bref, une touche toute personnelle qui rend les chambres originales et accueillantes. Joli jardin où poussent platanes, roses grimpantes et hortensias. Double 60-115€ selon la saison, petit déj. 8-11€ (10-11€ dans les chambres). *47, av. de la Reine-Victoria Tél. 05 59 24 10 54 www. hotelstcharles.com*

☺ **Nere-Chocoa (hors plan 3 par C4)** Cinq chambres d'hôtes épurées, baignées de lumière, décorées par un couple passionné de design, d'art, de cuisine et de jazz... Leur villa toute blanche est à leur image : ouverte, raffinée, accueillante. Une délicieuse terrasse donne sur le parc privé et ses chênes centenaires ; on peut y prendre des petits déjeuners ensoleillés (jus d'orange, yaourt, confitures maison, viennoiseries...) et avoir des discussions au clair de lune. Accueil aimable et chaleureux. Chambre double de 75 à 80€, suite de 100 à 115€. Petit déjeuner à 9€. *28, rue Larreguy Tél. 06 08 33 84 35 www.nerechocoa.com*

🧳 **prix très élevés**

Hôtel Saint-Julien (plan 3, B3) Nous sommes ici dans une de ces demeures que le poids des ans rend vénérables : un large escalier aux marches bien cirées, des étages qu'on parcourt en faisant crisser le parquet. Au troisième étage, les chambres ont vue sur les toits rouges de Biarritz et les sommets mauves des Pyrénées. La n°26 et la n°27 s'ouvrent quant à elles sur la mer et le phare de la pointe Saint-Martin. Chambres fonctionnelles, à la décoration sobre. Parking privé gratuit. De 60 à 125€ selon la saison, petit déjeuner à 8€. Wifi gratuit. *20, av. Carnot Tél. 05 59 24 20 39 www.saint-julien-biarritz. com*

Hôtel Le Caritz (plan 3, A2) Envie d'une chambre avec vue sur la mer ? Venez voir Pascal Ondarts, ancien joueur international de rugby et propriétaire de cet hôtel inclassable – notamment parce que la réception se trouve... au bar-restaurant du rez-de-chaussée. L'établissement propose néanmoins le confort d'un 3-étoiles. Toutes les chambres s'ouvrent en grand sur l'océan, la 201 s'offrant même le luxe d'une sdb avec vue sur la mer... Un emplacement unique, juste au-dessus de la plage du Port-Vieux. Gigantesque et indispensable solarium à la disposition des clients. Double de 75 à 140€ selon la saison (en avr.-juil., comptez entre 95 et 140€). Petit déjeuner buffet 10€ (uniquement l'été). *Pl. du Port-Vieux Tél. 05 59 24 41 84 www.lecaritz.com*

LE LABOURD

☺**Maison Garnier (plan 3, B2)** Avec 7 chambres seulement, la Maison Garnier se rapproche plus d'une maison d'hôtes que d'un hôtel. Du salon cosy où l'on feuillette des magazines au coin du feu aux chambres douces où le mobilier en bois sombre s'harmonise parfaitement avec les tons crème des tissus, tout est empreint d'une discrète élégance. Belles salles d'eau, avec grosses pommes de douche années 1950. Un escalier central, éclairé par un puits de lumière, dessert les étages. Accueil tout en délicatesse, à l'image du petit déjeuner sain et frais. Double de 95 à 125€ (mi-juin-mi-sept. respectivement 100 et 140€). Petit déj. 10€. *29, rue Gambetta Tél. 05 59 01 60 70 www.hotel-biarritz.com*

Villa Le Goéland (plan 3, B2) Dressée telle une sentinelle sur le plateau de l'Atalaye, la villa Le Goéland domine majestueusement la côte biarrote. De cette extraordinaire demeure classée (XIXᵉ s.), la vue balaie l'horizon sur 180°, du phare de Biarritz jusqu'aux montagnes Cantabriques du golfe de Gascogne. Elle livre désormais ses secrets aux heureux locataires des 4 chambres d'hôtes. Elles ont toutes vue sur la mer – la "Le Goéland" étant dotée d'une grande terrasse (35m²) avec des chaises longues et, au bout de vos doigts de pied, le bleu de l'océan. Chambres de 130 à 280€ selon la saison, petit déj. inclus. *12, plateau de l'Atalaye Tél. 05 59 24 25 76 www.villagoeland.com*

BIDART ET GUÉTHARY

BIDARTE · GETARIA

64210

Bidart est une ancienne bourgade de pêcheurs établie sur les falaises qui longent le littoral. Le centre-ville s'organise toujours autour de l'église, du cimetière, de la mairie et du fronton – bref, de ce qui compose le village basque par excellence. Vous êtes ici aux portes du pays de Saint-Jean-de-Luz, à quelques kilomètres de Guéthary. Ces deux stations balnéaires, repaires des surfeurs, concentrent quelques-unes des plus belles tables pour déjeuner ou dîner sur la côte, face à un océan impétueux ou un paysage préservé de landes sauvages.

MODE D'EMPLOI

accès

EN VOITURE
Bidart se situe à 5km au sud de Biarritz, sur la N10. Sur l'autoroute A63, prendre la sortie 4 (Biarritz La Négresse) et rejoindre la N10. Guéthary est à 3km au sud de Bidart par la N10.

EN TRAIN
Bidart se trouve à 3km des gares de Biarritz au nord et de Guéthary au sud. La gare de Guéthary est desservie par le TER Aquitaine au départ de Bordeaux, Dax, Bayonne. **SNCF** *Tél. 3635 www.voyages-sncf.com*

EN CAR

Les lignes ATCRB Biarritz/Saint-Jean-de-Luz/Hendaye et Bayonne/Saint-Jean-de-Luz/Hendaye desservent Bidart et Guéthary dans les deux sens. Vous trouverez les fiches horaires dans les offices de tourisme.

ATCRB *Tél. 05 59 26 06 99 www. transdev-atcrb.com*

Documentation sur les hébergements et les clubs de surf. *64210 Bidart Rue d'Erretegia Tél. 05 59 54 93 85 www. bidarttourisme.com Ouvert lun.-sam. 9h-19h, dim. 9h-12h (lun.-ven. 9h-12h30 et 14h-17h hors saison) 64210 Gué-thary Rue du Comte-de-Swiecinski (ancienne gare) Tél. 05 59 26 56 60 www.guethary-france.com*

informations touristiques

Office de tourisme Visites guidées gratuites du village le mercredi à 10h30 en juillet-août (rdv place de la Mairie). Fiches horaires des bus.

LE LABOURD

DÉCOUVRIR
Bidart et Guéthary

☆ **Les essentiels** Le village de Bidart et le port de Guéthary **Découvrir autrement** Déjeunez les pieds dans le sable au Bahia Beach et dégustez un bon gâteau basque au Moulin de Bassilour à Bidart

➤ **Carnet d'adresses p.119**

☺ **Chapelle Sainte-Madeleine** En gravissant la ruelle de la Madeleine au départ de la place du Fronton, à ☆ **Bidart**, vous accédez à ce site qui jouit d'une situation dominante sur la côte et d'où la vue s'étend jusqu'aux Pyrénées. Avancez-vous par le chemin côtier jusqu'à la table d'orientation pour connaître ces pics dont les silhouettes servent de repères dans tout le Pays basque : le mont Baigura, le pic d'Iparla, la Rhune, le mont Jaizkibel, etc. La chapelle offrait jadis une halte aux pèlerins de Compostelle. L'édifice actuel date de 1820. *64210 Bidart*

Château d'Ilbarritz L'ancienne propriété du baron Albert de l'Espée, personnage excentrique et fortuné, offre une vue à 360° sur le quartier d'Ilbarritz. Les exigences extravagantes de son propriétaire firent de sa construction, achevée en 1897, un long feuilleton épique. Parmi les nombreuses originalités, non dépourvues d'ingéniosité, la principale reste la salle haute de deux étages bordée de galeries, sur le modèle des églises basques, conçue pour accueillir l'orgue du baron (aujourd'hui dans la basilique du Sacré-Cœur à Paris). Le château comptait de nombreuses dépendances – pavillons, pagodes, chenils, usine électrique et sept cuisines utilisées en fonction du sens du vent pour que les odeurs ne parviennent pas à la résidence principale. Le domaine fut vendu en 1910 et connut des fonctions variées : hôpital, asile de réfugiés basques espagnols, hôtel de luxe… Aujourd'hui, seuls subsistent un pavillon (occupé par le bar Blue Cargo) et le château, abandonné. *Av. du Château 64210 Bidart*

☺ **Guéthary** Ce charmant village aux maisons labourdines s'ouvre aux plus belles plages de la côte. On prend plaisir à déambuler dans ses ruelles en pente jusqu'à son ☆ **port** coloré. Entrez dans l'église pour admirer les gracieuses galeries en chêne du XVIIe siècle. Le bateau suspendu dans sa nef unique témoigne du passé maritime de cet ancien port baleinier. Sur le front de mer, l'hôtel-casino Itsasoan (1926), aujourd'hui divisé en appartements, évoque le passé sulfureux de la station, très prisée pendant les Années folles. Le **musée** municipal, installé dans la grande villa Saraleguinea, de style néo-basque, entourée d'un parc, présente notamment des œuvres du sculpteur Georges Clément de Swiecinski (1878-1958) et conserve des objets ayant appartenu au poète Paul-Jean Toulet (1867-1920). De nos jours, Guéthary attire un public plutôt jeune, dont une majorité de surfeurs. L'office de tourisme distribue un plan avec deux circuits découverte du village et de son port (env. 1h) et un descriptif du sentier littoral Bidart-Hendaye. **Office de tourisme** *Rue du Comte-de-Swiecinski (ancienne gare) Tél. 05 59 26 56 60 www. guethary-france.com* **Musée** *117, av. du Général-de-Gaulle Tél. 05 59 54 86 37 www.musee-de-guethary.fr Ouvert juil.-août : 15h-19h ; mai-juin et sept.-oct. : 14h30-18h30 Fermé mar. et dim. ainsi que nov.-avr.*

● ☺ **Où acheter un très bon gâteau basque ?** Dans ce vieux moulin à eau se fabriquent les meilleurs gâteaux basques que nous ayons goûtés, fourrés à la confiture de cerises noires ou à la crème. Le point de vente propose aussi des biscuits sablés croquants et des miches de pain au maïs, le tout confectionné avec de la farine artisanale, moulue sur place. **Moulin de Bassilour** *Quartier Bassilour 64210 **Bidart** Tél. 05 59 41 94 49 Ouvert tlj. 8h-13h et 14h30-19h*

● Où faire une pause déjeuner ?

☺ **Venta Gaxuxa** Sur le modèle des *ventas* perchées sur les cols pyrénéens, cette adresse combine boutique de souvenirs, épicerie fine et service de restauration sous la forme de tapas. Pour environ 4€, vous y dévorerez des portions de croquettes de jambon, de moules farcies, de *patatas bravas* (pommes de terre sautées), de beignets de calamars... à accompagner de cidre (2€/verre) ou de sangria (6€/pichet). Pour clore ce repas frugal, goûtez les excellentes glaces artisanales au lait de brebis. Parfait pour un déjeuner rapide ou un apéritif prolongé. *Place de la Mairie 64210 **Bidart** Tél. 05 59 54 88 70 Ouvert 12h-14h et 19h-21h30 Fermé mer. hors saison et le soir en semaine*

☺ **Bahia Beach** Sur la plage de Parlementia, ce kiosque en bois disperse ses tables sur le sable et sert de quoi se sustenter après une bonne matinée à jouer dans les vagues, la peau encore perlée de sel et d'eau de mer : accras de morue, sardines grillées ou brochettes de poulet-banane. Plats de 12 à 18€. *Plage de Parlementia **Entre Bidart et Guéthary** Tél. 05 59 26 59 69 Ouvert tlj. avr.-oct. (ouverture aléatoire, selon la météo)*

● Où boire un verre le soir ?

Le Blue Cargo Des chaises longues disposées sur une élégante terrasse en teck, à l'ombre d'une voile blanche qui vibre au souffle du vent, vous invitent à scruter la ligne d'horizon un cocktail (de 8 à 15€) à la main. Vous êtes à deux pas du golf, au pied du château d'Ilbarritz, entouré de la jeunesse dorée de Biarritz, des professionnels du petit écran et de gentlemen golfeurs. La nuit,

Architecture Arts déco, hall du casino (p.98), Biarritz.

on se déhanche sous les étoiles au rythme des tubes de l'été. *Plage d'Ilbarritz 64210 Bidart Tél. 05 59 23 54 87 www.bluecargo.fr Ouvert juin-sept. : tlj. 11h-2h*

☺ **Hétéroclito** Une institution, rendez-vous des surfeurs d'Hendaye à Biarritz. La déco est de bric et de broc, les tables campent à l'extérieur, juste avant les escaliers qui accèdent aux plages. Ambiance informelle et toujours animée. En journée, on guette de la terrasse le déferlement de la Vague de Guéthary, bien connue des amateurs de glisse. *48, chemin du Port 64210 Guéthary Tél. 05 59 54 98 92 Ouvert tlj. 19h-2h (hors saison, jours d'ouverture et horaires aléatoires)*

Kafé Loko En face de l'ancienne gare, où s'est installé l'office de tourisme de Guéthary, ce bar-restaurant accueille un monde fou sur sa minuscule terrasse, abritée par un toit de chaume et éclairée de loupiotes colorées. Le dimanche, c'est un des rares endroits à proposer un brunch copieux. *94, rue du Comte-de-Swiecinski (maison du chef de gare) 64210 Guéthary Tél. 05 59 26 57 44 Ouvert pendant vac. scol. : tlj. sauf mar. midi ; hors vac. scol. : mer.-dim.*

● **Apprendre à surfer** Bidart et Guéthary comptent à eux deux une dizaine de plages sauvages, spots réputés pour le surf et le bodyboard. À Guéthary en particulier se brisent des vagues mythiques : l'Avalanche et les Alcyons au large d'une plage classée réserve naturelle, la Vague de Guéthary à Parlementia, et Cenitz, sur la plage du même nom. La houle se heurte sur des hauts fonds rocheux et déferle régulièrement, en longs rouleaux pouvant atteindre 5 à 6m. Attention, dès que le vent se lève un peu, ces spots sont réservés aux surfeurs expérimentés. Le littoral de Bidart se distingue par des vagues de sable proches de celles des côtes landaises.

Christophe Reinhardt Surf School Christophe Reinhardt est une vraie légende locale. Champion de France de surf, il remporta également de nombreux titres mondiaux en longboard. Son école propose les traditionnels stages (à la semaine : 170€, 2h/j. et transport), mais aussi des formules originales : les sorties "gros surf" (à partir de 45€, 1h30, 3 élèves maximum) pour les surfeurs confirmés qui n'osent s'aventurer seuls dans les vagues les plus puissantes, et les baptêmes en tandem (à partir de 40€), pour goûter aux sensations de la glisse sans apprentissage. L'accueil se réduit à un stand bleu, dressé à côté du Kafé Loko. Stage week-end 72€, cours (2h) 40€. *En face de l'office de tourisme 64210 Guéthary Tél. 06 88 57 38 26 www.ecoledesurf-quiksilver.com*

École de surf de Guéthary Cette école affiliée à la FFS propose des séjours surf d'une semaine, destinés aussi aux moins de 18 ans. Surf camp 550€, cours découverte (2h) 40€, cours particulier (1h) 48€, stage (5x2h) 170€. *11, résidence Itsasoan 64210 Guéthary Tél. 05 59 54 81 78 ou 06 08 68 88 54 http://surf.guethary.free.fr*

● **S'initier au golf** Un beau parcours sur la côte : le terrain, dominé par la silhouette fantomatique du château d'Ilbarritz, surplombe l'océan. Le golf dispose d'un centre d'entraînement où officient quatre écoles et un professeur indépendant. Nombreuses formules, allant du stage intensif de découverte ou de perfectionnement aux cours particuliers. Parcours (9 trous) 22 à 36€ selon la saison. **Golf d'Ilbarritz** *Av. du Château 64210 Bidart Tél. 05 59 43 81 30 www.golf-ilbarritz.com Ouvert tlj. 8h-19h (20h en saison) Fermé lun. hors saison sauf pendant les vac. scol.*

CARNET D'ADRESSES

Restauration, hébergement

 petits prix

Marienia Des chambres toutes différentes – une seule avec sdb complète, les autres avec soit une baignoire, soit un lavabo et un bidet, soit les WC sans la douche – rigoureusement tenues par une dame charmante. Vieux meubles, têtes de lit sculptées d'une croix basque, vastes salles d'eau leur confèrent du caractère et une atmosphère de maison familiale. Chambre double de 30 à 42€. *Av. Monseigneur-Mugabure 64210 **Bidart** Tél. 05 59 26 51 04*

prix moyens

☺ **La Tantina de la Playa** Poissons et coquillages *a la plancha, pan con tomate* au jambon serrano, fruits de mer : la Tantina propose une cuisine de la mer à l'espagnole, dans le cadre sublime de sa grande salle aux baies vitrées, juchée au-dessus de la plage. Demandez une table avec vue – le soir, lorsque l'océan décline son camaïeu de bleus, du turquoise au bleu cendré, le spectacle est inoubliable. Plats autour de 14-20€. *Plage du Centre 64210 **Bidart** Tél. 05 59 26 53 56 Ouvert tlj. 12h-14h et 20h-22h Fermé mi-nov.-mi-déc.*

☺ **Les Alcyons** Une simple terrasse en bois sur pilotis, aux airs de guinguette. Autour, le vent, la lande et le roulement furieux des vagues qui se brisent sur les rochers en contrebas. L'affaire est tenue par un surfeur amoureux du coin. Le soir, lorsque le ciel vire au rose, il faut

arriver tôt ; on vient de loin pour dîner face au plus beau coucher de soleil de la côte. Côté cuisine, des plats simples et savoureux, à l'image de la grillade de gambas, du steak de thon en piperade et de la dorade à l'ail (pour deux). Plats 8-20€. Si vous ne pouvez trouver une table, poursuivez un peu plus loin sur la plage jusqu'à une autre cabane brinquebalante, ouverte à tous les vents : Etche Terra propose une carte et un cadre équivalents. *Jetée des Alcyons 64210 **Guéthary** Tél. 05 59 26 55 72 Ouvert mai-sept. : tlj. midi et soir (ouverture aléatoire, selon la météo) Fermé mai-juin : mar.*

Iguzkia Cette maison parée de roses grimpantes vous propose des chambres modestes mais spacieuses, avec vue sur la mer ou sur Guéthary. Comptez 45-59€ pour une chambre double, env. 6€ pour le petit déjeuner (65€ petit déjeuner compris en juil.-août). *80, av. Estalo-Harispe 64210 **Guéthary** Tél. 05 59 54 75 27*

L'Escale À Guéthary, pas très loin des plages, une auberge tenue par un couple de moniteurs de snowboard. Un hamac, des tapis en jonc de mer et des plantes vertes contribuent au charme informel des lieux. Chambres plutôt spartiates, donnant sur la cour ombragée où se prend le petit déjeuner. Double à 50€ (juin et sept.) et 60€ (juil.-août), petit déj. compris.

Et aussi...

Une pause déjeuner

LE LABOURD

Possibilité de louer la maison entière (8-12 pers.). *39, av. Harispe 64210* **Guéthary** *Tél. 05 59 47 77 16 Ouvert Pâques-août*

prix élevés

La Plancha Une salle en verre baignée d'azur, une terrasse posée sur le sable : avec un tel décor, on ne pourra faire autrement que commander un poisson de ligne grillé pour deux (louvine ou merlu), précédé de chipirons en persillade ou de palourdes en salade. Si vous venez dîner, le coucher de soleil est en prime... Comptez 35€ le repas complet, service continu. Sur la plage un tantinet chic et branchée d'Ilbarritz. *Plage d'Ilbarritz 64210* **Bidart** *Tél. 05 59 23 44 95 Ouvert avr.-nov. : midi et soir ; Noël-mars : à midi Fermé mer. et mi-nov.-mi-déc.*

Hôtel Ouessant-Ty Au cœur de Bidart, un établissement soigné et très bien équipé : double-vitrage, climatisation, frigo, et même de quoi se faire un café ou une tisane le soir dans sa chambre. Copieux petit déjeuner buffet, avec yaourt, jus de fruits, müesli. Accueil sympathique. Double 68-104€ selon la saison, petit déj. 8,50€. Appartement 4 pers. 350-1 000€/semaine selon la saison. *Rue Erretegia 64210* **Bidart** *Tél. 05 59 54 71 89 http://hotel. ouessant.ty.free.fr*

prix très élevés

☺ **L'Hacienda** Une quizaine de chambres exquises, avec terrasse privative, jardin, hamac, lit à baldaquin – et des parfums, fleuris ou épicés, toujours discrets. Nous avons eu un faible pour la Lagon, tout en hommage à la Grande Bleue, et pour la Perline, plus épurée, aux tons blanc et gris perle. Au patio rafraîchi par une fontaine ou au bord de la piscine, les petits déjeuners gourmands s'étirent jusqu'à 10h30... Personnel très souriant. Chambre double de 115 à 220€, selon la saison et le confort (douche, baignoire et bains à remous). *50, rue Bassilour 64210* **Bidart** *Tél. 05 59 54 92 82 www.hacienda-bidart.com*

La Table des frères Ibarboure La table étoilée de la région, tenue par deux frères, un cuisinier et un pâtissier, au talent confirmé. La cuisine tient toutes ses promesses, de l'entrée jusqu'aux fabuleux desserts au chocolat. Un pur moment de plaisir, à vivre dans une belle enclave de verdure, cachée dans la forêt. La maison propose aussi des chambres de 130 à 230€ selon la saison, petit déj. 13,50€. Menus à 55€ (découverte) et 69€ (gourmand). *Chemin de Ttaliénéa 64210* **Guéthary** *Tél. 05 59 54 81 64 Ouvert en saison : tlj. sauf lun. midi Fermé dim. soir et mer. le reste de l'année*

GAMME DE PRIX	RESTAURATION	HÉBERGEMENT
Très petits prix	moins de 10€	moins de 30€
Petits prix	de 10€ à 15€	de 30€ à 40€
Prix moyens	de 16€ à 25€	de 41€ à 60€
Prix élevés	de 26€ à 45€	de 61€ à 80€
Prix très élevés	plus de 45€	plus de 80€

★ SAINT-JEAN-DE-LUZ DONIBANE LOHITZUNE 64500

Saint-Jean-de-Luz se pelotonne au creux d'une baie à l'arrondi parfait, dans l'ombre rassurante du massif de la Rhune. La Nivelle, dans un souci de rigueur symétrique, déverse ses eaux douces au milieu de ce havre naturel. Au gré de vos promenades dans le centre historique, vous serez frappé par la superbe de cet écrin. Au détour de chaque coin de rue, la mer grise, le port où se reflètent les façades de Ciboure, les sommets bleutés des Pyrénées se dégagent furtivement, dans un jeu de cache-cache. Pour apprécier le tout, il faut s'éloigner et gagner les hauteurs de la pointe Sainte-Barbe. L'orgueilleuse cité des Corsaires demeure tout imprégnée de son passé et ses fastueuses maisons d'armateurs n'ont pas pris une ride. Les Luziens frémissent encore de l'insigne honneur qui leur fut accordé, lorsqu'ils présidèrent aux festivités du mariage du Roi-Soleil et de l'infante d'Espagne, par une belle journée de juin 1660. De l'autre côté de la Nivelle, Ciboure partage un port et une destinée indissociable de celle de Saint-Jean-de-Luz. Plus populaire, elle a gardé des airs de port de pêche et de petit village, et mérite une incursion.

UNE MER DESTRUCTRICE ET NOURRICIÈRE Donibane Lohitzune (Saint-Jean-des-Marais) fut construit sur les rives marécageuses d'un fleuve. Une transcription phonétique erronée du vocable *lohitz* (marais) lui vaudra le nom espagnol *luz* (lumière). Comme tous les Basques de la côte, les Luziens tirèrent leur fortune de la mer et s'illustrèrent dès le XIᵉ siècle dans la chasse à la baleine, puis la pêche à la morue. Au XVIᵉ siècle, une autre activité florissante vint conforter leurs revenus : la course pour le compte du roi de France. Haranader, Cepé, Etcheverry ou Ellissagaray, corsaires luziens, marins chevronnés et guerriers intrépides, font parler d'eux. Mais l'érosion eut raison de la fierté de la cité : en 1675, les défenses naturelles de la baie – une barre rocheuse qui courait de l'Artha jusqu'à la pointe Sainte-Barbe – s'effondrèrent sous les coups d'une terrible tempête. Depuis ce jour, Saint-Jean-de-Luz souffrit d'inondations calamiteuses et de raz-de-marée dramatiques dont un, en 1749, engloutit le quartier disparu de la Barre. L'indifférence des autorités du royaume perpétua ce calvaire pendant plus d'un siècle. Le port se ruina, la population s'exila. Il faudra attendre Napoléon III, dont la femme manqua de se noyer au large de Saint-Jean-de-Luz, pour que des crédits soient enfin alloués à la construction de deux digues, celles de Socoa et de Sainte-Barbe, et du brisant de l'Artha. Faisant face à la mer, un mur de garantie (l'actuelle promenade littorale), ultime ligne de défense, protège la ville. Le port de pêche a pu ainsi reprendre son souffle. Entre 1930 et 1950, Saint-Jean-de-Luz devint le premier port sardinier puis thonier de France. Les conserveries s'installèrent à Ciboure, embauchant à tour de bras des ouvrières qu'on allait chercher jusqu'en

LE LABOURD

Bretagne. Et si Saint-Jean-de-Luz, sous le joug de la concurrence internationale, s'est de nos jours tournée vers le tourisme balnéaire, Ciboure exploite encore les ressources de la mer, compte une criée aux normes européennes sur sa presqu'île et un lycée maritime…

MODE D'EMPLOI

accès

EN VOITURE
Saint-Jean-de-Luz se trouve à 16km au sud de Biarritz sur la N10. Sur l'autoroute A63, prendre la sortie 3 (Saint-Jean-de-Luz). San Sebastián est à 34km par l'A63 (E05-70-80).

EN TRAIN
Desserte en TGV au départ de Paris-Montparnasse (5h) et par la ligne Bordeaux-Hendaye du TER Aquitaine.
Gare (plan 4, B2) *Bd du Commandant-Passicot*
SNCF *Tél. 3635 www.voyages-sncf. com www.idtgv.com*

EN CAR
Les cars luziens ATCRB desservent la côte jusqu'à Bayonne et Hendaye (minimum 10 liaisons/j., dans les deux sens, entre 7h et 20h). La compagnie Le Basque bondissant relie Saint-Jean-de-Luz à Sare (lun.-sam., 3 liaisons/j.). La compagnie espagnole PESA assure des liaisons régulières entre Bayonne et Bilbao via Saint-Jean-de-Luz, Hendaye, Irún et San Sebastián (arrêt Square d'Ixelles à Biarritz).
ATCRB *Tél. 05 59 26 06 99 www. transdev-atcrb.com*
Le Basque bondissant *Halte routière face à la gare*
PESA *Tél. (00 34) 902 10 12 10 www. pesa.net*

orientation

Le centre historique forme un rectangle parfait, délimité par le port de pêche, à l'embouchure de la Nivelle, le front de baie, et les boulevards Victor-Hugo et Thiers. Il est parcouru de voies piétonnes, parmi lesquelles la très commerçante rue Gambetta (boutiques de surf, épiceries fines, magasins de linge basque, etc.) et la rue de la République, encombrée le soir par les terrasses des restaurants de poisson qui s'y succèdent. La mairie se dresse sur la place Louis-XIV. Avec son kiosque à musique et ses terrasses de café, celle-ci concentre l'animation de la ville.

informations touristiques

Office de tourisme (plan 4, C2) Aide à la réservation d'hôtels, documentation sur le pays de Saint-Jean-de-Luz, visites guidées (5€) et audioguidées (5€, en duo 8€). *20, bd Victor-Hugo Tél. 05 59 26 03 16 www.saint-jean-de-luz.com Ouvert juil.-août : lun.-sam. 9h-19h30, dim. 10h-13h et 15h-19h ; avr.-juin, sept. : lun.-sam. 9h-12h30 et 14h-19h ; oct.-mars : lun.-sam. 9h-12h30 et 14h-18h Visites guidées juin-sept. et vac. scol. : mar. 10h (et jeu. 10h en juil.-août)*

transports et circulation

Le centre se visite aisément à pied. Pour les communes voisines, l'ATCRB met en circulation une navette au départ de la gare routière vers Ciboure, Socoa, Erromardie. Procurez-vous les plans et les horaires à l'office de tourisme ou à la halte routière (ticket à bord 1€). Autre possibilité amusante, la navette maritime Le Passeur sillonne la baie entre Saint-Jean-de-Luz, Ciboure, Socoa et la digue aux Chevaux. La région réserve par ailleurs quelques excursions en VTT, vers Guéthary ou Ascain.

Le Passeur Liaison Saint-Jean-de-Luz/Socoa. Notez que l'accostage à Socoa ne s'effectue pas à marée basse (selon le coefficient de marée). Prix 2€. Port de pêche Tél. 06 11 69 56 93 *Circule juin-sept. 8h30-20h*

location de voitures

Ada (plan 4, B2) *Gare Tél. 05 59 26 26 22*

Avis (plan 4, B2) *Gare Tél. 05 59 26 76 66*

location de deux-roues

Fun'Bike Location (plan 4, B2) *Dans la gare SNCF Tél. 05 59 26 75 76*

marchés

Les Halles (plan 4, C2) Elles sont ouvertes tous les jours. Les mardi et vendredi matin, des étals s'installent autour du bâtiment (également le sam. matin en juillet-août). *Bd Victor-Hugo*

fêtes et manifestations

Festival international de films de surf Un festival qui réunit les professionnels du surf, avec expositions photos, projections, rencontres. *Au Jaï-Alaï Fin avril www.surf-film.com*

Festival andalou Danses andalouses, *casetas*, animations dans le centre-ville. *Week-end de Pentecôte*

Internationaux de cesta *punta* Parties de *cesta punta* et de pelote toutes les semaines. *Fin juin-août : mar. et ven. à 21h au Jaï-Alaï av. Ithurralde Tél. 05 59 51 65 36 www.cesta-punta.com*

Fêtes de la Saint-Jean Pendant les fêtes patronales, les Luziens sortent vêtus en rouge et noir, couleurs de la ville. Concerts, repas de rues, parties de pelote, *toro de fuego... Fin juin*

Fête du thon Animations sur le port, grillades, *bandas*, etc. *Premier ou 2e sam. de juillet*

Musique en Côte basque-Académie Maurice-Ravel Festival de musique classique dans les églises de Saint-Jean-de-Luz et aux alentours. *Quinze premiers jours de septembre www.academie-ravel.com*

Festival international des jeunes réalisateurs Compétition de longs métrages. *Mi-octobre www.fijr-sj.com*

LE LABOURD

DÉCOUVRIR

☆ **Les essentiels** L'église Saint-Jean-Baptiste à Saint-Jean-de-Luz, l'église Saint-Vincent à Urrugne, le château d'Urtubie et la corniche basque **Découvrir autrement** Flânez dans les ruelles de Ciboure et baladez-vous sur les crêtes jusqu'à la *venta* Inzola ➤ **Carnet d'adresses p.130**

Saint-Jean-de-Luz

De la place Louis-XIV partent les deux principales artères du centre-ville : la rue Gambetta, ancien axe de circulation entre Bayonne et Irún emprunté par les pèlerins de Saint-Jacques, et la rue de la République, qui débouche sur la baie. La première présente un bel ensemble de maisons labourdines à colombages rouges, ornées de balcons en fer forgé. Rue de la République subsiste la plus ancienne maison luzienne, Esquerrenea (n°17), la seule à avoir réchappé des flammes lorsque les Espagnols incendièrent la ville en 1558, grâce à son inhabituelle facture en pierres. La rue Mazarin traverse l'ancien quartier des armateurs. Remarquez, au n°13, la tour vigie carrée du haut de laquelle le propriétaire pouvait surveiller le passage de ses bateaux dans la rade. D'autres maisons du quartier ont conservé la leur. La jetée du front de mer, transformée en promenade, est bordée de villas néobasques, reliées au bord de mer par des passerelles en bois. À mi-parcours entre le port et la pointe Sainte-Barbe trône le casino conçu par Mallet Stevens (1928), malheureusement défiguré par les remaniements de 1950. Enfin, ne manquez pas de vous promener le long du quai de l'Infante, pour la vue sur le port de pêche et Ciboure.

BONS, LES MACARONS !

La maison Adam, pâtisserie fondée en 1660 aurait, d'après la légende, séduit les papilles de Louis XIV et de l'infante d'Espagne avec ses macarons aux amandes, tendres et fondants à souhait. La recette en est restée inchangée, et jalousement gardée...
Maison Adam (plan 4, B2) *6, rue de la République ou 49, rue Gambetta Tél. 05 59 26 03 54 Ouvert tlj. 8h-12h30 et 14h-19h30 (8h-13h et 14h-21h en saison) Le magasin rue Gambetta est fermé le lun. hors saison*

Maison Louis-XIV (plan 4, B2) Construite en 1643 par le puissant armateur Johannis de Lohobiague, cette maison noble eut l'insigne honneur d'accueillir en 1660 le jeune Louis XIV, venu signer le traité des Pyrénées et se marier avec l'infante d'Espagne, pendant les 40 jours de son séjour. Les descendants de l'armateur y résident toujours, et ouvrent au public les somptueux salons et la chambre nuptiale, garnis de meubles authentiques. La façade côté port, percée d'arceaux, constituait jadis un quai d'embarquement. On peut voir aujourd'hui quelques personnages de cire tels que le roi, la reine ou l'armateur, provenant de l'ancien musée Grévin de la ville. *Place Louis-XIV Tél. 05 59 26 01 56 Visites guidées juin-sept. : tlj. 10h-18h Dernière visite 30min avant la fermeture*

Maison de l'Infante (plan 4, B1-B2)

Cette élégante demeure rose (vers 1640), dont la façade rythmée de galeries à arcades se reflète dans les eaux du port, affiche des airs de palais vénitien. Elle fut la demeure d'un autre riche armateur, Johannot de Haraneder, et hébergea l'infante Marie-Thérèse et Anne d'Autriche (la future épouse et la mère de Louis XIV), pendant les jours qui précédèrent la cérémonie du mariage royal. La visite du 1er étage permet d'admirer la cheminée monumentale du salon et des poutres peintes de mystérieux monstres marins, mises au jour seulement lors de la restauration de 1995. *Quai de l'Infante Tél. 05 59 26 36 82 Ouvert 15 juin-15 oct. : 11h-12h30 et 14h30-18h30 Fermé dim.-lun. Entrée 2,50€, tarif réduit 2€*

☆ ☺ Église Saint-Jean-Baptiste (plan 4, B2)

C'est ici que fut célébré, le 9 juin 1660, le mariage de Louis XIV et de sa cousine l'infante d'Espagne. Le couple quitta l'église par un porche disparu lors des travaux d'agrandissement de l'édifice, au XVIIe siècle. Avec sa nef unique cernée de trois étages de superbes galeries en chêne, elle est caractéristique des églises labourdines. Remarquez la

LE LABOURD

belle polychromie et la richesse décorative de l'intérieur : les délicates frises et motifs végétaux peints sur les murs et la voûte, les grilles en fer forgé du chœur. Le **retable baroque** (XVIIe s.), ruisselant d'or et abondamment sculpté, orné de vingt statues, est le plus spectaculaire du Pays basque. *Rue Gambetta*

Écomusée de la Tradition basque

Établi dans une ancienne ferme à la sortie de Saint-Jean-de-Luz, ce luxueux écomusée de la marque de tissus artisanaux Jean-Vier invite à visiter une dizaine de salles à la scénographie soignée, pour mettre en lumière les différents aspects de la culture basque. Métiers à tisser le lin, machines à fabriquer les bérets, la pelote et les espa-drilles… rien n'est oublié. La boutique gourmande du musée propose les meilleures productions locales et bien sûr du linge basque signé Jean-Vier. *Sur la N10 Tél. 05 59 51 06 06 www.jean-vier.com/ecomusee.aspx Ouvert avr.-juin et sept.-oct. : lun.-sam. 10h-11h15 et 14h30-17h30 ; juil.-août : tlj. 10h-18h30 Entrée 6€, 5-12 ans 2,50€*

● **Où déguster une glace ?** Elles sont un peu la madeleine des Luziens, avec leur irrésistible parfum d'enfance. Depuis toujours, l'arrivée des camions Lopez sur la promenade de la plage sonne le début des vacances. Glaces et sorbets artisanaux à dévorer sur le pouce, au cours d'une flânerie le long de la baie. **Glaces Lopez (plan 4, C1 et C2)** *Sur la promenade de la plage et 35, rue Axular Tél. 05 59 26 82 33*

● ☺ **Où grignoter des tapas ?** Des nappes en toile cirée à carreaux bleus, des guirlandes de piments d'Espelette suspendues au plafond, quelques tables en bois et une minuscule terrasse pour surveiller l'activité du marché. Il ne faut rien de plus pour apprécier les tapas de 5 à 6€ de Kako – pinces de crabe, croquettes de jambon ou de morue, calamars, boudin basque… Si l'am-biance vous plaît, n'hésitez pas à enchaîner avec des plats plus consistants : côte de bœuf, sole aux cèpes ou encore chipirons et gambas *a la plancha*. Plats de 13,50 à 20€. **Taverne Chez Kako (plan 4, C2)** *18, rue Harispe Tél. 05 59 85 10 70 Ouvert mar.-sam. 12h-14h30 et 20h-2h (et lun. en été)*

● **Où sortir le soir ?** Saint-Jean-de-Luz n'est pas vraiment réputé pour ses nuits folles… Les jeunes préfèrent largement traverser la Bidassoa, à 15min en voiture, pour vivre à l'heure espagnole, ou bien se replier sur les bars branchés de Guéthary ou de Biarritz. À Saint-Jean-de-Luz, seules trois adresses concentrent l'animation après minuit. Le Pub du Corsaire, sorte de cale de bateau éclairée de lampes-tempêtes où, au bout de quelques bières, on sent le sol tanguer, et le Duke, à l'ambiance surf aux cocktails fruités. Pour danser, le Mata Hari Club, l'in-démodable boîte de nuit avec deux salles, l'une dans un style bien actuel : house music, l'autre un peu kitsch et disco : années 1980. **Pub du Corsaire (plan 4, B1)** *16, rue de la République Tél. 05 59 26 10 74* **Duke (plan 4, B2)** *Place Maurice-Ravel Tél. 05 59 51 12 96* **Mata Hari Club (hors plan 4)** *48, av. André-Ithurralde*

● **S'offrir une cure de jouvence** Accès libre au parcours spa bio-marin (38€ la journée ou 32€ la demi-journée), avec vue imprenable sur la baie de Saint-Jean-de-Luz. Ce bassin de 300m^3 d'eau de mer chauffée à 33°C est équipé de jets d'eau qui vous massent les jambes, le dos, les épaules, la nuque.

LE LABOURD

LE LABOURD

Plan 4 Saint-Jean-de-Luz

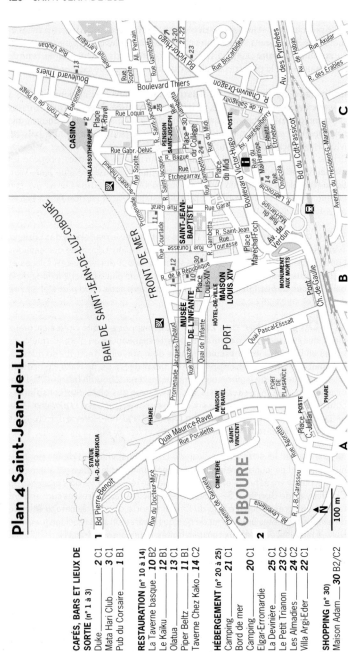

CAFÉS, BARS ET LIEUX DE SORTIE (n° 1 à 3)

Duke	2 C1
Mata Hari Club	3 C1
Pub du Corsaire	1 B1

RESTAURATION (n° 10 à 14)

La Taverne basque	10 B2
Le Kaïku	12 B1
Olatua	13 C1
Piper Beltz	11 B1
Taverne Chez Kako	14 C2

HÉBERGEMENT (n° 20 à 25)

Camping	21 C1
Bord de mer	
Camping	20 C1
Elgar-Erromardie	
La Devinière	25 C1
Le Petit Trianon	23 C2
Les Almadies	24 C2
Villa Argi-Eder	22 C1

SHOPPING (n° 30)

Maison Adam	30 B2/C2

Également nage à contre-courant, bains à bulles, hammam, sauna, salle de repos. Les forfaits – 4 soins à la carte (massage, application d'algues...) – débutent à 100€ la journée. **Hélianthal (plan 4, B2)** *Place Maurice-Ravel Tél. 05 59 51 51 00 www.helianthal.fr Fermé 4 sem. nov.-déc.*

● **Partir en croisière** Sorties au départ du port de pêche de Saint-Jean-de-Luz : pêche en mer (4h, 30€), croisière jusqu'à la frontière espagnole (2h, 15€), cabotage le long des falaises de schiste de la corniche basque (1h, 9€), tour de la baie en contournant la digue de l'Artha (30min, 5€). **Nivelle III** *Réservation recommandée Tél. 06 09 73 61 81*

● **Aller se baigner, surfer** Saint-Jean-de-Luz comprend la grande plage de la baie, centrale et abritée, et trois autres plages qui s'étendent sur la côte nord, plus exposées et sauvages : Erromardie, Lafitenia et Mayarco. Celles-ci, hauts lieux des sports de glisse, sont réservées aux surfeurs les plus expérimentés. Les spots de la baie – Sainte-Barbe, la Pergola (Saint-Jean-de-Luz) et la Bougie (Socoa) – sont quant à eux parfaits pour une initiation au surf. Sachez que Saint-Jean-de-Luz compte désormais une vague mythique, Belharra, domptée pour la première fois en 2002 par un groupe de surfeurs chevronnés. D'une hauteur de 10 à 14m, elle se forme au large, à 1km au sud de la digue de Socoa, lors de conditions météorologiques exceptionnelles. Les surfeurs doivent la prendre en *tow-in*, c'est-à-dire en se faisant tracter par un jet-ski qui les place directement dans la zone de déferlement. Le spectacle ne manque pas d'attirer un large public qui, muni de jumelles, s'amasse sur la route de la corniche. Les écoles de surf sont généralement installées dans les magasins de surf qui les parrainent, notamment le long de la rue Gambetta.
Xabi Jourdes Surf School La plus grande et la plus ancienne école de surf de Saint-Jean-de-Luz, créée en 1995 par ce champion de longboard. L'école est aujourd'hui implantée à divers endroits de la côte, notamment à Guéthary (Christophe Reinhardt Surf School). Formules diverses et baptêmes en tandem (cf. Bidart et Guéthary, Apprendre à surfer). *64, rue Gambetta (magasin Tabbou) Tél. 05 59 26 17 58 www.ecoledesurf-quiksilver.com*

Les environs de Saint-Jean-de-Luz

☺ **Ciboure** Sœur jumelle et rivale de Saint-Jean-de-Luz, Ciboure ("Zibi buru", tête du pont) est établie sur la rive opposée de la Nivelle. Alors que l'une brillait par l'opulence de ses armateurs fortunés, l'autre recueillait tout ce que cette société comptait de laissés-pour-compte : matelots, *kaskarots* (marchandes de poissons), bohémiens, malades, Juifs, cagots (reclus frappés par différents interdits et mesures ségrégatives). Ciboure a conservé de ce passé une architecture modeste, à l'image des maisons de pêcheurs aux couleurs vives de la charmante rue Pocalette. Parmi celles qui se serrent sur les quais, la maison natale de Maurice Ravel est reconnaissable à son étonnante façade en grès rose de style flamand, dont les canons sont braqués vers Saint-Jean-de-Luz. En face du port, sur la presqu'île de la Criée, se dresse l'ancien couvent des Récollets (1613) – aujourd'hui occupé par les douanes –, dont les moines franciscains étaient chargés de pacifier les relations haineuses qu'entretenaient

Cibouriens et Luziens. La baie de Saint-Jean-de-Luz se ferme au sud par le fort de Socoa (XVIIᵉ s.). Au début du XXᵉ siècle, Ciboure bénéficia de la mode des bains de mer et sa colline Bordagain se couvrit de villas luxueuses. La Villa Leïhorra (1929) est un chef-d'œuvre Arts déco de Joseph Hiriart, décorée de vitraux, mosaïques et meubles signés. **Office de tourisme** *27, quai Maurice-Ravel 64500* **Ciboure** *Tél. 05 59 47 64 56 Visites commentées toute l'année à pied, en calèche ou en bateau (5-11€)*

Urrugne L'aspect massif de ☆l'**église Saint-Vincent** (XIᵉ s., remaniée au XVIᵉ s.), ouvrage défensif percé de meurtrières, témoigne de l'histoire mouvementée de cette commune qui, proche de la frontière espagnole, connut invasions et guerres successives. La bourgade est aujourd'hui fréquentée pour ses itinéraires de randonnée pédestre et ses circuits VTT. Vous trouverez à l'office de tourisme un guide des sentiers couvrant les communes d'Urrugne, Biriatou et Hendaye, ainsi qu'un dépliant gratuit détaillant trois circuits de marche (durée 2h et 3h30) et de VTT (18km). À ne pas manquer, l'ascension facile jusqu'à la chapelle Notre-Dame-de-Socorri et son cimetière aux stèles discoïdales. Le panorama qu'elle offre sur le massif de la Rhune et l'Atlantique y est absolument spectaculaire. **Office de tourisme** *Maison Posta Place René-Soubelet 64122* **Urrugne** *(à 5km au sud-ouest de Saint-Jean-de-Luz par la N10) Tél. 05 59 54 60 80 www.urrugne.com*

☆ **Château d'Urtubie** L'un des plus importants châteaux du Pays basque, érigé en 1341, puis agrandi aux XVIᵉ et XVIIIᵉ siècles. Il reçut quelques hôtes de marque, dont Louis XI en 1463. La famille qui l'habite, descendant des Urtubie, ouvre à la visite ses salons, meublés dans le style des XVIᵉ et XVIIᵉ siècles. À voir, notamment, les tapisseries exposées lors du mariage de Louis XIV. L'une des dépendances du parc à l'anglaise abrite une exposition cidricole. Le château fait aussi chambres d'hôtes en saison (90-160€). *Rue Bernard-de-Coral 64122* **Urrugne** *(à l'entrée du village) Tél. 05 59 54 31 15 www. chateaudurtubie.fr Visites guidées 15 mars-31 oct. : tlj. 10h30-12h30 et 14h-18h30 ; 15 juil.-31 août : tlj. 10h30-18h30 Tarif 6€, moins de 16 ans 3€*

Sur la route des ventas

Les *ventas*, ces épiceries nées de la contrebande et postées sur la crête des montagnes, s'alignent derrière la frontière espagnole. Avec l'entrée de l'Espagne dans l'Union européenne et la libre circulation des marchandises, elles se sont agrandies et ont souvent évolué en de véritables supermarchés, bien approvisionnés en camelote *made in China* et en cadeaux souvenirs incongrus.

Celles du col d'Ibardin (par la D4 au départ d'Urrugne) sont devenues une attraction touristique à part entière. Leurs produits ne présentent pas grand intérêt, mais la route de montagne qui y accède est magnifique. D'autres *ventas*, plus en retrait de la départementale, servent une cuisine familiale et constituent un but de balade apprécié par les randonneurs.

● **Se balader sur les crêtes** Une agréable promenade de 45min dans les sous-bois permet de rejoindre la *venta* Inzola, au départ de la chapelle d'Olhette, à Urrugne. L'itinéraire emprunte une ancienne voie romaine, bien ombragée, et longe ensuite le lit du ruisseau Insolako. Après le passage de la borne frontière qui indique que vous êtes en Espagne, vous devrez poursuivre encore pendant 400m jusqu'à la *venta*. Sur place vous attendent souvenirs divers ainsi qu'une bonne table où il est possible de déjeuner de *chuletas* (côtes de bœuf) au feu de bois ou de tortillas variées (menus à partir de 12,50€). La *venta* Zahar se trouve à peine un peu plus loin sur le même chemin. **Venta Inzola** *Tél. 06 63 06 75 79 Ouvert en saison : tlj. 11h-19h ; hors saison : week-end et j. fér. 11h-18h* **Durée** *1h30 (AR)* **Parcours** *5km (AR)* **Dénivelé** *80m* **Difficulté** *Facile* **Accès** *Suivre la D704 à partir de Ciboure jusqu'à la chapelle*

★ En randonnée le long de la corniche basque

La côte entre Guéthary et Hendaye fait l'objet d'un important travail de protection mené par le Conservatoire du littoral. Ce paysage de criques découpées et de falaises abruptes passionne les géologues : les plaques de flysch inclinées, avec leur drôle de superposition en pile d'assiettes, permettent en effet d'examiner le plissement de la couche terrestre, provoqué par la poussée des Pyrénées, comme dans un livre ouvert. Les falaises sont tapissées de lande littorale – bruyères vagabondes, ajoncs, fougères. Cette zone préservée de l'urbanisation constitue une halte pour les oiseaux migrateurs avant le franchissement des Pyrénées. On peut y observer l'alouette des champs, le courlis, le milan royal. Au large, les rochers détachés de la côte et baignés par les flots témoignent du recul inexorable du littoral et servent de reposoir pour le grand cormoran.

Le sentier littoral Sur 25km de Bidart à Hendaye, le sentier du littoral longe la côte basque (signalétique au sol et verticale). Vous pourrez admirer d'un côté les montagnes du Labourd et du Guipúzcoa et de l'autre les plages, les falaises et l'océan. Il faut compter environ 7h pour le parcourir dans son intégralité. Sept portes y donnent accès : Bidart (plage d'Erretegia), Guéthary (port des Alcyons), Saint-Jean-de-Luz (colline Sainte-Barbe), Socoa (vieux port), Urrugne (site d'Asporotsttipi), Hendaye (domaines d'Abbadia et Sokoburu). À Saint-Jean-de-Luz, le départ peut se faire de la pointe Sainte-Barbe en suivant le parcours de santé : il offre de superbes points de vue sur la côte déchiquetée par les eaux et la crique dite de la "pile d'assiettes", en raison de ses étonnantes formations géologiques. Le parcours est jalonné de modules en bois pour faire des exercices de sport. Pour se rendre jusqu'à Guéthary, il faut compter à peu près 45min.

● **Passer son baptême de plongée ou son permis bateau** Les clubs de plongée et les écoles de voile se concentrent aux alentours du fort de Socoa, sur les quais et sur le parking des dériveurs.

Tech-Océan Des formations de niveaux 1 à 4 (FFESSM) et différentes sorties d'exploration d'épaves, grottes, failles. Rendez-vous sur le bateau derrière la digue de l'Artha. Pour un baptême, comptez 45€, pour les sorties, 27 ou 43€, et pour les sorties auto-encadrées, 22€. *45, rue du Commandant-Passicot 64500 Socoa (face à Saint-Jean-de-Luz, de l'autre côté de la baie) Tél. 05 59 47 96 75 ou 06 16 36 11 76 www.plongee-techocean.com*

Yacht Club Basque Cette école de voile labellisée par la FFV propose des cours pour les enfants à partir de 6 ans et des stages d'initiation ou de perfectionnement pour les adultes (dériveur, planche à voile, hobbie cat). Comptez de 120 à 230€ pour un stage de 5 demi-journées. Cours particuliers 32€/h. *Parking des dériveurs 64500 Socoa (face à Saint-Jean-de-Luz, de l'autre côté de la baie) Tél. 05 59 47 18 31 www.ycbasque.org Ouvert toute l'année*

CARNET D'ADRESSES

Restauration

🍴 prix moyens

La Taverne basque (plan 4, B2) Dans cette salle chaleureuse aux poutres et vieilles pierres apparentes, la carte du jour s'écrit à la craie sur une ardoise : traditionnels *pimientos* farcis à la morue, côte de bœuf grillée et une peu commune *parillada* de légumes, arrosée comme il se doit d'huile d'olive. L'été, petite terrasse donnant sur la rue de la République. Plats autour de 12-17€. Formules à 16 et 22€ (menu à 30€). *5, rue de la République Tél. 05 59 26 01 26 Ouvert 12h-15h et 19h-22h30 Fermé mer. hors saison*

☺ **Piper Beltz (plan 4, B1)** Dans une ruelle paisible, à deux pas de la plage, à l'écart de l'agitation du centre-ville. Un minuscule restaurant doté d'une terrasse de deux tables envahie de plantes vertes. En cas de fringale, on peut déjeuner jusque tard dans l'après-midi, par exemple d'une omelette à la piperade (13€), accompagnée de jambon des Aldudes poêlé et d'une grande salade verte, ou encore d'un tartare de bœuf coupé au couteau (17€). Pour se désaltérer, bière et cidre basques, ou cocktails maison aux fruits et légumes – nous avons goûté le mélange réussi pomme, carotte, orange, et gingembre à 4,50€. En dessert, *mamia*, glaces et salades de fruits frais, pour 3 et 4€. *19, rue Courtade Tél. 05 59 26 14 81 Ouvert saison : tlj. 12h-15h45 et 19h30-21h30*

🍴 prix élevés

Le Kaïku (plan 4, B1) Un cadre élégant, décoré de toiles d'artistes, et prestigieux : vous êtes dans la doyenne des maisons de Saint-Jean-de-Luz... L'adresse, bien connue des Luziens, est réputée pour ses poissons (autour de 20-24€) et plateaux de fruits de mer (28€/pers.), d'une qualité égale et irréprochable en toute saison. *17, rue de la République Tél. 05 59 26 13 20 Ouvert tlj. 12h30-14h et 19h30-22h Fermé mar.-mer. hors saison*

Olatua (plan 4, C1) Quand deux chefs et amis, un Basque et un Landais, se retrouvent après avoir fréquenté les cuisines des plus grandes toques de la région, cela donne une cuisine du Sud-Ouest maîtrisée, véritable ode au terroir que l'on se garde bien de dénaturer sous des sauces épaisses... Ainsi de la soupe de poisson maison ou d'une pièce de bœuf béarnaise et des desserts au chocolat. À déguster sous la tonnelle d'un jardin de curé, parfumée de jasmins, chèvrefeuilles et autres plantes odorantes. Menus 14-20€ (à midi en semaine) et 29-33€. *30, bd Thiers Tél. 05 59 51 05 22 Ouvert tlj. 12h15-13h30 et 19h45-21h30 Réservation conseillée*

À Ciboure

🍴 prix moyens

☺ **Arrantzaleak** Il règne dans ce recoin de Ciboure quelque peu désolé une étonnante ambiance portuaire : les goélands viennent se poser près du trottoir, sur les berges de la Nivelle, et des odeurs de mer flottent dans les rues. Cela tombe bien, car cette auberge est tout entière consacrée à la pêche. Coquillages, poissons et crustacés sont achetés directement chez le mareyeur à la criée de Ciboure et grillés au feu de bois. Service sympathique et décontracté. Plats autour de 15-20€, menu à 33€. *18, av. Jean-Poulou* **Ciboure** *Tél. 05 59 47 10 75 Ouvert mar.-dim. 12h-14h et 19h15-22h*

🍴 prix élevés

Chez Pantxua L'un des meilleurs restaurants de Ciboure, sur le port de Socoa. Les poissons de ligne et les fruits de mer sont accommodés d'après les recettes familiales, dans un authentique bistrot de pêcheurs. La *zarzuela*, plat de poissons et fruits de mer mijotés au vin blanc, est un régal. Et pourquoi ne pas repartir en navette maritime, pour clore un repas tourné vers la mer... Plats autour de 25€. *37, av. du Commandant-Passicot (port de Socoa)* **Ciboure** *Tél. 05 59 47 13 73 Ouvert 12h15-14h30 et 19h30-22h Fermé jan.*

Hébergement

Les hôtels luziens pratiquent des prix assez élevés. Mis à part les campings, de meilleure qualité ici qu'ailleurs sur la côte (pas d'allées réservées aux agences de voyages, de la verdure et un emplacement souvent privilégié, près de la mer), mieux vaut se loger un peu plus loin dans les environs, selon votre budget.

🏠 campings

☺ **Camping Elgar-Erromardie (plan 4, C1)** Un terrain pour les vrais amateurs de camping : juste un grand gazon pour planter sa tente, quelques arbres et la plage à côté. Pas d'allées goudronnées, ni de bungalows, ni de piscine, ni d'animations. On vous propose tout de même une douche chaude et des machines à laver et sécher le linge. Comptez selon la saison de 17 à 29€ pour 2 pers. et une voiture. Location de mobile homes de 285 à 610€/semaine. *À 500m de la plage Erromardie Tél. 05 59 26 85 85 www. erromardie.com Ouvert mai-sept.*

Camping Bord de mer (plan 4, C1) Un camping qui porte bien son nom... Seul le sentier littoral, bordé d'une haie, vous sépare de la mer. Vous dormirez bercé par le roulement des vagues en respirant l'air marin. Forfait 2 pers., emplacement et voiture de 14 à 21€ selon la saison. *Plage Erromardie Tél. 05 59 26 24 61 Ouvert mars-oct.*

🏠 prix moyens

☺ **Villa Argi-Eder (plan 4, C1)** Cette plaisante villa entourée d'un grand

LE LABOURD

gazon et de magnifiques bouquets d'hortensias propose des chambres d'hôtes d'exception. Toutes en rez-de-jardin, spacieuses, lumineuses, pratiques, décorées de matières naturelles et de couleurs douces. Les tapis en jonc de mer et les coquillages négligemment posés çà et là vous rappellent que l'océan n'est pas bien loin. Calme assuré, accueil amical, réservation indispensable. Double 50€ (55€ en juillet et août). Petit déj. 5,50€. *Av. Napoléon-III Plage de Lafitenia Tél. 05 59 54 81 65 www.chambresdhotes-argi-eder.com*

☺ **Le Petit Trianon (plan 4, C2)** Un hôtel aux chambres joliment décorées et personnalisées (tapisseries, tableaux, etc.). Chambres doubles de 50 à 75€ selon la saison, petit déj. 7,50€. *56, bd Victor-Hugo Tél. 05 59 26 11 90 www.hotel-lepetittrianon.com*

🧳 prix très élevés

Les Almadies (plan 4, C2) Idéalement placé au centre-ville, dans une maison aux volets rouge sang de bœuf. Chambres impeccables, insonorisées et claires. Le petit déjeuner se prend dans une belle salle vitrée, donnant sur la terrasse arrière. Parking sur demande à la réservation. Chambre double de 75 à 125€ selon la saison, petit déjeuner 10€, parking 9€/j. *58, rue Gambetta Tél. 05 59 85 34 48 www.hotel-les-almadies.com*

La Devinière (plan 4, C1) Une adresse de charme. On vient là pour partager un art de vivre, et peut-être aussi un goût de la lecture. Les livres des propriétaires garnissent presque toutes les chambres, disposés sur une commode, une étagère, une cheminée. Chacun est libre de les feuilleter dans son coin, au creux du fauteuil en cuir du salon, entre un piano à queue et des œuvres d'art, ou bien dans la fraîcheur du jardin. Chambres cosy – la n°11 dispose d'un salon de lecture, la n°1 a échangé ses livres pour une collection de soldats de plomb. Pas de télévision. Double de 120 à 180€, petit déj. 12€. *5, rue Loquin Tél. 05 59 26 05 51 www.hotel-la-deviniere.com*

Dans les environs

🧳 prix très élevés

La Caravelle Dix-huit chambres grandes et claires dans une bâtisse qui se dresse face à la baie de Saint-Jean-de-Luz. Un détail confère à chacune un cachet certain : des plantes vertes, des poutres apparentes, une loggia avec vue sur la mer. Un majestueux escalier en bois dessert les étages. Seul regret, la voie rapide du boulevard Pierre-Benoît (les chambres donnant de ce côté ont néanmoins le double-vitrage). Double de 50 à 150€ selon la saison, petit déj. 8€. Parking 10€/jour. *Bd Pierre-Benoît* **Ciboure** *Tél. 05 59 47 18 05 www.hotellacaravelle-stjeandeluz.com*

☺ **Agur Deneri** Sur les hauteurs de Ciboure, un de ces établissements qui vous séduisent par la grâce de

GAMME DE PRIX	RESTAURATION	HÉBERGEMENT
Très petits prix	moins de 10€	moins de 30€
Petits prix	de 10€ à 15€	de 30€ à 40€
Prix moyens	de 16€ à 25€	de 41€ à 60€
Prix élevés	de 26€ à 45€	de 61€ à 80€
Prix très élevés	plus de 45€	plus de 80€

l'accueil, la gaieté des chambres et la vue, grandiose, sur la baie de Saint-Jean-de-Luz. Jolies chambres à thème – notre préférée, la Piment, offre, de son balcon, une belle perspective sur l'océan. Double de 55 à 145€ selon la chambre et la saison, petit déj. 8€. *14, chemin de Muskoa* **Ciboure** *Tél. 05 59 47 02 83 www. hotel-agur-deneri.com*

Iguski-Begui Des chambres d'hôtes modernes et confortables, disposant d'un accès indépendant, à l'étage d'une maison qui surplombe le quartier de Socoa. Vous n'êtes qu'à deux pas des restaurants de poisson du port. Chambre double à 65€, petit déj. 7,50€. *8, chemin d'Atalaya (quartier de Socoa)* **Urrugne** *Tél. 06 63 08 03 93 www.iguski-begui.com ·*

HENDAYE HENDAIA 64700

Tapie dans l'estuaire de la Bidassoa, entre des collines vertes et la baie du Figuier, Hendaye est la dernière ville française de la côte atlantique. Cette situation lui valut d'être maintes fois saccagée au gré des guerres opposant la France à l'Espagne, mais aussi de passer au premier plan lors de la signature du traité des Pyrénées (1659), sur l'île aux Faisans, au milieu de la Bidassoa. Ce traité historique entérinait la frontière pyrénéenne entre les deux royaumes et fixait le mariage du jeune Louis XIV avec l'infante Marie-Thérèse d'Espagne. De nos jours, la baie de Txingudi, plutôt qu'une frontière, fait office de trait d'union entre la cité basque française et ses cousines Irún et Fontarrabie. Les randonneurs se préparant au mythique GR®10 y croisent les pèlerins de Saint-Jacques suivant la voie Littorale ou rentrant par la gare d'Irún. La station balnéaire, divisée en deux quartiers, Hendaye-ville et Hendaye-plage, fut quelque peu malmenée par la promotion immobilière et présente peu d'intérêt architectural. Les visiteurs, en grande partie espagnols, viennent surtout chercher la tranquillité de ses eaux et sa longue plage de sable. Deux bijoux méritent cependant à eux seuls un passage par Hendaye : le domaine d'Abbadia, écrin de verdure gardé par un surprenant palais néogothique tourné vers le large, et la baie de Loya, charmante crique sauvage aux couleurs de lagon s'ouvrant au pied des falaises.

MODE D'EMPLOI

accès

EN VOITURE
À 12km au sud-ouest de Saint-Jean-de-Luz par la très belle route de la corniche (D912). La ville est aussi desservie par la N10 et l'autoroute A63 (sortie

Biriatou). San Sebastián est à peine à 25km par ces deux routes.

EN TRAIN
Liaisons directes quotidiennes en TGV au départ de Paris-Montparnasse (5h15) ; trains directs quotidiens à partir de Nice en été (3/sem. en

LE LABOURD

hiver) ; terminus de la ligne Bordeaux-Dax-Hendaye du TER Aquitaine.

Gare principale *Bd Général-de-Gaulle Hendaye-ville*

Gare Les Deux Jumeaux *Rue Ansoenia (ou Hendaye-plage)*

SNCF *Tél. 3635 www.voyages-sncf. com*

EN CAR

Hendaye est le terminus des cars ATCRB au départ de Bayonne et Biarritz. Plusieurs arrêts sont desservis, notamment près du pont international, de la gare, au centre-ville et en bord de mer. Informations à l'OT.

ATCRB *Tél. 05 59 26 06 99*

informations touristiques

Office de tourisme Dans le quartier de Hendaye-plage. Documentation également sur Biriatou, Fontarrabie, Irún et tout le Pays basque espagnol. *12, rue des Aubépines Tél. 05 59 20 00 34 http://tourisme.hendaye. com Ouvert lun.-sam. 9h-12h30 et 14h-18h30 (sam. 18h) ; juil.-août : lun.-sam. 9h-19h30, dim. 10h-13h*

marchés

Marché alimentaire Mercredi matin à Hendaye-ville, place de la République, samedi matin à Hendaye-plage, sur le port de plaisance.

Marché aux puces Le dernier week-end du mois à Hendaye-plage, sur le port de plaisance.

fêtes et manifestations

Salon nautique En marge du salon professionnel, de nombreuses manifestations publiques : baptêmes sportifs, démonstrations en mer... *Début mai sur l'esplanade Bidassoa*

Fête du chipiron Dégustation de calamars dans les stands qui se dressent dans les rues, animations musicales. *13 juillet, aux abords de la plage à partir de 20h*

Fête basque Foires artisanales, parties de pelote, défilés costumés, cavalcades et *bandas* investissent pendant 3 jours les rues d'Hendaye. *Deuxième w.-e. d'août*

DÉCOUVRIR

☆ **Les essentiels** Le château et le domaine d'Abbadia **Découvrir autrement** Faites du cabotage vers les côtes espagnoles, empruntez les sentiers littoraux du domaine d'Abbadia, flânez et dînez à Biriatou aux Jardins de Bakea ➤ **Carnet d'adresses p.137**

Hendaye

Hendaye-ville La vieille ville s'agglutine autour de son ancienne zone portuaire, sur les berges de la Bidassoa. Il faut la sillonner au hasard des ruelles en pente et des escaliers qui, à partir de l'église Saint-Vincent, rejoignent la baie de Txingudi. Les terrasses de café et les crêperies de la place de la République s'animent les jours de marché. En empruntant la rue du Port, ou la rue Jaiquizel, vous atteignez l'ancien quartier des pêcheurs, parcouru de venelles. Rue Pierre-Loti, l'une des plus pittoresques, se dresse la maison où vécut l'écrivain. De la rue des Pêcheurs, vous pouvez rejoindre les quais où sont amarrées les barques multicolores.

Hendaye-plage Le quartier littoral se développa avec la nouvelle mode des bains de mer. La plage des Deux-Jumeaux – du nom des deux récifs qui émergent au nord – déroule sa bande de sable de la pointe de Sainte-Anne jusqu'à l'embouchure du fleuve. Le casino mauresque qui trône au centre de la plage détermine le point de départ du GR®10, le célèbre itinéraire de grande randonnée qui traverse toutes les Pyrénées jusqu'à la mer Méditerranée. À l'extrémité sud de la plage, s'est développé le nouveau quartier de plaisance, avec un casino, le complexe hôtelier et centre de thalassothérapie Serge-Blanco, le port de plaisance et le centre nautique.

☆ ☺ **Château d'Abbadia** Cet étonnant château néogothique (1862-1870), dressé sur le promontoire de la pointe Sainte-Anne, fut construit par Viollet-le-Duc pour l'explorateur et géographe Antoine d'Abbadie. Ses donjons, tours, meurtrières et créneaux, typiques du goût de l'époque, s'articulent en un plan triangulaire. L'intérieur hétéroclite reflète la passion que son propriétaire voua à l'Afrique orientale, et à l'Éthiopie en particulier, où il vécut douze ans. Le visiteur parcourt salons, bibliothèque et vestibules richement décorés de statues, animaux naturalisés et fresques de scènes de chasse, de guerre ou de vie quotidienne dans des contrées lointaines. Des inscriptions en une dizaine de langues disséminées çà et là révèlent l'érudition de ce linguiste éclairé et transforment la visite en un véritable jeu de piste et de méditation. L'escalier du donjon conduit à l'observatoire, pour lequel Antoine d'Abbadie avait construit ce château. Des différentes salles, points de vue admirables sur la côte. Le château appartient aujourd'hui à l'Académie des sciences. *Route de la Corniche Tél.* 05 59 20 04 51 *www. academie-sciences.fr/abbadia.htm Ouvert (visite libre) juin-sept. : lun.-ven. 12h30-14h30 et 14h-17h Tarif 5,50€, réduit 2,70€ Également visites guidées fév.-mi-déc. (se renseigner) Tarif 6,60€, réduit 3,30€ Visites musicales juin-sept. : se renseigner*

☆ ☺ **Domaine d'Abbadia** Les 64ha du domaine d'Abbadia sont une enclave naturelle gérée par le Conservatoire du littoral. Les nombreux sentiers longent les falaises de schiste, traversent des prairies où paissent des moutons, sillonnent la lande maritime où pullulent lapins de garenne et faisans, se faufilent entre des bosquets pliés par les vents. Un raidillon descend vers l'idyllique baie de Loya (chaussures indispensables). Le verger conservatoire, où sont cultivées des variétés de fruits en voie de disparition, borde le chemin principal. L'ancienne ferme Larretxea (maison de la Lande), à l'entrée du domaine, fournit des plans d'itinéraires ainsi qu'une vaste documentation, et présente une exposition sur l'histoire du domaine et de ses paysages. *Plusieurs entrées sur la route de la Corniche, mais préférez celle de la rue d'Armatonde (parking), proche de la maison de la Lande Tél.* 05 59 20 37 20 *Ouvert juil.-août : tlj. 9h30-12h30 et 14h30-18h30 ; hors saison : horaires réduits Fermé vac. scol. Noël Vélos et chiens interdits*

● **NATURE POUR TOUS**
Pendant les vacances scolaires, la maison de la Lande, à l'entrée du domaine d'Abbadia, organise des stages de découverte naturaliste pour les enfants de 7 à 12 ans (2 à 5 jours) et des visites commentées pour les adultes.

LE LABOURD

● **Où faire une pause déjeuner ?** La Cabane du pêcheur est un restaurant populaire dans une maisonnette du port de pêche. On s'y rend surtout pour l'ambiance portuaire, radicalement différente de celle du port de plaisance situé à deux pas. De la terrasse tranquille, sous la frondaison de deux bouleaux, on observe le mouvement nonchalant des chalutiers amarrés aux quais. Au fond, la chaîne des Pyrénées espagnoles et le clocher de l'église de Fontarrabie. La carte, maritime, propose le poisson de la criée, et une cuisine de saison : ce sont alors cèpes, palombes... et autres petits plats : assiette ibérique (8,50€), crabe mayonnaise. Comptez environ 30€ le repas, vin compris.
La Cabane du pêcheur *Quai de la Floride Tél. 05 59 20 38 09 Ouvert 12h-14h et 17h30-22h Fermé dim. soir-lun. hors saison*

● **Pratiquer des sports nautiques** Avec ses eaux calmes et sa situation protégée, la baie d'Hendaye est idéale pour l'initiation à la navigation de plaisance et aux sports nautiques, même par gros temps. La ville compte une vingtaine de structures proposant stages de surf, sorties en kayak de mer ou en bateau, cours de plongée... La plupart d'entre elles sont installées sur le port de plaisance ou le port de la Floride. Vous en trouverez la liste complète à l'office de tourisme.
Surf Vent d'Est Structure associative. Cours de surf et de bodyboard collectifs ou individuels. Accueil au rond-point du Palmier. Cours (1h30) 30€, 3 cours 80€, stage 5 cours (lun.-ven.) 130€. *69, bd Leclerc Tél. 05 59 48 14 08 ou 06 07 56 70 53*
Centre nautique Agréé par la FFV, le centre nautique dispense des cours et stages de voile et propose à la location kayaks de mer, dériveurs, planches à voile, catamarans. Si vous séjournez plusieurs jours à Hendaye, ou si vous êtes en famille, les forfaits pour la location de matériel nautique peuvent être avantageux (Pass nautique à 60 et 100€, en vente au centre nautique). Cours particuliers de planche à voile 28€/1h ; stages week-end de planche à voile ou catamaran 60€, Optimist (6-12 ans) 120€. Location de kayaks de mer 1 pers. 9€/1h. *Boulevard de la Baie-de-Txingudi Tél. 05 59 48 06 07 www.centrenautique. hendaye.com Ouvert juin-sept.*

● **Faire une sortie en mer**
Moby Dick Ce prestataire dispense des formations en navigation et loue des bateaux (190€ la demi-journée). Les débutants peuvent passer leur permis bateau en un w.-e. (comptez 350€ pour le permis côtier + 98€ de timbre fiscal). *5, rue des Orangers (port de la Floride) Tél. 05 59 20 45 33 ou 06 61 50 77 08 www.mbdck.com*
L'Hendayais II Sorties en mer – cabotage jusqu'à la baie de Loya ou vers les côtes espagnoles – et pêche en mer pour débutants ou confirmés. Croisières de 6 à 11,50€, pêche 26€/4h (matériel fourni). *Port de Sokoburu Tél. 05 59 47 87 68 ou 06 14 85 72 65*

Les environs d'Hendaye

☺ **Fontarrabie/Hondarribia** Le temps d'une soirée ou d'un week-end, profitez de la proximité de l'Espagne et du service de navettes maritimes

(dont le *Rekalde*) pour vous dépayser dans les bars à tapas et ruelles de la ville basque espagnole, qui fait face à Hendaye (cf. Le Guipúzcoa, Hondarribia).
Rekalde *Port de Sokoburu Tél. 639 61 78 98 Service 10h-24h*

☺ **Biriatou** Ce charmant village enroulé sur lui-même s'adosse au massif du Choldocogaïna. La route qui y conduit au départ d'Hendaye longe la Bidassoa, frontière naturelle avec l'Espagne. Garez-vous au parking, où un panneau de randonnée détaille les étapes du GR®10 jusqu'à Arrens-Marsous (au sud-ouest de Lourdes). C'est ici que le sentier part à l'assaut des Pyrénées. La minuscule place du village est enclavée entre le fronton, la mairie, la modeste église en bois et en grès rose et le cimetière aux stèles discoïdales. La visite de cette bourgade peut être un prétexte pour s'attabler à l'auberge-salon de thé de la place ou se délecter de la cuisine du restaurant étoilé Les Jardins de Bakea (cf. Carnet d'adresses, Restauration, hébergement dans les environs), ou simplement l'occasion de bonnes balades en montagne (cf ci-dessous). *64700* **Biriatou** *(à 5km d'Hendaye)*

● **Randonner sur la Lancette de Biriatou** Cette promenade sportive peut s'effectuer avec des enfants très habitués à la marche. L'itinéraire suit le balisage du GR®10 au départ de Biriatou. Une fois passé le réservoir, le sentier bordé de genêts grimpe en direction du rocher des Perdrix, en dégageant des points de vue sur la baie de Saint-Jean-de-Luz. Au col d'Orsin, le panorama s'ouvre sur le massif des Trois Couronnes. Dans cette zone de pâturage, vous risquez d'apercevoir pottoks (poneys basques à la robe fauve et à la crinière blonde élevés en liberté), troupeaux de brebis ou de betisoaks (vaches rustiques). Continuez par un chemin herbeux jusqu'au col des Poiriers, d'où l'on admire la Rhune, le principal sommet du Labourd. Vous quitterez à cet endroit le GR®10 pour descendre par la droite dans le vallon du ruisseau de la Lancette (balisage jaune). Le sentier rejoint ensuite le chemin de Lizarlan et franchit deux fois à gué le ruisseau, avant de longer la Bidassoa jusqu'au village. **Durée** *3h30* **Parcours** *9km (AR)* **Dénivelé** *370m* **Difficulté** *facile* **Balisage** *Blanc et rouge et jaune et bleu* **Bibliographie** *Le Pays basque à pied (FFRP), Sentiers Biriatou Hendaye (documentation en vente à l'office de tourisme d'Hendaye), la carte de randonnée IGN TOP 25-1245* **Offices de tourisme** *Hendaye/St-Jean-de-Luz*

CARNET D'ADRESSES

Restauration

❚❙ petits prix

Restaurant Le Soko-Ona Une ambiance de brasserie, pour une cuisine classique et généreuse : viandes et poissons *a la plancha*, bavette à la sauce marchand de vin, et nombreuses variétés de *bruschette*. Demandez une table en terrasse pour profiter de la vue sur la plage. Formules de 8,50 à 14€. *121, bd de la Mer (casino) Tél. 05 59 48 02 48 Ouvert mar.-dim. 12h-14h15 et 19h-22h*

❚❙ prix moyens

Bodega La Pinta Installé soit dans la petite salle chaleureuse, soit à l'air libre, sur la terrasse en face du port de Sokoburu, on goûte les spécialités

LE LABOURD

LE LABOURD

ibériques : tapas chaudes, tortillas, sangria. Au-dessus des têtes flottent des tresses d'ail et des jambons parfumés. Menu du jour 20€, plats à la carte à partir de 12€. *121, bd de la Mer Tél. 05 59 48 12 12 Ouvert tlj. midi et soir Fermé mar. hors saison*

La Nina La grande esplanade qui s'ouvre derrière le casino se couvre en saison des terrasses des restaurants. Les tables de La Nina se repèrent à leur large parasol rouge. Si vous êtes deux, goûtez la côte de bœuf grillée entière servie avec des frites maison et une grande salade verte, que vous accompagnerez d'un pichet de sangria. S'il fait chaud, les énormes coupes glacées réjouiront les appétits gourmands. Menus à 13, 16,50 et 25€. *119, bd de la Mer Tél. 05 59 20 20 73 Ouvert tlj. midi et soir (fermé jeu., dim. soir et lun. hors saison)*

Marco Polo Sur la promenade de la plage, cette salle vitrée en terrasse sur la mer dévoile un panorama allant des Deux Jumeaux jusqu'à Fontarrabie. Une vue privilégiée pour déguster un plateau de fruits de mer (58€ pour 2 pers.) ou une *parillada* de poissons (19€). Dans le vieux casino d'Hendaye. Menus : 24 et 33€. *2, bd de la Mer Tél. 05 59 20 64 82 Ouvert avr.-oct. : tlj. midi et soir ; nov.-mars. : tlj. à midi, sam. soir et le soir pendant les vac. scol.*

Hébergement

 campings

☺ **Eskualduna** Un vaste terrain à l'herbe bien grasse fleuri de bouquets d'hortensias aux teintes pastel. Ce camping 3-étoiles a reçu sa "clé verte", garantie d'un entretien respectueux de l'environnement et d'une faible densité d'occupation des espaces. Piscine, bungalows et mobile homes.

Comptez selon la saison de 24 à 30€ l'emplacement pour 2 personnes avec voiture, tente et électricité. *Route de la corniche Tél. 05 59 20 04 64 www.camping-eskualduna.fr Ouvert mai-oct.*

Alturan Très bien placé, sur une butte du quartier de la plage. L'air marin chargé d'iode vous indique que la mer est à deux pas... Terrain en terrasse, bien ombragé. Forfait 2 pers., voiture et emplacement env. 23,50€, électricité 3,90€. *Rue de la Côte Tél. 05 59 20 04 55 www.camping-alturan.com Ouvert juin-sept.*

 prix moyens

Valencia Des chambres modernes et correctes dans un établissement du front de mer. La maison propose également des studios et des appartements en location à la semaine dans la résidence juste à côté. Double de 48 à 80€ selon la vue et la saison, petit déj. 7€. Studio (2 personnes) de 320 à 690€ la semaine. *29, bd de la Mer Tél. 05 59 20 01 62 http://hotel.valencia.free.fr*

☺ **Uhaïnak** Tout au bout de la plage des Deux-Jumeaux, des chambres au cachet indéniable (volumes amples, murs épais, portes arrondies, sols en marbre) dans une villa qui a les pieds dans le sable. Beaucoup de fraîcheur, et un accueil souriant. Parking privé gratuit. Double de 55 à 78€ selon la saison et selon la vue. *3, bd de la Mer Tél. 05 59 20 33 63 www.hotel-uhainak.com Fermé déc.-jan.*

Dans les environs

prix élevés

Hôtel Les jardins de Bakea Un hotel-restaurant réfugié dans le bourg discret de Biriatou : la vue sur les montagnes donne un bel avant-goût des paysages du Pays basque intérieur. Le chef étoilé Éric Duval sert une cuisine de terroir parfumée à des prix fort honnêtes. Parmi les spécialités, agneau de lait du pays rôti, foie gras chaud des sœurs tatin et petits chipirons farcis sauce à l'encre et poivrons doux ou encore magret de canard farci au foie gras. Belle carte de vins du Sud-Ouest et d'Espagne. Menus à 45 et 65€. Chambre double tradition de 53 à 75€ selon la saison et chambre de luxe de 75 à 120€. *Rue Herri-Alde 64700* **Biriatou** *(à 5km d'Hendaye par la N111) Tél. 05 59 20 76 36 (restaurant) Tél. 05 59 20 02 01 (hôtel) Restaurant fermé nov.-mars : lun.-mar. ; avr.-oct. : lun. midi et mar. midi*

ASCAIN AZKAINE   64310

Ascain, au pied du massif de la Rhune (Larrun), **est le point de départ de nombreuses randonnées de moyenne montagne. Sur les hauteurs, les monuments mégalithiques (dolmens, cromlechs), les** *cayolars* **(bergeries en pierre sèche) et les vestiges de redoutes témoignent du passage des hommes sur ses flancs pelés pour le culte, l'élevage ou la guerre. En amont dans la vallée, Saint-Pée-sur-Nivelle attire un tourisme plutôt familial venu goûter aux joies de la baignade dans son lac aménagé.**

LA VALLÉE DE LA NIVELLE Les eaux de la Nivelle (*Urdazuri* en basque) dégringolent des montagnes espagnoles, se faufilent entre les collines d'Esnaur et Bizkartun pour se jeter dans la baie de Saint-Jean-de-Luz, à 38km en aval. En chemin, elles ont façonné un paysage paisible et vallonné, piqué de quelques villages traditionnels ramassés autour de leur église et de leur fronton.

MODE D'EMPLOI

accès

EN VOITURE
Ascain se trouve sur la départementale 918, à 7km au sud-est de Saint-Jean-de-Luz. Pour rejoindre Saint-Pée-sur-Nivelle, poursuivre par la départementale pendant encore 8km.

EN CAR
La compagnie Le Basque bondissant dessert Ascain au départ de Saint-Jean-de-Luz (ligne en direction des grottes de Sare) et Hasparren via Ascain et Saint-Pée-sur-Nivelle. **Le Basque bondissant** *Halte routière Saint-Jean-de-Luz Tél. 05 59 26 30 74*

informations touristiques

Office de tourisme d'Ascain Vous y trouverez des informations sur quatre belles randonnées possibles autour d'Ascain, mais aussi un topo-guide *52 randonnées de la Nive à la Nivelle* (8€). L'association Ibiltzaile y dépose son programme trimestriel

LE LABOURD

de randonnées (tous niveaux, ouvert à tous). *Kiosque à l'entrée du bourg (hors saison, dans la mairie) 64310 Ascain* Tél. 05 59 54 00 84 www. ascain-tourisme.fr *Ouvert en saison : lun.-ven. 9h-12h30 et 14h-18h30, sam. 9h30-12h30 et 15h-19h, dim. 10h30-13h ; hors saison : lun.-ven. 9h-12h30 et 14h-17h30, sam. 9h-12h30*

Office du tourisme de Saint-Pée-sur-Nivelle Des visites guidées du village sont organisées de juin à septembre jeu. à 10h. L'office de tourisme distribue également un dépliant avec sept itinéraires de randonnées pédestres et VTT du Fronton (2€), vente du topo-guide du secteur (8€). *Place du Fronton 64310* **Saint-Pée-sur-Nivelle** *Tél. 05 59 54 11 69 www.saint-pee-sur-nivelle.com Ouvert en saison : tlj. sauf dim. a.-m. 9h-12h30 et 14h-19h ; hors saison : tlj. sauf sam. a.-m., dim. 9h30-12h30 et 14h-18h*

marchés

Ascain *Samedi matin, place du village*
Saint-Pée-sur-Nivelle *Samedi matin, place du village*

DÉCOUVRIR

☆ **Les essentiels** Le village d'Ascain et l'ascension de la Rhune **Découvrir autrement** Promenez-vous sur le chemin de halage et descendez la Nivelle en canoë avec Aquabalade ➤ **Carnet d'adresses p.142**

Ascain

☆ **Centre historique** Les principaux points d'intérêt d'Ascain se découvrent aisément lors d'une promenade dans le bourg. Au centre se trouve la place du fronton où s'entraînait Jean-Pierre Borda, éminent *pelotari* qui fut source d'inspiration pour Pierre Loti lors de l'écriture de *Ramuntcho*. Elle est dominée par le clocher-porche de l'église de l'Assomption (XVIIe s.), sous lequel se réunissait jadis le conseil municipal. À l'intérieur, vous pourrez voir sur votre gauche la porte étroite réservée traditionnellement aux cagots. Le sol est dallé de pierres tombales gravées aux noms des maisons de la commune. Les itinéraires de randonnée qui grimpent sur les contreforts de la Rhune partent du parking situé derrière l'église. Prenez ensuite les ruelles secondaires pour rejoindre le pont romain qui enjambe la Nivelle. Du pont, vous remarquerez l'étrange demeure "gaudienne" en grès rose que les habitants surnomment la "maison du fou", ancienne propriété d'un décorateur américain des Années folles. Les bords du fleuve constituent la partie la plus agréable de la bourgade. Du port fluvial d'Ascain, un chemin de halage longe sur environ 1,5km la Nivelle et offre une promenade plaisante. Un projet à long terme est à l'étude pour réaménager ce chemin jusqu'à Ciboure. Il reprendrait le tracé de l'ancien chemin de halage.

● **Où acheter du cidre artisanal ?** C'est à Ascain que se trouve la cidrerie artisanale Txopinondo, dont vous pourrez acheter les productions dans les boutiques gourmandes de la région. **Txopinondo** *ZA Lanzelai Tél. 05 59 54 62 34 www.txopinondo.com Ouvert lun.-sam. 10h-12h et 15h30-19h*

La vallée de la Nivelle

Saint-Pée-sur-Nivelle L'église de ce village recèle un retable monumental et quelques dalles funéraires au sol. Juste à côté, l'ancien moulin à eau abrite une modeste exposition consacrée à son histoire – et fait fonctionner ses meules pour moudre du maïs et exhiber sa mécanique sur demande du visiteur curieux. Dans le quartier d'Ibarron, une tour rongée de lierre, dernier vestige du château des Sorcières, rappelle une page sinistre de l'histoire du Labourd : les terribles procès de sorcellerie qui y ont été instruits au XVIIe siècle par Pierre de Lancre, signant la mort de centaines de femmes labourdines.
64310 Saint-Pée-sur-Nivelle

● **Pagayer sur la Nivelle** Les eaux calmes de la Nivelle se prêtent admirablement au canoë. La base nautique, à 1km au nord d'Ascain, est le point de départ du parcours qui se prolonge vers le port fluvial en amont ou vers l'estuaire, en direction de Saint-Jean-de-Luz : 6km qui ne présentent aucune difficulté de navigation. Les berges du fleuve, colonisées par les barthes, sont fréquentées par les hérons, aigrettes, colverts, foulques... Location (1h30) de canoës à 1 (15€), 2 (25€) ou 3 (30€) places. **Aquabalade** *Base nautique de* **Muntxola** *(sur la D918 en direction de Saint-Jean-de-Luz) Tél. 05 59 85 90 02 et 06 62 58 09 97 www.aquabalade.com Ouvert juil.-août : tlj. 10h-18h ; hors saison : sur réservation*

● **S'amuser en famille** Une grande étendue d'eau (plus de 12ha) avec des plages de sable et toutes sortes d'activités : aires de jeux, toboggan, pédalos

LE LABOURD

★ L'ascension de la Rhune (905m)

Bien balisé, l'itinéraire débute au parking de l'église d'Ascain par le chemin des Carrières et se poursuit pratiquement en ligne droite jusqu'au sommet. Vous pourrez prendre à droite à mi-chemin, au niveau de la bifurcation vers le plateau de Miramar, pour jouir d'un point de vue sur la baie de Saint-Jean-de-Luz de la table d'orientation – ce détour rejoint le sentier principal plus haut. Au sommet, la vue à 360° est époustouflante : le collier de cimes des Pyrénées, la vallée de la Nive, les villes littorales du Pays basque nord et sud et, par temps clair, les pinèdes landaises se déploient à perte de vue. Le paysage, fortement modelé par le pâturage, s'anime çà et là de troupeaux de pottoks et de brebis manech à tête rousse paissant paisiblement. Cette randonnée ne présente pas de difficultés majeures, mais exige des chaussures adéquates et une bonne forme physique en raison du dénivelé. Plusieurs restaurants et *ventas* proposent de quoi se restaurer au sommet avant d'entreprendre le chemin de retour à pied. Vous pouvez aussi redescendre par le petit train à crémaillère (cf. Sare, Prendre un petit train à crémaillère). *Parcours 9,5km (AR)* **Durée** *3h30* **Dénivelé** *782m* **Difficulté** *Moyenne* **Balisage** *Jaune* **Bibliographie** 52 randonnées en Pays Basque de la Nive à la Nivelle *(en vente à l'office de tourisme)*

(8€ les 30min), parcours acrobatique dans les arbres (8 et 17€), tyrolienne (env. 20€)... Une allée pédestre et cycliste ceinture le lac. Restaurants, snacks et pizzerias bordent l'une de ses rives. Baignade surveillée. **Lac de Saint-Pée-sur-Nivelle** *À 2km par la D918 vers Cambo-les-Bains*

CARNET D'ADRESSES

Restauration, hébergement

 prix moyens

Arocena Une vraie surprise, au cœur du bourg de Saint-Pée-sur-Nivelle. On ne soupçonne guère, de l'extérieur, que cette grande bâtisse aux volets verts s'ouvre sur un immense jardin avec piscine, transats et balançoires pour les enfants. Les chambres sont tout à fait correctes, le personnel prévenant. On pourra se restaurer dans la salle rustique du rez-de-chaussée, aux tables joliment dressées de nappes basques, donnant sur la place. Chambre double de 50 à 53€. Menu à partir de 20€. *Le bourg 64310* **Saint-Pée-sur-Nivelle** *Tél. 05 59 54 10 21 Ouvert tlj. midi et soir Fermé ven. soir et dim. soir hors saison*

 prix élevés

Hôtel-restaurant du Parc Une bonne table où savourer les incontournables de la gastronomie locale : piperade, omelette aux cèpes ou salmis de palombe en saison. Si le temps le permet, installez-vous à la terrasse fleurie et gazonnée à l'arrière, elle a des allures de guinguette. Chambres au confort classique de 58 à 90€ selon la saison, petit déj. 8,50€. Menu touristique 20€, menu gastronomique 38€. *Trinquet Larralde 64310* **Ascain** *Tél. 05 59 54 00 10 www.hotel-ascain.com Restaurant ouvert tlj. midi et soir, sauf dim. soir-mar. midi hors saison Hôtel fermé jan.-fév.*

Hôtel Oberena Le cadre est stupéfiant : un ensemble de chalets disséminés dans un parc, sur les flancs de la Rhune. Parmi les bâtiments, une piscine couverte dont les parois vitrées s'ouvrent sur un paysage de montagnes et de forêts. Vous y trouverez aussi un Jacuzzi et un hammam. Les chambres, en revanche, se révèlent un peu décevantes – mais l'entretien est satisfaisant, et l'on se consolera en en choisissant une avec vue et balcon. Double de 52 à 100€ selon la saison, petit déj. 7€ (10€ en juil.-août). Sauna ou hammam 6€/jour/pers. (10€ /jour/pers. pour les deux). *Route des Carrières 64310* **Ascain** *Tél. 05 59 54 03 60 www.oberena.com*

GAMME DE PRIX	RESTAURATION	HÉBERGEMENT
Très petits prix	moins de 10€	moins de 30€
Petits prix	de 10€ à 15€	de 30€ à 40€
Prix moyens	de 16€ à 25€	de 41€ à 60€
Prix élevés	de 26€ à 45€	de 61€ à 80€
Prix très élevés	plus de 45€	plus de 80€

LE LABOURD

☺ **SARE** SARA 64310

"Saran hastia", dit le proverbe basque : à Sare, on a le temps... Une affirmation qu'il faut prendre comme un conseil, pour profiter pleinement de ce joli village aux maisons blanches. Sa vieille église au retable classé, son cimetière aux stèles séculaires, sa place bordée de façades préservées enchantent d'emblée le visiteur. Mais Sare s'éparpille en une dizaine de quartiers délicatement posés sur les collines alentour. La bucolique allée des Platanes mène à Ihalar, le quartier d'origine au plan de bastide. Dans la campagne environnante, un chemin romain et une dizaine d'oratoires dispersés invitent à se mettre au vert. De sa situation transfrontalière, le bourg tire une histoire faite de ruse et de solidarité : la contrebande, pratiquée comme un art de vivre, et l'accueil des exilés du Sud fuyant les guerres carlistes et la répression franquiste ont marqué les mémoires. La découverte de Sare passe donc aussi par celle de ces montagnes où sont nichées les *ventas*. En automne, leurs sommets résonnent du cri des *xatarlari*, les rabatteurs de palombes, et les hôtels et restaurants s'emplissent d'une foule de chasseurs aguerris, venus de loin pour certains. L'été, vous croiserez plutôt les randonneurs du GR®10 et les visiteurs en quête de nature, de marche et de tranquillité.

LE LABOURD

MODE D'EMPLOI

accès

EN VOITURE
À 6km au sud-est d'Ascain par la D4.

EN CAR
Liaisons régulières au départ de Saint-Jean-de-Luz via Ascain et le col de Saint-Ignace avec Le Basque bondissant (terminus aux grottes de Sare).
Le Basque bondissant *Halte routière Saint-Jean-de-Luz Tél. 05 59 26 30 74*

informations touristiques

Office de tourisme Fournit une carte de 11 randonnées et un topo-guide sur la Nive et la Nivelle (8€). Visites guidées (3€) en saison le mardi à 10h (juil.-août tlj. 10h). *Dans les locaux de la mairie Tél. 05 59 54 20 14 www.sare.fr Ouvert*

juil.-août : lun.-ven. 9h30-12h30 et 14h-18h30, sam. 9h30-12h30 et 15h-18h30, dim. 10h-12h30 ; hors saison : lun.-ven. horaires réduits

fêtes et manifestations

Foire artisanale et gastronomique *Dimanche suivant le 14 juillet et dimanche après le 18 août*
Fête du Pottok Le petit cheval basque est célébré lors de banquets, orchestres, et concours équins. *Juillet*
☺ **Sarako bestak (fêtes de Sare)** Un condensé des traditions basques : parties de pelote, jeux de force basque, *kantaldi* (soirées chantées), *bertsolaris* (improvisations), chœurs basques, fandango, *ziriko* (méchoui basque)... Tous les soirs, concerts et bal populaire. *Deuxième week-end de septembre, du samedi au mercredi*

LE LABOURD

DÉCOUVRIR
☆ Sare et ses environs

☆ **Les essentiels** Les villages de Sare et d'Ainhoa **Découvrir autrement** Assistez aux fêtes de Sare (Sarako bestak) en septembre et empruntez le petit train à crémaillère jusqu'au sommet de la Rhune
➤ Carnet d'adresses p.146

Musée du Gâteau basque La visite guidée permet d'assister à la fabrication d'un gâteau basque. Le musée expose par ailleurs le mobilier des cuisines d'antan, de vieux ustensiles en cuivre, des moules à pâtisserie. La boutique attenante propose des biscuits, des gâteaux et toutes sortes de gourmandises. *Maison Haranea Quartier Lehenbiscay 64310* **Sare** *(au sud du bourg par la D406) Tél. 05 59 54 22 09 www.legateaubasque.com* **Musée** *Visite guidée avr.-mai : sam.-dim. ; juin-mi-sept. : lun.-ven. à 15h, 16h, 17h (+ mi-juil.-août à 18h), sam. à 11h Tarif 5,50€, 4-12 ans env. 4,50€* **Boutique** *Ouvert lun.-sam. 8h-12h30 (et l'après-midi avec le musée)*

Grottes de Sare (Sarako Lezeak) La visite débute par la projection d'un documentaire sur les chauves-souris, habitants de ces cavités, protégées par la loi. Un son et lumière invite ensuite à découvrir ces formations géologiques et quelques aspects des mythes et de la langue de la région, à partir des travaux de José Miguel Barandarian, le père de l'ethnologie basque. Un espace muséographique et un parc préhistorique complètent, à l'extérieur, la visite. Pensez à emporter une petite laine (14°C seulement à l'intérieur des grottes). *Route des Grottes 64310* **Sare** *(suivre la direction d'Ihalar pour rejoindre la D306, vers le col de Lizarrieta ; la route des grottes est indiquée sur votre gauche) Tél. 05 59 54 21 88 Ouvert juil.-août : tlj. 10h-19h ; Pâques-juin et sept. : tlj. 10h-18h ; oct. : tlj. 10h-17h ; hors saison : tlj. 14h-17h Entrée adulte 6,50€, moins de 13 ans 3,50€*

☆ ☺ **Ainhoa** Ce petit village-rue était autrefois un relais commercial sur la route de Bayonne, avant le poste-frontière de Dancharia. Ses maisons du XVIIe siècle, parfaitement conservées, en font un site architectural unique. Promenez-vous le long de la rue pour apprécier les façades à colombages verts ou rouge sang-de-bœuf, percées du traditionnel *lorio*, le porche d'entrée. Elles ont gardé leur linteau en pierre sculpté et daté, les anneaux en fer auxquels on accrochait les mulets, leurs portes à doubles vantaux. À côté de la mairie, un chemin de croix monte en lacets jusqu'à la chapelle Notre-Dame d'Aranzazu (45min), avec ses reproductions de pierres tombales basques, et son curieux Calvaire, d'où l'on jouit d'une vue grandiose sur le plan en bastide du bourg, les villages navarrais et la baie de Saint-Jean-de-Luz. La mairie fournit un dépliant avec cinq propositions de randonnées dans les alentours. *64250* **Ainhoa** *(à 10km à l'est de Sare, par la D4) Tél. 05 59 29 92 60 www.ainhoa.fr*

Ferme d'Ortillopitz Cette ancienne ferme cidricole du XVIIe siècle, classée patrimoine historique, a été entièrement restaurée et aménagée fidèlement à son époque d'origine. Vous y apprendrez tout sur l'architecture de l'*etche* labourdine (le *lorio*, les différentes pièces à vivre et de travail), l'économie rurale (pommeraies, champs de lin, meules de foin, pressoirs) et la vie domestique autrefois (lavoirs en pierre, four à pain, anciens coffres et vaisseliers). *Suivre les indications à partir de la gare du petit train de la Rhune Tél. 05 59 85 91 92 www.ortillopitz.com Visites guidées uniquement avr.-juin et sept.-oct. : tlj. 14h15, 15h30, 16h45 ; juil.-août : tlj. 10h45 et 14h15, 15h30, 16h45 et 18h Entrée 7€, moins de 14 ans 3€*

● ☺ **Où faire une pause déjeuner ?** Cette auberge est l'un des rares endroits à servir en continu tout l'après-midi : idéal pour un casse-croûte. Le cuisinier vous prépare sur l'heure des sandwichs de baguette au fromage de brebis, au *serrano* ou au chorizo (autour de 5€), ou encore des assiettes de charcuterie (10€ env.) qu'on accompagnera d'une bière à la pression ou d'un jus de fruits. Également coupes glacées, à prendre en terrasse ou dans le jardin du fond. Une boutique de produits locaux (linge basque, conserves) prend place à l'arrière de la salle. **Auberge Alzate** *Rue principale 64250 Ainhoa (à 8km de Sare) Tél. 05 59 29 77 15 Ouvert lun., mar., jeu. 9h-19h, ven.-dim. 9h-21h Fermé déc.-jan.*

Sur le circuit des palombières

À pied Plusieurs palombières perchées à la cime des arbres se dissimulent dans la forêt de Sare. Cet itinéraire plaisant et ombragé passe au pied ou à proximité de quelques-unes d'entre elles, en longeant la frontière navarraise. Le circuit débute au bord de la D306 et conduit jusqu'au col de Nabarlatz par des chemins bien tracés et balisés. Une route forestière relie ce col à celui de Lizarrieta, ménageant de jolis points de vue sur les collines. À ce deuxième col, le chemin rejoint la départementale, qu'il faut redescendre un peu avant de reprendre la piste forestière. Celle-ci ramène au point de départ. Cette randonnée franchit plusieurs fois des petits ruisseaux à gué et traverse des forêts de hêtres et de chênes. Attention, il est déconseillé de l'entreprendre en période de chasse (oct.-mi-nov.). N'oubliez pas de vous munir d'une carte appropriée. *Renseignements auprès des offices de tourisme d'Hendaye/Saint-Jean-de-Luz ou de Sare* **Départ** *D306 parking de l'aire de pique-nique* **Parcours** *11km en boucle* **Durée** *de 3h à 4h* **Difficulté** *Facile* **Dénivelé** *468m* **Bibliographie** *IGN TOP 25-1245/ topo-guide 52 randonnées de la Nive à la Nivelle*

En voiture Quelques palombières sont également visibles, pendant la saison estivale, au terme d'un agréable parcours en voiture. De Sare, prenez la D306 en direction du col de Lizarrieta. La route traverse la forêt de Sare puis débouche sur le col, occupé par l'ancienne douane et une *venta*. Garez-y votre voiture pour suivre le chemin gravillonné qui part dans les fougères. Au bout de quelques mètres, vous apercevez des palombières rustiques, avec leur échelle de bois. Ce chemin conduit au col de Nabarlatz.

LE LABOURD

● ☺ Prendre un petit train à crémaillère... ou ses pieds Un bijou entièrement en bois vernis (toiture en sapin, lambris en châtaignier, plancher en pin, plate-forme en iroko) vous promène jusqu'au sommet de la Rhune à la vitesse spectaculaire de 8km/h ! À cette allure, vous aurez tout le loisir de humer les parfums de la montagne et d'observer le vol des vautours fauves qui tournoient dans le ciel... La ligne fut inaugurée en 1924 après que l'impératrice Eugénie a, à dos de mulet, lancé la mode de cette ascension. Deux autres répliques exactes du train trônent dans le parc. En saison, il faut prévoir une file d'attente de plusieurs heures... Les plus courageux, ou ceux que la queue au guichet rebute, entreprendront l'ascension à pied au départ de la gare, par le sentier balisé en vert. Ils atteindront le sommet en 2h30, par le plateau des Trois-Fontaines. La descente s'effectue en 2h. **Petit train de la Rhune** *Col de Saint-Ignace (par la D4 en direction d'Ascain) Tél. 0892 39 14 25 www.rhune.com Départs selon la météo : avr.-juin et sept. : mar.-mer. et ven.-dim. à 10h et à 15h ; juil.-août : tlj. de 9h à 16h30 toutes les 30min Tarif AR adulte 14€, enfant 8€*

● Galoper sur les cols pyrénéens De la simple initiation aux vigoureuses balades d'une journée, ce centre équestre vous promène sur le territoire transfrontalier de Xareta (Sare, Ainhoa, Zugarramurdi, Urdazubi), à la découverte de *ventas*, palombières et de splendides panoramas montagnards. Circuits pour cavaliers débutants et confirmés. Si vous êtes mordu, vous pourrez tenter les randonnées de 2 à 7 jours vers la côte, la forêt d'Iraty ou en Navarre. Comptez 15€/1h, 28€/2h, 38€/demi-journée, 58€/journée. **Olhaldea** *64310 Sare (à la sortie de Sare par la D4 vers Ainhoa) Tél. 05 59 54 28 94 www.olhaldea.com*

CARNET D'ADRESSES

Restauration, hébergement

 prix moyens

Lastiry Une des adresses les plus sympathiques du bourg pour dîner en toute simplicité d'une cuisine basque traditionnelle. Installé au frais sous les platanes de la rue principale, on déjeune à midi d'assiettes simples et copieuses, dans une atmosphère conviviale. Le soir, dans une ambiance feutrée, les plats sont plus sophistiqués pour un moment de pure détente. Plats de 13 à 22€. *Pl. centrale Tél. 05 59 54 20 07 www.hotel-lastiry.com*

Les Trois Fontaines Au col de Saint-Ignace, les snacks et les restaurants touristiques pullulent autour de la station du train à crémaillère. Écartez-vous légèrement de cet épicentre pour rejoindre, après le parking, la discrète demeure des Trois Fontaines, réfugiée dans un parc superbe. La carte, qui suit les saisons, revisite le terroir en lui apportant des saveurs fraîches et fruitées, tels le magret de canard à la framboise ou le filet de louvine à la crème ciboulette. Menus de 13 à 23€. *Col de Saint-Ignace Tél. 05 59 54 20 80 Ouvert 12h-14h et 19h30-21h Fermé hors saison : mar.-jeu. le soir*

☺ **Maison Dominxenea** Dans le quartier classé d'Ihalar, voici une maison du XVIe siècle aux chambres délicieuses. La moins chère, au toit mansardé et toute fleurie de bleue, dégage l'atmosphère champêtre d'un cottage anglais. Copieux petit déjeuner, avec céréales, jus de fruits frais pressés, confitures et pâtisseries maison. L'établissement appartient aux propriétaires de l'hôtel Arraya : précisez à la réservation que vous appelez pour la chambre d'hôtes. Double de 50 à 59€. *Quartier Ihalar Tél. 05 59 54 20 46 Ouvert avr.-oct.*

🍴 🧳 prix élévés

☺ **Hôtel-restaurant Arraya** Assurément le plus bel hôtel de Sare, tenu depuis trois générations par la famille Fagoaga, dont les fils, redoutables *pelotaris*, sont un peu la gloire locale. L'admirable demeure du XVIe siècle fut un relais sur le chemin de Compostelle. Meubles patinés, tapisseries choisies, bouquets de fleurs fraîches et une infinité de recoins feutrés, près du feu ou à l'ombre d'un saule pleureur, pour goûter au calme des lieux. Le restaurant gastronomique propose des menus à partir de 23€, et un menu terrasse (midi) en juillet et août à 18€. Chambre double de 84 à 130€, petit déjeuner 10€. *Pl. centrale Tél. 05 59 54 20 46 www.arraya. com Restaurant fermé oct.-juin : dim. soir, lun. et jeu. midi*

Dans les environs

🍴 prix moyens

☺ **Venta Urtxola** Vous pensiez avoir perdu votre chemin lorsque, au bout d'une route de forêt, ont brillé les lumières de la *venta* : vous voilà arrivé dans l'un des temples du savoir-vivre basque. La salle est habillée d'à peine quelques tables en bois, mais remplie d'une clientèle turbulente qui s'exprime à pleine voix. Un menu du jour de 10 à 13€, plats à la carte de 10 à 14€, salade Urxola avec magret de canard et foie grillé (16,50€), côte de bœuf (36€ le kilo). En dessert, du *mamia*, le yaourt au lait de brebis, sucré au miel. N'hésitez pas à accommoder le tout d'un pichet de sangria maison glacée. On ressort de là revigoré, quelque peu étourdi par l'ambiance enthousiaste et survoltée. *Route des Ventas 64250 Zugarramurdi (dir. grottes de Sare, puis venta Berrouet ; fléché à la bifurcation) Tél. 05 59 54 21 31 Ouvert hors saison à midi : ven.-dim. Ouvert fév.-juin et sept.-oct. : mer.-sam. et dim. midi ; juil.-août : tlj.*

🍴 🧳 prix très élévés

Ithurria Une table raffinée et des chambres douillettes perpétuent la tradition d'accueil dans cet ancien relais de Compostelle du XVIIe siècle. Très joli cadre au luxe discret, avec jardin, piscine et vue sur les sommets pyrénéens. Une étape plaisante pour ceux qui souhaitent séjourner dans le joli village d'Ainhoa. Double de 120 à 150€, petit déj. 11€. *Rue principale 64250 Ainhoa (à 8km de Sare) Tél. 05 59 29 92 11 www.ithurria.com Fermé Toussaint-Pâques*

LE LABOURD

GAMME DE PRIX	RESTAURATION	HÉBERGEMENT
Très petits prix	moins de 10€	moins de 30€
Petits prix	de 10€ à 15€	de 30€ à 40€
Prix moyens	de 16€ à 25€	de 41€ à 60€
Prix élévés	de 26€ à 45€	de 61€ à 80€
Prix très élévés	plus de 45€	plus de 80€

ESPELETTE EZPELETA   64250

Depuis longtemps, les voyageurs de passage à Espelette tombent sous le charme de ses maisons à pans de bois colorés, dont les façades se parent en automne d'éclatants colliers de piments mis à sécher au soleil. L'AOC consacre cette épice comme l'un des produits emblématiques de la culture basque, apportant du même coup à son village d'origine un incroyable souffle économique. On découvrira plus volontiers Espelette hors saison, lorsque les cars touristiques désertent la place du bourg. Il faut alors arriver un jour de marché ou, mieux, lors de la traditionnelle foire aux pottoks pour y retrouver son ambiance rurale. De nombreux commerces gourmands méritent que l'on s'y attarde une partie de journée. Le château qui domine le bourg fut la propriété des barons d'Ezpeleta. Leur dernière descendante le légua à la commune et le bâtiment abrite de nos jours la mairie et l'office de tourisme.

LE PIMENT D'ESPELETTE Ce petit fruit rouge d'origine mexicaine aurait voyagé jusqu'à la vallée de la Nive dans les bagages d'un marin basque au XVIᵉ siècle. Il fut adopté par les femmes pour la conservation des viandes et des jambons. Petit à petit, le piment remplaça le poivre, trop cher, et agrémenta les recettes basques comme la piperade ou l'*axoa*. De nos jours, la variété issue des sols basques, le piment Gorria, se cultive sur dix communes de la vallée. Les plants semés en hiver intègrent les champs en mai. Le fruit vert obtient sa jolie carnation rouge à maturité. La récolte manuelle, à partir du mois d'août, est suivie des procédés de séchage ou de déshydratation. Le piment se vend frais, en poudre ou séché et noué en corde. L'obtention de l'AOC, accordée seulement en 2000, résulte d'un long combat mené par le Syndicat des producteurs. Elle a permis avant tout de sauvegarder une culture traditionnelle et de garantir la survie de petites exploitations agricoles. Une exposition "Le piment dans le monde", qui retrace l'aventure de ce condiment et ses différentes utilisations, se tient dans le château.

MODE D'EMPLOI

accès

EN VOITURE
Par la D918, à 22km à l'est de Saint-Jean-de-Luz (direction Cambo-les-Bains). De Bayonne (21km), suivre la D932 jusqu'à Cambo-les-Bains, puis la D918.

EN CAR
La ligne Saint-Jean-de-Luz/Hasparren dessert Espelette ; comptez 30min au départ des villes. En saison, les départs sont quotidiens (sauf dim. et j. fér.).
Le Basque bondissant *Tél.* 05 59 26 30 74

informations touristiques

Office de tourisme Vous y trouverez une vaste documentation. L'office organise en saison des balades au clair de lune le mar. de 19h à 23h (adulte 24€, enfant 17€). *Tél.* 05 59 93

95 02 *Ouvert lun.-sam. 9h-12h30 et 14h-18h Fermé sam. hors saison*

marchés, fêtes et manifestations

Marché de produits locaux Sur la place du marché, en haut du village. *Mercredi matin (et sam. en juil.-août)*
Foire transfrontalière Produits locaux. *Lundi de Pâques*
☆ **Fête du piment** Pour fêter la fin des récoltes, des manifestations sont organisées par la confrérie du piment d'Espelette : marché de produits régionaux, défilés, *bandas* et, le dimanche, une messe et une bénédiction. *Dernier week-end d'octobre*
Foire aux pottoks *Derniers mardi et mercredi de janvier*
Festival international de danse Gauargi Accueil de 5 à 6 ensembles étrangers et de 2 à 3 ensembles basques. Défilés dans les rues et spectacles. *Tél. 05 59 93 95 02 www.gauargi. com*

DÉCOUVRIR
Espelette et ses environs

☆ **Les essentiels** La fête du piment fin octobre **Découvrir autrement** Composez-vous un pique-nique chez Ttipia ou au marché d'Espelette
➤ **Carnet d'adresses p.150**

● **Où trouver des produits du terroir ?**

Maison Bipertegia Ce producteur de piments propose dans sa petite boutique l'épice pourpre sous toutes ses formes (en poudre, en purée, en corde...). *Pl. du Jeu de Paume 64250* **Espelette** *Ouvert mar.-dim. 10h-12h30 et 14h-18h30 (juil.-août en continu) Fermé mi-nov.-mi-déc. Tél. 05 59 93 83 76*

☺ **Antton chocolatier** Une chocolaterie spécialisée dans la fabrication de ganaches et pralinés d'une douceur exquise. La visite de l'atelier de fabrication, conduite par un personnel charmant, est gratuite. Parmi les spécialités originales, la ganache au piment, au goût corsé, qu'il faut laisser fondre dans la bouche et consommer en apéritif, accompagnée d'un porto, d'un martini ou de champagne. *Pl. du marché 64250* **Espelette** *Tél. 05 59 93 88 72 www.chocolats-antton.com Ouvert juil.-août : tlj. 9h30-20h ; juin et sept. : tlj. 9h30-12h45 et 14h15-19h30 ; hiver : horaires réduits*

☺ **Ttipia** Une halte indispensable pour les amateurs de bonne chère. Une sélection gourmande des meilleurs produits issus des petites exploitations de la région : conserves de foie gras, jambons, vins d'Irouléguy, miels et confitures, sans oublier les piments en poudre ou en purée. Derrière le bâtiment, ferme miniature, installée en saison, avec vignes et élevage de canards, idéale pour les enfants. *Place du marché 64250* **Espelette** *Tél. 05 59 93 97 82 Fax 05 59 93 97 86 www.ttipia.fr Ouvert saison : tlj. 10h-12h30 et 15h-18h30 ; nov.-Pâques : lun.-sam. 10h-18h Fermé jan.*

● ☺ **Où acheter du linge basque ?** Des toiles basques aux rayures acidulées vendues au mètre ou transformées en draps de plage, linge, tabliers et sacs à main. Les espadrilles, signées Pare Gabia, sont cousues mains.

Tout est beau, ensoleillé : vous en ressortirez forcément les bras chargés de paquets... **Boutique Artiga** *345, Karrika Nagusia (autre boutique rue principale) 64250 Espelette Tél. 05 59 93 94 55 www.maisonartiga.com Ouvert mar.-sam. 10h-12h30 et 14h30-18h30 ; juil.-août : tlj. 10h-19h Fermé nov. et jan.*

● **Se balader à dos d'ânes** Vous pouvez louer des ânes de bât pour une randonnée balisée en montagne. L'âne portera votre enfant et vos bagages. Sentiers d'interprétation (1h/15€, 3h/25€). Location d'un âne à la journée ou plusieurs jours 40€/jour. Le tarif diminue selon la durée de la location. Accueil à la ferme, cartes et clés d'observation fournies. **Astoklok** *À partir d'Espelette suivre la D249 direction Itxassou au rond-point, compter env. 1,5km et monter à droite direction Basaburru pendant 2km puis suivre les panneaux "Astoklok ânes" Tél. 05 59 93 89 65 ou 06 08 78 31 96 www.astoklok.com Réservation obligatoire*

CARNET D'ADRESSES

Restauration, hébergement

Espelette offre un choix d'hébergement très restreint. On préférera séjourner dans les environs, à Sare ou Itxassou.

 prix moyens

Chilar Voici un restaurant où sont servies les spécialités du pays dûment relevées au piment d'Espelette, par exemple une copieuse omelette aux piments. Pour clore votre tour de la gastronomie locale, commandez le gâteau basque à la crème, ou quelques tranches d'*ardi gasna* servies avec de la confiture de cerises noires : le tout ne vous coûtera pas plus de 18€ avec le menu. Également des assiettes combinées à 15€ et carte. Attention, en été, l'accueil et le service peuvent être un peu stressés. Si vous ne savez pas où dormir, vous trouverez 8 chambres avec vue sur les montagnes à l'étage. Chambre double 38€, petit déj. 6€. *25, Xilarene kokarrika 64250 **Espelette** Tél. 05 59 93 90 01 Fermé mer. soir-jeu. hors saison et déc.-mars*

Euzkadi Vous ne pouvez pas rater sa façade, en plein centre du bourg : elle est entièrement recouverte de vigne et de chapelets de piments rouges. La salle est chaleureuse et cache, à l'arrière, un jardin et une piscine. Au restaurant, le chef mitonne une cuisine robuste, généreuse et parfumée. Vous pouvez commander les yeux fermés l'*axoa* de veau au piment d'Espelette ou le petit cochon de lait à l'ancienne. Menus de 17 à 32€. Double de 57 à 68€ et petit déj. 7€. *Karrika Nagusia 64250 **Espelette** Tél. 05 59 93 91 88 Ouvert 12h30-14h et 20h-21h30 Fermé lun. (et mar. hors saison)*

GAMME DE PRIX	RESTAURATION	HÉBERGEMENT
Très petits prix	moins de 10€	moins de 30€
Petits prix	de 10€ à 15€	de 30€ à 40€
Prix moyens	de 16€ à 25€	de 41€ à 60€
Prix élevés	de 26€ à 45€	de 61€ à 80€
Prix très élevés	plus de 45€	plus de 80€

LE LABOURD

CAMBO-LES-BAINS KANBO 64250

Cette localité anodine connut un développement fulgurant au XIXe siècle grâce à la reconnaissance des vertus curatives de ses sources. Leurs eaux sulfureuses et ferrugineuses étaient recommandées pour le traitement des maladies respiratoires et digestives, des rhumatismes, des problèmes de peau... Conjointement à la mode du tourisme balnéaire sur la côte basque, la vogue du thermalisme à l'intérieur des terres attira des curistes renommés, parmi lesquels l'impératrice Eugénie, Napoléon III, ou Édouard VII d'Angleterre. Edmond Rostand légua à la ville son plus beau patrimoine : venu à Cambo se soigner d'une pleurésie, il fut conquis par la cité et son climat au point d'y faire construire sa luxueuse résidence. La Villa Arnaga contribua à la renommée de Cambo, l'écrivain poète y recevant ses illustres relations parisiennes – Jean Cocteau, Sarah Bernhardt, Anna de Noailles entre autres. La ville est désormais moins mondaine, mais ne manque pas de charme, avec ses deux quartiers si contrastés et ses points de vue sur la vallée de la Nive. Elle demeure connue dans les esprits basques comme la ville natale de l'immense joueur de pelote Joseph Apesteguy, surnommé Chiquito de Cambo. Devenu champion du monde à seize ans, il contribua beaucoup, par son image et son talent, à la popularisation et à la mondialisation de ce sport.

LE LABOURD

MODE D'EMPLOI

accès

EN VOITURE
À 28km à l'est de Saint-Jean-de-Luz par la D918 et à 20km au sud de Bayonne par la D932.

EN TRAIN
Liaisons quotidiennes en autocar SNCF ou en TER, ligne Bayonne/ Saint-Jean-Pied-de-Port.
Gare SNCF *Bas-Cambo Tél. 3635 www.voyages-sncf.com*

EN CAR
Les autocars Larronde relient plusieurs fois par jour Cambo-les-Bains à Bayonne. La ligne Hasparren/Saint-Jean-de-Luz assurée par Le Basque bondissant dessert aussi Cambo quotidiennement en été (sauf dim. et j. fér.).
Larronde *Tél. 05 59 29 72 32*
Le Basque bondissant *Tél. 05 59 26 30 74 www.basquebondissant.com*

orientation

La ville se divise en trois parties bien distinctes : le Haut-Cambo, desservi par les départementales 918 et 932, abrite le centre-ville avec ses commerces, l'office de tourisme, la mairie ; le Bas-Cambo, vieille ville bâtie sur les bords de la Nive, s'étend à côté de la gare ; le quartier des thermes, un peu excentré à l'est, accueille comme son nom l'indique les infrastructures thermales. Vous pouvez accéder librement aux jardins qui les entourent.

informations touristiques

Office de tourisme Demandez le dépliant traçant 4 balades dans la ville. Vous pouvez aussi vous inscrire aux randonnées thématiques (sorties nature, randonnées du berger, escapades au coucher du soleil) organisées en collaboration avec un guide de montagne (15-24€/adulte, 10-17€/enfant). Documentation sur la région, borne Internet. *Av. de la mairie (Haut-Cambo) Tél.* 05 59 29 70 25 *www.cambolesbains.com Ouvert sept.-oct.,* *mars-juin : lun.-sam. 9h-12h30 et 14h-18h ; juil.-août : lun.-sam. 9h-18h30, dim. 9h-12h30, jan.-fév. : lun.-sam. 9h-12h30 et 14h-17h30*

marchés, fêtes et manifestations

Marché des produits régionaux *Rue Chiquito : vendredi 9h-13h*
Brocante *Parc Saint-Joseph Mercredi*
Fête du gâteau basque *Dernier dim. de sept.*

DÉCOUVRIR

☆ **Les essentiels** La Villa Arnaga **Découvrir autrement** Découvrez la fabrication et l'utilisation du *makhila* chez Ainciart-Bergara, déambulez dans Ustaritz au gré de ses villas, visitez Itxassou au printemps pour ses cerisiers en fleur ➤ **Carnet d'adresses p.155**

Cambo-les-Bains

Haut-Cambo Le quartier le plus vivant, avec ses restaurants et commerces. La rue des Terrasses, en belvédère sur la vallée de la Nive, offre une belle vue sur le mont Ursuya. Suivez-la jusqu'à l'église Saint-Laurent, qui mérite une visite pour son retable classé du XVIIe siècle, dont les colonnes sculptées de grappes de raisin et d'épis de blé encadrent un remarquable tableau représentant le martyre de saint Laurent. Poussez la promenade jusqu'à la colline de la bergerie pour les points de vue et l'agréable parcours dans la forêt. Pour gagner le quartier du Bas-Cambo, empruntez la ruelle escarpée Xerri Karrika et l'escalier qui conduit au pont de la Gare.

Bas-Cambo L'ancienne ville, au caractère rural, a conservé l'aspect d'un hameau de fermes basques, avec ses vieilles maisons aux façades creusées d'un *lorio* et striées de pans de bois. Sur les rives de la Nive accostaient jadis les chalands, chargés de voyageurs et de marchandises, en route vers Bayonne. En déambulant dans ce quartier, vous découvrirez le fronton, l'ancien lavoir du village et le pont romain en pierre, qui n'enjambe plus désormais qu'un ruisseau.

☆ ☺ **Villa Arnaga (musée Edmond-Rostand)** Cette splendide villa néobasque (1906) fut élevée sous l'étroite surveillance du poète académicien Edmond Rostand, qui en dessina une partie des plans et des détails de la façade. Des travaux de restauration, en 2006, lui ont redonné ses couleurs d'origine, le rouge basque. Un jardin à la française, superbement ordonnancé en une succession de buis taillés, pièces d'eau, vasques, fontaines et pergolas, se déploie devant la façade principale. Un second jardin à l'anglaise, romantique et secret, s'ouvre à l'ouest de la demeure. À l'intérieur, une infinité de pièces à usages divers, richement décorées de marbres, lambris, fresques et tableaux, reflètent le faste de la famille et le goût de l'éclectisme caractéristique de l'époque. Des objets, des lettres, des documents rendent hommage aux œuvres du poète et à son entourage, composé de personnalités du XIXᵉ siècle. *Route du Docteur-Camino Tél. 05 59 29 83 92 www.arnaga.com Ouvert mars et mi-oct.-mi-nov. : tlj. 14h30-18h ; avr.-sept. : tlj. 10h-12h30 et 14h30-19h Visite guidée des jardins juil.-août : lun. 16h30 et jeu. 11h Entrée 6€, 12-25 ans 3€*

● **Où faire une pause sucrée ?** Dès 15h, cette pâtisserie de la rue des Terrasses installe quelques tables de l'autre côté de la rue, sous les platanes, et se transforme en salon de thé. Sur la terrasse, vous surplombez le quartier du Bas-Cambo, la Nive et les champs verdoyants de la vallée. Vous accompagnerez cette pause bienvenue d'une glaces artisanales ou de la spécialité de la maison, les fondantes tartelettes amandines de Cyrano. **Pâtisserie Bonneau** *Rue des Terrasses Tél. 05 59 29 72 18 Ouvert mar.-dim. (tlj. en juil.-août) Salon de thé également*

Les environs de Cambo-les-Bains

Fabrique de *makhilas* **Ainciart-Bergara** Le *makhila,* ce bâton de marche en bois de néflier, servant aussi d'arme de défense, revêt une grande valeur honorifique. Sa fabrication requiert de la patience et du savoir-faire – les commandes sont passées ici un an à l'avance ! La famille Ainciart-Bergara les confectionne depuis plusieurs générations. Leurs *makhilas* d'honneur, habillés d'argent ciselé, ont été offerts à diverses personnalités, parmi lesquelles les présidents Mitterrand et Chirac. À côté de l'atelier, une Maison du *makhila* présente une vidéo détaillant les étapes de fabrication ainsi qu'une petite exposition et on peut visiter l'atelier gratuitement pendant les heures d'ouverture. *Au centre du village, en face du fronton sur la D20 64480 Larressore (à 3km de Cambo-les-Bains par la D932) Tél. 05 59 93 03 05 Ouvert lun.-sam. 8h-12h et 14h-18h (17h30 le sam.)* **Maison du makhila** *www.makhila.com 3€*

Église de Jatxou Cette minuscule bourgade abrite une émouvante église rurale labourdine, élevée sur une première chapelle médiévale. Remarquez les très vieilles stèles discoïdales de son cimetière – les plus anciennes étant les plus petites –, dont l'une porte la date de 1597. Les anciens fonts baptismaux se trouvent à l'extérieur, sous le porche. Comme la plupart des églises du Pays basque, l'édifice fut rehaussé au XVIIᵉ siècle, et équipé de galeries en bois sculpté : cette solution économique était utilisée pour pallier le manque de place dans la nef dû à l'accroissement de la population. Les galeries étaient réservées aux hommes. De gracieuses peintures recouvrent la voûte lambrissée et, au fond de la nef, trône un imposant retable baroque dédié à saint Sébastien. La maison de poupée à encorbellement et colombages à côté de l'église était naguère occupée par la benoîte. *64480 Jatxou (à 5km au nord-ouest de Cambo-les-Bains par la D650)*

LE LABOURD

Ustaritz Après la prise de Bayonne par les Anglais, le vicomte du Labourd s'exila, vers 1170, à Ustaritz, et s'installa avec sa cour au château de la Motte (actuelle mairie). Ce port fluvial prospère devint ainsi la nouvelle capitale de la province, et le demeura pendant six siècles. De son histoire, Ustaritz conserve d'imposantes maisons de notables, parmi les plus belles du Labourd, édifiées par des négociants ou des gens de robe. Les surprenants châteaux néo-Renaissance et rococo datent quant à eux de la fin du XIXe siècle : les Basques "américains", de retour au pays, se firent construire à Ustaritz de splendides résidences devant témoigner de leur réussite. L'office de tourisme distribue un dépliant et une brochure pour faciliter la découverte de ces différentes villas. Au quartier d'Arrauntz, le musée La Maison labourdine vous invite à pénétrer dans une maison bourgeoise du XVIIe siècle, entièrement restaurée et meublée selon l'époque. *64480 Ustaritz (à 6km au nord-ouest de Cambo-les-Bains par la D932)* **Office de tourisme** *Tél. 05 59 93 20 81* **La Maison labourdine** *Tél. 05 59 70 35 41 http:// lamaisonlabourdine.com Visites guidées avr.-juin et oct. : mar.-dim. 14h-18h ; juil.-sept. : tlj. 11h-13h et 14h-18h Entrée 5€, enfant 3€*

CERISES NOIRES
Il faut se rendre à Itxassou de préférence au printemps pour admirer ses vergers de cerisiers fleuris et s'approvisionner directement au point de vente mis en place à l'entrée du village. Ces fruits se consomment surtout en confiture, en accompagnement de quelques tranches de fromage fermier de brebis.

☺ **Itxassou** C'est aux cerises noires, appelées de leur vrai nom *xapata*, *peloa* et *beltza*, que le village doit sa renommée. Mais Itxassou présente aussi d'autres atouts. Son église d'abord, splendide – pour 2€, un son et lumière met en valeur son retable sculpté et ses peintures (dont trois tableaux de valeur : un portrait de saint François d'Assise attribué à Murillo, une représentation de la mort de saint Joseph et un portrait de saint Paul). Son emplacement ensuite : situé dans une vallée encaissée que dominent les monts Mondarrain, Artzamendi, Ursuya, il est le point de départ de belles randonnées et descentes en raft des eaux vives de la Nive. *64250 Itxassou (à 3km au sud de Cambo-les-Bains par la D918)*

● **Excursions sur les routes de montagne**

Pas-de-Roland D'Itxassou à Bidarray, la D349 emprunte le sillage d'un ancien chemin muletier, à flanc de montagne, au-dessus de la Nive. La route est étroite et tortueuse : klaxonnez à chaque virage. Arrivé au captage de Laxia, garez votre voiture et longez le cours du fleuve à pied. Le sentier atteint au bout de quelques mètres ce rocher pourfendu, d'après la légende, par l'épée du preux chevalier. Aux beaux jours, des familles viennent se baigner et pique-niquer sur les bords du fleuve.

Mont Artzamendi Le sommet (926m) du mont Artzamendi est accessible par une route en lacets assez raide, au départ du captage de Laxia. Laissez votre voiture à la bifurcation qui conduit à la *venta* Burkaitz et poursuivez la dernière ligne droite à pied. Au col de Mehatché, des cromlechs témoignent de la présence d'hommes, certainement pasteurs, il y a 3 000 ans. Des sentiers, qui ne présentent pas de difficulté, et un tronçon du GR®10 parcourent ces flancs pâturés. Seul le tintement des cloches des moutons et des pottoks vient perturber le silence. La vue côté ouest donne sur la baie de Hendaye et Fontarrabie, et le massif de la Rhune.

Mont Ursumu Du quartier de la Place, à Itxassou, une route conduit au sommet (184m), où une table d'orientation décrypte cette vue sur 360°. Le plateau abrite aussi une statue de Notre-Dame des Victoires et un monument à la mémoire d'un jeune résistant basque qui passa par Itxassou pour rejoindre les troupes de De Gaulle.

● **Descendre les gorges du Pas-de-Roland** En kayak, raft, hydrospeed... les accompagnateurs d'Évasion se proposent de vous faire découvrir les plaisirs de la glisse en eaux vives et les paysages grandioses des gorges du Pas-de-Roland. Également descente des gorges en canyoning. Descente (1h30) 27€ (7-12 ans 16€). **Évasion** *À Itxassou, suivre la D918 et prendre l'entrée du Pas-de-Roland Tél. 05 59 29 31 69 ou 06 16 74 78 93 www.evasion64.fr Ouvert toute l'année sur réservation*

CARNET D'ADRESSES

Restauration, hébergement

🍴 💼 prix moyens

☺ **Bellevue** Une cuisine toujours innovante, autour de saveurs fruitées et raffinées qui respectent les saisons : les chipirons sont sautés à l'espagnole, avec copeaux de jambon poêlé, le foie gras de canard, également poêlé, se garnit d'oranges confites, de pommes et de confiture de coings... Un excellent moment, dans une jolie salle immaculée, embaumant les fleurs fraîches. Menu du marché à 17€. Chambres aménagées en suite 70-95€. *Entrée rue des Terrasses ou allée Edmond-Rostand Tél. 05 59 93 75 75 www.hotel-bellevue64.com Ouvert tlj. 12h15-14h et 19h30-21h Fermé dim. soir-lun. et jeu. soir hors saison*

🍴 💼 prix élevés

Domaine Xixtaberri Cette maison d'hôtes nichée dans un splendide domaine agricole sur les hauteurs de Cambon d'où la vue est superbe – montagne et mer –, est entourée de champs de myrtilles, de cerises et de piments. Les chambres, très confortables à la décoration originale, disposent de grandes salles d'eau. En saison, les vacanciers viennent en famille participer à la cueillette des myrtilles (la moitié de leur récolte étant offerte). Une boutique vend les produits issus du domaine : confiture, jus de myrtille, piments en corde ou en poudre. Chambre double 74€ (84€ en juil. et sept., 104€ en août), petit déjeuner buffet 8,50€. *Route d'Hasparren Tél. 05 59 29 22 66 www.xixtaberri.com*

Dans les environs

💼 camping

Hiriberria Un camping équipé d'une grande piscine et de terrains de jeux (basket, pétanque), aux emplacements bien ombragés. Vous pouvez également louer un chalet ou un mobile home. Forfait 2 pers., tente et voiture : 17€ environ. *À l'entrée du village 64250 Itxassou (à 3km de Cambo-les-Bains) Tél. 05 59 29 98 09 www.hiriberria.com*

🍴 🧳 prix moyens

Hôtel-restaurant Ondoria À quelques mètres du Pas-de-Roland, au-dessus des eaux tumultueuses de la Nive, le restaurant Teillerie, comme l'appellent les habitants de la région, jouit d'un emplacement de choix. De la tonnelle ou derrière les baies vitrées, le panorama sur la forêt est superbe. La carte, simple et familiale, propose omelettes, plats de viande, poisson ou volaille garnis, à prix modestes. En dépannage, des chambres calmes env. 40-45€, petit déj. 6€. Menus de 15 à 25€. Assiette composée 10€. *Laxia 64250 Itxassou Tél. 05 59 29 75 39 Fermé lun. et mi-déc.-jan.*

Hôtel-restaurant du Chêne Cette auberge rustique est une halte appréciée des randonneurs qui sillonnent la région. Une reconstituante garbure suivie d'un gras double aux cèpes calmera les appétits après une bonne journée de marche ! Également des chambres pour faire étape. Menus à partir de 16€. Chambre double d'env. 48 à 51€. *À côté de l'église 64250 Itxassou (à 3km de Cambo-les-Bains) Tél. 05 59 29 75 01 Fermé lun. (et mar. hors saison)*

☺ **Maison Bereterraenea** Cette vieille demeure servait au XVIIe siècle de relais commercial entre les chalands de Bayonne et les muletiers de Pampelune. Devenue une ferme cidricole, elle conserve dans sa vaste cour intérieure un imposant pressoir à pommes. Ses propriétaires l'ont transformée en maison d'hôtes, mais poursuivent la culture de pommiers anciens : leurs fruits sont pressés à la coopérative Eztigar. À la beauté du site, s'ajoutent celle de la maison et l'accueil de la famille Sindera. Chambre double de 58 à 63€ petit déj. inclus. *Quartier Arrauntz 64480 Ustaritz (à 5km au nord-ouest du village par la D932) Tél. 05 59 93 05 13 Fermé nov.-mars*

☺ **Venta Burkaitz** Il faut une certaine ténacité pour suivre jusqu'au bout cette route sinueuse qui grimpe à l'assaut du mont Artzamendi. Mais parvenu au col des Veaux, la récompense est de taille. Agnès vous reçoit avec le sourire et une cuisine qui fleure bon les parfums de la montagne. Les cèpes sont cueillis à l'automne dans la forêt, les *chuletas*, côtes d'agneau grillées au feu de bois, proviennent des troupeaux qui paissent aux alentours. Un gîte d'étape accueille les randonneurs, et les visiteurs d'un jour pourront entreprendre une randonnée en quad jusqu'à la falaise des Vautours pour observer le ballet des vautours fauves (réserver). Menus à 20€, gîte à 10€/nuit. *Pas-de-Roland (Laxia), route vers Artzamendi (fléché) Tél. 05 59 29 82 55 Ouvert saison : tlj. midi et soir ; hors saison : midi sauf mer.*

GAMME DE PRIX	RESTAURATION	HÉBERGEMENT
Très petits prix	moins de 10€	moins de 30€
Petits prix	de 10€ à 15€	de 30€ à 40€
Prix moyens	de 16€ à 25€	de 41€ à 60€
Prix élevés	de 26€ à 45€	de 61€ à 80€
Prix très élevés	plus de 45€	plus de 80€

HASPARREN HAZPARNE 64240

L'étymologie de Hasparren (*haitz barne*, cité des chênes) évoque les chênaies qui couvraient jadis ce paysage doucement vallonné. Le village exploitait le chêne pour son tanin, avec lequel on traitait les peaux. Les coteaux, modelés par le pâturage, présentent aujourd'hui un tout autre aspect. Les routes de campagne traversent des villages agricoles, Mendionde, Macaye, Louhossoa, organisés autour de leur église rurale et des vieilles pierres d'un cimetière sans âge. À Hasparren, il reste peu de traces de l'industrie florissante de la chaussure, qui employa au début du XXe siècle jusqu'à 3 000 ouvriers. La ville s'intéresse plutôt à son riche passé préhistorique, qu'elle a en commun avec le pays d'Arberoue, en Basse-Navarre. Les amateurs de Francis Jammes remarqueront, à l'entrée du bourg en venant de Bayonne, la maison Eyhartzea, où le poète, séduit par la ville, s'établit en 1921 jusqu'à sa mort, en 1938. Il est enterré au cimetière d'Hasparren.

LE FROMAGE DE BREBIS AOC OSSAU-IRATY La zone de cette appellation, soudée par une même tradition pastorale, s'étend des coteaux basques jusqu'aux montagnes basco-béarnaises. Le lait provient de l'une des trois races de brebis spécifiques au terroir : la brebis manech tête rousse (dans la région des coteaux basques), la manech tête noire, aux cornes spiralées (dans les montagnes basques), et enfin la basco-béarnaise, au chanfrein busqué et aux longues cornes (des montagnes du Béarn jusqu'au pic du midi d'Ossau). La fabrication obéit à un rituel très précis, de la traite, de décembre à juillet, jusqu'à l'affinage. Une fois le lait caillé, égoutté, moulé et pressé, on sale les tommes avec du gros sel ou de la saumure. Pendant l'affinage, elles sont régulièrement brossées et retournées. Les palais contemporains préfèrent le fromage mi-sec, affiné de deux à quatre mois. Les anciens l'apprécient beaucoup plus mature, jusqu'à un an de vieillissement.

MODE D'EMPLOI

accès

EN VOITURE
À 25km au sud-est de Bayonne sur la D21 (sur l'A64, sortie 3 Briscous) et à 10km au nord-est de Cambo-les-Bains par la D10.

EN CAR
Liaisons quotidiennes au départ de Saint-Jean-de-Luz avec Le Basque bondissant ; de Bayonne avec les cars Sallaberry (2/j.).

LE LABOURD

LE LABOURD

Le Basque bondissant *Tél. 05 59 26 30 74*
Sallaberry Frères *Tél. 05 59 29 60 28*

informations touristiques

Office de tourisme Des informations sur les randonnées pour gravir le mont Ursuya dans le topo-guide *42 randonnées du val d'Adour au Baigura* (en vente sur place). *2, pl. Saint-Jean Tél. 05 59 29 62 02 Ouvert juil.-août : lun.-sam. 9h-19h, dim. 10h-12h30 ; sept.-juin : lun.-ven. 9h-12h et 14h-18h, sam. 9h-12h*

marchés et fête

Marchés Mardi, tous les 15 jours ; et marché aux produits fermiers sam. mat.
Fête des potiers La Bastide Clairence. *Tél. 05 59 29 65 05*

DÉCOUVRIR
Les environs d'Hasparren

☆ **Les essentiels** Le village de La Bastide-Clairence **Découvrir autrement** Entrez chez les artisans à La Bastide-Clairence, découvrez l'activité pastorale sur le mont Ursuya et goûtez l'ossau-iraty à la ferme Le Château
➤ **Carnet d'adresses p.160**

☆ ☺ **La Bastide-Clairence** L'un des plus beaux villages du Pays basque, aux confins du Labourd et de la Basse-Navarre, dont l'unique rue est bordée d'un ensemble homogène de maisons à colombages rouges ou verts. Cette bastide fut fondée en 1312 par Louis Ier, roi de Navarre, aux limites de son royaume : sur les rives d'un affluent de l'Adour, un emplacement stratégique qui dotait la Navarre d'un accès à la mer. Le plan urbain, typique des bastides, s'organise le long de la rue centrale, avec de chaque côté des parcelles identiques et, à intervalles réguliers, une rue transversale. La place rectangulaire, entourée de maisons à arceaux, accueillait un marché important dans la région. Les anciens lavoirs s'y trouvent toujours. L'église a conservé son beau porche roman et sa porte des cagots. Le sol est dallé de tombes à l'intérieur de la nef et sous les galeries latérales. Derrière l'église, un cimetière juif rappelle la présence d'une communauté portugaise qui vécut là entre le XVIIe et le XVIIIe siècle, sous la protection des ducs de Gramont. Vous pouvez vous procurer à l'office de tourisme un guide itinéraire sur la bastide (*Les Murs racontent*, 0,50€) et la liste des artisans établis dans le bourg. Prenez le temps de les découvrir, n'hésitez pas à pousser la porte de leur atelier ou boutique. *64240 La Bastide-Clairence (à 10km au nord-est d'Hasparren par la D10)* **Office de tourisme** *Place des Arceaux Tél. 05 59 29 65 05*

● **Où goûter le fromage ossau-iraty ?** La famille Cachenaut, propriétaire d'un troupeau de 400 brebis manech tête rousse, produit un fromage labellisé ossau-iraty. En visitant son exploitation (salle de traite, bergerie, laboratoire de fabrication, saloir, chambre froide), vous apprendrez comment ces fromages sont brossés, lavés, bichonnés, jusqu'à ce qu'ils dégagent leurs subtils arômes de noisette. Des tommes de 2 à 4kg sont en vente à la boutique, entières ou au détail (environ 15€/kg). Produits vendus aux marchés d'Hasparren et de Saint-Jean-de-Luz. Les routes de campagne qui conduisent à la fromagerie traversent de jolis paysages de collines et de forêts. **Ferme Le Château – GAEC Artzainak** *Quartier Pessarou (suivre la D123 en direction de Saint-Palais) 64240 **La Bastide-Clairence** Tél. 05 59 29 12 83 Visite mar. 10h-12h et 15h-18h, vente à la ferme tlj.*

● **Succomber au parfum idéal** Christian Louis, maître artisan parfumeur, est avant tout poète. Vous en conviendrez en le voyant s'acharner, les yeux pétillants, les narines tremblantes, à déceler les notes subtiles qui s'accordent à votre caractère et à votre peau. Vous êtes une femme discrète ? Pour vous, les notes délicates du pamplemousse et du thé vert, soulignées de citron. Charmeuse et sensuelle ? Les fragrances sucrées et épicées, le coco, le safran, la cannelle et la vanille. Femme fatale ? "Robe noire, piment d'Espelette et poivre noir..." Pour les hommes, cuir et tabac pour souligner la virilité, sapin et bois de genévrier pour assouvir les désirs de nature et de grands espaces ! Vous ressortirez la tête pleine de paroles et de senteurs – et, peut-être, avec un délicat flacon en bois de cèdre au fond du sac. **Parfums et senteurs du Pays basque** *Place des Arceaux 64240 **La Bastide-Clairence** (à 10km d'Hasparren) Tél. 05 59 29 56 89 www.lemarcheduparfumeur.com Ouvert 10h-13h et 14h-18h Fermé dim.-lun. hors saison*

● **Partir à l'assaut du mont Ursuya** Plusieurs sentiers, décrits dans le topo-guide local, parcourent les flancs du massif. La flore se compose essentiellement d'une lande d'ajoncs et de fougères. Des bordes (bergeries en pierres sèches) et des troupeaux de brebis témoignent de l'activité pastorale. Au sommet (678m), où gravitent les vautours fauves, subsistent des vestiges, peu perceptibles, de l'occupation protohistorique du site : quelques terrasses, où

Produits du terroir

Jambon, chorizo, piment, anchois, fromage... Laissez-vous tenter !

furent bâties des fortifications en surplomb de la vallée. Des sentiers, bien balisés, partent de différents endroits du massif. De Macaye, Mendionde ou du quartier d'Urcuray, comptez moins de 3h pour atteindre le sommet, avec des points de vue sur le Baigoura au sud. Le circuit au départ de Celhay, plus long (4h), traverse le sommet en dessinant une large boucle. Un autre itinéraire à partir de Macaye (5h) fait le tour du massif sans passer par le sommet. Tous ces circuits offrent peu d'ombrage : pensez à vous munir d'eau et d'un chapeau.

CARNET D'ADRESSES

Restauration, hébergement

 camping

Camping de l'Ursuya Un camping simple, sans location de caravanes ni piscine (mais eau chaude à volonté), bénéficiant d'admirables points de vue. Le terrain se réduit à une vaste surface herbeuse, plantée de chênes centenaires. Le boulanger passe tous les matins. Comptez environ 12€ pour 2 pers., une tente et une voiture. *Sur la D152, en direction du quartier Celhay (Zelay) Tél. 05 59 29 67 57 Ouvert juil.-août*

 prix moyens

Maison Berheta Olga et Jacky Druon ont amoureusement restauré cette ferme du XVIIᵉ siècle. Les vaches qui broutent dans les champs en face ne leur appartiennent pas mais l'illusion y est ! Les chambres, mansardées, agréablement décorées, dégagent une belle vue sur les collines et ont un accès indépendant. Chambre double

à 53€. *Quartier Minhotz, route de la Bastide Tél. 05 59 70 20 04*

Hôtel-restaurant Les Tilleuls Une adresse pratique, en plein centre-ville. Le restaurant fonctionne midi et soir et propose les classiques de la cuisine basque dans des menus à partir de 15€. Les 10 chambres au standing 2-étoiles sont tout à fait correctes. Un peu plus bas dans la même rue, l'annexe de l'établissement, Le Relais des Tilleuls, dispose de chambres 3-étoiles, avec terrasse privée et ascenseur. Double 54€ (Les Tilleuls) ou 60€ (Le Relais des Tilleuls), petit déj. 6€. *Place de Verdun Tél. 05 59 29 62 20 hotel.lestilleuls@wanadoo.fr*

À La Bastide-Clairence

prix moyens

Restaurant des Arceaux Pour le plaisir de s'attabler sur la place principale de ce charmant village bastide. On s'y sustente d'une cuisine traditionnelle. Formule du midi à 12,50€ en semaine, carte à l'ardoise le week-end à partir de 15-18€. En salle, de grandes

GAMME DE PRIX	RESTAURATION	HÉBERGEMENT
Très petits prix	moins de 10€	moins de 30€
Petits prix	de 10€ à 15€	de 30€ à 40€
Prix moyens	de 16€ à 25€	de 41€ à 60€
Prix élevés	de 26€ à 45€	de 61€ à 80€
Prix très élevés	plus de 45€	plus de 80€

LE LABOURD

baies vitrées ouvrent sur la verdure. *Pl.
des Arceaux Tél. 05 59 29 66 70 Ouvert
en saison : tlj. ; hors saison : le soir en
semaine uniquement sur réservation
Fermé 3 dernières semaines de jan.*

☺ **Maison Marchand** Dans une
maison de 1592 du bourg de La Bastide-Clairence, l'Irlandaise Valérie Foix
a aménagé 3 chambres de charme,
avec vue sur le jardin. La restauration
des pièces (grenier à foin, étable) a
été menée avec beaucoup de raffinement et de goût. Poutres sombres,
sol en tommettes, murs blanchis à la
chaux donnent à l'ensemble caractère et chaleur. Dans les chambres,
une bibliothèque bilingue pour
agrémenter vos nuits de lectures.
Chambre double de 55 à 75€ (selon
la saison). *Rue Notre-Dame Tél. 05 59
29 18 27 Fermé mi-nov.-mi-mars*

🧳 prix élevés

Clos Gaxen Une maison d'hôtes
entourée de collines, d'un jardin et d'un
enclos à pottoks, avec une piscine où
l'on se baigne en regardant les monts
d'Arberoue. Les chambres s'ouvrent
toutes sur la verdure. Décoration soignée, accueil jovial. Aux beaux jours,
les petits déjeuners se prennent au
bord de la piscine. Double 70€ (63€
à partir de 2 nuits et juil.-août). Également un gîte pour 4 personnes. *Route
d'Hasparren Tél. 05 59 29 16 44 www.
leclosgaxen.com*

LE LABOURD

GEOREGION

Pottoks en liberté (p.23), dans les environs d'Iraty.

LA BASSE-NAVARRE

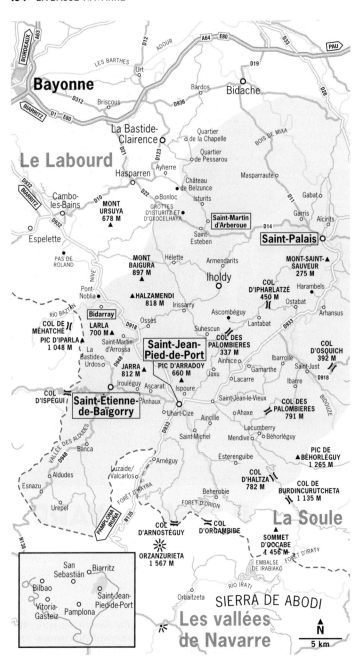

LA BASSE-NAVARRE

BORDEAUX A63
BIARRITZ D1 E80
ADOUR
D12
A64 E80
D33
PAU
LES BARTHES
D19
D28
Bayonne
Urt
Bardos
Bidache
BIARRITZ
D312
Briscous
D936
BOIS DE MIXA
La Bastide-
Clairence
Quartier
de la Chapelle
Le Labourd
Quartier
de Pessarou
Ayherre
Masparraute
D21
D123
Hasparren
Château
de Belzunce
Gabat
BIARRITZ
D932
Cambo-
les-Bains
D10
D22
Bonloc
Isturits
Garris
Aïcirits
**MONT
URSUYA
678 M**
GROTTES
D'ISTURITZ ET
D'OXOCELHAYA
D11
**Saint-Martin
d'Arberoue**
D14
Espelette
Saint-
Esteben
Saint-Palais
PAS DE
ROLAND
**MONT
BAIGURA
897 M**
Hélette
Armendarits
**MONT-SAINT-
SAUVEUR
275 M**
NIVE
Iholdy
**COL
D'IPHARLATZÉ
450 M**
Harambels
Pont-
Noblia
**HALZAMENDI
818 M**
Irissarry
Ostabat
RÍO BAZTÁN
Bidarray
D918
Ossès
Ascombéguy
Lantabat
Arhansus
**COL DE
MÉHATCHE**
**LARLA
700 M**
Suhescun
**COL DES
PALOMBIÈRES
337 M**
D933
**COL
D'OSQUICH
392 M**
**PIC D'IPARLA
1 048 M**
Saint-Martin-
d'Arrossa
La
Bastide-
Urdos
**Saint-Jean-
Pied-de-Port**
Ainhice
Ibarrolle
Saint-Just
**JARRA
812 M**
**PIC D'ARRADOY
660 M**
Gamarthe
D918
Irouléguy
Ascarat
Jaxu
Lacarre
Ibarre
BIDOUZE
**COL
D'ISPÉGUI**
**Saint-Étienne-
de-Baïgorry**
Anhaux
Ispoure
Saint-Jean-le-Vieux
**COL DES
PALOMBIÈRES
791 M**
Uhart-Cize
Ahaxe
VALLÉE DES ALDUDES
D948
Aincille
Lecumberry
**PIC DE
BÉHORLÉGUY
1 265 M**
Banca
D933
Saint-Michel
Mendive
Béhorléguy
Esterenguibe
Aldudes
Luzaide/
Valcarlos
Arnéguy
**COL
D'HALTZA
782 M**
**COL DE
BURDINCURUTCHETA
1 135 M**
Esnazu
FORÊT D'HAYRA
Beherobie
La Soule
Urepel
N135
FORÊT D'ORION
PAMPLONA
IRUÑA
**COL
D'ARNOSTÉGUY**
**COL
D'ORGAMBIDE**
**SOMMET
D'OCCABE
1 456 M**
N138
**ORZANZURIETA
1 567 M**
FORÊT D'IRATY
EMBALSE
DE IRABIAKÓ
RÍO IRATI
Orbaitzeta
SIERRA DE ABODI
San
Sebastián
Biarritz
Bilbao
Saint-Jean-
Pied-de-Port
Vitoria-
Gasteiz
Pamplona
**Les vallées
de Navarre**
N
5 km

SAINT-JEAN-PIED-DE-PORT DONIBANE GARAZI 64220

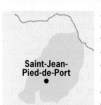

Saint-Jean-
Pied-de-Port

Au carrefour des voies jacquaires, Saint-Jean-Pied-de-Port est la dernière étape française avant le franchissement des Pyrénées. Un village bastide, établi au XIIᵉ siècle par les rois de Navarre au "pied du port" (ou col) donnant accès à Roncevaux.

La ville médiévale, repliée derrière ses remparts, a conservé son plan parcellaire et ses maisons en grès rose d'Arradoy. Elle était le chef-lieu de la *Merindad de Ultra Puertos*, ces "terres d'outre-ports" du royaume de Navarre. Les visiteurs viennent nombreux y flâner et il semble loin, le temps où seul le bruit des sandales des pèlerins venait perturber le train-train quotidien des habitants... Saint-Jean-Pied-de-Port est aussi la capitale du pays de Cize (Garazi), patchwork de forêts, landes, champs et pâturages qui s'étalent autour de la ville. En montagne ou dans la campagne, une myriade de producteurs doués vous ouvrent leurs portes pour vous faire partager leur savoir-faire. Le GR®10, le GR®65 et les chemins de randonnée tracés par les communes offrent bols d'air pur et balades vivifiantes, entre pottoks et brebis.

LA BASSE-NAVARRE La plus grande des trois provinces d'Iparralde (ou Pays basque nord) est coincée entre ses voisines labourdine et souletine. Comme le Labourd, elle s'adosse aux Pyrénées pour s'étirer en pente douce jusqu'aux rives de l'Adour. Les sommets pyrénéens atteignent ici des hauteurs respectables – le point culminant, le sommet d'Occabe, s'élève à 1 456m. Longtemps convoitée par la France, la Castille et l'Aragon, la province connut une histoire mouvementée au fil des alliances politiques et des jeux de succession. Elle constitua au demeurant un royaume uni, à cheval sur les Pyrénées et ayant Pampelune pour capitale, du XIᵉ au XVIᵉ siècle. Coupée en deux en 1530, elle verra sa partie nord définitivement rattachée à la France avec l'accession au trône d'Henri IV, fils de Jeanne d'Albret (reine de Navarre). L'influence ibérique se perçoit au sud de la province dans l'architecture de certaines maisons, couvertes d'un toit à quatre pentes. Par ailleurs, l'*etche* bas-navarraise ressemble à celle du Labourd, maison chaulée d'un seul volume, coiffée d'un toit à double pente à auvent débordant. La façade toutefois, très sobre, n'arbore ni colombages, ni encorbellement, ni *lorio*. Elle privilégie l'usage de la pierre, appareillée le long des murs d'angle et autour des portes et fenêtres. L'encadrement en pierre de la porte se prolonge habituellement aux contours de la fenêtre située juste au-dessus, créant cet effet de "bouteille" si caractéristique de la province.

UNE TRADITION PASTORALE L'activité pastorale a profondément façonné les paysages et les modes de vie au Pays basque. Les

LA BASSE-NAVARRE

communautés de bergers, tributaires des mêmes terres, ont très tôt échafaudé les règles de jouissance commune de la montagne. De ces droits coutumiers découlent nombre de ceux qui aujourd'hui régentent la vie pastorale. Les actuelles commissions syndicales en sont les héritières. Ces collectivités gèrent un territoire en propriété indivise avec charge de l'équiper en pistes et accès, acheminement d'eau, abreuvoirs, etc. Elles fixent le jour de la transhumance, généralement début mai, que les bergers entreprennent à pied ou en camion. Le retour s'effectue en novembre, avec les premiers froids. En estive, la vie s'organise autour de l'*etxola* (ou *cayolar*), la cabane du berger où ont lieu la traite des brebis, l'entretien du troupeau et la fabrication des fromages. Les commissions syndicales s'occupent aussi de questions centrales pour la pérennité des activités agropastorales comme le développement durable, la protection de l'environnement, la cohabitation avec le tourisme. Leurs fonds proviennent des taxes de pacage, de la vente du bois et de la location des cols de chasse à la palombe. Parmi elles, les plus importantes sont celles des pays de Cize, de Baïgorri, d'Oztibarre et de Soule.

MODE D'EMPLOI

accès

EN VOITURE
À 53km au sud-est de Bayonne, à 8km de l'Espagne par les D918 (sur l'A63, sortie Bayonne puis D932) ou D933 (sur l'A64, sortie Salies-de-Béarn).

EN TRAIN
Liaison directe en TER Aquitaine de Bayonne via Cambo-les-Bains. Un très joli parcours, qui épouse le cours de la Nive, surplombe les gorges du Pas-de-Roland et traverse de splendides paysages.
Gare SNCF *Rue du 11-novembre (à quelques minutes à pied de la ville intra-muros) Tél. 3635 www.voyages-sncf.com*

EN CAR
La ligne Saint-Étienne-de-Baïgorry/ Saint-Palais des TBA/Hiruak-Bat dessert Saint-Jean-Pied-de-Port tlj. sauf dim.
TBA/Hiruak-Bat *Tél. 05 59 65 73 11 Circule à la demande pendant les vac. scol.*

orientation et stationnement

La vieille ville se déploie sur les rives de la Nive. Les voitures y sont inter-dites. Garez-vous au parking à côté de l'office de tourisme, près de la porte de Navarre, ou bien de l'autre côté de la Nive, autour du marché couvert. Vous trouverez également un parking à côté de la gare, dans la ville moderne

Tableau kilométrique

	Saint-Jean-Pied-de-Port	Irouléguy	Saint-Palais	Bidarray
Irouléguy	6,5			
Saint-Palais	31	38		
Bidarray	19	19	38	
Pampelune	75	80	107	93

ou à côté de l'aire pour camping-cars. La citadelle surplombe la vieille ville du haut d'une colline au nord-est.

informations touristiques

Office de tourisme Géré par la communauté de communes de Saint-Jean-Pied-de-Port et Saint-Étienne-de-Baïgorry, il distribue un plan découverte de la ville, et vend le topo-guide *55 balades et randonnées en Pays basque*. Visites guidées diurnes et nocturnes (en juil.-août, 4,50€, nocturne 7€), visite combinée avec Saint-Jean-le-Vieux (cf. Découvrir les environs de Saint-Jean-Pied-de-Port), 5,50€. *14, place Charles-de-Gaulle* Tél. 0810 75 36 71 www.pyrenees-basques.com *Ouvert juil.-août : lun.-sam. 9h-19h, dim. 10h-13h et 14h-17h ; hors saison : lun.-sam. 9h-12h et 14h-18h*

marchés et foires

Marché Le grand événement hebdomadaire des pays de Cize et Baïgorri, réunissant pour la journée les producteurs des environs. Également un marché couvert. *Place Charles-de-Gaulle, le lundi*

Marché aux bestiaux Au marché couvert en haut du village, une foire pittoresque en compagnie des brebis et pottoks. *Lundi matin sauf en juil.-août*

Foire aux produits locaux Fromages fermiers, charcuteries de montagne, producteurs d'irouléguy... Le rendez-vous incontournable des gastronomes. *Marché couvert jeudi en juil.-août (demandez le calendrier à l'office de tourisme)*

LA BASSE-NAVARRE

DÉCOUVRIR

☆ **Les essentiels** Le centre historique de Saint-Jean, la vallée de Compostelle, la route des Crêtes, les chapelles jumelles de Saint-André de Bascassan et de Sainte-Croix d'Alciette **Découvrir autrement** Parcourez à cheval le sentier des contrebandiers ➤ **Carnet d'adresses p.177**

Saint-Jean-Pied-de-Port

☆ ☺ **Centre historique** Il a gardé son cachet médiéval, ses ruelles pavées en pente raide, ses remparts en grès rose percés de portes en arc brisé. Pour y pénétrer sur les pas des pèlerins, il faut passer par la porte Saint-Jacques, sur la route d'Ostabat. À gauche, une rampe donne accès à la citadelle. En face s'engage la rue de la Citadelle, encadrée de maisons en grès rose ou gris. Au n°32, la maison Arcanzola porte la plus ancienne épigraphe (1510) : avec ses pans de bois et son remplage de briques, elle fait figure d'exception. La rue aboutit au parvis de l'église Notre-Dame-du-Bout-du-Pont, de style gothique rayonnant (XIV e s.), adossée aux remparts. En passant sous le clocher, vous traversez la porte Notre-Dame, toujours dotée d'une herse et de vantaux en bois, pour arriver au bord de la Nive. Reculez-vous un peu jusqu'au pont Neuf, afin d'apprécier le point de vue sur le pont Notre-Dame, les fragiles balcons de bois accrochés aux vieilles façades au-dessus du fleuve, la colline de la citadelle. Pour une balade au fil de l'eau, longez l'allée d'Eyheraberry jusqu'au pont romain (1640) qui enjambe la Nive en amont. La rue d'Espagne poursuit l'axe principal vers le sud. Les linteaux de ses maisons d'artisans évoquent la profession de leurs propriétaires. Au bout, vous arrivez à la porte d'Espagne : Roncevaux, étape mythique du chemin de Compostelle, n'est plus alors qu'à 8h de marche.

Citadelle Elle se dresse depuis le XVIIᵉ siècle à l'emplacement du château des rois de Navarre. Le bâtiment abrite un collège. Vous pourrez vous promener le long des murs pour apprécier le panorama grandiose sur la plaine de Cize (table d'orientation). De la porte de l'Échauguette, contre le chevet de l'église, un escalier de 269 marches grimpe jusqu'à la citadelle en longeant les remparts. *Visite guidée de la citadelle en saison Rens. à l'office de tourisme*

⬤ **BALADE SUR LES REMPARTS**
Près de la porte de Navarre, quelques marches conduisent à l'étroit chemin de ronde, qui parcourt une bonne partie des murs de la ville. D'un côté, les meurtrières ménagent des perspectives sur le pays de Cize ; de l'autre, vous dominez les jardins des maisons de la rue de la Citadelle.
☺ **Chemin de ronde**

Prison des Évêques C'est là que s'établit, pendant le Grand Schisme d'Occident, le siège de l'évêché de Bayonne, rattaché au pape d'Avignon. Le jardin à l'arrière conduit à la prison : un bâtiment médiéval, composé de cellules disciplinaires et, au sous-sol, d'une salle gothique sous une voûte en ogive. Ces lieux servirent de prison de 1795 – bien après le départ des évêques ! – jusqu'à l'occupation allemande de la dernière guerre. Expositions temporaires sur l'histoire locale. *41, rue de la Citadelle Tél. 05 59 37 00 92 Ouvert 11h-12h30 et 14h30-18h30 (juil.-août : tlj. 10h30-19h) Fermé mar. Entrée 3€, gratuit pour les moins de 10 ans*

⬤ **Où faire une pause déjeuner ?** Cette brasserie au bord de la Nive présente deux atouts : sa terrasse sous les platanes et l'honnête rapport qualité-prix de sa cuisine sans mystère ni fioriture. La saucisse maison avec piperade est à 10,50€, le plat du jour de 9,50 à 11€. Une mention particulière pour l'agneau du Pays basque, la grande spécialité de la maison. **Café Ttipia** *2, pl. Floquet (rive sud, contre le pont) Tél. 05 59 37 11 96 Ouvert 8h-0h sauf mer.*

⬤ **Louer un VTT** Pour s'aventurer sur les sentiers balisés de la région. 10€ la demi-journée, 15€ la journée (casque fourni). **Cycles Garazi** *32 bis, avenue du Jaï-Alaï Tél. 05 59 37 21 79*

Les environs de Saint-Jean-Pied-de-Port

★ La vallée de Saint-Jacques-de-Compostelle

Trois des quatre principales voies de Saint-Jacques se réunissent à Ostabat-Asme (cf. Saint-Palais, Découvrir l es environs de Saint-Palais) et convergent vers Saint-Jean-Pied-de-Port. La D933 vers Saint-Palais croise ainsi nombre de villages nés de ce pèlerinage – anciens prieurés, commanderies – et une croix de carrefour médiévale à **Galzetaburu**. Ancienne capitale du pays de Cize, du XIᵉ au XIIIᵉ siècle, **Saint-Jean-le-Vieux** constituait l'étape la plus importante de la vallée, avant le sac conduit par Richard Cœur de Lion au XIIe siècle et la fortification de sa nouvelle voisine Saint-Jean-Pied-de-Port.

Saint-Jean-le-Vieux

Saint-Jean-le-Vieux Les Romains furent les premiers à s'intéresser à sa situation, au pied des cols pyrénéens : ils y établirent un camp militaire, contrôlant la voie menant de Dax à Pampelune. Un musée archéologique, à côté des vestiges du camp et des thermes, expose les objets mis au jour par les fouilles. *64220 **Saint-Jean-le-Vieux** (à 5km à l'est de Saint-Jean-Pied-de-Port par la D933)* **Musée** *Tél. 05 59 37 91 08 ou 05 59 37 09 10 (mairie) Ouvert mi-juin-mi-sept. : lun.-jeu. 14h30-18h Visites toutes les heures Entrée 2€ (7-14 ans 1€)*

Mont d'Arradoy (660m)

Mont d'Arradoy (660m) En suivant la D22 en direction de Jaxu, on emprunte, à gauche après le pont, une route qui grimpe sur les flancs de l'Arradoy. Suivez-la jusqu'au bout, vous arrivez à une aire de détente agrémentée d'une table panoramique. Le regard embrasse la chaîne des Pyrénées et les vallées des ports de Cize. Un raidillon permet ensuite d'atteindre le sommet en un peu plus d'une heure, entre des châtaigniers et de malingres chênes tauzins. La vue peut néanmoins y être masquée par la végétation…

Col des palombières

Col des palombières Après Jaxu, au niveau de Garatia, prenez la direction de Lantabat. Cette route de campagne sinueuse, parallèle à la D933, croise des installations de chasse camouflées par des branchages et plusieurs hameaux. Juste après le col, les amateurs de vieilles stèles prendront à gauche vers **Ascombegui** : quelques fermes épargnées par le temps, une chapelle et un cimetière aux stèles du XVIIe siècle les attendent.

● **Randonner sur le chemin de Saint-Jacques-de-Compostelle** Partez en Navarre sur les traces du pèlerin de Saint-Jacques-de-Compostelle en suivant l'étape de Saint-Jean-Pied-de-Port jusqu'au monastère de Roncevaux par le col d'Ibañeta. Premier itinéraire culturel européen, le chemin des Étoiles est inscrit au patrimoine de l'Unesco (cf. GEOPlus, Les chemins de Saint-Jacques). De Saint-Jean-Pied-de-Port, prendre dans un premier temps la direction de Saint-Michel, vous trouverez ensuite rapidement la direction de Roncevaux. La première partie de l'itinéraire emprunte l'ancienne route Napoléonienne, autrefois passage du commerce de l'or et de l'étain entre l'Orient et l'Occident. Cette route est aujourd'hui goudronnée jusqu'au col de Bentarté. Cela n'enlève rien à la beauté des paysages pastoraux où les bergers de Cize emmènent paître leurs troupeaux de brebis et de pottoks. Passé le col de Bentarté, l'itinéraire se poursuit par une large piste de terre vous conduisant au col de Lepoeder pour enfin plonger sur Roncevaux sous le couvert d'une magnifique forêt de hêtres. *Parcours AR **Durée** 8h **Dénivelé** 1 300m Saint-Jean-Pied-de-Port (150m) parcours en montagne traversant le col de Bentarté (1 344m) et le col de Lepoeder (1 430m) Roncevaux (952m)* **Difficulté** *Itinéraire pour marcheur entraîné* **Balisage** *Il se présente sous toutes les formes : point, trait, flèche et inscriptions toujours en jaune. La fréquence des marques est très élevée offrant un grand confort d'orientation* **Accès** *Se garer à Saint-Jean-Pied-de-Port, porte d'Espagne* **Recommandations** *Attention, les conditions météorologiques peuvent rendre le passage des deux cols très difficile. Il est donc indispensable de consulter les*

LA BASSE-NAVARRE

services météorologiques ou de se renseigner auprès de l'association jacquaire locale **Hébergement et restauration** *(cf. Les vallées de Navarre, La vallée de Roncevaux) Auberge de jeunesse 31650 Roncevaux Tél. (00 34) 948 76 03 02 Auberge des pèlerins 31650 Roncevaux Tél. (00 34) 948 760 000 Hôtel-Restaurant La Posada Route de France 31650 Roncevaux Tél. (00 34) 948 760 225 Pension Casa Sabina Route de Pampelune Km48 31650 Roncevaux Tél. (00 34) 948 76 00 12* **Renseignements** *Office de tourisme de Roncevaux Tél. (00 34) 948 76 03 01 Office de tourisme de Saint-Jean-Pied-de-Port Tél. 0810 75 36 71 Association des Amis de Saint-Jacques-de-Compostelle 39, rue de la Citadelle Saint-Jean-Pied-de-Port Tél 05 59 37 05 09 VVF Villages, au bord du chemin de Saint-Jacques-de-Compostelle Tél. 05 59 37 06 90* **Bibliographie** *Topo-guide FFRP réf. 653 Sentier de Saint-Jacques, Moissac à Roncevaux*

Les ports de Cize

À l'approche de la barrière des Pyrénées, le relief s'élève majestueusement, entaillé par de profondes vallées, autant de passages vers les "ports" pyrénéens. Des routes panoramiques sillonnent ces versants vertigineux, entre landes battues par les vents et sombres forêts de hêtres. À chaque virage, vous risquez de vous trouver nez à nez avec une centaine de brebis, venues passer la belle saison en estive… Ces itinéraires sont à entreprendre par beau temps, pour profiter de points de vue grandioses. Par temps nuageux, la plus grande prudence s'impose : les virages sont serrés et les montagnes ne se révèlent que mètre par mètre.

Vallée de Roncevaux La D933 (N135) mène tout droit à Roncevaux en longeant la Nive d'Arnéguy. De l'autre côté de la rivière, les maisons sont en territoire espagnol (cf. Les vallées de Navarre, La vallée de Roncevaux). À **Arnéguy**, ville à l'architecture navarraise, le pont international croise la frontière : la route se poursuit en Espagne, vers Valcarlos et le col d'Ibañeta, par des gorges fabuleuses. En bifurquant, côté français, sur la D128, vous rejoignez, à l'est, la route des Crêtes.

À cheval sur le sentier des contrebandiers

D'Ainhoa à Saint-Palais, ce circuit de 200km sillonne le Pays basque à 1 200m d'altitude, sur les chemins secrets de la contrebande. Il faut compter environ une semaine de randonnée. Cet itinéraire demande une bonne préparation technique et physique pour le cavalier et sa monture. Le balisage au sol est marqué de couleur orange. **Cartographie** *Cartes IGN 1/25 000 1445 OT Saint-Palais ; 1345 OT Cambo-les-Bains ; 1346 ET Forêt d'Iraty ; 1346 OT Saint-Jean-Pied-de-Port/Saint-Étienne-de-Baïgorry/Vallée des Aldudes ; 1245 OT Hendaye/Saint-Jean-de-Luz* **À cheval tous ensemble** *Informations sur le sentier des contrebandiers, les hébergements pour cavaliers du département, les séjours et stages équestres. Tél. 05 59 65 64 10 et 06 03 53 59 58 http://contrebandiers64.blogspot.com*

☆ ☺ **Route des Crêtes** Il s'agit du plus ancien passage vers l'Espagne, emprunté tour à tour par les armées romaines, les guerriers francs, les pèlerins, les troupes napoléoniennes (on l'appelle encore route Napoléon) et, de tout temps, par les bergers et leurs troupeaux. À 1 177m, la D428 passe en contrebas de la redoute du château Pignon, vestige du Castel Peñon élevé par Ferdinand d'Aragon après la conquête de Navarre, en 1512. Au col d'Arnostéguy (1 236m), on aperçoit les ruines de la **tour d'Urkulu**, monument en pierres sèches d'époque augustéenne élevé pour célébrer la soumission des peuples aquitains et ibères à l'Empire romain. Du col, un sentier conduit à la tour (1h30 AR, 3km, 200m de dénivelé). La route s'enfonce ensuite dans la forêt d'Orion, avant de regagner la vallée par Estérençuby.

Vallée des sources de la Nive La vallée de la Nive de Béhérobie est parcourue par la D301. La départementale surplombe les gorges de Soussignaté, puis rejoint **Estérençuby**, au pied du pic d'Iramendy (866m). Pour gagner les sources, quittez la D301 pour suivre à droite la D428. Longez la rivière jusqu'au restaurant Les Sources de la Nive ; sur la gauche, un sentier s'engage dans la forêt et mène en une petite demi-heure à la source du cours d'eau. En continuant par la D428, la route traverse la forêt d'Orion ; prenez à la sortie de la forêt la direction du col d'Orgambide. Une piste en cul-de-sac suit la crête des montagnes au sud-est, à 1 000m d'altitude, dans un paysage de landes où seuls s'aventurent les vautours fauves.

☺ **Vers la forêt d'Iraty** Les ☆**chapelles jumelles** de Saint-André de Bascassan et de Sainte-Croix d'Alciette, de part et d'autre de la D18, conservent d'émouvantes peintures naïves du XVIIe siècle, très semblables (clés disponibles au hameau). Un petit détour par la D117 vous conduit à Behorléguy, village entouré de pâturages accroché au massif des Arbailles. L'architecture de ses maisons et son aspect montagnard annoncent déjà la Soule toute proche. La D18 se poursuit vers le col d'Haltza et croise, à 900m, la chapelle **Saint-Sauveur d'Iraty** (XIIe s.), élevée sur l'un des nombreux lieux de culte païen que comptaient les montagnes basques. Les points de vue exceptionnels se multiplient aux alentours du col de Burdincurutcheta (1 135m). Au plateau de Cize, une bifurcation (D19) mène à la station des Chalets d'Iraty (cf. La Soule, Larrau). On peut également rejoindre à ce niveau la D301 qui redescend par Estérençuby.

● **Où acheter des charcuteries de montagne ?** Les charcuteries et les confits, en vente à la boutique mais également sur les marchés des environs, sont tous issus de l'élevage fermier. **Ferme Elizaldia** *64220 Gamarthe (à 10km de Saint-Jean-Pied-de-Port) Tél. 05 59 37 23 50* **Boutique** *Ouvert lun.-sam. 8h-12h et 14h-18h30 (sam. jusqu'à 17h)*

● **Où goûter un fromage au cayolar ?** Au Pays basque nord, une trentaine de bergers sans terre perpétuent le métier comme autrefois. Pettan fait partie de ceux-là. En saison, il transhume avec ses 320 brebis jusqu'à ce *cayolar* qu'il loue à la commission syndicale, niché sur les hauteurs d'Iraty (1 000m). Une vie spartiate, rythmée par la traite manuelle, matin et soir, et la fabrication quotidienne du fromage. Chez lui, vous trouverez d'exquises tommes artisanales

LA BASSE-NAVARRE

GEOPLUS

LES CHEMINS DE SAINT-JACQUES
Lève-toi et marche

par **Lara Brutinot,** journaliste

Classées sur la liste du Patrimoine mondial de l'Unesco depuis 1998, les routes de Saint-Jacques-de-Compostelle convergent vers le Pays basque pour franchir les Pyrénées à Ronceveaux. Voici les conseils pratiques pour préparer et réussir votre randonnée sur ces sentiers renommés.

Quand partir ? Impossible de prévoir les meilleures conditions météorologiques tout au long de l'itinéraire. Les régions que vous traversez comportent des climats ou des microclimats variés, notamment en montagne. La neige, le brouillard ou l'orage peuvent vous surprendre pratiquement en toute saison. Pour des raisons d'affluence (saturation des structures d'accueil du pèlerin), le printemps et l'automne sont les périodes les plus indiquées pour le départ. Vous évitez aussi a priori les canicules et l'enneigement des cimes. Le retour de Santiago de Compostela peut se faire par le train quotidien de la Renfe vers Hendaye.

Équipement Emportez le strict minimum : votre sac ne doit pas peser plus de 10kg. Quelle que soit la saison de votre départ, prévoyez des habits chauds contre le froid (éventuellement un duvet épais), amples et légers contre la chaleur, ainsi que chapeau et crème solaire. Les vêtements doivent être faciles à laver et à sécher (vous ne resterez pas plus d'une nuit par gîte). Emportez des chaussures de marche imperméables mais dans lesquelles vos

routes de Saint-Jacques-de-Compostelle

La voie de Tours	1 447km	62 jours de marche
dont Tours – Saint-Jean-Pied-de-Port	657km	29 jours de marche
La voie de Vézelay	1 690km	71 jours de marche
dont Vézelay – Saint-Jean-Pied-de-Port	900km	38 jours de marche
La voie du Puy (GR®65)	1 530km	62 jours de marche
dont Le Puy – Saint-Jean-Pied-de-Port	740km	28-30 jours de marche
La voie du Piémont Pyrénéen	1 313km	55 jours de marche
dont Narbonne – Saint-Jean-Pied-de-Port	523km	22 jours de marche
Le Camino francés (Saint-Jean-Pied-de-Port – Santiago)	790km	30-33 jours de marche

pieds pourront respirer, des chaussettes en coton et une paire de sandales légères pour le soir. Dans la trousse à pharmacie, glissez une pince à épiler, des pansements, un antiseptique, de l'aspirine, un traitement contre les ampoules, une crème contre les courbatures. Pendant la marche, barres énergétiques et fruits secs aideront à éviter les "coups de pompe" – veillez aussi à conserver une gourde d'eau toujours à portée de main.

● **BALISAGE**
Côté français prédomine le balisage européen (une coquille jaune stylisée sur fond bleu) ou celui du GR®65, rouge et blanc. En Espagne, des flèches jaunes peintes au bord des chemins indiquent la bonne direction.

Itinéraire

N'hésitez pas à emprunter les variantes décrites par les topo-guides : vous aurez plus de chances de trouver un logement. De même, prévoyez des étapes différentes (il existe près d'un hébergement tous les 10km). Trois des quatre principales routes européennes traversent le Pays basque nord et la Navarre en franchissant les Pyrénées par le col de Roncevaux : la voie de Tours (*via Turonensis*), que rattrapent les pèlerins venant du nord de l'Europe et d'Angleterre, la voie de Vézelay (*via Lemovicensis*), empruntée par les pèlerins d'Europe de l'Est, et la voie du Puy (*via Podiensis*), au départ du Puy-en-Velay. Le chemin du Piémont pyrénéen, une variante de la voie d'Arles (*via Tolosana*), rejoint Saint-Jean-Pied-de-Port par Mauléon. Ces itinéraires rattrapent le Camino francés, de Roncevaux à Santiago de Compostela. La voie littorale (Camino del Mar), tombée en désuétude, suit les côtes aquitaine et cantabrique par Bayonne, Hendaye et Bilbao (cf. ci-après Associations jacquaires).

Credencial

Pensez à vous munir de la *credencial*, le carnet du pèlerin délivré par les associations jacquaires. Tamponné à chaque étape (par les offices de tourisme, églises, refuges, auberges), il facilite l'accès aux gîtes de pèlerins (*refugios de peregrinos*), surtout en Espagne. La nuitée coûte environ 7€, ou est gratuite dans les institutions religieuses (il convient toutefois de laisser un don). Si jadis un coquillage ramassé sur la plage du Padron était la preuve du pèlerinage accompli, de nos jours, vous pouvez obtenir, en présentant votre *credencial*, la Compostela, document délivré aux pèlerins ayant parcouru au moins 100km à pied (200km à cheval ou à vélo).

Topo-guides

Le topo-guide du GR®65, édité par la FFRP, décrit en 3 volumes (n°s651, 652, 653) le chemin du Puy jusqu'à Roncevaux. Comme d'habitude, ces guides sont enrichis de cartes IGN et de quelques thématiques culturelles. Les Rando Éditions publient avec l'ACIR les *Guides pratiques du cheminant* : un titre par chemin, dont un sur le Camino francés. Le *Miam-miam-dodo* (Éditions du Vieux Crayon) est la bible pratique du pèlerin. Il donne la plupart des possibilités d'hébergement et de ▶

ravitaillement le long du GR®65. Très exhaustif dans ce domaine, le guide comporte cependant des cartes simplifiées et peu d'informations culturelles. Enfin, deux autres guides ou collections de guides édités en collaboration avec les associations jacquaires : *Les Guides du Bourdon*, avec l'association Les amis du chemin de Saint-Jacques, et *Le Guide pratique du pèlerin* (Editorial Everest) avec le Centre d'études du chemin de Saint-Jacques, détaillant le Camino francés à partir du col de Somport. Pour les ouvrages généraux, cf. GEODocs.

Associations jacquaires Voici la liste des principales

associations d'information et d'aide aux pèlerins de Saint-Jacques.
Compostelle 2000 Conseils pour la préparation du pèlerinage, délivrance des carnets de pèlerins. *26, rue de Sévigné 75004 Paris Tél. 01 43 20 71 66 www.compostelle2000.com*
Association de coopération interrégionale des chemins de Saint-Jacques-de-Compostelle (ACIR) Vous trouverez sur le site de cette association un tableau détaillé des étapes. *4, rue Clémence-Isaure 31000 Toulouse Tél. 05 62 27 00 05 www.chemins-compostelle.com*
Les amis du chemin de Saint-Jacques-de-Compostelle des Pyrénées-Atlantiques Liste des refuges sur le Camino francés, descriptifs des étapes. *www.aucoeurduchemin.org Points d'information du pèlerin* **Office de tourisme** *Place des Basques 64100 Bayonne (1er jeu. du mois 14h30-18h) ; 39, rue de la Citadelle 64220 Saint-Jean-Pied-de-Port Tél. 05 59 37 05 09 (mars-nov.) ; à la cathédrale de Bayonne (jours ouvrables, 10h-12h et 15h-17h)*
Comité régional de tourisme d'Aquitaine Beaucoup d'informations sur Internet : une brochure à télécharger, *Chemins de Saint-Jacques-de-Compostelle, balades en Aquitaine et Midi-Pyrénées* : des itinéraires détaillés, des haltes spirituelles ou architecturales et des renseignements pratiques. *www.tourisme-aquitaine.fr*
www.caminosantiago.com Pour obtenir des informations sur le chemin en Navarre : hébergements, relais cavaliers, conseils pratiques. En français, espagnol ou anglais ○

ainsi que de succulentes charcuteries issues du petit élevage porcin qu'il possède dans la vallée. Le berger se propose également, sur rendez-vous, de parler de son métier autour d'un goûter paysan (cf. ci-après, Faire une randonnée pastorale en pays de Cize). Les randonneurs chevronnés entreprendront l'ascension du pic d'Iparla par le GR®10 (cf. Découvrir Bidarray). **Pettan Irola** *Sur la D301 (panneau), à 6,3km du **plateau d'Iraty-Cize** Tél. 05 59 37 08 53*

● **Visiter un rucher de montagne** Manex et Valérie Lanathova, apiculteurs et écologistes passionnés, vous emmènent passer une journée en montagne pour découvrir la vie de leurs abeilles et en apprendre plus sur le pastoralisme en pays de Cize-Iraty. Chez eux, vente de pots de miel d'acacia, de châtaignier, de bruyère d'été ou d'automne, ainsi que bonbons, hydromel et savons au miel, à la propolis, au pollen. Vous trouverez leurs produits au marché de Saint-Jean-Pied-de-Port. Un repas est prévu au bord d'un ruisseau. Comptez 40€/pers., 7-9 ans 10€, 10-16 ans 15€. **Miellerie de la forêt d'Iraty** *64220 Ahaxe (D18, à 7km au sud-est de Saint-Jean-Pied-de-Port ; fléchage) Tél. 05 59 37 19 79 ou 05 59 49 19 35 Sorties mar. et ven. à 9h (retour vers 16h) avec un minimum de 4 pers., de mi-juil. à mi-sept.*

● **Pêcher sans permis** Truites, carpes, black-bass abondent dans le lac privé d'Harrieta, où vous pourrez vous livrer à la pêche traditionnelle ou *no-kill*. Autour du plan d'eau, buvette, barbecue et un bois vous invitent à une journée de détente en famille. Le parc et le château appartiennent depuis le XVIᵉ siècle à la famille Berhouet, dont Eugène, un Basque chaleureux à l'accent américain, est l'illustre descendant. Pêche 8€ (10-17 ans 6€), accès seul 2€ ; prises 3€/kg carpes, 7€/kg truites, 10€/kg black-bass ; pêche *no-kill* 10€. Location de matériel de pêche. Gratuit pour les moins de 10 ans. Possibilité d'hébergement en maison indépendante ou appartement. **Lac d'Harrieta** *La Harrieta à **Saint-Jean-le-Vieux** (fléchage en venant de la D933) Tél. 05 59 37 26 10 ou 06 18 42 23 25 www.lac-harrieta.fr*

● **S'initier à la pêche à la mouche** Hubert Anglard, guide de pêche, vous accompagne sur les eaux de la Nive et de ses affluents pour taquiner la truite sauvage. Il vous propose également le gîte et le couvert dans son moulin datant de 1780, belle demeure qui enjambe la Nive d'Arnéguy. Stage de pêche 100€ (demi-journée) et 150€ (journée) ; chambre d'hôtes 55€, gîte à partir de 110€/2 jours (minimum) et de 300€/sem. (studio) ; table d'hôtes 20€. **Moulin de Fargas** *64220 Uhart-Cize (sur la D933 en direction d'Arnéguy, à 4km de Saint-Jean-Pied-de-Port, sur la droite) Tél. 05 59 37 12 54*

● **Randonner sur le plateau des cromlechs d'Occabe** Sur un plateau à 1 300m d'altitude, la rencontre de ces étranges cercles de pierre plantés dans l'herbe a quelque chose de magique. Les hommes du néolithique, ancêtres du pasteur basque, pratiquaient ici l'incinération de leurs morts et probablement d'autres cultes réguliers. De ce site, la vue, immense, balaie la plaine de Cize. Le pic d'Orhy (2 017m) se dresse au sud-est, dans le ciel de la Soule. Deux itinéraires sur piste bien visibles permettent d'accéder aux cromlechs.
Par le col d'Oraaté Cet itinéraire, plus court, débute au col d'Oraaté. Garez-vous au col et prenez la piste balisée qui monte doucement en lisière d'un bois.

LA BASSE-NAVARRE

Le chemin pénètre dans un deuxième petit bois puis trace dans l'herbe rase jusqu'au plateau des cromlechs. Vous pouvez vous aventurer jusqu'au sommet en suivant à l'est le balisage du GR®10 (lorsque le GR®10 part à gauche, vous continuez en direction des amas rocheux du sommet). Le retour au col se fait par le même chemin. *Parcours AR (3km)* **Durée** *1h* **Dénivelé** *65m* **Difficulté** *Facile* **Balisage** *Jaune et bleu* **Accès** *Après le chalet Pedro, poursuivez en voiture sur la D18, jusqu'à la première intersection à droite, que vous suivez jusqu'au bout* **Cartographie** *IGN TOP25 1346 ET Forêt d'Iraty-Pic d'Orhy*

Par le chalet Pedro Ce gîte est situé dans la forêt d'Iraty (accès par la D18 à partir de Saint-Jean-le-Vieux, près de Saint-Jean-Pied-de-Port). Au départ du parking du chalet, une piste balisée par le GR®10 serpente dans la hêtraie par une montée un peu rude. En sortant de la forêt, le chemin passe en contrebas du sommet d'Occabe (1 456m). Les plus vaillants entreprendront l'ascension pour la vue sur les Pyrénées espagnoles. La piste se poursuit en ligne droite jusqu'au plateau des cromlechs (1 382m). Le retour peut se faire par le col de Sourzay : laissez le GR®10 (qui continue vers Estérençuby) et prenez le sentier qui s'enfonce dans un vallon, dans la forêt de Sourzay. Au col de Sourzay, vous avez rejoint la D301 qu'il faut prendre à droite. Après un virage, engagez-vous à droite sur la piste (indiquée par un panneau), qui reconduit

Le Pays basque à pied

Grands sites de randonnée

Guides, associations de randonnée

à Iraty. À la première intersection, prenez à gauche. Cette piste, balisée pour les VTT, surplombe la D301 et aboutit au plateau de Cize (D18). Votre voiture n'est plus qu'à 1km au sud. *Parcours Boucle (10km)* **Durée** *4h30* **Dénivelé** *470m* **Difficulté** *Moyen* **Balisage** *Rouge et blanc (GR®10), jaune (vers Sourzay), jaune et bleu (VTT)* **Accès** *Par la D18, peu après le lac d'Iraty-Cize (suivre fléchage Chalet Pedro)* **Cartographie** *IGN TOP25 1346 ET Forêt d'Iraty-Pic d'Orhy*

● **Faire une randonnée pastorale en pays de Cize** Cette randonnée en plein cœur de la zone de transhumance et d'estive du pays de Cize aboutit au *cayolar* de Pettan Irola, berger sans terre (cf. Où goûter un fromage au *cayolar* ?). Pettan vous accueille sur rendez-vous pour parler de son métier, échanger et partager sa table, garnie de produits du terroir : cochonnailles, saucisses, fromages, irouléguy... Il vous demandera souvent d'apporter le pain en montant de la vallée. L'itinéraire, au départ de l'église d'Estérençuby, suit le tracé du GR®10 jusqu'au col d'Irau. Parvenu sur la ligne de crête d'Ithurramburu (820m), il pique vers le sud et descend à flanc de colline par une piste pastorale qui traverse quelques bosquets. Le dernier tronçon, au niveau d'une bergerie, emprunte un sentier qui débouche à 1 025m sur la D301. Le berger occupe la cabane posée sur la prairie, de l'autre côté de la route. Il est préférable de partir tôt. *Parcours* AR **Durée** 6h **Dénivelé** 1 000m **Difficulté** Difficile **Balisage** Rouge et blanc **Accès** Suivre la D301 jusqu'à Estérençuby au départ de l'église **Bibliographie** Topo-guide GR®10 Pyrénées Occidentales FFRP Saint-Jean-Pied-de-Port/ Arrens/Hendaye réf. 1086 **Hébergement et restauration** Auberge Carricaburu (cf. Carnet d'adresses) **Pettan Irola** Tél. 05 59 37 08 53 ou 06 26 01 12 06 Accueil mai-oct. : sur réservation (prévoir 2 à 3h) Visite et goûter paysan : 14€

● **Randonner en raquettes à neige** La forêt d'Iraty offre un réseau de pistes où fouler la neige vierge du plateau de Cize, et plusieurs circuits balisés au départ de la station des Chalets d'Iraty (Soule). Un cadre majestueux, à 1 327m d'altitude, et des vues panoramiques uniques sur les montagnes de Haute Soule et les vallées d'Aspe et d'Ossau. **Le Relais d'Iraty** Location de raquettes. Env. 9€ la sortie. Chez Christiane Ardohain, route d'Iraty 64220 **Mendive** (en venant de Saint-Jean-Pied-de-Port, par la D18) Tél. 05 59 37 11 03

● **Se promener avec un âne de bât** Ancien compagnon du berger transhumant, l'âne est un merveilleux moyen pour initier et assister les enfants dès 3 ans à la randonnée en moyenne montagne. Une formule de plus en plus demandée. Cette ferme d'Ispoure propose la location d'ânes à la journée, la demi-journée ou à l'heure pour se promener entre les vignobles en terrasses de l'Arraday – cartes et itinéraires fournis. Réservez. **Les ânes de l'Arradoy** Ferme Etxeberria 64220 **Ispoure** (au nord de Saint-Jean-Pied-de-Port par la D933 puis la D22) Tél. 05 59 37 06 23 www.domainemourguy.com

LA BASSE-NAVARRE

CARNET D'ADRESSES

Restauration, hébergement

Saint-Jean-Pied-de-Port vit au rythme d'une saisonnalité très marquée. La plupart des établissements ferment de la mi-novembre jusqu'à Pâques.

 prix élevés

☺ **Maison Donamaria** Dans son nid douillet, au bord du fleuve, à côté du pont romain, Jean-François vous accueille avec le sourire. Comble du luxe : la vue sur la cascade de son lit, pour un réveil champêtre. Le jeune propriétaire, passionné de montagne, vous aide à choisir vos randonnées ou vous oriente vers les professionnels des environs. Quatre chambres et une suite familiale. Piscine dans le jardin. Double à 65€, petit déjeuner inclus. 1 pers. 55€. *1, chemin d'Olhonce* Tél. 05 59 37 02 32 ou 06 61 90 29 21 www.donamaria.fr

Maison E. Bernat/Le Patio Une même adresse pour une maison d'hôtes de charme et un bon restaurant, sans doute le meilleur de la ville dans sa catégorie. La réservation est indispensable : les places sont rares et convoitées ! En saison, commandez les inégalables truites de Banca *a la plancha*, accompagnées d'un vin d'irouléguy du domaine Brana, et vous n'aurez guère perdu votre soirée... Menus à 21 et 27€. Double de 68 à 78€ (68-88€ petit déj. inclus en juil.-août). Formules soirée découverte ou gastronomique. *20, rue de la Citadelle Tél. 05 59 37 23 10 et 06 84 24 30 79 www.ebernat. com Restaurant ouvert avr.-sept. : tlj. 12h-15h et 19h30-21h (et hors saison sur demande pour les hôtes)*

 prix très élevés

Les Pyrénées L'incontournable table d'un chef serti d'étoiles... Chez les Arrambide, le talent culinaire semble se transmettre de père en fils. Pour vous en convaincre, les gibiers, cochons basques, louvines, pibales ou saumons de l'Adour proposés au fil des saisons, accommodés toujours avec la plus grande sobriété, et pourtant surprenants. Du grand art. Chambres confortables et modernes donnant sur la piscine. Menus à partir de 40€, double de 100 à 250€, petit déjeuner 16€. *19, place du Général-de-Gaulle Tél. 05 59 37 01 01 www.hotel-les-pyrenees. com Ouvert tlj. 12h15-14h et 19h45-21h15 Fermé lun. soir-mar. hors saison*

Dans les environs

 camping

☺ **Camping Narbaïtz** Entre les vignobles d'Irouléguy, un camping très vert, aux emplacements bien délimités par des haies de buis. Piscine, supérette et, en saison, des acti-vités de montagne et des sports en eaux vives pour tous les âges, négociés à prix rabattus. Équipe jeune, dynamique et cordiale. Forfait 2 pers. avec voiture et emplacement env. 16€ (avr., mai, juin, sept.), entre 19 et 22€ (juil.-août). Également des éco-gîtes pour 4-5 personnes, de 500 à 900€/semaine selon la saison. *64220 Ascarat (suivre la D918 en direction de Bidarray, bifurquer au panneau) Tél. 05 59 37 10 13 www.camping-narbaitz.com Ouvert avr.-sept. (éco-gîtes toute l'année)*

🍴 🧳 petits prix

☺ **Chalet Pedro** Un gîte et un restaurant nichés dans la forêt d'Iraty. En été, les tables s'éparpillent sur le gazon, dans la fraîcheur des arbres, et le cadre vous emplit de bonheur. À la carte, des plats simples comme la soupe paysanne (5€), l'omelette aux cèpes (11€) ou, en saison, la palombe rôtie (22€/2 pers.). L'adresse est fréquentée par les randonneurs qui sillonnent la vallée ou font étape sur le GR®10. Menu 22,50€ ; gîtes 12€/nuit (juil.-août), de 370 à 480€/sem. à l'année (6 pers.), 180€/w.-e. (6 pers., hors saison). *Suivre la D18 vers la forêt d'Iraty (fléché à partir du lac d'Iraty-Cize) Tél. 05 59 28 55 98 www.chaletpedro.com Restaurant ouvert 12h-14h (fermé mi-nov.-mi-avr.)*

Auberge Carricaburu Cette auberge rustique est un repaire de pêcheurs de truites et de chasseurs de palombes. Marie-Agnès est aux fourneaux et les assiettes atterrissent sous votre nez superbement présentées. Ris d'agneau aux cèpes ou filets de truite accompagnés de riz aux morilles se dégustent dans des menus à 18 et 20€. Chambre à 37€/nuit. *64220 Estérençuby (à 8km au sud de Saint-Jean-Pied-de-Port par* la D301, à l'entrée du village, à droite) Tél. 05 59 37 09 77 Ouvert juil.-oct. : tlj. Fermé nov.-juin et 15j. fév. Ouvert le week-end

 **prix moyens**

Hôtel-restaurant des Sources de la Nive Au départ du sentier qui conduit aux sources, cet établissement sert une cuisine bien typée, aux arômes de la montagne : cuisses de grenouilles, anguilles, cèpes, truites, sanglier, chevreuil. Selon la saison, l'adresse se remplit de randonneurs, de chasseurs ou de pêcheurs. Également des chambres modestes. Menus à partir de 14€, double 45€. 64220 *Estérençuby* (continuer après le bourg par la D301 puis par la D428 jusqu'à la bifurcation vers Béhérobie) Tél. 05 59 37 10 57 www.hotel-sourcesdelanive.com

Ouvert tlj. midi et soir Fermé mar. hors saison Fermé en jan.

☺ **Cidrerie Aldakurria** Une affaire familiale réussie : les parents élèvent des canards à la ferme Iribarne et produisent foie gras, magrets, confits et rillettes. Les enfants tiennent la cidrerie en contrebas, où l'on sert les produits de la ferme, les traditionnelles côtes à l'os grillées, des omelettes à la morue, et le cidre maison tiré des barriques à volonté. Une annexe dans les champs comprend 5 chambres avec terrasse privative et calme absolu. Menu à partir de 20€ ; double 40-45€, petit déj. 6€. 64220 *Lasse* (à 2,5km à l'ouest de Saint-Jean-Pied-de-Port par la D403) Tél. 05 59 37 13 13 www.cidrerie-aldakurria.com Ouvert lun.-sam. 12h-14h et 19h-21h, dim. 12h-14h Fermé dim. soir et lun. hors saison

LA BASSE-NAVARRE

SAINT-ÉTIENNE-DE-BAÏGORRY BAIGORRI 64430

Saint-Étienne-de-Baïgorry

○ Saint-Jean-Pied-de-Port

Beaucoup moins fréquentée que sa voisine du pays de Cize, Saint-Étienne-de-Baïgorry, capitale du pays de Baïgorri, vit au rythme lent de l'intérieur basque. Peu de commerces, un charmant pont romain aux pierres usées pour prétexte d'une balade au bord du fleuve, et quelques maisons navarraises, parmi les plus belles de la province, ornées de balcons de bois et de "bouteilles" en pierre de taille. La bourgade, étalée en une dizaine de quartiers, garde l'entrée de la vallée des Aldudes, enclave française dans les terres de Navarre. Ses parois encaissées et couvertes de forêts, ourlées de sommets où planent les vautours fauves, invitent aux longues randonnées. Là encore, les verts pâturages, la douceur du climat, la pureté des eaux qui dévalent des montagnes ont encouragé l'installation de producteurs renommés qu'il serait dommage de ne pas rencontrer...

LE PAYS DE QUINT Cette région à cheval sur la France et l'Espagne est une survivance des relations complexes qu'entretenaient les communautés pastorales basques – et de leur incompatibilité avec les frontières nationales. Jadis, les vallées du Baztan, de Baïgorri, de Val Carlos et d'Erro, toutes en terre de Navarre, constituaient une zone de pâturages indivis, équipée çà et là de *cayolars* occupés à tour de rôle en période d'estive. Les bergers payaient aux souverains de Navarre un impôt (le cinquième du produit de leur bétail) qui valut à la zone son nom de Quinto Real. Au XVIᵉ siècle, la division de la Navarre en deux provinces sépara les bergers demeurés navarrais de leurs traditionnelles terres de pacage aux Aldudes, qui plus est les meilleures de la région. Ce fut le début d'une longue période de conflits, avec vols de bétail de part et d'autre de la frontière. La situation s'aggrava lorsque les cadets de Baïgorri, privés du droit d'hériter de l'etche familiale (réservée, comme le veut la coutume basque, à l'aîné[e] de la famille), s'installèrent dans la vallée et s'approprièrent les bergeries et les terrains. Finalement, le traité de Bayonne (1856) désamorça la situation par d'habiles compromis : les terres annexées dans la vallée des Aldudes demeuraient espagnoles, mais l'Espagne les cédait en bail perpétuel à la France ! Ainsi, les familles d'Urepel paient aujourd'hui encore leurs impôts fonciers en Espagne, même si elles touchent leurs allocations en France… Par ailleurs, le bétail des Aldudes continue de paître dans le Quinto Real moyennant une redevance versée annuellement par la France aux vallées du Baztan et d'Erro.

MODE D'EMPLOI

accès

EN VOITURE
À 11km à l'ouest de Saint-Jean-Pied-de-Port par la D15. En venant du Labourd par la D918, prendre la D948 à Saint-Martin-d'Arrossa.

EN TRAIN
De Bayonne, prendre le TER Aquitaine vers Saint-Jean-Pied-de-Port et descendre à Ossès, où une correspondance en car est assurée par la SNCF (trajet 10min, arrêt devant la mairie). **SNCF** *Tél. 3635 www.voyages-sncf.com*

EN CAR
Liaison Saint-Étienne-de-Baïgorry/Saint-Jean-Pied-de-Port avec correspondance pour Saint-Palais ou Bayonne. Service régulier toute l'année et sur demande pendant les vacances scolaires.
TBA/Hiruak-Bat *Tél. 05 59 65 73 11*

informations touristiques

Office de tourisme Toutes les informations sur les manifestations organisées dans les communes jumelées. Vente du topo-guide de la région, visites du village en juil.-août (8€ avec dégustation chez un producteur), excursions dans les vallées et en Espagne. *Place de l'Église Tél. 0810 75 36 71 www.pyrenees-basques.com Ouvert lun.-sam. 9h-12h et 14h-18h*

fêtes et manifestations

Foire aux produits locaux Pour faire le plein de charcuteries, foies gras et fromages de brebis. Le matin, concours de chiens de berger. *En juil.-août (calendrier à l'office de tourisme) au complexe sportif et sur le parking de la piscine municipale*
Festival de force basque Défis de bûcherons, scieurs, levée de pierre…

Un tournoi France-Espagne a lieu en août. *Juillet-août*
Fêtes de Saint-Étienne-de-Baïgorry Messe solennelle, parties de pelote, bals populaires, danses et chants basques, repas de village. *5 jours début août*

Festival de musique baroque de Basse-Navarre Visite commentée de l'orgue. Concerts, théâtre, chorales, conférences. *Tél. 05 59 26 92 71, la 1re quinzaine d'août*

DÉCOUVRIR

☆ Les essentiels Le vignoble d'Irouléguy Découvrir autrement Promenez-vous dans le vignoble d'Irouléguy à la rencontre des producteurs, baladez-vous en famille avec un âne de bât ➤ Carnet d'adresses p.185

Saint-Étienne-de-Baïgorry

Église Saint-Étienne Elle a conservé de l'édifice originel (xie s.) deux colonnes à chapiteau ; pour le reste, son architecture date du xviie siècle. À l'intérieur, on remarquera le retable classé (xviie s.), les fresques abondantes sur la voûte du transept, les trois niveaux de galeries en chêne qui longent la nef. L'orgue (1999), fabriqué dans les ateliers de Rémy Malher, a vu le jour grâce à l'association Orgue en Baïgorry. Sous la tour, à droite de l'entrée, vous apercevez la porte des Cagots et le bénitier qui leur était strictement réservé… Leur ghetto était au quartier de Mitchelene.

Château d'Etchauz Cette bâtisse rectangulaire flanquée de quatre tours d'angle se cache dans un parc aux arbres centenaires. Maintes fois restaurée, elle garde néanmoins deux tours d'origine médiévale (xie s.). La propriété a appartenu à plusieurs familles illustres de la région : les vicomtes d'Etchauz, les Harispe, les Abbadie d'Arrast – dont l'un des enfants bâtit le château d'Abbadia à Hendaye. La visite permet de voir les salles d'armes, la superbe charpente du xvie siècle et quelques chambres richement meublées. On peut y séjourner en saison (chambres d'hôtes de 150 à 250€ la nuit, petit déj. compris). *Route Micheleine (au bord de la Nive, entre le pont romain et l'église) Tél. 05 59 37 48 58 Visites guidées mai-oct. : mar.-ven. 14h30 et 16h30 (2 visites par jour) ; le matin : sur réservation Entrée 7€, 5-12 ans 3€*

Urdos Ce quartier un peu excentré s'accroche aux premiers contreforts du pic d'Iparla, au nord de Saint-Étienne-de-Baïgorry. Un hameau composé de quelques bâtisses, d'un lavoir, d'une maison noble (ancienne demeure des seigneurs d'Urdos) et d'une chapelle (1666) à l'aspect rustique et montagnard. Vous pouvez rejoindre Bidarray en continuant par la même route, afin de profiter de superbes paysages. Une variante du GR®10 rejoint le col d'Harrieta (808m) à partir du bourg. *À 5km au nord de la ville (sortir par la D948 vers Saint-Martin-d'Arrossa)*

Les environs
de Saint-Étienne-de-Baïgorry

Irouléguy Cette bourgade à mi-chemin entre Saint-Jean-Pied-de-Port et Saint-Étienne-de-Baïgorry donna son nom à l'unique vin AOC du Pays basque nord. Plusieurs producteurs y sont installés. Sur une colline vous apercevrez les ruines de l'ancienne église et un vieux cimetière aux stèles discoïdales – l'occasion d'une sympathique promenade récompensée par la vue sur les vignobles en terrasses alentour. *64220 Irouléguy (à 5km à l'est de Saint-Étienne-de-Baïgorry, par la D15)*

Col d'Ispéguy La D949 au départ de Saint-Étienne-de-Baïgorry rejoint la vallée du Baztan par le col d'Ispéguy (672m). La route est superbe des deux côtés de la frontière. Au col, où se trouvent deux grosses *ventas,* garez votre voiture pour apprécier la vue sur la vallée des Aldudes. Un sentier de randonnée sillonne la crête des montagnes vers le sud (col d'Elhorrieta) entre palombières et cromlechs, au départ du parking.

Vallée des Aldudes La D948 se faufile dans la vallée des Aldudes en suivant le cours d'un affluent de la Nive. Vous traverserez des villages de caractère, établis au XVIIe siècle par les cadets de Saint-Étienne-de-Baïgorry. À l'entrée de Banca, la route croise les vestiges de l'ancienne fonderie, fleuron industriel de la vallée du XVIIIe au début du XIXe siècle pendant l'exploitation des mines de cuivre de Banca. À la sortie du bourg, une route à gauche pénètre dans la forêt d'Hayra, hêtraie primaire de 1 700ha où se cachent quelques palombières. Plus loin sur la D948, le village des Aldudes resserre ses maisons blanches autour d'une église. Sur votre droite, une bifurcation (D58) conduit au hameau d'Esnazu, puis continue vers Pampelune. La D948 se poursuit quant à elle vers Urepel, dernier village de la vallée. C'est ici que, au printemps, les bergers de Baïgorri effectuent le marquage des brebis qui iront paître en Espagne.

● ☺ **Où acheter les meilleures truites du pays ?** Michel Goïcoechea a choisi pour ses truites les eaux cristallines des montagnes du pays de Quint et un élevage raisonné. Ses poissons n'absorbent donc ni antibiotiques ni vitamines et prennent le temps de grandir normalement. Un choix difficile et risqué, mais largement récompensé lorsque l'on sait que les plus prestigieux chefs de la région se fournissent chez lui. Une exposition, une vidéo et des aquariums, où l'on observe la croissance comparée des truites d'élevages artisanaux et industriels, complètent la visite de la pisciculture. À la boutique, vous vérifierez par vous-même l'extrême délicatesse des truites de Banca – fumées au bois de hêtre, en terrine, en rillettes, entières, en darne, en filet (l'emballage dans la glace tient jusqu'à 35h). Une découverte vraiment passionnante, surtout si vous avez la chance de discuter avec François, le maître truiticulteur. **Les truites de Banca** *64430 Banca (à 10km par la D948, à la sortie du village) Tél. 05 59 37 45 97 Ouvert lun.-sam. 8h30-12h et 15h-18h30*

● **Visiter les caves viticoles** Signe de la bonne santé de la filière viticole basque, les gammes de vins et le nombre de vignerons indépendants ont augmenté. La production d'irouléguy, vin AOC, est assurée par la cave coopérative et neuf domaines privés, dont deux en agriculture biologique. Les domaines sont signalés sur les départementales par des panneaux, et pratiquent tous la vente directe.

☺ **Domaine Arretxea** Michel et Thérèse Riouspeyrous cultivent un peu moins d'une dizaine d'hectares de vignes en agriculture biologique à flanc de coteaux. Des pieds bichonnés, soignés avec des décoctions de fougères ou d'orties, vendangés à la main. Leur domaine se distingue d'année en année par des vins d'une grande pureté – un talent toujours renouvelé et plein de promesses. Leur blanc Hegoxuri, à la robe jaune paille et aux arômes de fruits et de miel, s'est déjà fait un nom. Dégustation dans la magnifique ferme bas-navarraise du couple. Thérèse vous raconte son terroir, les techniques du travail de la vigne en terrasses et de la vinification. *64220 Irouléguy (itinéraire fléché) Tél. 05 59 37 33 67 Dégustation sur rdv*

Les Vignerons du Pays basque La cave coopérative vinifie la production d'environ 65% des vignerons de la zone AOC. Elle propose une belle gamme de rouges aux puissants tannins (dont un fameux domaine de Mignaberry élevé en fûts de chêne), et quelques rosés et blancs secs et fruités. Dans la boutique, vente et dégustation des vins. En saison, visites des vignobles, du chai et de la cave (env. 1h30). *Sur la D15 (en direction d'Irouléguy, face au terrain de rugby) 64430 Saint-Étienne-de-Baïgorry Tél. 05 59 37 41 33 Boutique Ouvert mai-sept. : tlj. ; oct.-avr. : lun.-sam. 9h-12h et 14h-18h30 Visites Juil.-août : sur rdv Visite gratuite*

Domaine Étienne Brana Cette famille de distillateurs (depuis 1897) s'est d'abord taillé une réputation dans la fabrication artisanale d'eaux-de-vie de fruits – dont un divin nectar aux poires Williams. Dans les années 1980, Étienne Brana se lança dans le vin en relevant le défi d'améliorer la qualité des irouléguy. Sur les flancs de l'Arradoy, striés de 22ha de vignes, se détache la belle tour en

LA BASSE-NAVARRE

★ Le vignoble d'Irouléguy

L'origine de ce vignoble remonte au XIIᵉ siècle, lorsque les moines de Roncevaux choisirent les terres rouges et bien exposées d'Irouléguy pour installer un prieuré entouré de quelques rangées de vignes... Une culture destinée à approvisionner en vin les relais de pèlerins et leur abbaye – car à 1 000m d'altitude, les terres de Roncevaux étaient impropres à la viticulture. Le vignoble, relayé par de rares familles pour un usage privé, prospéra doucement, et connut même quelque gloire dans l'Europe du XVIIIᵉ siècle. Mais

l'épidémie de phylloxéra et l'exode rural du XIXᵉ siècle eurent raison de ses premiers succès. L'AOC obtenue en 1970 marqua donc la renaissance de cette culture et couronna les efforts d'une poignée de vignerons précurseurs. Elle couvre une zone allant de Bidarray à Saint-Étienne-de-Baïgorry et Saint-Jean-Pied-de-Port : en tout, 1 200ha dont pour l'instant seuls 220 sont exploités. Parmi les 15 communes concernées par l'appellation, les plus productives sont Irouléguy, Saint-Étienne-de-Baïgorry, Ispoure et Ascarat.

grès rose du domaine. Sur place, dégustation des fameux rouges et blancs – profitez-en pour faire la connaissance des eaux-de-vie. *Accès d'Ispoure, après le pont sur l'Arzuby, ou de la D918 (croisez la Nive et suivez la route qui longe le chemin de fer jusqu'au domaine) Tél. 05 59 37 00 44 www.brana.fr Ouvert juil.-mi-sept. : tlj. 10h-12h et 14h-18h30 ; hors saison (sur rdv) : se rendre au 6, rue de l'Église ou au 3 bis, av. du Jaï Alaï à Saint-Jean-Pied-de-Port*

● **En savoir plus sur le cochon pie noir** Pierre Oteiza, éleveur, est à l'origine du mouvement de sauvegarde de la race de porcs basques pie noir, déclarée en voie de disparition dans les années 1980. La filière se porte bien et compte de nos jours 70 éleveurs. Les porcs, élevés en semi-liberté dans la montagne pendant 12 mois, se nourrissent d'herbes, de racines de faïnes, de céréales, de glands et de châtaignes. Leur jambon frotté au piment s'affine à l'air libre de 16 à 18 mois. À côté de la boutique, un sentier de 1h30 parcourt le parc d'élevage (visite libre, chaussures de marche recommandées) et permet de faire plus ample connaissance avec cette race rustique (fiche technique du circuit disponible à la boutique). **Pierre Oteiza** *64430 Les Aldudes (à 15km par la D948, à la sortie du bourg) Tél. 05 59 37 56 11 Ouvert été : tlj. 9h-19h30 ; hiver : tlj. 10h-18h30*

● **Randonner dans le vignoble d'Irouléguy** Une promenade facile à entreprendre en famille, offrant de belles vues sur la vallée de Saint-Jean-Pied-de-Port et Saint-Étienne-de-Baïgorry et sur les cultures en terrasses du plus petit domaine de France classé en appellation d'origine contrôlée. De la place de l'église d'Irouléguy, remonter au nord la rue principale vers le quartier Hiriburu. Laisser à droite la route se dirigeant vers le Jara. Continuer à gauche pour atteindre un carrefour. Prendre la piste qui s'élève à gauche. La balade se déroule à travers une douce colline : bosquet frais, lande d'ajoncs, prairies verdoyantes, plantation de jeunes vignes, bordes au mur de pierres rouges, maisons typiques du Pays basque. Un beau parcours ondoyant qui retourne à Irouléguy par l'un de ces fameux chemins du Génie datant de l'époque napoléonienne. *Parcours Boucle par la colline d'Occostey Durée 3h Dénivelé 300m Difficulté Facile Balisage Tête d'âne rouge Accès À 4km de Saint-Étienne-de-Baïgorry par la D15 et à 6km de Saint-Jean-Pied-de-Port également par la D15 Départ de l'église d'Irouléguy, parking sur la place face à la mairie Bibliographie Topo-guide Les Sentiers de Charlotte et la Compagnie aux longues Zoreilles (chez l'auteur : Mme d'Anjou, Maison Chalbaïnia à Irouléguy Tél. 05 59 37 00 34 ou 06 86 81 87 23 escap.ane@infonie.fr)* **Hébergement et restauration** *Cidrerie Aldakurria (cf. Saint-Jean-Pied-de-Port, Restauration, hébergement dans les environs)* **Visites des caves** *Domaine Arretxea, cave coopérative des Vignerons du Pays basque, domaine Étienne Brana (cf. Visiter les caves d'Irouléguy), domaine Ilarria (visite de la maison et dégutation, Irouléguy, Tél. 05 59 37 23 38)*

● **Se promener avec un âne de bât** Cet animal accompagne les familles dans leurs randonnées en moyenne montagne. Une formule très apréciée. Charlotte, guide ânière, organise des sorties thématiques guidées et des circuits libres en compagnie d'ânes parfaitement équipés et éduqués. Les itinéraires par les collines, les vignes ou les moyennes montagnes s'entreprennent à la demi-journée, à la journée ou en escapades de 2 à 7 jours. Charlotte propose aussi ses montures dociles pour assister les personnes aveugles ou les handicapés mentaux à la marche, et des séances de contact à l'âne pour les polyhandicapés. **Charlotte et la compagnie aux longues Zoreilles** *Maison Chalbaïnia 64220* **Irouléguy** *(entre Saint-Étienne-de-Baïgorry et Saint-Jean-Pied-de-Port par la D15) Tél. 05 59 37 00 34 ou 06 86 81 87 23 http:// escapanes.skyrock.com*

CARNET D'ADRESSES

Restauration, hébergement

🍴 très petits prix

Venta Baztan On se restaure pour trois fois rien dans cette grande bâtisse en bord de route. Les *platos combinados* (jambon poêlé, côtes d'agneau ou *lomo* grillés, œufs au plat, frites) sont à 6,50€. Également des tortillas diverses à 5,50€. La boutique mitoyenne vend des produits espagnols (*patxaran*, vins, etc.). *Sur la route de Pampelune (D58) La venta se trouve juste à la* **frontière espagnole** *Tél. 05 59 37 57 39 Fermé lun. hors saison*

🍴 🧳 prix moyens

Hôtel-restaurant Manechenea Des nappes à carreaux rouge et blanc bien tirées, des poutres au plafond, une cheminée au-dessus de laquelle trône une tête de sanglier : pas de doute, vous allez déguster ici la robuste cuisine de l'intérieur basque. Les menus à 4 plats démarrent par une garbure paysanne ou une terrine, suivies d'excellents ris d'agneau aux cèpes, de confits divers, de truites aux amandes... Agréable terrasse pavée de grès rose, à l'ombre des platanes. Menus à 19, 22, 27 et 32€. La maison loue aussi des chambres, que l'on prendra en dépannage. Double 46€. *Un peu avant le* **quartier d'Urdos**, *après le pont (à 5km au nord de Saint-Étienne) Tél. 05 59 37 41 68 Ouvert mars-oct. : midi et soir ; hors saison : hôtel fermé et restaurant fermé en déc. et jan.*

☺ **Jaureguia** Cette remarquable maison forte du XVIᵉ siècle du quartier d'Urdos propose 3 chambres d'hôtes de caractère : épais murs en pierre, parquets en chêne, vastes volumes (40-50m²), belle hauteur sous plafond. Les propriétaires, guides de montagne, pourront éventuellement vous accompagner dans les environs ou vous conseiller dans vos promenades. La chapelle attenante appartient à la maison. Chambre double 55€, 70€ pour 3 pers. et 80€ pour 4 pers. *Urdos (à 5km au nord de Saint-Étienne) Tél. 05 59 37 49 72 ou 06 87 52 79 24 Ouvert toute l'année*

LA BASSE-NAVARRE

GAMME DE PRIX	RESTAURATION	HÉBERGEMENT
Très petits prix	moins de 10€	moins de 30€
Petits prix	de 10€ à 15€	de 30€ à 40€
Prix moyens	de 16€ à 25€	de 41€ à 60€
Prix élevés	de 26€ à 45€	de 61€ à 80€
Prix très élevés	plus de 45€	plus de 80€

prix moyens    prix élevés

☺ **Hôtel-restaurant Saint-Sylvestre**
Une institution où l'on sert des menus bien garnis, à 4 plats, à partir de 12,50€. En guise de hors-d'œuvre, la patronne dépose un plat fumant de garbure sur votre table. Les côtes d'agneau grillées, aillées à souhait, sont excellentes. Et des chambres correctes pour séjourner dans ce creux de vallée. Double de 42€, petit déj. 7€. *D58 64430 Esnazu (à 20km de Saint-Étienne) Tél. 05 59 37 58 13 Ouvert mars-oct. et l'hiver sur réservation*

Pekoainia Pour loger dans une ferme d'élevage de blondes d'Aquitaine : l'auberge paysanne d'André Changala propose des chambres (double à 45€, 40€ à partir de 2 nuits) très bien tenues, confortables et équipées de grandes sdb. *64220 Anhaux (à 10km à l'est par la D15) Tél. 05 59 37 27 03 et 06 76 73 11 27 Ouvert toute l'année*

Arcé Une belle adresse au bord de la Nive des Aldudes. On s'installe volontiers sous les platanes, les pieds dans l'eau et la tête sous les étoiles pour goûter aux merveilles de la cuisine : tartare de truite de la vallée de Banca ou carré d'agneau rôti aux *piquillos* et à la fleur de thym avec un petit flan d'ail... La cave fait la part belle aux vins d'Irouléguy et de la Rioja. Pour prolonger le plaisir, on prendra une chambre côté rivière ou montagne. Et, le matin, on traversera la passerelle en bois pour gagner la piscine, entourée de verdure. Menus à 27 ou 40€, plat du jour à 13€. Double de 70 à 145€ selon le confort et la saison, petit déjeuner 10€. *Route du col d'Ispéguy Tél. 05 59 37 40 14 www.hotel-arce.com Fermé lun. midi et mer. midi (sauf vac. scol. et j. fér.) ; mi-nov.-mars (ouverture exceptionnelle à Pâques)*

☺ # BIDARRAY BIDARRAI 64780

Cette bourgade paisible offre peu de distractions aux amateurs de loisirs oisifs et les visiteurs que l'on croise dans ses ruelles portent souvent un gros sac à dos et de robustes chaussures de marche. D'autres s'y rendent pour les promesses d'adrénaline que procurent les eaux vives de la Nive. Bidarray sommeille dans son coin, en attendant la fin de la saison. Ici, même les vieilles pierres ont une histoire. On murmure depuis des temps immémoriaux que le pont Noblia, bien utile aux habitants pour franchir la Nive, fut bâti en une nuit par les *laminaks*, ces génies de la mythologie basque qui vivent toujours à proximité des hommes. Quant au pont d'Enfer, on lui attribue un récit bien plus fantastique : le diable en personne se serait jeté du haut du pont, dans les eaux du Bastan, désespéré de ne parvenir à apprendre un seul mot d'euskara...

LE POTTOK, PETIT CHEVAL BASQUE Au cours de vos pérégrinations montagnardes, à pied ou en voiture, vous avez certainement aperçu ces petits chevaux ventrus à la longue crinière, broutant en liberté, une cloche autour du cou. Les éleveurs les apprécient pour l'entretien des pâturages. Depuis 1993, l'Association française du Pottok de type originel milite pour la protection génétique de cette race, menacée d'extinction. Réunis jusqu'en 2005 sur le domaine de la maison du Pottok, ils ont été alors réintroduits en totale liberté sur les massifs de la Rhune et du Choldococagna. Le pottok a souvent été croisé avec d'autres types de chevaux et de poneys en vue de valoriser sa chair, pour l'abattage, ou sa résistance, pour le trait ou la compétition. Le pottok originel se caractérise par une robe noire ou brune, des traits rectilignes et anguleux et une petite taille (moins de 1,30m au garrot). Cette espèce rustique est parfaitement adaptée aux rudesses du climat et à la pauvreté de l'alimentation en montagne.

MODE D'EMPLOI

accès

EN VOITURE
À 15km au sud-est de Cambo-les-Bains et à 19km au nord-ouest de Saint-Jean-Pied-de-Port sur la D918.

EN TRAIN
Bidarray est sur la ligne du TER Aquitaine Bayonne/Saint-Jean-Pied-de-Port via Cambo-les-Bains. **Gare de Pont Noblia-Bidarray** *Au bord de la Nive et de la D918, en bas du village Rens. Tél. 3635 www.voyages-sncf.com*

orientation

Le village se divise en deux parties. En bas, le long de la Nive et de la départementale, se trouvent la gare, une poignée d'hôtels-restaurants et les stands des agences de rafting. Vous pourrez laisser votre véhicule sur l'un des parkings ombragés. Dans la partie haute se déploie le vieux centre. Il se résume à une mairie, un fronton, une supérette, une église et deux auberges (parking en face de l'église).

informations touristiques

Il n'y a pas d'office de tourisme à Bidarray. Rens. à l'office de tourisme intercommunal de Saint-Jean-Pied-de-Port. *Tél. 0810 75 36 71*

LA BASSE-NAVARRE

DÉCOUVRIR

☆ **Les essentiels** Les églises de Bidarray et d'Ossès **Découvrir autrement** Goûtez les produits du fumoir de la vallée à Bidarray et descendez le cours de la Nive en raft avec Ur Bizia ➤ **Carnet d'adresses p.194**

Bidarray

☆ ☺ **Église** Cette ravissante église, dont la couleur ocre tranche avec l'arrière-pays verdoyant, est la dernière trace du prieuré élevé par les moines de Roncevaux. Elle fut bâtie sur l'ancienne chapelle. Sa structure et son clocher pignon à arcades datent du XVIIe siècle ; le portail roman à chapiteaux sculptés appartiennent au bâtiment originel (XIᵉ s.). Sur le parvis, on peut voir les armes de Roncevaux. Le cimetière conserve de remarquables stèles discoïdales et croix navarraises.

● **Où acheter des produits fumés ?** Cet atelier de fumage artisanal travaille au bois de hêtre et de merisier. Dans la boutique, vous trouverez toutes sortes de produits fumés : truites, saumons, anguilles, fromages de brebis, saucissons, magrets... De quoi remplir son cabas en vue d'inoubliables apéritifs ! On y vend aussi du cidre basque, des conserves de civet de lièvre, des confitures de cerises noires. **Fumoir de la vallée** *À 1,5km de l'entrée du village sur la D918 Tél. 06 64 80 84 40 Ouvert lun.-sam. 10h-18h Fermé en jan. et fév.*

● **Pratiquer des sports en eaux vives** Plusieurs agences installées sur la D918, à hauteur de Bidarray, proposent des descentes de la Nive à tarifs équivalents : descente 27€, journée (2 descentes) 45€, cocktail eaux vives (2 jours) 120€.

Ur Bizia Ses moniteurs chevronnés ont été les premiers à s'installer au bord des eaux de la Nive, au début des années 1990. La rivière est classée de 2 à 3, sur l'échelle de difficulté (1 à 6). Plusieurs parcours possibles, de 4 à 12km. Embarcations diverses : raft, canoë-kayak gonflable, hydrospeed, kayak. Location libre de canoës-kayaks sur des parcours adaptés. *Sur la D918, à côté de l'hôtel Erramundeya Tél. 05 59 37 72 37 www.ur-bizia.com*

Arteka Ce prestataire propose des activités sportives terre, mer et eaux vives dans les environs. *D918 Tél. 05 59 37 78 92 www.arteka-eh.com*

Les environs de Bidarray

Grotte du Saint-Qui-Sue Au lieu-dit Arpeko Saindua (le saint de la grotte), cette cavité jonchée d'ex-voto abrite une stalagmite anthropomorphe, de près de 1m de haut, suintant de l'eau. La croyance locale attribue des vertus curatives à cette eau qui combattrait les maladies de peau. D'après les historiens, ce lieu de culte d'origine païenne est lié à Mari, principale déesse de la mythologie basque. On accède au site par la route qui remonte le Baztan (traversez la rivière, puis suivez la route jusqu'au bout) ou en suivant le GR®10 au départ de Bidarray en direction du col de Mehatché.

Pays d'Ossès De Bidarray, la D918 remonte le cours de la Nive pour se frayer un passage entre les massifs du Baigura et du Larla jusqu'à Saint-Martin-d'Arrossa. Cette bourgade éclatée était autrefois un quartier d'Ossès. Au nord-est, la D8 traverse le pays d'Ossès, région de plaines agricoles. On remarquera à Ossès ☆ l'**église Saint-Julien** (XVIᵉ s.), au clocher polygonal strié de rayures grises et rouges. L'intérieur renferme un imposant retable baroque, riche en dorures et angelots. L'importance révolue de la bourgade se lit sur les façades de ses opulentes maisons, où se mêlent les caractéristiques de l'*etche* bas-navarraise et labourdine. La D8 se poursuit vers Irissarry, où trône, au centre de la place, l'austère commanderie des Chevaliers de Saint-Jean-de-Jérusalem (1607). L'ordre s'installa dans le bourg dès le XIIᵉ siècle, chargé d'accueillir et de protéger les pèlerins qui étaient fréquemment dépouillés sur leur route.

● **Observer des vautours fauves** Cette magnifique balade dans la réserve naturelle d'Ichusi, aux portes de la Navarre (Espagne), est une expérience à partager avec vos jeunes enfants dès 5-6 ans. La réserve abrite plus de 100 couples de vautours fauves, rapaces d'une envergure de 2,80m, qui nichent dans les falaises d'Ichusi et d'Irubellakaskoa. Le chemin conduit par une bonne piste jusqu'au cœur d'un village abandonné. Les amas de roches visibles non loin de là sont les vestiges de mines d'or d'époque romaine. Au niveau de l'ancienne école de la vallée, vous pourrez faire une pause et vous baigner dans la rivière qui passe à côté. *Parcours AR* **Durée** *4h* **Dénivelé** *150m* **Difficulté** *Facile* **Balisage** *Aucun* **Accès** *De Bidarray, situé sur la route entre Cambo et Saint-Jean-Pied-de-Port, traverser le nouveau pont sur la Nive et tourner à droite ; 150m plus loin franchir à droite un nouveau pont sur le Baztan et suivre cette rivière sur 1,7km jusqu'au pont d'Enfer. Le franchir et monter sur 100m ; à la bifurcation, prendre à droite et longer le Baztan. Passer un autre pont et monter jusqu'à la ferme Bernaténia (4,5km de Bidarray). Garer sa voiture à proximité de l'épingle à cheveux sans gêner le passage* **Bibliographie** Circuits pédestres et VTT, Michel Dusquennoy et François Lapreses, Guides Franck, Éditions Glénat **Hébergement et restauration** Hôtel du Pont d'Enfer, Gîte d'étape Auñamendi (cf. Carnet d'adresses) **Ravitaillement** Épicerie-dépôt de pain sur la place du Fronton de Bidarray

● **Galoper en pleine nature** Aux cavaliers confirmés, Eugène Ondars propose des randonnées de 3 à 7 jours en Pays basque nord et sud et en Béarn. Aux autres, des promenades de 2h, en demi-journée et à la journée entre monts et vallées. Randonnées (hébergement et restauration compris) de 300€ (3j.) à 720€ (7j.) ; balades 20€ (2h), 30€ (3h30), 48€/jour. **Ferme équestre Les Collines** Maison Heguigorria, quartier Ahaice 64780 **Ossès** (fléchage) Tél. 05 59 37 75 08 ou 05 59 37 71 93 www.fermelescollines.com

● **Faire une randonnée panoramique sur la muraille d'Iparla** Cette randonnée très aérienne sur le GR®10, étape Bidarray-pic d'Iparla, révèle d'extraordinaires points de vue sur la Navarre, la Basse-Navarre et sur l'océan, de l'imposante muraille de grès d'Iparla. L'itinéraire emprunte un tronçon du GR®10, de Bidarray au pic d'Iparla (1 044m). Lorsque vous rejoignez la sente qui, surplombant le vide, suit la dorsale des crêtes, la sensation est vertigineuse (il convient de ne pas trop s'approcher du rebord !). En plus de panoramas sensationnels, le randonneur apercevra en chemin les rapaces géants qui nichent sur ces hauteurs. Après Larratéko-Héguia et une courte descente par le col d'Iparla, le sentier atteint le sommet d'Iparla. *Parcours AR* **Durée** *5h* **Dénivelé** *910m* **Difficulté** *Difficile Cette randonnée ne présente pas de difficultés techniques, mais son dénivelé exige une bonne condition physique. Évitez de l'entreprendre par temps pluvieux* **Accès** *Départ de l'église de Bidarray* **Balisage** *Rouge et blanc* **Cartographie** *IGN TOP25 1346 ET Forêt d'Iraty-Pic d'Orhy*

● **Se balader à VTT** Des circuits balisés en bleu et jaune pour les VTT sont présentés dans le topo-guide de Saint-Jean-Pied-de-Port/Saint-Étienne-de-Baïgorry. Comptez à partir de 20€ la demi-journée pour un encadrement professionnel, sans location de matériel. **Mendi Gaiak** Itinéraires d'initiation

LA BASSE-NAVARRE

GEOPLUS

Balade et terroir en Basse-Navarre

Par **Virginia Rigot Muller,** journaliste

Véritable paradis pour la marche, le sud de la Basse-Navare présente un paysage de forêts denses, de vallées profondes, de crêtes vertigineuses et de hauts plateaux d'estives. Plus qu'un terrain d'aventures, cette région est une terre à forte tradition rurale.

Aller à la rencontre de ces paysages, c'est pénétrer dans l'univers des éleveurs et cultivateurs qui y sont enracinés. Les activités agropastorales ancestrales ont en effet domestiqué la montagne et façonné les chemins forestiers, les pistes agricoles, les sentes de brebis qui font la joie du randonneur. Grands itinéraires de randonnée et sentiers de pays se déroulent sous vos pieds, autant de promenades aisées à entreprendre seul ou accompagné d'un guide du pays.

Les sentiers de pays

Le plan local de randonnées de la communauté de communes de Saint-Jean-Pied-de-Port et Saint-Étienne-de-Baïgorry couvre 400km de sentiers et relie une trentaine de villages, avec 55 itinéraires balisés en jaune. Accessibles à tous, ces randonnées sont classées en trois niveaux.

Les sentiers de grande randonnée

Tracés par la Fédération française de randonnée pédestre (FFRP), les sentiers de grande randonnée (GR®) sont balisés en rouge et blanc. Ces itinéraires, dans leur majorité linéaires, empruntent le plus souvent des voies de passage ayant un intérêt historique et culturel (chemins de pèlerinage,

niveaux de difficulté des sentiers de pays	
Niveau 1	Randonnée facile, moins de 2h de marche
Niveau 2	Randonnée moyenne, 2h à 4h de marche
Niveau 3	Randonnée difficile pour la longueur du parcours et le dénivelé, 4h à 8h de marche

zones de transhumance…) ou paysager. Ils sont balisés et entretenus avec l'aide des comités départementaux dépendants de la fédération.

Le GR®10 Ce chemin s'adresse aux marcheurs en bonne forme physique, entraînés aux longues distances et aux dénivellations importantes. C'est un itinéraire d'été, qui ne comporte aucune difficulté d'escalade ou de glace. Il emprunte sentiers, chemins, pistes et portions de routes le long de la frontière, toujours en territoire français. Sa forte fréquentation est due à la qualité de ses équipements, tant au niveau des gîtes et refuges qu'à celui du balisage et de l'aménagement, récemment revalorisés. Sa traversée complète, d'Hendaye à Banyuls-sur-Mer, sur la côte méditerranéenne, demande près de deux mois.

Il comporte plusieurs portes d'entrée en Basse-Navarre, à Bidarray, Saint-Étienne-de-Baïgorry, Saint-Jean-Pied-de-Port, au plateau d'Iraty. Comptez une semaine pour rejoindre la forêt d'Iraty au départ d'Hendaye plage. Parmi les massifs qu'il traverse, citons l'Artzamendi (la montagne de l'ours), les falaises d'Iparla, d'Ixusi, le plateau d'Occabe. **Bibliographie** Topo-guide GR®10 *Pyrénées occidentales, Pays basque/Béarn*, FFRP (réf. 1086)

● OFFICE DE TOURISME
Il dépend de la communauté de communes de Saint-Jean-Pied-de-Port et Saint-Étienne-de-Baïgorry.
Bureau principal *14, pl. Charles-de-Gaulle 64220 Saint-Jean-Pied-de-Port Tél. 0810 75 36 71 www.pyrenees-basques.com*
Antenne de Saint-Étienne-de-Baïgorry *Place de l'Eglise*

● FFRP *(cf. GEO-Pratique, Sports et loisirs)*

Haute randonnée pyrénéenne (HRP)

Cet itinéraire de haute randonnée relie Hendaye à Banyuls-sur-Mer par la moyenne montagne. Praticable seulement en été, il ne s'occupe pas de la frontière, évite au maximum les routes goudronnées en empruntant en général des sentiers ou de simples sentes d'animaux. L'absence de balisage en fait une véritable course d'orientation s'adressant aux randonneurs expérimentés, habitués à la progression en autonomie, équipés de cordes, piolet, boussole, ration de survie, tente, cartes, etc. Comme il demeure en altitude, le HRP comporte moins de dénivelé que le GR®10 ; plus homogène et logique, il peut se faire en 45 jours. Ce grand itinéraire sportif, conçu par le guide Georges Véron, demande cependant une préparation technique et physique attentive. **Bibliographie** *Haute randonnée pyrénéenne*, G. Véron, Rando Éditions

Le GR®65 Ce sentier emprunte la voie de pèlerinage vers Compostelle dénommée Via Podensis, du Puy jusqu'à Roncevaux. Il ne présente aucune difficulté technique ni physique pour le randonneur correctement équipé. À Roncevaux, les pèlerins poursuivent vers Compostelle par l'itinéraire espagnol Camino francès. Saint-Jean-Pied-de-Port est la dernière étape du GR®65 avant les Pyrénées par les cols de Bentarte et d'Ibañeta. **Bibliographie** Topo-guide *GR®65 Sentiers de Saint-Jacques-de-Compostelle, Le Puy-Figeac/ Figeac-Moissac/Moissac-Roncevaux,* FFRP (réf. 651, 652 et 653)

Randonnée pratique

Préparatifs Malgré leurs faibles altitudes dépassant rarement 1 500m, les moyennes montagnes de Basse-Navarre ne doivent pas être sous-estimées. Quel que soit l'itinéraire choisi, portez des chaussures adaptées à la marche (semelles crantées, chevilles maintenues). Étudiez bien les parcours avant de déterminer votre choix de randonnée : ne vous surestimez pas et prenez en compte les conditions telles que la chaleur ou le dénivelé, facteurs limitants, notamment pour les enfants ou les personnes peu entraînées. N'oubliez pas que la montagne basque est avant tout le domaine des éleveurs : respectez l'activité agropastorale. Ne vous approchez pas des troupeaux, refermez les portails, tenez les chiens en laisse. Vous rencontrerez jusqu'à 1 000m d'altitude de belles bordes servant à abriter les animaux des grosses chaleurs ou de la pluie. Elles peuvent servir de refuge transitoire le temps d'un orage. Souillées de déjections animales, elles ne se prêtent pas à un bivouac.

● BIBLIOGRAPHIE
Un topo-guide 55 balades et randonnées en Pays basque est vendu dans les offices de tourisme de Saint-Jean-Pied-de-Port et de Saint-Étienne-de-Baigorry.

● CARTOGRAPHIE
Les cartes les mieux adaptées au secteur sont celles éditées par l'IGN au 1/25000® : 1346 OT Saint-Jean-Pied-de-Port/Saint-Étienne-de-Baigorry/Vallée des Aldudes et 1346 ET Forêt d'Iraty/Pic d'Orhy.

Équipement Prévoyez une trousse de premiers secours, une couverture de survie, un vêtement chaud, un vêtement de pluie, un chapeau, de la crème et des lunettes solaires, des aliments énergétiques (fruits secs, chocolat, barres aux céréales) et 1 litre et demi d'eau par personne – les ruisseaux ou sources peuvent être souillés par les troupeaux.

Gîtes et refuges Le site www.gites-refuges.com recense les hébergements à petits prix (gîtes d'étapes, refuges, maisons de pèlerins, auberges de jeunesse, campings) en France, en Euskadi et en Navarre. Pour les gîtes d'étape Rando plume, consultez www.rando-accueil.com.

Météo Il est recommandé de partir tôt afin d'éviter les grosses chaleurs, et de rester vigilant aux risques d'orages, souvent violents dans les Pyrénées.

Si vous vous faites surprendre par l'orage, évitez de courir, de stationner sur un sommet, une crête ou sous un arbre. **Infos météorologiques** *Tél. 0892 68 02 64 et 32 50*

Chasse En octobre, vous partagerez la montagne avec les chasseurs de palombes, le pigeon ramier surnommé l'"oiseau bleu". Durant cette saison, il convient d'éviter les cols ou les crêtes où se pratique la chasse aux filets, en palombières ou à l'affût.

Écobuage Les feux pastoraux allumés par les éleveurs entre janvier et mars sont soumis à une pratique réglementée. L'écobuage sert à entretenir les pâturages en éliminant les ajoncs, ces épineux qui gênent le parcours des bêtes. Des panneaux obligatoires informent le randonneur des mises à feu, mais il est plus prudent de se renseigner avant tout départ auprès des organismes qui gèrent la zone de transhumance ou les autorisations d'écobuage (ou auprès de la gendarmerie). Des randonneurs se sont déjà retrouvés encerclés par les flammes et l'issue peut être tragique. **Commission syndicale du Pays de Cize** *Tél. 05 59 37 01 26*

Sorties thématiques Le professionnel du terrain facilite la découverte des sites insolites, de la toponymie, des producteurs locaux, des itinéraires les moins empruntés. Les sorties sont adaptées à vos capacités et à vos centres d'intérêt. Les tarifs varient de 13€ (enfants) et 15€ (adultes) à la demi-journée, à 15€ (enfants) et 25€ (adultes) à la journée ○

accompagnateurs de montagne

Maison Chalbaïnia	*Irouléguy* Randonnées thématiques, familiales ou sportives : balades pastorales (rencontre d'un berger), gourmandes (cueillette de champignons), découverte du vignoble d'Irouléguy, excursion dans la réserve des vautours fauves, etc. *Maison Chalbainia (entre Saint-Étienne-de-Baïgorry et Saint-Jean-Pied-de-Port par la D15) Tél. 05 59 37 00 34 ou 06 86 81 87 23 www.escapane.com*
Arteka	*Bidarray* Des professionnels aguerris aux sports d'adrénaline : randonnées aquatiques, trekking, escalade, VTT, activités en eaux vives. *Mendi Kirolak Tél. 05 59 37 78 92 www.arteka-eh.com*
CPIE-Comité Ispeguy	*Saint-Étienne-de-Baïgorry* Pour une approche naturaliste des montagnes : découverte des oiseaux, des insectes, de la flore, observation de la vie autour de l'eau. *Pl. de la Mairie Tél. 05 59 37 47 20*
Mendi Gaiak	*Saint-Martin-d'Arrossa* Des guides bascophones, éleveurs ou naturalistes de profession. Randonnée sur la route des pèlerins de Compostelle, découverte de la montagne en compagnie d'un agriculteur, sorties nocturnes sur les chemins de contrebande, observation des vautours fauves, escapade en Navarre ou en Aragon, etc. *Errobi Baztera Tél. 05 59 49 17 64*
Jean-Luc Chrisostome	*Mendionde* Descente à vélo (24€) ou en trottinette tout terrain du massif du Baigura. *Base de loisirs de Baigura (sur la D119) Tél. 05 59 37 69 05 ou 06 08 88 28 11*

et parcours pour cyclistes confirmés sur les hauteurs de la forêt d'Iraty et du mont Jara. À partir de 12 ans Errobi Baztera 64780 **Saint-Martin-d'Arrossa** Tél. 05 59 49 17 64

CARNET D'ADRESSES

Restauration, hébergement

🍴 🧳 très petits prix

Gîtes Auñamendi Cette structure travaille à l'année avec des classes nature sur différentes approches de la montagne (sportive, naturaliste). Elle dispose de 2 gîtes d'étape à Bidarray ouverts aux randonneurs de passage. Gîte 14€/nuit et 17€ avec le petit déj. Pension complète 30€, demi-pension 26€. Maisons Etxezaharria et Menditarrenea Place du fronton Tél. 05 59 37 71 34 www.arteka-eh.com

🍴 🧳 prix moyens

☺ **Hôtel-restaurant Barberaenea** Une auberge parfaite pour poser ses valises quelques jours. La terrasse en grès rose à l'ombre des platanes fait face à l'église romane. Les chambres se révèlent très agréables, claires et propres, dotées pour les plus chères de tout le confort nécessaire. Vue sur le jardin et les montagnes. Au restaurant, un solide menu du randonneur à 18€ régale les marcheurs : salade tiède de pommes de terre et morue, côtes d'agneau poêlées au jus de thym, tarte tatin maison… Double de 33 à 60€, petit déj. 7€. Place de l'Église Tél. 05 59 37 74 86 www.hotel-barberaenea.fr Hôtel fermé mi-nov.-jan. Restaurant fermé mi-nov.-mi-jan.

🍴 🧳 prix élevés

☺ **Auberge Iparla** L'auberge du village est gérée par une équipe d'Alain Ducasse depuis 2002. Dans un décor rustique à peine modifié officient des cuisiniers formés par les grands chefs. La carte propose tartare de truites de Banca, boudin noir aux pommes purée, suprême de canette au piment d'Espelette… et même des sandwichs à 4€ ! Menu à 22€. Les plus argentés feront étape à **Ostapé**, auberge ouverte en 2004 par Ducasse sur les hauteurs de Bidarray, dans un parc de 40ha (chambres doubles de 140 à 290€ en basse saison, de 260 à 410€ en haute saison, petit déjeuner 22€ ; menus 38-62€). Iparla Place du Fronton Tél. 05 59 37 77 21 www.alain-ducasse.com Ouvert 15 juin-15 sept. : tlj. 12h-14h et 19h-21h30 Fermé mer. hors saison ; déc.-fév. **Ostapé** Chahétoenia (suivre la D349) Tél. 05 59 37 91 91 www.ostape.com Ouvert avr.-nov. : tlj.

GAMME DE PRIX	RESTAURATION	HÉBERGEMENT
Très petits prix	moins de 10€	moins de 30€
Petits prix	de 10€ à 15€	de 30€ à 40€
Prix moyens	de 16€ à 25€	de 41€ à 60€
Prix élevés	de 26€ à 45€	de 61€ à 80€
Prix très élevés	plus de 45€	plus de 80€

Dans les environs

 prix moyens

Hôtel-restaurant Mendi Alde En rayonnant dans les environs, faites une halte déjeuner dans le bourg d'Ossès, ramassé autour de son église et bien marqué par son caractère basque. Une terrasse fleurie vous accueille mais vous pourrez aussi trouver place à l'air libre côté jardin. L'originalité du lieu tient à sa cuisine au feu de bois – un vieux four où dorent les miches de pain, une broche où rôtit l'agneau de lait... La clientèle porte le béret et s'exprime en euskara. Chambres et petit déj. avec viennoiseries maison. Piscine et espace détente (sauna, hammam, Jacuzzi). Menus de 20 à 33€. Double 55€ (douche) et 64€ (bains) ; hors saison, respectivement 47 et 54€. *Pl. de l'église 64780* **Ossès** *(à 7km au sud-est par la D918) Tél. 05 59 37 71 78 www.hotelmendialde.com Ouvert juin-sept. : tlj. midi et soir ; hors saison : mer.-dim. midi*

SAINT-MARTIN-D'ARBEROUE DONAMARTIRI 64640

Saint-Martin-d'Arberoue
●

Saint-Jean-Pied-de-Port
○

Le pays d'Arberoue s'étend au nord-est du massif du Baigura, le long de la vallée tracée par la rivière Arberoue. Une terre profondément agraire, où il fait bon se perdre en voiture ; les coteaux cultivés ondulent de part et d'autre des routes de campagne. Aucun village ne mérite une halte en particulier mais chaque bourgade possède un petit rien qui fait son charme, une place, une église, des fêtes populaires et des traditions bien ancrées. Saint-Martin-d'Arberoue connut ses heures de gloire lorsque les seigneurs navarrais des environs y tenaient leur cour ; on aperçoit toujours les vestiges du palais, à côté de l'église. C'est un hameau de vieilles fermes dont seuls quelques bêlements viennent rompre le silence. La grande attraction de la région, ses grottes préhistoriques classées, attirent à elles seules plusieurs centaines de visiteurs par jour.

MODE D'EMPLOI

accès

EN VOITURE

À 13km au sud-est d'Hasparren et à 18km à l'ouest de Saint-Palais ; bifurcation à Saint-Esteben. La D14 relie Hasparren à Saint-Palais en traversant le pays d'Arberoue. Elle dessert sur son tracé les grottes d'Isturitz et d'Oxocelhaya, et Saint-Martin-d'Arberoue.

DÉCOUVRIR
Le pays d'Arberoue

☆ **Les essentiels** Les grottes d'Isturitz et d'Oxocelhaya **Découvrir autrement** Découvrez le petit village d'Hélette au mois de juin à l'occasion de sa fête-dieu et survolez le pays d'Arberoue en parapente

> ➤ Carnet d'adresses p.197

LA BASSE-NAVARRE

☆ ☺ **Grottes d'Isturitz et d'Oxocelhaya** La colline de Gaztelu cache dans ses entrailles 600m de galeries sculptées par l'Arberoue. Ces grottes aux concrétions calcaires tourmentées ont connu 70 000 ans d'occupation humaine, depuis l'homme de Neandertal. Les fouilles, menées depuis 1913, ont mis au jour quantité de peintures rupestres et objets sculptés (peignes, lames, flûtes en os de vautour…). La visite guidée (45min) vous fera parcourir les principales galeries. Les plus abondantes en art pariétal peuvent être explorées lors des visites spéciales du dimanche (11h, 11,50€), en compagnie d'une préhistorienne (réserver). Prévoyez une petite laine (température intérieure de 14°C). *64640 Saint-Martin-d'Arberoue Tél. 05 59 29 64 72 ou 05 59 47 07 06 www.grottes-isturitz.com Visites mi-mars-mi-nov. : tlj. 14h-17h toutes les heures (visite suppl. à 11h les j. fér., à 11h et 12h en juin et en sept.) ; juil.-août : visite toutes les 30min tlj. 10h-13h et 14h-18h Entrée 6,80€, 7-14 ans 3,40€*

Musée Xanxotea Ce musée privé expose pêle-mêle les objets amassés par un collectionneur passionné. Vieux outils agricoles, coffres en bois, linteaux sculptés, stèles discoïdales cohabitent sur deux étages, sans étiquettes. Soyez curieux, n'hésitez pas à questionner votre hôte, il vous accompagnera et vous fournira les explications nécessaires. *Sur la place 64240 Isturitz (par la D251, à 2km) Tél. 05 59 29 14 43 Ouvert en saison : tlj. 10h-13h ; hors saison : sur rdv*

Hélette La bourgade, avec son fronton rose saumon, rassemble toutes les caractéristiques du village basque. Bien trempée dans ses traditions, elle mérite le détour à deux moments clés de son calendrier : lors de la fête-dieu (en juin), l'une des plus étonnantes du pays, avec parade militaire et danses traditionnelles ; lors de la foire aux pottoks (en mars et en novembre à la Sainte-Catherine), qui attire un millier de poneys sur la place du bourg. Profitez de votre passage pour jeter un coup d'œil dans l'église aux belles galeries de chêne et à sa remarquable statue de saint Jacques en pèlerin. *64640 Hélette (à 8km au sud de Saint-Esteben, suivre la D151)*

Iholdy À voir, une église aux fonts baptismaux creusés dans la pierre, les vieilles stèles du cimetière et quelques maisons anciennes : Elizabelarria, maison noble affublée d'échauguettes, Franxistegia avec son linteau sculpté de sacs de blé et demi-lunes. Le château du XVIIᵉ siècle, toujours habité, a appartenu à l'évêque qui bénit le mariage de Louis XIV. L'intérieur est décoré de meubles d'époque. *64640 Iholdy D'Hélette, suivre la D245, puis la D745 (8km)*

Château *Tél. 05 59 37 51 07 Ouvert avr.-oct. : 14h-18h Fermé jeu. Entrée 6€ Tarif réduit 3€*

Mont Baigura De la D119, un chemin (interdit aux véhicules motorisés) grimpe au sommet du mont Baigura (897m), d'où s'élancent les amateurs de vol libre. Un "petit train" tiré par un tracteur exécute l'aller-retour à partir de la base de loisirs de Baigura. Le massif est sillonné de sentiers de randonnée et de VTT, au départ de la base de loisirs ou d'Hélette (rens. à la base de loisirs ou sur le topo-guide *42 randonnées du val d'Adour au Baigura*). **Petit train** *Juin-sept. : tlj. 10h, 11h30, et toutes les heures 14h-18h ; hors saison : toutes les heures 13h30-17h30 Adulte 7€, enfant 4,50€*

● **Survoler le Baigura en parapente** Baptêmes de l'air et stages d'initiation sont proposés à l'école de parapente. Également des sorties pédestres et VTT autour du massif. Baptême en parapente 55€ (env. 20min) ; stage 5j. 420€. Descente en trottinette tout-terrain : découverte 3/4h 23€, descente sportive 1h30 27€. **Base de loisirs Baigura** *64240 Mendionde (sur la route d'Hélette à Louhossoa) Tél. 05 59 37 69 05*

CARNET D'ADRESSES

Restauration, hébergement

 prix moyens

Auberge Aguerria L'auberge d'un village bien typé. On y dévore d'excellentes omelettes truffées de gros morceaux de cèpes (9€), une copieuse salade du chef au magret de canard fumé, foie gras, tomates, asperges, et jambon de Bayonne (15€), des truitelles du Bastan et bien d'autres recettes du terroir, sans surprise et pourtant si réjouissantes ! Accueil chaleureux, clientèle très locale. Menus à partir de 14€. Également des chambres doubles à 40€, petit déj. 7€.

*Place du village 64640 **Hélette** (à 7km au sud de Saint-Martin) Tél. 05 59 37 62 90 www.aguerria.com Fermé hors saison : lun. soir et midi ; jan.*

Maison Urruti Zaharria Les chambres d'hôtes d'André et Marie Fillaudeau occupent le fenil d'une vieille ferme restaurée : elles ont pour accès indépendant l'ancienne rampe utilisée pour déposer le foin à l'étage. Le couple a veillé à préserver toutes les caractéristiques de leur maison rurale, y compris l'ancien four à pain extérieur. La suite, dans une pièce mansardée aux poutres apparentes, est notre préférée. Doubles à 52, 63 et 76€ (suite). Table d'hôtes sur réservation (21€/pers.). *64240 **Isturitz** (par la*

GAMME DE PRIX	RESTAURATION	HÉBERGEMENT
Très petits prix	moins de 10€	moins de 30€
Petits prix	de 10€ à 15€	de 30€ à 40€
Prix moyens	de 16€ à 25€	de 41€ à 60€
Prix élevés	de 26€ à 45€	de 61€ à 80€
Prix très élevés	plus de 45€	plus de 80€

D251, à la sortie du bourg) Tél. 05 59 29 45 98 Ouvert toute l'année

 prix élevés

Auberge Goxoki La bonne table de Saint-Martin-d'Arberoue met les champignons à l'honneur : poule aux cèpes, filet de canard en croûte avec sa poêlée aux cèpes et foie gras, pigeonneau farci aux morilles. Plats 10-40€. Pour déjeuner à moindres frais, le menu campagnard à 17€ comprend entrée, plat et dessert. En automne, la palombe est la grande vedette de la carte. *Place de l'Église 64640 Saint-Martin-d'Arberoue Tél. 05 59 29 64 71 Ouvert tlj. midi et soir*

SAINT-PALAIS DONAPALEU 64120

C'est à Saint-Palais, bastide fondée au XIIIᵉ siècle entre la Joyeuse et la Bidouze, que fut transférée la capitale administrative du royaume de Navarre – après la restitution de sa partie nord à Henri II de Navarre et Jeanne d'Albret. De ce passé, la ville ne garde que peu de vestiges : l'ancien hôtel de la monnaie, aujourd'hui occupé par le palais de justice ; une maison noble surnommée "maison des têtes", décorée de l'effigie des derniers rois navarrais (Henri II, Jeanne d'Albret et Henri III, futur roi de France Henri IV). Saint-Palais n'en demeure pas moins une bourgade plaisante et une halte indispensable pour visiter le pays de Mixe, terre agricole fortement marquée par les pèlerinages jacquaires.

LES JEUX DE FORCE BASQUE Ces jeux spectaculaires et très en vogue tirent leur origine des défis que se lançaient les paysans durant les travaux agricoles. Remise au goût du jour à Saint-Palais dans les années 1950, la manifestation est depuis devenue l'une des plus importantes du calendrier basque. Chaque année, les villages y dépêchent leurs gaillards les plus costauds pour une série d'épreuves parfaitement codifiées : le sprint des porteurs de sacs de blé, les défis de scieurs, la levée de pierre ou de ballots de paille, la levée de charrette (qu'il s'agit de faire pivoter sur son timon), etc. La discipline reine demeure la Soka Tira (tir à la corde), car elle oppose deux villages, représentés par dix hommes de chaque côté.

MODE D'EMPLOI

accès

EN VOITURE
À 31km au nord-est de Saint-Jean-Pied-de-Port par la D933. À 53km au sud-est de Bayonne (rejoindre la D936 jusqu'à Bidache puis la D11 ; sur l'A64, sortir à Urt ou à Salies-de-Béarn).

EN TRAIN
Un car SNCF relie la ville aux gares de Dax (arrêt TGV) et de Puyoo, d'où on peut prendre une correspondance, pour Bayonne notamment.

Guichet SNCF *À l'agence TBA/ Hiruak-Bat Tél. 05 59 65 73 11 Arrêt à côté de la piscine municipale Rens. Tél. 3635 www.voyages-sncf.com*

EN CAR
La compagnie TBA/Hiruak-Bat effectue des liaisons vers Bayonne, Saint-Jean-Pied-de-Port, Saint-Étienne-de-Baïgorry, Mauléon et Tardets. Jours et horaires variables.
TBA/Hiruak-Bat *À côté de l'office de tourisme Tél. 05 59 65 73 11 Fax 05 59 65 95 11*

informations touristiques

Office de tourisme de Basse-Navarre Un bureau très actif : plans, documentation sur la province, organisation d'activités sportives, billetterie du musée de Basse-Navarre et des Chemins de Saint-Jacques, à l'étage. *14, place Charles-de-Gaulle Tél. 05 59 65 71 78 www.tourisme-saintpalais.com Ouvert mi-juil.-août : lun.-sam. 9h30-19h, dim. 10h-12h30 ; hors saison : mar.-sam. 9h30-12h30 et 14h-18h30 (sam. 18h)*

marchés

Marchés Marché traditionnel et marché au gras (nov.-mars) les ven. matin. *Place du Foirail, marché couvert, place Charles-de-Gaulle*

fêtes et manifestations

☆ **Festival de force basque** L'événement oppose huit équipes représentant huit villages et attire plusieurs milliers de spectateurs. *1er dim. après le 15 août, place du Fronton Entrée 12€, gratuit pour les moins de 12 ans*

LA BASSE-NAVARRE

DÉCOUVRIR

☆ **Les essentiels** Le festival de force basque fin août **Découvrir autrement** Visitez l'atelier de tissage Ona Tiss à Saint-Palais, observez les rapaces du col d'Osquich ▶ **Carnet d'adresses p.200**

Saint-Palais

Musée de Basse-Navarre et des Chemins de Saint-Jacques Ce musée associatif présente des pièces liées à l'histoire de la ville, de la province et des pèlerinages jacquaires. Stèles discoïdales, linteaux gravés, outils agricoles, coffres, documents, photos. Du fait du peu d'explications, il vaut mieux privilégier les visites guidées avec un raconteur de pays, organisées par l'office de tourisme. *Pl. Charles-de-Gaulle Tél. 05 59 65 71 78 Se renseigner à l'office de tourisme pour les horaires*

Atelier de tissage Ona Tiss Le dernier atelier artisanal de linge basque ! La visite, en compagnie des ouvrières ou de la patronne de cette entreprise familiale, vous fait découvrir toutes les étapes de la fabrication : la confection des bobines, l'ourdissage, le tissage, la couture. Vente du linge à la boutique. *23, rue de la Bidouze Tél. 05 59 65 71 84 Ouvert jan.-juin et sept.-oct. : lun.-jeu. 9h-12h et 14h-17h ; juil.-août : lun.-sam. (le sam. 10h-12h et 14h-17h)*

Les environs de Saint-Palais

☺ **Garris** En juillet-août s'y tient, sous les chênes séculaires de la place du Foirail, un marché au bétail d'origine médiévale (équidés le 31 juillet, bovins le 1ᵉʳ août). L'occasion de visiter la charmante bourgade, et ses superbes maisons à encorbellement et à pans de bois apparents, parfois au remplage de briques. *64120 Saint-Palais (à 3km au nord-est de Saint-Palais par la D11)*

Ostabat-Asme Cette bastide jadis fortifiée constituait une halte importante à la croisée des voies jacquaires du Puy, de Vézelay et de Tours. Le hameau est le point de départ de quelques balades : une boucle de 1h30 conduit aux ruines du château de Laxague (XIVᵉ s.) ; une autre, en épousant le GR®65, mène à la chapelle romane d'Harrembeltz, vestige d'un prieuré autrefois très fréquenté (3h). De la chapelle, les plus courageux poursuivront le GR®65 jusqu'à l'ermitage de Soyharce, pour la vue sur les montagnes. *64120 Ostabat-Asme (à 14km au sud de Saint-Palais)*

Col d'Osquich La D918 en direction de Mauléon parcourt de splendides paysages de montagne. À **Saint-Just-Ibarre** débute une très jolie randonnée jusqu'aux sources de la Bidouze (3h, départ de l'aire de pique-nique située au bord du cours d'eau, fléché). À proximité du col d'Osquich, il n'est pas rare d'observer le vol stationnaire des grands rapaces guettant la montagne.

CARNET D'ADRESSES

Restauration, hébergement

 camping

Camping Ur Alde Le camping municipal se tient tout près du centre, derrière les installations sportives de la ville, dans un terrain bien ombragé. À partir de 2 nuits, les campeurs ont droit à un accès gratuit par jour à la piscine municipale. Forfait (2 pers. avec voiture et tente) env. 21€/j., 17€ hors saison. *Route d'Aiciritis (à l'entrée de la ville) en venant de Saint-Jean-Pied-de-Port, avant le pont sur la Bidouze. Tél. 05 59 65 72 01 et 06 80 05 26 24 www.camping-basque-uralde.com*

 prix élevés

☺ **Maison d'Arthezenea** Une superbe maison de famille, acquise au XIXᵉ siècle par un grand oncle fortuné d'Amérique, que François Barthaburu restaure amoureusement. Il la fait revivre en rouvrant de vieux coffres en bois massif et des armoires chargés de vaisselle d'époque, de linge brodé,

GAMME DE PRIX	RESTAURATION	HÉBERGEMENT
Très petits prix	moins de 10€	moins de 30€
Petits prix	de 10€ à 15€	de 30€ à 40€
Prix moyens	de 16€ à 25€	de 41€ à 60€
Prix élevés	de 26€ à 45€	de 61€ à 80€
Prix très élevés	plus de 45€	plus de 80€

de souvenirs d'enfance. Bon vivant, fin gourmet et chasseur de palombes à ses heures, il est aussi une mine d'informations sur son Pays basque natal. Le propriétaire fait lui-même la cuisine avec des produits du terroir. Quatre grandes chambres, avec sdb et WC séparés. Double 68€ et 73€. Table d'hôtes 25€. *42, rue du Palais-de-Justice Tél. 05 59 65 85 96 et 06 15 85 68 64 www.gites64.com/maison-darthezenea*

Dans les environs

🍴 👜 prix moyens

☺ **Maison Elixondoa** Calme et tranquillité au pied des montagnes de la Soule toute proche, dans un superbe paysage pastoral. Les quatre chambres d'hôtes (dont une astucieuse suite familiale) ont été aménagées avec beaucoup de goût dans une vieille ferme de Pagolle. La table d'hôtes de Michèle, très raffinée, prévoit trois repas par semaine (22€, vins compris) et assiette froide les autres soirs (15€). Piscine et jardin à l'arrière. Accueil amical. Double 50€ (15€/pers. supplémentaire), suite 50€ (18€/pers. supplémentaire). *64120 **Pagolle** (sur la D302, à 15km au sud-est de Saint-Palais) Tél. 05 59 65 65 34 www.elixondoa.com*

GÉOREGION

Berger et son troupeau, dans la Soule.

LA SOULE

Saint-Palais

D11

Armendarits

MONT-SAINT-▲
SAUVEUR
275 M

Larribar

Iholdy

Uhart-Mixe

Ainharp

COL
D'IPHARLATCE
300 M

Ostabat

Irissarry

D933

Arhansus

Lantabat

Pagolle

COL DES
PALOMBIERES
337 M

COL
D'OSQUICH
392 M

Musculdy

Ainhice

Saint-Just

PIC
D'ARRADOY
660 M

D918

Lacarre

La Basse-Navarre

Saint-Antoine

Ordiarp

BIARRITZ

Saint-Jean-Pied-de-Port

Ahaxe

COL DES
PALOMBIERES
791 M

Aussurucq

PAMPLONA IRUÑA

Saint-Michel

Mendive

PIC DE
BEHORLEGUY
1 265 M

FORÊT DES ARBAILLES

PIC
DES VAUTOURS
1 072 M

Esterenguibe

Ahusquy

Lacarry

COL
D'HALTZA
782 M

COL DE
BURDINCURUTCHETA
1 135 M

FORÊT D'ORION

PLATEAU D'IRATY

Les Chalets
d'Iraty

COL
D'ORGAMBIDE
998 M

SOMMET
D'OCCABE
1 456 M

COL
BAGARGUI
1 327 M

Larrau

FORÊT D'IRATY

PICO
D'ORHI
2 018 M

D26

COL
D'ERROYMENDI
1 362 M

Irati

Orbaitzeta

RÍO IRATI

EMBALSE
DE IRABIAKO

PORT
DE LARRAU
1 573 M

SIERRA DE ABODI

**Les vallées
de Navarre**

LA SOULE

Arone

Navarrenx

San Sebastián Biarritz
Bilbao
Vitoria-Gasteiz Pamplona Saint-Jean-Pied-de-Port

Abense-le-Bas

L'Hôpital-Saint-Blaise

GAVE DE MAULÉON

GAVE D'OLORON

D23

D2

D936

D9

D25

BOIS DE CHERAUTE

Mauléon-Licharre

D611

Garindein

JOOS

Oloron Sainte-Marie

PAU

Gotein

Sainte-Barbe

Barcus

SOMMET DE CAMBILLOU 660 M

D919

SAISON

Sauguis

La Madeleine

Ossas

VERT

Trois-villes

D918

COL DE SUSTARY 392 M

Aramits

SOMMET DE SÉGU 765 M

E7

Camou

Tardets-Sorholus

D918

Arette

D918

N134

Abense-de-Haut

Alçay

Lichans

Montory

VERT DE BARCANES

VERT D'ARETTE

D132

Etchebar

Licq-Athérey

CREVASSES D'HOLCARTE

D26

Sainte-Engrâce

D132

FORÊT D'ISSAUX

GAVE D'ASPE

GORGES DE KAKOUETTA

Arette-Pierre-Saint-Martin

COL DE LA PIERRE SAINT-MARTIN 1 760 M

NA1370

N134 · E7

ZARAGOZA

RIO BELAGUN

Mesa de los Tres Reyes

N

2,5 km

MAULÉON-LICHARRE MAULE 64130

Maulèon-Licharre

Au débouché de la vallée du Saison, Mauléon comprend le bourg bastide primitif, situé sur les hauteurs, et Licharre, l'ancien centre administratif de la Soule, établi sur la rive opposée. Cette ville basse, organisée autour de la place des Allées, conserve d'opulentes demeures du XVIIᵉ siècle, tandis que la ville haute, blottie au pied du château fort et autrefois ceinturée de remparts, a gardé des airs de village. Au XIXᵉ siècle, Mauléon a connu une impulsion économique formidable, insufflée par l'industrie de l'espadrille, cette chaussure du pauvre dont raffolent aujourd'hui les estivants. À l'image de la Soule, Mauléon demeure fortement enraciné dans ses traditions : l'été, ne manquez pas d'assister aux parties de pelote, aux foires avec des danses et des chants organisées sur la place du Fronton.

LA SOULE La plus petite et la moins peuplée des sept provinces basques épouse les replis de la vallée du Saison. À l'ouest, les forêts des Arbailles et d'Iraty la séparent de la Basse-Navarre, tandis qu'à l'est elle tutoie déjà le Béarn tout proche. De sa situation, à l'écart des grands axes routiers et des flux touristiques, de par son histoire, fortement empreinte d'indépendance et de résistance aux invasions diverses, et de son relief montagneux, la Soule affiche un caractère bien à elle, riche en particularismes. Ses maisons ne ressemblent guère à l'*etxe* classique : leurs toitures à quatre pans sont couvertes d'ardoise des Pyrénées et ne possèdent pas d'auvent débordant, pour mieux résister à la neige ; leurs murs épais en pierraille ou en galets des gaves ont un aspect rude. Elles ponctuent de taches grises les montagnes de velours émeraude où paissent les brebis manechs à tête noire. Au sud, le relief s'élève fortement (le pic d'Orhy culmine à 2 017m), entaillé de gorges profondes. Dans les villages agricoles, on parle le souletin, dialecte basque local, et on cultive la danse, le chant, l'improvisation, à chaque réunion festive. Enfin, les pèlerins ont légué à cette terre deux joyaux de l'art roman, qui témoignent, par les multiples influences dont ils portent la trace, de la richesse des échanges dus au pèlerinage, car les jacquaires étaient bien souvent des maçons, des maîtres d'œuvre, des tailleurs de pierre.

PASTORALES ET MASCARADES Elles marquent les deux grands moments de la vie villageoise, en hiver et en été. Ces genres théâtraux d'origine médiévale obéissent à des conventions immuables et très codifiées. La mascarade, proche du carnaval, donnait aux villageois l'occasion de railler leurs seigneurs et d'ironiser sur leurs rapports réciproques. La pastorale, dont l'argument est emprunté à l'histoire biblique ou à la chronique locale, oppose des bons et des méchants clairement identifiables, par leurs costumes, leurs démarches, leurs jeux de voix. Les personnages s'expriment en vers chantés. Ces deux types de spectacles mettent en scène le roi, le châtelain, le saint, le chevalier, le berger, le paysan, l'ours en une savoureuse galerie de personnages. Leur création et leur production mobilisent les habitants pendant de longs mois.

MODE D'EMPLOI

accès

EN VOITURE
Mauléon-Licharre se trouve à 20km au sud-est de Saint-Palais et à 41km au nord-est de Saint-Jean-Pied-de-Port. De Saint-Jean-Pied-de-Port, prendre la D933, puis rejoindre la D918 à Larceveau. Par l'A64, sortir à Salies-en-Béarn (sortie n°7) puis prendre la D933, ou à Artix (sortie n°9), direction Navarrenx.

EN TRAIN
Un car SNCF relie Mauléon aux gares de Dax (correspondance TGV) et Puyoo. **Guichet SNCF** *à la poste, à côté de l'office de tourisme (arrêts place des Allées et à l'ancienne gare) Rens. Tél. 3635 www.voyages-sncf.com*

EN CAR
TBA/Hiruak-Bat assure des liaisons vers Tardets, Saint-Palais, Bayonne. Les Transports palois réunis relient Mauléon à Orthez (en période scolaire) et Mourenx via Navarrenx toute l'année du lundi au vendredi sur la ligne Mauléon-Pau.
TBA/Hiruak-Bat *Tél. 05 59 65 73 11*
TPR *Arrêt place des Allées Tél. 05 59 27 45 98*

informations touristiques

Office de tourisme Le seul bureau de la vallée avec celui de Tardets. Propose le topo-guide *36 sentiers de Soule* (8€) avec une carte du secteur, plusieurs activités sportives et sorties thématiques. Maison du Patrimoine et expositions temporaires à l'étage. *10, rue Heugas (à côté du fronton) Tél. 05 59 28 02 37 www.valleedesoule.com Ouvert en saison : lun.-sam. 9h-13h et 14h-19h, dim. 10h-12h30 ; hors saison : lun.-sam. 9h-12h30 et 14h-18h*

marchés, fêtes et manifestations

Marchés *Mar. matin, marché couvert de la Haute Ville ; sam. matin, place des Allées*
Parties de pelote *Parties hebdomadaires en juil.-août à main nue (mar. 21h, Haute Ville) et à grand chistera (mer. 21h et dim. 11h, place des Allées)*
Foire transfrontalière Soule-Navarre Danses, chants, parties de pelote. *1er week-end d'août, Haute Ville*
Fête de l'espadrille Les artisans viennent présenter leur métier sur la place. Également danses basques, parties de pelote. *15 août, place des Allées*

LA SOULE

Tableau kilométrique

	Mauléon	Tardets	Iraty	Saint-Jean-Pied-de-Port
Tardets	14			
Iraty	70	66		
Saint-Jean-Pied-de-Port	41	40	32	
Saint-Engrâce	33	19	77	59

LA SOULE

DÉCOUVRIR

☆ **Les essentiels** L'église romane de L'Hôpital-Saint-Blaise **Découvrir autrement** Assistez à la foire transfrontalière Soule-Navarre en août, accédez au chemin de ronde du château fort de Mauléon pour profiter de la vue sur la vallée du Saison ➤ **Carnet d'adresses p.209**

Mauléon-Licharre

☺ **Château fort** Les ruines de ce qui fut au XIe siècle la résidence des vicomtes de Soule et, plus tard, des capitaines-châtelains du roi d'Angleterre, perchée sur les hauteurs de Mauléon, ont toujours fière allure. Passé le pont-levis, on accède au chemin de ronde d'où la vue, fantastique, embrasse la vallée du Saison et Licharre en contrebas. Commentée dans un dépliant, la visite se poursuit par quelques pièces et cachots. Ce document signale également l'intérêt de quelques bâtiments de la bastide, à deux pas du château. *Rens. office de tourisme Ouvert mi-juin-sept., vac. scol. de Pâques : tlj. 11h-13h30 et 15h-19h ; mai-15 juin : sam.-dim. 11h-13h30 et 15h-19h Entrée 2,50€, tarif réduit 1,50€*

Château d'Andurain Cette demeure Renaissance a appartenu à la famille Maytie, puissante lignée dont plusieurs membres ont été évêques d'Oloron. À voir notamment, l'étonnante charpente en carène renversée, œuvre de charpentiers de marine, le mobilier des XVIIe-XIXe siècle et quelques livres datant du XVIe siècle. *Place du Fronton Tél. 05 59 28 04 18 Ouvert juil.-mi-sept. Visites guidées (1h) tlj. 11h, 16h15 et 17h30 (sauf jeu. et dim. matin) Entrée 4,50€, tarif réduit 2,30€*

● **En savoir plus sur la fabrication des espadrilles** Prodiso, fabricant d'espadrilles cousues main en matières naturelles (jute, coton, nubuck, cuir), perpétue la tradition artisanale de Mauléon. Il dispose d'une boutique en ville, mais on ira plus volontiers chercher sa paire aux ateliers, où une projection vidéo (30min) raconte l'histoire de l'espadrille et montre les techniques de fabrication. À partir de 6€ le modèle d'été. **Atelier Prodiso** *ZA, route de Tardets Tél. 05 59 28 28 48 Ouvert lun.-ven. 9h-12h et 14h-18h (hiver 14h-17h) Visites guidées sur rdv*

Les environs de Mauléon-Licharre

☺ **L'Hôpital-Saint-Blaise** Ce modeste bourg recèle un trésor : son ☆ **église romane** (XIIe s.), dernier vestige de la commanderie de la Miséricorde qui accueillait les pèlerins. Depuis son classement au patrimoine mondial de l'Unesco dans le cadre des chemins de Saint-Jacques-de-Compostelle, l'édifice a bénéficié d'une minutieuse restauration. Un audioguide et un son et lumière, discret et bien fait, complètent la visite (tarif à discrétion du visiteur). On ne manquera pas d'aller jeter aussi un coup d'œil aux maisons du bourg, aux vieux linteaux gravés. *64130 L'Hôpital-Saint-Blaise (à 10km au nord-est de Mauléon, sortie direction Oloron-Pau) Église ouverte tlj. 10h-19h Visite guidée, se renseigner auprès de la mairie au 05 59 66 11 12*

● **UN CHEF-D'ŒUVRE**
L'église de L'Hôpital-Saint-Blaise présente un plan en forme de croix grecque, trapu et percé de minuscules ouvertures. Elle a miraculeusement conservé sa charpente d'origine et des corniches en bois au chevet. La voûte nervurée en étoile à huit branches, semblable à une coupole de mosquée, et les claustras ajourés comme des moucharabiehs traduisent l'inspiration hispano-mauresque de ses maîtres d'œuvre.

Ordiarp Cette charmante bourgade, née elle aussi d'un relais hospitalier établi sur la voie du Piémont pyrénéen, conserve de nombreuses maisons médiévales, déployées autour d'un fronton, d'une église du XIIᵉ siècle et d'un ruisseau que l'on traverse à gué ou par un vieux pont romain. Le dimanche, la messe y est dite en basque, en respectant la traditionnelle séparation des hommes (sur les galeries) et des femmes. Sur la place, un Centre d'évocation des chemins de Saint-Jacques propose des expositions sur les traditions souletines, l'art roman, le pèlerinage, ainsi que des visites guidées du bourg. Les marcheurs pourront rejoindre Musculdy, un peu plus loin sur la même route, départ d'une randonnée de 5h45 qui conduit à la chapelle Saint-Antoine, l'un des plus beaux belvédères sur la Soule. *64130 Ordiarp (à 5km au sud-ouest de Mauléon par la D918 direction Saint-Jean-Pied-de-Port)* **Centre d'évocation** *Tél. 05 59 28 07 63 (mairie) Ouvert juil.-sept. : lun.-ven. 10h30-12h30 et 14h-18h30 ; hors saison : sur rdv Entrée 2€, moins de 10 ans gratuit*

Gotein-Libarrenx En route vers Tardets, arrêtez-vous à Gotein pour découvrir son église typiquement souletine : un clocher en pierre aux pointes coiffées de croix (XVIᵉ s.), dit trinitaire ou calvaire, un porche au toit d'ardoises, un éclatant retable doré (XVIIᵉ s.) contrastant avec l'aspect rustique de l'édifice. Le cimetière abrite des stèles sculptées du XVIIᵉ siècle. *64130 Gotein-Libarrenx (à 5km au sud de Mauléon)*

CARNET D'ADRESSES

Restauration, hébergement

 campings

Camping Uhaitza Le Saison Ce camping, situé au bord du Saison, dispose d'emplacements spacieux. La baignade dans la rivière est autorisée... Le camping est aussi un "relais pêche" (mise à disposition de réfrigérateurs pour les appâts, d'un espace de rangement et de séchage pour le matériel). De 12,80 à 17€ pour 2 pers., une voiture et une tente. *Route de Libarrenx (D918) 64130 Mauléon-Licharre Tél. 05 59 28 18 79 www.camping-uhaitza.com*

Ferme Landran Une offre d'hébergement très diversifiée : sur les hauteurs d'Ordiarp, un gîte de 6 chambres dans une ancienne bergerie ; des chalets de charme (6 pers.) disséminés çà et là ; enfin, un terrain de camping, avec vue sur les cimes pyrénéennes. À l'accueil, la boutique propose des produits fermiers (rillettes de canard, foie gras, confits en conserve) qui changeront les campeurs des habituelles soupes déshydratées... Gîte 13€/nuit ; chalet de 220 à 330€/sem. (45€/w.-e.) ; cam-

LA SOULE

ping forfait 2 pers. 10,10€/j. *Route de Lambarre 64130* **Ordiarp** *Tél. 05 59 28 19 55* **Camping** *Ouvert Pâques-sept.*

🍴 🧳 petits prix

☺ **Auberge du Lausset** La visite de l'église romane est un excellent prétexte pour s'attabler à l'auberge qui lui fait face. Sous le couvert des arbres en terrasse, dans le calme d'un hameau figé dans le temps, on découvre une cuisine raffinée, des desserts à se damner, un personnel charmant. Quelques chambres pour faire étape. Menu à partir de 17€, double à 38€, petit déjeuner 6,50€. *64130* **L'Hôpital-Saint-Blaise** *(à 10km de Mauléon) Tél. 05 59 66 53 03 http://aubergedulausset.com Restaurant ouvert juil.-août : tlj. ; avr.-juin, sept. : jeu.-dim. ; hiver : le week-end Hôtel ouvert avr.-sept.*

🍴 🧳 prix élevés

Hôtel-restaurant Chilo L'une des meilleures tables gastronomiques de la Soule : les gourmets accourent de loin et s'émerveillent toujours de ces produits de terroir si justement mis en valeur par Pierre Chilo : carré d'agneau de lait au thym avec des raviolis au fromage de brebis ; tournedos de thon bardé à la ventrèche et poêlée de pommes de terre paysannes... Une carte qui se lit comme un poème, de préférence au bord de la piscine. Les chambres sont coquettes (à partir de 60€). Petit déjeuner 8,50€. Menus de 20 à 68€. *64130* **Barcus** *(à 15km au sud-est de Mauléon par la D24) Tél. 05 59 28 90 79 www.hotel-chilo.com Fermé juil.-sept. : lun. midi ; oct.-juin : dim. soir-mar. midi ; 15j. mars*

☺ **TARDETS-SORHOLUS** *64470*

Il faut arriver à Tardets un jour de marché, quand l'animation bat son plein, quand des voix joyeuses fusent et se hèlent en euskara, quand les étals de saucissons, de fromages de brebis et de gâteaux basques répandent leurs parfums odorants dans les rues. On est ici aux portes de la Haute-Soule : les reliefs prennent de l'ampleur, les eaux de montagne bouillonnent et gagnent en rapidité. Autant de signes révélateurs des grands espaces pyrénéens qui n'échapperont pas aux amoureux de la nature.

MODE D'EMPLOI

accès

EN VOITURE
À 13km au sud de Mauléon (D918).

EN CAR
Liaisons régulières à destination de Mauléon, Saint-Palais, Bayonne.

TBA/ Hiruak-Bat *Tél. 05 59 65 73 11*

informations touristiques

Office de tourisme Riche en documentation sur la région, il propose également diverses activités sportives dans les environs. *Place centrale Tél. 05 59 28 51 28 www.valleedesoule.*

com *Ouvert saison : lun.-sam. 9h-13h et 14h-19h, dim. 10h-12h30 ; hors saison : lun.-sam. 9h-12h30 et 14h-18h*

Foire aux fromages Les producteurs de la vallée viennent vendre leurs fromages de vache et de brebis. *Vers la 3e semaine d'août*

Marché *Lun. matin toutes les semaines en juil.-août, tous les 15j. hors saison*

DÉCOUVRIR
Tardets-Sorholus et ses environs

☆ **Les essentiels** Le village de Tardets **Découvrir autrement** Dégustez du fromage de brebis le lundi au marché de Tardets, randonnez dans la forêt des Arbailles, déjeunez à l'auberge d'Ahusquy, sur le plateau du même nom ➤ **Carnet d'adresses p.212**

LA SOULE

☆ **Tardets-Sorholus** Fondé à la fin du XIIIe siècle (il s'appelait alors Villeneuve-les-Tardets), ce petit village occupait une position stratégique sur les routes des cols pyrénéens. Sa place carrée, typique des bastides, est cernée d'arceaux et de façades colorées du XVIIIe siècle. Sur les berges paisibles du Saison, quelques maisons sont encore ornées de délicates galeries de bois sculpté.

Château de Trois-Villes Le château d'Elizabea, dans le hameau de Trois-Villes, est une demeure d'architecture classique, dessinée par Mansart (1663). Il a été édifié pour Arnaud du Peyrer, comte de Tréville et capitaine des mousquetaires du roi, rendu célèbre par Alexandre Dumas. La visite, très vivante, est conduite par la propriétaire. On découvre le rez-de-chaussée, le jardin à la française et le parc à l'anglaise planté de superbes magnolias. *D918 64470 Trois-Villes (2km au nord de Tardets) Entrée par le portail à côté de l'église Tél. 05 59 28 54 01 Visites guidées août : lun. 10h-12h30 ; juil. : sam.-dim. 14h30-18h30, lun. 10h-12h30 et 14h30-18h30 ; avr.-mai et sept. : sam.-lun. 14h30-18h30 Fermé en juin Entrée 4€, 12-18 ans 2,50€*

☺ **Forêt des Arbailles** En quittant Tardets par la D918 en direction de Mauléon, traversez le Saison à hauteur de Menditte pour gagner Aussurucq, une pittoresque bourgade concentrée autour de son église souletine et de son château fort, à l'entrée de la forêt. La D147 s'enfonce ensuite dans la hêtraie primaire, pleine de gouffres, de sites mégalithiques et, d'après les contes, peuplée d'êtres merveilleux. Pour rejoindre la D117, la route grimpe à flanc de montagne en découvrant des points de vue somptueux. Arrêtez-vous au plateau d'Ahusquy, zone d'estive enclavée jusqu'à l'ouverture de la départementale. Les bergers y tiennent toujours leur fête, le dimanche qui suit le 15 août. De l'auberge d'Ahusquy (cf. Carnet d'adresses) part un beau sentier de randonnée (5h20) entre pâturages et *cayolar*. On peut aussi se contenter d'un aller-retour (1h) jusqu'à la fontaine d'Ahusquy, dont les eaux étaient réputées curatives au XIXe siècle. Au retour, restez sur

LA SOULE

CHAPELLE DE LA MADELEINE

Érigée au sommet d'une colline (795m), sur un ancien lieu de culte païen, elle est toujours l'objet de fervents pèlerinages. Remarquez à l'intérieur une inscription votive en latin, dédiée à une divinité basque. Tout autour, la vue panoramique balaie les Pyrénées et la vallée du Saison. L'ascension peut aussi se faire à pied en partant de Sauguis, Trois-Villes ou Tardets (env. 5h aller-retour). Du col de Sustary, une route champêtre, jalonnée de fermes trapues et de palombières, mène à Barcus. *7km au nord de Tardets par la D347*

la D117 pour traverser le tout autre paysage du massif des Arbailles : un univers pastoral, domaine des pottoks, des blondes d'Aquitaine et des manechs à tête noire. La départementale aboutit à Alçay : à droite, la route mène au hameau de Lacarry, qui héberge un producteur de *patxaran* (Maison Kurutxaga) ; à gauche, vous revenez à Tardets.

Licq-Athérey Une légende attribue la construction du pont de Licq-Athérey à un *laminak*. Comme souvent, l'un de ces petits lutins proposa aux habitants de bâtir le pont en une nuit en échange d'une faveur – celle de choisir la plus belle fille du village. Le pont était presque achevé lorsque le fiancé de la jeune fille eut l'idée de réveiller un coq pour simuler le lever du jour. Le *laminak*, qui comme tous les siens redoutait la lumière, dut prendre la fuite, pensant avoir échoué dans son défi… La sympathique bourgade, fief des pêcheurs de truites, est aussi réputée pour sa bière. La brasserie Akerbeltz, installée dans une ancienne usine de chaussures, brasse avec de l'eau de source de montagne des bières blondes, ambrées et brunes. Au nord du village, un sentier de 2h30 grimpe jusqu'au sommet du Lexantzumendi, surnommé le "Chapeau de gendarme". *64560 Licq-Athérey (env. 7km au sud de Tardets)* **Brasserie Akerbeltz** *Visite-dégustation hebdomadaire en saison, rens. à l'office de tourisme*

CARNET D'ADRESSES

Restauration, hébergement

 camping

Camping du Pont d'Abense Un camping de charme, bien entretenu, au gazon parsemé de bouquets d'hortensias, à côté d'un pont sur le Saison. Forfait 2 pers. de 14,70 à 17,90€ selon la période. *À la sortie de Tardets-Sorholus (en direction d'Oloron), de l'autre côté du 2ᵉ pont* Tél. 05 59 28 58 76 www.camping-pontabense.com

 petits prix

Restaurant des Pyrénées Sur la place de Tardets, le Pyrénées propose des petits plats bon marché : truites soufflées au beurre de pipenade (8€), arlequin de poissons (10€), confit de canard à la compotée d'abricot (11€). Menus à 15 et 20€. *Place centrale 64470 Tardets-Sorholus* Tél. 05 59 28 50 63

prix moyens

☺ **Maison Biscayburu** Lorsque Marie-Hélène a hérité de la ferme de sa grand-mère, elle n'a pas hésité un instant. Son mari Pantxo et elle, avec leurs deux enfants, ont plié bagages et sont venus s'installer dans leur Soule natale, loin du stress et du béton. Boulangers de profession, ils préparent tous deux le matin pains, viennoiseries et confitures maison, que vous dégustez dans l'ancienne grange, tout en admirant les rondeurs de la Madeleine, juste en face. Leur maison d'hôtes vous fait divinement partager le plaisir des choses simples. Piscine. Double de 50 à 55€. *64470 Sauguis (à 5km au nord de Tardets par la D918) Tél. 05 59 28 73 19*

☺ **Auberge d'Ahusquy** Au fin fond du massif des Arbailles, cette maison est bien connue des chasseurs et randonneurs venus humer l'air des montagnes. Dans une salle rustique, décorée d'animaux empaillés, meublée d'un vieux buffet couvert de vaisselle d'apparat, on savoure une cuisine familiale aux garnitures immuables. Depuis toujours, le gigot de mouton, la sole en papillote, le foie frais aux pommes et aux raisins s'accompagnent de délicieux beignets d'aubergines et de haricots blancs. À boire, seulement du vin, et là encore cela nous va très bien. Tous les desserts sont faits maison. Après un tel festin, une promenade digestive s'impose : pourquoi pas un brin de balade jusqu'à la source d'Ahusquy, accessible en 30min ? Menus à partir de 20€. Également des chambres, en pension ou demi-pension. *Plateau d'Ahusquy (sur la D117 en direction de Béhorléguy) Tél. 05 59 28 57 95 www.auberge-pays-basque.com Ouvert en été et pendant la saison de chasse : tlj. midi et soir ; en hiver : se renseigner*

LA SOULE

☺ LARRAU

64560

Larrau est un petit village aux toits d'ardoises grises, pelotonné à l'ombre du pic d'Orhy (2 017m). L'église seule rappelle que se tenait ici un hôpital de pèlerins sur la route du port de Larrau. Ses habitants, éleveurs et agriculteurs dans leur majorité, vivent au rythme des saisons et des transhumances. L'automne, les sommets alentour deviennent l'objet d'une farouche concurrence. Les ornithologues se concentrent sur le col d'Orgambideska, tandis que les crêtes plongées dans la brume retentissent des tirs des chasseurs de palombes. Les visiteurs viennent quant à eux flirter avec le vide au-dessus des gorges d'Holzarté, randonner sous le couvert des hêtres de la forêt d'Iraty et, bien sûr, s'attabler à l'auberge du village, repaire des fins gourmets.

MODE D'EMPLOI

accès

EN VOITURE
À 17km au sud de Tardets par la D26.

LA SOULE

DÉCOUVRIR
Les environs de Larrau

☆ **Les essentiels** La forêt d'Iraty **Découvrir autrement** Partez en balade panoramique au col d'Orgambideska ou en randonnée sportive jusqu'au sommet du pic d'Orhy, faites une promenade à cheval sur les chemins de bergers
➤ **Carnet d'adresses p.217**

Port de Larrau Ce col était emprunté autrefois par les pèlerins pour passer en Espagne. La route qui y conduit (D26) traverse de superbes zones d'estives où paissent les troupeaux de brebis et de vaches blondes d'Aquitaine. Jusqu'aux contreforts du pic d'Orhy, vous verrez ces brebis montagnardes accrochées en équilibre aux versants les plus escarpés. À l'est de la route, la chapelle Saint-Joseph (1 300m) constituait un refuge pour les pèlerins et bergers. De Larrau, une randonnée en direction du col d'Erroymendi y conduit, en traversant le bois Saint-Joseph.

★☺ **Forêt d'Iraty** La plus grande forêt de feuillus d'Europe, peuplée à 90% de hêtres, s'étale à cheval sur la Soule, la Basse-Navarre et la Navarre. Côté Pays basque français, elle couvre quelque 2 300ha. Vous pouvez découvrir la forêt en voiture, en suivant la D29, ou à pied.

● **Découvrir la forêt d'Iraty** Des Chalets d'Iraty, plusieurs promenades et randonnées balisées, sur pistes de ski de fond ou sur sentiers forestiers, sillonnent entre les pins sylvestres, les sapins, les landes et les tourbières, la randonnée reine étant l'ascension (5h AR) du **pic d'Orhy** (2 017m), le plus haut sommet de Soule (départ au parking de l'accueil de la station). Une balade panoramique (1h) conduit au **col d'Orgambideska**. Ce col est un haut lieu d'observation ornithologique pendant les périodes de migration (mi-juil. et mi-nov.) : milans, faucons, palombes, vautours, busards, cigognes y volent par milliers dans le ciel des Pyrénées (cf. Les vallées de Navarre, La vallée de Roncevaux).

● **Randonner en raquettes** La forêt d'Iraty offre un réseau de pistes où fouler la neige vierge du plateau de Cize, et plusieurs circuits balisés au départ de la station des Chalets d'Iraty. Un cadre majestueux, à 1 300m d'altitude, et des vues panoramiques uniques sur les montagnes de Haute Soule et les vallées d'Aspe et d'Ossau.
Larrandaburu Robert et Mertxé Accompagnateurs en moyenne montagne, Robert et Mertxé proposent des balades en raquettes en forêt d'Iraty et à VTT. *64470 Tardets* Tél. 05 59 28 57 01 ou 06 07 90 43 08
Station des Chalets d'Iraty Location de raquettes. 5€ la demi-journée et 8€ la journée. *Accès par la D19 à partir de Larrau* Tél. 05 59 28 51 29

● **Chevaucher en forêt** Sur les pistes forestières, entre bruyères et myrtilles sauvages, sur les chemins de bergers, franchissant les cols des montagnes, des randonnées tous niveaux, de 1h (12,50€) à 3h (32€), ou à la

Maisons à pans de bois sur les quais, Ciboure (p.127), face à Saint-Jean-de-Luz.

Fêtes de Bayonne (p.70), rendez-vous estival incontournable.

journée (54€). Également des sorties organisées à dos d'âne et de poney pour les tout-petits (moins de 7 ans), 10€/h, 20€/demi-journée. Renseignements et inscriptions à l'accueil des Chalets d'Iraty. **Centre équestre d'Iraty** *Tél.* 05 *59 28 51 29 ou 06 86 92 64 27 Balades seulement en juil.-août*

● **Explorer les gorges d'Holzarté** De la passerelle, suspendue à 200m au-dessus du vide, vous surplombez l'entaille béante creusée dans le calcaire par l'Olhadoko Erreka. On y accède par un sentier sans difficulté – mais assez escarpé et en partie sans ombrage – en 2h30 AR, au départ de l'auberge Logibar (cf. Carnet d'adresses). Une boucle de 5h (15,4km par le pont d'Holhadubi et le plateau d'Ardakotcha) part du même endroit. *À 2,5km à l'est de Larrau par la D26*

Le Pays basque des sportifs

Randonnées d'un jour
Lancette de Biriatou _____ 137
La Rhune (Ascain) _____ 141
Cromlechs d'Occabe _____ 175
Réserve naturelle d'Ichusi ___ 189
Muraille d'Iparla (Bidarray) ___ 189
Gorges d'Holzarté
(env. de Larrau) _____ 216
Vallée d'Urola _____ 372
Parc d'Aizkorri-Aratz
(Oñati) _____ 382
Parc de Gorbeia (Durango) ___ 452

Canoë, voile et baignade en eau douce
Lac de Leurtza
(vallée de la Bidassoa) _____ 225
Lac d'Alloz et rivières
autour d'Estella _____ 280

Eaux vives
Gorges du Pas-de-Roland ___ 155
Ur Bizia (Bidarray) _____ 188
Río Oria (Orio) _____ 355

Escalade et spéléo
Ekia (Ochagavia) _____ 237
Mirua (vallée de Roncal) ___ 240
Iparnature (Amurrio) _____ 310
Sastarrain (Zestoa) _____ 374

Parapente
Base de loisirs Baigura
(Mendionde) _____ 197
Sensacio paramotor
(Zarautz) _____ 355
Sastarrain (Zestoa) _____ 374
Ipar-Haize (env. d'Oñati) ___ 382
Parapente Sopelana _____ 428

Équitation
Olhaldea (Sare) _____ 146
Ferme équestre Les Collines
(Ossès) _____ 189
Centre équestre d'Iraty
(env. de Larrau) _____ 216
Turismo ecuestre
de Artziniega _____ 309
Hipica Listorreta (Pasaia) ___ 326
Sastarrain (Zestoa) _____ 374
Kati-Bi Zalditegia
(Amorebieta) _____ 455

Ski de fond
Les Chalets d'Iraty
(env. de Larrau) _____ 217
Ekia (vallée du Salazar) _____ 237
Domaine de Larra-Belagua
(vallée de Roncal) _____ 240

Golf
Ilbarritz _____ 118
Izki _____ 304
Zarautz _____ 355

CARNET D'ADRESSES

Restauration, hébergement

camping

Camping d'Iraty Un camping de montagne à 1 200m, sous les sapins et les hêtres d'Iraty. Pour seul luxe, la superbe du site naturel, qui contentera largement les amateurs de vrai camping (et l'eau chaude, heureusement !). Accueil sur place en juil.-août (8h30-12h et 13h30-17h30) ; à la réception des chalets d'Iraty, hors saison. Forfait 2 pers., voiture et tente 9,50€. D19, à *12km de Larrau* Tél. 05 59 28 51 29 *Ouvert juin-oct.*

petits prix

Auberge Logibar Aux portes des gorges d'Holzarté et sur le tracé du GR®10, ce gîte d'étape propose des chambres propres et bien tenues de 2, 4, 8 et 10 lits. Au restaurant, vous trouverez une carte simple et abordable à l'intention des randonneurs – par exemple, la formule à 10,50€ comprend une omelette aux pommes de terre accompagnée de *lomo* et de salade ou bien une omelette aux cèpes et au jambon poêlé avec un dessert. L'après-midi, service snack à toute heure (sandwichs, crêpes, croques...). Env. 13€/nuit. À *2,5km de Larrau* par la D26 Tél. 05 59 28 61 14 *http://auberge.logibar.free.fr Restaurant ouvert fin mai-début oct. (toute l'année pour les hôtes) Fermé mer. sauf 15 juin-15 sept.*

prix moyens

☺ **Etchémaïté** Un vrai bonheur que de s'installer dans cette belle salle aux tables soigneusement dressées, de préférence près des baies vitrées ou en terrasse pour la vue sur les sommets de la Soule. Dans l'assiette, une cuisine de terroir bien maîtrisée, que cette famille de restaurateurs se transmet de père en fils. Menus de 18 à 34€ et plats à la carte. Chambre double de 46 à 64€, petit déjeuner 8€. *64560 Larrau* Tél. 05 59 28 61 45 *www.hotel-etchemaite.fr Restaurant ouvert fin mai-début oct. (toute l'année pour les hôtes) Fermé dim. soir et lun.*

Maison Arozpidia Jeannette et Philippe Etcheto vous accueillent dans leur belle maison d'hôtes en pierre, au cœur de Larrau. Monsieur est agriculteur, madame est l'ancienne boulangère du village – tous deux sauront vous parler de leur terroir et vous préparer de fameux petits déjeuners maison. Également une excellente table d'hôtes. Double à 47€ petit déj. compris, table d'hôtes 15€ (3 soirs par semaine). *Le Bourg 64560 Larrau* Tél. 05 59 28 63 22 *Ouvert fév.-nov.*

Les Chalets d'Iraty Au cœur de la forêt, entre 1 200 et 1 500m, un village créé et géré par la Commission syndicale du pays de Soule. Des chalets de 3 à 30 places, bien intégrés au paysage, accueillent les visiteurs à la semaine. Tout autour, un chalet-restaurant, une structure d'accueil, des lacs, des pistes de ski de fond et des sentiers de randonnée. Comptez pour 3 pers. de 330 à 440€/sem. selon la saison (153€/week-end), et 95€ pour 2 nuits en semaine. *Sur la D19, à 12km de Larrau* Tél. 05 59 28 51 29 *www.chalets-pays-basque.com*

☺ SAINTE-ENGRÂCE

64560

Mauléon-
Licharre

Sainte-
Engrâce

En remontant en voiture la vallée du gave de Sainte-Engrâce, vous abordez ce hameau pastoral perché à 630m, enclavé au creux d'un étonnant cirque de montagnes. Malgré sa situation reculée, la bourgade a été pendant le Moyen Âge l'objet d'un fervent pèlerinage, en l'honneur des reliques de la sainte martyre de Saragosse déposées dans son église. Cette dernière, joyau de l'art roman, ainsi que les spectaculaires gorges de Kakouetta, font de Sainte-Engrâce une destination incontournable. Parvenu ici, vous avez atteint la fin de votre voyage en Iparralde : l'extrémité la plus orientale du Pays basque nord, ses paysages les plus sauvages, une étrange sensation de bout du monde.

MODE D'EMPLOI

accès et informations pratiques

À 19km au sud-est de Tardets : suivre la D26 en direction de Larrau, prendre à l'intersection la D113 à gauche vers Sainte-Engrâce. Vous trouverez un peu de documentation sur la région et un dépliant décrivant quelques randonnées à l'auberge Elichalt, en face de l'église.

DÉCOUVRIR
Sainte-Engrâce et ses environs

☆ **Les essentiels** L'église de Sainte-Engrâce et les gorges de Kakouetta
Découvrir autrement Parcourez les gorges de Kakouetta tôt le matin
> **Carnet d'adresses p.219**

☆☺ **Église de Sainte-Engrâce** Prenant le relais des pèlerins de jadis, les visiteurs viennent toujours de loin admirer la relique de Sainte-Engrâce – non plus le doigt de la sainte, mais sa surprenante collégiale à la silhouette asymétrique, élevée au XIe siècle. L'intérieur à trois nefs conserve d'admirables chapiteaux polychromes historiés, représentant des scènes bibliques : on y voit les Rois mages suivant l'étoile qui les conduisit à Bethléem, la Nativité, Salomon et la reine de Saba – ou encore plusieurs scènes burlesques de chasse à courre aux personnages transformés en centaures, de joueurs de luth accompagnés d'un ours dansant… Ne manquez pas de glisser une pièce dans le compteur pour éclairer les retables baroques. À l'extérieur subsistent les ruines du bâtiment conventuel, ainsi que quelques très anciennes stèles discoïdales dans le cimetière.

● ☆☺ **Découvrir les gorges de Kakouetta** Une splendide balade de 2h à entreprendre tôt le matin pour éviter la foule. Ici, contrairement aux

LA SOULE

gorges d'Holzarté, on chemine au fond du gouffre étroit, rasant ses hautes parois humides. La végétation est luxuriante, et il n'est pas rare d'apercevoir les grands rapaces qui nichent dans cet antre naturel protégé. Les passerelles surplombent le torrent, narguent les chutes d'eau vertigineuses et aboutissent à la grotte du Lac, aux stupéfiantes concrétions calcaires. Un parcours saisissant de beauté. Les chaussures de marche sont vivement conseillées. *Sur la route de Sainte-Engrâce, l'entrée est signalée par des panneaux Tél. 05 59 28 73 44 Ouvert mi-mars-mi-nov. : tlj. de 8h à la tombée de la nuit Entrée 4,50€, 7-11 ans 3,50€ (billetterie au snack-bar La Cascade, à l'entrée des gorges)*

CARNET D'ADRESSES

Restauration, hébergement

camping

Camping Ibarra Un joli terrain ombragé en bordure de rivière. Les propriétaires possèdent également deux gîtes à proximité, de 2 chambres chacun, loués à la semaine. Camping env. 10€ pour 2 pers., une voiture et une tente. Gîtes (4-5 pers.) 290 à 300€/sem. *Sur la route de Sainte-Engrâce, juste avant les grottes, signalé par un panneau Tél. 05 59 28 73 59 www.ibarra-chantina.com Ouvert Pâques-Toussaint*

petits prix

Auberge Elichalt Juste en face de l'église, cette auberge sert des sandwichs et une cuisine toute simple (omelettes, piperade, etc.) à midi en saison. Par ailleurs, ses propriétaires disposent, juste à côté, d'un gîte d'étape pouvant accueillir 30 personnes, et de 5 chambres d'hôtes, le tout très bien tenu. Double à 43€ (petit déj. compris), gîte 10€/nuit. Table d'hôtes le soir à 15€. *Face à l'église de Sainte-Engrâce Tél. 05 59 28 61 63 www.gites-burguburu.com Ouvert juil.-août : tlj. à midi ; hors saison : sur réservation*

☺ **Ferme Espondaburu** Didier Constance, berger et accompagnateur de montagne à ses heures, a aménagé son exploitation en ferme de séjour pour l'accueil des visiteurs : un gîte rural (appartement de 4 à 6 places) et des chambres installées dans l'ancienne bergerie (pour 2 à 6 pers.). Pendant votre séjour, Didier se propose de vous emmener en balade, en randonnée à raquette, en estive auprès de ses brebis (avec une nuit au *cayolar*), ou encore de vous apprendre à préparer le foie gras ou les conserves de cèpes traditionnelles (stage de 2 jours, de 240 à 500€), après une promenade en forêt... Gîte rural de 315 à 350€/sem. selon la saison, 160€/2 nuits. Chambres doubles de 26 à 37€ selon la saison. Petit déjeuner 6,20€, table d'hôtes 12,50 ou 16,50€. *Faire 5km sur la D113, prendre la route à droite signalée par un panneau Tél. 05 59 28 55 89 www. espondaburu.free.fr*

LA SOULE

GEOREGION

Paysage d'automne, dans les montagnes de Navarre.

LES VALLÉES DE NAVARRE

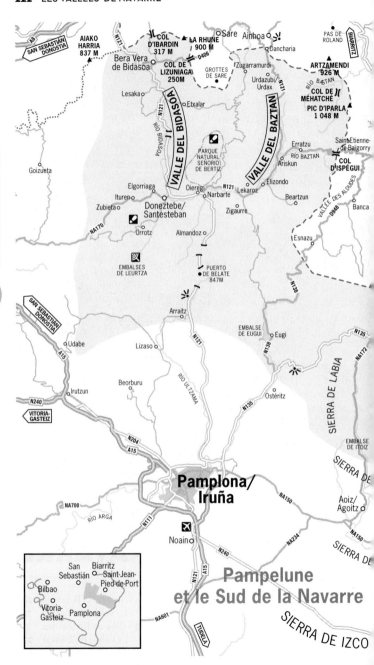

▲ ALZAMENDI
818 M

COL DES
PALOMBIERES
337 M

Mauléon-
Licharre

COL D'OSQUICH
392 M

La Basse-
Navarre

▲ JARRA
812 M

COL DES
PALOMBIERES
791 M

Saint-Jean-
Pied-de-Port

FORÊT DES ARBAILLES

Tardets-
Sorholus

PIC DE
BEHORLEGUY
1 265 M

BIDOUZE

RONCESVALLES

Arnéguy

PIC
DES VAUTOURS
1 072 M

Luzaide/
Valcarlos

COL
D'HALTZA
782 M

COL
D'ORGAMBIDE
998 M

PIC D'IRATY
1 456 M

COL BAGARGUI
1 327 M

La Soule

COL
D'ARNOSTÉGUY

SOMMET D'OCCABE

CREVASSES
D'HOLCARTE

PUERTO
DE IBANETA
1 057M

Fábrica de
Orbaitzeta

FORÊT
D'IRATY

Larrau

COL
D'ERROYMENDI
1 362 M

ORZANZURIETA
1 567M

Nuestra Señora
de las Nieves

PICO
D'ORHI
2 018 M

Orreaga/
Roncesvalles

EMBALSE
DE IRABIAKO

GORGES
DE KAKOUETTA

Orbaitzeta

BOSQUE
DE IRATI

PORT
DE LARRAU
1 573 M

NA140

VALLE DE IRATI

Hiriberri/
Villanueva de Aezkoa

SIERRA DE ABODI

NA140

Garaioa

MONTES DE ARETA

NA140

RÍO IRATI

Ochagavia

Uztárroz

RÍO BELAGUN

NA1370

SIERRA DE ARRIGORRIETA

Jaurrieta

Ezcároz

Isaba

ARTXUGA

SIERRA DE ZARIQUIETA

NA178

VALLE DE SALAZAR

Urzainqui

VALLE DEL RONCAL

Roncal

NA176

Ansó

SIERRA DE SAN MIGUEL

GONGOLATZ

NA150

NA178

Navascués

NA214

Burgui

NA137

VIRGEN
DE LA PEÑA
1 292M

Lumbier

SIERRA DE ILLÓN

Castillonuevo

A137

SIERRA DE LEIRE

JACA

▲N
5 km

LA VALLÉE DE LA BIDASSOA

● La vallée
de la Bidassoa

Tour à tour torrent impétueux, rivière tumultueuse et fleuve majestueux, la Bidassoa se fraie un passage au cœur de la montagne – elle dévale les collines, polit les roches et entaille des grottes tout au bord des Pyrénées. D'autres cours d'eau la rejoignent pour se jeter, ensemble, dans le golfe de Gascogne. Avec ses cols tortueux et ses nombreux torrents, la vallée de la Bidassoa forme un véritable paradis pour le tourisme vert et les pêcheurs de truites. Les premières notes d'un folklore très particulier résonnent dans les hameaux d'Ituren, Zubieta, Lesaka à l'occasion de leurs carnavals pittoresques. De janvier à mars, des processions costumées, hautes en couleur, y défilent au son des flûtes et tambourins. Ses villages dédiés au commerce frontalier et leurs fameuses *ventas*, anciens relais de contrebande, rappellent l'histoire tourmentée de cette vallée à cheval sur la France et l'Espagne.

MODE D'EMPLOI

accès

EN VOITURE

Bera Vera de Bidasoa, porte d'entrée de la vallée, est à 13km d'Hendaye par la N121a, route qui longe la rivière jusqu'à Doneztebe-Santesteban en direction de Pampelune (cet axe est souvent très encombré les jours de semaine, par les camions en particulier). On peut également rejoindre la vallée par le nord-est, à partir de Sare (cf. Le Labourd) : prendre la D406 jusqu'à la frontière puis la NA4410, pour un parcours de 12km.

EN CAR

Liaisons dans toute la vallée de la Bidassoa.
Autocars Burundesa *Tél. 948 22 17 66 www.laburundesa.com*

orientation

La vallée de la Bidassoa borde la rivière du même nom du nord au sud, de part et d'autre de la route nationale. Des axes transversaux la coupent, longeant (vers l'ouest) les rivières – vers les Peñas de Aya par Lesaka, vers Ituren et Zubieta, ou encore, plus au sud, vers Urrotz et les lacs de Leurtza.

Tableau kilométrique

	Bera Vera de Bidasoa	Narbate	Roncevaux	Ezcaroz
Narbate	23			
Roncevaux	89	68		
Ezcaroz	119	96	37	
Isaba	145	121	62	26

informations touristiques

Office de tourisme Le point d'information le plus complet des environs. *Parc de Bertiz 31720 Oieregi (à 25km au sud d'Hendaye, sur la N121B, à 3km de Narbarte) Tél. 948 59 23 86 www.baztan-bidasoa.com Ouvert août : tlj. 10h-14h et 16h-20h ; sept.-juin : mar.-dim. 10h-13h30 et 16h-17h30 (19h30 avr.-juil. et sept.)*

fêtes et manifestations

Romería de San Anton Pèlerinage des bergers de toute la vallée de la Bidassoa. *À Lezaka, autour du 17 janvier*

☺ **Carnaval** Processions costumées avec les Joaldun, personnages mythiques. *À Ituren et Zubieta, à la fin janvier les lundi et mardi*

Fêtes de la vallée Des danses, défilés de chars, etc. *En juillet à Lezaka et Elizondo et en août à Bera et Bugarramurdi*

Saint-Jacques Danses au son du txistu et du tambourin, dans de nombreux villages. *Le 25 juillet*

Joaldunaren eguna Une journée consacrée aux personnages mythiques d'Ituren, les Joaldun, se clôturant par un grand repas. *Mi-septembre*

DÉCOUVRIR
La vallée de la Bidassoa

☆ **Les essentiels** Le palais de Jauregia à Donamaria **Découvrir autrement** Mêlez-vous aux processions du carnaval d'Ituren en février, randonnez autour du lac de Leurtza ➤ **Carnet d'adresses p.226**

Sur la N121, axe principal de la vallée, de nombreux villages méritent une halte : **Lezaka** et **Bera**, de part et d'autre de la Bidassoa, recèlent de beaux *caserios*, ces fermes typiques de forme carrée, bâties sur deux niveaux : l'étable au rez-de-chaussée, les habitations à l'étage. À Bera, ne manquez pas la Casa Itzea, belle maison natale des Baroja. En allant vers l'ouest, par Doneztebe, on arrive au village isolé de **Donamaria**, où s'élève une très belle tour fortifiée, le ☆ **palais de Jauregia** (xvᵉ s.), tout en pierre et bois.

Moulin de Zubieta Au bout d'une passerelle en bois, au bord de l'eau, il accueille une exposition sur la vie rurale. *31746 Zubieta (à 29km au sud-ouest d'Hendaye, sur la NA170) Tél. 948 45 19 26 Ouvert 15 juin-15 oct. : mar.-dim 11h-14h et 17h-20h ; 16 oct.-14 juin : mar.-ven. 11h-13h, sam.-dim. et j. fér. 11h-14h et 16h-18h Il est conseillé de téléphoner avant de s'y rendre Adulte 3€, enfant et retraité 1,50€, gratuit pour les moins de 7 ans*

Lac de Leurtza À 7km au sud d'Urrotz, à l'ouest de la Bidassoa, une petite route serpente dans la forêt jusqu'à un plan d'eau arboré très agréable. Sentiers balisés aux alentours.

LES VALLÉES DE NAVARRE

CARNET D'ADRESSES

Restauration, hébergement

 camping

Camping Ariztigain Si son emplacement n'est pas idéal (fort trafic routier à proximité), ce camping est implanté sur un terrain bien arboré, à flanc de colline. Comptez env. 17€ pour 2 pers. avec voiture et tente, 60€ le mobile home pour 6 pers. (80€ en été). Restaurant et épicerie sur place. *Sur la N121 entre Irún et Pampelune, km55 31791 Sunbilla Tél./fax 948 45 05 40 www.ariztigain.com Ouvert toute l'année*

 très petits prix

Albergue Beintzako Ostzatua Dans une solide maison de village, 3 grandes chambres de 4, 10 et 16 lits ; 4 sdb communes et un réfectoire où vous pourrez commander vos repas. Pension complète 33€ (adultes), demi-pension 24€. Une autre maison à 50m peut accueillir 16 personnes (2 chambres de 6 lits chacune et une chambre de 4 lits). Ce nouvel *albergue* possède une cuisine indépendante et peut se louer en totalité au week-end (390€) ou à la semaine (875€). L'entreprise Orbela propose des activités de montagne (randonnée, spéléologie, etc.). *31753 Beintza-Labaien (à 12km au sud de Doneztebe, à 40km au sud d'Irún, à 70km au nord de Pampelune) Tél. 948 45 00 14 www.alberguesnavarra.com/ beintza*

 petits prix

Santamaria Un petit hôtel tout simple, sans prétention aucune, dont le mérite principal est d'offrir des chambres lumineuses à des prix très corrects : 41€ la double avec baignoire. L'accueil y est, de plus, très chaleureux. Au rez-de-chaussée, un restaurant propose une carte et des menus du jour copieux (12€). Une halte pratique, dans un village bien situé sur les axes de communication. Bon rapport qualité-prix. *Mayor, 28 31740 Doneztebe/Santesteban (à 28km au sud d'Irún, à 35km au nord de Pampelune) Tél. 948 45 00 43 Fax 948 45 18 42*

 prix moyens

Asador Labasque Dans un village de chasseurs, une adresse rustique et authentique, où l'on dévore des côtes de bœuf, des *alubias rojas* et des poivrons frits. Et, en saison, des palombes, bien évidemment. Plateau de fromages de la région et desserts maison – riz au lait et *cuajada de oveja* succulents. Menu du jour 10-12€ ; à la carte, comptez 25-30€. *Iñarreta, 3 31760 Etxalar (sur la NA4400, à 18km d'Irún, en direction de Zugarramurdi et Sare) Tél. 948 63 51 53 Fermé lun. soir*

GAMME DE PRIX	RESTAURATION	HÉBERGEMENT
Très petits prix	moins de 10€	moins de 30€
Petits prix	de 10€ à 15€	de 30€ à 40€
Prix moyens	de 16€ à 25€	de 41€ à 60€
Prix élevés	de 26€ à 45€	de 61€ à 80€
Prix très élevés	plus de 45€	plus de 80€

Auzoa Voici une adresse parfaite pour une première étape. À peine la frontière franchie, on s'arrêtera sur cette petite place, au bord de l'eau, pour grignoter quelques *pintxos*, avant de choisir un menu (15€), une assiette composée (*plato combinado*) avec des produits du terroir ou une omelette copieuse. Chambres décorées dans des tons gais : 52€ la double, 25€ pour une pers. Également deux appartements. *Illekueta auzoa, 1 31780* **Bera Vera de Bidasoa** *(à 7km au sud d'Irún, par la N121) Tél. 948 63 15 84 (bar-restaurant) et 605 86 43 55 (pension) www.auroa.com*

Herriko Ostatua Cette auberge dispose de chambres propres, calmes et très bon marché. Vous y partagerez la vie d'un minuscule village, sans autre événement important que la partie de cartes de l'après-midi, au bar... 29 ou 30€ la double avec lavabo, de 40 à 45€ avec sdb ; petit déj. 4€. Cuisine familiale et sandwichs à toute heure. *Mayor, 23 31446* **Zubieta** *(à 50km au sud-ouest d'Irún, par la N121 puis la N170) Tél. 948 45 17 71 ou 948 45 19 53 herrikostatu@ofcampus.net*

Casa Plazaenea Le village d'Ituren est une petite merveille, avec ses maisons splendides entourées de jardins potagers. Vous repérerez facilement cette *casa rural* à sa façade en brique et colombages depuis la route principale qui traverse le village. Préférez les chambres sous les toits, côté jardin. Frigo à disposition et salon de lecture donnant sur la place. Comptez 50€ la double, 5€ le petit déj. *Plaza de la Villa, 8 31745* **Ituren** *(à 35km au sud-ouest d'Irún, par la N121A puis la N170) Tél./fax 948 45 00 18 plazaenea@hotmail.com*

🍴🧳 prix élevés

Donamaria'ko Benta Cette grande maison de village, légèrement en retrait de la route, abrite des chambres vastes et confortables. Accueil souriant de la maîtresse des lieux. On peut choisir de s'y installer quelques jours et de rayonner dans les environs (Pampelune n'est pas très loin, San Sebastián non plus...), ou bien d'y passer une bonne nuit réparatrice avant d'enfiler à nouveau ses chaussures de marche. Comptez 60€ la double avec sdb (70€ en août), petit déj. 5€ et repas au restaurant 18€. Cuisine familiale et roborative, élaborée essentiellement à partir de produits frais. *Barrio Bentas, 4 31750* **Donamaria** *(à 3km au sud de Doneztebe/Santesteban, et à 30km au sud d'Irún) Tél./fax 948 45 07 08 www.donamariako.com Restaurant fermé dim. soir-lun.*

LA VALLÉE DU BAZTAN

La vallée
du Baztan

Du XVIᵉ au XVIIIᵉ siècle, les conditions de vie difficiles contraignirent nombre d'habitants de cette vallée à l'exil, souvent en Amérique du Sud. De retour au pays natal, ces émigrés se firent bâtir de superbes maisons blasonnées, aux façades opulentes. En pierre de taille et colombages en bois peint de couleurs éclatantes, leur architecture tranche sur l'habitat de montagne traditionnel.

MODE D'EMPLOI

accès

EN VOITURE

On arrive à Narbarte – à 37km d'Hendaye et à 25km de Bera Vera de Bidasoa – par la N121A. On peut accéder par le nord à la vallée en partant de Ainhoa (cf. Le Labourd), il faut alors emprunter la D20 jusqu'à la frontière puis la N121B qui mène à Elizondo en 20km. Pampelune est à 43km de Narbarte.

EN CAR

Liaisons dans toute la vallée du Baztan.
La Baztanesa *Tél. 948 58 01 29*

orientation

La vallée du Baztan suit une courbe qui part le long de la Bidassoa, à l'ouest, oblique vers l'est et remonte vers le nord. Les villages principaux s'égrènent le long de la route nationale, ou à quelques centaines de mètres tout au plus.

informations touristiques

Office de tourisme de Bertiz Le point d'information le plus complet des environs. *Parc de Bertiz 31720 Oieregi (à 25km au sud d'Irún, sur la N121B, à 3km de Narbarte) Tél. 948 59 23 86 oit.bertiz@cfnavarra.es www.baztan-bidasoa.com Ouvert août : tlj. 10h-14h et 16h-20h ; sept.-juin : mar.-dim. 10h-13h30 et 16h-17h30 (19h30 avr.-juil. et sept.)*

marchés, fêtes et manifestations

Foire agroalimentaire artisanale *À Elizondo, 2e samedi du mois*
Marché alimentaire *À Doneztebe-Santesteban, chaque vendredi*
Baztandarren Biltzarra Fête avec expositions d'artisanat, défilé de chars, groupes de musique et de danse traditionnelles. *À Elizondo, vers la mi-juillet le dimanche*
Saint-Jacques Danses au son du *txistu* et du tambourin, dans de nombreux villages. *Le 25 juillet*

DÉCOUVRIR
La vallée du Baztan

☆ **Les essentiels** Les grottes de Zugarramurdi **Découvrir autrement** Découvrez un intérieur traditionnel au musée ethnographique d'Elizondo, achetez du cidre bio chez Larraldea et passez à la Queseria Autxitxia Gasnategia faire le plein de fromage ➤ **Carnet d'adresses p.230**

En venant de la vallée de la Bidassoa et en suivant la N121B vers l'est, on traverse le village d'**Arraioz**. Sur la gauche, remarquez le palais de Jauregizar, une tour médiévale dont la partie supérieure est entièrement en bois ; un peu plus loin s'élève la tour de Zubiria, également fortifiée. À **Irurita**, on peut admirer le palais de Dorrea, une maison forte du XVe siècle et une autre tour médiévale, le palais de Jauregiziria. En bifurquant vers **Ziga**, on rejoint le balcon du Baztan, d'où l'on a une très belle vue panoramique sur la vallée. Puis on filera vers **Elizondo**, bourg commerçant, riche

● **COMME DANS UN MOULIN**
Ouvert à la visite, près de la frontière, un moulin à eau, attenant à un ancien monastère, a été restauré. On y moud toujours du grain, de maïs ou de blé.
☺ **Moulin d'Urdazubi-Urdax** *San Salvador (à 22km au nord d'Elizondo par la N121B) Tél. 948 59 92 41 Ouvert en juil.-août : mar.-dim. 11h-14h et 16h-19h ; hors saison : téléphoner Adulte 2,50€, enfant 1,20€*

en maisons seigneuriales et en palais baroques. Tous les villages des environs, comme **Arizkun** ou **Erratzu**, conservent de nombreuses demeures blasonnées.

☺ **Musée ethnographique** Installé dans une bâtisse exceptionnelle (XVIᵉ s.) parfaitement restaurée, au bord de la rivière, ce musée présente des collections d'objets d'art populaire. Y sont exposés différents modèles de raquettes en bois, de chisteras en cuir ou en osier. Belle reconstitution d'une chambre, avec des meubles traditionnels, ainsi que d'une cuisine, avec son banc-table face à la cheminée. À l'étage, des seaux et des presses à fromage, un atelier de confection de bougies, et de superbes attelages ouvragés. Dans le jardin, un gigantesque menhir, rapporté d'une colline des environs. *Casa Puriosenea **Elizondo** (à 50km au sud-est d'Irún sur la N121B) Tél. 948 58 15 17 Ouvert été : mer.-dim. 11h-14h et 17h-20h ; hiver : ven.-dim. et j. fér. 11h-14h et 17h-20h Adulte 2€*

☺ **Parc Señorio de Bertiz** Plus de 2 000ha de hêtres, chênes, fougères, bruyère et houx, où se tapissent chats-huants, lérots, sangliers et chevreuils… Pendant la première moitié du XXᵉ siècle, Pedro Ciga, dernier seigneur de Bertiz, fit de cet ensemble une véritable splendeur, y élevant un palais en guise de belvédère. De nombreuses essences exotiques, tulipiers, kakis, gingkos, agrémentent les alentours de la demeure. Belle bambouseraie. Trois circuits balisés, de 1 à 3h de marche. *Oronoz (à 9km à l'ouest d'Elizondo) Tél. 948 59 24 21 **Centre d'interprétation** (dans le jardin) Ouvert 10h-13h30 et 16h-19h30 (17h30 en hiver) **Parc** Ouvert 10h-20h (18h en hiver) Adulte 2€*

Museo de Las Brujas Inauguré en 2007, ce musée des Sorcières ravive la mémoire historique. En effet, le village de Zugarramurdi reste marqué par un procès de l'Inquisition en 1610, qui vit près de 300 personnes accusées de sorcellerie. Zurragamurdi est connu, depuis, comme le "village des sorcières". Le musée propose de nombreux documents sur l'Inquisition et fait découvrir le mode de vie de l'époque pour tenter d'expliquer ce mythe de la sorcellerie. *Zugarramurdi (à 27km au nord d'Elizondo par la N121B ; route à gauche avant la frontière) Tél. 948 59 90 04 Ouvert été : 11h-14h30 et 15h30-19h30 Fermé lun. Entrée 4€*

● **Où acheter des spécialités locales ?**
☺ **Larraldea** Un cidre délicat, issu de l'agriculture biologique. Fait aussi restaurant (cf. Carnet d'adresses). *Plaza Buru 31795 **Lekaroz** (à 3km à l'ouest d'Elizondo, sur les hauteurs) Tél. 948 45 21 21 Ouvert tlj., horaires variables*
Queseria Autxitxia Gasnategia Cette maison vend des fromages de brebis et de vache, d'excellente qualité. Une fois arrivé à Elbete, tourner à gauche devant la station-service, en remontant vers les collines en direction de Bagordi. *31700 **Elbete** (à 1km à l'est d'Elizondo, sur la N121B) Tél. 948 45 23 72*

● **Explorer les grottes de la vallée**

☆ **Grottes de Zugarramurdi** Au cœur de la forêt, ces cavités naturelles valent véritablement le détour en dépit du caractère très touristique du site – l'arrivée est impressionnante, surtout lorsqu'on descend sous l'immense voûte de pierre, creusée au fil des millénaires et désormais ouverte à la lumière du jour. *Zugarramurdi (à 27km au nord d'Elizondo par la N121B ; route à gauche avant la frontière) Tél. 948 59 93 05 Ouvert haute saison : tlj. 9h-tombée de la nuit ; basse saison : mar.-dim. 11h-tombée de la nuit Adulte 3,50€, enfant 2€*

Grottes d'Urdazubi-Urdax Tout aussi spectaculaires, ces grottes recèlent mille et un cours d'eau qui jaillissent en tous sens et continuent de tailler la roche. *Urdazubi-Urdax (à 22km au nord d'Elizondo par la N121B) Tél. 948 59 92 41 Ouvert mar.-dim. 11h-18h (10h-19h en été) Adulte 4€, enfant 2€*

CARNET D'ADRESSES

Restauration, hébergement

 camping

Camping Baztan Emplacements pour tentes et caravanes (500 places au total). Comptez 11€ HT pour 2 pers. avec tente et voiture (16,50€ HT en été) ; 70€ pour un appartement de 4-6 pers. (98€ en été), et 70€ pour un bungalow de 4-6 pers. (105€ en août). Restaurant, piscine, épicerie. *Sur la NA2600 en direction d'Izpegui et de la France (Saint-Étienne-de-Baïgorry) 31714 Erratzu Tél. 948 45 31 33 www. campingbaztan.com Ouvert avr.-oct.*

 très petits prix

Casa Marimartinenea Au cœur du village d'Erratzu, une belle et noble demeure (escalier en bois massif du XVIIe s.). Comptez 24€ la double et 2,10€ le petit déj. *31714 Erratzu (sur la NA2600 entre Arizkun, à 6km, et Saint-Étienne-de-Baïgorry, à 8km) Tél. 948 45 31 17*

Etxeberria Dans un charmant village, une auberge parfaite pour une escale à moindres frais : comptez 28€ pour 2 pers. Chambres au deuxième étage, très calmes, salles de bains impeccables : l'ensemble est assez confortable, pour un prix modeste. Au restaurant, on peut dîner pour moins de 10€, prendre un petit déj. pour environ 3€ ou commander de quoi grignoter au bar. Dans l'arrière-salle, une épicerie vous fournira tout ce dont vous aurez besoin. *Txuputo, 43 31713 Arizkun (à 3km au nord d'Elizondo, à 20km au sud de la frontière française et d'Ainhoa) Tél. 948 45 30 13 ou 948 45 33 42 Fax 948 45 34 33*

 petits prix

Casa Juanillo Pour le plaisir de loger à la ferme, dans une maison modeste. Environnement isolé. En tout, 11 chambres doubles avec sdb. Comptez 45€ par chambre, 3€ le petit déj. Dîner (12€) sur réservation. *31714 Erratzu (sur la NA2600 entre Arizkun, à 6km, et Saint-Étienne-de-Baïgorry, à 8km) Tél. 948 45 31 21 www.casajuanillo.com*

☺ **Casa Aldekoetxeberria** Ziga est un village pittoresque, perdu dans les contreforts du Baztan. On s'arrêtera quelques jours avec bonheur dans cette maison immense, aux murs blanchis à la chaux et aux poutres marron.

La porte, monumentale, ouvre sur un escalier majestueux. La majeure partie de la maison se loue en appartements, à la semaine ou au week-end (de 200 à 400€ environ), mais les propriétaires ont conservé deux chambres mansardées pour les hôtes de passage. Comptez 38€ la double avec sdb privée, 4€ le petit déj. Réservez à l'avance, car l'adresse est connue... *31796 Ziga (sur la NA2540, au sud d'Elizondo et d'Irurita, à 25km de la frontière) Tél. 948 58 02 77 ou 699 84 26 28 www.aldekoetxeberria.com*

🍴 prix moyens

☺ **Larraldea** Dans cette cidrerie, vous dînerez, selon la saison, au pied de barriques gigantesques ou bien en terrasse (très belle vue). Repas copieux et savoureux : côtes de bœuf ou côtelettes d'agneau, charcuteries et légumes, fromage, noix et *dulce de manzana* – maison, bien sûr. Comptez entre 20 et 25€ pour une formule complète avec cidre à volonté. *Plaza Buru 31795 Lekaroz (à 3km à l'est d'Elizondo, sur les hauteurs) Tél. 948 45 21 21 Ouvert mi-jan.-mi-août : ven. soir, sam.-dim. et j. fér.*

La Koska Un restaurant raffiné, situé au rez-de-chaussée d'une maison typique du Baztan, haute et massive. Ici, les spécialités du Pays basque sont accommodées par un chef talentueux et on dégustera omelettes aux champignons, palourdes *a la plancha*, chipirons aux oignons confits, *alubias rojas* et grillades diverses (côtes de bœuf, côtelettes d'agneau, etc.). En saison, gibier varié – cerf, lièvre. Et, en dessert, des *cuajadas* maison. Comptez 15-20€ pour un repas. *San Salvador, 3 31711 Urdazubi-Urdax Tél. 948 59 90 42 lakoska.restaurantesok.com Fermé saison : dim. soir-lun. ; hors saison : le soir (sauf sam.)*

💼 prix élevés

☺ **Irigoienea** Cette *casa rural* bénéficie d'un environnement superbe et très calme ainsi que de la connexion wifi. Chambres vastes et salles de bains impeccables. Comptez de 69 à 79€ HT la double avec salle de bains et de 95 à 103€ HT la suite. Petit déjeuner copieux (7€), avec jus d'oranges fraîchement pressées, toasts et yaourts, fromages, jambon... Possibilité de prendre un dîner léger. *San Salvador, 38 31711 Urdazubi-Urdax Tél. 948 59 92 67 Fax 948 59 92 43 www.irigoienea.com Fermé en semaine d'oct. à juin, la dernière semaine de juin et à Noël*

LES VALLÉES DE NAVARRE

LA VALLÉE DE RONCEVAUX

La vallée
de Roncevaux

Étape incontournable sur le chemin de Saint-Jacques et point de départ du Camino francés, Roncevaux se découvre de préférence par le nord (de France), en passant par Luzaide-Valcarlos, le premier village espagnol après la frontière, étiré tout au long de la route principale, avec ses maisons suspendues dans le vide... La route serpente ensuite sur quelques kilomètres, gravit une dernière pente raide avant de rejoindre le plateau au col d'Ibañeta, où, tous les ans, à l'automne, passent des millions d'oiseaux, des plus

petits passereaux aux plus grands rapaces. Alors, seulement, se devinent au loin les toits bleutés, les clochers et les murs du monastère de Roncevaux. En poursuivant vers la vallée d'Iraty, vous découvrirez près de la frontière la plus grande hêtraie d'Europe. Puis vous rejoindrez les vallées d'Aezkoa et du Salazar, qui ont conservé leur mode de vie rural.

MODE D'EMPLOI

accès

EN VOITURE

Roncevaux est à 25km au sud de Saint-Jean-Pied-de-Port par la N135, et à 40km au nord de Pampelune par cette même nationale. Pour rejoindre la vallée de l'Aezkoa, prendre, après Auritz-Burguete, la NA140 (direction d'Escaroz) jusqu'à Aribe (7km) puis suivre à gauche la NA2030 qui mène en 4km à Orbaitzeta. Une piste traverse ensuite la forêt d'Iraty, longe les rives sud du lac Irabiako avant de rejoindre au sud – via Nuestra Señora de las Nieves – la vallée du Salazar, à Ochagavia. De Pampelune, comptez 54km pour rejoindre Orbaitzeta et 39km pour Ochagavia.

EN CAR

De Pampelune, 1 car par jour en semaine à 18h pour Roncevaux, et le samedi à 16h (aucune liaison le dimanche). Pour le retour, 1 car du lundi au vendredi à 9h20, samedi à 12h. **Autobuses Artieda** *Tél. 948 30 02 87*

orientation

La vallée de Roncevaux est orientée nord-sud. Celle de l'Aezkoa, qui longe le Rio Irati, lui est parallèle, un peu plus vers l'est ; elle remonte directement vers la forêt d'Iraty au nord. D'un côté ou de l'autre, on peut, par la route, rejoindre la vallée du Salazar, petit cours d'eau s'écoulant lui aussi du nord au sud, jusqu'à Navascuès.

informations touristiques

Office de tourisme de Roncevaux Très documenté. *Edificio Antiguo Molino* **Roncesvalles** *Tél. 948 76 03 01 www.turismo.navarra.es et www. roncesvalles.es Ouvert Pâques-mi-oct. : lun.-sam. 10h-14h et 16h-19h, dim. 10h-14h ; hors saison : lun.-ven. 10h-17h, sam.-dim. 10h-14h*

fêtes et manifestations

Semaine sainte Danses et processions se succèdent à cette occasion. *À Luzaide-Valcarlos, le dimanche de Pâques*

DÉCOUVRIR
La vallée de Roncevaux

☆ **Les essentiels** Le monastère et le musée-trésor de Roncevaux **Découvrir autrement** Postez-vous au col d'Ibañeta pour assister, à l'automne, au passage des oiseaux migrateurs et montez au cromlech de Soroluze d'où le panorama est splendide ➤ Carnet d'adresses p.235

★ Le monastère

En 778, Roland, à la tête de l'armée de Charlemagne, trouve la mort à Roncevaux. *La Chanson de Roland*, première chanson de geste en France, célèbre la résistance de ce preux chevalier. Dès le XIIe siècle, à Ibañeta, un hôpital-monastère est construit pour accueillir les pèlerins en route vers Saint-Jacques. En 1132, une auberge-hôtel est également bâtie dans la plaine, sur l'actuel site de Ronscesvalles, près de l'église collégiale. Tout au long du Moyen Âge, on ne cesse d'agrandir le monastère pour répondre à l'accroissement du nombre de pèlerins (dont le nombre oscille de 30 000 à 50 000 lors des jubilés). Jusqu'au XVIIe siècle, ceux-ci peuvent y faire étape pendant trois jours. Abandonné un temps, le site connaît aujourd'hui un regain d'intérêt – nombre d'étrangers le choisissent comme point de départ pour le pèlerinage de Compostelle. En effet, dans les années 1980, la communauté canoniale (aujourd'hui sécularisée) a restauré la tradition hospitalière. Attention, le site est extrêmement fréquenté en été. *Roncevaux/Ronscesvalles Accès libre à l'église Visite guidée du musée, du cloître et des catacombes (1h) organisée par Atz Orreaga Cultural Tél. 948 79 04 80 Tarif 4,10€, réduit 1,60€*

OISEAUX DE PASSAGE
Le col d'Ibañeta est un important point de passage des oiseaux migrateurs, notamment à l'automne. Un centre d'observation y est installé, animé par des permanences assurées par l'association Gurelur. ☺ **Gurelur** *Col d'Ibañeta Tél. 948 15 10 77 ou 606 98 00 68 Ouvert juil.-oct. : tlj.*

Collégiale de Roncevaux-église Santa Maria De style gothique français (XIIIe s.) elle abrite une très belle Vierge à l'Enfant (XIIIe s.), presque entièrement plaquée d'argent, d'or et de pierres précieuses, rapportées de Toulouse au XVe siècle. On peut également y voir un saint Jacques et un Christ aux stigmates. Dans le cloître, reconstruit au XVIIe siècle, visitez l'ancienne salle capitulaire gothique (XVe s.), ou chapelle San Augustín. Sous une voûte sur croisée d'ogive, ne manquez pas les gisants de Sanche VII le Fort, roi de Navarre (1194-1204), et de son épouse. *Tél. 948 76 00 00 ou 948 79 04 80 Église ouverte 9h-21h*

☆ **Musée-trésor** Au rez-de-chaussée de la bibliothèque sont présentées quelques pièces d'orfèvrerie exceptionnelles, tels l'évangéliaire roman (XIIe s.) et un splendide reliquaire émaillé du XIVe siècle, dit "échiquier de Charlemagne". Également de belles peintures sur bois, dont un triptyque de la *Crucifixion*, œuvre de l'atelier de Jérôme Bosch, et la *Sainte Famille* de Luis de Morales (XVIe s.). *Ouvert tlj. 10h-14h et 15h30-19h (17h30 en nov.-mars) Tél. 948 79 04 80*

Chapelle du Saint-Esprit Érigée au XIIe siècle, cette chapelle funéraire, également connue sous le nom de *Silo de Carlomagno*, de plan carré, est le plus ancien bâtiment de Roncevaux. On y enterrait les pèlerins morts à l'hôpital.

LES VALLÉES DE NAVARRE

Épreuve de Soka Tira, Saint-Étienne-de-Baïgorry (p.179).

Les vallées d'Iraty et de l'Aezkoa

Orbaitzeta Ce village reculé recèle trois greniers surélevés, construits sur pilotis. L'un d'entre eux abrita longtemps la scierie du village, avant d'être restauré en 2002. Vous pourrez découvrir d'autres édifices du même type à Aria, Hiriberri, Villanueva de Aezkoa…

Ancienne fabrique d'armes d'Orbaitzeta Bâtie au XVIIIe siècle sur le site d'une ancienne forge médiévale – où abondaient déjà les minerais de fer, d'argent et de plomb, ainsi que l'eau et le bois –, elle alimentait le corps d'artillerie du roi Carlos III. Elle ferma ses portes en 1873, à la suite de nombreux incendies. Seules les ruines se visitent aujourd'hui. *À 3km au nord du village d'Orbaitzeta*

Lac d'Irabia et forêt d'Iraty On y accède depuis Orbaitzeta, par une piste en bon état qui traverse la forêt et longe le lac – mais on peut également emprunter la piste de l'autre côté, à l'est, depuis Ochagavia et l'église de Nuestra Señora de los Nieves, tout au nord. Une partie de la forêt se trouve en France (cf. La Soule, Larrau).

● ☺ **Admirer les mégalithes d'Azpegi** Partant de la fabrique d'armes d'Orbaitzeta, un chemin monte sur la droite (2,8km) à travers les bois jusqu'au refuge d'Azpegi, puis débouche devant les deux premiers dolmens. À l'embranchement, prenez sur la gauche pour atteindre le cromlech de Soroluze (1km à peine), d'où la vue sur le sommet d'Urkulu et sa tour romaine est magnifique. Revenez ensuite sur vos pas et vous découvrirez un autre cromlech et deux dolmens (5000 av. J.-C.). *Distance 5km AR Dénivelé 300m Livret détaillé à l'office de tourisme de Roncevaux (0,30€)*

CARNET D'ADRESSES

Restauration, hébergement

 camping

Camping Urrobi À 3km au sud de Roncevaux, près de Burguete, 400 places de camping en lisière de forêt. Comptez env. 18€ l'emplacement pour 2 pers., avec voiture et tente. Autres solutions possibles : l'auberge propose des lits (env. 8,55€/pers.) et des bungalows, d'env. 58 à 66€ pour 2/3 pers. et d'env. 85 à 93€ pour 6 pers. selon la saison. *Route Pampelune-Valcarlos (N135, Km42)*

31694 *Espinal Tél./fax 948 76 02 00 www.campingurrobi.com Ouvert avr.-oct.*

 petits prix

Casa Marcelino Sur une vaste place au cœur du village, face au fronton et à la vallée, cette ancienne maison forte dispose de 18 chambres. Comptez 40€ la double, 50€ le studio avec cuisine ; env. 35€ la demi-pension/pers., 4€ le petit déjeuner et menus à partir de 10,50€. *Calle Elizaldea, 1 31660 Luzaide-Valcarlos Tél./fax 948 79 00 63 www.casamarcelino.com*

prix moyens

Casa Etxezuria Cette très belle *casa rural* (XVIᵉ s.), rénovée avec goût, ouvre sur un joli petit jardin de village, au bord de la route venant de Saint-Jean-Pied-de-Port. Deux chambres doubles se partagent une sdb, un salon-salle à manger avec cheminée et l'accès au jardin. Comptez 45€ la double, petit déj. 4€. 31660 *Luzaide-Valcarlos (sur la N135, à 8km au sud de Saint-Jean-Pied-de-Port)* Tél. 948 79 00 11 ou 609 43 61 90 www.etxezuria.com

Dans la vallée d'Iraty

 petits prix

Casa Alzat Une belle maison carrée et un charmant jardin, à l'extrémité de la vallée de l'Aezkoa. La maîtresse de maison saura vous conseiller si vous voulez vous balader dans les environs. Comptez 32-40€ la double, 3,50€ le petit déj. *Clara Arrese (à l'entrée du village, sur la gauche) 31670 **Orbaitzeta** (NA2030, puis NA140, à 45km de Pampelune)* Tél. 948 76 60 55 www.orreaga.net *Fermé fin nov.-Pâques*

Casa Iribarren Une *casa rural* douillette, qui offre des chambres impeccables avec une salle de bains à partager sur le palier, parfaitement entretenue. Maritxu vous proposera de feuilleter ses livres et guides de randonnée. Comptez 32€ la double, 3,50€ le petit déj. *Maritxu Reca 31671 **Hiriberri** Villanueva de Aezkoa Sur la NA2023, prendre par la NA140 entre Roncevaux et la vallée du Salazar (à 57km de Pampelune)* Tél. 948 76 41 52 *À l'entrée du village, prendre à gauche, passer le grenier sur pilotis et aller jusqu'en haut Fermé 15 déc.-15 jan.*

LA VALLÉE DU SALAZAR

La vallée du Salazar

En redescendant la vallée de l'Aezkoa, on traversera quelques villages de caractère, tels Jaurieta, Escaroz, puis on longera vers le nord la rivière Salazar avant d'arriver à Ochagavia. Outre ses richesses patrimoniales entretenues avec soin, Ochagavia est un point de départ pour de nombreuses randonnées en été et pour la pratique des sports d'hiver.

MODE D'EMPLOI

accès

EN VOITURE
Ezcaroz, point d'entrée nord de la vallée, est à 70km à l'est de Pampelune, par la N135 puis la NA140. À partir de la France, on accède à la vallée par Larrau (cf. La Soule) en empruntant la D26 jusqu'à la frontière (puerto de Larrau 1 573m) puis la NA2011 et enfin la NA140 jusqu'à Escaroz (20km environ).

EN CAR
Rio Irati-Albizua *Tél. 948 30 35 70*

informations touristiques

Oficina de Turismo de Ochagavia Centre d'interprétation de la Route naturelle Izalzu-Ochagavia. *Tél. 948 89 06 41 Fax 948 89 06 79 www.turismo. navarra.es Ouvert 15 juin-15 sept. : lun.-sam. 10h-14h et 16h30-20h30, dim. 10h-14h ; le reste de l'année : lun.-jeu. 10h-14h, ven.-sam. 10h-14h et 16h30-19h30, dim. 10h-14h*

DÉCOUVRIR
La vallée du Salazar

☆ **Les essentiels** Le village d'Ochagavia **Découvrir autrement** Baignez-vous dans les piscines naturelles aux environs d'Izalzu et découvrez la vallée du Salazar en ski de fond avec Ekia ➤ **Carnet d'adresses p.237**

LES VALLÉES DE NAVARRE

☆ **Ochagavia** Ce village, que beaucoup considèrent comme l'un des plus beaux de Navarre, s'organise autour de deux quartiers séparés par le Rio Anduño : l'un, assez escarpé, aux ruelles tortueuses pavées de galets – où l'église Saint-Jean-Baptiste domine des maisons médiévales à colombages, et quelques maisons blasonnées du XVIIIe siècle – et l'autre, plus aéré.

● **Faire du sport en montagne** Pour partir en randonnée, faire de l'escalade, de la spéléo, du rafting ou du canoë... À partir de 4 personnes. Ski de fond et promenades en raquettes l'hiver. **Ekia** *Camping Osate 31680 Ochagavia Tél. 948 89 05 37, 696 89 99 95 ou 639 01 10 77 www.osate.net Fermé nov.*

● **Se baigner dans des piscines naturelles** À la sortie d'Ochagavia, l'eau de la rivière est suffisamment profonde pour que l'on puisse esquisser quelques brasses. Un peu plus loin, vers Izalzu, les roches forment des piscines naturelles, à l'ombre des arbres.

CARNET D'ADRESSES
Restauration, hébergement

 campings

Camping Osate De l'autre côté d'un pont enjambant le Salazar, un terrain ombragé avec aussi une dizaine de bungalows et une soixantaine de places en chambres ou à l'auberge. *Sur la N140, juste avant le village 31680 Ochagavia Tél. 948 89 01 84*

Camping Murkuzuria Environ 200 places à la sortie du village, le long de la N178 allant de Navascués à Ezcaroz. Camping arboré, piscine. Comptez 16€ pour 2 pers., une tente, une voiture. Également quelques places à l'auberge : 45€ la chambre de 4 pers., 85€ le bungalow pour 6 pers. *31453 Esparza de Salazar (à 6km au sud d'Ochagavia) Tél. 948 89 01 90 www.esparzadesalazar.com Ouvert mars-déc.*

🍴 prix moyens

☺ **Sidreria Kixkia** Perdue dans les collines, dans un cadre bucolique, cette adresse compte parmi nos préférées. On peut opter pour un menu, bien copieux, de 11 à 23€ HT, ou choisir un plat à la carte (boudin noir aux haricots rouges, omelette à la morue, jarret de mouton grillé, etc.). En dessert, fromage, noix et pâte de pommes et coings, mais aussi tarte à la *cuajada*. *Urrutia 31680* **Ochagavia** *Tél. 948 89 05 17 Ouvert juil.-oct. : tlj. ; le reste de l'année : ven. soir-dim.*

🍴🛄 prix élevés

☺ **Besaro** Voici un hôtel rural dans une maison de village traditionnelle en surplomb de la rivière Salazar. Meubles en bois et fer forgé, fibres naturelles et tommettes au sol, environnement très calme. Comptez de 62 à 72€ HT la double, 7€ le petit déjeuner. Connexion Internet et possibilité de dîner sur place. *Irigoien 31689* **Izalzu** *(sur la NA140 entre Escaroz et Isaba, à 3km d'Ochagavia) Tél. 948 89 03 50 www.besaro.org*

Hôtel-restaurant Auñamendi Dans le très beau (et touristique) village d'Ochagavia, sur une place un peu en retrait, un hôtel confortable où l'on peut également boire un verre, déjeuner ou dîner. Cadre rustique, literie et mobilier neufs. Demandez une des chambres sous les toits, plus agréables. De 67 à 79€ la double selon la saison, petit déj. compris. Menu du jour 14€. *Plaza Gurpide, 31680* **Ochagavia** *Tél./fax 948 89 01 89 auniamendi@jet.es*

LA VALLÉE DE RONCAL

La vallée de Roncal

Plus on descend vers le sud, en suivant le cours de la Belagua ou de l'Esca, rivières aux eaux claires qui creusent leur lit au cœur de cette longue vallée, et plus la roche se fait présente. La végétation est ici nettement plus méditerranéenne : le chêne kermès remplace le chêne vert, les résineux parfument l'air, et les rapaces – aigles, vautours, faucons et circaètes – survolent ces falaises desséchées. Leurs nids bâtis comme des forteresses imprenables coiffent les arêtes les plus escarpées. Dans les villages à l'architecture montagnarde de cette vallée parsemée de forêts et de pâturages, on goûtera le fameux roncal, fromage de brebis protégé par une appellation.

MODE D'EMPLOI

accès, orientation

La NA137 longe la vallée de Roncal du nord au sud, entre Burgui et Isaba. Elle est accessible de France par le col de la Pierre-Saint-Martin. De Hendaye, via Pampelune (190km) comptez 2h30 et d'Arette 1h à peine pour rejoindre l'entrée de la vallée. Isaba est à 50km de la Pierre-Saint-Martin.

informations touristiques

Office de tourisme d'Isaba *Calle Izagertea, 28 Tél. 948 89 32 51 www.isaba.es*

Tributo de las tres vacas Commémoration du traité de bonne entente qui régit depuis 1375 les rapports entre le Barétous et la vallée d'Isaba. Banquet, chants et danses. *Au col de la Pierre-Saint-Martin, le 13 juillet*

Saint-Jacques Repas, compétitions sportives, danses, théâtre. *À Isaba, le 25 juillet*

San Ciprian Un festival de danse, de théâtre, avec repas de rue, etc. *À Isaba, le 16 septembre*

DÉCOUVRIR
La vallée de Roncal

☆**Les essentiels** Le Museo del Queso à Uztarroz **Découvrir autrement** Imprégnez-vous de l'ambiance montagnarde de Roncal et goûtez à son fromage de brebis, visitez le musée de la Almadía à Burgui et faites une sortie en raquettes à Larra-Belagua > **Carnet d'adresses p.240**

Isaba Dans cette bourgade, la plus septentrionale de la vallée, au confluent de deux rivières, ne manquez pas la majestueuse église fortifiée de San Cipriano et son retable de style plateresque. Intéressant musée ethnographique qui a rouvert ses portes début 2008 après des travaux de rénovation. *31417 Isaba* **Musée** *Tél. 948 89 33 07*

☆ **Museo del Queso** Une exposition permanente sur la fabrication du fromage de Roncal – incontournable. À côté, la fromagerie Ekia, pour faire quelques achats. *Uztarroz (sur la NA140, à 3km à l'ouest d'Isaba) Tél. 948 89 32 36 Ouvert fév.-sept. : tlj. 10h-14h et 17h-20h ; oct.-jan. : tlj. dim.-ven. 10h-14h, sam. 10h-14h et 16h30-19h30 Entrée libre*

Roncal Ce village aux belles calades en pierre de rivière conserve de superbes demeures montagnardes typiquement navarraises, tout en pierre et en bois, d'allure quelque peu austère. On ne manquera pas de visiter le Museo Julián Gayarre (1844-1890) pour tout connaître de la vie et de l'œuvre de ce ténor d'opéra originaire de la vallée. Le musée est installé dans la maison natale du chanteur. *Roncal (à 8km au sud d'Isaba, sur la NA137)* **Musée** *Calle Arana Tél. 948 47 51 80 Ouvert avr.-sept. : tlj. 11h30-13h30 et 16h-18h ; oct.-mars : sam.-dim. 11h-13h et 16h-18h Entrée 1,80€*

● UNE BELLE UNITÉ Toutes les maisons de cette petite vallée, d'Isaba à Burgui en passant par Roncal – célèbre chef-lieu de l'appellation du fromage de brebis –, sont bâties en pierre grise et bleue et coiffées de tuiles.

Museo de la Almadía Une reconstitution de la vie des *almadieros*, conducteurs de trains flottants de troncs d'arbres. Passionnant. *Burgui (à 12km au sud de Roncal, sur la NA137) Tél. 948 47 71 53 Ouvert juil.-août : mar.-sam. 11h30-13h30 et 18h-20h, dim. 11h30-13h30 Tarifs variables en fonction du type de visite (guidée, libre, projection de documentaire, promenade dans le village...) Adulte 1,50€, enfant (jusqu'à 12 ans) 1€*

● **Où acheter des produits du terroir ?** Une petite boutique au bord de la route pour faire le plein de chorizos, fromages de la vallée, pâte de coing, miel, biscuits, vins... **Ibaxa** *Sur la NA137* **Roncal** *Tél. 948 47 51 97 Ouvert tlj. 10h-14h et 16h-21h (20h l'hiver)*

● **Randonner dans la vallée** Dans les environs de la vallée de Roncal, de nombreux sentiers balisés sont accessibles. Raquettes indispensables en hiver. On peut y observer quelques oiseaux rares : le circaète Jean-le-Blanc ou la chouette de Tengalm, entre autres.

☺ **Larra-Belagua** En hiver, ce domaine offre 5 pistes de ski de fond, de niveaux différents, au cœur d'un magnifique massif karstique – 2 789 ha classés en réserve naturelle –, à découvrir également en été. Sur la route du col de la Pierre-Saint-Martin, vous pourrez, en saison, louer des raquettes et des skis de fond. Des associations spécialisées organisent des randonnées accompagnées, pour petits groupes.

Mirua Balades naturalistes dans les différentes vallées (20-25€) et traversées plus sportives, rando-raquettes et spéléologie – le tout à la carte. *Tél. 948 46 48 31 ou 608 56 03 69 www.mirua.com*

● **Se baigner en rivière** On peut se tremper les pieds dans la rivière, derrière les maisons du village de Roncal, mais n'hésitez pas à aller jusqu'à Burgui, où les galets forment de véritables plages – une retenue d'eau apporte quelque profondeur. Sinon, il faut descendre jusqu'au splendide lac de Yesa (cf. Pampelune et le sud de la Navarre, Sangüesa).

CARNET D'ADRESSES

Restauration, hébergement

La vallée de Roncal est sans doute l'une des plus belles pour séjourner : elle recèle nombre de villages de montagne de caractère, et l'accueil y est partout chaleureux. On peut également louer des maisons entières ou des appartements : pour cela, procurez-vous le *Guia de Alojamientos de Navarra* (l'équivalent du guide des Gîtes de France, gratuit). *Tél. 948 20 65 40 oit.pamplona@cfnavarra.es*

🧳 camping

Camping Asolaze Environ 500 places de camping, des chambres en refuge et 15 bungalows (de 4 et 6 pers.), sur la route du col de la Pierre-Saint-Martin et de la réserve naturelle de Larra. Idéal pour randonner dans les environs. Sorties spéléo et canyoning, de juillet à septembre, au départ du camping

GAMME DE PRIX	RESTAURATION	HÉBERGEMENT
Très petits prix	moins de 10€	moins de 30€
Petits prix	de 10€ à 15€	de 30€ à 40€
Prix moyens	de 16€ à 25€	de 41€ à 60€
Prix élevés	de 26€ à 45€	de 61€ à 80€
Prix très élevés	plus de 45€	plus de 80€

avec des moniteurs agréés. Comptez 15€ pour 2 pers., avec tente et voiture ; 36€ la chambre double, 9,50€ la nuitée en dortoir, et de 60 à 75€ par jour pour un bungalow de 4 pers. (75-85€ pour 6 pers.). Sur place, un bar-restaurant, une cuisine et des douches également accessibles aux non-résidants. *Route Isaba-France Km6 Tél. 948 89 32 34 et tél./fax 948 89 30 34 www. campingasolaze.com Fermé nov.*

🍴 🧳 prix moyens

Venta de Juan Pito Ne vous fiez pas à son allure de *venta* touristique : ce restaurant vous réserve une bonne surprise. En effet, on y mange de façon simple et copieuse une spécialité de Navarre, les *migas del pastor* (miettes de pain frit aux lardons), ainsi que des *alubias rojas* (haricots rouges), des côtelettes d'agneau, des côtes de veau et des truites fraîches. Excellents desserts maison et fromage de Roncal. Repas de 15 à 20€. *Puerto de Belagua* **Isaba** *Tél. 948 89 30 80 Ouvert 16 sept.-juin : w.-e., ponts et j. fériés ; juil.-15 sept. : tlj.*

☺ **Casa Catalingarde** Dans une ruelle du village, près de l'église et du fronton, une *casa rural* en pierre sur trois niveaux. Deux chambres doubles avec sdb, une autre avec sdb sur le palier, et, au dernier étage, sous les toits lambrissés, un salon pour se détendre, jouer au scrabble devant le feu et prendre le petit déjeuner. En hiver, on vous donnera tous les conseils pour skier (ski de fond, essentiellement), selon l'enneigement et la difficulté. Double avec sdb 43€, petit déjeuner 4€. *Maria Angeles Ezquer* **Isaba** *Tél. 948 89 31 54 www.roncal-salazar.com*

El Almadiero Cet établissement est l'un des plus agréables de la catégorie des *Hostales Rurales*. En été, on s'y repaît de fraîcheur, en hiver, on profite d'un confort douillet, en toute saison on bénéficie d'un environnement calme et paisible. En juillet, août, à Pâques et pendant les ponts, comptez env. 52€ HT/pers. en demi-pension. Hors saison, env. 34€ HT/pers. avec le petit déjeuner, en chambre double. Une bonne adresse pour venir dîner des villages voisins. *Burgui Sur la NA137, à 20km au sud d'Isaba Tél./ fax 948 47 70 86 www.almadiero.com Restaurant ouvert aux non-résidants du 15 juillet au 15 septembre*

🍴 🧳 prix élevés

☺ **Hostal Lola** Une demeure à l'architecture typiquement navarraise, située dans une ruelle de ce village montagnard. Une vingtaine de chambres, avec plancher ciré et pierres apparentes et, à l'étage, un bar réservé aux pensionnaires. On vient là pour profiter de la montagne, dormir dans un joli cadre et savourer des mets de saison – la table est l'une des meilleures des environs. En entrée, un gâteau de *morcilla* (boudin noir), une soupe aux *alubias* (haricots rouges sucrés), ou bien une omelette aux champignons, puis du jarret de porc, une côte de bœuf géante et une *cuajada*, une tarte au fromage frais... Rien que des mets savoureux. Menu à 17€ pour les pensionnaires et, à la carte, de 25 à 30€. Chambre double de 60 à 68€, selon la saison ; simple à 45€. Petit déjeuner 6€. *Mendigatxa, 17* **Isaba** *Tél. 948 89 30 12 www.hostal-lola.com*

GEOREGION

Santa Maria de Eunate (p.281), joyau de l'art roman, Navarre.

PAMPELUNE ET LE SUD DE LA NAVARRE

N
10 km

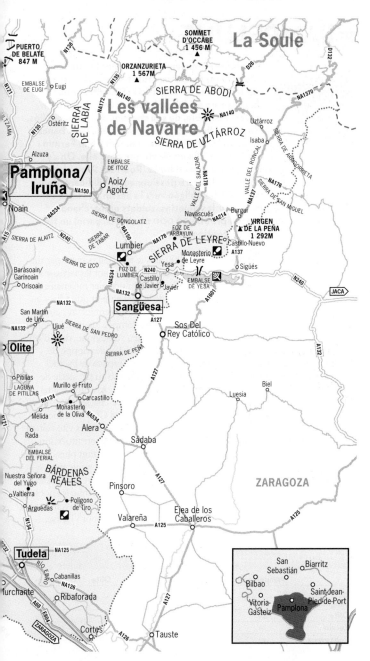

PAMPELUNE ET LE SUD DE LA NAVARRE

★ PAMPELUNE IRUÑA 31001

Pampelune-Iruña

Parviendra-t-on jamais à dissocier Pampelune (Pamplona) de ses fameuses fêtes retransmises sur les écrans de télévision du monde entier ? Pourra-t-on seulement donner une idée de son charme paisible, de ses chemins de ronde oubliés, de ses ruelles secrètes, de ses places aux bancs tièdes à l'ombre des marronniers ? San Fermín : partout en ville on ne vit que pour elle. On s'y prépare aussitôt l'édition de l'année clôturée. Pourtant Pampelune recèle entre ses murailles une histoire passionnante. Ville-carrefour entre fleuve et montagne, étape obligée vers le bassin de l'Èbre et lieu de passage séculaire pour les pèlerins, soldats et marchands, elle accueille chaque année près de 30 000 étudiants, parmi un flot de touristes venus des cinq continents.

UN OBJET DE CONVOITISES Voici 75 000 ans, le site était occupé par un peuple de chasseurs : on a retrouvé leurs outils de pierre sur les terrasses fluviales, en bordure de l'Arga. Mais ce n'est que du premier millénaire de notre ère que l'on peut dater l'implantation de la ville en tant que telle – en 75 av. J.-C., les Romains, conduits par Pompée, découvrent ici un peuple de Vascons, établis dans un village nommé Iruña. Pompée lui attribue son nom, Pompaelo, et en fait tout naturellement un lieu stratégique, doté d'un marché important, de remparts, de thermes, d'un réseau développé de canalisations. La ville romaine s'étend alors sur tout l'espace de l'actuel quartier historique, jusqu'à ce qu'un incendie la détruise au IIIe siècle de notre ère. Les Wisigoths s'emparent de la ville, puis elle passe aux mains des musulmans. Dès le VIIIe siècle, les Francs tentent de chasser les garnisons arabes et de s'emparer du pouvoir, en vain : si Charlemagne parvient à détruire les remparts de Pampelune en 778, il est très vite vaincu à Roncevaux. Au début du Xe siècle, l'aristocratie réussit à constituer son propre royaume, autour d'une capitale qui ne compte pourtant plus qu'une centaine d'habitants. Mais, jusqu'au XIIIe siècle, la ville reste tenue par l'Église – celle-ci n'a-t-elle pas permis par ses prières le départ des Infidèles ? Le roi lui conserve ce privilège jusqu'à ce que l'évêque soutienne les nobles de la Navarrería dans leur révolte de 1276. En représailles, le pouvoir revient aux souverains, moyennant une compensation financière pour l'Église…

Tableau kilométrique

	Pampelune	Lizaso	Sangüesa	Olite	Zerain
Lizaso	23				
Sangüesa	46	71			
Olite	43	68	68		
Zerain	76	78	124	121	
Roncevaux	49	51	66	87	120

LE PRIVILÈGE DE L'UNION À la fin du XIᵉ siècle, il est impératif de repeupler la ville : on attire alors par des privilèges de nombreux migrants. Beaucoup arrivent du midi de la France – ils se regroupent à l'ouest de la cité dans un quartier portant le nom de leur saint préféré : Saint-Cernin, ou San Saturnino. Au siècle suivant, de nouveaux émigrants s'installent un peu plus bas, dans le quartier de San Nicolás, malgré l'hostilité farouche des descendants de la première vague d'arrivés. Face à ces deux groupes, les habitants d'origine de la ville se cantonnent à leur quartier de la Navarreria, dans la moitié est de la cité, et les trois communautés ne cessent de se disputer droits, pouvoirs et territoires. Pour mettre fin à ces querelles sanglantes, le roi Carlos III de Navarre fait raser les murs et combler les fossés séparant les trois bourgs. Puis il bâtit une mairie réunifiant la ville en son cœur : à partir du 8 septembre 1423, le privilège de l'Union, composé des représentants de chacune des communautés, gouverne la ville. Au même moment, le royaume de Pampelune parvient, pour un temps, à s'affranchir de toute tutelle, privilégiant de bons rapports avec ses voisins, français et castillans.

UNE VILLE FRONTIÈRE... EN PLEINE CROISSANCE En juillet 1512, les troupes castillanes du duc d'Alba envahissent la ville. S'ouvre alors une nouvelle ère : en 1515, la Navarre est annexée à la Castille, mais elle conserve son titre de royaume et sa charte de privilèges. Le roi part pour la cour de Castille ; il est représenté sur place, à Pampelune, par un vice-roi. La ville tient un rôle défensif, celui d'avant-poste de l'Espagne face à la France. À partir du XVIᵉ siècle, on redresse les fortifications de la vieille ville, on bâtit une citadelle. Les menaces d'invasion semblent s'affaiblir au XVIIIᵉ siècle ; l'heure est aux réformes et aux rénovations : on réorganise notamment le système des égouts et des fontaines. L'influence baroque bat son plein, et le style néoclassique s'affiche partout. À la fin du XIXᵉ siècle, l'armée se laisse convaincre et accepte l'extension de la ville en dehors des murailles : en 1888 naît le premier Ensanche. Puis, au début du XXᵉ siècle, les murailles sont abattues et commence la construction du second Ensanche, suivie par le développement des quartiers de Rochapea et Milagrosa dans les années 1950, San Juan et Itturama entre 1960 et 1980, avec, pour finir, Mendilorri, dans les années 1990. Les deux pôles attractifs de la ville sont aujourd'hui les universités d'une part, et l'industrie automobile de l'autre.

MODE D'EMPLOI

accès

EN AVION
Aéroport national de Noain Il relie toutes les grandes villes espagnoles grâce aux services d'Iberia. *À 6km au sud de Pampelune Tél. 948 16 87 51 ou 902 40 47 04*
Iberia *Tél. 948 31 71 82*

EN VOITURE
À 79km au sud d'Irún par la N121, ou bien par les routes de montagne au départ d'Ainhoa et Irurita (plus long mais moins de poids lourds). À 82km de San Sebastián, par l'A15, et à 156km de Bilbao par la N1 via Vitoria (à 95km à l'ouest) ou l'A8 par la côte. À 94km au nord de Tudela par l'A15 ou la N121.

EN TRAIN

On se rend à Pampelune en train d'Irún, Bilbao, Vitoria, Madrid.
Renfe (plan 5, B2) *Tél. 902 24 02 02 www.renfe.es*

EN CAR

De nombreuses lignes régulières sillonnent la Navarre (l'office de tourisme fournit une fiche récapitulative de toutes les dessertes et compagnies).
Baztanesa De et vers le Baztan (Elizondo). *Tél. 948 58 01 29*
La Estellesa Liaisons avec Puente La Reina et Estella *Tél. 948 32 65 09/902 10 10 44 www.laestellesa.com*
Conda Dessert Olite, Tudela et Madrid. *Tél. 948 22 10 26 www.conda.es*
Burundesa Liaisons avec Vitoria, Bilbao et Burgos. *Tél. 948 22 17 66 www.laburundesa.com*
Roncalesa Liaisons avec San Sebastián. *Tél. 948 22 20 79*
Vibasa Dessert Barcelone. *Tél. 948 22 09 97 www.vibasa.es*

orientation

La ville s'étend au sud de la rivière Arga. Les quartiers récents se sont développés autour du centre historique : tout d'abord les premier et second Ensanche (extension) au sud-est, suivis des quartiers de Milagrosa et de l'université publique, de San Juan et d'Itturama au sud-ouest, puis du quartier de l'université privée vers le sud. Au cœur de cet ensemble trône la citadelle, circonscrite par l'avenue Vuelta del Castillo. Pour accéder au centre historique, suivre la direction Centro Ciudad et se garer dans le premier parking souterrain en vue : celui de la Plaza del Castillo est le plus central, mais celui de l'Aduana, sur la bordure ouest de l'enceinte, ou celui de la Plaza de Toros, face à la gare routière, sont aussi pratiques.

circuler en ville

Pendant les fêtes de San Fermín, il est recommandé de garer sa voiture dans les quartiers les plus reculés : il peut être difficile de trouver une place libre dans les parkings souterrains les plus proches du centre historique et des arènes. Il vous faudra, dans tous les cas, marcher un peu pour rejoindre l'épicentre de la fête. Si vous comptez rester à Pampelune durant toute la durée des festivités, un conseil : oubliez votre voiture pendant une semaine.

EN BUS

De nombreux bus desservent toute la ville et ses faubourgs, vers l'aéroport et la gare.
Gare routière (plan 5, B2) *C/ Yanguas y Miranda Tél. 948 20 35 66*

informations touristiques

Office de tourisme (plan 5, B1) On vous y donnera le programme détaillé des fêtes de San Fermín, heure par heure, lieu par lieu : brochure gratuite ou programme officiel à 2€. *Eslava, 1 (angle place San Francisco) Tél. 848 42 04 20 Fax 848 42 46 30 www.pamplona.net Ouvert juil.-août : tlj. 9h-20h et San Fermínes 8h-20h ; sept.-juin : lun.-sam. 10h-14h et 16h-19h, dim. 10h-14h*
Novotur Visites guidées de la ville, en bus ou à pied dans le centre historique. Visites en plusieurs langues (dont le français). *Novotur Guias, Dra. Juana Garcia Orcoyen -1-9°B Tél 948 383 755 www.novotur.com*

cartes et plans

Abarzuza (plan 5, B1) Une librairie bien documentée en cartes, plans et guides sur la région. *Santo Domingo, 29 Tél. 948 21 32 13 Ouvert 7h15-14h et 16h30-20h30*

accès Internet

Locutorio International (plan 5, C1) Téléphone et accès Internet à pièces (0,40€/15min) *Tejeria, 23 Tél. 948 22 79 22 Ouvert lun.-ven. 11h-14h et 16h-23h sam.-dim. 11h-23h*

marchés

Santo Domingo (plan 5, B1) Marché alimentaire sous des halles couvertes, au nord du centre historique. *Ouvert lun.-sam. 7h-14h ; ven. et fêtes 14h30-19h*

fêtes et manifestations

San Blas Procession dans le cloître San Nicolas et foire aux bonbons et pâtisseries. *Le 3 février*

Pâques Procession de saint Augustin et, pour le retour, de la Vierge des Sept Douleurs. *Le Jeudi saint et le Vendredi saint*

☆**San Fermín** Une semaine de folie, culminant avec les courses de taureaux. *Entre le 6 et le 14 juillet (cf. GEOPlus Fêtes de San Fermín)*

San Fermín de Aldapa Célébration plus intime que la précédente, avec moins de foule, pour célébrer le martyre de saint Firmin à Amiens, traîné par un taureau puis égorgé. *Autour du 25 septembre*

San Cernin Grande procession en l'honneur du saint patron de la ville. *Le 29 novembre*

Olentzero Un chaudronnier pittoresque descend des montagnes et apporte des cadeaux. *Le 24 décembre*

DÉCOUVRIR
Pampelune

☆ **Les essentiels** La cathédrale, le musée de Navarre et les fêtes de San Fermín **Découvrir autrement** Installez-vous à l'une des terrasses de la place del Castillo, dégustez des *pintxos* de poivron au Café Roch et rapportez des douceurs de la confiserie Doneza ▶ **Carnet d'adresses p.260**

On peut parcourir la ville au hasard, en déambulant d'un ancien bourg à un autre, ou bien emprunter des itinéraires particuliers : commencer par un tour de la Navarreria, le prolonger par celui des murailles est, puis revenir Plaza del Castillo, cœur de la cité, pour suivre l'itinéraire de l'*encierro* (cf. GEOPlus Fêtes de San Fermín), qui traverse la partie ouest de Pampelune. Arrivé aux arènes, on poursuivra jusqu'aux premier et second Ensanche, puis aux nouveaux quartiers des universités.

Plaza del Castillo (plan 5, C1) Toute découverte de la ville commence ici, Plaza del Castillo, au pied du kiosque ou bien à l'une des nombreuses terrasses disséminées sur son pourtour carré. Au XVe siècle s'y dressait le château royal, qui sera rasé au siècle suivant. Là se sont déroulées toutes les célébrations officielles et populaires, se sont tenus marchés, tournois, parades et courses de taureaux.

Calle San Nicolas (plan 5, C1) On peut s'engager dans la Calle San Nicolas, où s'alignent les bars aux comptoirs garnis de *pintxos* appétissants… En remontant les rues à angle droit, on profitera des boutiques traditionnelles

Plan 5 Pampelune

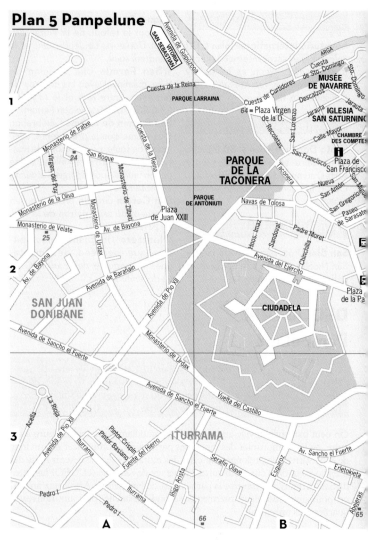

PETIT DÉJEUNER (n° 1)
Zucitola Pasteleria ___ **1** C1

GLACES (n° 10)
Heladeria Italiana ___ **10** C2

**CAFÉS, BARS ET LIEUX
DE SORTIE (n° 20 à 26)**
Dodo Club ___ **24** A1
Eleven Room ___ **26** C3
Kayak ___ **23** C1
La Dolce Vita ___ **20** C1
Medialuna ___ **22** D2

Mesón
del Caballo Blanco ___ **21** C1
Reverendos ___ **25** A2

PINTXOS (n° 30 et 31)
Baserri Bar ___ **31** C1
Café Roch ___ **30** C1

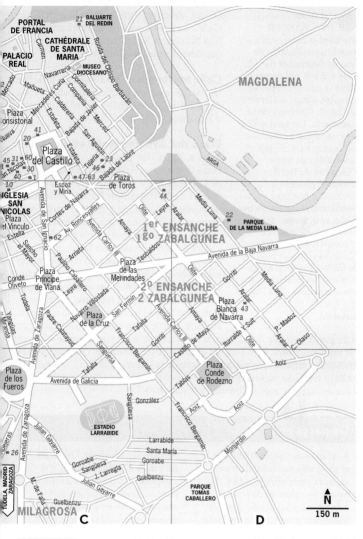

N
150 m

● **À BOIRE
ET À MANGER**
Pendant la San Fermín, un nombre incalculable de stands fleurissent dans la ville entière, notamment dans le *casco antiguo* et dans les parcs : les jardins de Santo Domingo, de la Taconera... On peut goûter aux variantes locales de *pintxos*, mais aussi aux spécialités de toute l'Espagne du Nord : chorizos, *pimientos, jamones y paellas* à profusion. Dans le quartier historique, quelques rues sont prises d'assaut, à découvrir de bar en bar : la Calle San Nicolas bien sûr, la Calle Comedias qui la croise à angle droit puis, de l'autre côté de la Plaza del Castillo, la Calle Estafeta.

encore ouvertes, dans la Calle Zapateria, la Calle Nueva – les anciens quartiers artisans de San Nicolas et San Cernin (San Saturnino), que dominent leurs églises respectives.

Calle Mayor (plan 5, B1) Elle recèle de belles façades de maisons et quelques palais : celui des Redin-Cruzat (1658), au n°31, et celui d'Ezpeleta (1705), au n°65.

Plaza del Ayuntamiento et alentours (plan 5, C1) Cette place est aussi nommée Plaza Consistorial. Ancienne place aux Fruits, où l'on vendait quelques denrées entre exécutions et duels, elle marque l'ancienne frontière de la ville. Aujourd'hui y trône le surprenant bâtiment de l'ancienne Casa Consistorial, dont il ne reste, du XVIIIe siècle, que la façade. Deux statues de pierre, Prudence et Justice, encadrent la porte d'entrée, tandis que sur chaque balcon sont sculptés les lions emblématiques de la cité, ce qui paraît normal puisque ce lieu est devenu l'hôtel de ville. On peut remonter ensuite vers le marché Santo Domingo, visiter le musée de Navarre puis le Palacio Real, redescendre en ville par la muraille nord, jusqu'à la cathédrale et les ruelles où se côtoient de nombreux bars, dans l'ancien quartier de la Navarreria. Quelques places tranquilles émaillent ce parcours : celle de la Virgen de la O, au nord-ouest, celle de Santiago où se dresse l'église Santo Domingo, ou encore, plus à l'est, celle de San José avec sa fontaine aux dauphins.

De parcs en jardins

À la limite du centre historique et de la ville nouvelle, de beaux espaces verts offrent autant de havres de calme et de fraîcheur. À la pointe nord-est du quartier historique (plan 5, C1), on accède aux vestiges des **remparts** de la ville par le Portal de Francia – porte d'entrée dans la cité pour les pèlerins venus de France depuis le Moyen Âge. On longe ensuite l'ancien bastion, avant de s'engager sur un chemin de ronde qui descend sur le flanc est,

derrière la cathédrale. Quant au parc de la Citadelle (plan 5, B2), il déploie plus de 350ha d'espaces verts, au centre desquels s'élève une forteresse en étoile bordée de profonds fossés, bâtie entre 1571 et 1645. On trouve là un fronton, très prisé par les habitants, des jeux pour les enfants, un arboretum, ainsi que plusieurs salles d'exposition. **Parc de la Citadelle** *Avenida Ejercito Tél. 948 22 82 37 Ouvert lun.-ven. 7h30-21h30, dim. et j. fér. 9h-21h30*

☆ **Cathédrale Santa Maria (plan 5, C1)** L'édifice originel, datant du Xe siècle, a été profondément modifié par les invasions et les destructions successives : de la cathédrale romane ne subsiste que le chevet. Le reste a été reconstruit au XIVe et au XVe siècle – la façade romane fut rasée puis rebâtie au XVIIIe siècle dans un style néoclassique, tandis que la base de l'édifice était entièrement élargie. Dans la première chapelle, à gauche en entrant dans la cathédrale, remarquez une sculpture du Christ du XVIe siècle : elle passe pour être l'une des plus belles de cette époque en Espagne. Mais le joyau incontesté de l'édifice est son cloître gothique, élevé entre 1286 et 1472, avec deux portes splendides : la plus récente, la porte Précieuse, représente de bas en haut les derniers moments de la vie de la Vierge ; sur la porte du Bon-Secours, une dormition de la Vierge a été taillée dans la pierre par un atelier de Toulouse au XVIe siècle. En levant la tête, on compte 56 clés de voûte étonnantes, illustrant la Création du monde – fleuves du Paradis, vents et travaux des quatre saisons… Enfin, les chapiteaux mêlent scènes religieuses et populaires des XIIe et XIVe siècles. Un Musée diocésain conserve également de très belles pièces provenant des églises de Navarre. *Calle Dormitaleria Ouvert 15 juil.-15 sept. : lun.-ven. 10h-19h, sam. 10h-14h30 ; 16 sept.-14 juil. : lun.-ven. 10h-14h et 16h-19h, sam. 10h-14h Fermé dim. Visites guidées en été toutes les heures, l'hiver sur rdv Entrée adulte 4,25€, enfant 2,50€, groupe 3,25€*

☆ ☺ **Musée de Navarre (plan 5, B1)** Cet imposant édifice renferme de véritables merveilles. Les cinq niveaux retracent la période préhistorique, l'époque romaine – ne manquez pas les mosaïques magnifiques, notamment celle, octogonale, de Ramalete, près de Tudela –, le Moyen Âge, la peinture Renaissance et baroque, jusqu'à l'art du XXe siècle. Parmi les pièces les plus spectaculaires, citons de splendides stèles funéraires préromanes, des chapiteaux d'une grande finesse datant du XIIe siècle – provenant de l'ancien cloître de la cathédrale de Pampelune – et d'autres encore, hispano-musulmans, issus du cloître de la cathédrale de Tudela. Le musée contient également une collection étonnante de fresques gothiques. *Calle Santo Domingo Tél. 848 42 64 92 Fax 848 42 64 99 www.cfnavarra.es/cultura/museo Ouvert mar.-sam. 9h30-14h et 17h-19h, dim. et j. fér. 11h-14h Fermé lun. Entrée adulte 2€, gratuit pour les moins de 18 ans, les retraités et pour tous sam. après-midi et dim.*

Palacio Real (plan 5, C1) Ancienne capitainerie de la ville, ce vaste ouvrage défensif fut restauré par l'architecte Rafael Moneo. Le bâtiment est occupé aujourd'hui par le service des archives de la province, et le gouvernement de Navarre essaie de promouvoir en organisant des expositions temporaires à partir de ses fonds documentaires. Elles sont en général très intéressantes, richement illustrées de photos, lettres et manuscrits. *Dos de Mayo Tél. 609 92 26 91 Ouvert mar.-ven. 11h-14h et 18h-20h, sam.-dim. et j. fér. 11h-14h Fermé lun. Entrée libre*

Chambre des comptes (plan 5, B1) Cet ancien palais médiéval (XIIIe s.) abrita de 1525 à 1836 la Chambre des comptes du roi. Ne manquez pas la cour intérieure, de l'autre côté du passage : l'ensemble forme le seul exemple encore debout de gothique civil à Pampelune. *Calle Ansoleaga, 10 Tél. 848 42 14 00 Ouvert lun.-ven. 8h30-14h30 Fermé w.-e. et j. fér. Entrée libre*

Iglesia San Saturnino (plan 5, C1) Véritable forteresse, elle assura la protection et le salut des habitants du quartier de San Cernin pendant des décennies. Au XIIᵉ siècle, on entreprit la construction d'un temple de style roman à l'emplacement d'un ancien temple romain dédié à Diane. En 1297, on acheva de bâtir l'unique nef, de style gothique. L'édifice accueille dans l'une de ses ailes une hôtellerie pour les pèlerins, mais il est surtout célèbre pour ses deux hautes tours. *Calle Ansoleaga, 4 Tél. 948 22 45 22 Ouvert lun.-sam. 9h15-12h45 et 18h-20h, dim. et j. fér. 10h15-13h30 et 17h45-20h Entrée libre*

Iglesia San Nicolas (plan 5, C2) Sur les vestiges d'une église romane fortifiée fut élevé en 1231, après un grand incendie, un nouveau temple gothique. En 1888, la façade côté boulevard ainsi que les arcades furent restaurées dans un style néogothique, puis un clocher et une tour crénelée furent ajoutés en 1924. Malgré ces modifications, l'église reste une figure emblématique de la vieille ville, rythmant la vie de ce quartier aujourd'hui encore très commerçant. *Calle San Miguel, 15 Tél. 948 22 12 81 Ouvert 9h15-12h45 et 18h-20h30 Entrée libre*

● Où faire des emplettes gourmandes ?

Confiserie Donezar Ce repaire de gourmands décline depuis 1852 toute une variété de sucreries, caramels et chocolats. On y fabrique également des cierges, dans le dernier atelier artisanal de la ville, au premier étage – c'était d'ailleurs la spécialité de la rue Zapatería, avec les cordonneries, les forges et les fabriques de chocolat. *Zapatería, 47 Tél. 948 22 13 38 Ouvert lun.-sam. 9h15-13h30 et 16h30-20h Fermé dim. et j. fériés*

Casa Manterola On y trouve la spécialité de la ville : les fameux bonbons au café au lait, mais aussi des gâteaux aux amandes et pignons. On peut accompagner ces quelques douceurs d'un thé. *Zapatería, 20 Tél. 948 22 37 17 Ouvert lun.-sam. 8h-13h et 17h-20h*

Vinoteca Murillo Une cave qui propose une vaste gamme de vins naturels, dont les trois cuvées de l'aroa, les deux cuvées biologiques de lezaun, l'azpea, le mendiko et le maztegi. Accueil souriant. *San Miguel, 16-18 Tél. 948 22 10 15 Ouvert lun.-ven. 9h30-13h45 et 16h30-19h45, sam. 9h-14h*

● Où prendre un petit déjeuner ?
Cette pâtisserie propose un choix de viennoiseries appétissantes, que l'on peut déguster sur place, au comptoir, avec un café, un thé ou un chocolat. **Zucitola Pasteleria (plan 5, C1)** *Paseo Sarasate, 4 Tél. 948 22 31 66 Ouvert lun.-sam. 7h30-14h30 et 16h-21h ; dim. 9h-14h30 et 17h-21h*

● Où faire une pause déjeuner ?
Ouvert tous les jours, du matin au soir, toujours bondé, l'Iru Bar propose des menus à 11, 15 ou 21€, dans une petite salle ouverte sur la rue où trône un long bar. Les salades sont originales et savoureuses, les plats plutôt gourmands. Mais on peut aussi se contenter d'un assortiment de *pintxos* choisis au comptoir : ils sont frais et délicieux. **Iru Bar (plan 5, C1)** *San Nicolas, 25 Tél. 948 21 10 94 Ouvert tlj.*

● Où manger une glace ?
Adresse historique tenue par une famille italienne depuis plusieurs dizaines d'années, l'Heladeria Italiana est célèbre pour sa glace au citron : ni trop acide, ni trop sucrée, elle apporte un éclair de

fraîcheur en plein été... Toutes les autres glaces sont également faites maison, sans produits chimiques ni colorants. **Heladeria Italiana (plan 5, C2)** *Paseo de Sarasate, 34 Tél. 948 22 35 51 Ouvert été : tlj. 12h-22h30*

● Où grignoter des *pintxos* ?

☺ **Café Roch (plan 5, C1)** Une devanture vert pomme, une toute petite salle où voisinent miroirs et vieux fauteuils, dans une ambiance années 1950. L'ensemble date de 1898 et, au sol, le vieux parquet a vu glisser des semelles célèbres, des artistes de la région ou de passage, Hemingway bien entendu mais aussi Osborne ou d'autres encore. Le *pintxo* (1,50€) de poivron est la spécialité de ce bar, tout comme les croquettes au poisson, jambon, fromage ou champignons. *Comedias, 6 Tél. 948 22 23 90 Ouvert tlj. 9h-15h et 18h-23h*

Baserri Bar (plan 5, C1) Dans la rue la plus animée du quartier historique, un comptoir appétissant, garni de *pintxos* originaux (2,40€ env.). Difficile de choisir à la carte tant l'offre est vaste et alléchante. Ambiance conviviale. Dans la salle du fond, un restaurant également réputé, mais dans un cadre plus quelconque. Menus à 14€ (22 et 30€ HT le week-end). *San Nicolas, 32 Tél. 948 22 20 21 www.restaurantebaserri.com Ouvert tlj.*

● Où boire un verre en terrasse ?

☺ **Mesón del Caballo Blanco (plan 5, C1)** Sur les remparts, une vieille bâtisse tout en pierres blondes avec, à ses pieds, une terrasse où sont disposés petites tables et parasols, pour boire un verre au calme, dans la journée, ou au son de la musique, à la nuit tombée. Pas de voitures, pas de foule, un souffle d'air frais : le bonheur en été. On peut aussi y grignoter des *pintxos* variés (1,50€), des anchois marinés... *Calle del Redín Tél. 948 21 15 04 Ouvert en saison : dim.-jeu. 12h-0h, ven.-sam. 12h-2h ; hors saison : jeu.-dim.*

Medialuna (plan 5, D2) Au cœur du parc tranquille de la Media Luna, un café-bar ouvert tout au long de la journée où l'on vient prendre un petit déjeuner tardif, siroter une boisson fraîche à l'ombre l'après-midi ou une tisane avant de rentrer se coucher. À toute heure également, un choix de sandwichs club (autour de 5€). *Parque de Medialuna Tél. 948 21 21 26 Ouvert tlj. 11h-23h*

Les environs de Pampelune

La vallée de l'Ultzama

Située à une trentaine de kilomètres au nord de Pampelune, cette vallée peuplée de villages d'éleveurs, de brebis et de vautours est propice à d'agréables balades à travers les pâturages et les forêts de hêtres, de chênes, de sapins et de châtaigniers. On y accède de Pampelune par la N121, puis en bifurquant sur la gauche à Ostiz par la NA411.

Chênaie d'Orgi À l'entrée de la vallée, cette magnifique forêt peuplée en majorité de chênes rouvre accompagnés de plus d'une cinquantaine d'autres essences, couvre environ 80ha issus des forêts primitives de la région – certains arbres auraient plus de deux siècles. Déclarée zone naturelle de loisirs, la rouvraie a été aménagée de sentiers et d'un espace de découverte pour

GEOPLUS

Mascarades et nuits blanches

Par **Lara Brutinot,** journaliste

Quasiment inconnues avant les années 1920, les fêtes de San Fermín n'attiraient autrefois que les paysans venus conclure des affaires à la grande foire aux bestiaux. De nos jours, c'est une semaine de folie animée par les fanfares et ponctuée de défilés, de spectacles de rue et de courses de taureaux.

Traditionnellement, le premier jour était dédié aux célébrations religieuses en l'honneur du saint patron du diocèse, Fermín. Puis commençaient les courses de taureaux, les joutes et les tournois, mais aussi les spectacles de rue : comédiens, musiciens, équilibristes et acrobates défilaient au son des txistus et dulzainas, petites flûtes basques. Les habitants des provinces voisines, curieux, se joignirent bientôt à la fête, suivis de près par quelques touristes étrangers, attirés à leur tour par la rumeur croissante de l'encierro, cette course folle devant la mort, une troupe de taureaux à leurs trousses dans un labyrinthe de ruelles étroites, aux pavés glissants. En la choisissant comme héroïne de son roman Le soleil se lève aussi (1926), Hemingway fit de la San Fermín une véritable légende, réunissant à elle seule les grands mythes de tous les temps, entre libations et rites religieux, fanatisme et profanation, vie et mort – une semaine de folie et d'excès où toute frontière, toute limite est abolie. Les barrières sociales s'effacent, tous se mêlent et partagent une semaine de fête étrange, violente et singulière.

Aux origines de la fête Fermín, ou Firmin, est le fils d'une famille d'aristocrates de Pampelune convertis au christianisme par San Saturnino, ou saint Cernin, lors de la visite évangélisatrice de celui-ci en Espagne, au premier siècle de notre ère. Alors qu'il occupe le siège épiscopal d'Amiens, après avoir été le premier évêque de Pampelune, Firmin est martyrisé, traîné derrière un taureau puis égorgé. Ce n'est qu'au viie siècle que son histoire est rapportée à travers l'Europe – les émigrants puis les pèlerins en route pour Saint-Jacques la véhiculent jusqu'à Pampelune. En 1189, l'évêque Pierre d'Artajona obtient une relique de la tête du saint, et une journée lui est dédiée (le 10 octobre). En 1399, on lui consacre un autel dans l'église de San Lorenzo et les quartiers de San Nicolas et San Saturnino décident de célébrer sa fête tous les ans. En 1591, on en modifie la date, trop automnale et trop pluvieuse, pour la faire coïncider avec un grand rassemblement populaire : la foire aux bestiaux du 7 juillet et ses célèbres courses de taureaux. L'événement connaît dès lors un immense essor, mêlant le caractère religieux et sacré à la fête païenne et populaire.

Le Chupinazo
Le premier jour, le 6 juillet, consacre l'ouverture des fêtes : la foule s'amasse en certains lieux clés de la ville, chacun cherchant à être le mieux placé possible pour participer au coup d'envoi des festivités. À midi pile, le maire, du haut d'un balcon de la Casa Consistorial, lance une fusée dans le ciel et, en écho, lui répondent aussitôt mille bouchons de *cava* (variété de champagne locale) sur les acclamations de *Gora San Fermín !* (Vive San Fermín !). La Plaza del Ayuntamiento, juste devant la mairie, est le théâtre des débordements les plus violents. Nous vous conseillons plutôt la Plaza del Castillo, plus vaste, plus aérée, donc moins dangereuse. Vous n'échapperez pas pour autant aux projectiles d'œufs et de farine. Quelques heures plus tard, quand la cohue s'est égaillée dans les ruelles du centre historique, la place ressemble à un vrai champ de bataille, livré aux employés municipaux ramassant des tonnes de verre brisé.

Les vêpres
Célébrées le 6 juillet à 20h, elles sont chantées à la chapelle de San Fermín, dans l'église de San Lorenzo, selon un programme inchangé depuis le xvᵉ siècle.

La procession de San Fermín
Le cortège s'ébranle à 10h, le 7 juillet – jour le plus important des fêtes. Le conseil municipal quitte la mairie et rejoint à la cathédrale les membres du chapitre. À 10h30, tous vont chercher la statue de San Fermín (xvᵉ siècle) dans l'église de San Lorenzo, pour la porter à travers la ville au son des fanfares, chorales et joueurs de flûtes. Ils défilent Calle San Anton, Plaza del Consejo, San Saturnino, Calle Mayor, Calle San Lorenzo, où la statue réintègre sa chapelle, vers 11h40. Une messe est prononcée ensuite. Vers 14h15, tous se séparent devant la cathédrale, après une grande mascarade où apparaissent pour la première fois les Géants. Le conseil retourne à la mairie, assister à une dernière danse, à 14h45. L'ambiance est plus solennelle et familiale que la veille : les noctambules se reposent de leur première nuit blanche…

● TENUE CORRECTE EXIGÉE
Il faut absolument arborer la tenue traditionnelle des Sanfermines : pantalon blanc, chemise blanche, espadrilles blanches et rouges et foulard rouge noué autour du cou. Si vous ne possédez pas ces accessoires, vous pourrez tout acheter sur place, dans les ruelles du centre historique. Inutile de les payer cher : ils subiront certainement, quels qu'ils soient, des dommages irréparables.

Les défilés des Géants
À partir de 9h, tous les jours, s'ébroue dans la ville la grande mascarade des Géants et autres créatures en carton pâte, ▶

pour le plus grand plaisir des enfants. Il est certes impressionnant de voir défiler ces personnages démesurés, portés sur les épaules par quelques jeunes gens, exécutant danses et mimes. Viennent en premier les Cabezudos, les plus sérieux du défilé – de grosses têtes de 2m de diamètre, qui trônent parmi la foule impatiente, précédant le clou du cortège, les huit Gigantes. Ces derniers représentent les rois du monde ; fabriqués en 1850, ils mesurent près de 4m de hauteur et pèsent quelque 60kg ! Suivent alors les Kilikis, sortes de guignols à peine plus grands que les humains, figurant les six conseillers municipaux, dotés de fouets en mousse avec lesquels ils feignent de frapper la foule. Ils sont accompagnés des Zaldikos, chevaux rouges et dorés. Tous arrivent le 6 juillet vers 16h30 et repartent le 14 juillet à 13h, à la station d'autobus, leur lieu de rassemblement.

L'*Encierro*

L'apogée de la San Fermín est sans conteste le rendez-vous des jeunes hommes en mal d'émotions fortes, au fil d'une course folle de quelques minutes seulement, chaque matin. Pour participer, il faut arriver près de la Plaza Consistorial ou de la Cuesta de San Domingo avant 7h30, heure à laquelle la police ferme les barrières : on ne peut plus alors sortir du trajet prévu pour la course. À 8h précises, les six taureaux sont lâchés avec onze autres bêtes pourvues de sonnailles. Le jeu consiste à courir devant eux, jamais derrière, sans se faire renverser ni piétiner. La horde quitte la Calle Santo Domingo, dévale la pente la plus dangereuse du parcours, traverse la Plaza Consistorial et prend la Calle Mercaderes ; elle tourne à angle droit dans la Calle Estafeta, où les portes des immeubles sont les seuls points de repli, passe dans la Bajada de Javier et l'entonnoir de la Calle Telefónica en se divisant, devenant à nouveau imprévisible et dangereuse ; puis elle déboule sur la foule amassée dans le *callejon* menant aux arènes, où les bêtes font une entrée fracassante et redoutée, sous les manœuvres suicidaires d'individus surgissant soudain au détour d'une corne… Du grand spectacle, que l'on peut suivre à l'abri, broyé derrière les barrières de protection (en arrivant dès 6h pour avoir une chance de voir quelque chose), ou bien tout à son aise du haut d'un balcon loué pour la matinée (annonces à l'office de tourisme et partout en ville ; comptez env. 75€). La télévision retransmet également, chaque jour, l'intégralité de l'*encierro*. À 8h15, on peut enfin commencer à prendre un petit déjeuner bien mérité : chocolat chaud et *churros* en tête.

● SITE INTERNET
La fameuse marque basque de graphistes kukuxumusu propose un site dédié aux fêtes. Outre ses produits – affiches, tee-shirts et autres gadgets estampillés San Fermín – vous trouverez des informations pratiques, une sélection d'adresses pour les noctambules en langues espagnole et anglaise et un "kit de survie" en français. www.sanfermin.com et www.pamplona. net section "turismo y negocio".

Les arènes Tous les soirs à 18h30, les arènes (plan 5, C1-2) s'enflamment. Côté soleil, c'est le royaume des *peñas* et des bruyants supporters : on crie à tout rompre et vous risquez fort de vous retrouver malmené. Côté ombre, l'ambiance est plus mesurée : on sirote même quelques flûtes de champagne, entre gens de bonne compagnie. Six taureaux sont lâchés dans l'arène. Les places sont assez chères et plutôt rares selon les jours, mais il vaut mieux éviter de se procurer des tickets vendus à la sauvette, encore plus chers et souvent côté soleil. Consultez les tarifs sur www.feriadeltoro.com. À 17h30, entre la Plaza del Ayuntamiento et les arènes, défilent les *mulillas*, chevaux chargés de tirer les dépouilles taurines après la corrida.

● CASA DE BAÑOS
Au cas où vous auriez abandonné l'idée de vous coucher, et que vous ayez passé la nuit dehors, vous pourrez tout de même vous offrir au matin une douche réparatrice pour env. 1,80€. Possibilité de laver et de sécher son linge (pas pendant la San Fermín), 10,40€. Eslava, 9 Tél. 948 22 17 38 Ouvert mar.-sam. 8h30-19h30, dim. et j. fér. 9h-12h30

Les *peñas* La Calle Jarauta est le temple des *peñas*, cercles d'habitués possédant chacun sa fanfare, son blason, son hymne et son siège dans la rue ; ils défilent à la sortie des arènes, vers 20h30. À 21h, sur la Plaza del Castillo, on peut assister à des concerts de musique traditionnelle, ainsi qu'à des bals, entre 20h et 22h, sur la Plaza de los Fueros. D'autres réjouissances commencent à minuit au parc Antoniutti et sur la Plaza de la Cruz.

Les *dianas* Chaque matin à 6h45, la Pamplonesa, fanfare municipale, part à l'assaut du centre historique et réveille tous ceux qui ont eu la malencontreuse idée de se coucher. Les noceurs encore debout continuent leurs danses folles sur ses pas, invectivant les dormeurs pour les inciter à se lever.

Des feux d'artifice Tous les soirs à 23h – mais surtout le 7 juillet –, les lumières fusent de la citadelle : c'est de la Vuelta del Castillo (plan 5, B2) que l'on apprécie le mieux le spectacle, préparé chaque soir par une compagnie différente.

El pobre de mí C'est la fin ! Le 14 juillet à minuit, tous les *Sanfermines* se rassemblent sur la Plaza Consistorial pour se donner rendez-vous un an plus tard. Ils entonnent un air de circonstance, un refrain de *Pobre de mí, pobre de mí, que se han acabado las fiestas de San Fermín* (Pauvre de moi, les fêtes sont finies)… ●

les jeunes enfants. *Accès aux sentiers par le village de* **Lizaso** *Centre de Visite d'Orgilizaso Tél. 948 30 53 00 ou 620 95 54 54 Ouvert en saison : tlj. ; hors saison : sam.-dim. Kiosque à l'entrée de la forêt ouvert toute l'année*

● **Faire une promenade en charrette à cheval** Pour découvrir en famille la forêt d'Orgi, bercé par le bruit des sabots et le cahotement de la charrette sur les chemins : une promenade, d'environ 1h, en attelage hippomobile. Charrette d'une capacité de neuf places. **Garrapo** *Lizaso Tél. 948 30 53 00 ou 620 95 54 54 www.garrapo.com Ouvert sam.-dim. et j. fér. 11h-13h et 16h-19h*

CARNET D'ADRESSES

Lieux de sortie

Pour être au courant de l'actualité des concerts et des soirées spéciales, connectez-vous sur www.infoconciertos.com ou consultez le mensuel gratuit *Navarra* (également pour les programmations théâtrales et les expositions).

Cafés-bars

La Dolce Vita (plan 5, C1) À l'angle de la fameuse Plaza del Castillo, une adresse tendance lounge : la musique s'échappe du bar jusqu'aux tables en terrasse. On y boit des bières fraîches, des cocktails maison, et l'on y goûte des *pintxos*, à base de légumes. Quelques plats à la carte également, pour dîner en regardant déambuler les passants. *Plaza del Castillo, 40 Tél. 948 20 76 81 Ouvert lun.-jeu. 9h-1h, ven.-sam. 9h-2h30, dim. 12h-17h*

Kayak (plan 5, C1) Un café-bar ouvert tard le soir, pour commencer la nuit sur fond de musique rock'n roll. Un grand choix de cafés et de cocktails est proposé. Belle terrasse et quelle ambiance ! *Calle Tejeria, 26 Tél. 948 22 21 72 Ouvert tlj. 19h-4h*

Dodo Club (plan 5, A1) Voilà un restaurant tranquille avec musique d'ambiance où l'on peut venir juste prendre un verre. *San Roque, 17 Tél. 948 19 89 89 Ouvert lun.-jeu. 9h-1h, ven. 9h-2h et sam. 12h-2h Fermé dim.*

Discothèques

Reverendos (plan 5, A2) C'est la discothèque la plus connue en ville, où l'on se trémousse aussi bien sur de la dance, du disco, de la salsa que sur du merengue. *Monasterio de Velate, 5 Tél. 948 26 15 93 Ouvert en saison : tlj. à partir de 0h30 ; hors saison : sam.-dim. à partir de 0h30 www.reverendos.com*

Eleventh Room (plan 5, C1) Une entrée commune, deux salles et deux types d'ambiance : de la pop dans "Byby" et de la house dans "Eleven Room". *Abejeras, 11 Tél. 948 23 59 37 Ouvert 1h-6h Entrée 10€ (ou 12€ avec consommation)*

Restauration

 petits prix

Café Iruña (plan 5, C1) Le café mythique de Pampelune, fondé en 1888 : une grande salle aux plafonds très hauts avec colonnades, lustres et tables de bistrot. Les pèlerins et les touristes y grignotent un morceau : gaspacho maison ou sandwich, ou encore menu du jour (13,50€ à midi,

19€ le sam. soir), simple et frais. *Plaza del Castillo, 44 Tél. 948 22 20 64 Ouvert lun.-jeu. et dim. 8h-23h, ven.-sam. 8h-2h*

🍴 prix moyens

El Redin (plan 5, C1) À côté des halles couvertes de Santo Domingo, voici une bonne table, simple et bon marché – à midi, une formule intéressante décline entrée, plat, dessert et boisson pour 13€ seulement. À la carte, on y mange également à prix corrects : poêlée de riz aux fruits de mer, poissons grillés fraîchement pêchés, ainsi que la spécialité de la région, la morue à l'*ajoarriero*, cuisinée avec de l'ail, des oignons, des tomates et des poivrons. Comptez environ 30€ à la carte. *Mercado, 5 Tél. 948 22 09 89 Ouvert lun.-jeu. à midi, ven.-sam. midi et soir Fermé dim. et 20 juil.-20 août*

Restaurante San Fermín (plan 5, C1) Au premier étage d'un immeuble, ce restaurant sert une cuisine tradition-nelle et familiale. Menu du jour à 16€ en semaine et 28€ le week-end. À la carte, entrées à moins de 10€ et plats de viandes et de poissons de 15 à 20€. *San Nicolas, 44-46, 1er étage à droite Tél. 948 22 21 91 www.restaurante sanfermin.com Fermé mar.-jeu. le soir et dim. soir-lun.*

Café con Sal (plan 5, C1) Pour manger au cœur de la San Fermín dans une ambiance survoltée en face des arènes, à côté d'une myriade de bars en plein air où tout le monde chante et danse jour et nuit. Cuisine tradi-tionnelle. Comptez 21€ pour un repas le soir ou le week-end et 12€ à midi. On peut aussi se contenter de boire un verre et de grignoter des *pintxos*. *Juan de Labrit, 29 Tél. 948 22 79 27 Fermé dim. et lun. soir, et juste après la San Fermín pendant 1 sem.*

🍴 prix élevés

☺ **Aralar (plan 5, D2)** Le plus simple pour s'y rendre est de longer le parc de la Media Luna et de suivre l'avenue du même nom vers le sud, avant d'obli-quer dans la rue Castillo de Maya. On aperçoit alors quelques parasols dis-posés sur le trottoir et les convives qui bavardent en terrasse. Chelo Irigoyen s'affaire à confectionner des *pintxos* délicats, réputés pour leur finesse et leur originalité – coquilles saint-jacques en tête. Comptez 40€ à la carte pour un repas complet. Menu du jour 20€. *Castillo de Maya, 25 Tél. 948 15 37 03 Ouvert mer.-dim. Fermé lun.-mar.*

Et aussi...

Un déjeuner sur le pouce
Café Roch _____ 255
Baserri bar _____ 255
Mesón del Caballo Blanco ___ 255
Medialuna _____ 255

Une pause gourmande
Zucitola Pasteleria _____ 254
Heladeria Italiana _____ 255

GAMME DE PRIX	RESTAURATION	HÉBERGEMENT
Très petits prix	moins de 10€	moins de 30€
Petits prix	de 10€ à 15€	de 30€ à 40€
Prix moyens	de 16€ à 25€	de 41€ à 60€
Prix élevés	de 26€ à 45€	de 61€ à 80€
Prix très élevés	plus de 45€	plus de 80€

prix très élevés

Rodero (plan 5, C2) Une étoile au guide Michelin pour cet élégant restaurant situé aux abords des arènes, au rez-de-chaussée d'un immeuble cossu, entièrement rénové. La carte est audacieuse ; on s'y régale d'une *cuajada* de coco aux mollusques, d'un filet de morue confit et par exemple d'un dessert coco, chocolat blanc et rhum. Repas à environ 60€. Menus dégustation à 37,50€ (à midi) et 69€. Menus spéciaux de 60 à 90€. *Emilio Arrieta, 3 Tél. 948 22 80 35 Fax 948 21 12 17 www.restauranterodero.com Fermé dim., lun. soir*

Restaurante Europa (plan 5, C1) Une adresse gastronomique traditionnelle prisée des habitants. Pendant la San Fermín, il faut réserver impérativement pour avoir la chance de goûter aux délices de saison, entre l'*encierro* et la corrida du soir. La maison est tenue par une même famille : quatre frères et sœurs se répartissent les rôles et entretiennent une vingtaine de chambres à l'étage (cf. Hébergement). Pilar revisite, en cuisine, les plats classiques : elle est désormais célèbre pour ses raviolis de morue aux pommes de terre, caviar et vinaigrette de fraises... Comptez 45€ HT ou 62€ HT pour le menu dégustation et env. 60€ à la carte. *Espoz y Mina, 11 Tél. 948 22 18 00 Fax 948 22 92 35 www.hreuropa.com Fermé dim.*

Hébergement

prix moyens

Hostal Aralar (plan 5, C1) Dans une rue animée du centre historique, un hôtel sympathique et étonnamment calme (demandez les chambres donnant sur l'arrière), offrant un confort correct dans un cadre contempo-

rain. Décoration sobre et agréable. Comptez 50€ la double (250€ pendant la San Fermín) et 40€ la simple, avec sdb, TV. Au premier étage, une cidrerie-rôtisserie propose un menu à 15€ à midi, du mardi au vendredi. *San Nicolas, 12 Tél. 948 22 11 16 Restaurant fermé le soir en semaine*

prix élevés

☺ **Hotel Castillo de Javier (plan 5, C1)** Un hall d'entrée rénové, tout en pierre et verre, clair et paisible. Ici, vous profiterez d'un cadre historique et de tout le confort moderne : ascenseur, chambres insonorisées, décoration blanc cassé et bois, salles de bains neuves, etc. Au rez-de-chaussée, une cafétéria dans le même esprit, pour prendre le petit déjeuner avant de s'engouffrer dans la ville. Une des adresses les plus séduisantes de Pampelune, centrale et d'un très bon rapport qualité-prix. De 62€ la double à 69€ avec Jacuzzi – souverain après une journée de visites –, simple à 45€. Pendant la San Fermín, la double passe à 270€ et la simple à 200€, petit déj. inclus. *San Nicolas, 50-52 Tél. 948 20 30 40 Fax 948 20 30 41 www.hotelcastillode javier.com Ouvert toute l'année*

Hotel Yoldi (plan 5, C2) Confortable, cet hôtel est à la fois central et calme. Double vitrage et air conditionné. Un standard du genre, sans surprises, sans défauts, où l'on est accueilli avec un professionnalisme souriant. Double à 100€ (326€ pendant la San Fermín !), simple à 65€ (230€ pendant la San Fermín), petit déj. 9,50€. *Avenida de San Ignacio, 11 Tél. 948 22 48 00 Fax 948 21 20 45 www.hotelyoldi.com Ouvert toute l'année*

Hotel AC Ciudad de Pamplona (plan 5, B3) Cet édifice 4-étoiles dressé sur l'un des grands boulevards de la ville offre des chambres confortables. Vous vous y reposerez vraiment, à l'abri des étages et des doubles vitrages, un peu à l'écart des festivités. Doubles (avec 1 ou 2 lits) de 70 à 110€ HT (400€ pendant la San Fermín !). Petit déj. 15€. Parking à 15€/jour. *Iturrama, 21 Tél. 948 26 60 11 Fax 948 17 36 26 cpamplona@ac-hotels.com www.ac-hotels.com*

Hotel Eslava (plan 5, B1) Dans un coin plutôt tranquille du quartier historique, en bordure nord-ouest des remparts, un hôtel familial reconnaissable à sa belle façade à colombages. Intérieur au charme suranné, accueil cordial. Comptez de 73 à 145€ HT la double (petit déj. compris). *Plaza Virgen de la O, 7 Tél. 948 22 22 70 Fax 948 22 51 57 www.hotel-eslava.com*

Chez Garcia (plan 5, B3) Au sud du centre-ville, dans une grande avenue qui mène à la Plaza de los Fueros puis, de là, à la Plaza del Castillo, un appartement cossu où des chambres sont louées uniquement pendant les fêtes de San Fermín. Très propres et calmes,

elles sont dotées d'une télévision pour suivre la retransmission de l'*encierro* du matin : appréciable pour les lève-tard. Salle de bains commune, impeccable. Accueil souriant et discret. Comptez 60€ par jour. *Milagros Garcia et Joaquin Zubiri Calle Abejeras, 19 4e étage gauche Tél. 948 23 88 99*

 prix très élevés

Hotel Europa (plan 5, C1) En plein quartier historique, juste derrière la Plaza del Castillo, un immeuble ancien rénové, où l'on dort dans des chambres sobres et confortables, munies de grands lits, double vitrage et salles de bains impeccables. Très bon rapport qualité-prix, surtout à certaines dates, moins fréquentées, où les prix chutent considérablement (le week-end notamment) : téléphonez pour vous renseigner. Double à 100€, simple à 87€, petit déj. à 9,50€. Mais l'adresse est surtout connue pour son restaurant gastronomique (cf. Restauration). Parking 12€. *Espoz y Mina, 11 Tél. 948 22 18 00 Fax 948 22 92 35 www.hreuropa. com Ouvert toute l'année*

La San Fermín n'a pas de prix !

Pendant la San Fermín, les prix des hébergements grimpent considérablement ; il n'est pas rare qu'ils triplent. D'ailleurs, quelle idée de vouloir dormir... soupireront les *Sanfermines* les plus fervents, venus pour, justement, ne pas dormir et enchaîner la nuit avec le jour et le jour avec la nuit, sans répit. Sachez toutefois que la ville offre des chambres d'hôtel – ou chez l'habitant – à qui prétend essayer de se reposer. Mais attention, les prix doublent, triplent : vous risquez de payer une simple chambre au prix d'un palace...

Si vous réussissez à en trouver une – elles sont parfois prises d'assaut plusieurs mois à l'avance –, il vous faudra sans doute loger à l'extérieur de la ville, et faire la route chaque jour. Au moins dormirez-vous au calme, et pourrez-vous échapper au vacarme des fanfares dans les ruelles dès 7h du matin... Cela dit, les chambres situées à l'écart du *casco antiguo* restent relativement paisibles, et permettent d'être à pied d'œuvre, au plus tôt et au plus près de l'*encierro*.

SANGÜESA

31400

Dès la frontière orientale de la Navarre, on commence à sentir les vents chauds, parfois brûlants, du plateau castillan. La terre se dessèche, la roche se craquelle, entaillée de profondes crevasses. Les cigognes bâtissent leur nid au sommet des églises tandis que les vautours tournoient dans le ciel, avant de se poser à l'ombre d'une falaise. Les pèlerins s'arrêtent à Leyre, près du mirador du mont Arangoiti (1 355m), et font escale au monastère avant de se baigner dans les eaux bleues du lac de Yesa. Puis ils continuent leur route vers Sangüesa, ville romaine disputée par les musulmans, longtemps peuplée de Francs. L'art roman y explose de toute sa ferveur et les portails des églises sont à eux seuls de véritables chefs-d'œuvre.

MODE D'EMPLOI

accès

EN CAR
Veloz Sangüesina *Tél. 948 87 02 09*

EN VOITURE
À 46km à l'est de Pampelune, par la N121 en direction de Zaragoza, puis la N240 en direction de Jaca (comptez 40min de trajet).

informations pratiques

Pour vous garer facilement, suivez les panneaux indiquant les parkings. Le centre et les alentours de la Calle Mayor sont aujourd'hui piétons.

informations touristiques

Office de tourisme de Sangüesa *Mayor, 2 Tél. 948 87 14 11 oit.san güesa@cfnavarra.es Ouvert lun.-dim. 10h-14h et 16h-20h, horaires réduits hors saison*
Office de tourisme de Lumbier Informations sur les randonnées avec guides spécialisés, sur les balades à cheval dans les environs, ou bien sur les vols en avion ou deltaplane. *Plaza Mayor 31440* **Lumbier** *(à 10km au nord de Sangüesa) Tél. 948 88 08 74 Ouvert 16 juin-15 sept. : mar.-dim. 10h-14h et 16h30-29h30 ; 16 sept.-15 juin : mar.-jeu. 10h-14h, ven.-dim. et j. fér. 10h-14h et 16h30-19h30*

accès Internet

Casa de la Cultura *Calle Alfonso el Batallador, 20 Tél. 948 87 02 51*

marchés, fêtes et manifestations

Sangüesa Marché alimentaire. *Chaque vendredi*
Lumbier Marché alimentaire. *Chaque lundi*
Mystère des Rois Fête religieuse. *À Sangüesa, le 6 janvier*
Dîners médiévaux Dans le cloître du couvent de Carmen. *À Sangüesa, en août Tél. 948 87 02 51*
Fêtes de San Sebastián *Encierros,* corridas, défilés de Géants. *À San güesa, 11-17 septembre*

DÉCOUVRIR

☆**Les essentiels** L'église Santa Maria La Real de Sangüesa et le monastère San Salvador de Leyre à Yesa **Découvrir autrement** Empruntez les sentiers qui sillonnent la Foz de Lumbier, observez les vautours du mirador d'Iso
> **Carnet d'adresses p.268**

Sangüesa

Vieille ville Le joyau de Sangüesa est incontestablement le portail roman de ☆ **Santa Maria La Real**, l'un des plus beaux exemples de l'art espagnol de cette époque. Il illustre le Jugement dernier, la Présentation de Jésus au temple et le Massacre des Innocents, ainsi que quelques scènes tirées de récits rapportés par des pèlerins. Le portail gothique de l'**église San Salvador** (XIVe s.) mérite également une visite, de même que la sculpture gothique de saint Jacques dans l'**église Santiago el Mayor**, auprès du retable de San Eloy (XVIe s.). Longtemps ville frontalière entre la Navarre, la France et l'Aragon, Sangüesa a accueilli en ses murs la cour des rois de Navarre. C'est pourquoi l'on y retrouve aussi de nombreuses belles demeures : citons, dans la Calle Mayor, le **palais Añues** (XVe s.) et celui, voisin, des Iñiguez-Abarca (XVIIe s.), et, dans la rue perpendiculaire Alfonso el Batallador, le palais Vallesantoro (XVIIe s.), dont on remarquera l'immense avant-toit. Plus à gauche, dans la Calle Mayor, l'ancien **palais des princes de Viana** (XVIe s.) abrite aujourd'hui l'actuel hôtel de ville.

Les environs de Sangüesa

★**Monastère San Salvador de Leyre** Perché à plus de 700m d'altitude sur une terrasse du versant sud de la sierra de Leyre, ce monastère occupe un site remarquable surplombant le lac Yesa. D'origine carolingienne, il fut détruit par les Maures au Xe siècle et rebâti un siècle plus tard. Les trois absides de l'église, les trois chapelles orientales et une partie de la nef, la magnifique crypte et le portail nord sont romans. La voûte ogivale puis un cloître ont été ajoutés aux XVIe et XVIIe siècles. En 1836, la loi de confiscation des biens de l'Église entraîne l'abandon du monastère et la ruine des bâtiments. Ce n'est qu'en 1954 qu'une communauté de bénédictins s'y installe à nouveau et redonne vie au lieu. Ne manquez pas les offices chantés en grégorien plusieurs fois dans la journée. De là, muni de vivres, vous aurez le choix entre deux balades dans la montagne : vers la fontaine des Vierges (à peine 250m) ou celle de San Virila (30min de marche). À moins de grimper vers la sierra par le GR®. *31410 Yesa (à 12km au nord-est de Sangüesa) Tél. 948 88 41 50 Ouvert lun.-ven. 10h15-14h et 15h30-19h (18h en hiver), sam.-dim. 10h15-14h et 16h-19h (18h30 en hiver) Adulte 2,10€, enfant 0,60€*

● ☺ **Où déguster vins et fromages ?** Au bord de la rivière, cette petite maison de bois entourée de vigne abrite une bodega. À l'arrière-plan se découpe la silhouette de la Foz de Lumbier, cet étroit défilé taillé au creux

Maison labourdine, colombages et balcons sang-de-bœuf, à Sare (p.143).

des falaises rocheuses… Des terroirs différents caractérisent les cépages : *tempranillo* et cabernet sauvignon pour les rouges, avec quelques pieds de *garnacha*, une variété ancienne qui donne un vin fin et aromatique, singulier. À la vente, un excellent navarre rouge, plaisant en bouche, une cuvée Selección qui demande à vieillir un peu pour s'assouplir, un blanc très agréable et un rosé fruité étonnant, tous issus de l'agriculture biologique. Les prix sont modiques : autour de 4€ la bouteille. Un *vino dulce* de Moscatel délicieux, à env. 12€. Dégustation au verre accompagnée de fromage de Roncal 2€, avec 2 verres 3€. On peut aussi y venir pour manger, sur réservation, toute l'année, et déguster un repas complet autour des vins pour 35€ avec, au choix, des asperges de la Ribera, de la terrine de foie au vin doux, une côte de bœuf et du chorizo cuisiné au vin blanc. **Bodegas Azpea** *Javier Perez Fonseca 31440* **Lumbier** *(à 10km au nord de Sangüesa) Camino de Iturbero Tél. 948 88 04 33 ou 661 09 09 11 www.bodegasazpea.com Suivre la dir. de la Foz de Lumbier et camping Iturbero (fléché) Ouvert 14 juil.-1er oct. : tlj. 11h-14h et 17h-20h (fermeture plus tardive le week-end) Sur rdv hors saison*

● Explorer les gorges et observer des vautours

Centro de Interpretación de las Foces Ce centre expose une maquette des gorges, accompagnée par des explications sur la géologie, l'adaptation des espèces animales et végétales, mais aussi des informations sur la culture des environs. Également, deux projections audiovisuelles, pour tout savoir de la vie et de la reproduction des grands rapaces. *Plaza Mayor (au pied de l'église, dans les anciennes écoles) 31440* **Lumbier** *(à 14km au nord de Sangüesa) Tél. 948 88 08 74 cinlumbi@cfnavarra.es Ouvert mi-juin-mi-sept. : mar.-dim. 10h-14h et 16h30-19h30 ; mi-sept.-mi-juin : ven.-dim. 10h-14h et 16h30-19h30, mar.-jeu. 10h-14h*

☺ **Foz de Lumbier** Une énorme bosse de calcaire semble avoir surgi de la terre, à moins que l'eau, pendant des millions d'années, n'ait raviné tout le pourtour pour ne laisser que ce promontoire minéral, gris et vert. De ses 150m de hauteur, le plateau calcaire s'est fendu et l'on peut suivre un sentier le long de la gorge, ainsi créée, dans un silence extraordinaire, scruté attentivement par les rapaces qui ne cessent, là-haut, de tournoyer. Une colonie de vautours fauves niche ici. *À 9km au nord-ouest de Sangüesa* **Accès au premier sentier** *(2,6km AR), qui longe une ancienne voie ferrée également accessible aux handicapés), du parking (2€/voiture) Du même endroit,* **accès au deuxième sentier** *(5,5km), qui passe à la fois dans les gorges et sur le plateau*

☺ **Foz de Arbayun** En butant contre l'imposante sierra de Leyre, la rivière Salazar est parvenue à se frayer un chemin dans la montagne. Sur plus de 6km, on dénombre des milieux naturels variés, compris entre 0 et 300m d'altitude, auxquels correspond une grande variété d'espèces végétales (pins, frênes, chênes, aulnes, etc.) et animales, tels ces 250 couples de vautours, et autres dizaines de milans, faucons ou aigles royaux. Sentier pédestre de 3km le long d'un ancien canal (au départ d'Usun, vers l'ermitage de San Pedro). Signalons deux points de vue intéressants sur les gorges : le **mirador d'Iso** (sur la NA178, au km12 entre Lumbier et Ezcaroz), d'où l'on peut observer les allées et venues des rapaces, et le **mirador d'Arangoiti**, de 1 355m de haut, en direction de Biguézal, après le col d'Iso.

PAMPELUNE ET LE SUD DE LA NAVARRE

CARNET D'ADRESSES

Restauration, hébergement

campings

Iturbero Un site plutôt plaisant, au bord de la rivière Salazar et à deux pas des splendides gorges de Lumbier. Des arbres font partout de l'ombre, l'eau coule en cascade, et vous pourrez piquer une tête dans deux grandes piscines, juste à côté. À 100m, une bodega providentielle pour goûter quelques bons vins... (cf. Où déguster vins et fromages ?). Comptez env. 16€ pour 2 personnes, avec une voiture et une tente. *31440 Lumbier (à 10km au nord de Sangüesa) Tél. 948 88 04 05 Fax 948 88 04 14 www.campings navarra.com Fermé 20 déc.-28 fév.*

Mar del Pirineo Un site de rêve, au bord du lac artificiel de Yesa, sous les pins, avec une piscine, un bar-restaurant et une série de petites plages, effleurées par des eaux turquoise. Comptez env. 5€ par pers., idem par voiture et par tente individuelle. *Route Pampelune-Jaca, km337 50682 Sigües (province de Zaragoza, à 20km à l'est de Sangüesa) Tél. 948 39 80 73 Ouvert mai-sept., Pâques*

prix moyens

Asador Mediavilla Un grill honnête où l'on goûte quelques spécialités originales : les *migas del pastor* (pain frit aux lardons), les tartines toastées à l'ail, en saison, une variété extraordinaire de légumes secs, les *pochas*. Les viandes et les poissons sont toujours très frais, passés au feu et servis simplement, dans une salle aux murs en pierres apparentes où il fait bon l'hiver, frais l'été. Premier menu à 20€ ; comptez 25-30€ à la carte environ. *Alfonso el Batallador, 15 31400 Sangüesa Tél. 948 87 02 12 Fermé lun. et le soir dim.-jeu. et 18 sept.-8 oct.*

prix élevés

☺ **Hospederia de Leyre** Les moines ont aménagé une hôtellerie dans ce lieu magique. Les chambres donnent sur les abords du monastère : le parc, les montagnes, le lac de Yesa. Offrez-vous là une brève retraite : la cuisine est convenable et assez bon marché, et vous passerez une nuit calme, dans des chambres simples, rénovées, avec des salles de bains individuelles. Comptez 61€ la double, 34€ la simple (respectivement 72€ et 37€ en juil.-août et à Pâques), 6€ le petit déj. buffet, env. 17€ le menu. Tarifs HT. *Monasterio de Leyre 31410 Yesa (à 12km au nord-est de Sangüesa) Tél. 948 88 41 00 Fax 948 88 41 37 www.monasteriodeleyre.com Ouvert mars-10 déc.*

Hotel Xabier En face du château de Javier – lieu de naissance de saint Fran-

GAMME DE PRIX	RESTAURATION	HÉBERGEMENT
Très petits prix	moins de 10€	moins de 30€
Petits prix	de 10€ à 15€	de 30€ à 40€
Prix moyens	de 16€ à 25€	de 41€ à 60€
Prix élevés	de 26€ à 45€	de 61€ à 80€
Prix très élevés	plus de 45€	plus de 80€

çois du même nom –, ce grand hôtel-restaurant est l'une des meilleures adresses des environs. Hall d'entrée monumental chargé de dorures, chambres immenses et meublées à l'ancienne, avec tapis, rideaux épais, secrétaire en bois sombre. On peut se contenter d'une grande assiette de légumes de saison, cuisinés avec des herbes et quelques dés de jambon fondant. Si la faim vous taraude, vous opterez pour un menu complet. Accueil efficace et serviable. Double d'env. 68 à 80€ selon la saison (simple de 45 à 50€). Menu du jour 17€. Petit déjeuner 8€. *31411 **Javier** (à 8km à l'est de Sangüesa, sur la N5410) Tél. 948 88 40 06 www.hotelxabier.com Fermé 23 déc.-20 fév.*

OLITE

31390

Ancienne capitale des rois de Navarre, Olite conserve un centre historique digne d'intérêt. Vous pourrez déambuler à l'abri des remparts de la vieille ville, au fil des ruelles et des artères, des places ensoleillées ou ombragées. Le tracé romain de la cité se devine dans la partie ouest, alors que le flanc est garde l'empreinte du Moyen Âge, ponctué de quelques maisons datant du XVIe au XVIIIe siècle. Les villages fortifiés des alentours, Ujué, Artajona, méritent également une visite ; la région offre en outre de belles excursions et les passionnés de nature pourront observer barges et foulques d'eau dans la lagune de Pitillas.

MODE D'EMPLOI

accès

EN VOITURE
À 30km au sud de Pampelune, par l'A15 en direction de Madrid, Burgos, ou bien par la N121, moins rapide.

EN TRAIN
Liaisons avec Pampelune.
Renfe *Tél. 902 24 02 02 www.renfe.es*

EN CAR
Tafallesa Liaisons avec Pampelune et Tafalla. *Tél. 948 22 28 86.*
Conda Pour les autres villes de Navarre. *Tél. 948 22 10 26 et 948 82 03 42 www.conda.es*

orientation

Entourée de remparts, Olite a la forme d'un triangle, que l'on parcourt à pied, après s'être garé sur les pourtours. Une rue principale la traverse – la Rua Mayor – et débouche sur la Plaza de Carlos III, où trône le palais royal.

informations touristiques

Office de tourisme *Plaza de los Teobaldos Tél. 948 74 17 03 oit.olite@ navarra.es Ouvert en saison : lun.-sam. 10h-14h et 16h-19h, dim. 10h-14h ; hors saison : lun.-ven. 10h-17h, dim. et j. fér. 10h-14h*

Guiarte Visites guidées d'Olite. *Plaza de los Teobaldos, 4 Tél. 948 74 12 73 www.guiartenavarra.com*

accès Internet

Cyber Camelot Connexion Internet (3€/h), fax, photocopies, etc. *Rua de Medios, 4 Tél. 948 74 11 73 cyber-camelot@telefonica.net Ouvert lun.-sam. 11h-13h et 17h-21h*

marchés, fêtes et manifestations

Marché alimentaire *À Olite, le mercredi (mardi si férié)*
Marché alimentaire *À Artajona, le samedi*

Marché alimentaire *À Tafalla, le vendredi (jeudi si férié)*
Fêtes médiévales Des spectacles, des animations et des banquets. *À Olite, 2e quinzaine d'août*
Fête des vendanges *À Olite, début septembre*
Pèlerinage d'Ujué Dégustation de plats typiques, chants, etc. *Le dimanche après la Saint-Marc (en avril)*
Fête des Migas Dégustations et marchés du berger, le tout en musique… *À Ujué, un dimanche mi-septembre*

DÉCOUVRIR

☆ **Les essentiels** Le palais royal d'Olite et les villages fortifiés d'Ujué et d'Artajona **Découvrir autrement** Admirez le cloître du Monasterio de la Oliva à Carcastillo dans la lumière équinoxiale, parcourez le chemin des Dolmens au départ d'Artajona ➤ **Carnet d'adresses p.272**

Olite

☆ **El Castillo** Depuis les plaines, les tours crénelées, donjons et drapeaux du palais royal frappent immédiatement le regard. L'édifice fut bâti au XIIIe siècle par Charles III dit le Noble, roi de Navarre. À peine monté sur le trône, celui-ci l'aménagea en résidence d'agrément. L'ancien palais, plus sobre, a été lui aussi modifié ; aujourd'hui, c'est un Parador, hôtel très élégant, sauvé d'une restauration abusive… Il est ouvert à la visite. Le palais nouveau fut quant à lui victime d'un incendie en 1813 et souffrit d'une rénovation maladroite. *Ouvert oct.-mars : tlj. 10h-18h ; avr.-sept. : lun.-ven. 10h-19h ou 10h-20h Entrée 2,80€, enfants et plus de 65 ans 1,40€*

Église Santa Maria Un bel édifice gothique du XIIe siècle, doté d'un étonnant portail du XIIIe siècle muni d'un tympan central, de huit archivoltes, et bordé de deux rangées d'apôtres sculptés, logés dans des arcades. *Ouvert lun.-sam. 30min avant la messe, dim. et j. fériés 10h30-11h et 18h-18h30*

Museo del Vino de Navarra Quatre étages pour tout savoir sur la vigne et le processus de fabrication du vin, depuis la nature de la terre, la plantation de la vigne, la formation du raisin jusqu'à la récolte. Une salle de dégustation également, pour parfaire vos connaissances. *Plaza de los Teobaldos, 4 Tél. 948*

74 12 73 www.museodelvinodenavarra.com Ouvert Pâques-mi-oct. : lun.-sam. 10h-14h et 16h-19h, dim. et j. fér. 10h-14h ; mi-oct.-avr. : lun.-ven. 10h-17h, sam.-dim. et j. fér. 10h-14h Adulte 3,50€, enfant et + de 65 ans 2€

Les environs d'Olite

Monasterio de la Oliva Construit selon les préceptes de l'ordre cistercien, entre le XIIe et le XIVe siècle, il conserve quelques beaux éléments romans dans l'église, ainsi qu'un splendide cloître gothique. Il faut y venir les 21 mars et 21 septembre, aux équinoxes : la lumière y est alors magique. Aujourd'hui, vingt moines vivent et travaillent ici, à la production de vin notamment, sur les 17ha du domaine. *Carcastillo (à 25km au sud-est d'Olite, par la N124) Tél. 948 72 50 06 Ouvert lun.-sam. 9h-12h et 16h-18h, dim. et j. fér. 9h-11h et 16h-18h Visites 2€ Offices chantés en castillan, à 11h le dim. et à 7h lun.-sam.*

BALADE VERS LES MÉGALITHES Du village d'Artajona, une piste mène au départ de la randonnée dite "du chemin des Dolmens". Très facile et courte (1,6km), en forme de boucle, elle permet d'apercevoir un des ensembles mégalithiques les mieux conservés de Navarre (demandez le tracé à l'office de tourisme d'Olite, dans le livret *Paseos por la Zona Media de Navarra*, 1,80€).

☆ ☺ **Ujué** À une dizaine de kilomètres à l'est d'Olite, ce village très attachant, enroulé sur un pic, domine les plaines alentour à l'infini. On se perd avec délice dans le dédale de ses ruelles, ne retrouvant son chemin que grâce au clocher de l'église Santa Maria, dont la galerie ouverte à tous les vents offre une vue splendide sur l'horizon.

☆ **Artajona** Bâties au XIIe siècle puis renforcées au XIVe siècle, ses murailles – dites "El Cerco" – se dressent au sommet d'une colline, veillant jalousement sur les maisons. Le village paraît abandonné, mais quelques rares habitations sont encore occupées, battues par les vents. On peut parcourir le chemin de ronde et admirer les voûtes de l'église fortifiée. Sur le portail, d'époque gothique, on reconnaît Philippe le Bel et Jeanne de Navarre, priant San Saturnino. *Accès par Tafalla, sur la NA6030 (à 15km au nord-ouest d'Olite)*

● ☺ **Observer des oiseaux** Au cœur d'une zone quasiment désertique, les 200ha de la lagune de Pitillas attirent quantité de limicoles et autres espèces d'oiseaux : barges, chevaliers, et quelques rapaces affamés... Dans les roselières nichent foulques et poules d'eau, canards et passereaux. Des familles de cigognes viennent s'exercer à la capture de proies, sans un bruit, au côté de hérons pourprés. Plusieurs observatoires en bois ont été aménagés le long des sentiers, et un centre d'accueil informe les visiteurs sur les caractéristiques des espèces de la lagune. **Observatorio de Pitillas** *Sur la N5330 en direction de Santacara (à 12km au sud-est d'Olite) Tél. 619 46 34 50 www.lagunadepitillas.org Ouvert mi-juil.-mi-sept. : lun. 17h-20h, mar.-dim. 10h-14h et 17h-20h ; mars-mi-juil. : sam.-dim. 10h-14h et 16h-19h ; mi-sept.-fév. : sam.-dim. 10h-14h et 16h-18h Entrée libre*

CARNET D'ADRESSES

Restauration, hébergement

 prix élevés

Asador Sidreria Erri Berri Accueil cordial dans ce petit restaurant, qui sert une cuisine sans prétention mais soignée. On ne résiste pas au menu "cidrerie" : omelette, morue frite aux poivrons ou merveilleuse côte de bœuf. On finira sur le traditionnel fromage de brebis aux noix et à la pâte de pommes et coings, en l'accompagnant d'un dernier verre de cidre. Le tout pour env. 35€ par personne. *Rua del Fondo, 1 (angle Rua Mayor) Tél. 948 74 11 16 ou 619 29 13 31 Fermé lun. et mer. soir Fermé 24-25 déc.*

Hôtel Casa Zanito Dans la rue principale de la ville médiévale, il se signale par sa belle façade ancienne et son grand escalier qui mène à la réception. Accueil cordial, confort (avec baignoire et clim.). De 67 à 80€ HT la double (simple de 57 à 67€ HT), selon la saison, petit déj. 7€ HT, et repas possible pour les clients de l'hôtel à 14€. À la carte comptez de 55 à 70€. *Rua Mayor, 16 Tél. 948 74 00 02 www. casazanito.com*

 prix très élevés

Principe de Viana Le plus prestigieux hôtel de la région – un Parador national –, aménagé dans un château du XVe siècle, très fréquenté par les touristes américains, aux alentours de la San Fermín en particulier : Pampelune n'est qu'à une trentaine de kilomètres. Réparties dans une extension récente, les chambres adoptent toutes un style médiéval revisité au goût du jour. On peut y passer un séjour très tranquille, entre les murs de la jolie ville close d'Olite. De 156 à 166€ HT la double, selon la saison, petit déjeuner inclus. Jardin intérieur. Vous pourrez y boire un verre ou une tasse de thé, ou encore y dîner. À la carte, comptez 40€ HT – et un menu à 28€ –, pour un repas servi dans un cadre historique. *Plaza de los Teobaldos, 2 Tél. 948 74 00 00 www.parador.es*

Dans les environs

 petits prix

☺ **Casa rural El Chofer** L'une des chambres d'hôtes les plus sympathiques aux environs d'Olite vous attend à l'est de la ville, face à la plaine – soyez attentif, car seul un petit sigle l'indique aux promeneurs. Au rez-de-chaussée, demandez à voir le magnifique pressoir, que le propriétaire a lui-même reconstitué – son grand-père produisait déjà de l'huile. Au dernier étage, les chambres ont gardé leurs murs en pierres apparentes ; bon confort et calme total. De 39 à 43€ la double selon la saison ; 3,75€ le petit déj., pris dans le

GAMME DE PRIX	RESTAURATION	HÉBERGEMENT
Très petits prix	moins de 10€	moins de 30€
Petits prix	de 10€ à 15€	de 30€ à 40€
Prix moyens	de 16€ à 25€	de 41€ à 60€
Prix élevés	de 26€ à 45€	de 61€ à 80€
Prix très élevés	plus de 45€	plus de 80€

salon des hôtes. *31496 Ujué (à 17km à l'ouest d'Olite) Tél. 948 73 90 11 ou 666 17 75 77 www.casaelchofer.com*

☺**Palacio de Orisoain** Un village hors du temps, tout en pierres blondes au cœur des collines aux reflets d'or. La plupart des meubles et objets de cette demeure ont été chinés dans les brocantes et les greniers. Les chambres sont agréables, nichées dans des recoins de la maison. 55€ la double, petit déj. inclus, et 75€ le studio avec cuisine et salle de bains privées. Repas sur commande. Dans les alentours, de nombreux circuits de découverte des églises romanes, des villages de la Valdorba à explorer (demandez des explications détaillées sur place). *31 395 Orisoain (sur la N121 en direction de Pampelune par Garinoain et Barasoain, tourner à droite vers Orisoain) Tél. 948 72 05 01 www.palaciodeorisoain.com*

Tubal Cet établissement porte l'ancien nom de la ville. On savoure morue, légumes, brownies au chocolat noir – un régal... Prix moyen 46€. Une terrasse donnant sur la place invite à prendre l'apéritif et le café et une boutique propose des produits du terroir et des plats à emporter. *Plaza Navarra, 4 31300 Tafalla (à 3km d'Olite) Tél. 948 70 08 52 www.restaurantetubal.com Fermé dim. soir et lun.*

PAMPELUNE ET LE SUD DE LA NAVARRE

TUDELA

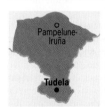

Tout au sud de la Navarre, aux confins de l'Aragon et de la Castille, à la frontière avec les terres arides des Bárdenas Reales, Tudela a servi pendant des siècles de point de rencontre et de voie de communication. Les Arabes fondent la ville au IXe siècle (ils y demeureront quatre siècles), faisant du site un avant-poste de leur résistance contre les chrétiens. Maîtrisant les techniques d'irrigation et de cultures, ils font de Tudela, qui dépend alors du califat de Cordoue, la capitale maraîchère de la province. Mais, en 1199, Alphonse Ier s'empare de la cité et l'annexe au royaume de Navarre. À la fin du XIVe siècle, artisans et marchands juifs, arabes et francs s'y côtoient. La conquête de Tudela par la Castille, en 1512, ouvre une nouvelle ère : les étrangers sont expulsés, diminuant considérablement son rayonnement intellectuel. Aujourd'hui deuxième ville de Navarre après Pampelune, elle vit essentiellement de son commerce agricole.

LE DÉSERT DES BÁRDENAS REALES Sur plus de 40 000ha, sable, roche et poussière à perte de vue forment un véritable désert, ponctué de quelques pics ou cheminées de fée, traversé de pistes de terre ne semblant mener nulle part. Des brebis par milliers y paissent pourtant tranquillement, menées par un berger solitaire. Dès le mois de septembre, les troupeaux affluent de toutes les communes des environs pour passer ici l'hiver : sept longs mois où la neige recouvre les pâturages alentour.

MODE D'EMPLOI

accès

EN VOITURE

À 96km au sud de Pampelune, par l'A15 en direction de Madrid/Burgos, ou bien par la N121 (moins rapide). À l'est de Logroño, par l'A68 ou la N232 (94km).

EN TRAIN

Liaisons avec Pampelune, San Sebastián, Bilbao, Vitoria-Gasteiz, Logroño... **Renfe** *Tél. 902 24 02 02 www.renfe.es*

EN CAR

Liaisons avec Saragosse, Pampelune, San Sebastián.
Conda *Tél. 948 82 03 42 www.conda.es*

orientation

La ville est bâtie sur la rive droite de l'Èbre. Au nord-ouest s'étend le quartier historique, essentiellement piéton, au sud-est la ville nouvelle. Le plus simple est de se garer près du centre historique, sur des emplacements gratuits ou bien sur les parkings à l'entrée de la ville, au bord du fleuve par exemple.

informations touristiques

Office de tourisme Visites guidées en juil.-août du lun. au sam. à 11h, se renseigner. *Calle Juicio, 4 Tél. 948 84 80 58 www.tudela.es Ouvert lun.-ven. 9h30-14h et 16h-20h (19h en hiver), sam. 10h-14h et 16h-20h (19h en hiver), dim. 10h-14h*

fêtes et manifestations

Semana Santa Tout un folklore, débridé et vivant lors de la Semaine sainte. Au cours de cet événement, depuis 2002 "fête d'intérêt touristique national", sont mises en scène la mort et la résurrection de Jésus Christ (Angel) ainsi que la mort de Judas Iscariote (Volatin). *Plaza de los Fueros, sam. : el Volatin dim. : la Bajada del Angel*
Santa Ana Processions, *encierros*, corridas, défilés de Géants et danses, *ceremonias des Angel y del Volatin*. *À Tudela, du 24 au 30 juillet*

DÉCOUVRIR

☆ Les essentiels La cathédrale et le musée de Tudela et les Bárdenas Reales Découvrir autrement Flânez dans les ruelles de la vieille ville de Tudela jusqu'à la Plaza de los Fueros et parcourez le désert des Bárdenas Reales à VTT   ➤ Carnet d'adresses p.276

Tudela

Vieille ville Parcourir à pied le cœur historique, ancien quartier maure, ou Morería, reste la meilleure façon de s'imprégner du charme de Tudela. En partant des bords de l'Èbre, près du parking, on franchit la porte d'entrée de la ville pour découvrir l'église Santa Magdalena. Construite sur les vestiges d'une église mozarabe, elle est l'une des seules de Navarre à avoir conservé sa tour romane. Par la Calle Portal, on arrive à la ☆ **cathédrale**, dont on fera le tour pour admirer les trois portails romans, splendides. Élevée en 1180 sur les fondations d'une ancienne mosquée, elle conserve, dans son cloître, quelques beaux éléments arabo-musulmans. La ville compte également des palais remarquables : celui de San Adrian, Renaissance, celui de l'hôtel de ville et celui du marquis de Huarte, de style baroque. Un ancien couvent de Jésuites du début du XVIIe siècle, abritant aujourd'hui le centre culturel Castel Ruiz, accueille des expositions, mais vous pouvez simplement jeter un coup d'œil à son beau patio, sa voûte baroque et ses trois caves en pierre de taille. En passant par les ruelles animées à l'heure des *pintxos*, on pénètre enfin sur la Plaza de los Fueros, épicentre de la ville, bordée d'arcades et de galeries datant de la fin du XVIIe siècle.

☆ ☺ **Musée de Tudela** Un des plus beaux musées de Navarre, installé dans le Palacio de Canal. Cet édifice du XVIe siècle, doté d'une belle galerie à arcades et de quelques vestiges de sa tour mudéjare, recèle de précieuses collections d'orfèvrerie et de peinture. De là, on accède au cloître roman de la cathédrale et à la chapelle (XIIIe et XIVe siècles) également de style mudéjar. *Tél. 948 40 21 61 Ouvert lun.-ven. 10h-13h30 et 16h-19h, sam. et j. fériés 10h-13h30 Fermé dim. Entrée 3€ (3,50€ avec le musée d'Art moderne)*

Musée Muñoz Sola Une collection de peinture de la seconde moitié du XIXe siècle, française essentiellement, réunie par un artiste natif de Tudela, Cesar Moñoz Sola. Quelques belles toiles de sa main, figurant les bords de l'Èbre, les Bárdenas Reales. Le bâtiment qui accueille cet ensemble date de l'époque gothique, mais a été remanié à l'époque baroque – il appartenait à l'une des grandes familles nobles de la ville, les Beraiz. *Plaza Vieja, 2 Tél. 948 40 26 40 www.museomunozsola.com Ouvert lun.-ven. 10h-13h30 et 16h-19h, sam.-dim. et j. fériés 10h-13h Entrée 1€ (3€ avec le musée de Tudela) gratuit pour les moins de 16 ans et les plus de 65 ans*

● Où boire un verre et manger des *pintxos* ?

Taberna Bar Sur une des places les plus animées du centre historique, quatre bars, dont l'un, original, avec sa barrique de cidre au comptoir. Spécialité de la maison : des pommes de terre au four nappées de fromage et de txakoli (le vin blanc de la côte basque). *Calle Carnicerías, 12 Tél. 948 82 57 00 Ouvert tlj. 11h-15h et 18h30-23h Fermeture plus tardive le week-end*

Bar Rancho Grande Au comptoir, des montagnes de *pintxos* à base de légumes, de fruits de mer, de charcuterie. Une adresse très fréquentée par les habitants, idéale pour dîner en multipliant les *raciones*, car il n'y a pas de meilleur restaurant aux environs ! *La Rua, 6 Tél. 948 82 27 80 Ouvert tlj. sauf mer. 9h-22h*

● Se promener à vélo
Randonnées à pied ou à vélo. Location de vélos. **Bárdena Activa** *Batan, 2 Tudela Tél. 948 83 02 72 ou 660 47 82 60 www.bardenaactiva.com*

Les environs de Tudela

★ Désert des Bárdenas Reales
Le désert se compose de deux grandes entités : au centre une grande dépression appelée la Bárdena Blanca – com-

prenant la Blanca Alta et la Blanca Baja, toutes deux constituées de gypse et de marnes, très arides, à la végétation clairsemée – et tout au sud, la Bárdena Negra, formée d'argile rouge et de calcaire, plus fertile. En voiture, vous pourrez avoir un premier aperçu des deux premières Bárdenas en suivant les longues pistes de terre (fléchées en bleu) qui relient Rada, au nord, à Arguedas, au sud, puis vers l'est au polygone de tir jusqu'à Carcastillo, au nord. Cette boucle vous prendra une demi-journée, avec quelques arrêts en route, vers Aguilares notamment. Quatre sentiers permettent de se dégourdir les jambes et d'avoir une vue sur l'ensemble depuis quelques points culminants. Mais le moyen le plus adapté pour parcourir ce vaste désert reste le VTT : une dizaine d'itinéraires sont fléchés à travers tout le parc. L'office de tourisme de Tudela vous fournira tous les plans détaillés, ainsi que des guides très complets.

● **Se distraire en famille** Un parc de loisirs pour les familles, sur le thème de la nature et des animaux. **Sendaviva** *31513 Arguedas (à 7km au nord de Tudela, sur la N134) Tél. 948 08 81 00 www.sendaviva.com Ouvert juil.-août : jeu.-dim. 11h-20h ; mars-juin et sept.-oct. : sam.-dim. 11h-20h Adulte 22€, enfant et retraité 15€, moins de 5 ans gratuit*

CARNET D'ADRESSES

Restauration, hébergement

 petits prix

Pension La Estrella Dans l'une des ruelles du quartier historique, le bar du même nom loue des chambres au deuxième étage de la maison qui lui fait face. Elles sont propres, fonctionnelles et calmes – la rue est piétonne –, avec une salle de bains à partager dans le couloir. Prix très intéressants : double de 30 à 35€, simple de 20€. *Carniceria, 12 Tél. 948 82 15 18 ou 948 41 04 42*

 prix élevés

Restaurante 33 L'établissement est aux mains de la même famille depuis 1952. La spécialité de la maison : les légumes de la Ribera. Les poissons y sont également excellents, de même que les desserts, très délicats. Menu du jour à 18€, menu dégustation de légumes à 40€, et nombreuses autres formules autour de 50€ à la carte. *Capuchinas, 7 Tél. 948 82 76 06 Fermé dim. soir, lun. soir et mar. soir ; 3 sem. en août et 23 déc.-1er jan. Réservation obligatoire pour le menu dégustation ou pour un repas à la carte*

☺ **Hostal Torre Monreal** Une façade de verre très contemporaine et, à l'intérieur, un espace d'accueil lumineux et clair. Aux étages, des chambres vraiment agréables, meublées avec goût et simplicité, des murs peints en blanc et du plancher. Le confort est parfait, tout ici est neuf et de bonne qualité. On se croirait dans un hôtel de grand standing et pourtant les prix sont très doux : de 70 à 75€ HT la double. À côté, une cafétéria où l'on peut boire et manger sur le pouce. Accueil cordial. *Cuesta Loreto, 8 (ville nouvelle, à deux pas du centre historique) Tél. 948 40 26 82 Fax 948 40 26 83 www.torremonreal.com*

Près des Bárdenas Reales

 petits prix

Cuevas de Valtierra Des logements troglodytiques étonnants pour 5 à 9 personnes, aménagés dans de petites grottes qui maintiennent une température constante de 18-22°C toute l'année. Certaines sont tout de même équipées de chauffage et de la climatisation. L'ensemble est réellement original, meublé et décoré de façon simple : quelques notes de couleur ponctuent les murs blanchis à la chaux. Tarifs de 5 à 9 pers : de 255 à 460€ le week-end, de 490 à 885€ la semaine hors saison (de 590 à 1050€ en saison). Possibilité de dormir une nuit entre le dim. et le jeu. *De los Palomares 31514*

Valtierra (à 9km au nord de Tudela, sur la N134) Tél. 948 84 32 25 Fax 948 84 32 26 www.cuevasdevaltierra.com

 prix moyens

Casa La Bárdena Blanca Une petite maison accolée aux autres, dans le village d'Arguedas, sans grand caractère mais empreinte d'une atmosphère très chaleureuse. Chambres aux murs jaune ocre, poutres apparentes et mobilier en bois et métal. Cet établissement offre l'opportunité d'un séjour assez près des Bárdenas pour partir en randonnée. Chambre double de 45 à 52€, petit déjeuner à 5€. *31513 Arguedas (à 7km au nord de Tudela par la N134) Tél. 948 83 17 22 Fax 948 83 15 51 www.casarurallabardenablanca.com*

PAMPELUNE ET LE SUD DE LA NAVARRE

ESTELLA

31200

Entourée de crêtes et adossée à la montagne, Estella (étoile en occitan), anciennement Lizarra, étape sur le chemin de Saint-Jacques, fut bâtie en bordure de l'Ega par le roi Sanche Ramirez au XIᵉ siècle, sur un site occupé dès l'époque romaine. Façades ouvragées en pierre de taille, fenêtres en ogive, portails romans et maisons blasonnées témoignent de la splendeur passée de la ville.

MODE D'EMPLOI

accès

EN VOITURE
À 43km à l'ouest de Pampelune (35min) par la N111 ou bien par Etxauri et la NA700 (plus long mais plus agréable).

EN CAR
La Estellesa Plusieurs liaisons quotidiennes avec Pampelune, Logroño, San Sebastián, Hendaye. *Plaza de la Coronación Tél. 948 55 01 27 www.laestellesa.com*
Pinedo Pour Vitoria, deux cars par jour minimum. *Tél. 945 28 50 00*
Urederra Liaisons avec Zudaire et Larraona. *Tél. 948 54 37 56 ou 948 54 62 14*
Gare routière *Tél. 948 55 01 27*

orientation

La ville s'est lovée dans un coude de l'Ega. Son quartier le plus ancien s'est développé sur la rive est, puis a gagné la rive opposée. Le quartier historique forme ainsi un vaste parallélépipède, tissé de ruelles pavées et de places où les habitants se rassemblent à tout moment de la journée. On se gare dès l'entrée de la ville, sur les grands parkings (près de la gare routière), et l'on s'y promène à pied.

informations touristiques

Office de tourisme *San Nicolas, 1 Tél. 948 55 63 01 www.turismo.navarra. es Ouvert en saison : lun.-sam. 10h-14h et 16h-19h, dim. 10h-14h ; hors saison : lun.-ven. 10h-17h, sam.-dim. 10h-14h*

accès Internet

La Aljama Connexion Internet au bar-restaurant. *Calle La Rúa,6*

marchés

Estella Depuis le XVe siècle. *Chaque jeudi*
Puente La Reina *Chaque samedi*
Viana *Chaque vendredi (la veille si férié)*
Los Arcos *Les mardi et samedi*
Foire artisanale *1re quinzaine d'août*

fêtes et manifestations

Semaine médiévale Des animations de rue, des repas et des concerts, des marchés... *À Estella, la 3e semaine de juillet*
San Andrès Foire au bétail, produits régionaux, parties de pelote. *À Estella, le week-end le plus proche du 30 novembre*

DÉCOUVRIR

☆ **Les essentiels** L'église San Pedro de la Rua à Estella et la chapelle Santa Maria d'Eunate **Découvrir autrement** Franchissez le pont roman au bout de la Rua Mayor à Puente La Reina, randonnez dans la sierra d'Urbasa et pique-niquez au lac d'Alloz ➤ **Carnet d'adresses p.281**

Estella

La "ville des pèlerins" est assurément la partie la plus intéressante de la cité, celle qui a conservé un charme très médiéval, avec ses ruelles pavées, sa petite place circulaire ombragée entourant une fontaine. Sur l'ancienne voie des pèlerins, la Calle San Nicolas relie la porte de Castille, entrée de la ville, à la colline sur laquelle trône fièrement ☆ **l'Iglesia San Pedro de la Rua** – le joyau d'Estella. Son magnifique portail du XIIIe siècle, d'inspiration mozarabe, ouvre sur un très beau cloître roman, aux précieux chapiteaux, finement ciselés. L'ancien palais des rois de Navarre de style roman, actuellement musée Gustavo de Maeztu, conserve de superbes chapiteaux sculptés, dont l'un relate la rencontre de Roland avec le géant Ferragut. En face se dresse un autre beau bâtiment : l'ancien hôtel de ville, érigé au XIVe siècle et remanié au XIXe, aujourd'hui tribunal. On empruntera le pont de l'Azucarero (du sucrier), datant de l'époque médiévale – tout comme celui, piétonnier, de la Cárcel (la prison), à l'autre bout de la rue. Passé sur l'autre rive, on remontera la Calle Mayor, très commerçante, jusqu'à la Plaza de los Fueros, où l'on peut voir palais et maisons blasonnées du XVIIIe siècle, bien conservés. De là, on remontera jusqu'à la Plaza de Santiago et Plaza de los Fueros, où se tient, le jeudi, le grand marché alimentaire d'Estella.

● **Où déguster un gâteau du pèlerin ?**

☺ **Bombones Torres** Sur la Plaza de los Fueros, laissez-vous séduire par les douceurs exposées en vitrine : biscuits aux pignons, aux amandes, au miel ou au chocolat, et puis des spécialités, les *rocas*, enrobées de chocolat noir, blanc ou au lait, les tablettes entières recouvertes de pistaches ou de noix. *Plaza de los Fueros, 13 Tél. 948 22 15 72 Ouvert tlj. 9h30-14h et 17h-20h30*

Pastelería Angela Spécialité de cette pâtisserie : le gâteau du pèlerin, moelleux et fondant, à base de poudre d'amandes et de sirop de fleur d'oranger, nappé d'un léger glaçage. *Plaza de los Fueros, 2 Tél. 948 55 07 95 Ouvert lun.-sam. 9h-14h et 17h-21h, dim. 9h-14h30*

● **Où faire une pause déjeuner ?** Un bar très fréquenté par les habitants du quartier, avec, aux beaux jours, une terrasse. À midi, une formule complète à 9,50€ ; au comptoir, une grande variété de *raciones* (portions) : poulpe, chorizo, fromage, et même sardines grillées. À la carte, des viandes, dont une entrecôte magnifique et un menu typique de Sidrería (morue, entrecôte) à 22€. **Katxetas** *Estudio de Gramática, 1 Tél. 948 55 00 10 Fermé lun.*

Les environs d'Estella

Iranzu Au XIe siècle, l'évêque de Pampelune lègue à son frère Nicolas l'ancienne église d'Iranzu pour qu'il y bâtisse un monastère selon les préceptes de l'ordre cistercien. On visite encore aujourd'hui le cloître, la salle capitulaire, le presbytère (fin XIIe s.) et l'église, tous de style gothique (quelques vestiges romans). Les lieux sont désormais habités par des moines théatins qui ont aménagé sur place un centre d'interprétation. Le site en lui-même est un enchantement : un large vallon bordé de collines aux essences de pins, de chênes et de garrigue d'où résonne le chant des cigales. Du monastère part un chemin très agréable, au bout duquel on a une vue plongeante sur l'édifice. *31178 Abarzuza (à 5km au nord d'Estella) Tél. 948 52 00 12 Ouvert mai-sept. : tlj. 10h-14h et 16h-20h ; oct.-avr. : tlj. 10h-14h et 16h-18h Entrée env. 2€*

● **UN VERRE ET ÇA REPART !** À l'extérieur du monastère d'Irache, en souvenir de la tradition de secours au pèlerin, une fontaine aménagée dans les caves privées du domaine permet aux pèlerins de se servir un petit verre... de vin !

Irache Édifié sur les fondations d'un hospice élevé au XIe siècle, ce monastère conserve une belle église bénédictine (XIIe s.), un cloître plateresque (XVIe s.) et quelques communs datant du XVIe siècle. Son emplacement sur la route de Saint-Jacques et la charte de privilèges accordée par les rois en ont fait l'un des plus importants du royaume de Navarre. *À 2km au sud d'Estella, dir. Ayegui Tél. 948 55 44 64 Ouvert avr.-oct. : mar.-ven. 9h-13h30 et 17h-19h, sam.-dim. 9h-13h30 et 16h-19h ; nov.-mars : mar.-ven. 10h-13h30 et 16h30-18h Fermé lun., mar. après-midi et 15 déc.-31 janv.*

● **Passer un après-midi au bord de l'eau** Le lac d'Alloz offre une halte bienvenue dans ces contrées arides. Vous pouvez également vous rafraîchir dans des piscines très agréables, en pleine nature, à **Muez** et **Riezu**, au nord du lac. Si l'eau glacée ne vous effraie pas, vous pouvez piquer une tête dans des rivières d'eau limpide comme l'Urederra, depuis **Baquedano**, et l'**Ubagua**, depuis Riezu. **Lac d'Alloz** *Au nord-est d'Estella, au sud par Lerate (via la N111 et la NA7123), et par le nord par Villanueva (via la NA700 et la NA7330)*

● **Faire une excursion dans les sierras** Au nord d'Estella se dressent trois navires de pierre : les massifs d'Urbasa, Andia et Aralar. Trois véritables murailles de roche grise où les seules activités humaines sont la cueillette, l'élevage et la fabrication de fromages. En effet, nous sommes ici au pays de l'idiazabal, l'appellation phare de la région. Sur les plateaux herbus paissent aussi brebis et pottoks, ou encore quelques vaches dont on entend au loin tinter les cloches.

Sierra de Urbasa On y accède par la NA718 qui remonte au nord d'Estella vers Olazagutia. On se garera au centre d'information, tout au nord, pour suivre l'itinéraire des montagnards – une promenade de 3,8km passant par les bergeries, les meules à charbon et la hêtraie, jusqu'au point le plus haut de la sierra, à 1 113m. Il est également possible de laisser sa voiture un peu plus bas, aux abords de l'aire d'interprétation, en plein air – on y découvre le mode de vie des bergers –, avant de s'engager sur un autre chemin de randonnée, l'itinéraire des sources (4,5km). À noter : quelques espèces animales intéressantes tels le triton palmé, la grenouille rousse, et surtout des colonies entières de vautours fauves qui nichent sur les falaises. *www.parquedeurbasa.es* **Centre d'information** *Tél. 948 38 24 38 Ouvert juil.-août : tlj. 11h-18h ; reste de l'année : sam.-dim., j. fér., Pâques et Noël 10h-18h*

Sierra de Andia On l'aborde plutôt par la NA120 en direction de San Sebastián, par le col de Lizarraga. Pour y pénétrer plus avant, plusieurs options : en voiture, suivre Riezu, Iturgoyen puis tout en haut du village, à la fontaine, emprunter le chemin qui part sur la droite, sur le flanc de la montagne, jusqu'au sommet. Là-haut vous attendent un ermitage, **Alto de la Trinidad**, des troupeaux de vaches en liberté et une vue époustouflante sur les environs. À pied, une autre balade permet de se frayer un passage dans la roche d'Andia : de Riezu, un sentier fléché part vers la source de l'Ubagua. Comptez 3h AR, avec en route quelques points de vue spectaculaires sur une colonie de vautours.

Sierra de Aralar Moins étendue que les deux précédentes, la sierra de Aralar, classée parc naturel, se déploie à la fois sur la frontière nord-ouest de la Navarre et sud-est du Guipúzcoa (cf. Le Guipúzcoa, Tolosa). Toujours utilisée comme zone de pâturage pour le bétail, vous pourrez la parcourir à pied, c'est un superbe site de randonnée (sources, vestiges de moulins). Attestant d'une occupation humaine dès le paléolithique, certains sentiers sont ponctués de stations mégalithiques, dont le dolmen d'Albi. L'un des lieux les plus magiques du massif se trouve tout au sud, face aux deux autres sierras : en haut d'une falaise a été bâtie une église, le Santuario de San Miguel Excelsis, sur les vestiges d'un temple carolingien (XIIe-XIIIe siècles). *À 48km au nord d'Estella, par Huarte-Arakil Tél. 948 37 30 13 Ouvert nov.-mars : tlj. 10h-14h et 16h-18h ; avr.-mai, oct. : tlj. 10h-14h et 16h-19h ; juin-sept. : tlj. 10h-14h et 16h-20h*

Sur le chemin de Compostelle

Puente La Reina Célèbre pour son pont roman – franchi par les pèlerins depuis des siècles –, Puente La Reina est le point de rencontre des deux chemins venant du nord : celui de Roncevaux et celui du col du Somport. Un monument moderne marque la jonction des deux voies à l'entrée du village. Fondée au XIIᵉ siècle, la ville joua un rôle primordial de ville étape. Trois églises méritent une visite, à l'intérieur des remparts : l'Iglesia Santiago, tout d'abord, dans la Rua Mayor, d'époque romane – remarquez l'arc polylobé d'inspiration mozarabe sur le portail – rénovée au XVIᵉ siècle ; de l'autre côté, l'Iglesia San Pedro, au bord de la rivière, datant du XIVᵉ siècle et, à l'opposé, l'Iglesia del Crucifijio, formée de deux nefs, l'une romane, l'autre gothique, et d'un splendide portail roman, orné de coquilles de pèlerin. *À 11km à l'est d'Estella, sur la N111 dir. Pampelune*

☆ **Chapelle Santa Maria d'Eunate** Cette petite église singulière, de plan octogonal, fut attribuée tantôt aux Templiers, tantôt aux Hospitaliers de Saint-Jean de Jérusalem. Construite en 1170, elle n'a quasiment pas été modifiée par la suite. D'après les fouilles entreprises, elle aurait servi de chapelle funéraire sur le chemin de Compostelle. Un très bel exemple d'art roman à visiter en fin d'après-midi, quand la lumière se reflète sur les pierres. *31152 **Muruzábal** (à 5km à l'est de Puente La Reina, par la NA601) Ouvert jan.-fév. et nov. : 10h30-14h30 ; mars-juin et oct. : 10h30-13h30 et 16h-19h ; juil.-sept. : 10h30-13h30 et 17h-20h Fermé lun. et déc. Entrée libre Informations à l'office de tourisme de Puente La Reina Tél. 948 34 08 45*

Torres del Rio Un hameau d'allure médiévale, dont l'église romane du Saint-Sépulcre, de forme octogonale, rappelle Santa Maria d'Eunate. L'influence mauresque y est très présente, en particulier dans sa voûte en étoile. *À 15km au sud-ouest d'Estella, sur la N111 dir. Logroño*

● **Où choisir un bon vin ?** L'un des meilleurs domaines de la région, dont la plupart des vignes sont désormais travaillées en agriculture biologique : les vins, à base entre autres de syrah, de cabernet ou de merlot, sont droits en bouche, très parfumés. **Bodegas Lezaun** Egiarte 31292 **Lacar** (à 8km à l'est d'Estella) Tél. 948 54 13 39 www.lezaun.com Visite sur rdv Vente lun.-ven. 8h-13h et 15h-18h, sam.-dim. 11h-14h

CARNET D'ADRESSES

Restauration, hébergement

Il existe peu d'établissements intéressants : Estella est surtout une halte pour les pèlerins, qui ont leur auberge attitrée, interdite d'accès à ceux qui n'effectuent pas le pèlerinage. Nous vous conseillons de venir vous y promener la journée, et de loger plutôt dans les environs.

 petits prix

Astarriaga Sur la Plaza de los Fueros, ce bar en terrasse cache une salle à manger agréable et lumineuse. On y

PAMPELUNE ET LE SUD DE LA NAVARRE

savoure d'excellentes grillades – des côtes de bœuf, du poisson – ainsi qu'un menu du jour (env. 13,30€) servi midi et soir, théoriquement réservé aux pèlerins mais proposé à tous. Goûtez à l'*ajoarrierro* (morue aux poivrons), puis enchaînez avec la soupe de poisson maison. Un brin touristique mais bien pratique, et d'un bon rapport qualité-prix. *Plaza de los Fueros, 12 Tél. 948 55 08 02 Fermé dim. soir et jeu. soir*

Restaurante Izarra Dans une ruelle menant de la Plaza de los Fueros à celle de Santiago, ce restaurant sert des légumes en salade (épinards, poivrons grillés…), des viandes ou des poissons à la braise, ou encore une assiette combinée très complète – œufs sur le plat et croquettes de jambon et fromage, ou bien merlu *a la plancha* et salade. Un menu du jour à 10€ (14€ le week-end). Et, en dessert, une *cuajada* maison servie avec du miel et des noix… Quelques chambres à louer à l'étage. Comptez 30€ la double. *Caldereria, 20 Tél. 948 55 00 24 (bar) et 948 55 06 78 (restaurant) Fermé sept. et hors saison : mer. ; fév.*

Fonda San Andrés Une petite pension sur la très belle place de Santiago, au premier étage, avec des chambres donnant sur l'arrière ou sur la place, propres et fonctionnelles. Comptez de 36 à 40€ la double avec sdb, 32€ la double avec lavabo. Accueil chaleureux. *Plaza de Santiago, 50 et Calle Mayor, 1 Tél. 948 55 04 48 ou 948 55 41 58*

Dans les environs

 camping

Riezu Un environnement très calme, au bord de la rivière Ubagua, avec des emplacements pour 2 personnes

---

Et aussi...

Un déjeuner sur le pouce
Katxetas _____ 279

Une pause gourmande
Bombones Torres _____ 279
Pastelería Angela _____ 279

en tente entre 15 et 20€. Location de bungalows, épicerie, snack-bar, restaurant et piscine. *31176 Riezu (sur la NA700 entre Pampelune et Estella par Etxauri, à 11km à l'est d'Estella) Tél./fax 948 54 21 77 www.escur.com Ouvert avr.-oct.*

 petits prix

Urederra Un bar qui sert à manger dans son arrière-salle, ouverte sur la vallée. On s'y arrête avec plaisir à midi, après ou avant une balade vers le Nacedero del Urederra. Les produits de la région sont préparés simplement. On peut picorer des crudités, de la charcuterie ou du fromage, commander des viandes grillées ou des truites fraîches. Menu à midi à 9€ en semaine et à 12€ le week-end. *31272 Baquedano (à 15km au nord d'Estella) Tél. 948 53 90 95 Ouvert toute l'année : tlj. à midi et le sam. soir*

Casa Faustina Une adresse étonnante, dans un petit village perdu de la sierra de Urbasa. Ana Isabel, la cuisinière, propose un menu unique, composé au gré de son inspiration : elle confectionne des soupes de *cocido*, des *menestras* de légumes, des *alubias*. La morue est accommodée de mille et une façons, le cochon ou le poulet sont longuement mijotés. En dessert, d'excellents fromages des pâturages voisins, ou bien quelques mousses maison. Et le tout pour un prix imbattable : 13€ seulement ! Menu enfants à env. 7€. Pour ses vins, la patronne s'approvisionne aux très recommandables Bodegas Lezaun. *Calle Magdalena, 58 31272* **Barindano** *(à 15km au nord d'Estella, sur la NA718)* Tél. 948 53 94 93 Ouvert sam.-dim., j. fér., et tout le mois d'août Fermé 24 déc.-7 jan.

prix moyens

☺ **Palacio de Riezu** Une de nos adresses préférées dans la région – tant pour le charme de la bâtisse que pour la chaleur de l'accueil. Les quatre chambres, toutes sous les toits, sont assez vastes, certaines avec une salle de bains privée. Le petit déjeuner est servi dans la salle à manger, au rez-de-chaussée, à l'heure qu'il vous plaira. Le maître de maison, Esteban, organise des visites aux caves voisines, en fin connaisseur : vous découvrirez avec lui des vins issus de vignes travaillées dans le respect de la terre. Double de 55€ sans sdb à 59€ avec, petit déj. 7€. Le propriétaire propose aussi de louer la maison (4 chambres pour 12 pers.), la nuit sans petit déj. revient à 195€. *31176* **Riezu** *(sur la A12 entre Pampelune et Estella, à 11km à l'est d'Estella)* Tél. 948 54 23 12 www.palacio-riezu.com

prix élevés

☺ **Asador Lezaun** Dominant un minuscule hameau, une grande maison de pierre avec, en façade, un portail gigantesque, en réalité l'entrée d'un chai. Le menu à base de produits éco-logiques, à 35€, propose une salade composée, des asperges farcies en saison ou du chorizo cuisiné avec une mousse de pommes de terre, puis une côte de bœuf ou du poisson grillé, avant un dessert maison. Simple et bon. Dégustation de vins également maison et bio. *Calle Egiarte 31292* **Lacar** *(à 8km à l'est d'Estella)* Tél. 948 54 12 31 www.lezaun.com Ouvert ven. soir-dim. soir (et tlj. sur réservation, à partir de 10 pers.)

Bidean Cet *hostal rural* est installé dans une demeure du centre historique de Puente La Reina. Une vingtaine de chambres, avec poutres apparentes et meubles rustiques – dont deux, sous les toits, jouissent d'une vue exceptionnelle sur la tour de l'église. Chambre double de 55 à 73€ HT, simple de 45 à 60€ selon la saison, petit déj. inclus (selon la saison). Le soir, le dîner est servi dans une salle aux murs de pierre ; menu à env. 28€. *Calle Mayor, 20* **Puente La Reina** *(à 15km à l'est d'Estella, à 20km à l'ouest de Pampelune)* Tél. 948 34 11 56/04 57 Fax 948 34 02 93 www.bidean.com

GAMME DE PRIX	RESTAURATION	HÉBERGEMENT
Très petits prix	moins de 10€	moins de 30€
Petits prix	de 10€ à 15€	de 30€ à 40€
Prix moyens	de 16€ à 25€	de 41€ à 60€
Prix élevés	de 26€ à 45€	de 61€ à 80€
Prix très élevés	plus de 45€	plus de 80€

GEOREGION

La bodega Ysios, signée Santiago Calatrava, à Laguardia (p.303).

L'ÁLAVA

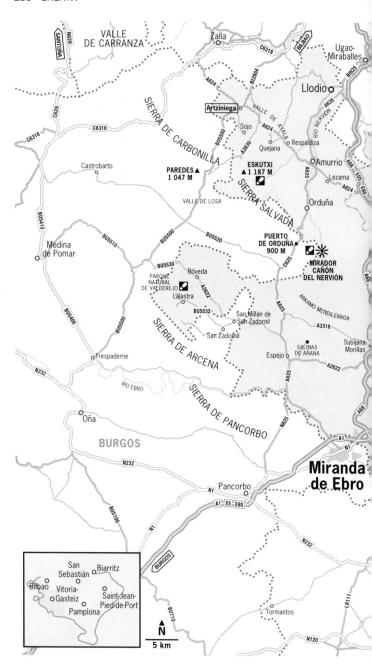

★ VITORIA-GASTEIZ   01000

Vitoria-Gasteiz ●

Siège du gouvernement de la communauté autonome basque, Vitoria, anciennement Gasteiz, fut bâtie au sommet d'une colline au XIIe siècle, sur un site déjà occupé du temps des Romains. Les royaumes de Navarre et de Castille se disputeront alors la province, au cours de luttes incessantes. En 1181, souhaitant en faire une place forte face à l'ennemi castillan, Sanche le Sage, roi de Navarre, accorde des *fueros*, ou chartes, à la ville. Son nom actuel, Vitoria, fait référence à cet épisode. De hautes murailles entourent le bourg, qui aujourd'hui encore conserve son tracé ancien : un quartier médiéval presque intact, entièrement reconstruit au XIIIe siècle après un incendie. Les ruelles serrées les unes contre les autres, aux noms évocateurs : Herrería, Cuchillería, Zapatería, rappellent les anciennes corporations des forgerons, couteliers et cordonniers. La cité recèle de superbes églises et demeures gothiques ainsi que des palais Renaissance (son quartier historique a été classé en 1997). Au XVIIIe siècle la ville nouvelle s'étend au sud et se pare alors de façades néoclassiques et de parcs romantiques. Depuis, elle ne cesse de croître afin de loger une population en constante évolution. Son statut de capitale basque lui confère un attrait supplémentaire, renforçant sa réputation de ville où il fait bon vivre.

MODE D'EMPLOI

accès

EN AVION
L'aéroport de Foronda se trouve à 9km du centre-ville, sur la N624 en direction de Bilbao. Liaisons avec Madrid, Barcelone, Londres et Dublin.
AENA Informations sur les aéroports espagnols. *Tél. 902 40 47 04 www. aena.es*

EN VOITURE
À 95km de Pampelune par la N1 puis la N240, à 66km de Bilbao par la N622 et l'A68, et à 102km de San Sebastián par la N1.

EN TRAIN
De et vers Irun/Hendaye, ligne directe (2h, 8-10 trains par jour). Pour Pampe-lune, de nombreux trains (1h de trajet), comme pour Logroño (même ligne), et 4 à 6 trains par jour avec Madrid (6h de trajet).
Renfe (plan 6, C3) *Tél. 902 24 02 02 www.renfe.es*

EN CAR
Des liaisons avec tout le Pays basque, la Navarre et l'Espagne.
Informations *Tél. 945 25 84 00*

orientation

Pour entrer en ville, suivre la direction du centre historique puis se garer au premier parking souterrain rencontré – en surface, vous pourrez aussi trouver de la place (surtout le soir), mais n'oubliez pas de mettre des pièces dans l'horodateur en semaine,

L'ÁLAVA

les contrôles sont fréquents. En voiture, vous pouvez errer longtemps autour du centre avant d'en trouver l'entrée. Si vous arrivez du nord par l'Avenida de Gasteiz, le centre est très bien indiqué. Vous pouvez aussi tenter de vous garer vers le parc de la Florida et la gare Renfe, puis marcher. Le centre historique se découvre uniquement à pied. Les principaux centres d'intérêt se regroupent dans le quartier médiéval et au sud de celui-ci.

informations touristiques

Office de tourisme (plan 6, B2) *Plaza del Général Loma Tél. 945 16 15 98 Fax 945 16 11 05 www.vitoria-gasteiz. org/turismo Ouvert oct.-juin : lun.-sam. 10h-19h, dim. et j. fér. 11h-14h ; juil.-sept. : tlj. 9h-19h*

circuler en ville

BUS
La station principale se situe du côté de l'Artium, dans la partie est de la ville. La ligne 15 permet de faire le tour du quartier médiéval. *Départ toutes les 30min de la Calle de la Paz, 8h-12h30 et 17h30-19h30* **Station principale** *Calle de los Herran, 50 Tél. 945 25 84 00*

VÉLO
La municipalité propose un service de prêt gratuit de vélos, "Aparca y pedalea" (de juin à novembre), pour parcourir la ville et ses environs. Le visiteur peut emprunter gratuitement un vélo dans les parkings du centre-ville en présentant le ticket de stationnement. *Rens. à l'office de tourisme*

location de voitures

Avis (plan 6, A2) *Av. de Gazteiz, 53 Tél. 945 24 46 12 Aéroport Tél. 945 27 65 39* **Europcar (plan 6, A2)** *Adriano VI, 29 Tél. 945 20 04 33 Aéroport*

accès Internet

Cyber networld Gasteiz Comptez 2€ l'heure de connexion. *Paraguay, 19 Tél. 945 264 107 Ouvert tlj. 11h30-14h30 et 16h30-22h*

marchés

Marché (plan 6, B1) Il investit la Calle Correria et tout le quartier médiéval : présentation de divers produits gastronomiques, vente d'antiquités et animations de rue. *Tous les premiers samedis du mois* **Marché de Santo Tomas (plan 6, B2)** Produits agricoles et bétail. *Plaza de España, le jeudi avant Noël*

fêtes et manifestations

Semaine du cinéma basque *En février* **Fête de San Prudencio** Défilés et pèlerinage jusqu'à Armentia. *Le 28 avril*

L'ÁLAVA

Tableau kilométrique

	Vitoria	Laguardia	Artziniega	Durango	Bilbao
Laguardia	44				
Artziniega	57	104			
Durango	42	100	58		
Bilbao	65	113	31	32	
Pampelune	95	107	147	140	156

L'ÁLAVA

Festival international de cinéma
Nouveaux réalisateurs. *Cinq jours début mai*
Festival de jazz Musiciens du monde entier. *Une semaine mi-juillet www. jazzvitoria.com*
Fête de Santiago Défilés dans les rues et foire à l'ail sur la côte San Francisco. *25 juillet*
Fête de la Virgen Blanca La grande fête de Vitoria. *Du 4 au 9 août*

Marché médiéval *Le troisième week-end de septembre*
Festival international de théâtre *En octobre-novembre*
Festival du court-métrage *En décembre*
Festival international de la montagne *En décembre*
Noël Une crèche géante dans le parc de la Florida. *Du 20 décembre au 6 janvier*

DÉCOUVRIR

☆ **Les essentiels** Le Bibat, l'Artium et le musée des Beaux-Arts **Découvrir autrement** Écoutez un concert de musique classique dans le parc de la Florida à Vitoria, promenez-vous sur les rives du lac d'Ullíbari, au cœur des salines d'Añana ou dans le parc du Valderejo ➤ Carnet d'adresses p.299

Vitoria

Le quartier médiéval

Resserré au cœur de la ville moderne, cet îlot apparemment figé dans le temps vit pourtant au rythme d'aujourd'hui. L'atmosphère y est très particulière : les ruelles sont restées pavées et piétonnes, aucun immeuble moderne n'est venu en rompre l'harmonie, seuls quelques bâtiments datent du XVIIe ou XVIIIe siècle. Vitoria est avant tout une ville d'art et d'histoire.

Cathédrale Santa Maria-Catedral Vieja (plan 6, B1) Il s'agit sans doute du plus beau bâtiment de la vieille ville. Sa construction commença au XIIIe siècle et s'étendit jusqu'à la fin du XIVe, époque à laquelle furent sculptés chapiteaux et piliers. Une partie du monument est en cours de rénovation mais, normalement, son accès n'est pas interdit pendant la durée des travaux : des visites guidées sur réservation sont même spécialement organisées pour suivre les différentes étapes de la restauration. *Plaza Santa Maria Tél. 945 25 51 35 www.catedralvitoria.com Ouvert tlj. : 11h-14h (13h dernière visite) et 17h-20h (19h dernière visite) Entrée adulte 5€, gratuit pour les moins de 12 ans*

☆ **Bibat** (plan 6, B1) Depuis 2009, les musées d'Archéologie et Fournier de Naipes forment le Bibat, ensemble culturel dont l'architecture contemporaine s'appuie sur le magnifique palais de Bendaña, érigé au XVIe siècle, restauré et modernisé ces dernières années. *Cuchilleria, 54 Tél. 945 20 37 07 Ouvert mar.-ven. 10h-14h et 16h-18h30, sam. 10h-14h, dim. et fêtes 11h-14h Fermé lun. Entrée gratuite*
Musée d'Archéologie Il présente les riches collections d'objets mis au jour lors de fouilles dans la région. Les collections sont réparties sur trois niveaux de façon chronologique. Sont d'abord exposés des outils en pierre,

des poteries, et les premiers objets métalliques, suivis au premier étage par la présentation du développement de l'usage du fer, pour terminer au dernier niveau par la colonisation romaine et, enfin, par la période médiévale.

Musée Fournier de Naipes Ce musée conserve une extraordinaire collection de cartes à jouer du monde entier, reconstituée par Felix Fournier, le petit-fils du fabricant installé en 1868 à Vitoria. Le gouvernement de l'Álava rachète le tout en 1986 et en fait un splendide musée, de renommée mondiale. Le nombre de pièces ne cesse d'augmenter, atteignant pour le moment quelque 21 000 exemplaires, dont de très précieux jeux de tarot, mais tous ne sont pas exposés en même temps. Au rez-de-chaussée, dans une étonnante cour intérieure, une exposition de machines retrace l'évolution de leur fabrication, entre le xve et le xxe siècle : matrices xylographiques puis presses lithographiques, presses offset.

Casa del Cordón (plan 6, B2) Bâtie au xve siècle, cette demeure tire son nom du cordon de pierre qui orne sa façade. Son constructeur, un riche marchand du nom de Juan Sanchez de Bilbao, l'a dotée d'une très belle tour défensive au plafond polychrome. *Calle Cuchillería*

Palacio Villa Suso (plan 6, B2) Installé sur la Plaza del Machete, ce palais a été élevé au xvie siècle par la famille de Salinas – proche des grands d'Espagne et très influente à Vitoria, sa ville d'origine. On l'autorisa à englober une partie des murailles de la ville, moyennant quelques consignes de sécurité à respecter : ainsi, la maison possède deux entrées, à des niveaux différents – autrefois seule celle située à l'arrière était autorisée. Aujourd'hui, elle abrite le département municipal de la Culture et quelques expositions temporaires. *Visites guidées juil.-sept. et pendant la semaine sainte : sam.-dim. 11h-13h30 et 17h-19h30*

● **CŒUR DE VILLE**
Dominée par l'église San Miguel, la Plaza de la Virgen Blanca (plan 6, B2) marque le véritable cœur de la ville depuis le xviie siècle, date de sa construction. Elle s'appelait alors la Plaza Vieja, et accueillait le marché extra-muros de la ville. En son centre se dresse une statue de Wellington célébrant la bataille de Vitoria contre l'armée napoléonienne, au début du xixe siècle.

Los Arquillos et la Plaza del Machete (plan 6, B2) Cet ensemble architectural a été bâti en 1802 par Justo Antonio de Olagibel. Avec la Plaza del Machete, ces arcades relient le cœur médiéval à la ville nouvelle, ou ville basse. Prenez le temps de déambuler parmi les anciennes demeures à colombages et les palais médiévaux.

Églises gothiques (plan 6, B2) Plaza del Machete se dresse depuis le xive siècle l'église **San Miguel**, la plus connue de Vitoria, où l'on célèbre le culte de la Virgen Blanca. L'église **San Vicente**, Calle Herrería, a été bâtie au xve siècle à l'emplacement d'un ancien château fort, tout comme l'église **San Pedro**, qui a vu le jour au xive siècle sur les fortifications de 1202. Cette dernière renferme une sculpture de la Virgen Blanca ainsi qu'un éclatant retable baroque. Son portail gothique est considéré comme l'un des joyaux du Pays basque.

L'ÁLAVA

Plan 6 Vitoria

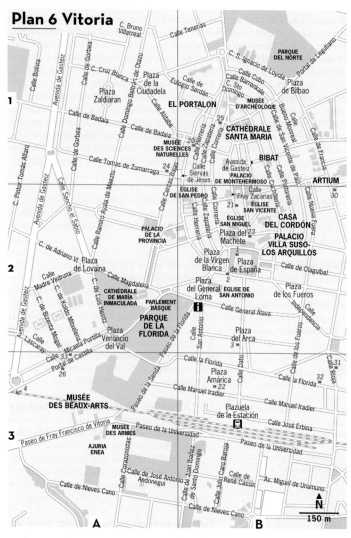

L'ÁLAVA

CAFÉS, BARS ET LIEUX DE SORTIE (n° 1 à 4)

Baztertxo	**1** B2
Café Marañón	**2** B2
Prado Café	**4** A3
Rio	**3** B2

RESTAURATION (n° 20 à 26)

El Jardín de Falerina	**21** B2
El Portalón	**25** B1
Elvira	**20** B1
Izaga	**24** A1
Matxete	**23** B2
Restaurante Ikea	**26** A3
Xixilu	**22** B3

HÉBERGEMENT (n° 30 à 33)

Hotel Achuri	**31** B3
Hotel Iradier	**32** B3
Hotel La Bilbaina	**30** B2
Hotel Silken Ciudad de Vitoria	**33** A3

Plaza de España (plan 6, B2) Bâtie au XVIIIᵉ siècle sur le modèle de toutes les places d'Espagne de cette époque – un carré bordé d'arcades, de style néoclassique –, elle communique avec la précédente et offre un vaste lieu de promenade ensoleillé et bordé de terrasses ombragées l'été. On l'appelle aussi Plaza Nueva.

Musée des Sciences naturelles (plan 6, A1) Il est installé dans la tour de Doña Otxanda – une structure datant du XVIIᵉ siècle, remaniée pour accueillir les collections. Au rez-de-chaussée, une exposition interactive, à la pointe de la technologie, permet de découvrir la richesse du sous-sol d'Álava, où, dans des gisements d'ambre, ont été retrouvés quantité de fossiles d'insectes et d'animaux étonnants. Dans les étages, vous découvrirez des salles dédiées à la faune et à la flore de la région, avec une impressionnante collection de minéraux et fossiles. *Siervas de Jesus, 24 Tél. 945 18 19 24 Ouvert mar.-ven. 10h-14h et 16h-18h30, sam. 10h-14h, dim. et j. fér. 11h-14h Accès libre*

El Portalón (plan 6, B1) Cette ancienne maison de commerce date du XVᵉ siècle. Autrefois lieu d'escale somptueux pour les marchands de passage en ville, elle abrite aujourd'hui un restaurant réputé (cf. Carnet d'adresses, Restauration).

● **Où faire des emplettes gourmandes ?**

Victofer (plan 6, B2) Située dans le quartier médiéval, la plus ancienne conserverie de Vitoria encore en activité est tenue depuis trois générations par la même famille. La sélection repose sur la qualité rigoureuse des produits, aussi bien pour les poivrons cuits maison puis mis en boîte, que les cœurs d'artichaut en bocaux, les asperges, et tous les chorizos, saucissons, légumes et fromages vendus à la coupe, trônant parmi quelques bouteilles de vin. *Cuchillería, 14 Tél. 945 25 53 05 www.victofer.com Ouvert lun.-ven. 9h-14h30 et 17h-20h30, sam. 9h-15h*

Elvira (plan 6, B1) Une charcuterie très appétissante, au pied du quartier médiéval. Vous serez impressionné par les montagnes de jambons, fromages, les petites salades à emporter ou les plats cuisinés. Mais on peut aussi y acheter de quoi se confectionner un sandwich – avec un pain délicieux et, en dessert, pourquoi ne pas s'offrir une *cuajada* ? *Siervas de Jesus, 37 Tél. 945 14 27 43 Ouvert lun.-ven. 8h30-20h30, sam. 8h30-14h*

● **Où faire une pause déjeuner ?** Voici un jardin-terrasse dans la vieille ville, parfait pour faire une pause dans votre programme de visites, entre deux musées. On peut y grignoter à toute heure des *pintxos* (1,30€) et des pâtisseries (env. 1,50€), et siroter un café au soleil ou un thé en fin d'après-midi. **El Jardín de Falerina (plan 6, B2)** *Calle Fray Zacarias Ouvert dim.-jeu. 8h30-0h, ven. 8h30-2h, sam. 10h-2h, dim. 11h-15h Fermé lun.*

● **Où boire un verre ?**

☺ **Baztertxo (plan 6, B2)** Tapi dans un angle sombre de la Plaza Nueva, un bar tout en bois – plancher rustique, tables et bancs massifs – dédié au vin et au plaisir de le savourer. Pour mieux l'apprécier encore, il faut commander quelques assiettes de charcuterie, de fromages de montagne ou de croquettes

L'ÁLAVA

chaudes. Clientèle d'habitués, accueil décontracté. Terrasse en été. *Plaza de España, 14 Tél. 945 15 74 00 Ouvert mar.-dim. 10h-0h30 (1h en saison)*
Café Marañón (plan 6, B2) Vitrée de tous côtés, sa terrasse se déploie sur la Plaza Nueva, la Plaza de la Virgen Blanca et la rue piétonne. À l'intérieur, des photos nostalgiques en noir et blanc des métiers et des fêtes d'hier prolonge un écho d'un autre temps. Très fréquenté, à toute heure de la journée, du café des lève-tôt à l'apéritif, en passant par le casse-croûte à midi. *Plaza de España Tél. 945 13 39 22 Ouvert tlj. 9h-23h30*

La ville nouvelle

À peine a-t-on franchi la Plaza de la Virgen Blanca que l'on pénètre dans la ville nouvelle : l'Ensanche. Son extension date des XIXe et XXe siècles, et elle recèle de nombreux immeubles et villas de caractère, parcs et larges avenues.

Calle Dato (plan 6, B2-B3) C'est l'axe commerçant et historique de l'Ensanche. Entièrement piétonnier, il offre un lieu de promenade où l'on vient faire ses courses en flânant. Confiseries centenaires, cafés aux terrasses ombragées, boutiques de toutes sortes ponctuent les ruelles alentour.

Plaza de los Fueros (plan 6, B2) Cette place a été dessinée par Chillida, et les grands motifs de briques rouges sur lesquels les enfants jouent à la balle forment en réalité un dessin géométrique, dont on ne mesure l'impact que vu du ciel.

☆ ☺ **Artium (plan 6, B1)** Musée-phare de la ville contemporaine, l'Artium est un surprenant ensemble architectural, composé de cubes de verre, de bois et de béton, dont la majeure partie des 3 000m² d'exposition se concentre au sous-sol. Deux salles, de 1 500m² chacune, auxquelles ont été ajoutés deux autres volumes de 500m², présentent d'un côté une partie de la collection permanente, et de l'autre des expositions temporaires. Le but de l'Artium est de faire connaître la richesse de l'art contemporain en Espagne, et plus particulièrement au Pays basque, en exposant les artistes qui ont incarné l'avant-garde du XXe siècle et en soutenant ceux qui en sont aujourd'hui les acteurs – tant dans les domaines du dessin que de la peinture, de la sculpture ou de la photographie. La présentation des œuvres, les textes et la scénographie sont très bien faits, les œuvres elles-mêmes étant d'une grande qualité. On passe de Dalí, Picasso, Miro à Tapies, Oteiza et Chillida, avant de découvrir les très contemporains Miguel Barceló et Txomin Badiola, photographe de Bilbao (tous deux nés en 1957). En sortant, vous trouverez une salle de documentation, une boutique et un café. Rétrospectives de cinéma d'auteur et conférences tout au long de l'année. *Francia, 24 Tél. 945 20 90 20 ou 945 20 90 00 www.artium.org Ouvert mar.-dim. 11h-20h Participation libre*

Parc de la Florida (plan 6, A2) Une enclave de verdure dans la ville nouvelle. Recoins et terrasses permettent de s'isoler un peu pour lire ou se reposer, avant d'aller se désaltérer près du kiosque où se donnent des concerts de musique classique. À côté, l'ombre de la Catedral Nueva est impressionnante – difficile de trouver du charme à cette imposante œuvre néogothique du XXe siècle.

Tissu traditionnel (p.29), dont les rayures évoquent les provinces basques.

Port de pêche, Saint-Jean-de-Luz (p.121).

L'ÁLAVA

Los Paseos (plan 6, A2-A3) La ville s'est dotée de belles promenades, bordées de grands arbres, avec une piste aménagée pour les cyclistes. C'est un vrai bonheur que d'y marcher d'un pas léger. Le Paseo de la Senda traverse le parc de la Florida et rejoint, au sud, le Paseo de Fray Francisco, au bord duquel s'élèvent de splendides demeures romantiques. De là, on peut faire une incursion dans le parc del Prado, véritable forêt d'arbres centenaires. Puis le Paseo de Cervantes rejoint le parc del Mineral, où une nouvelle promenade, le Paseo de San Prudencio, vous conduit jusqu'à la basilique d'Armentia. Au total, une balade très agréable qui chemine sur près de 3km.

☆ ☺ **Musée des Beaux-Arts (plan 6, A3)** Le premier étage de cette gigantesque maison du XIXᵉ siècle, dotée d'une extension moderne tout en verre, recèle des toiles magnifiques – de la peinture basque du XIXᵉ et du début du XXᵉ siècle (œuvres de Iturrino, Regoyos, Zuloaga), réaliste à la manière de l'école de Pont-Aven. Parmi les plus émouvants, citons les tableaux de Gustave Colin, de Julian Tellaeche (né à Bergara et mort au Pérou), d'Aurelio Arteta (né à Bilbao, mort à Mexico en 1947), de Diaz Olano et de Gustavo Maeztu, tous deux natifs de Vitoria. On y voit aussi de très belles lithographies de Jacques Le Tourneur et Ramiro Arrue, ainsi que des eaux-fortes, des gouaches et des encres de Jean-Paul Tillac. *Paseo de Fray Francisco, 8 Tél. 945 15 52 26 ou 945 18 19 18 Ouvert mar.-ven. 10h-14h et 16h-18h30, sam. 10h-14h et 17h-20h, dim. et j. fér. 11h-14h Fermé lun. (sauf j. fér.) Entrée libre*

Basilique San Prudencio d'Armentia Il faut absolument aller admirer les tympans, représentant le Sauveur et l'agneau de Dieu, ainsi que les deux splendides bas-reliefs datés du XIᵉ siècle de cette basilique romane. Si la façade a malheureusement été modifiée au XVIIIᵉ siècle, de même que le parvis, l'intérieur conserve un certain charme – l'abside du XIIᵉ siècle en particulier. De la basilique, un sentier boisé permet de monter sur une butte d'où la vue embrasse toute la plaine. *Calle Ecuador À 2km du centre-ville Tél. 945 139 651 Ouvert lun.-ven. 10h-14h, sam. 10h-14h et 16h-20h30, dim. et j. fér. 10h-12h et 17h-20h Entrée 3€*

● **Où dénicher des poupées Mariquita Pérez ?** Une boutique entièrement dédiée aux poupées de collection. On y trouve les fameuses poupées Mariquita Pérez, fabriquées dès 1940 en Espagne et recherchées par les collectionneurs du monde entier. **Blanca Regalos (plan 6, B2)** *Eduardo Dato, 25 Tél. 945 13 95 48 Ouvert lun.-ven. 10h30-13h30 et 17h-20h30, sam. 10h30-14h et 18h-20h30*

● **Où faire des emplettes gourmandes ?** Une confiserie incontournable à Vitoria : depuis plus de cent ans, on y fabrique des bonbons de toutes sortes, dont les fameux *vasquitos* et les *neskitas*, mais aussi du *turrón*, et des gâteaux : l'*urbia* est un biscuit au rhum irrésistible, et la *communia de Aratia*, un régal à base de maïs, amandes et noix. Accueil très souriant. Six boutiques en ville : deux Calle Dato, une Calle Ortiz de Zarate, une Calle Wellington et deux autres Avenida de Gasteiz. La fabrique se situe Calle Barrachi. **Goya (plan 6, B2)** *Barrachi, 35 Tél. 945 12 80 59 www.confiturasgoya.com Ouvert lun.-sam. 9h30-14h et 16h45-20h, dim. 9h30-14h30*

● **Où boire un verre ?** Un café-club ouvert nuit et jour où la musique est reine – du jazz à l'électro en passant par des rythmes plus latinos, selon le programme. Pendant le festival de jazz, concerts live tous les soirs à partir de minuit. Terrasse donnant sur la rue piétonne en été. *Pintxos* au bar. **Rio (plan 6, B2)** *Calle Dato, 20 Tél. 945 13 07 12 Ouvert lun.-jeu. 9h-2h, ven.-sam. 9h-3h30*

● **Où sortir le soir ?** Le rendez-vous estival des trentenaires de la ville, avant ou après dîner, pour boire un verre ou grignoter un *pintxo*, en prélude à un concert. La structure est étonnante, tout en métal gris, avec des silhouettes découpées en ombres chinoises qui, la nuit, semblent courir à travers le parc. **Prado Café (plan 6, A3)** *Parque del Prado Tél. 945 13 11 07 Ouvert mar.-dim. 8h-0h (ven.-sam. 8h-2h)*

Les environs de Vitoria

À l'est de Vitoria, la vallée de Salvatierra est bordée au nord par la sierra Elgea et la sierra Urkilla et, au sud, par la sierra Urbassa. La N1 qui relie Vitoria à Pampelune se faufile dans la plaine entre ces massifs montagneux dont les sommets dépassent 1 000m d'altitude.

Salvatierra-Agurain Une petite ville au tracé médiéval, étape jacquaire ceinte de remparts, où se côtoient palais baroques et Renaissance et maisons de caractère – dont une du XVᵉ siècle, la Casa de las Viudas. On visitera également l'église San Juan Bautista, du XVIᵉ siècle, et la place du même nom qui lui fait face, avec ses arcades bâties à la même époque. À l'autre bout de la Calle Mayor, l'église de Santa María date également du XVIᵉ siècle. À l'est de la vieille ville, derrière l'église, se dresse un couvent de sœurs clarisses où l'on peut acheter des biscuits confectionnés par les religieuses. *Accès par la N1, à 25km à l'est de Vitoria (15min) en direction de Pampelune et San Sebastián Visites guidées au départ de l'office de tourisme, se rens. Calle Major, 8 01200* **Salvatierra-Agurain** *Office de tourisme Tél. 945 30 29 31 www.agurain.biz et www.cuadrillasalvatierra.org*

Salinas de Añana Aujourd'hui abandonnée, en passe d'être restaurée et transformée en écomusée à ciel ouvert, la vaste mosaïque des salines d'Añana est une curiosité qui mérite une escale. Une résurgence d'eau salée a été décelée ici, puis captée vers la surface pour être chauffée au soleil – sous l'action conjointe du vent et du soleil, le sel se cristallise et peut être récolté. Ainsi transformé, le paysage ressemble à un patchwork de miroirs gris, roses ou bleutés. *Sur la route du Valderejo, à 20km à l'ouest de Vitoria par l'A2622*

● **Passer un après-midi au bord d'un lac** Au nord de Vitoria, au pied des montagnes, les lacs (*embalses*) d'Ullíbari et d'Urrunaga, créés à l'origine pour approvisionner en eau Vitoria, sont devenus des espaces bien équipés pour les loisirs : promenade, baignade, sports nautiques… Ces paysages insolites et paisibles attirent aussi les amateurs de nature qui viennent observer les nombreux oiseaux nicheurs ou migrateurs qui s'abritent dans ces sites protégés.
☺ **Réserve du Mendijur** Sur les rives du lac d'Ullíbarri-Gamboa, vous pourrez assister à un ballet d'oiseaux aquatiques et limicoles – vivant sur les limons –,

L'ÁLAVA

et deviner quelques passereaux dissimulés dans les roselières. À l'inventaire des espèces observées en été, citons les grèbes huppés, les poules d'eau et les milans noirs – tous nicheurs. Aux passages migratoires, vous apercevrez des échasses blanches, des nettes rousses et des balbuzards pêcheurs. Et, en hiver, des grands cormorans, des grèbes à cou noir, des hérons cendrés, des vanneaux huppés... Au cœur de la réserve, des sentiers et des postes d'observation ont été aménagés, pour profiter du spectacle tout en respectant les espèces protégées. Des rives du lac, on peut remonter vers la sierra de Urkiola, au nord, puis vers l'ouest sur le massif du Gorbea (cf. Découvrir les environs de Murguia). *Mendijur Tél. 945 18 18 18*

Parc provincial de Garaio À l'extrême sud du lac d'Ullíbarri-Gamboa, à proximité des ruines du château de Guerava se déploient de véritables plages et aires de baignade fréquentées par quelques cigognes nicheuses et canards migrateurs. Une zone d'espace et de fraîcheur, entre ville et montagnes, où l'on peut se promener à pied ou à vélo. *Des visites guidées à VTT sont organisées par la Casa de Información* **Parc** *Tél. 945 18 18 18 Ouvert tlj. Pour les horaires des visites guidées et la location de VTT www.alava.net/embalseullibarri Circuit de 15km (10 personnes maximum), très facile Accès libre Sur réservation À 15km au nord-est de Vitoria, direction Pamplona par la N1 puis direction Ozaeta et Maturana*

● ☺ **Randonner dans un parc naturel** Situé au nord-ouest de Vitoria, à la frontière de l'Álava et de la province de Burgos, le parc naturel du Valderejo, créé en 1992, couvre environ 3 500ha. Outre une faune et une flore particulièrement riches, ce parc très sauvage tire sa singularité du fait qu'il se situe dans une vallée quasiment dépeuplée. Entouré de massifs calcaires, dont les sommets dépassent les 1 200m, il est traversé du nord au sud par le río Purón qui a creusé un profond défilé. Dans le charmant petit village de Lalastra – un des seuls bourgs encore habités –, porte d'entrée du parc, vous trouverez les départs de sentiers balisés. **Parc naturel du Valderejo** *01427 Lalastra À 55km environ de Vitoria Accès par l'A2622, puis par l'A4338 à partir de San Zadornil Centre d'information du parc www.parquevalderejo.galeon.com*

Le spectacle des églises peintes

La région à l'est de Vitoria recèle plusieurs trésors d'art sacré. En direction d'Alegria-Dulantzi, dans le petit village d'**Añúa**, l'église Nuestra Señora de la Natividad, du XIIIe siècle, mérite une visite pour ses plafonds ornés de très belles peintures monochromes – dans les grisés – datant du XVIe siècle. À **Alaiza**, 8km plus loin vers Salvatierra (par l'A3110), une autre église, Nuestra Señora de la Asuncion, du XIVe siècle, conserve dans son abside de superbes fresques illustrant de spectaculaires scènes de guerre. À 4km au nord, à **Gaeco-Gazeo**, l'église Saint-Martin-de-Tours, du XIIIe siècle, est couverte, pour sa part, de fresques polychromes représentant le Ciel et l'Enfer, inspirées de scènes tirées de l'Évangile. *Visites guidées, se renseigner auprès de l'office de tourisme de Salvatierra-Agurain Tél. 945 31 25 35 tura@tura.org*

CARNET D'ADRESSES

Restauration

🍴 prix moyens

☺ **Matxete (plan 6, B2)** Sur une petite place camouflée au regard des passants, ce restaurant sert de délicieuses *morcillas* à la tomate (boudin noir maison), salades de pommes de terre et moules au vinaigre de Jerez, poireaux vinaigrette, ail frais *a la plancha*, *chipirones* aux oignons, et puis une foule de desserts : tarte de riz au lait, glace au fromage de brebis, *cuajada* maison, glace au riz au lait, et bien d'autres... Prix doux : entrées autour de 9€, plats autour de 15€, desserts autour de 4€. *Plaza del Machete, 4-5 Tél. 945 13 18 21 Fermé dim. soir et lun.*

Xixilu (plan 6, B3) Un petit restaurant très populaire à Vitoria, fréquenté par les habitants du quartier. L'intérieur est sobre – grandes tables de bois verni en face d'un long comptoir, briquettes rouges et azulejos au mur – la cuisine savoureuse, concoctée à base de produits frais et de qualité. En été, quelques tables sont dressées en terrasse sur la petite place. Comptez 20-25€ pour un repas complet. *Plaza Amarica, 2 Tél. 945 23 00 68 Fermé 15-31 jan.*

🍴 prix élevés

Izaga (plan 6, A1) La cuisine est inventive et colorée, servie dans un cadre lumineux et ouvert, blanc crème ponctué de bleu. Excellente carte de saison. Comptez 40-45€. Pour les petites faims, vous pouvez commander une *media ración* (demi-portion). Desserts gourmands. *Beato Tomás de Zumarraga, 2 Tél. 945 13 82 00 Fermé dim. soir et lun. ; 10-31 août et début sept.*

🍴 prix très élevés

El Portalón (plan 6, B1) Connu surtout pour son cadre magnifique – une maison médiévale de la vieille ville –, cet établissement est aussi réputé pour sa table. Dans les six salons, le mobilier date des XVIIe et XVIIIe siècles. La cuisine de produits frais est simplement préparée : merlu en sauce légère, pieds de porc farcis à la sauce aux truffes et tartes maison. Comptez de 35 à 59€. *Gorreria, 151 Tél. 945 14 27 55 www.restauranteelportalon.com Fermé dim. soir*

Restaurante Ikea (plan 6, A3) Une très bonne adresse, située dans une

---

Et aussi...

Un déjeuner sur le pouce

L'ÁLAVA

GAMME DE PRIX	RESTAURATION	HÉBERGEMENT
Très petits prix	moins de 10€	moins de 30€
Petits prix	de 10€ à 15€	de 30€ à 40€
Prix moyens	de 16€ à 25€	de 41€ à 60€
Prix élevés	de 26€ à 45€	de 61€ à 80€
Prix très élevés	plus de 45€	plus de 80€

L'ÁLAVA

villa du XIXᵉ siècle. Il faut absolument goûter les carpaccios du chef – celui de gambas fait désormais école dans la région –, en prêtant tout particulièrement attention à ses vinaigrettes, très finement travaillées. Puis on passera aux pigeons braisés, à la soupe d'*alubias* garnies de jambon *iberico* en lamelles et de *morcilla*... Comptez env. 68€ pour un repas complet. *Portal de Castilla, 27 Tél. 945 14 47 47 www. restauranteikea.com Fermé dim. soir- lun. et 3 sem. en août*

Hébergement

 prix moyens

Hotel La Bilbaina (plan 6, B2) Un grand édifice faisant face à l'Artium, proposant des chambres propres et fonctionnelles, équipées de sdb individuelles, TV et téléphone, pour un prix très intéressant. Décoration standard, ascenseur, restaurant au 1ᵉʳ étage et cafétéria au rez-de-chaussée. Accueil souriant et aimable. Double 58€, petit déj. 4€. *Prudencio María Verastegui (angle Calle Francia) Tél. 945 25 44 00 Fax 945 27 97 57*

Hotel Achuri (plan 6, B3) Une des meilleures adresses dans cette catégorie, d'un bon rapport qualité-prix. Une étoile seulement, mais un accueil chaleureux, une sympathique salle pour les petits déjeuners et des chambres tout à fait correctes – sdb individuelle, TV et téléphone –, propres et calmes pour un hôtel situé en plein cœur de la ville. Demandez tout de même à être logé côté cour pour être assuré d'un repos sans faille. Comptez 55,95€ la double et 35,10€ la simple. *Rioja, 11 Tél. 945 25 58 00 Fax 945 26 40 74*

Hotel Iradier (plan 6, B3) Dans le même esprit que le précédent, un petit hôtel clair et bien tenu, dont les chambres (avec wifi), aux tons gais, sont dotées de salles de bains modernes. L'accueil est aimable et chaleureux. Double 57€ (43€ si occupée par une seule personne), chambre individuelle avec lit 1 personne à 36€. Pas de petit déj. sur place. *Calle Florida, 49 Tél. 945 27 90 66 Fax 945 27 97 11 www.hoteli radier.com*

 prix très élevés

Hotel Silken Ciudad de Vitoria (plan 6, A3) Si l'architecture extérieure cultive l'esprit "villa" du début du siècle, avec ses toits à coupoles et œil-de-bœuf, le hall d'accueil, lui, penche plutôt pour l'esprit "paquebot américain", un rien clinquant. Mais, dans les chambres, le confort est total, la décoration plus sobre, le calme irréprochable (très bonne insonorisation). Un 4-étoiles à des prix abordables selon les périodes (entre deux congrès, les week-ends hors saison, etc.). Chambre double de 70 à 156€, selon le taux d'occupation de l'hôtel. *Portal de Castilla, 8 Tél. 945 14 11 00 Fax 945 14 36 16 www.hotelciudad devitoria.com*

Dans les environs

 prix moyens

Sagasti Zahar Une belle maison de pierre près du lac d'Ullíbarri-Gamboa et de la réserve ornithologique du Mendijur, dressée sur une petite colline. Le village, minuscule, vit au rythme des cloches de l'église. Il domine timidement la plaine d'Álava, où ondulent les champs de blé, ponctués de quelques pommiers. À l'intérieur, 6 chambres de caractère, en bois et pierre, égayées par des enduits de couleurs vives. Les salles de bains sont neuves et la literie est de bonne qualité. Accueil à la fois professionnel et cordial. Le soir, table d'hôtes dans une petite salle à manger originale, aux murs framboise. Double 58,85€, petit déj. 5€ et dîner 18€. *01206 Maturana (à 15km* *au nord-est de Vitoria, par la N1 dir. Pamplona puis dir. Ozaeta) Tél. 945 31 71 58 ou 610 03 36 78 www.casa rural-paisvasco.com*

LAGUARDIA

01300

Vitoria-Gasteiz

Laguardia

L'ÁLAVA

La "ville qui monte la garde" domine la plaine ondoyante de la Rioja du haut de ses murailles. Au sud serpente l'Èbre – le fleuve nourrit dans ses méandres des terres souples et fertiles que l'on retrouve, rouges et légères, au pied des fameux vignobles de Rioja Alavesa. Au nord se découpe la sierra Cantabrique, formidable vaisseau de pierre barrant l'horizon, hérissé de pics dentelés, aux sommets parfois enneigés. Des toits de Laguardia, en été, on aperçoit des cigognes effectuer quelques longs vols d'une lagune à l'autre. La Rioja Alavesa est avant tout une terre de vignoble, que l'on parcourt par des sentiers formant sur les collines un entrelacs de rouge et de vert. Au loin, sur les pitons rocheux, se dressent les villages, éperons solitaires entre ciel et terre. Et, depuis quelques années, les plus grands architectes rivalisent de talent pour poser dans cette contrée retirée des édifices avant-gardistes pour la plus grande gloire du vin !

UNE VILLE D'HISTOIRE Laguardia est née un jour du XIIe siècle, quand le roi de Navarre Sanche le Sage lui accorda sa première charte – son *fuero de población*. Située sur un axe stratégique, très proche de ses voisins castillans, elle sera fortifiée intégralement au XIIIe siècle, enclose d'une muraille de grès et renforcée de plusieurs donjons. Démantelées au fil des guerres, les fortifications furent entièrement restaurées au XXe siècle ; aujourd'hui on se promène à leurs pieds avec délice, en fin d'après-midi, avec le vignoble à l'horizon. Intra-muros, la ville médiévale a conservé ses ruelles étroites, bordées de maisons massives bâties entre le XVe et le XVIIe siècle, parfois munies de patios, avec de belles calades en galets de rivière.

MODE D'EMPLOI

accès

de la sierra de Cantabria. À 25km de Logroño par l'A124.

EN VOITURE
À 44km au sud de Vitoria par l'A2124 et l'A124 en traversant les montagnes

EN CAR
Compter 55min pour le trajet Vitoria/Labastida.

L'ÁLAVA

Continental De Bilbao, compter 1h.
Tél. 945 25 89 07
La Union *Tél. 944 27 11 11*

com Ouvert lun.-ven. 10h-14h et 16h-19h, sam. 10h-14h et 17h-19h, dim. et j. fériés 10h45-14h

orientation

Laguardia est une ville fortifiée, dont le centre est piétonnier. Il faut donc se garer alentour, sur les parkings aménagés. Il n'est pas rare de tourner un moment le dimanche et les jours de grande affluence.

informations touristiques

Office de tourisme Casa Palacio de los Samaniego. *Plazuela de San Juan, 1 Tél. 945 60 08 45 www.laguardia-alava.*

fêtes et manifestations

Semaine sainte Une descente de croix spectaculaire, avec un Christ en bois du XVIIe siècle.
Fête de la Dulzaina Des joueurs de cornemuse sillonnent la ville. *Un dimanche de mai*
Saint-Jean et Saint-Pierre Fêtes traditionnelles avec jeux, danses et processions. *Du 23 au 29 juin*
Concerts Classique, jazz, musiques du monde à l'hôtel de ville. *Tous les dimanches du 19 mars à fin septembre*

DÉCOUVRIR

☆ **Les essentiels** La Iglesia Santa María de los Reyes, l'architecture extravagante de la cité du Vin **Découvrir autrement** Observez les oiseaux dans les lagunes de Laguardia, arpentez les *fairways* du golf d'Izki sur les traces de Severiano Ballesteros ➤ **Carnet d'adresses p.304**

Laguardia

Plaza Mayor Une belle place à portiques, avec en son centre l'hôtel de ville, construit au XIXe siècle (à 12h et à 20h sonne un carillon muni d'étranges automates). À l'opposé, l'ancienne mairie, du XVIe siècle, arbore sur sa façade les armoiries de Charles Quint et les anciennes mesures des marchands.

☆ **Iglesia Santa María de los Reyes** Plusieurs styles caractérisent cette église, du roman lombard du XIIe siècle au baroque du XVIIe (retable), en passant par la Renaissance (transept et chevet). Le portail, lui, est purement gothique – quoique fermé au XVIe siècle, pour mieux le protéger. De merveilleuses sculptures illustrent la vie de la Vierge.

Villa Lucia Dans une très belle bâtisse, un vaste espace d'exposition met en scène le travail de la vigne. Impressionnante collection de machines agricoles et viticoles. Dégustation possible de vin, commentée et accompagnée par quelques *pintxos*. *Route de Logroño Tél. 945 60 00 32 www.villa-lucia.com Ouvert mar.-dim. 10h-14h et 16h30-20h Entrée 5,50€, avec dégustation 9,50€*

Museo de La Hoya Sur le site d'un village protohistorique, le produit des fouilles est exposé. À l'extérieur, quelques vestiges ont été mis au jour, comme le sol des habitations, les rues et l'enceinte fortifiée. *Camino de la Hoya Tél. 945*

18 19 18 Ouvert début oct.-avr. : mar.-sam. 11h-15h, dim. et j. fér. 10h-14h ; mai-début oct. : mar.-ven. 11h-14h et 16h-20h, sam. 11h-15h, dim. et j. fér. 10h-14h Entrée libre

● **Où admirer une bodega avant-gardiste ?** Les amateurs d'architecture contemporaine feront un détour pour admirer les surprenantes courbes ondulantes de cette bodega dessinée par l'Espagnol Santiago Calatrava. Inauguré en 2001, le bâtiment élégant cerné de vignes abrite cuves et barriques de crus de la Rioja. Visites en espagnol et en anglais, sur réservation. **Bodega Ysios** *Camino de la Hoya Tél. 945 60 06 40 Visites lun.-ven. à 11h, 13h et 16h ; w.-e. à 11h et 13h Tarif 5€ avec dégustation*

Les environs de Laguardia

☆ **Cité du Vin** Plus qu'un hôtel (cf. Carnet d'adresses), il s'agit de la plus ancienne bodega de Rioja métamorphosée en œuvre d'art architecturale en 2006 par l'architecte canadien Frank Gehry, à qui l'on doit notamment le musée Guggenheim de Bilbao. Alejandro Aznar, qui dirige le vignoble Marqués de Riscal, admiratif des différents travaux de l'architecte, a su le convaincre de réaliser un lieu unique pour les amoureux du vin, situé aujourd'hui sur le domaine viticole. Des bâtiments, reliés par une passerelle d'acier et de verre, s'échappe une chevelure en titane flottant au vent. La décoration intérieure, très minimaliste, allie des formes anguleuses et ondulantes, créant ainsi une atmosphère harmonieuse. Les matériaux utilisés rappellent les constructions locales (la pierre areniza), la vigne (le bois), le vin (la couleur rouge), les bouteilles de vins du domaine (le verre et le titane)… *01340 Elciego (à 8km de Laguardia) Tél. 945 18 08 80 Visite sur rdv mar.-dim. Tarif 10€ (avec 2 verres de vin)*

L'ÁLAVA

● **Où acheter du rioja ?** À la cité du Vin, bien sûr, mais aussi dans cette bodega qui propose l'un des meilleurs vins de la Rioja Alavesa, et dispense un

L'ÁLAVA

accueil très cordial. Superbe propriété, avec une émouvante nécropole médié-vale. **Bodegas Remelluri** *Route de Rivas de Tereso 01300* **Labastida** *Tél. 945 33 18 01 www.remelluri.com Dégustation et visite guidée sur rdv Gratuit*

● **Observer hérons et cigognes** Au sud-est de Laguardia, plusieurs milieux humides naturels et une retenue d'eau artificielle accueillent tout au long de l'année une faune ailée variée dans les lagunes d'El Prado de la Paul, Carralogroño, Musco et Carravalseca. On accède aux deux premières très facilement, depuis la route principale et en empruntant quelques chemins de terre en bon état. On observe alors poules d'eau et foulques macroules, hérons et cigognes, rapaces divers. Quelques panneaux explicatifs vous aident à vous y retrouver. **Lagunes de Laguardia** *Route de Logrono*

● **Faire un parcours de golf** Le grand champion espagnol Severiano Ballesteros a dessiné les parcours du golf d'Izki, au cœur des forêts de chênes des environs d'Álava, dans un cadre magnifique. Sur place, 2 options : un 18 trous à Urturi et un 9 trous à Lagran, juste à côté. **Golf d'Izki** *Campo de Urturi (à 18km au nord de Laguardia, direction Bernedo par l'A3228 puis Treviño par l'A126, à droite par l'A4154) Tél. 945 37 82 62*

CARNET D'ADRESSES

Restauration, hébergement

 prix moyens

Hotel Pachico Le dernier étage de cette bâtisse donnant sur les remparts offre une vue sublime sur les vignes, les lagunes et sur les cigognes se découpant sur fond de montagnes bleutées. Si la façade de l'hôtel est austère et peu attrayante, l'accueil, en revanche, est souriant. Les vastes chambres ne présentent aucun attrait particulier mais offrent un confort correct. Demandez absolument celles du dernier étage, qui ont chacune une terrasse. Chambres doubles env. 53€, chambres simples env. 42€. *Sancho Abarca, 20 Tél. 945 60 00 09 www.pachico.com*

prix très élevés

El Castillo del Collado C'est sans doute le meilleur établissement de la ville. Ce palais de caractère, bâti à l'abri des remparts, sous les arbres et les vieilles pierres, réserve à ses hôtes un excellent accueil. Les chambres sont étonnantes – certaines ont un plafond en bois sculpté –, spacieuses et confortables. L'ensemble est un rien kitsch – profusion d'éléments de décor, de matières et de couleurs – mais l'on s'y sent bien. Le petit déjeuner se prend dans l'une des salles à manger, où l'on peut également déjeuner ou dîner, à des prix très raisonnables. À la carte, entrées et plats de 9 à 22€. Chambre double 110€. *Paseo del Collado, 1 Tel. 945 62 12 00 Fax 945 60 08 78 www.euskalnet.net/hotelcollado et www.hotelcollado.com*

Hotel Posada de Migueloa Une adresse pour qui veut loger en plein cœur de la vieille ville, dans une maison de caractère, tout en pierre et en bois, faite de dédales et de portes secrètes... Au rez-de-chaussée, il faut visiter la bodega qui descend dans les profondeurs de la terre, et boire un verre accompagné de *manchego* mariné à l'huile d'olive (un délice) dans le petit patio du bar. Malheureusement, l'accueil laisse fortement à désirer, surtout en saison. Demandez de préférence la chambre 21. Double 115€, 90€ la simple, 10€ le petit déjeuner. Prix HT. *Mayor de Migueloa, 20 Tél. 945 62 11 75 Fax 945 62 10 22 www.mayor demigueloa.com*

Dans les environs

 prix moyens

Barkero Etxea Un hôtel tranquille tout au sud de la Rioja Alavesa, dans un tout petit village de vignoble brûlé par le soleil. Les chambres sont exiguës mais confortables, les salles de bains neuves et en bon état, et l'on s'y sent bien. Accueil aimable, simple et prévenant. Double 45€, simple 35€. *Calle Mayor, 25 01306 Lapuebla de Labarca (à 6km au sud de Laguardia, par l'A3216) Tél./fax 945 62 72 18 www. barkeroetxea.com*

prix élevés

Palacio de Samaniego Dans un village de charme de la Rioja, une très élégante bâtisse du XVIIIe siècle, rénovée avec goût, dans des tons verts. Les chambres, à la décoration agréable, offrent un bon confort et une literie douillette. Au rez-de-chaussée, vous trouverez un bar fréquenté par les habitants du village et un bon restaurant, où l'on peut dîner d'un menu unique, très convenable, pour env. 42€. Double de 60 à 90€ HT selon la saison ; simple de 45 à 55€ ; petit déj. 8€. *Calle Constitución, 12 01307 Samaniego (à 7km de Laguardia) Tél. 945 60 91 51 Fax 945 60 91 57 www. palaciosamaniego.com*

prix très élevés

☺ **Palacio Pujadas** À la frontière de l'Álava et de la Navarre, à la limite de la Rioja, un hôtel 3-étoiles aménagé dans un ancien palais. Les 28 très belles chambres ont été meublées avec goût, parées de teintes sobres et claires, reposantes. On apprécie le confort et le silence seulement troublé par le carillon de l'église voisine San Pedro, à côté, et les pas délicats, à l'aube, des pèlerins en route pour Saint-Jacques. Accueil souriant, serviable et efficace. Chambre double 100€ HT, petit déjeuner inclus. *Calle Navarro Villoslada, 30 31230 Viana (en Navarre, à 29km à l'est de Laguardia, sur la N111 dir. Pampelune) Tél. 948 64 64 64 Fax 948 64 64 68 www.pala ciodepujadas.com*

Hotel Marqués de Riscal La cité du Vin est l'occasion de s'offrir une nuit dans une œuvre d'art futuriste (cf. Les environs de Laguardia). Cet hôtel de grand luxe, inauguré en 2006, a été conçu par le célèbre architecte du musée Guggenheim de Bilbao, Frank Gehry. Il rassemble 43 chambres et suites, toutes décorées par l'architecte, un spa exploité par Caudalie, un restaurant gastronomique dirigé par José Ramón Piñeiro, élève du chef Francis Paniego, un bar à vins et enfin un fumoir-bibliothèque situé au dernier étage. Pour une nuit dans cet établissement hors du temps, il vous en coûtera entre 325 et 1 550€ pour deux personnes en fonction de la saison et de la catégorie. Mais vous pouvez vous contenter d'un verre au bar ou encore d'un repas sur place. *Calle Torrea, 1 01340 Elciego (à 8km au sud de Laguardia) Tél. 945 18 08 80 www.marquesderiscal.com*

L'ÁLAVA

MURGUIA

Situé au cœur de la vallée de Zuia et au sud du massif du Gorbeia, Murgia constitue une étape idéale pour ceux qui veulent partir à l'assaut des massifs environnants à cheval sur la Biscaye et l'Álava – parc naturel du Gorbeia et d'Urkiola – et parcourir, de vallée en vallée, les routes de montagne à la découverte d'un monde rural encore préservé.

MODE D'EMPLOI

accès

EN VOITURE
À 15km au nord-ouest de Vitoria, par la N622 en direction de Bilbao.

informations touristiques

Office de tourisme *Domingo de Santu, 20 Tél. 945 43 04 40 ou 945 43 01 67 Ouvert avril-mai : sam.-dim. 10h-13h et 16h-19h ; juin-sept. : tlj. 10h-13h et 16h-19h*

manifestation

Foire du cheval *À Ondategui, le dernier dimanche de juin*

DÉCOUVRIR
Les environs de Murguia

☆**Les essentiels** Les parcs naturels de Gorbeia et d'Urkiola **Découvrir autrement** Admirez le four séculaire conservé au musée de la Céramique, et partez à l'assaut du sommet du parc de Gorbeia au départ de Sarria
➤ **Carnet d'adresses p.307**

Musée de la Céramique Dans une ancienne ferme, découvrez un panorama de la céramique basque à travers les siècles – de la vaisselle à cuire aux matériaux de construction, en passant par les objets d'art populaire. Une collection permanente et des expositions temporaires pour admirer plusieurs milliers de pièces, originaires du Pays basque mais aussi de toute la péninsule. Le musée détient également un four à céramique de 300 ans, haut de 9m, encore en état de marche. Enfin, des visites d'ateliers s'accompagnent d'explications détaillées sur les techniques traditionnelles. *Ollerias 01510 **Elosu** (à 12km à l'est de Murguia via Zigoitia) Tél. 945 45 51 45 www.euskalzeramika.com Visite guidée lun.-ven. 10h-13h et 16h-19h, sam. 10h-14h Entrée libre*

★ **Parc naturel de Gorbeia** Ce vaste parc couvre plus de 21 000ha. Massif montagneux sauvage, cet océan houleux de roches traversé de nombreux ruisseaux et sentiers recèle une faune et une flore abondantes et préservées. L'ascension du sommet (1 481m) s'effectue au départ de quelques points précis – en plus de ceux évoqués dans la Biscaye (cf. La Biscaye, Les environs de Durango). Le plus intéressant est celui de Sarria. On accède en voiture au parking situé à côté de la maison du Parc. Ainsi, la balade commence en pleine montagne. Vous pouvez aussi partir de Murua ou Zarate. *Accès par **Sarria**, à 3,5km au nord de Murguia* **Maison du Parc** *Tél. 945 43 07 09*

☆ **Parc naturel d'Urkiola** Créé en 1989, ce parc naturel dont 15% du territoire se situent en Álava, a pour point culminant le pic d'Amboto (1 327m). Ce territoire, voué à l'agropastoralisme et à l'exploitation forestière, présente une série de massifs calcaires entaillés de ravins et de profondes vallées parcourues par de nombreux cours d'eau. Au retour des balades, les villages de la vallée déclinent leurs terrasses, leurs rivières, leurs fermes monumentales. Faucons, vautours et percnoptères nichent sur les falaises de l'Anboto (cf. La Biscaye, Les environs de Durango). *Accès à la vallée d'Aramaio par **Ibarra**, à 20km au nord-est de Murguia, sur l'AB1623 (Durango-Vitoria) Tél. 946 81 41 55 www. alavaturismo.com ou www.urkiola.net*

CARNET D'ADRESSES

Restauration, hébergement

🍴 💼 prix moyens

La Casa del Patrón L'adresse incontournable des environs. L'accueil est convivial et chaleureux, tout en étant parfaitement efficace. Au rez-de-chaussée, vous trouverez un bar-brasserie où l'on mange de tout, à n'importe quelle heure : des omelettes, des sandwichs, des poivrons frits, du chorizo, du boudin noir, de la morue... La qualité des mets est irréprochable, tant au bar que dans la salle de restaurant, et les prix restent très doux : menu à partir de 15€ et comptez 30-35€ à la carte. Les chambres, très propres et fonctionnelles, sont bien équipées – literie confortable, sdb et TV. De 59 à 64€ la double, de 46 à 51€ la simple, selon la saison. Double de 72 à 82€ HT, simple de 57 à 65€ HT. *San Martin, 2 01130 **Murguia** Tél. 945 46 25 28 Fax 945 43 07 54 www.casadelpatron.com*

Caserio Muru Au pied des montagnes de l'Urkiola, cette majestueuse maison d'hôtes offre un accueil cordial, souriant et chaleureux. Les chambres, d'un confort correct, n'ont toutefois guère de charme ; l'intérêt est surtout d'être au plus près des sentiers, et de se réveiller avec le chant des oiseaux... Comptez 45 à 55€ HT la double, 5€ le petit déj. ; accès à la cuisine 5€. *Gantzaga Auzoa 01169 **Aramaio** (à 20km au nord-est de Murguia, par l'A2620 après Legutiano et à 30km de Vitoria) Tél./fax 945 44 53 65 et 619 51 77 08*

☺ **Guikuri** Près du massif de Gorbeia, cette maison magnifique, tout en pierre, propose des chambres splendides : parquet, vastes volumes, tons chauds... Petits déjeuners copieux : thé, café à volonté, céréales, fromage blanc, fruits, toasts, cakes maison. Spa et sauna sur réservation (12€). Comptez de 50 à 57€ HT la double avec sdb (de 45 à 50€ sans), 38 à 48€ la simple, 6€ le petit déj. ; accès à la cuisine 5€.

L'ÁLAVA

Location de toute la maison (12 pers.) de 265 à 296€ HT par jour. *Guikuri, 1 01138 Murua (à 3km à l'est de Murguia) Tél. 945 46 40 84 www.guikuri.com*

 prix élevés

Gorbeia Cette demeure est située juste à côté de la précédente, dans le même esprit – peut-être un peu moins grande, mais aussi chaleu-reuse. Quelques chambres magni-fiques sous les toits, avec poutres apparentes et parquet. Beaucoup de charme. Comptez 60€ la double, 6€ le petit déj. La maison peut se louer en entier pour 13 personnes (300€). Barbecue à disposition dans le pré. *Calle Dominizubi, 9 01138 Murua (à 5km à l'est de Murguia) Tél. 945 46 42 01, 649 28 81 41 et 657 72 84 98 www. nekatur.net*

ARTZINIEGA

01474

Artziniega
Vitoria-Gasteiz

Située sur la route de Vitoria à Bilbao, Artziniega, petite cité d'origine médiévale, est la capitale historique de la vallée d'Ayala. Elle recèle nombre de ruelles pavées, de belles maisons anciennes et blasonnées des XVIᵉ, XVIIᵉ et XVIIIᵉ siècles, ainsi que quelques palais baroques. C'est au XIIIᵉ siècle qu'Alphonse X, dit le Sage, octroie à la ville sa charte de privilèges. Au siècle suivant, elle passe aux mains des seigneurs d'Ayala, mais reste une ville-étape sur le chemin de la Castille à la mer. Avant qu'Orduña ne se développe, tous les marchands de la province de Burgos faisant route vers la côte de Biscaye s'arrêtaient à Artziniega. S'y tenaient alors deux marchés par semaine, ainsi qu'une grande foire annuelle, en septembre. Depuis, les remparts ont été démolis, et les habitants des villages voisins viennent se promener sur l'ancien chemin de ronde.

MODE D'EMPLOI

accès

EN VOITURE
À 56km au nord-ouest de Vitoria en direction de Bilbao (N622), puis vers Amurrio par l'A624, et Balmaseda. À 28km de Bilbao par la BI2604.

EN CAR
La Unión Liaisons au départ de Vitoria. *Tél. 945 26 46 26*
Bizkaibus Liaisons au départ de Bilbao. *Tél. 902 22 22 65*

orientation

La ville, bâtie sur une butte, forme un rectangle de taille moyenne ; le tracé médiéval des rues est à angle droit. On peut la traverser en voiture, mais il est plus agréable de se garer à l'entrée et de la parcourir à pied.

fêtes

Fête de la Vierge d'Encina Danses et processions. *Première quinzaine de septembre*

Mercado de Antaño (Marché d'Antan) Marché médiéval. *Premier dim. de sept.*

Office de tourisme Demandez le classeur sur la région d'Ayala. *Alday, 3*

Amurrio Tél. 945 39 37 04 Ouvert mar.-ven. 10h-14h et 17h-19h, sam.-dim. et j. fér. 10h-14h
Office de tourisme Goiko plaza *Artziniega Tél. 945 39 61 56 Ouvert le matin*

DÉCOUVRIR

☆ **Les essentiels** Le musée ethnographique d'Artziniega Découvrir autrement Goûtez les meilleures *morcillas* de l'Álava à l'Embutidos Artziniega et découvrez les tours défensives de la vallée d'Ayala
➤ **Carnet d'adresses p.311**

L'ÁLAVA

Artziniega

☆ ☺ **Musée ethnographique** Ce musée, l'un des plus beaux du Pays basque, renferme une superbe collection d'art populaire. Dans un ancien collège, sur 2 000m², 17 salles ont été aménagées par l'association Artea pour recréer l'atmosphère d'un atelier de forgeron, de menuisier, d'une étable ou d'une cuisine d'autrefois. *Calle Arteako Aldapa, 12 Tél. 944 03 49 40 www.museo vascodegastronomia.com Ouvert ven.-sam. 17h30-20h30, dim. et j. fér. 11h-14h*

● **Où faire des emplettes gourmandes ?**
☺ **Embutidos Artziniega** On trouve ici les meilleures *morcillas* (boudins noirs) de toute l'Álava. *Av. Amezola, 14 (sortie du village, direction Trespaderne) Tél. 945 39 60 05*
☺ **Quesos Ibar** Vous pourrez y acheter des fromages de brebis, des *cuajadas* et des yaourts délicieux au miel, aux épices ou aux fruits secs. *Barrataguren, 8 Tél. 945 39 63 68 www.quesosibar.com*

● **Se balader à cheval** Compter 20€ pour 2 heures de balade. **Turismo Ecuestre de Artziniega** *Campo de Futbol, 6 Tél. 945 39 60 60 http://web.jet. es/rutasacaballo*

Les environs d'Artziniega

La vallée d'Ayala

Lieu de confluence des puissances voisines, la région s'est dotée, à partir du Moyen Âge, de tours défensives érigées sur des promontoires aux extrémités des vallées.

Llanteno La tour de Zubiete, rénovée au XVIIe siècle, contrôlait le passage du pont sur la rivière Ibaizabal. *À 3km d'Artziniega par l'A624*

Zuaza Dans ce village, non loin de Quejana, la tour de Negorta est un bel exemple de maison fortifiée de plan carré, sur deux étages ; elle date de la fin du XVᵉ siècle. On peut aussi en admirer un peu partout au fil des vallées : autour d'Arespalditza, de Llodio, d'Amurrio ou de Baranbio. *À 8km au sud d'Artziniega par l'A624 puis l'A3641*

Murga On peut apercevoir une tour du XIIIᵉ siècle, à laquelle a été accolé au XVIᵉ siècle un palais, lui ôtant dès lors son usage défensif. *À 12km au sud d'Artziniega, prendre l'A624, puis l'A3622*

Quejana Ce village perché dans les collines, entre bois et pâturages, abrite le palais-forteresse de la famille noble d'Ayala – les seigneurs à qui le roi Alphonse VI alloua un jour les terres de la région. L'ensemble, entièrement fortifié, est imposant : il comprend l'aile principale du palais, un haut donjon, une église et un couvent de sœurs dominicaines. Le musée installé dans le palais primitif retrace l'histoire de la lignée Ayala à travers maquettes, documents, objets d'art et pièces d'orfèvrerie. **Musée Solar de los Ayala** *(à 6km au sud-est d'Artziniega) Tél. 945 39 92 64 Ouvert lun.-sam. 11h-14h, dim. 12h-14h Entrée libre*

La vallée du Nervión

Orduña Un peu terne au premier abord, la ville se révèle pleine de charme, notamment autour de sa grande place où, au sommet de l'église, nichent les cigognes. Au fil des ruelles au tracé médiéval se dressent de belles demeures des XVIᵉ et XVIIᵉ siècles, et, sous les arcades, s'alignent des boutiques d'antan, avec leurs grandes vitrines et leurs comptoirs de bois. *À 20km au sud-est d'Artziniega, sur l'A625 après Amurrio* **Office de tourisme** *Tél. 945 38 43 84 ou 616 57 41 32 Visites guidées sur rdv 3€/pers. (minimum 5 pers.)*

Musée de la Gastronomie Au bord du Nervión, dans une belle maison de ville, découvrez cet espace dédié aux fourneaux, cuisiniers célèbres et sociétés gastronomiques, mettant à l'honneur les produits issus de la chasse et de la pêche, de l'élevage et de la culture. *Zubiko Etxea Calle Maestro Elorza, 11 01400* **Llodio** *(à 28km au nord-est d'Artziniega, via Amurrio) Tél. 946 72 43 30 Ouvert ven.-sam. 17h30-20h30, dim. et j. fér. 11h-14h*

● **Pratiquer les sports de montagne** Vous pourrez pratiquer toutes les activités de montagne : canyoning, spéléo, escalade, VTT... **Iparnature Amurrio** *(à 11km au sud-est d'Artziniega, direction Vitoria) Tél. 620 50 45 70 ou Office de tourisme Tél. 945 39 37 04 www.iparnature.com*

GAMME DE PRIX	RESTAURATION	HÉBERGEMENT
Très petits prix	moins de 10€	moins de 30€
Petits prix	de 10€ à 15€	de 30€ à 40€
Prix moyens	de 16€ à 25€	de 41€ à 60€
Prix élevés	de 26€ à 45€	de 61€ à 80€
Prix très élevés	plus de 45€	plus de 80€

L'ÁLAVA

CARNET D'ADRESSES

Restauration

 prix élevés

Bideko Situé dans un *caserio* du XVIIe siècle, ce restaurant est prisé autant pour la qualité de ses produits que pour sa cuisine traditionnelle. Les poivrons rouges sont préparés maison, la salade de morue et pommes de terre est assaisonnée à la crème de *cuajada*, le filet de bœuf est cuisiné au foie gras, et les tartelettes aux pommes sont confites au miel... Menu du jour à midi 13€ et env. 35€ à la carte. *01450 Lezama-Amurrio (à 11km au sud-est d'Artziniega, direction Vitoria) Tél. 945 89 06 33 Fermé en août, à Noël et à Pâques*

☺ **Olar** Au bord de la route, cette maison qui, a priori, ne paie pas de mine, offre une excellente table, dans un cadre agréable, sobre et rustique. En entrée, vous vous régalerez de *morcillas* aux poivrons rouges et d'une salade au poulpe et à la brunoise de légumes, servie avec une sauce légèrement vinaigrée, très savoureuse. Vous enchaînerez ensuite avec des pieds de porc mitonnés ou de succulents poissons cuits à la vapeur, accompagnés de légumes fondants. Comptez à la carte de 35 à 40€, sinon menu à 27€. *Barrio La Llana, 22 01476 Respaldiza (à 6km au sud-est d'Artziniega, en direction de Vitoria) Tél. 945 39 94 00 Fermé dim. soir et lun.*

☺ **Palacio de Anuncibai** Dans ce palais fortifié, rénové avec goût, les chefs, Ramón Gastaca et Martina Alonso, sont aidés en salle des trois fils de cette dernière. On leur doit l'une des meilleures tables des environs. Excellents poissons à la vapeur, viandes rouges exquises – aux truffes ou au fromage... À midi est servi un étonnant menu à 11,50€. Sinon, à la carte, comptez 45-50€. *Quartier d'Anuncibai 01400 Llodio (à 55km au nord-est d'Artziniega) Tél. 946 72 61 88 www.palacioanuncibai.com Ouvert tlj. à midi, sam. midi et soir Fermé à Noël, à Pâques et 3 sem. en août*

Hébergement

 prix moyens

Casa Lupardika Vous logerez ici dans l'univers d'un peintre, parmi ses toiles aux formats géants, multicolores. Chambres simples et belles, peintes de couleurs vives également. Rénovée, la maison a traversé les siècles. Double 55€ petit déj. inclus ; possiblité de louer la maison pour 400€ le week-end (pour 10 pers.). Pas de restaurant mais un bar. *Calle Donibane, 11 48460 Orduña (à 20km au sud-est d'Artziniega, après Amurrio) Tél. 945 38 33 71*

 prix élevés

Hotel Torre de Artziniega Une occasion unique de dormir dans une ancienne tour – plus résidentielle que défensive, au vu de ses grandes fenêtres et de sa porte monumentale, surmontée d'un tympan ouvragé. D'inspiration médiévale, elle a été bâtie au XVIe siècle pour héberger la famille Ortiz de Molinillo de Velasco, qui lui ajouta un palais baroque quelques années après. Dans les chambres, les murs en pierres apparentes et la décoration surannée contribuent au charme de l'ensemble. Double de 64 à 74€ HT, simple 55€ HT, petit déj. 6€. *Cuesta de Luciano 01474 Artziniega Tél. 945 39 65 00*

L'ÁLAVA

GEOREGION

La plage de Zarautz (p.354), paradis des surfeurs.

LE GUIPÚZCOA

LE GUIPÚZCOA

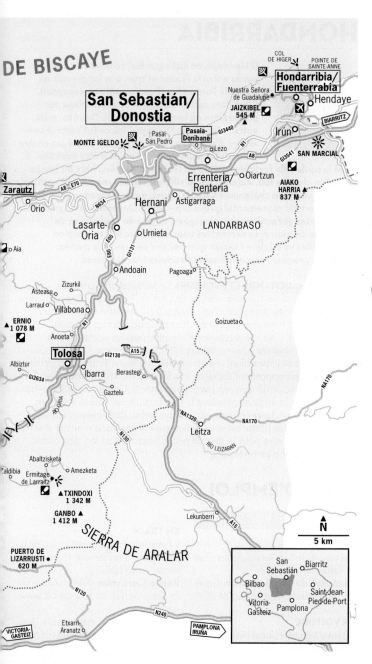

HONDARRIBIA

20280

Hondarribia
San Sebastián-Donostia

D'Hendaye, on distingue mal ce noyau de pierre, perdu entre la France et Irún, que longtemps on a appelé Fontarabie (Fuenterrabia en espagnol). C'est dans cette ville qu'eut lieu le mariage par procuration de Louis XIV et Marie-Thérèse, mais, entre la France et l'Espagne, ici, ce fut surtout une affaire d'armes : on ne compte plus les sièges contre lesquels les murailles n'ont cessé d'être rebâties.

C'est la seule ville fortifiée intacte du Guipúzcoa, un lieu hors du temps doté d'un charme fou. Aujourd'hui, la ville est classée monument national, en partie pour son château de Charles Quint, devenu Parador, mais aussi pour l'ensemble monumental qu'elle représente. Des maisons magnifiques, aux boiseries et ferronneries ouvragées, ornées de couleurs et de sculptures de pierre, se serrent les unes contre les autres. Au pied des murailles se déploie l'ancien quartier des pêcheurs, la marina, où dès les premiers rayons de soleil fleurissent les terrasses.

SOLDATS, MARCHANDS ET PÊCHEURS Le Jaizkibel conserve des traces d'occupation humaine vieilles de plus de 7 000 ans, ses premiers habitants ayant su tirer parti d'une rivière poissonneuse et d'une mer généreuse. Les Romains impriment leur présence au cap Higer au Ier siècle av. J.-C. Au VIIe siècle, les Wisigoths, puis les seigneurs des environs s'y installent à leur tour. En 1203, le roi Alfonse VIII de Castille accorde la première charte à la ville, ou *fuero*. Entre les guerres incessantes qui opposent l'Espagne à la France, du XIIIe au XVIIIe siècle, le commerce se développe, en particulier entre la Castille et les Pays-Bas. Commerçants et artisans peuplent la ville fortifiée au côté des soldats, tandis que les pêcheurs s'établissent en contrebas de la colline, le long de la rivière. Leur pêche est essentiellement côtière, mais nombre d'entre eux s'embarqueront pour la grande pêche baleinière au XVe siècle vers les riches eaux de Terre-Neuve.

MODE D'EMPLOI

accès

EN AVION
L'aéroport de San Sebastián est situé à Hondarribia.
Aéroport de San Sebastián *Gabararri 5-22 Hondarribia Tél. 943 66 85 01*

EN VOITURE
À 3km d'Irún et à 5km d'Hendaye par la N638 et l'A8 (sortie 1).

EN TRAIN
La gare la plus proche est à Irún ; de là, on rejoindra facilement Hondarribia en car ou en taxi.
Renfe Cercanías À Irún. *Calle de la Estación Tél. 902 24 02 02 www.renfe.es*
EuskoTren À Irún, mais aussi à Hendaye. *Tél. 902 54 32 10 ou 943 61 76 33 www.euskotren.es*

EN CAR
Liaisons quotidiennes avec Donostia-San Sebastián et Irún.
Interbus Hondarribia-Irún-San Sebastián *Tél. 943 64 13 02 www.interbus.com.es*

orientation

On arrive tout d'abord sur une série de ronds-points : en prenant à gauche au premier, on se dirige vers le Jaiz-kibel et les chambres d'hôtes des environs ; en prenant à gauche puis à droite en suivant le fléchage, on pénètre dans le centre historique (*zahar aldea*) ; en allant tout droit, le long de la Bidassoa, on arrive sur la marina et le centre urbain plus récent – et, tout au bout, sur la plage ! Vastes parkings au bord de l'eau.

informations touristiques

Bidassoa tourisme Vous y trouverez une documentation très complète sur Irún et Hondarribia. *Javier Ugarte, 6-bajo 20280 Tél. 943 64 54 58 www.bidasoaturismo.com Ouvert en hiver : lun.-ven. 9h30-13h30 et 16h-18h30, sam.-dim. 10h-14h ; en été : lun.-ven. 10h-19h30, et 15h-19h, sam.-dim. 10h-14h et 16h-20h*
Visites guidées Parcours dans la ville fortifiée d'Hondarribia. *Août-sept. Visites en français : mar.-sam. 11h-15h, dim. et fêtes 10h30 Tarif 2€ Renseignements et réservation à l'OT*

circuler en ville

Radio-Taxi Bidassoa *Tél. 943 63 33 03*
Station de taxis Hondarribia *Zuolaga Tél. 943 64 12 56*

location de voitures

Legasa *Lope de Irigoyen Irún Tél. 943 61 28 66*
Atesa *À l'aéroport Tél. 943 64 02 14*
Europcar *À l'aéroport Tél. 943 66 85 30*
Hertz *À l'aéroport Tél. 943 66 85 66*
Avis *À l'aéroport Tél. 943 66 85 48*

marchés

Irún Urdanibia Plaza et Sokoburu *Samedi matin*
Hendaye *Mercredi et samedi matin*
Marché médiéval *Place d'Armes Troisième week-end de juin*

fêtes et manifestations

Semaine sainte *En mars ou avril*
San Marcial Fêtes patronales d'Irún. *Le 30 juin*
Fête de la Kutxa entrega Fête traditionnelle des pêcheurs. La *kutxa* (coffre) est traditionnellement portée par une danseuse, fille de marins. *Le 25 juillet*
Alarde Tous les ans depuis 1639, Hondarribia commémore par un défilé la victoire qu'elle remporta lors du siège de 1638. *Le 8 septembre*

LE GUIPÚZCOA

Tableau kilométrique

	Hondarribia	Bayonne	San Sebastián	Getaria	Autun
Bayonne	41				
San Sebastián	23	55			
Getaria	44	76	25		
Autun	67	99	47	59	
Zerain	72	104	52	64	13

LE GUIPÚZCOA

DÉCOUVRIR
Hondarribia

☆ **Les essentiels** La place d'Armes et les petites rues de la ville fortifiée
Découvrir autrement Goûtez l'ambiance du port et les *pintxos* de la Calle
San Pedro, poussez les portes du château de Charles Quint, le Parador
de Hondarribia   ➤ **Carnet d'adresses p.322**

☆ La vieille ville

De l'office de tourisme, on découvre le charme des vieux quartiers en gravissant
les ☆ **rues escarpées** de la ville fortifiée. Sur la ☆ **place d'Armes**, premier
ravissement avec le Parador. Ce **château** aux airs de forteresse qui domine de
son imposante silhouette l'estuaire de la Bidasoa fut fondé par un roi navarrais au Xᵉ siècle, mais est entré dans l'histoire grâce à Charles Quint. Ses six
étages abritent aujourd'hui un hôtel luxueux. Tout près, l'église Santa Maria
de l'Asunción y del Manzano, élevée au XVᵉ siècle, offrit son cadre à nombre
de célébrations historiques, dont les noces par procuration de Louis XIV et de
Marie-Thérèse. Plus loin, la rue principale de la cité, la Calle Mayor (en basque
la Kale Nagusia), aligne les édifices les plus remarquables d'Hondarribia : au
n°28 la mairie (Casa Consistorial), au n°5 le palais Casadevante (aujourd'hui
hôtel Pampinot, cf. Carnet d'adresses, Hébergement), au n°8 la maison Zuloaga,
ancienne résidence aristocratique devenue siège de la bibliothèque municipale.

● Où goûter des pâtisseries locales, boire un thé ?
Pâtisserie Kai-Alde Dans le bas du quartier historique, elle vend les meilleurs
gâteaux basques de la ville et des spécialités à la frangipane. Petit déjeuner servi
de 8h à 14h, "goûter" de 16 à 21h. *Bernat Etxepare, 3 Tél. 943 64 10 47*
Parador de Hondarribia Une façon peu onéreuse de pénétrer dans cet établissement superbe : prendre un thé dans son petit salon – ou, pour ceux qui
préfèrent au thé d'autres breuvages, boire un verre et grignoter au bar. *Plaza
de Armas, 14 Tél. 943 64 55 00 Fax 943 64 21 53 Ouvert tlj. 11h30-23h30*

Le quartier des pêcheurs

Quartier très vivant, déclaré monument historique et artistique, la marina
s'articule autour de trois rues principales – San Pedro, Santiago, et Zuloaga.
Entre leurs maisons de pêcheurs aux façades peintes de couleurs vives et aux
murs blanchis à la chaux se faufilent des ruelles pavées, s'ouvrent des terrasses
fleuries, des boutiques et des bars où se régaler en soirée de *pintxos…*

● Où savourer des *pintxos* ?
Hotel Jauregui Le restaurant de l'hôtel Jauregui est l'un des temples du *pintxo*
à Hondarribia. Belles associations de produits du terroir basque relevées d'une
pointe de fantaisie. Dans une ambiance décontractée, goûtez le *pintxo* de
kokotxas de morue. *Zuloaga, 5 Tél. 943 64 27 01 www.hoteljauregui.com Ouvert
lun.-ven. 13h-14h45 et 20h-22h30, sam.-dim. 13h-14h45 et 20h-23h*

Gran sol Le bar à *pintxos* le plus réputé de la ville. Bixente Muñoz, disciple de Martín Berasategui, travaille ses compositions en orfèvre. Goûtez au *jaizkibel*, délicat équilibre de jambon et de champignon à l'aïoli, ou au classique *hondarribia. San Pedro, 63-65 Tél. 943 64 27 01 www.bargransol.com www.hoteljauregui. com Ouvert lun.-sam. 13h-15h30 et 20h30-23h, dim. 13h30-15h30 et 20h30-23h*

Txantxangorri L'un des bars les plus en vue de la rue San Pedro et la plus agréable terrasse du quartier ! Vous devrez jouer des coudes pour attraper quelques *pintxos* sur le comptoir, assailli le soir. Délicieux tapas "japonisants", comme le *tataki* de thon. *San Pedro, 27 Tél. 943 64 21 02 Ouvert tlj. 13h-15h et 20h-23h*

● **Aller à la plage** Toute nouvelle, toute de sable fin, profitant d'un parking et d'équipements à proximité, la plage d'Hondarribia s'étire à l'abri des vents et des houles du large : les enfants s'y baignent sans danger – ce qui est rare sur cette portion de la côte basque. Belle vue sur les falaises d'Hendaye, en face, de l'autre côté de la Bidassoa. Et si l'envers du décor vous tente, des bateaux font la navette avec Hendaye-Plage. Au Cabo de Higuer (cap Figuier), les nudistes profitent d'une jolie crique.

● **Profiter de la mer**

Scuba-Du Un centre de plongée sous-marine dont la mascotte est... Scoubidou ! Rassurez-vous, les prestations, elles, sont très sérieuses. Baptêmes de plongée, vente et location de matériel, recharge de bouteilles. Cours toute l'année à partir de 25€. Sorties le samedi et le dimanche à 9h30-11h30 et 17h, nocturne le vendredi. *Ramón Iribarren, 23 Tél. 943 64 23 53 ou 608 77 36 95 www.divescubadu.com*

Jolaski Balades en bateau dans la baie, sorties naturalistes en mer, à la journée ou à la demi-journée. À partir de 5,25€ par personne. *Paseo Butron (port) Sur réservation au 639 61 78 98*

Hondarriko surf elkartea Uhingain Hendaye est le rendez-vous des surfeurs aguerris, mais Hondarribia dispose aussi d'un spot. Uhingain organise des cours de surf pour tous les âges et tous les niveaux. Également location de matériel. *Tél. 666 54 12 32 ou 620 94 44 54*

Les environs d'Hondarribia

☺ Le Jaizkibel

Entre ciel et mer, cette colline haute de quelque 500m offre un lieu de promenade pittoresque, jalonné de belvédères et d'aires de pique-nique, traversé de sentiers de randonnée. Les vestiges de l'ancien fort de San Telmo (aujourd'hui résidence privée), construit en 1598, rappellent le rôle stratégique du site. Vous croiserez certainement des cyclistes sur le Jaizkibel : chaque année s'y dispute la course "Classica de San Sebastián". Mais ils sont loin d'être les seuls à apprécier ces hauteurs verdoyantes qui dominent majestueusement le cap du Figuier, l'embouchure de la Bidassoa et le port de Pasaia. Agréable balade panoramique à partir du parking qui jouxte l'ermitage Nuestra Señora de Guadalupe. *À 5km à l'ouest d'Hondarribia Accès par la Gl3440*

LE GUIPÚZCOA

Ermitage Nuestra Señora de Guadalupe À la vue de cette église bâtie au XVIe siècle surgissant au détour de la route en lacet qui gravit le Jaizkibel, on a du mal à imaginer les fastes de la procession qui, le 8 septembre, vient remercier la Vierge d'avoir protégé Hondarrabia lors du siège de 1638. Rénové au XVIIIe siècle, l'édifice recèle deux retables de style Renaissance tardif et un retable baroque.

● **Partir en randonnée** Neuf itinéraires balisés (de 4,5km à 12,7km) vous invitent à découvrir le Jaizkibel à pied. *Documentation disponible à l'OT* **MendiGida** Des guides de montagne mettent à votre service leur connaissance des sommets de la région. Excursions adaptées aux enfants. Escalade et randonnée en haute montagne. *Tél. 943 15 11 99 ou 658 70 80 29 www. mendigida.com*

Irún

Ville de passage asphyxiée par la circulation, le berceau de Luis Mariano n'offre pas un visage très riant. Si les Basques français aiment l'ambiance *caliente* de ses bars et si son patrimoine n'est pas dénué d'intérêt, Irún peine à retenir le voyageur, qui se contente d'y faire étape avant de rallier le Sud. Et pourtant… *À 3km au sud d'Hondarrabia*

Centre historique Calle de la Iglesia, un portail baroque signale le palais d'Arbelaitz, rencontruit après l'incendie de 1936. Sur la place du Juncal, l'austère église Nuestra Señora del Juncal (XVIe s.) abrite la Vierge gothique la plus ancienne de la région.

Museo Oiasso Un musée dédié à la cité romaine d'Oiasso. La colonie dut sa prospérité du Ier au IIIe siècle à l'exploitation des mines d'argent et de cuivre du massif Aiako Harria. Le ticket d'entrée du musée donne droit à la visite de la nécropole romaine et au temple païen (IIe s.) de l'ermitage Santa Helena, au bout de la rue Ermita. *Eskoleta, 1 Tél. 943 63 93 53 www.oiasso.com Ouvert oct.-mai : mar.-dim. 10h-14h et 16h-19h ; juin-sept. : mar.-dim. 10h-14h et 16h-20h Tarif 4€*

Parc écologique de Plaiaundi Poste d'observation privilégié des amoureux de faune et de flore, ce parc protège 40ha de marécages et de marais côtiers, dans l'estuaire de la Bidasoa. Quelque 175 espèces d'oiseaux migrateurs y font escale au printemps et à l'automne ! Le centre d'interprétation propose des activités pédagogiques et des plans et itinéraires à ceux qui veulent profiter du site en famille. Une façon ludique de sensibiliser les enfants à la sauvegarde de l'environnement. *Pierre Loti ibilbidea (panneau signalant la maison du parc sur la route Irún-Hondarrabia) Tél. 943 61 93 89 www.euskadi.net/ txingudi Ouvert printemps-été : lun.-dim. 10h-13h et 16h-18h30 ; automne-hiver : lun.-dim. 10h-13h30 et 16h-18h*

Île des Faisans L'espagnole Irún et la française Hendaye se partagent aujourd'hui cette petite île sur la Bidasoa, jadis propriété de Hondarrabia. Le cardinal Mazarin y signa le traité de paix des Pyrénées en 1659, ratifié par les fiançailles de Louis XIV avec l'Infante Marie-Thérèse. Aujourd'hui, l'île change de nationalité tous les six mois !

Chapelle San Marcial Au XVIᵉ siècle, le capitaine Don Beltrán de la Cueva fait élever sur le mont Aldabe une chapelle pour saluer la victoire remportée sur les Français le 30 juin 1522, jour de la saint Martial. De ce mirador, vue superbe sur la baie du Txingudi, Fontarribia et le Jaizkibel. *À 4km au sud-est d'Irún*

● **Où acheter des douceurs ?** Cinquante ans de succès pour ce chocolatier du Guipúzcoa souvent primé en France et en Espagne. Difficile de choisir parmi l'assortiment irrésistible de truffes et de bouchées à la poire ou à la framboise. À offrir : les *piedras del Bidasoa*, ou les rochers du Txingudi. **Brasil** *Paseo de Colón, 62 Irún Tél. 943 61 50 79 Ouvert mar.-sam. 9h30-14h et 17h-20h30, dim. 9h30-14h*

● **Où acheter des produits régionaux ?** Dans cette épicerie

Sorties et balades nature

fine, vous trouverez une belle sélection de vins et de produits régionaux, dont d'appétissantes charcuteries et des fromages locaux. **Casa Calvo** *Ensanche, 3 Irún Tél. 943 61 53 28 Ouvert lun.-ven. 9h-14h et 15h30-20h30, sam. 9h-14h et 16h-20h30, dim. 10h-14h*

● **Où boire un *café con leche* ?** Face au musée Oiasso, ce café au décor design propose un vaste choix de thés et de bonnes pâtisseries. Jolie terrasse en saison. **Mientras tanto** *Escuelas, 6 Irún Tél. 943 63 63 38 Ouvert lun.-jeu. 8h-22h, ven.-sam. 8h-1h30*

● **Faire une excursion en train** De la place San Juan Harria, le "train vert" rejoint les hauts fourneaux d'Hirugurutzeta par la vallée d'Ibarla. Une façon originale d'approcher le parc écologique de Plaiaundi et le parc naturel d'Aiako Harria (cf. Pasaia). *Ouvert mai-sept. : jeu.-dim. 11h-17h Sur réservation au moins 24h avant au musée Oiasso Irún Tél. 943 63 93 53 Tarif 2,50€*

LE GUIPÚZCOA

LE GUIPÚZCOA

CARNET D'ADRESSES

Restauration

 petits prix

Yola Berri Ce bar-restaurant du port est particulièrement animé le soir. Grand choix de tapas, mais aussi de sandwichs et de salades. Le menu s'écrit selon la pêche du jour. C'est simple, frais et servi avec bonne humeur. *San Pedro, 22 (marina) Tél. 943 64 56 11 Ouvert lun.-dim. 13h-16h et 21h-0h*

 prix élevés

Hermandad de Pescadores Ce restaurant chaudement recommandé par les habitants de Hondarribia est installé dans l'ancienne confrérie des pêcheurs. Ambiance marine et longues tablées conviviales garanties. Et produits de la mer dans l'assiette, cela va de soi ! Autour de 40€ à la carte. *Zuluaga, 12 (marina) Tél. 943 64 27 38 Fermé mer., jeu. soir*

☺ **Sebastián** La devanture en bois sombre est celle d'une épicerie historique du centre d'Hondarribia. Petite salle chaleureuse et pleine de cachet, aux présentoirs chargés d'un véritable capharnaüm. À la carte, généreuse, se distingue un cochon ibérique grillé aux herbes des champs. Menu dégustation à 40€ HT. *Mayor, 9-11 (centre historique) Tél. 943 64 01 67 www.sebastianhondarribia.com Ouvert mar.-sam. 13h-16h et 20h-00h, dim. 13h-16h Fermé nov.*

 prix très élevés

Alameda Dans cet hôtel du XIXᵉ siècle restauré, Gorka Txapartegi renouvelle avec talent les classiques de la cuisine basque : coquilles Saint-Jacques marinées aux artichauts croquants et crème aioli, morue confite à basse température et son bouillon fumé. Menu Gartzine à 40€, Hondarribia à 58€, dégustation à 80€ HT. *Minasorroeta, 1 (près du centre historique) Tél. 943 64 27 89 www.restalameda.com Ouvert lun.-sam. 13h-15h et 18h30-23h, dim. 13h-15h30*

Ramón Roteta Une étoile au guide Michelin, des apparitions à la télévision et des livres de recettes ont fait de Ramón Roteta l'un des hérauts de la gastronomie basque. Dans son restaurant au décor rococo, on déguste une cuisine classique de haute volée qui revisite les incontournables, tels les *kokotxas* de merluza ou les raviolis de tourteau. Menu dégustation à 50€. À la carte, comptez environ 70€. *Irún, 1 (près du centre historique) Tél. 943 64 16 93 www.roteta.com Service 13h30-15h30 et 20h30-23h Fermé dim. soir, mar. et fév.*

Iñigo Lavado Le style d'Iñigo Lavado ? Conceptuel, innovant. Ce jeune chef passé chez les plus grands, Ducasse et Ferran Adrià en tête, vaut à Irún sa meilleure adresse gastronomique. Deux ambiances dans ce restaurant à l'esprit brasserie chic. Ventrêche de thon, merlu rôti ou salades de saison créatives. Menu dégustation à partir de 45€. *Iparralde, 43 20302 Irún Tél. 943 63 96 39 Fermé lun. et dim. soir, mar. www.inigolavado.com*

Hébergement

 camping

Camping Jaizkibel Au pied du Jaizkibel, un camping ombragé et bucolique qui profite d'une situation idéale à quelques minutes du centre historique. Très bon accueil. Emplacement 27,05€/j., adulte 4,60€, enfant 4,25€. Bungalows à partir de 65,65€/j. *Guadalupe (km 22), sur la route du Jaizkibel Tél. 943 64 16 79 www.campingjaizkibel.com Ouvert toute l'année*

Hotel San Nikolas Une adresse relativement économique sur la place d'Armes de la vieille ville, qui propose 16 chambres à partir de 80€ la double. Il vous en coûtera 18€ de plus pour profiter de la vue sur le Parador de Carlos V. *Plaza de Armas, 6 (centre historique) Tél. 943 64 42 78 www.hotelsannikolas.com*

☺ **Hotel Palacete** Dans un palais médiéval en pierre et briquettes du vieil Hondarribia se cachent 6 chambres lumineuses. Une adresse de charme au calme des rues piétonnes. Double 100€, petit déjeuner 7€. *Plaza de Gipuzkoa, 5 (centre historique) Tél. 943 64 08 13 www.hotelpalacete.net*

☺ **Hotel Pampinot** C'est l'ancien palais de Casadevante, où Henri II de Bourbon, prince de Condé, signa une trêve avec la garnison assiégée en 1638. Une demeure Renaissance classée, à l'élégance confortable des hôtels d'antan : pierres apparentes, poutres, meubles baroques et lustres à pampilles. Double à partir de 96€ et 102€ en haute saison. Excellent petit déjeuner gourmand à 15€. *Mayor, 5 (centre historique) Tél. 943 64 06 00 www.hotelpampinot.com*

Obispo Ce palais du XIVe siècle abrite aujourd'hui l'un des hôtels-restaurants les plus agréables de la ville. Des prestations soignées (organisation de visites dans la région, salon d'accueil chaleureux) dans un cadre au mobilier raffiné. En été, on prend le petit déjeuner sur une terrasse bucolique. Dix-sept chambres : double standard 150€, supérieure à partir de 168€. Wifi, prêt de bicyclettes. *Plaza del Obispo (centre historique) Tél. 943 64 54 00 www.hotelobispo.com*

LE GUIPÚZCOA

PASAIA

20110

Pasaia
San Sebastián-Donostia

Cette petite ville étrange est retranchée du monde, morcelée en une myriade de quartiers déployés de part et d'autre des rives de l'estuaire de la rivière Oiartzun. On longe un quai du port de commerce et, au gré d'une ruelle pavée qui serpente entre les maisons, on découvre çà et là des voûtes et des escaliers en pierre. Victor Hugo s'était laissé séduire par le bourg : c'est sur ses pas que l'on parcourra aujourd'hui Pasaia – "le passage" –, que la modernité menace hélas chaque jour davantage : les autorités portuaires prévoient de la remodeler d'ici 2020…

LE GUIPÚZCOA

MODE D'EMPLOI

accès

EN VOITURE
À 3km de San Sebastián en sortant par le quartier de Gros. À 15km d'Hondarribia par la N1 (direction San Sebastián). Par l'autoroute A8, prendre la sortie 5, après Errenteria en venant de France.

EN TRAIN
EuskoTren Ligne 2 (dite "Topo") entre San Sebastián et Hendaye. *Tél. 902 54 32 10 www.euskotren.es*
Renfe Cercanías Ligne C1 Irún-Brinkola (vers Legazpi), à 10min de San Sebastián. *Tél. 902 24 02 02 www.renfe.es/cercanias*

EN CAR
Herri Bus Liaisons entre Pasa Donibane et San Sebastián. *Tél. 943 49 18 01*

orientation

Réparties le long de l'estuaire de la Ría Oiartzun, quatre entités distinctes se partagent la commune de Pasaia : Pasai Antxo et Trintxerpe, zones industrielles et commerciales, Pasai San Pedro, sur la rive occidentale de l'estuaire et Pasai Donibane, le village de pêcheurs. C'est ce dernier surtout que l'on visite, en se garant sur le grand parking à l'entrée du quai (suivre les panneaux).

informations touristiques

Office de tourisme *Maison Victor-Hugo Donibane, 63 Tél. 943 34 15 56 www.oarsoaldea-turismo.net Ouvert tlj. 11h-14h et 16h-18h*

locations de deux-roues

Escuela de Mountain-Bike Pasaia (CA Trintxerpe) Location de vélos et de VTT à l'heure ou à la journée. *Borda Enea, 4 Bajo Trintxerpe Tél. 670 63 55 52 www.trintxerpe.com*

fêtes et manifestations

Semaine sainte Procession du Cristo del Santo Entierro. *En mars ou avril*
Fête patronale de Pasai San Pedro *Le 29 juin*
San Fermín à Pasai Antxo *Le 7 juillet*
Fiestas de Santiagos Régates de *bateleros. Du 25 au 31 juillet*

DÉCOUVRIR

☆**Les essentiels** Les ruelles de Pasaia Donibane **Découvrir autrement** Partez en excursion au fil des sentiers du mont Ulia, découvrez Ontziola, un atelier de construction d'embarcations traditionnelles
❯ Carnet d'adresses p.328

Pasaia

☆ **Quartier historique de Donibane** C'est en 1770 que Pasai Donibane (San Juan en espagnol) se sépara de Hondarribia (Fontarabie). La plupart des hautes et étroites maisons de ce port de pêche bordent une rue sinueuse qui suit la rive orientale du goulet. Dans ce centre préservé, tout en recoins et vues pittoresques, se dressent le palais de Villaviciosa, du XVIe siècle, la basilique du Santo Cristo de Bonanza et l'église paroissiale San Juan Bautista, du XVIIe siècle, le palais Arizabalo (édifice baroque qui héberge la mairie) et l'ermitage Santa Ana, du XVIIIe siècle.

Maison-musée Victor-Hugo Victor Hugo logea en 1843 dans cette belle demeure du XVIIe siècle, siège actuel de l'office de tourisme. Un film (en français) évoque l'épisode, tandis qu'une exposition de costumes de différents métiers (pêcheur, batelier, charbonnier, charpentier, etc.) raconte la vie à Pasaia à cette époque. Les balcons des trois étages offrent une vue privilégiée sur la baie. Une plaque signale que la maison d'en face hébergea une autre célébrité : le général Lafayette. *Donibane kalea, 63 Tél. 943 341 556 Ouvert tlj. 11h-14h et 16h-18h*

☺ **Chantier Naval Ontziola** Des bénévoles du monde entier viennent construire dans cet atelier de charpenterie de marine des modèles anciens d'embarcations et de matériel de pêche. En 2006 est sortie de ses cales la reproduction d'un "four baleinier" utilisé au XVIe siècle par les pêcheurs basques au Canada pour fondre la graisse de baleine. L'atelier est ouvert au public. *Donibane kalea, 33 20110 Tél. 943 49 45 21 Ouvert oct.-mars : lun.-sam. 10h-14h et 15h-17h ; avr.-sept. : mar.-dim. 11h-14h et 16h-19h*

● **Explorer l'estuaire** Si vous voulez découvrir Donibane, on vous dira que San Pedro, sur la rive occidentale du goulet, a plus de charme et d'authenticité... Pour le vérifier, vous n'avez qu'à prendre la navette qui relie ces deux ports de pêche !
Hermanos Berrotaran Daguer *Donibane (l'embarcadère se trouve à quelques mètres de l'OT) Tél. 630 44 88 13 Ouvert lun.-jeu. 6h30-23h, ven. 6h30-0h, dim. et j. fériés 7h45-23h Tarif 0,60€*
Itsas Gela Visite des expositions du bateau Mater (3€) et sorties dans la baie de Pasaia. *Euskadi Etorbidea (bât. Ciriza) Trintxerpe Tél. 619 81 42 25 www. itsasgela.org*
Pasaia Kayak Pour explorer l'estuaire en kayak. *Euskadi Etorbidea (chantier Naval Lasa) Trintxerpe Tél. 678 40 82 81*

● **Se balader sur les sentiers** Au départ de Pasai San Pedro, l'itinéraire (7km) des sentiers du mont Ulia rallie San Sebastián en passant par les phares de Senokozuloa et de La Plata. Une belle balade, mais qui ne convient pas aux jeunes enfants. *Renseignements à l'OT*

● **Pédaler au bord de l'eau** Une voie verte de 12km longe le cours de la rivière Oiartzun. La piste épouse le tracé de l'ancienne voie ferrée reliant la mine d'Arditurri au port de Pasaia. **Piste cyclable d'Arditurri**

L'Oarsoaldea

Composée des municipalités de Pasaia, d'Errenteria, de Lezo et d'Oiartzun, la contrée d'Oarsoaldea se déploie le long du río Oiartzun jusqu'au parc naturel de l'Aiako Harria. **Office de tourisme de la comarca de Oarsoaldea** *Donibane, 11 20180 Oiartzun Tél. 943 49 45 21 www.oarsoaldea.net*

LE GUIPÚZCOA

Errenteria

Derrière des abords impersonnels, Errenteria cache un riche noyau historique : maisons-tours, manoirs blasonnés et fondations religieuses comme l'église Nuestra Señora de la Asunción, de style gothique basque, et le couvent de la Trinidad. *À 4km au sud-est de Pasaia par la Gl3440 puis la Gl2638* **Office de tourisme** *Biblioteca municipal Madalena, 27 Tél. 943 44 96 38 Ouvert tlj. 11h-14h et 16h-18h www.oarsoaldea-turismo.net (fermé dim. après-midi hors saison)*

Fuerte de San Marcos Construit sur les hauteurs d'Errenteria dans les années 1880 pour veiller sur San Sebastián et ses satellites, ce fort à la Vauban contemple la baie de Pasaia et une bonne partie du littoral basque. Il accueille aujourd'hui des expositions, un centre d'information touristique et un café-restaurant. *Fermé lun.*

● **Où acheter du fromage fermier ?**
Caserío Aparola Vente de fromages de vache et de brebis idiazabal, et même de haricots noirs de Tolosa (*alubias de Tolosa*). *Altura aldea, 8 Tél. 943 51 77 43*
Caserío Eguzki-Borda Vente de fromage de brebis d'appellation idiazabal. *Barrio Zamalbide (au pied du fort San Marcos) Tél. 943 35 40 75*

● **Galoper sur les chemins** Ce centre équestre dispense des cours et organise des balades à cheval dans le parc naturel d'Aiako Harria. **Hipica Listorreta** *Aldura, 55 (Parque Listorreta) 20100 Errenteria Tél. 943 51 03 99 Ouvert mar.-dim. 8h30-14h et 16h-20h30*

Lezo

Basilique Lezo, petite ville industrielle assez inhospitalière, possède une intéressante basilique. En effet, Santo Cristo, postée sur le chemin côtier de Saint-Jacques-de-Compostelle, recèle un Christ imberbe du XIIIᵉ siècle, l'un des trois recensés en Europe. *Lezo À 4km au sud-est de Pasaia par l'A8 puis la N1 (attention, la circulation est très dense)*

Oiartzun

Ses quartiers dispersés dans le parc naturel Aiako Harria feraient presque oublier la proximité de la mer. Ce village paisible revendique haut et fort son identité basque. En témoignent les immenses portraits de prisonniers politiques placardés sur la façade de la mairie. *À 6km au sud-est de Pasaia*

Musée Herri Musikaren Txokoa Un centre de documentation sur la musique populaire où l'on peut découvrir quelque 1 200 instruments de musique basques et d'ailleurs de très belle facture, profiter d'une phonothèque, d'une bibliothèque, d'archives photographiques et de films... Unique ! *Tornola, 6 (Barrio Ergoien) (Accès derrière le fronton) Tél. 943 49 35 78 www.herrimusika.org Ouvert mer.-ven. 10h-14h et 15h30-19h30, sam. 10h30-14h et 15h30-19h30 Entrée (expo + audioguide) 3€ Visite guidée sur demande 6€ Billet couplé avec l'entrée au Luberri, au train vert et aux mines d'Arditurri 10€*

Luberri-Centre d'interprétation géologique Une collection de roches, de minéraux et de fossiles qui retrace l'évolution géologique et paléontologique de la vallée d'Oiartzun depuis plus de 500 millions d'années. *Polygone Pagoaldea, 41-42 (Barrio Ergoien) (Au 1er étage à droite dans le couloir) www. luberri.org Ouvert Pâques, juil.-août et Noël : mer.-sam. 11h-13h et 17h-20h ; hors saison : mer.-ven. 9h30-13h30, sam. 16h-20h Entrée 2€ Billet couplé avec l'entrée au musée Herri Musikaren Txokoa, au train vert et aux mines d'Arditurri 10€*

● **Où acheter des produits fermiers ?** Cette coopérative produit un très bon fromage idiazabal. La preuve : il a été primé lors du concours régional de 2007. **Ferme Galtzata** *Camino Pullegi, 3 (Barrio Ergoien) Tél. 943 49 34 22*

● **Se détendre dans un bain de vapeur** Après une randonnée dans le parc d'Aiako Harria, quoi de plus agréable qu'un moment de détente dans une piscine d'hydromassage ou au hammam ? **Thermes Elorsoro** *Udal Kiroldegia-Salle omnisports Elorrondo, 24 20180 Oiartzun Tél. 943 49 25 52 www. elorsoro.com Ouvert lun.-sam. 9h-21h, dim. 9h-14h Entrée 5,75€*

Parc naturel d'Aiako Harria

Sur les contreforts des Pyrénées, à moins de 10km de la côte, le massif d'Aiako Harria (Peña de Aia en espagnol) partage ses beaux reliefs entre le Guipúzcoa et la Navarre. Ses sommets granitiques – les monts Irumugarrieta (806m), Txurrumurru (821m) et Erroilbide (837m) – ont reçu le surnom de "Trois Couronnes". Le parc, créé en 1995, protège sur 6 145ha alpages, hêtraies et chenaies, ainsi que d'impressionnants ravins, comme celui d'Aiztondo, connu pour sa cascade de 100m de hauteur. Itinéraires de randonnée disponibles à l'OT d'Oiartzun. Tous les week-ends d'avril à octobre (et les jeudi et vendredi en été), des visites guidées sont organisées dans différents sites du parc. *Réservation (au moins 48h avant) à l'OT d'Oiartzun (Donibane, 11) Tél. 943 49 45 21 www.oarsoaldea.net*

Centro de interpretación de Arditurri Ce centre présente les mines d'argent d'Arditurri et invite à visiter de différentes façons ces impressionnantes installations souterraines, exploitées de l'Antiquité à 1985. *Accès : suivre les panneaux du parc Tél. 943 49 45 21 www.arditurri.com Ouvert juin-sept. : mar.-sam. 10h-14h et 16h-18h, dim. 10h-14h ; oct.-mai : mar.-ven. 10h-14h, sam. 10h-14h et 16h-18h, dim. 10h-14h Visite standard 4€, "aventure" 6€ Billet couplé avec l'entrée au Luberri, au musée Herri Musikaren Txokoa ou aux mines d'Arditurri 10€*

● **Explorer le parc en train** Vous parcourrez à bord du "train vert" l'"Arditurriko Bidegorria" (route d'Arditurri), du quartier d'Ergoien aux mines d'argent d'Arditurri : une manière originale de découvrir la commune d'Oiartzun et ses ressources éducatives. *Billet couplé avec l'entrée au Luberri, au musée Herri Musikaren Txokoa ou aux mines d'Arditurri 10€ (cf. Les environs d'Hondarribia, Irún). À réserver au moins 24h à l'avance à l'OT d'Oiartzun (Donibane, 11) Tél. 943 49 45 21*

LE GUIPÚZCOA

CARNET D'ADRESSES

Restauration

🍴 prix élevés

Izkiña Une maison familiale où l'on vient déguster une *ración* de fruits de mer et quelques *pintxos* marins de première fraîcheur au bar, ou s'attabler devant un poisson grillé de la mer Cantabrique (la *parrillada* maison vaut le détour). Belle cave de plus de 500 étiquettes. Ambiance assurée. À la carte, comptez 40€. *Euskadiko Etorbidea, 19 (bajo)* **Trintxerpe** *Tél. 943 39 90 43 www.restauranteizkina.com Fermé lun., mer. soir et dim. soir*

Casa Mirones Ce coquet restaurant offre la plus belle vue sur le vieux port de Pasaia. Dans l'assiette, de bons plats traditionnels, solides et bien faits, avec une préférence pour le poisson grillé et les fruits de mer. Menus du jour très corrects à 18 et 22€. Menus dégustation entre 37 et 43€. À la carte, comptez 50€. *Donibane, 80* **Donibane** *Tél. 943 51 92 71 www.casamirones.com*

Matteo Un cadre classique pour ce restaurant centenaire repris en 2002 par le jeune chef Carlos Dávalos, formé chez Arzak et Arbelaitz. On déguste à sa table une belle cuisine régionale relevée d'une pincée d'exotisme : thon mariné au sésame noir et graines germées, *kokotxas de merluza* à la mandarine... Menu dégustation à 62€. *Ugaldetxo, 11 20180* **Oiartzun** *Tél. 943 49 11 94 www.restaurantematteo.net*

★ SAN SEBASTIÁN DONOSTIA

San Sebastián-
Donostia

La ville se déploie entre les monts Urgull et Igeldo, l'îlot de Santa Clara fermant sa magnifique baie, surnommée la Concha, ou coquille, joyau de sable et d'eau turquoise. Station balnéaire en vogue au XIXe siècle, la cité s'enrichit à cette époque de grandes avenues ombragées et de superbes demeures néoclassiques, dont le palais Miramar est le plus bel emblème. Mais San Sebastián est aussi une capitale universitaire et culturelle, comme en témoigne le très contemporain palais des congrès du Kursaal, œuvre de Rafael Moneo. Un campus moderne s'étend dans ses quartiers ouest et sa vie nocturne doit autant à cette présence estudiantine qu'à son Casco Viejo, cœur d'une tradition festive qui se prolonge souvent jusqu'au petit matin. Bar à tapas, restaurants et boutiques branchées ponctuent les ruelles du quartier de Gros. Capitale gastronomique enfin, San Sebastián séduira les amateurs de bonne chère : ses tables comptent parmi les plus renommées de la province.

UN PEUPLE DE MARINS L'histoire de San Sebastián remonte au Moyen Âge. Le roi de Navarre Sanche le Sage convoite cet accès à la mer et accorde en 1174 le premier *fuero* – acte de naissance, ou de reconnaissance, de la ville. À cette époque, les Donostians, peuple de pêcheurs et de marins, excellent à traquer les baleines, toutes proches. Plus tard se développe la pêche à la morue, en même temps qu'un commerce maritime de plus en plus important. On construit des bateaux dans des chantiers côtiers dispersés entre San Sebastián et Bilbao, et l'on s'embarque pour le Nouveau Monde. En 1728 naît la Real Compañia Guipúzcoana de Navegación à Caracas – le Venezuela devenant le théâtre privilégié du grand commerce donostian. La ville s'étend alors sur l'actuel périmètre de la Parte Vieja, et se protège derrière ses remparts des incessantes attaques françaises. En 1719, elle capitule pourtant, et ce n'est qu'en 1813 que les Anglais et les Portugais parviennent à la libérer – au terme de combats sanglants et d'un gigantesque incendie qui détruit tout sur son passage. Une "Calle de 31 de Agosto" conserve le souvenir de cette terrible journée.

LE GUIPÚZCOA

Plan 7 San Sebastián/Donostia

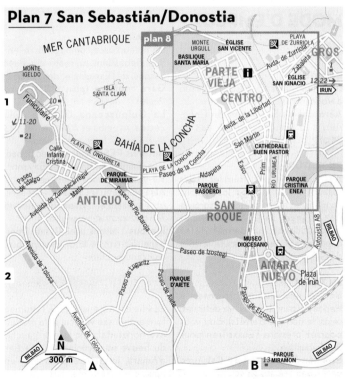

PINTXOS (n° 1)
Bar Aloña-Berri _____ **1** B1

RESTAURATION (n° 10 à 13)
Akelarre _____ **11** A1
Arzak _____ **12** B1
Branka _____ **10** A1
Miramón Arbelaitz _____ **13** B2

HÉBERGEMENT (n° 20 à 22)
Camping Igueldo ___ **20** A1
Albergue
Ondarreta La Sirena _ **21** A1
Villa Soro _____ **22** B1

LA VILLE MODERNE Le XIXe siècle s'ouvre sur une série de reconstructions qui annoncent la naissance des temps nouveaux – la ville prend alors son visage actuel. Vers 1845, la reine Isabelle II, succombant au charme du site, lance la mode des bains de mer. Pour lui offrir des établissements dignes de son rang, on construit sans répit hors de l'ancienne enceinte – démolie en 1864 – et le long de l'Urumea, sur les prairies et marécages, le long de la plage, à l'abri des monts. Le Gran Casino, actuel hôtel de ville, et des dizaines d'autres immeubles sortent de terre. En 1887, la reine Maria Cristina fait bâtir le palais de Miramar, résidence d'été de la Cour. La Concha devient une plage royale… Ces quinze dernières années, San Sebastián a renoué avec son dynamisme d'antan, accueillant de nouvelles structures résolument avant-gardistes et originales, dignes d'une station balnéaire de grand renom – le palais des congrès du Kursaal fut l'un de ces paris audacieux, tantôt décrié, tantôt plébiscité, incontournable.

MODE D'EMPLOI

accès

EN AVION
L'aéroport de San Sebastián est situé à Hondarribia.
Aéroport de San Sebastián Gabararri 5-22 **Hondarribia** Tél. 943 66 85 01

EN VOITURE
Aux nationales N1 (Irún) et N634 (Bilbao), encombrées par les camions du matin au soir, préférez l'autoroute A63 (France), l'A15 (Pampelune) et la A8 (Bilbao), qui permet de se déplacer aisément sur toute la côte du Guipúzcoa.

EN TRAIN
Un TGV relie Paris-Montparnasse à Hendaye (comptez env. 5h de trajet, selon le nombre d'arrêts), d'où vous pourrez prendre l'EuskoTren pour San Sebastián.
Estación del Norte (plan 8, C3) Paseo de Francia Tél. 902 24 02 02
EuskoTren (plan 8, B4). Calle Easo Tél. 902 54 32 10 www.euskotren.es
Renfe Cercanías (plan 8, C3) Liaisons Irún-San Sebastián. Paseo de Francía Tél. 902 24 02 02 www.renfe.es

EN CAR
De nombreuses compagnies relient San Sebastián au reste du Pays basque, de l'Espagne et de l'Europe.
Gare routière (plan 7, B2) Plaza Pio XII
La Guipúzcoana Liaisons avec Zestoa, Azpeitia et Azkoitia. Tél. 943 85 11 59 www.laguipuzcoana.net
Autobus PESA Liaisons avec Bilbao, Irún, Saint-Jean-de-Luz et Bayonne. Tél. 902 10 12 10 www.pesa.net
Alsa Nombreuses lignes en Espagne et en France. Paseo Bizkaia, 16 Tél. 902 42 22 42 www.alsa.es
Iparbus Liaisons avec Pasaia Donibane. Tél. 943 49 18 01 www.iparbus.com/herribus.htm

orientation

La ville est organisée en T, l'Urumea formant un axe vertical et la mer un axe horizontal. Sur la rive gauche du fleuve se déploient le quartier d'Amara, le Centro puis, tout en haut, de l'autre côté du boulevard, la Parte Vieja et le port ; vers l'ouest se déroulent la plage de la Concha et celle, voisine, d'Ondarreta. Sur la rive droite s'étendent le quartier de Gros et la plage de la Zurriola.

informations touristiques

San Sebastián Turismo-SST (plan 8, B2) Renseignements en français, location d'audioguides, guide virtuel bluetooth, boutique de souvenirs, centrale de réservation et billeterie. *Reina Regente, 3 Tél. 943 48 11 66 www.donostia.org Ouvert lun.-sam. 8h30-20h, dim. et fêtes 10h-14h et 15h30-19h Point info sur la plage de la Concha (l'été uniquement) Pour réserver, vous informer : www.sanse bastianreservas.com www.gipuzkoa turismo.net www.paisvascoturismo. net www.sansebastianturismo.com*

visites guidées

L'office de tourisme propose des visites guidées thématiques de la ville (en espagnol et en anglais). Au choix : "Saint-Sébastien essentielle et romantique", "Urgull, un mont avec de l'histoire"... Tarif 5€/pers. *Renseignements et réservation à l'OT*

Donosti Tour Bus touristique Visites guidées en car avec vue panoramique, commentaire disponible en français. Tarif adulte 12€, enfant 6€. *Départ et information devant le théâtre Eugenia Victoria, face à l'OT Tél. 943 44 18 27 ou www.busturistikoa.com*

San Sebastián Card Valable 5 jours, cette carte vendue 12€ (plus 1€ de caution) donne droit à 12 trajets en bus ainsi qu'à des réductions dans les musées, bars et boutiques. *Renseignements à l'OT*

circuler en ville

VOITURE

Le stationnement est difficile en ville, payant partout, réservé aux habitants dans les quartiers plus résidentiels (R peint sur la chaussée). Les parkings souterrains sont incontournables : places limitées, surtout le week-end.

BUS

Une vingtaine de lignes d'autobus urbains quadrille la ville. Le n°16 mène au pied du funiculaire du mont Igeldo et longe la promenade de la Concha, le n°36 parcourt toute la zone de San Roque jusqu'au Gros et, l'été, le n°39 dessert le mont Urgull et le Casco Viejo. Ticket 1,20€ (peut s'acheter dans le bus). *Plan-guide disponible à l'OT et sur www. dbus.es*

TAXIS

Radiotaxi Donosti *Tél. 943 46 46 46*
Vallina Teletaxi *Tél. 943 40 40 40*

TRAIN

Txu-Txu Circuit en petit train touristique d'une durée de 40min avec commentaires en français. De 11h à 21h, départ toutes les 30 min. Prix adulte 4,5€, enfant 2,5€. *Alameda del Boulevard, 25 (bajo) Tél. 943 42 29 73 www.txu-txu.com*

location de voitures

Avis *Tél. 943 46 15 56 ou 943 46 15 27*
Budget *Tél. 943 39 29 45*
Europcar *Tél. 902 10 50 30 (centrale de réservations) ou 943 32 23 04*
Hertz *Tél. 943 46 10 84*

location de vélos

De nombreuses voies cyclables sillonnent San Sebastián, profitez-en. Plan disponible à l'OT.

Bici Rent Donosti (plan 8, C1) Face à la plage, location, excursions, vente et réparation de vélos et tandems. *Avenida Zurriola, 22 (Gros) Tél. 943 27 92 60 Ouvert tlj. 10h-20h30*

Alokamoto (plan 8, B1) Location de scooters et de bicyclettes à deux pas du Casco Viejo. *Paseo de Salamanca, 13 Tél. 943 43 05 99 www. alokamoto.com*

LE GUIPÚZCOA

LE GUIPÚZCOA

Green Services Visites guidées à vélo. *Information et réservation au 943 26 05 98*
La ville propose aussi un service de location "D Bizi " du type des Vélib' parisiens, mais les démarches d'inscription sont un peu fastidieuses.

accès Internet

Ceux qui disposent d'un ordinateur personnel pourront se connecter facilement et gratuitement dans la majeure partie des hôtels et dans de nombreux bars.
Zarr@net (plan 8, C1) *San Lorenzo, 6 Tél. 943 43 33 81 Ouvert lun.-sam. 10h30-14h30 et 15h30-22h, dim. 16h-22h (été tlj. 10h-22h)*
Cibernetworld (plan 8, B2) *Aldamar, 3 Tél. 943 42 06 51 Ouvert lun.-ven. 10-0h, sam.-dim. 11h-0h www.ciber network.com*

marchés

Bretxa (plan 8, B2) L'ancien marché aux bestiaux accueille des commerces dans sa partie couverte, avec une belle offre de poisson et de charcuterie. À l'extérieur, dans la Calle San Juan, de petits producteurs viennent vendre leurs fleurs, fruits et légumes le matin. Très animé. *Alameda del Boulevard, 3 Tous les matins*
San Martín (plan 8, B3) Le marché San Martín a perdu son charme d'antan depuis sa rénovation et sa transformation en 2005 en petit centre commercial, mais il abrite encore de jolis stands de charcuterie, fruits, légumes et produits locaux au niveau de la rue, et un bel étalage de poisson au niveau inférieur. *Tous les matins*

fêtes et manifestations

Toutes les occasions sont bonnes pour faire la fête au Pays basque ; San Sebas-tián n'échappe pas à la règle ! Petite sélection des temps forts :
Tamborrada Défilé de tambours pour la fête du saint patron de la ville. Ne manquez pas la *tamborrada* de plus de 5 000 enfants ! *Du 19 janvier à minuit au 20 janvier à minuit, place de la Constitución*
Carnaval Défilé des *calderos* (chaudronniers) le premier samedi de février, danses des *inudes y artzaias* (enfants bergers et pasteurs) le samedi suivant. Le carnaval en lui-même est l'occasion d'un défilé festif multicolore et cosmopolite... *En février*
Jazzaldia La renommée du festival de jazz de San Sebastián n'est plus à faire : toute la scène internationale, de Chick Corea à James Brown, s'y produit depuis plus de 40 ans. Un incontournable de l'été. *Dernière quinzaine de juillet*
☺ **Semana Grande** Une semaine de frénésie festive : concerts, animations folkloriques, corridas, et surtout concours international de feux d'artifice chaque soir à partir de 23h, à admirer de la plage de la Concha. Magique ! *Semaine du 15 août*
Euskal Jaiak Fêtes autour de la culture basque avec, les deux premiers dimanches du mois, les Estropadak, régates de trainières dans la baie de la Concha, le principal trophée en Cantabrique. *En septembre*
Zinemaldia Le 7e art est à l'honneur à San Sebastián avec ce festival international de cinéma, suivi en octobre du festival du cinéma fantastique et de terreur et du festival du film de surf. *En septembre Tél. 943 48 12 12 www.sansebastianfestival.com*
Feria de Santo Tomás Sur la place de la Constitución, la ville célèbre ses traditions agricoles avec un grand marché fermier où la cochonaille est à l'honneur. L'occasion idéale pour goûter la *txistorra* (chorizo frais). *Le 21 décembre*

DÉCOUVRIR
La Parte Vieja, le port et le mont Urgull

☆ **Les essentiels** La vieille ville, le Paseo nuevo et le mont Urgull **Découvrir autrement** Emmenez les enfants visiter l'aquarium et le museo Naval, régalez-vous de *pintxos* dans la vieille ville, il n'y a que l'embarras du choix !
➤ **Carnet d'adresses p.347**

☆ La Parte Vieja (vieille ville)

Au pied du mont Urgull, la vieille ville (Parte Vieja ou Casco Viejo) a été largement reconstruite après le grand incendie de 1813. Dans ce rectangle parfait où bat toujours le cœur palpitant de San Sebastián, les ruelles pavées ont conservé leur tracé médiéval. On s'y retrouve pour trinquer entre amis autour d'un verre de *txikito* (vin) ou de *zurito* (bière), pour déguster les fameux *pintxos* ou faire des emplettes.

Plaza de la Constitución (plan 8, B1-B2) "La Consti", ainsi que la surnomment les habitants, est le théâtre des grandes fêtes annuelles comme la Saint-Thomas. Les numéros inscrits sur ses 147 balcons rappellent l'époque où elle était utilisée comme arène taurine – les balcons servant alors de tribunes aux aficionados. L'édifice central, de style néoclassique, abrita l'hôtel de ville jusqu'en 1947. Offrez-vous une pause à la terrasse de l'un de ses bars : ce sont les plus joyeux de la Parte Vieja.

Basílica de Santa María del Coro (plan 8, B1) Élevée en 1743 sur les restes d'une église romane, elle offre une façade baroque de style churrigueresque ornée d'une exubérante statue de saint Sébastien martyrisé et abrite une statue de la patronne de la ville, la Virgen del Coro (xvie s.). Derrière la basilique, la Plaza de la Trinidad est le cadre de jeux de force basque et de marchés d'artisanat. Des concerts de jazz y sont donnés l'été. *31 de Agosto, 46*

☺ Calle 31 de Agosto (plan 8, B1) Son nom rappelle le jour (31 août 1813) où les troupes anglo-portugaises libérèrent la ville de la domination française. Mais les "libérateurs" mirent la cité à sac avant de l'incendier… La Calle 31 de Agosto échappa par bonheur aux flammes, et l'on peut y découvrir des vestiges de la période médiévale (les maisons les plus anciennes portent les n^{os}42 et 44).

Iglesia de San Vicente (plan 8, B1) Cette austère église de style gothique, érigée de 1507 à 1570, est le plus vieux monument de San Sebastián. À l'intérieur, on admirera les voûtes sur croisées d'ogives et le beau maître-autel du xvie siècle attribué à Ambrosio Bengoechea et Joannes d'Iriarte. Depuis 1999, l'église offre son cadre à une *Pietà* signée Jorge Oteiza. *Calle San Vicente, 3 Tél. 943 42 09 55*

Museo San Telmo (plan 8, B1) Ce musée, actuellement fermé pour travaux, occupe un couvent dominicain du xvie siècle (classé en 1913) qui

LE GUIPÚZCOA

Plan 8 San Sebastián/Donostia

LE GUIPÚZCOA

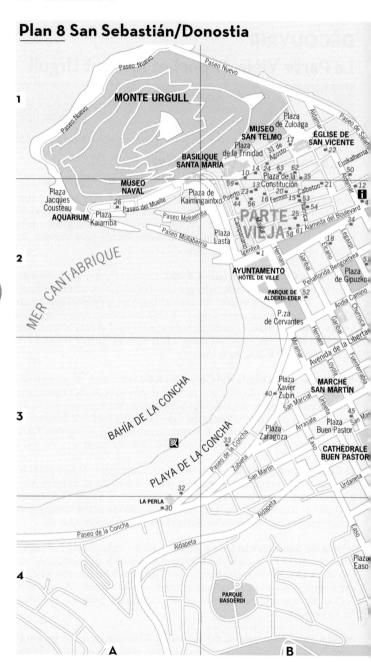

MONTE URGULL

Paseo Nuevo

Paseo Nuevo

Paseo de Salam.

Plaza de Zuloaga

MUSEO SAN TELMO

ÉGLISE DE SAN VICENTE

Plaza de la Trinidad

Aldamar

17

31 de Agosto

22

Euskalherria

BASILIQUE SANTA MARÍA

14 24 63 62

10

50

Aldamar

MUSEO NAVAL

59

Plaza de la Constitución

35

Plaza Jacques Cousteau

13

Calbeton

21

12

26

Plaza de Kaimingaintxo

Puerto 23

16 Fermin 15

53

i

AQUARIUM

Plaza Kaiarriba

Paseo del Muelle

20

Narrica

54

4

Paseo Mollaerdia

Campanario

25

PARTE VIEJA

34

Nameda del Boulevard

Paseo Mollaberria

Plaza Lasta

58 61

Iglazp

18

Elcano

5

Igenteq

1

Hernani

Garibai

Peñaflorida

Bengoetxea

Plaza de Gipuzko

MER CANTABRIQUE

AYUNTAMIENTO HÔTEL DE VILLE

Garibai

Churruca

PARQUE DE ALDERDI-EDER

52

Andia Camino

P.za de Cervantes

Hernani

Miramar

Avenida de la Libertad

Loyola

Fuenterraba

BAHÍA DE LA CONCHA

Plaza Xavier Zubin

40

MARCHÉ SAN MARTÍN

San Marcial

Urbieta

45

Plaza Zaragoza

Plaza de la Concha

33

Arrasate

Plaza Buen Pastor

Eaco

San Mar

Zubieta

Pla za Zaragoza

CATHÉDRALE BUEN PASTOR

Paseo de la Concha

PLAYA DE LA CONCHA

San Martin

Urdaneta

32

LA PERLA

30

Paseo de la Concha

Aldapeta

Plaza Easo

Aldapeta

PARQUE BASOERDI

A

B

LE GUIPÚZCOA

PETIT DÉJEUNER (n° 1)
Pasteleria Oiartzun _____ **1** B2

PINTXOS (n° 10 à 18)
A Fuego negro _____ **10** B1
Antonio Bar _____ **11** C2
Bar Haizea _____ **12** B2
Bernardo Etxea _____ **13** B2
Casa Gandarias _____ **14** B1
Egosari _____ **15** B2
Ganbara _____ **16** B2
Martínez _____ **17** B1
Meson Martín _____ **18** B2

RESTAURATION (n° 20 à 27)
Beti-Jai _____ **20** B2
Bodegon Alejandro _____ **21** B2
Casa Nicolasa _____ **22** B1
Irutxulo _____ **23** B2
La Cepa _____ **24** B1
La Muralla _____ **25** B2
La Rampa _____ **26** A2
Restaurante Kursaal _ **27** C1

**CAFÉS, BARS ET LIEUX
DE SORTIE** (n° 30 à 36)
Bataplan Disco _____ **30** A4
Be-Bop _____ **31** C1
Café La Perla _____ **32** A3
Discoteca la Rotonda _____ **33** B3
Museo del Whisky _____ **34** B2
Truk y Txurrut _____ **35** B1
Zurriola Maritimo _____ **36** C1

HÉBERGEMENT (n° 40 à 45)
Hotel de
Londres y Inglatera _ **40** B3
Kursaal _____ **41** C1
Pension Aldamar _____ **42** B2
Pension Bellas Artes _ **43** C4
Pension Edorta _____ **44** B2
Pension la Perla _____ **45** B3

SHOPPING (n° 50 à 63)
Aitor Lasa _____ **50** B1
Alboka _____ **63** B1
Barrenetxe _____ **51** B2
Bijouterie Eguzkilore _ **52** B2
Casa Otaegui _____ **53** B2
Casa Ponsol _____ **54** B2
Chocolates de Mendaro
Saint-Gerons _____ **55** C2-C3
Enbata _____ **56** B2
Euskal linge _____ **57** C3
Gelateria Boulevard _ **58** B2
Kukuxumusu _____ **59** B2
Pukas _____ **60** C1
Saski-Naski _____ **61** B2
Vinos Martínez _____ **62** B1

fut utilisé par l'armée au XIXᵉ siècle pour l'artillerie. L'église conventuelle a été décorée en 1932 par le peintre catalan José Maria Sert, le magnifique cloître Renaissance déclaré monument national en 1993 et restauré en 1999. Il faudra attendre la fin des travaux de rénovation, prévue en 2011, pour pouvoir admirer à nouveau ce musée de la culture basque, ses collections ethnographiques, sa pinacothèque (riche d'œuvres du Greco et de Rubens) et sa collection de stèles antiques. *Plaza Ignacio Zuloaga Tél. 943 48 15 80 www.museosantelmo.com*

● **Où acheter un béret basque ?** Cette chapellerie fondée en 1838 est la plus ancienne de la ville. Spécialisée dans les bérets (*txapela*) et les panamas, elle connaît bien son affaire ! **Casa Ponsol (plan 8, B2)** *Narica, 4 Tél. 943 42 08 76 Ouvert lun.-sam. 9h30-13h et 16h30-20h*

● **Où trouver des produits régionaux ?** Une boutique tenue par des passionnés des bons produits à l'origine contrôlée ! Vaste choix de conserves, de fromages, d'*embutidos* ibériques et d'*alubias* (haricots). **Aitor Lasa (plan 8, B1)** *Aldamar, 12 Tél. 943 43 03 54 Ouvert 8h30-14h et 17h-20h*

● ☺ **Où déguster du vin ?** Vous ne connaissez pas les vins basques ? Dans cette cave, vous goûterez les meilleurs crus de la région. **Vinos Martínez (plan 8, B1)** *Narrika, 29 Tél. 943 42 08 70 Ouvert lun.-sam. 9h-14h et 16h30-20h30, dim. 12h-14h*

● **Où faire des achats dans les rues piétonnes ?**
☺ **Kukuxumusu (plan 8, B2)** Une marque 100% régionale qui séduit avec ses vêtements aux couleurs vives décorés de croix basques, de brebis ou de petits personnages rigolos. La bonne adresse si l'on souhaite rapporter des cadeaux originaux aux enfants (gourdes, couverts, sacs, gadgets). *Mayor, 21 Tél. 943 42 11 84 www.kukuxumusu.com Ouvert lun.-sam. 10h-20h30, dim. (juin-sept.) 11h-20h*
Saski-Naski (plan 8, B2) Une ravissante boutique où l'on peut acheter du linge basque, des vêtements traditionnels et de beaux objets artisanaux. *Alameda del Boulevard, 24 Tél. 943 42 28 91 Ouvert lun.-sam. 10h-13h30 et 16h-20h*
Alboka (plan 8, B1) Un magasin où l'on trouvera à coup sûr son bonheur : grand choix de souvenirs, artisanat basque, lainages et de superbes marionnettes en bois. *Plaza de la Constitución, 8 Tél. 943 43 63 00 Ouvert lun.-sam. 10h-13h et 16h-20h*
☺ **Enbata (plan 8, B2)** Au cœur de la Parte Vieja, une adresse pour les amateurs de vêtements marins, de maquettes de bateaux, etc. Les grenouillères sont irrésistibles ! *Mayor, 14 Tél. 943 42 47 97 Ouvert lun.-sam. 10h-13h et 16h-20h*

● **Où goûter la *pantxineta* ?** Depuis 1886, la famille Otaegui régale les Donostiarras de ses excellents tourons artisanaux et, surtout, de sa fameuse *pantxineta* (feuilleté à la crème pâtissière). **Casa Otaegui (plan 8, B1)** *Narrica, 15 Tél. 943 42 56 06 www.pasteleriaotaegui.com Ouvert 9h30-14h et 17h-20h*

● **Où grignoter des *pintxos* ?**
Bernardo Etxea (plan 8, B2) Ce restaurant de poisson et de fruits de mer décline le jambon ibérique dans un bel assortiment de *pintxos*. Goûtez aussi la

Danse traditionnelle, village de Legazpi (p.377), province de Guipúzcoa.

tartelette à la morue flambée. *Puerto, 7 Tél. 943 42 20 55 www.bernardoetxea. com Fermé mer. soir et jeu.*

Egosari (plan 8, B2) Le soir, il faut jouer des coudes dans ce bar qui ne désemplit pas. Si vous parvenez jusqu'au comptoir, commandez vite le meilleur *pintxo* de la maison, la brochette "terre-mer" composée de crevettes, bacon et cèpes. Le très bon restaurant basque du sous-sol sert un délicieux *txangurro* (tourteau). *Fermín Calbetón, 15 Tél. 943 42 82 10 Fermé mer. et jeu. soir*

A Fuego negro (plan 8, B1) Un bar *caliente* décoré de rouge vif, où le *pintxo* se fait innovant, esthétique, dans un esprit "fusion". Goûtez les brochettes de poulpe et le *chicharro, queso de oveja e menta* (chinchard et fromage de brebis). *31 de Agosto, 31 Tél. 650 135 373 www.afuegonegro.com Fermé lun.*

Casa Gandarias (plan 8, B1) L'une des adresses les plus conviviales d'une rue emblématique de la vieille ville où la concurrence est rude. Les *pintxos* sont simples, sans façon, d'une fraîcheur irréprochable. Beau choix de charcuterie. Nous vous recommandons les champignons au jambon à la sauce à l'ail. *31 de Agosto, 23 Tél. 943 42 63 62 www.restaurantegandarias.com Ouvert tlj.*

Martínez (plan 8, B1) Dans un cadre un peu impersonnel réchauffé par l'affluence des fidèles, voilà un classique du genre, où l'on dégustera les meilleurs *pintxos* au poisson de la ville. *31 de Agosto, 12 Tél. 943 42 49 65. Ouvert tlj.*

Ganbara (plan 8, B2) Il y a tant d'assiettes sur le comptoir que l'on ne saurait dire s'il est en bois ou en zinc ! Cette adresse réputée est très pro. Brochettes variées, mini-croissants au jambon et un *pintxo* star, le *hojaldre de Txistorra* (feuilleté à la saucisses *txistorra*). *San Jerónimo, 21. Tél. 943 42 25 75 Ouvert tlj.*

Bar Haizea (plan 8, B2) Un café charmant à deux pas du marché de la Bretxa. Parmi les spécialités de *pintxos* chauds, signalons les bajoues de porc ibériques aux cèpes. *Aldamar, 8 Tél. 943 42 57 10 Fermé dim.*

Le port et ☆ le mont Urgull

Sur le port, au pied du mont Urgull, se dresse un Christ immense, bras déployés. En longeant les quais, on observe les derniers chalutiers encore armés, les caisses débordant de poisson empilées le long de la criée. Soudain, on débouche sur la mer, derrière l'aquarium. Au rythme du ressac, on contourne le mont jusqu'à l'embouchure de l'Urumea, au nord de la vieille ville. Sur l'autre rive se découpent les "cubes" de verre du fameux Kursaal. Arrivé là, on pourra continuer de l'autre côté du pont, ou bien poursuivre en direction de la plage de la Zurriola et admirer les évolutions des surfeurs. Ou encore traverser la vieille ville, y flâner de bar en bar, et emprunter la promenade de la Concha jusqu'à la plage d'Ondarreta, d'où l'on prend le funiculaire pour le mont Igeldo.

Aquarium (plan 8, A2) Créé en 1926 et totalement rénové en 1998, l'aquarium de San Sebastián convie à un sympathique voyage aquatique. Les enfants adoreront plonger la main dans la vasque tactile et traverser le *tiburonario*, un tunnel aux parois transparentes qui livreront à leur regard requins taureaux (Txuri et Kontxita), raies, et toute une bande de drôles de poissons. *Plaza Carlos Blasco di Imaz, 1 Tél. 943 44 00 99 www.aquariumss.*

● VESTIGES PANORAMIQUES

Dire que la citadelle militaire du mont Urgull est aujourd'hui un paisible lieu de promenade ! On peut y voir les restes des fortifications et du château de Santa Cruz de la Mota, élevé là au XIIe siècle par le roi don Sancho de Navarre. Les canons postés sur les tours de guet rappellent que San Sebastián fut une ville fortifiée du XIIe au XIXe siècle. La statue du Sacré-Cœur qui coiffe la colline depuis 1950 est devenue l'un des emblèmes de la cité. ☆ ☺ **Mont Urgull (plan 8, A1)** *Accès à pied ou par le bus 39*

com *Ouvert tlj. 10h-19h (sam.-dim. et j. fér. jusqu'à 20h, en juil.-août jusqu'à 21h) Tarif 10€, réduit 8€, 4-12 ans 6€*

Museo Naval (plan 8, A2) Cité de commerçants et de pêcheurs, San Sebastián entretient une relation forte avec la mer. Dans un entrepôt du XVIIe siècle, ce musée retrace sept cents ans d'histoire navale basque : maquettes, instruments de navigation et de pêche (reconstitution d'une chaloupe baleinière). Pédagogique, à la fois simple et complet. *Paseo Muelle, 24 Tél. 943 43 00 51 www.gipuzkoakultura.net Ouvert mar.-sam. 10h-13h30 et 16h-19h30, dim. et fêtes 11h-14h Tarif 1,20€, réduit 0,60€ Gratuit pour les moins de 10 ans Entrée libre jeu.*

☆ ☺ **Paseo Nuevo (plan 8, A1)** Derrière l'aquarium, contournant le mont Urgull, le Paseo Nuevo déroule un lieu de promenade à l'écart de la frénésie urbaine. Les jours de forte houle, en particulier lors de l'équinoxe d'automne (en septembre), les plus hardis vont y défier les vagues spectaculaires qui grimpent à l'assaut des rambardes. Certains préféreront sans doute admirer l'œuvre de Jorge Oteiza (autre sculpteur basque emblématique) : *Construcción vacía* ("construction vide").

Cimetière des Anglais (plan 8, A1) Créé en 1924 sur le versant nord du mont Urgull, ce cimetière est un site des plus romantiques. Face à la mer, dans un silence souverain, vous profiterez au fil de ses allées d'un panorama inoubliable.

● **Découvrir la ville de la mer** Promenades en mer à bord du *Ciudad San Sebastián* : contournement du mont Urgull et de l'île Santa Clara, cabotage dans la baie de la Concha. ***Ciudad San Sebastián (plan 8, A2)*** *Paseo del Muelle Tél. 943 27 80 19 Sorties juil.-mi-sept. : tlj. à 12h, 13h, 16h, 17h, 18h, 19h et 20h ; avr.-juin et sept.-oct. : seulement le week-end (et si le temps le permet) Tarif 7€, enfant 4€*

Le front de mer et les plages

☆ **Les essentiels** La plage de la Concha **Découvrir autrement** Échappez-vous sur l'île de Santa Clara en été, baignez-vous en famille à la plage d'Ondaretta, initiez-vous au surf à la plage de Zurriola

➤ Carnet d'adresses p.347

Ayuntamiento (plan 8, B2) Au bout de la promenade de la Concha, l'élégante architecture Belle Époque de l'hôtel de ville (1887) rappelle que l'édifice abrita d'abord le casino municipal. Avant sa fermeture, en 1927, nombre de personnalités foulèrent les tapis de ses splendides salons de jeu, parmi lesquelles Trotsky, Sarah Bernhardt, Mata-Hari et le roi des Belges, Léopold II. À deux pas, les jardins Alderdi-Eder sont noirs de monde en fin d'après-midi.

Parque de Miramar (plan 7, A1) Entre la plage de la Concha et celle d'Ondarreta, sur les collines du Pico del Loro, ces beaux jardins ont été dessinés par le Français Pierre Ducasse, autour d'un palais de briques rouges – le Palacio de Miramar, construit à l'époque de la reine Maria Cristina pour être la résidence d'été de la Cour. Au détour des sentiers, on découvre une vue magnifique sur la baie.

Île de Santa Clara (plan 8, B2) En été, on peut accéder à cet îlot haut de 48m dressé au milieu de la baie de la Concha, pour y boire un verre, y pique-niquer, ou bien se baigner au pied des rochers, sur son minuscule – mais agréable – banc de sable. C'est, en somme, la quatrième plage de San Sebastián…

Bateau-navette Seul moyen de rejoindre l'île, cette navette circule de juin à septembre (départ toutes les 30min environ de 10h à 20h30). *Caseta del Puerto Parte Vieja Tél. 943 00 04 50*

● **Où trouver un surf-shop ?** La boutique d'origine, dans les rues piétonnes de la Parte Vieja, se faisait trop petite pour satisfaire les besoins de la planète surf donostienne. Depuis l'expansion de la Zurriola, voilà donc un "temple" de la glisse tout neuf où les surfeurs de la ville viennent s'équiper entre deux vagues. Également des cours de surf. **Pukas (plan 8, C1)** *Avda Zurriola, 24 Tél. 943 320 068 www.pukassurf.com*

● ☺ **Où acheter un bijou original ?** L'*eguzkilore* est un porte-bonheur que les habitants des campagnes basques accrochent sur leur porte pour les protéger des sorcières et du mauvais sort. À défaut d'acheter ce chardon, aujourd'hui protégé, vous craquerez pour des bijoux qui reproduisent la fameuse "fleur du soleil" : boucles d'oreilles, pendentifs, broches et même pin's en or ou argent. **Bijouterie Eguzkilore (plan 8, C1)** *Hernani, 13 Tél. 943 43 15 58*

● **Où prendre le petit déjeuner en terrasse ?** Derrière l'hôtel de ville, cette pâtisserie propose les meilleures viennoiseries de San Sebastián. À déguster comme les habitués, accoudé au bar devant un *café con leche*, ou en terrasse, où se pressent les touristes. Les pâtisseries et les chocolats sont excellents (essayez le gâteau basque), comme les spécialités régionales (tuiles de Tolosa, *rellenas* de Bergara). **Pasteleria Oiartzun (plan 8, B2)** *Calle Igentea*

● **Où boire un verre en terrasse ?** La plus jolie terrasse de la ville, idéale pour siroter un cocktail ou un jus de fruit en contemplant la baie. On

LE GUIPÚZCOA

y mange aussi sur le pouce à toute heure. À moins de se laisser tenter par le menu dégustation de son restaurant. **Café La Perla (plan 8, A3)** *Paseo de la Concha Tél. 943 45 88 56 www.la-perla.net Ouvert tlj. 8h-23h Service restaurant 13h-16h et 21h-23h Fermé dim. soir, lun. et mar. soir d'oct. à mars Terrasse ouverte de mai à oct.*

● **Où grignoter des *pintxos* ?** Quelques pâtés de maisons en retrait de la plage de la Zurriola, poussez les portes de ce temple de la "haute cuisine en miniature" : saveurs raffinées, produits et présentation irréprochables. On goûtera en priorité l'espuma de Mar (pomme de terre violette, brandade de morue, algues et œufs de truite) et la *txirrista* à base de courgettes, foie gras et chinchards. **Bar Aloña-Berri (plan 7, B1)** *Bermingham, 24 (Gros) Tél. 943 29 08 18 www.alonaberri.com Fermé dim. après-midi, lun.*

● **Aller à la plage**

☆ ☺ **La Concha (plan 8, A3)** La "plage royale" n'a rien perdu de sa superbe : urbaine, animée, c'est la plage à la mode. S'y côtoie un public hétéroclite : les habitués font leur jogging, les anciens discutent, les jeunes jouent au volley-ball, les adeptes du soleil bronzent. Magnifique à marée basse, offrant une baignade tranquille (attention tout de même aux zones rocheuses à ses extrémités), elle se réduit à une bande de sable à marée haute. Toilettes publiques (propres) sous les arcades.

Ondarreta (plan 7, A1) Située à l'ouest de la baie, c'est la plage familiale par excellence, comme le confirment ses nombreux équipements (rampes d'accès pour les poussettes, douches adaptées, clubs de jeux pour les enfants). L'ambiance y est beaucoup plus relax que sur la Concha. À l'écart du cœur de la ville, elle déroule un espace de détente idéal. Le long de l'avenue Satrustegui, les enfants dégusteront avec bonheur un goûter ou une glace à l'ombre des jardins publics.

Zurriola (plan 8, C1) Sur la rive droite du fleuve, à l'est de la Parte Vieja, balayée par les vents, soumise à une forte houle, la plage de la Zurriola est la préférée des surfeurs et des jeunes de la ville. Réaménagée en 1993, elle est dominée par les structures avant-gardistes du palais des congrès et de l'auditorium du Kursaal, deux cubes de verre translucide, symboles du renouveau de San Sebastián, qui accueillent tous les grands événements culturels de la ville.

● ☺ **Se détendre dans des bains de bulles** Un centre de thalassothérapie pour évoluer dans une eau à 30°C en contemplant la mer ! Les anciens thermes ont laissé place à un centre de thalassothérapie de près de 4 500m² voué à la remise en forme, avec une belle offre de soins, de massages et de prestations esthétiques. Le week-end, pensez à réserver. **Centre de thalasso-sport La Perla (plan 8, A4)** *Paseo de la Concha Tél. 943 45 88 56 www.la-perla.net Ouvert tlj. 8h-22h*

● **Surfer sur la vague** Le spot de surf de la ville est situé sur la plage de la Zurriola. Le swell y rentre à plein... On peut également y pratiquer du bodyboard sans danger. On peut prendre des cours de surf toute l'année sur la plage de la Zurriola. *Informations à l'OT et à Bera Bera (club sportif) Travesía Rodil, 8 Tél. 943 29 12 92 www.berabera.com*

La ville moderne et le mont Igeldo

☆ **Les essentiels** Le mont Igeldo **Découvrir autrement** Allez admirer le *Peigne du vent* de Chillida, empruntez le funiculaire pour monter au sommet du mont Igeldo ➤ **Carnet d'adresses p.347**

Le Centre

El Centro, ou barrio romántico, est le cœur commerçant de la ville. Au tournant des xixe et xxe siècles s'y épanout le "modern style" de la Belle Époque, révélant un autre visage de San Sebastián, d'inspiration française celui-là. Impossible de résister au charme de la Plaza de Guipúzcoa, où se dresse le palais néoclassique de la Députation. Les Donostiarras déambulent sous ses élégants portiques et profitent de la quiétude de son joli jardin botanique, à l'énigmatique horloge florale. Les rues piétonnes (Churruca et Guetaria) débouchent sur la petite place ronde de Bilbao. À deux pas, ne manquez pas les surprenants édifices modernistes de la Calle Prim (n°17 et 28).

Catedral del Buen Pastor (plan 8, B3) De style néogothique germanique, la cathédrale du Bon-Pasteur fut édifiée à la fin du xixe siècle avec des pierres extraites du mont Igeldo. Sa tour de 75m domine un quartier très commerçant. Sur sa façade, on admirera la Croix de la Paix d'Eduardo Chillida. *San Martín Tél. 943 46 45 16*

Centro Cultural Koldo Mitxelena (plan 8, B3) Conçu par Ramon Cortazar et Luis Elizalde à la fin du xixe siècle, ce centre, qui porte le nom d'un éminent linguiste basque, accueille toute l'année des expositions d'art contemporain. *Urdaneta, 9 Ouvert mar.-sam. 10h30-14h et 16h-20h30 Tél. 943 11 27 60 ou 943 11 27 50*

Museo Diocesano (plan 7, B2) La Sagrada Familia d'Amara abrite la collection d'art sacré du diocèse de Saint-Sébastien. Pièces d'orfèvrerie, sculptures, peintures (dont un saint François peint par le Greco)… le fonds met en évidence l'importance du sentiment religieux au Pays basque du Moyen Âge au xxe siècle. *Sagrada Familia, 11 Tél. 943 47 23 62 www.elizagipuzkoa.org Ouvert mar.-sam. sur rdv Entrée libre Visite sur réservation*

Parque de Aiete (plan 7, B2) Site romantique, déployé sur une colline retirée, le parc d'Aiete fut dessiné par le Français Pierre Ducasse. Le palais construit en 1878 pour les ducs de Bailén accueillit quelque temps le roi Alfonso XIII et son épouse, puis Franco. Le parc est devenu public en 1977, pour le bonheur des habitants qui profitent, depuis lors, de ses plans d'eau et de ses essences variées.

● **Où acheter quelques douceurs ?**

☺ **Barrenetxe (plan 8, B2)** Une patisserie historique – elle ouvrit ses portes en 1699 ! –, sans conteste la meilleure de la ville pour déguster les spécialités locales aux amandes (*txintorros, donostarrias*) ou l'une des 35 variétés de pain proposées. On prendra aussi avec plaisir un goûter gourmand ou un

LE GUIPÚZCOA

petit déjeuner dans ce décor Belle Époque au charme suranné. Service stylé et sympathique. *Plaza Guipúzcoa, 9 Tél. 943 42 44 82 www.barrenetxe.net Ouvert tlj. 8h-20h30*

Chocolates de Mendaro Saint-Gerons (plan 8, C2-C3) La famille Saint-Gerons, basco-française, régale les amateurs de chocolat depuis 1850. Cette boutique du *barrio romántico* fourmille d'idées de cadeaux gourmands. Les assortiments de turrones et les *trozos* (lamelles de chocolats variés) sont irrésistibles : impossible de sortir du magasin les mains vides... *Etxaide, 6 Tél. 943 42 48 04 www.chocolates demendaro.com Ouvert lun.-ven. 9h30-13h30 et 16h30-20h, sam. 10h-14h*

● **Où acheter du linge basque ?** Le linge de maison est un élément fort de la culture basque. La marque Euskal linge prouve que tradition peut rimer avec modernité en déclinant une gamme de nappes, draps, torchons et linge de toilette aux couleurs acidulées. Les produits haut de gamme d'un vrai savoir-faire. **Euskal linge (plan 8, C3)** *Getaria, 20 Tél. 943 42 90 52 www. euskal-linge.com Ouvert lun. 16h-20h, mar.-sam. 10h13 et 16h-20h*

● **Où savourer une glace ?** Sous les arcades, le plus grand choix de glaces de la ville. Parfums classiques, spécialités gourmandes ou adaptées aux diabétiques, à emporter en cornet ou en pot et à déguster tranquillement près du kiosque romantique de l'avenue. **Gelateria Boulevard (plan 8, B3)** *Avenida de la Libertad, 34 Tél. 943 43 15 23*

● **Où manger des *pintxos* ?**
Meson Martín (plan 8, B2) Commandez un verre de txakoli, grignotez un *pintxo* de calamar au jambon ibérique, une brochette de poisson ou quelques gambas grillées... Ce bar spacieux à l'ambiance familiale ne vous décevra pas. *Elkano, 7 Tél. 943 42 28 66 www.mesonmartin.com Fermé dim.*

Antonio Bar (plan 8, C2) Ce petit bar ne paie pas de mine, mais ses créations gastronomiques ont été récompensées par le "label basque de qualité" et il mérite le détour. Spécialités : *pintxos* à base d'anchois et de piments verts (doux) ou foie gras grillé avec sauce à l'oignon. *Bergara, 3 (bajo) Tél. 943 42 98 15 Fermé dim.*

☆ Le mont Igeldo

☺ *Le Peigne du vent* **(plan 7, A1)** À l'ouest de la plage d'Ondarreta, au bout de la promenade, on découvre une œuvre saisissante du sculpteur Edouardo Chillida (1924-2002). Au pied du mont Igeldo, là où, enfant, il aimait contempler les éléments déchaînés, l'artiste a installé en 1977 la sculpture *Peine del Viento* : trois pièces d'acier accrochées aux rochers sur lesquelles les vagues se brisent avec force. Aujourd'hui, l'ensemble fascine toujours.

☺ **Funiculaire (plan 7, A1)** Le plus vieux funiculaire du Pays basque (il fut inauguré en 1912) reste le meilleur moyen d'accès au sommet du mont Igeldo (le mont "froid") et à son point de vue imprenable. Les wagons, qui ont conservé leur carrosserie en bois d'origine, gravissent les 312,50m de voies en moins de 4min. Une balade hautement pittoresque ! *Plaza del Funicular, 4 Départ tous les 15min, horaires variables Renseignements www. monteigueldo.es ou Tél. 943 21 35 25 Billet AR 2,30€, enfant 1,70€*

● **S'amuser en famille** C'est en 1911 que naît l'idée d'installer un parc de loisirs sur le mont Igeldo. D'abord dédié au casino, le site accueille en 1925 des attractions mécaniques à destination des enfants : montagne suisse, rivière mystérieuse, labyrinthe... Ces joies d'un autre temps ont aujourd'hui un parfum suranné qui amuse surtout les parents. L'accès au parc est libre, mais chaque attraction coûte de 1 à 2€. **Parc d'attraction (plan 7, A1)** *Paseo del Faro, 134 Tél. 943 21 35 25*

Les faubourgs

Miramón Kutxaespacio de la Ciencia (hors plan 7 par B2) Le parc

des Sciences Miramón est un musée interactif destiné au jeune public – pour preuve, son credo "interdit de ne pas toucher". Fort d'un planétarium multimédia et d'un observatoire astronomique, il propose des attractions éducatives regroupées en aires thématiques (le Vaisseau Terre, le Monde mécanique, Jeux de lumière, etc.). *Paseo Mikeletegi, 43-45 (bus 28, 31 et 35) Tél. 943 01 24 78 www.miramon.org Ouvert jan.-juin et sept.-déc. : mar.-ven. 10h-19h, sam.-dim. et fêtes 11h-19h ; juil.-août : lun.-ven. 10h-20h, sam.-dim. et fêtes 11h-20h Tarif 3,50€, réduit 2,50€ Entrée musée + planétarium 9,50€*

● MINI, MINI, MINI...
Les jardins du Miramón Kutxaespacio présentent le Guipúzkoa en miniature, grâce à des maquettes reproduisant des monuments emblématiques, comme les sanctuaires de Loyola et d'Arantzazu, et l'université d'Oñati.

Museo Cemento Rezola (hors plan 7 par A2) Ce musée original, installé sur le site d'une

cimenterie, veut redorer l'image de cette industrie en présentant son matériau – le ciment –, de sa fabrication à son utilisation dans l'ingénierie, l'architecture et l'art. *Añorga, 36 Tél. 943 364 192 www.museumcemento.rezola.net Ouvert mar.-dim. 10h-14h (sam. 17h-20h) ; juil.-août : tlj. 10h-14h et 17h-20h Entrée libre*

LE GUIPÚZCOA

Les environs de San Sebastián

☆ **Les essentiels** Le musée Chillida-Leku à Hernani **Découvrir autrement** Rendez-vous au Sagardo Etxea d'Astigarraga pour en savoir plus sur le cidre ➤ **Carnet d'adresses p.347**

Hernani et ses alentours

À 10km de San Sebastián, au pied du mont Santa Bárbara, cette banlieue un peu triste recèle un important patrimoine architectural qu'il serait dommage de négliger : en témoignent son Casco Viejo, l'église San Juan Bautista et le couvent San Agustín. Mais Hernani abrite surtout le musée Chillida-Leku, un véritable trésor. *Accès par la GI131 (San Sebastián), la GI2132 (Bilbao) ou l'autobus G1 www.autobusesgarayar.es*

☆ ☺ **Musée Chillida-Leku** "Un jour, j'ai rêvé de trouver un lieu assez vaste pour y installer mes sculptures, parmi lesquelles les gens se promèneraient comme dans un bois." Un rêve devenu réalité pour ce sculpteur né le 10 janvier 1924 à San Sebastián et mort en 2002. Eduardo Chillida consacra les dernières années de sa vie à aménager cette propriété de 12ha sur laquelle sont disséminées plus de 40 monumentales sculptures de pierre et de fer. Dans l'imposante bâtisse – une ferme du XVIe siècle –, restaurée avec le concours de l'architecte Joaquín Montero, sont exposées des œuvres de petite taille et des dessins. *Caserio Zabalaga, Bario Jáuregui, 66 20120* **Hernani** *(à une dizaine de kilomètres au sud de San Sebastián par la N1 Lasarte-Oria et la GI2132) Accès par l'autobus G2 San Sebastián-Hernani-Andoain, arrêt Oquendo Tél. 943 33 60 06 www.museochillidaleku.com Ouvert juil.-août. : lun.-sam. 10h30-20h, dim. 10h30-15h ; sept.-juin : mer.-dim. 10h30-15h Tarif 8,50€, réduit 6,5€, moins de 12 ans gratuit Visites guidées tlj. 5,50€ Audioguide 4€*

Astigarraga, la route du cidre

Vous l'ignorez peut-être, mais c'est au Pays basque qu'est né le cidre, la Normandie se contentant de l'importer au Moyen Âge. À la fin du XIVe siècle, la région produisait en grande quantité ce vin de pomme à la saveur si particulière. Après des décennies difficiles, le cidre basque fait l'objet d'un nouvel engouement. Si certains parlent d'un rite, le *txotx* (se prononce "tchotch", signifie "petite branche d'arbre" et désigne ce qui bouche l'orifice du tonneau) est avant tout un art. Devant le tonneau, il faut recueillir le liquide mousseux sous pression dans un verre bas très fin. Deux doigts, pas plus, pour éviter l'évaporation du gaz. À déguster d'un trait, pour apprécier son goût unique. *20115* **Astirraga** *À 10km environ au sud-est de Donostia par la GI131*

☺ **Sagardo Etxea-musée du Cidre basque** Une exposition didactique, du verger au pressoir, pour tout connaître des secrets de fabrication du *sagardo* (cidre) basque. La dégustation dans la boutique est un grand moment : il faut un peu d'entraînement pour remplir son verre sans tremper ses chaussures... Le musée fonctionne à plein régime

Cidreries

Le Pays basque a inventé le cidre, bien avant la Normandie.

Larraldea (Lekaroz)	231
Kixkia (Ochagavia)	237
Asador Sidreria Erri Berri (Olite)	272
Sidrería Gartziategi (Astigarraga)	346
Rezola (Astigarraga)	347
Cidrerie Arginaga (Orio)	355
Pension Txiki Polit (Zarautz)	357
Cidrerie Txindurri-Iturri (Itziar)	369

à la saison de la production, de janvier à avril. *Nagusia, 48 20115* **Astigarraga** *Tél. 943 55 05 75 www.sagardoetxea.com Ouvert mai-sept. : mar.- sam. 11h-13h30 et 16h-20h ; oct.-avr. : mar.-ven. 15h-19h30, sam. 11h-13h30 et 16h-19h30, dim. 11h- 13h30. Entrée 3,50€, gratuit moins de 10 ans*

● Où manger dans une cidrerie ?

☺ **Sidrería Gartziategi** Cette cidrerie traditionnelle (ouverte hélas seulement à la saison du *txotx*) du XVIe siècle est la plus ancienne d'Astigarraga. *Martutene Pasalekua, 139 20115* **Astigarraga** *Tél. 943 46 96 74 www.gartziategi.com Ouvert jan.-avr. Vente de cidre toute l'année*

Rezola Une cidrerie ouverte toute l'année où l'ambiance bat son plein chaque fin de semaine. Menu traditionnel avec de très bons produits préparés de façon simple et gourmande. Comptez 26-27€ le menu complet, boisson incluse. *Santio Zaharra 20115* **Astigarraga** *Dans le village, au feu à droite puis deuxième route sur la gauche en montant Tél. 943 55 66 37, 943 55 27 20 ou 908 14 33 32 Fermé lun.*

CARNET D'ADRESSES

Lieux de sortie

Bars

☺ **Be-Bop (plan 8, C1)** Un jazz-bar où l'on vient siroter une bière en fin d'après-midi, et assister à quelques concerts en fin de semaine. Décor chaleureux, tendance cosy, ambiance détendue. L'une des meilleures adresses pour les quadras. *Paseo de Salamanca, 3* **Parte Vieja** *Tél. 943 42 98 69 Ouvert tlj. 15h30-5h*

Truk y Txurrut (plan 8, B1) Deux bars animés du matin au soir sur la place phare des nuits donostiarras. *Plaza de la Constitución* **Parte Vieja**

Museo del Whisky (plan 8, B2) En exposition, une collection de plus de 3 000 bouteilles en provenance du monde entier. À la carte, 200 références qui feront la joie des amateurs de bourbon et d'ambiance feutrée. *Alameda del Boulevard, 5* **Parte Vieja** *Tél. 943 42 64 78 www. museodelwhisky.com*

Clubs

Discoteca la Rotonda (plan 8, B3) Un classique inoxydable, au point de vue exceptionnel sur la plage de la Concha. *Paseo de la Concha, 6* **Centro** *Tél. 943 42 90 95 www.rotondadisco.com*

Bataplan Disco (plan 8, A4) Un lieu de nuit à la déco "pop" qui attire les jeunes avec une programmation trendy et des fêtes en terrasse qui se donnent des airs d'Ibiza. *Paseo de la Concha* **Centro** *Tél. 943 47 36 01 www. bataplandisco.com*

Zurriola Maritimo (plan 8, C1) Sur la plage de la Zurriola, ce lieu polyvalent, animé du matin au soir, a les faveurs des jeunes et du gratin des surfeurs locaux. *Avenida de la Zurriola, 41* **Gros** *Tél. 943 29 78 53*

Restauration

Tradition, innovation et passion : San Sebastián réserve aux gastronomes de succulents moments. Les prix sont élevés (30-40€/pers. en moyenne), mais les assiettes sont généreuses et les produits irréprochables. Pour manger à petits prix, et déguster de bons produits sans vous ruiner, privilégiez les bars à *pintxos*. Les menus du jour proposés par de nombreux restaurants offrent aussi une bonne solution, équilibrée et peu onéreuse – autour de 10€, avec entrée, plat, dessert et boisson.

🍴 petits prix

☺ **Bodegon Alejandro (plan 8, B2)** Quelques marches et l'on s'engouffre, au sous-sol, dans l'une des deux petites pièces du lieu, parmi les photos de famille, ou de pêcheurs et de boxeurs des temps passés. À midi en semaine (sauf en juillet et en août), excellent menu du jour à 15€, boisson incluse. Le soir, toute l'année, menu

LE GUIPÚZCOA

LE GUIPÚZCOA

à 35€ environ. Une adresse dont le propriétaire est l'incontournable chef Martín Berasategui (cf. Prix élevés, Restaurante Kursaal et Restauration dans les environs), qui y a fait ses premiers pas. *Fermín Calbetón, 4* **Parte Vieja** *Tél. 943 42 71 58 Fermé dim.-mar. le soir*

⑪ prix moyens

Irutxulo (plan 8, B2) Irutxulo, c'est le nom que donnaient jadis les pêcheurs à San Sebastián. Pas étonnant que ce restaurant spécialisé dans les *parrilladas* de fruits de mer l'ait choisi ! Boiseries, ambiance rétro avenante. Menu plus que correct à 17€ le soir. *Puerto, 9* **Parte Vieja** *Tél. 943 42 87 45 Ouvert 13h-15h et 20h-23h*

La Cepa (plan 8, B1) Un bar au décor original apprécié pour son assortiment de *pintxos* et un restaurant qui propose un très bon jambon de Jabugo, des *cazuelitas* de poulpe (cassolettes), de la queue de bœuf et, en saison, du gibier (ragoût de cerf, perdrix). *31 de Agosto, 7-9* **Parte Vieja** *Tél. 943 42 63 94 www.barlacepa.com Ouvert 13h-15h et 20h-23h*

La Muralla (plan 8, B2) Derrière une façade discrète, ce petit restaurant au décor sage propose des menus d'un rapport qualité-prix imbattable. Une cuisine moderne et inventive : riz crémeux aux seiches et champignons sauce foie gras, brochette de lotte et langoustines aux pommes de terres confites et vinaigrette au piment doux, infusion de fruits rouges et glace au yaourt. Menus à 23 et 35€. L'entreprenant chef Iñigo Bozal tient aussi La Fabrica (Puerto, 17). *Embeltràn, 3* **Parte Vieja** *Tél. 943 43 35 08 www.restaurantelamuralla.com Ouvert 13h-15h30 et 20h30-23h Fermé dim., mer. soir et deux semaines en déc.*

Et aussi...

Une pause *pintxos*

Bernardo Etxea	336
Egosari	338
A Fuego negro	338
Casa Gandarias	338
Martínez	338
Ganbara	338
Bar Haizea	338
Bar Aloña-Berri	342
Meson Martín	344
Antonio Bar	344

Une pause gourmande

Casa Otaegui	336
Pasteleria Oiartzun	341
Barrenetxe	343
Gelateria Boulevard	344

⑪ prix élevés

☺ **La Rampa (plan 8, A2)** Sur le port, au premier rayon du soleil, les tables sortent les unes après les autres, et, sur leurs nappes à carreaux, on mange d'excellents poissons *a la plancha*, des fruits de mer ultrafrais, servis avec le sourire. Le soir, il faut y déguster les spécialités iodées de la région : ration de *txopitos* (poulpe, 11€), *cogote de merluza* (nuque de merlu, 38€ pour deux) ou les fameuses *kokotxas de merluza* (bajoues de merlu 24€). *Muelle, 26-27* **Parte Vieja** *Tél. 943 42 16 52 Fermé mar. soir et mer. soir, dim. soir (été : fermé seulement le mer.)*

Casa Nicolasa (plan 8, B1) Fondée en 1912, cette adresse soignée est aujourd'hui tenue avec passion par le chef José Juan Castillo. Cuisine du marché élaborée, tels cette morue confite aux légumes de saison ou ce *lomo de mérou* et crème d'asperges. À la carte, comptez environ 40€.

Aldamar, 4 Parte Vieja Tél. *943 42 17 62 Ouvert 13h-15h30 et 20h30-23h*

Beti-Jai (plan 8, B2) Un cadre classique et confortable pour une cuisine traditionnelle qui fait la part belle au poisson. Parmi les spécialités à commander les yeux fermés : le *txangurro al horno* (tourteau au four) et le *rodaballo a la parilla* (turbot grillé). Repas autour de 40€. *Fermín Calbetón, 22 Parte Vieja* Tél. *943 42 77 37 www. betijai.com Ouvert mer.-dim. 13h-15h30 et 20h-23h30*

☺ **Restaurante Kursaal (plan 8, C1)** Dans le palais des congrès, deux restaurants tenus par le maestro Martín Berasategui. Au rez-de-chaussée, MB Kursaal, un "gastropub" au design épuré, sert une sélection de tapas et de vins et un menu dégustation du jour, du cocktail au dessert, à 28,40€ HT boissons incluses. À l'étage, dans un cadre minimaliste, le Kursaal jatexea invite à découvrir "Le meilleur de la cuisine de Martín Berasategui" (64€ HT) en sept créations du chef, du millefeuille caramélisé de foie gras et d'anguille fumée aux oignons blancs et pomme verte au ravioli croustillant de pomme avec sa glace au citron et granité de miel au romarin, et un menu

"Saveur et tradition" (48,70€ HT) comprenant un jarret de veau cuit à 50°C. Une cuisine d'orfèvre pour les amateurs de sensations inédites. *Zurriola, 1 Gros* Tél. *943 00 31 62 www. restaurantekursaal.com Service 13h-15h30 et 20h30-22h30 Fermé dim. soir, lun., mar. soir et mer. soir*

Branka (plan 7, A1) À un jet de pierre du *Peine del Viento* de Chillida, face à la mer, des *camarones* de Getaria (crevettes) et du poisson grillé de première fraîcheur (*Itsaskrabra de temporada*). Le jeudi soir et certains week-ends, des concerts de jazz animent la partie pub de l'établissement. *Paseo Eduardo Chillida, 13 Au pied du mont Igeldo www.branka-tenis.com Ouvert 9h-00h, service 13h-15h et 20h-23h*

🍴 prix très élevés

Miramón Arbelaitz (plan 7, B2) Ce restaurant au cadre contemporain est installé au cœur du parc technologique de Miramón. Son chef, Joxe Mari Arbelaitz, étoilé, est à suivre ! Au menu dégustation (115€ HT), des compositions comme les langoustines rôties, asperges vertes grillées, quinoa torréfiée et notes d'estragon, ou la côte de bœuf Kobé, potiron,

LE GUIPÚZCOA

La "cuisine d'auteur" basque

La gastronomie basque a connu une véritable révolution vers le milieu des années 1970 quand, à l'instar de la nouvelle cuisine française, un groupe de jeunes cuisiniers décide de dépoussiérer les classiques de la cuisine d'Euskadi. La région de San Sebastián, bastion de cette "cuisine d'auteur", s'enorgueillit de son nombre élevé d'étoiles au guide Michelin par mètre carré. Les établissements renouvelant leur carte à chaque saison, les plats mentionnés dans ces pages le sont à titre purement indicatif. Les prix vous sembleront élevés, mais ils restent bien inférieurs à ceux qui sont pratiqués en France : alors, ne passez pas à côté, l'expérience en vaut la peine. Parmi ces tables, nous avons sélectionné Mugaritz, Miramón Arbeltaitz, Akelarre, Arzak, Martín Berasategui.

LE GUIPÚZCOA

truffe et orange. *Paseo Mikeletegi, 53 (Parque tecnológico Miramón)* **Ville moderne** *Tél. 943 30 82 20 www.arbe laitz.com Service 13h-15h30 et 20h-23h Fermé dim., lun., mar. soir Fermeture annuelle : semaine sainte, dernière semaine d'août, 24 déc.-6 jan.*

Akelarre (plan 7, A1) Pedro Subijana est le maître d'œuvre de l'un des 3-étoiles les plus beaux de la région, juché sur le mont Igeldo : la vue panoramique sur le golfe de Gascogne de la salle en rotonde sublime l'expérience gustative ! Deux menus à 135€ HT, comptez 90€ à la carte : œuf au caviar, lotte aux lentilles de moule ou veau de lait tempéré et son accompagnement de feuilles de moutarde... *Paseo Padre Orcolaga, 56* **Mont Igeldo** *Tél. 943 31 12 09 www.akelarre.net Ouvert mar.-sam. 13h-15h30 et 20h30-23h, dim. 13h-15h30 Fermé jan.-juin : dim. soir-mar. ; juil.-déc. : dim. soir et lun. Fermeture annuelle fév. et 1re quinzaine d'oct.*

Arzak (plan 7, B1) De la taverne de sa grand-mère (1897), Juan Mari Arzak a fait une vitrine de réputation internationale de la *nueva cocina* basque, une table aussi inventive que raffinée qu'il tient désormais avec sa fille Elena. Chaque jour, dans la "cuisine d'investigation", l'équipe recherche de nouveaux goûts, textures et procédés d'élaboration en puisant dans une "banque de saveurs" d'un millier de produits. Comptez 145€ le repas. *Alcalde José Elosegui, 273 (Alto de Miracruz, 21)* **Gros** *Tél. 943 27 84 65 www.arzak.info Ouvert 13h30-15h et 20h45-23h Fermé dim.-lun., 15-30 juin et nov.*

Dans les environs

☺ **Mugaritz** Formé par les plus grands chefs espagnols et adepte de la "créativité naturelle" (avec plus de 300 herbes et plantes utilisées toute l'année), Andoni Luis Aduriz doit sa célébrité à une pièce de bœuf confite 35 heures durant. Il dirige aujourd'hui une brigade de 30 cuisiniers pour 40 couverts. Des plats "historiques", comme la soupe de fleurs de pissenlit au lait d'avoine ou les carottes violettes laquées au jus de canne à sucre et vanille et glace au lait de chèvre sur un lit d'herbes glacées au sucre... Soit un immense talent récompensé par 2 étoiles au Michelin, et un restaurant classé le quatrième du monde ! Menus à 95€ et 125€ HT. *Caserio Otzazulueta, Aldura Aldea, 20 20100* **Renteria** *(à 13km de San Sebastián, sur les hauteurs de Renteria) Tél. 943 51 83 43 www.mugaritz.com Ouvert mer.-sam. 13h-15h et 20h30-22h30, dim. et mar. 13h-15h Fermé 1 sem. en avr., fin nov., fin déc.-fin jan.*

Martín Berasategui Chef 3 étoiles médiatique, Martín Berasategui signe une cuisine expérimentale et équilibrée qui séduit les palais les plus blasés. Lait caillé de coquille Saint-Jacques, oursins de mer et pousses de soja, crémeux de café, cannelle et curry, sole grillée à l'huile de palourdes, menthe noire, poudre de noix et mandarines séchées, et, pour finir, crème glacée de céleri et ses pousses et feuilles en eau-de-vie, laminé de mangue, compote de betterave et fruits... Menu dégustation 155€ HT ; à la carte, comptez autour de 140€. *Loidi Kalea, 4 20160* **Lasarte-Oria** *(à 7km au sud de San Sebastián, suivre fléchage dans le bourg) Tél. 943 36 64 71 www.martinberasategui.com Ouvert mer.-sam. 13h-15h30 et 20h30-23h, dim. 13h-15h30 Fermé 15 déc.-15 jan.*

Hébergement

Si les hôtels et les pensions ne manquent pas à San Sebastián, les prix sont souvent élevés et s'envolent en saison. Réservez au plus tôt !

 camping

Camping Igueldo (plan 7, A1) Sur les hauteurs, un camping arboré, bien équipé et bien tenu. Emplacement à partir de 12,40€. *Barrio de Igeldo Mont Igeldo* Tél. 943 21 45 02 Fax 943 28 04 11 info@campingigueldo.com *Ouvert toute l'année*

 très petits prix

Albergue Ondarreta La Sirena (plan 7, A1) Une auberge pour petits budgets comptant une centaine de places de 13,60 à 20,70€. Petit déjeuner inclus. *Paseo de Igeldo, 25 Mont Igeldo* Tél. 943 31 02 68 Fax 943 21 40 90 www.donostialbergues.org *Ouvert toute l'année*

 prix moyens

☺ **Pension Edorta (plan 8, B2)** Dans une ruelle menant au port, des chambres spacieuses, avec parquet et décoration simple. Les lits sont confortables, les salles de bains impeccables, refaites à neuf, et l'entretien de l'ensemble est parfait. Accueil chaleureux. De 40 à 90€ la double, selon la saison. Préférez les chambres côté cour, plus calmes, et au deuxième étage si possible. *Puerto Kalea, 15 Étages 1 et 2* **Parte Vieja** Tél. 943 42 37 73 Fax 943 43 35 70 www.pensionedorta.com

Pension la Perla (plan 8, C1) Une petite pension sympathique, prise d'assaut par les étudiants américains : réservez à l'avance ! Chambres calmes, propres, avec sdb très correctes. Accueil familial. Double de 35 à 60€. *Loyola, 10 1er étage* **Centro** Tél. 943 42 81 23 www.pensionlaperla.com

 prix élevés

☺ **Pension Bellas Artes (plan 8, C4)** Tout simplement la meilleure adresse à prix doux de la ville ! Ses propriétaires cultivent un sens de l'hospitalité remarquable. Les chambres sont décorées avec soin et parfaitement tenues. Réservez au plus tôt, la pension est très demandée en saison. À partir de 79€ HT la double. *Urbieta, 64 (1ºB)* **Centro** Tél. 943 47 49 05 www. pension-bellasartes.com

 prix très élevés

Pension Aldamar (plan 8, B2) Dix chambres tout confort (accès Internet et wifi) aménagées avec goût en face du théâtre Victoria, à deux pas des rues les plus animées de la Parte Vieja. Préférez l'une de celles qui donnent sur la rue, un peu plus bruyantes, mais bénéficiant d'une vue splendide sur l'avenue. À partir de 105€ HT la double, 130€ HT la suite. *Aldamar 2, Parte Vieja* Tél. 943 430 143 www.pensionaldamar.com

☺ **Hotel de Londres y Inglatera (plan 8, B3)** Construit au XIXe siècle face à la plage de la Concha, ce palace apprécié de la reine Isabelle II servit d'hôpital pendant la Seconde Guerre mondiale. Les salons du rez-de-chaussée ont conservé des notes Belle Époque, tandis que les chambres et suites allient cadre classique et confort moderne (sdb en marbre blanc, TV à écran plat, wifi...). Pour séjourner dans ce 4-étoiles de rêve où descendirent Toulouse-Lautrec et Mata Hari, il faut mettre le prix : chambre double à partir de 162€ (192€ vue sur mer), prix majorés en saison haute. *Zubieta, 2* **Centro** Tél. 943 44 07 70 www.hlondres.com

Kursaal (plan 8, C1) Cette pension installée dans un immeuble élégant,

LE GUIPÚZCOA

à deux pas de la Zurriola, est idéale pour profiter du quartier du Gros le soir. Elle offre 10 chambres décorées de couleurs vives, avec sdb et sèche-cheveux, chauffage, TV satellite et accès Internet (wifi). Double de 82€ à 138€ HT. Petit déjeuner correct à 4€. *Pena y Goni, 2* **Gros** *Tél. 943 29 26 66 www.pensionesconencanto.com*

Villa Soro (plan 7, B1) À 500m de la plage de la Zurriola, dans un manoir classé de la fin du XIXᵉ siècle, ses 25 chambres raffinées, décorées d'œuvres d'art, se prêtent bien à une escapade en amoureux. Confort sans faille : sdb avec douche et baignoire, mini-bar gratuit, Internet, lecteur de DVD. Romantisme garanti jusque dans le jardin paysager. Délicieux petit déjeuner (14€) servi dans l'ancienne serre. À partir de 250€ HT la double. *Avenida Ategorrieta, 61* **Gros** *Tél. 943 29 79 70 www.villasoro.com*

LE GUIPÚZCOA

ZARAUTZ

20808

La plage déployée sur près de 2,5km au pied des falaises de Santa Bárbara et de Mollari a fait de Zarautz l'une des stations balnéaires les plus fréquentées de la côte basque... et un paradis pour les surfeurs. Hélas, l'omniprésence du béton entache la beauté d'une promenade maritime bordée de cabines de bain rayées, souvenirs de l'époque où la reine Isabelle II aimait s'y baigner. Jadis étape obligée sur le chemin de Compostelle, Zarautz n'est pas dénuée de charme : les ruelles et les maisons fortes en pierre de taille de la vieille ville invitent à la balade.

MODE D'EMPLOI

accès

EN VOITURE
À 16km à l'ouest de San Sebastián par l'autoroute A8-E70 et à 84km à l'est de Bilbao.

EN TRAIN
Sur la ligne San Sebastián-Usurbil-Orio-Zarautz-Getaria-Zumaia et la ligne Orio-Aia.
EuskoTren *Tél. 902 54 32 10*

EN CAR
Plusieurs compagnies rallient Zarautz.

La Guipúzcoana Ligne Zarautz-Azkoitia. *Tél. 943 851 159*
Alsa Turitrans Ligne Irún-Zarautz-Bilbao-Gijón. *Tél. 902 422 242/462 360*
La Burundesa Ligne Zarautz-Pampelune (uniquement l'été). *Tél. 943 462 360 ou 948 221 766*

orientation

Zarautz s'étire le long de sa fameuse plage, face à la mer Cantabrique. Se garer s'y révèle particulièrement difficile en été : privilégiez les parcs de stationnement souterrains (le plus pratique étant le parking aménagé derrière l'hôtel de ville). Attention, le parking souterrain de la plage (Munoa) est parfois réservé aux résidents.

Bureau principal *Nafarroa Kalea, 3 Tél. 943 83 09 90 ou 943 89 03 77 www.turismozarautz.com Ouvert hiver : lun.-ven. 9h30-13h et 15h30-19h30, sam. 10h-14h ; été : lun.- sam. 9h-20h30, dim. 10h-14h*
Point d'info saisonnier sur la promenade *Ouvert été : lun.-sam. 11h-20h30*

Kulturan Visites guidées du Conjunto monumental (en français sur demande). *Nagusia 38 (bajo) Ofi-* *cina, 3 Tél. 943 13 14 18 www.kultur lanbi.com 14 juin.-15 sept. : lun.-sam. à 11h et 16h ; le reste de l'année : 1er et 2e sam. du mois Durée 1h30 Tarif 1,80€*

San Pelayo Grande fête folklorique avec défilés, *tamborrada... Le 26 juin*
Semana grande Fêtes de Santa María la Real (Sainte-Marie-la-Royale), avec régates de traînières, feux d'artifice et concerts... *Du 14 au 16 août*
Euskal Jaia Célébration de la Vierge d'Aranzazu. Danseurs basques (*dantzaris*) évoluant au son des *txistus* (flûtes traditionnelles). *Du 1er au 9 septembre*
Dia del Txakoli Fête des vendages du Txakoli. *Le 3e samedi de septembre*

LE GUIPÚZCOA

DÉCOUVRIR
Zarautz

☆ **Les essentiels** Le centre historique (casco antiguo), la plage **Découvrir autrement** Entre deux bains de mer, allez admirer les sculptures qui jalonnent le front de mer
➤ **Carnet d'adresses p.357**

☆ **Casco antiguo** Fondée en 1237, Zarautz se limitait à l'origine au rectangle formé par les rues Trinidad, Orape, Azara et San Inazio. Au cœur de ce quadrilatère historique s'élèvent toujours quelques vénérables maisons-tours, construites à l'époque troublée où les seigneurs se disputaient la province : en particulier, la tour Luzea (Calle Nagusia), bel exemple d'architecture gothique du xve siècle, et la maison-tour Makatza, de xvie siècle, qui a conservé ses meurtrières en dépit de plusieurs remaniements.

Palacio de Narros Bâti en 1536 dans le style Renaissance castillane, ce palais à l'élégant portail devint au xixe siècle la résidence estivale d'Isabel II, qui lança ainsi la station balnéaire. *Ne se visite pas*

Conjunto arqueológico-monumental de Santa María la Real La visite débute avec le musée d'Art et d'Histoire de Zarautz installé dans la Torre Campanario (tour-clocher fortifiée), le plus vieil édifice de la cité (xve s.). Sur quatre niveaux, objets du quotidien et œuvres d'art font revivre l'histoire locale. La nécropole des ixe-xvie siècles excavée au sous-sol se prolonge sous Santa María la Real, église paroissiale de la fin du xve siècle. Un film (en français) nous explique comment cet édifice gothique adopta au XVIe siècle un plan en croix latine par l'adjonction de chapelles latérales. Les verrières ménagées dans le dallage dévoilent les vestiges des édifices antérieurs et l'emplacement de tombes de la nécropole. *Elizaurre, 1 Tél. 943 83 52 81 www. menosca.com Ouvert mar.-sam. 11h-14h et 15h30-18h30, dim. 15h30-18h30 Tarif (musée + Santa María la Real) 1,20€ Gratuit pour les moins de 14 ans Visites guidées : lun.-ven. 12h30 et 16h30 (toute la journée en été)*

Photomuseum-musée basque de la Photographie Pour les amateurs, un petit musée de qualité dédié à l'histoire de la photographie, conçu de façon chronologique. Pour en savoir plus sur cette technique et sa dimension artistique. Expositions temporaires. *San Inazio Kalea, 11 Villa Manuela, 3e étage Tél. 943 13 09 06 www.photomuseum.es Ouvert mar.-dim. 10h-13h et 16h-20h*

● **Où manger sur le pouce ?** Un bar convivial où se régaler à toute heure d'un assortiment de charcuterie ibérique ou picorer des *pintxos* froids au bar. Le tout accompagné d'un verre de txakoli bien frais... **Jai Txiki Taberna** *Nagusia, 14 Tél. 943 83 51 22*

● **Où goûter le txakoli ?** Le vignoble de Zarautz, qui couvre une centaine d'hectares, fait partie de l'appellation d'origine Txakoli de Getaria. Un gage de qualité qui fait de son vin blanc l'un des plus appréciés de la région. **Bodega Talai Berri** Bixente Eizagirre Aginaga et ses filles exploitent avec passion et professionnalisme ce vignoble de 12ha accroché au flanc du Talaimendi. Visite de la bodega et dégustation. *Barrio Talaimendi (accès par la N634, près du camping) Tél. 943 13 27 50 www.talaiberri.com Bodega Ouvert lun.-ven. Visites sur rdv*

● **Profiter de la mer et des dunes**
☆ **Plage** Sur cette jolie plage urbaine de sable fin (la plus longue de la côte du Guipúzcoa), on peut louer une tente de plage (*toldo*) ou un transat à la journée. Les jeunes jouent au volley dans sa partie orientale, plus sauvage – c'est celle que fréquentent aussi les surfeurs. La promenade du front de mer (Paseo del Malecón) est jalonnée de sculptures aux lignes déconcertantes (notamment la série de Dora Zalazar intitulée "Structure/Forme", trois bronzes sur le thème de l'alchimie).
Zarauzko Surf Eskola La renommée des vagues de Zarautz attire des surfeurs du monde entier : l'école de surf locale est donc très active ! Bonnes prestations et nombreuses formules de cours individuels (à partir de 50€) ou collectifs (à partir de 30€) pour débutants ou surfeurs confirmés. Initiation à partir de 8 ans. *Plaza Donibane, 5 Tél. 943 01 95 07 www.surf-eskola.com*
Biotope d'Iñurritza À l'extrémité orientale de la plage de Zarautz, la plus grande zone dunaire du Guipúzcoa abrite une flore particulièrement bien préservée comprenant des variétés rares comme la luzerne maritime et le gaillet des sables. Dans le petit marais, dont la surface se réduit hélas d'année en année, les oiseaux migrateurs – échasses, bécasses ou courlis – viennent hiberner. Une passerelle permet depuis peu d'approcher au plus près cet environnement si fragile et riche.

● **Jouer au golf** Au pied du Talaimendi, entre la mer et les marécages, ce 9-trous de prestige a été fondé en 1916. On ne manquera pas de vous rappeler qu'Édouard VIII, du Royaume-Uni, et Alphonse XIII ont foulé ses greens ! **Real Club de Golf** Lauaxeta, 7 Tél. 943 830 145 www.golfzarauz.com Tarif 70€

● **S'initier au parapente** Pour les adeptes de vacances sportives et de sensations extrêmes, une façon de découvrir la côte et l'embouchure du fleuve Iñurritza sous un angle unique. Vols (avec moniteur) à partir de 50€. **Sensacio paramotor** Renseignements et réservation Tél. 609 40 16 00 ou 622 23 20 80 www.sensacionparamotor.com

Les environs de Zarautz

Orio

Dans ce port de pêche à l'embouchure de l'Oria, on se targue d'avoir chassé la dernière baleine de la mer Cantabrique en 1901, signant la fin d'une pratique séculaire en Euskadi. La pêche ayant perdu de son attrait lucratif, Orio s'est tourné vers le tourisme balnéaire. Car ce bourg de cinq mille âmes ne manque pas d'atouts : des rues au tracé médiéval, les banderoles jaunes déployées sur les balcons en soutien à l'équipe d'aviron locale, célèbre dans tout le Pays basque, les ramendeuses de filets à l'œuvre sur le port et, surtout, la daurade cuite à la braise sur le gril (*besugo a la parilla*), une spécialité fêtée en grande pompe en juillet ("Bisiguaren Festa Orio Estilora"). *À 7km à l'est de Zarautz par la N634* **Office de tourisme** Herriko enparantza, 1 20810 **Orio** Tél. 943 83 09 04 www.oriora.com Ouvert Pâques et sam.-dim. 10h-14h et 16h-20h ; mai-sept. : lun.-sam. 10h-14h et 16h-20h, dim. 10h-14h

Vieille ville Fondé au XIIe siècle, Orio surveille la route côtière de Saint-Jacques-de-Compostelle, comme en témoignent les vestiges de son chemin pavé. Les pèlerins grimpent aujourd'hui jusqu'à l'ermitage de San Martín de Tours pour profiter d'une vue spectaculaire. Dans les ruelles pentues de la vieille ville, ou Goiko Kale, s'admirent quelques édifices médiévaux et les trésors baroques de l'église San Nicolás de Bari – saint patron des pêcheurs –, consacrée au XIIIe siècle et remaniée au XVIIe.

● **Aller à la plage** Principale plage d'Orio, la **plage d'Antilla** a été aménagée en 1997 près de l'embouchure de l'Oria. Bien équipée (jeux pour enfants, *paseo maritime*, sanitaires, restaurants), elle attire les amateurs de sports nautiques. De l'autre côté de l'estuaire, la **plage d'Oribazar** (sur la commune d'Aia), plus petite et dénuée d'infrastructures, séduit les pêcheurs amateurs et les estivants en quête de tranquillité.

● **Faire une balade en bateau-promenade ou en kayak** Au mois d'août, balade en bateau de 45min à la découverte de l'histoire d'Orio et de son patrimoine naturel. De mai à septembre, promenade originale en kayak sur le río Oria. Pour vous remettre de vos émotions, l'office de tourisme vous emmènera ensuite visiter la cidrerie Arginaga. **Promenade en bateau** Renseignements à

LE GUIPÚZCOA

l'OT Tél. 943 83 09 04 Tarif 9€, moins de 12 ans 6€ **Promenade en kayak et visite d'une cidrerie** *Renseignements et réservation impérative auprès de l'OT Tél. 943 83 09 04 Durée 3h30 Tarif 10€ (enfants acceptés à partir de 12 ans)*

● **Randonner autour d'Orio** Orio offre de nombreux itinéraires de randonnée, et une agréable promenade longe l'Oria jusqu'à la plage d'Antilla et le belvédère d'Itxaspe. Le parcours Orio-Itxaspe (PR®GI158) est d'ailleurs idéal pour découvrir la baie d'Orio de la vieille ville à l'ermitage San Martín. Dénivelé 195m, longueur 7,4km. *Renseignements à l'OT Tél. 943 83 09 04*

Parc naturel de Pagoeta

Aménagé par le conseil régional sur le mont Pagoeta (678m), contrefort nord du massif d'Ernio-Gatzume, ce parc naturel de 2 860ha protège plusieurs communes rurales, des vestiges préhistoriques (mégalithes et abris sous roche), des pâturages et des forêts mixtes de conifères, de chênes et de hêtres (Pagoeta signifie "hêtraie" en basque) aussi giboyeuses que propices à la randonnée.

Accès par la N634 puis la GI2631 en direction de Villabona. *Passé Laurgain, sur la route d'Aia, tourner à gauche au panneau indiquant "Iturrarán", le centre d'interprétation*

● **PAUSE FRAÎCHEUR** Près de 2 300 espèces végétales de la région et d'ailleurs poussent dans le jardin botanique d'Iturrarán, paradis luxuriant de 25ha. Un agréable lieu de promenade et de pique-nique (des tables attendent les visiteurs près du parking). *Commune d'Aia, accès libre tlj. jusqu'à 19h*

Centro de Interpretación (Iturrarán Parketxea) Installé dans une ferme du XIVe siècle remarquablement restaurée, il propose différentes activités aux visiteurs du parc. Une exposition interactive, déployée sur les trois niveaux de l'édifice, invite à se familiariser avec la faune, la flore et les traditions agricoles de cette région montagneuse et à s'interroger sur la protection de l'environnement. Visites guidées du rucher du parc (sur rdv). Accueil très sympathique (en espagnol). *20809* **Aia** *(à 11km au sud de Zarautz par la N634 et la GI2631) Tél. 943 83 53 89 www.aiapagoeta.com Ouvert oct.-juin : sam.-dim. et fêtes 10h-14h ; juil.-sept. : mar.-ven. 10h-14h et 16h30-18h30, sam.-dim. et fêtes 10h-14h Entrée libre Visites guidées du parc organisées un samedi matin par mois*

Moulin et forge d'Agorregi Ces installations hydrauliques qui remontent au XVIe siècle ont été reconstituées par le conseil régional dans leur état du XVIIIe. On y découvre le fonctionnement de la forge, alimentée avec du charbon de bois provenant des forêts voisines, et des moulins à eau qui lui fournissaient l'énergie nécessaire à la fabrication du fer. *Ouvert oct.-juin : dim. et fêtes 10h-14h ; juil.-sept. : ven.-dim. et fêtes 10h-14h Entrée libre Visite guidée avec démonstration à 11h30*

● **Randonner dans le parc** Le parc de Pagoeta offre de nombreuses possibilités de randonnée pédestre. Ainsi, le PR®GI-84 "Aia-Pagoeta-Iturrioz-Zelatun" propose un bel itinéraire sur le versant oriental du parc. *Brochure disponible au centre d'interprétation*

CARNET D'ADRESSES

Restauration, hébergement

Les recettes de poisson sont à l'honneur à Zarautz. Sur le *paseo marítimo*, les cafétérias avec terrasse se suivent et se ressemblent... Leurs menus du jour rassasieront pour une somme modique les appétits aiguisés par l'air de la mer (comptez environ 10€).

🍴 petits prix

Kirkilla Enea Jatetxea Artisanat basque, murs couleur de miel, grandes tablées conviviales, carte inventive (pâtes fraîches sautées au basilic, émincé de souris d'agneau caramélisé, timbale de cailles marinées et son sorbet mandarine...) et un menu du jour à 10,80€ (15,80€ le w.-e.). *Santa Marina, 12 20800 Zarautz Tél. 943 13 19 82 www.kirkilla. com Service 13h-15h et 20h-23h Fermé dim. soir*

🍴 prix moyens

Asador Joxe Mari Pour goûter la fameuse daurade grillée au charbon de bois. Andoni Manterola tient cette rôtisserie traditionnelle de main de maître. Salle typique au plafond bas et poutres apparentes, agréable terrasse l'été : réservez ! Comptez 40€ à la carte. *Plaza Herriko 20810 Orio (à 7km à l'est de Zarautz par la N634)*

Tél. 943 83 00 32 Ouvert mar.-dim. 13h-15h30 et 20h30-23h Fermé déc.

🍴 👜 prix élevés

Pension Txiki Polit À la fois cidrerie, bar à tapas, cafétéria, pension de famille, Txiki Polit donne sur la très agréable place de la Musique, qui prête souvent son cadre à des concerts dominicaux. Un menu "cidrerie" avec omelette à la morue, morue frite, côte de bœuf, fromage et sa pâte de coing à 28€, et un menu du jour honnête à 12€ en semaine. Et, pour couronner le tout, l'accueil est très sympathique ! Chambres (à partir de 78€ en haute saison) sobres et bien tenues, avec wifi. *Musika plaza 20800 Zarautz Tél. 943 835 357 www.txikipolit.com*

Karlos Arguiñano Voilà trente ans que Karlos Arguiñano a transformé la villa Aiala, un castel néo-médiéval sur la plage, en un hôtel-restaurant 4-étoiles. On goûtera ses meilleures recettes (gros bouquets en gelée et ananas rôti 12€, morue fraîche sur purée d'agrumes et vinaigrette de tomate 11,50€, brochette de baudroie et crevettes à l'ail tendre et carotte 13,50€). Desserts succulents, telle la crème renversée et sa glace à la pomme (5,50€). Chambres avec terrasse sur la mer Cantabrique. Double 199€ HT, petit déjeuner buffet 12€. *Mendilauta, 13 20800 Zarautz Tél. 943 13 00 00 www.hotelka.com Restaurant fermé dim. soir et mer.*

LE GUIPÚZCOA

GAMME DE PRIX	RESTAURATION	HÉBERGEMENT
Très petits prix	moins de 10€	moins de 30€
Petits prix	de 10€ à 15€	de 30€ à 40€
Prix moyens	de 16€ à 25€	de 41€ à 60€
Prix élevés	de 26€ à 45€	de 61€ à 80€
Prix très élevés	plus de 45€	plus de 80€

★ GETARIA

20808

Getaria
San Sebastián-Donostia

Telle une "souris" de pierre qui s'avance dans la mer, Getaria fait figure de proue sur la côte cantabrique, son mont San Antón pointé vers le nord, ancienne île abritant un petit port. Depuis le Moyen Âge, les hommes y pêchent l'anchois, le thon, le maquereau et la sardine, selon les saisons : la baleine ici n'est plus qu'un souvenir. On y naît grand couturier – Getaria est la patrie de Balenciaga – ou explorateur : un certain Juan Sebastián Elcano, unique capitaine survivant de l'expédition de Magellan, fut, en 1522, le premier marin à faire le tour du monde.

JUAN SEBASTIÁN ELCANO Parmi ses enfants, Getaria honore ce marin qui ramena à Séville, le 6 septembre 1522, au terme de la première circumnavigation du globe, les dix-huit survivants de l'expédition lancée par Magellan en 1519. Sur le fronton du monument édifié en 1924 figure la devise que Charles Quint accorda au capitaine en même temps qu'une rente viagère : "*Primus circumdedisti me*" (C'est toi qui le premier m'as contourné). Tous les quatre ans, on commémore à la San Salvador le périple de l'intrépide navigateur : un spectacle unique.

MODE D'EMPLOI

accès

EN VOITURE
À 25km à l'ouest de San Sebastián et à 82km à l'est de Bilbao par l'A8. Prendre la sortie 11 à Zarautz, puis la N634 sur 4km.

EN TRAIN
Sur la ligne 1D "Durangaldea" entre San Sebastián et Bilbao.
EuskoTren *Tél. 902 54 32 10 www.euskotren.es*

orientation

La vieille ville est adossée au port, en contrebas de la route nationale. Il est facile (et gratuit) de se garer dans les rues voisines de l'office de tourisme.

informations touristiques

Office de tourisme *Parque Aldamar, 2 Tél. 943 14 09 57 www.getaria.net Ouvert à Pâques, longs week-ends et en saison : tlj. 10h-14h et 16h-20h*

visites guidées

En saison estivale, la municipalité propose notamment une visite archéologique "Raices de Getaria", et une visite de la cathédrale San Salvador... *Réservation Tél. 943 00 58 31 ou au bureau d'information Calle Nagusia, 3 (à côté de l'entrée de la cathédrale) www.getaria.info Ouvert 15 juin-15 sept. : mar.-sam. à 10h30, 12h, 16h, 17h30, dim. et fêtes à 12h Tarif 3€, moins de 12 ans 1,50€*

fêtes et manifestations

San Antón On fête ce jour-là l'incontournable txakoli ! Au programme : dégustations, sports basques et concerts... *Le 17 janvier*

San Salvador Pelote, concerts... *Les 6, 7 et 8 août*

DÉCOUVRIR
Getaria

☆**Les essentiels** Les ruelles escarpées de la vieille ville, l'église San Salvador **Découvrir autrement** Dégustez avec modération le txakoli dans les caves de la région ➤ **Carnet d'adresses p.361**

Il ne faut pas longtemps pour faire le tour de cette charmante bourgade, dont les ☆ **ruelles** enchevêtrées, drôlement pentues, attirent irrésistiblement vers le port. Mais on s'attardera volontiers autour de l'église San Salvador pour admirer les maisons-tours du xve siècle, un décor de théâtre animé par l'agitation quotidienne du quartier commerçant. La Calle San Roke recèle encore de beaux édifices gothiques, tandis que la Calle Elkano présente un alignement pittoresque de maisons de pêcheurs.

UN CRU PÉTILLANT Vous pourrez déguster le txakoli dans tous les bars et restaurants de Getaria et de la côte, bien sûr, mais aussi dans les caves. Ce vin blanc sec et fruité, légèrement pétillant, se boit frais et aéré. Pour obtenir la liste de tous les domaines, renseignez-vous auprès du bureau du syndicat du Cru Getariako Txakolina. *Parque Aldamar, 4 Tél. 943 14 03 83 www. getariakotxakolina.com Ouvert lun.-ven. 8h15-13h et 14h30-17h30*

☆**Iglesia de San Salvador** Monument le plus imposant de la vieille ville, l'église Saint-Sauveur (xiiie-xve s.) est un joyau du gothique basque. Alors qu'une douce lumière éclaire ses trois nefs, on est décontenancé par le dallage qui épouse curieusement l'inclinaison de la rue. L'église, inscrite autrefois dans les remparts de la cité, accueillit les *juntas generales* (états généraux) qui constituèrent en 1397 la Hermandad Guipúzcoana. La province était née. *Nagusia Tél. 943 14 07 51 Ouvert 10h-20h*

Fundación Cristobal Balenciaga Polémique, tractations et travaux n'en finissant plus, le musée Balenciaga n'est toujours pas rouvert. Il occupe un bâtiment de verre et d'acier accolé au palais Aldamar, ancienne résidence des marquis de Casa Torres où le couturier (1895-1972), fils d'un simple pêcheur de Getaria, fit ses début dans la couture en 1915. Renseignez-vous sur une possible réouverture du musée à l'office de tourisme. *Parque Aldamar, 6 Tél. 943 00 47 77 www. cristobalbalenciagamuseum.com*

Monte San Antón Le mont San Antón, dit el Ratón ("la souris"), est bien une île, reliée au port par une digue depuis le xve siècle. Suivez la petite route qui serpente jusqu'au sommet : un sublime panorama vous récompensera de vos efforts.

LE GUIPÚZCOA

● Où acheter vin et produits du terroir ?

Salanort Une épicerie fine à la déco marine dont l'enseigne stylisée évoque les chasses à la baleine d'antan. Très belle cave de txakoli (dont le millé-simé Txomin Etxaniz), conserves artisanales (thon, anchois, etc.), poulpe... *Nagusia, 22 Tél. 943 14 06 24 www.salanort.com Ouvert été : tlj. 11h-20h ; hiver : tlj. 10h-19h*

Bodega Txomin Etxaniz Ce chais produit le txakoli le plus réputé de la région ! Pas étonnant, c'est à la famille Etxaniz, qui cultive la vigne depuis le XVe siècle, que le Getariako Txakolina doit son appellation d'origine. Sur les pentes du mont Garate, Txueka Etxaniz et les siens cultivent 35ha de vignes. Leur txakoli est équilibré, aux arômes fruités. Visite du vignoble et dégustation. *Gurutze Baserria www.txominetxaniz.com Visite sur rés. Tél. 943 14 07 02*

● Où faire une pause sucrée ? Cette boulangerie propose un grand

choix de pains spéciaux, de biscuits secs et de gâteaux. Petite salle agréable où commencer la journée avec un croissant (l'étonnant "multicéréale" sans beurre) et un bon *café con leche*. Glaces artisanales. Déco à l'esprit marin. **Panederia Izarri** *Nagusia, 23 Tél. 943 14 03 55 Ouvert 7h-21h www.izarri.com*

● Où boire un verre en terrasse ? La vaste terrasse de cet *asador*

(bistrot), fréquentée hiver comme été, offre une vue imprenable sur les activités portuaires. Sous l'enseigne en forme d'ancre, le gril entretenu avec soin par un serveur dès potron-minet rappelle que le lieu est aussi l'un des *asadores* les plus appréciés de Getaria. **Asador Mayflower** *Katrapona, 4 Tél. 943 140 658*

● Où boire un verre en soirée ? Les rues Elkano et Nagusia comptent

plusieurs bars animés midi et soir. Ne soyez pas surpris : l'ambiance est plutôt politisée et les discussions vont bon train... Mais tout se passe toujours dans la bonne humeur, puisque le txakoli coule à flots !

Taberna Xagu Un bar familial où toutes les générations se retrouvent et qui soigne ses habitués avec quelques *pintxos* et *bocadillos* simples mais bien faits. *Elkano, 4*

● Aller à la plage Tranquille et familiale, la plage de Malkorbe, voisine

du port de plaisance, permet de profiter des joies d'une mer paisible tout en contemplant le Ratón. Bénéficie du drapeau bleu. Douche, toilettes, accès handicapés, jeux pour enfants. Restaurants à proximité. À l'ouest du mont Antón, la plage de Gaztetape (200m de long), plutôt ventée, fait la joie des surfers et des amateurs de sports nautiques. *Parking*

● Surfer ou voguer sur la vague

Gaztetape surf Elkartea Cours de surf. *Renseignements Tél. 615 76 12 64*

Ksub Un centre de plongée agréé et certifié Padi. Baptêmes, cours et stages, location-vente et réparation de matériel, organisation de sorties (tlj. en été). *Txoritonpe Kalea, 34-35 (sur le port) Tél. 943 14 01 85 www.ksub.net/ Fermé lun.*

Getari charter Organise des parties de pêche et des sorties en mer Cantabrique. *Txoritonpe, 34 (sur le port) Tél. 676 50 93 12 ou 627 93 03 30 www.getari.com*

CARNET D'ADRESSES

Restauration, hébergement

La qualité des poissons et le savoir-faire des restaurateurs se paient le prix fort : il est difficile de manger à moins de 40€ par personne à Getaria. Mais, à l'heure du déjeuner, le parfum de grillade qui remplit la ville est irrésistible !

 petits prix

Taberna Politena Un bar de quartier renommé pour ses *pintxos*, mais qui propose aussi des *platos combinados* roboratifs et un intéressant menu du jour à 9,50€ (à midi) tourné vers les plats régionaux. Ambiance chaleureuse et très bon accueil dans un décor de mosaïques colorées. *Nagusia, 9 Tél. 943 14 01 13*

 prix moyens

Pension Getariano En face du restaurant Elkano, une pension familiale et bon marché, idéale pour découvrir la région. Petit salon cosy et chaleureux ouvrant sur la rue. Chambre double correcte à 54€. *Herrerieta, 3 Tél. 943 14 05 67*

 prix très élevés

Elkano Une table gastronomique tenue depuis les années 1960 par Pedro Arregui, le pionnier de la grillade à Getaria. Petits calamars *a la pelayo*, œufs brouillés aux cèpes et foie gras, langoustes ou coquillages cuits sur les braises en plein air, glace au fromage : qualité des ingrédients, simplicité dans la façon de les accommoder. Tout un art ! Réservation recommandée. Repas autour de 50€. *Herrerieta, 2 Tél. 943 14 00 24 www.restauranteelkano.com Ouvert juil.-août : tlj. 13h-15h30 et 20h30-22h30 Fermé dim. soir et lun. hors saison et 2 semaines en nov.*

Kaia-Kaipe À deux pas de l'église San Salvador, l'immense gril extérieur de ce classique de Getaria agit comme un aimant sur les passants, qui hument avec envie les effluves du poisson sauvage en train de cuire. Au rez-de-chaussée, l'*asador* Kaipe ; à l'étage, le restaurant Kaia, plus chic et offrant une vue splendide sur la mer. Spécialité de *kokotxas* (24€). À la carte, comptez 50€. *General Arnao, 10 Tél. 943 14 05 00 www.kaia-kaipe.com Service 13h-16h et 20h-23h Fermé 2 semaines en mars et oct.*

☺ **Saiaz Getaria Hotel** Un hôtel de charme au cœur de la vieille ville, aménagé dans deux maisons-tours du XVe siècle. Ses 17 chambres tout confort sont agrémentées de meubles anciens et de tableaux. Certaines ouvrent sur la mer. À partir de 105€ TTC la double. Petit déjeuner buffet 8,50€. En haute saison, il faut réserver 2 nuitées minimum. *San Roke 25 Tél. 943 14 01 43 www.saiazgetaria.com*

LE GUIPÚZCOA

GAMME DE PRIX	RESTAURATION	HÉBERGEMENT
Très petits prix	moins de 10€	moins de 30€
Petits prix	de 10€ à 15€	de 30€ à 40€
Prix moyens	de 16€ à 25€	de 41€ à 60€
Prix élevés	de 26€ à 45€	de 61€ à 80€
Prix très élevés	plus de 45€	plus de 80€

ZUMAIA

20750

Zumaia
San Sebastián-Donostia

Nichée au confluent de l'Urola et de la Narrondo, au cœur d'une baie cernée de falaises spectaculaires et sur fond de collines verdoyantes, Zumaia recèle assurément les plus belles plages de l'Urola Kosta. Placée sur le chemin côtier de Saint-Jacques-de-Compostelle, la petite cité a su assécher les marais environnants pour mieux développer ses activités portuaires. La qualité de la *ventresca* de thon à l'huile d'olive et des anchois en salaison de ses conserveries ont fait sa renommée.

LE FLYSCH DE ZUMAIA Les falaises érodées par la houle qui s'élèvent sur 8km de Zumaia à Deba donnent à voir un curieux mille-feuille vertical de strates tendres (argiles et marnes) et dures (grès et calcaires), formé par l'accumulation de sédiments durant près de 50 millions d'années. Ce flysch constitue une source d'informations incomparable pour les géologues et les climatologues du monde entier. Par ailleurs, la plateforme d'abrasion, ou *rasa mareal*, l'une des plus étendues d'Europe, que le recul des falaises a laissée à leur pied, accueille une vie foisonnante : les trous d'eau que l'on y découvre à marée basse sont de véritables aquariums ! Tout ce site est désormais classé et protégé.

MODE D'EMPLOI

accès

EN VOITURE
À 34km à l'ouest de San Sebastián et à 75km à l'est de Bilbao par l'A8E70 (sortie 12), puis la GI631.

EN TRAIN
EuskoTren Liaisons quotidiennes Bilbao-Zumaia, San Sebastián-Zumaia. *Gare Barrio Estación Tél. 902 54 32 10 www.euskotren.es*

EN CAR
EuskoTren Ligne San Sebastián-Zumaia. *Tél. 902 54 32 10*

transport

Du 15 juin au 15 septembre, de 11h à 20h, un bateau relie le centre de Zumaia au port de plaisance (esplanade Astilleros Balenciaga) et à la plage de Santiago. *Départ du quai Txomin Agirre toutes les 30min Tarif aller 1€, AR 1,50€, gratuit pour les moins de 10 ans*

informations touristiques

Office de tourisme Possibilité de louer des deux-roues, accès wifi. L'office de tourisme organise différentes visites guidées (payantes, sur réservation) au cours de l'année : observation d'oiseaux, promenades en bateau et découverte des falaises, traversée Zumaia-Deba-Zumaia... *Kantauri Plaza, 13 Tél. 943 14 33 96 www.zumaiaturismoa.com Ouvert mi-mai-mi-juin : mar. 16h-19h, mer.-sam. 10h-14h et 16h-19h ; mi-juin-mi-sept. : tlj. 10h-14h et 16h-20h*

fêtes et manifestations

San Telmo Fête des pêcheurs, avec *tamborradas*, vachettes, régates et dégustation de poulpe séché au soleil (*oliako sopak*). *8 jours après le dimanche de Pâques*

San Pedro Défilé de grosses têtes, feu d'artifice, concert... *Les 29 et 30 juin*
Été musical Festival international de musique et concerts. *Début août*
Semana Grande Tournoi de pelote, jeux aquatiques, fêtes basques. *En août*

DÉCOUVRIR
Zumaia

☆**Les essentiels** La plage d'Itzurun et les falaises de flysch **Découvrir autrement** Poussez les portes de l'église San Pedro et du musée Ignacio Zuloaga ➤ **Carnet d'adresses p.365**

Iglesia San Pedro Cette église gothique du XIVe siècle veillant sur l'embouchure de l'Urola a des allures de forteresse prête à défendre Zumaia des dangers venus du large. Une austérité qui constraste avec la richesse de sa décoration intérieure : la nef est dominée par un imposant retable polychrome exécuté par Juan de Anchieta dans les années 1570.

Museo Ignacio Zuloaga Une étrange maison, empreinte de nostalgie, sur la plage de Santiago, au cœur d'un jardin très soigné. Vous serez accueilli par un parent du peintre, qui vous accompagnera pas à pas pendant la visite. À côté de toiles de l'artiste – ami des poètes et penseurs français du début du XXe siècle –, de véritables trésors de collectionneur : une *Crucifixion* du Greco, des portraits de Goya et de Zurbarán, *La Piété* de Luis Morales et des sculptures de Rodin. Sur le maître-autel de la chapelle trône un Christ en croix sculpté par son ami Julio Beobide… *Casa Santiago Etxea (à l'entrée de la ville en venant de Getaria) Tél. 943 86 23 41 www.ignaciozuloaga.com Ouvert avr.-sept. : mer.-dim. 16h-20h Entrée 6€*

☺ **Museo Julio Beobide** Tout au bout du quai de Zumaia, au pied du phare, dans la jolie maison de famille où il avait installé son atelier, sont exposés les outils, dessins préparatoires et œuvres (bustes expressionnistes, tailles religieuses, études de mains, etc.) du sculpteur Julio Beobide (1891-1969). *Paseo Julio Beobide Casa Kresala Tél. 943 86 22 55 ou 645 70 62 12 Entrée libre, sur rdv uniquement*

● TREK CÔTIER
Profitez des sentiers côtiers qui relient Zumaia à Deba pour observer de près le flysch. *Durée 7h AR. Tarif 8€, 16-12ans (âge minimum) 4€. Rens. et rés. à l'OT Tél. 943 14 33 96*

Centro de Interpretación de la Naturaleza Algorri Ce centre d'interprétation moderne installé dans l'ancien abattoir municipal vous renseignera sur la formation des ☆ **falaises de flysch** et leur importance pour la communauté scientifique internationale. Organisation de visites guidées, dont une, géologique, couplée avec une promenade en bateau : en compagnie d'un géologue, vous découvrirez le biotope protégé de Zumaia et observerez le flysch de la mer. *Juan Belmonte, 21 Tél. 943 14 31 00 www.algorri.eu Ouvert fév.-juin et nov. : mar.-sam. 10h-13h30 ; juil.-août : mar.-sam. 10h-13h30 et 16h-19h30, dim. 10h-13h30 ; sept.-oct. : mar.-dim. 10h-13h Tarif 10€ (enfants à partir de 10 ans)*

● ☺ **Où acheter des produits locaux ?** *Hiru Eskur* signifie les "trois glands" (*tres bellotas* en espagnol), le mets de choix des cochons ibériques. Un nom gourmand de circonstance pour ce magasin où le jambon est roi, *iberico de Bellota* en tête... Demandez conseil si vous avez du mal à trancher parmi le vaste choix de charcuterie, de fromages et de vins régionaux. Qualité, accueil souriant et prix très doux. **Hiru Eskur** *Txomin Agirre Kaia, 4 (sur le quai) Tél. 943 86 25 44 Ouvert lun.-ven. 9h-13h et 17h-20h, sam. 9h-13h et 18h-20h*

● **Où manger des *pintxos* ?** Vous trouverez les meilleurs bars à *pintxos* de la ville entre la place Eusebio Gurrutxaga et la rue Erribera, et le long de la promenade maritime.

Kalari Ce petit bar sert d'excellents *pintxos* d'anchois et de fruits de mer (goûtez la brochette de seiche). Le restaurant installé à l'étage propose un menu déjeuner à 8€ (12€ le week-end). *Plaza Upela, 8 Tél. 943 86 25 17 Ouvert mar.-dim.*

Garoa Une *taberna* chaleureuse, dont la terrasse jouit d'une vue imprenable sur le port. Des *pintxos* variés, dont le spécial jambon cru haché et aïoli, et de roboratifs *platos combinados*. *Txomin Agirre Tél. 943 86 21 81 Ouvert jeu.-mar.*

● **Profiter de la mer**

☆☺ **Playa de Itzurun** Proche de la vieille ville, cette plage offre une vue superbe sur la mer Cantabrique et les services d'un bar-restaurant. Elle arbore le drapeau bleu, mais mieux vaut empêcher les enfants de s'approcher des zones rocheuses (invisibles à marée montante). L'eau et le sable particulièrement iodés de cette plage auraient un effet bénéfique sur la santé... *Au bout de la Calle Itzurun Garez-vous dans les rues adjacentes (attention aux sens uniques)*

Arenal de Santiago Cette plage de sable fin, prise d'assaut aux beaux jours par les estivants, s'étire à l'est de la ville, près de l'embouchure marécageuse de l'Urola et du musée Zuloaga. Les enfants peuvent s'y ébattre sans danger.

● **Surfer et plonger**

Centro de Deportes marítimos Cours de surf mais aussi de canoë, location de matériel. *Gernika Idildea Tél. 943 86 07 76*

Olarru-sub Club de plongée, cours, location d'équipement, baptêmes de plongée. *Gernika Idildea Tél. 675 00 77 85*

GAMME DE PRIX	RESTAURATION	HÉBERGEMENT
Très petits prix	moins de 10€	moins de 30€
Petits prix	de 10€ à 15€	de 30€ à 40€
Prix moyens	de 16€ à 25€	de 41€ à 60€
Prix élevés	de 26€ à 45€	de 61€ à 80€
Prix très élevés	plus de 45€	plus de 80€

CARNET D'ADRESSES

Hébergement

 prix moyens

Jesuskoa Nekazalturismoa (agrotourisme "Chez Jésus") Construite à la fin du XVIIIe siècle par les jésuites, cette ferme classée profite du cadre champêtre de la vallée de l'Urola. Six chambres au décor de pierres et de poutres apparentes et au mobilier ancien. Le petit déjeuner se prend dans un salon que réchauffe une cheminée. Comptez 60€ HT la double, plus 5€ pour utiliser la cuisine. Connexion wifi, activités pour les enfants, possibilité de participer aux travaux de la ferme. *Oikina (à 3 km de Zumaia, près de l'A8) Tél. 635 75 88 49 www.jesuskoa.net*

 prix très élevés

☺ **Talasoterapia Zelai** Les délices de la thalassothérapie vous attendent dans cet hôtel-restaurant qui domine la plage d'Itzurun. Au programme : piscine d'eau de mer chauffée à 33ºC avec hydrojets, spas ("circuit marin", 16€ pour 1h30), séances d'algothérapie (30€ les 20min), massages relaxants (30€ les 30min). Chambre double à partir de 115€ (135€ avec vue sur mer). Parking privé. *Larretxo, 16 (plage de Itzurun) Tél. 943 86 51 00 www.talasozelai.com Fermé 24-26 déc.*

LE GUIPÚZCOA

DEBA

20820

Cette petite commune paisible, sise à l'embouchure del río Deba, dans l'ouest de la province, est une station balnéaire réputée depuis la fin du XIXe siècle. Les plages enchanteresses de Mendata et de Sakoneta et les falaises vertigineuses de la fameuse route du flysch sont ses principaux atouts. Mais son arrière-pays recèle d'autres trésors immémoriaux : plus de cinquante grottes, gouffres et gisements préhistoriques, sans oublier l'allée mégalithique de Karakate, entre Soraluze et Elgoibar.

MODE D'EMPLOI

accès

EN VOITURE

Par l'A8 San Sebastián-Bilbao, sortie Itziar-Deba (n°13), ou la N1 puis la N634 (route de la corniche) direction Bilbao.

EN TRAIN

EuskoTren Liaison Bilbao-Deba-San Sebastián. *Tél. 902 54 32 10 www.euskotren.es*
Gare *Arakistain Plaza Tél. 943 19 10 37*

EN CAR

Turytrans Liaisons Irún-Deba-Santander. *Tél. 943 46 23 60*

EuskoTren Liaisons Deba-Itziar, Mallabia-Deba-Ondarroa. *Tél. 902 54 32 10 www.euskotren.es*
Alsa Liaison Irún-Deba-Santander. *Tél. 902 42 22 42 www.alsa.es*

orientation

La ville s'étire le long du fleuve, jusqu'à son embouchure. Le stationnement s'y avère plutôt difficile, surtout en haute saison. Tentez votre chance sur le parking voisin de la gare et de l'office de tourisme, le plus pratique pour visiter la ville.

informations touristiques

Office de tourisme Renseignements, location d'audioguides. *Ifar, 4*

Tél. 943 192 452 www.deba.net Ouvert mi-juin.-mi-sept. : lun.-sam. 10h-14h et 16h-20h, dim. et fêtes 10h-14h ; reste de l'année : lun.-jeu. 10h-14h, ven.-sam. 10h-14h et 17h30-19h30, dim. et fêtes 10h-14h Point d'information Sur la plage (l'été seulement). Santiago Hondartza Tél. 943 18 23 06 Ouvert tlj. 11h-20h

fêtes et manifestations

Zoro Feri (foire du fou) Foire agricole. *1er samedi de janvier*
Fête du maquereau À Mutriku *1er samedi d'avril*
San Roke Grandes fêtes patronales avec *tamborradas, encierros* (lâchers de taureaux dans les rues) et animations musicales. *Semaine du 15 août*

DÉCOUVRIR

☆**Les essentiels** Le sanctuaire de Nuestra Señora de Itziar **Découvrir autrement** Visitez la chocolaterie Saint-Gerons à Mendaro, explorez les parages côtiers de Mutriku en kayak ➤ **Carnet d'adresses p.369**

Deba

Fondée au XIe siècle sur les hauteurs d'Itziar, Deba se transporta par la suite sur le littoral. Dans la rue Astillero, la maison Agirre offre un bel exemple d'architecture civile du XVe siècle. Sur la place Zaharra trône l'église Santa María la Real, reconstruite au XVIe siècle. De dimensions bien ambitieuses pour un village aussi modeste, elle mêle les styles gothique basque (admirez son portail) et Renaissance (le cloître, notamment) et renferme des retables polychromes monumentaux de style baroque.

☆**Sanctuaire de Nuestra Señora de Itziar** À Itziar, l'église Santa María, fondée au VIIIe et restaurée au XVIe siècle, recèle une remarquable Vierge romane du XIIIe siècle. Particulièrement révérée des pêcheurs, elle fait l'objet d'un pèlerinage en mai. On peut aussi y admirer un magnifique retable platheresque dû à Andrés de Araoz (XVIe s.). Devant le sanctuaire trône une Maternité (*Amatasuna*) contemporaine signée Jorge Oteiza. *Plaza principal Itziar (à 2km à l'ouest de Deba)*

● **Acheter de l'artisanat basque** Originaire de Biscaye, la jeune Zuriñe Gredilla crée du mobilier et des objets décoratifs en bois sculpté qui conjuguent la tradition basque à un sens esthétique délicat. Coffres (*kutxas*, de 120€ à plus de 2 000€ !), *argizaiolas* (porte-flambeaux, 90€), horloges, berceaux, lampes, écriteaux... Un vrai travail d'artiste. **Zuriñe Gredilla** *Kalbeton Zumardia, 5 Tél. 666 72 03 13 www.euskalnet.net/zugori/*

● **Aller à la plage** La grande plage familiale de Deba, aussi appelée Santiago, bénéficie de la proximité d'un parking et des services du centre urbain (mais pâtit du voisinage de la voie ferrée Bilbao-San Sebastián). La promenade maritime qui la borde, le Paseo de Sorozabal, dessert aussi la petite plage de sable fin de Lapari. Au pied des falaises, la sublime crique de Sakoneta réserve son cadre préservé aux nudistes. **Plage de Deba** *À la sortie du bourg, le long de la N634 en direction de Zumaia* **Sakoneta** *Entre Deba et Zumaia*

● **Surfer sur la vague** L'association des surfeurs de Deba organise tout l'été des cours et des sorties sportives. **Zurrunbilo** *Tél. 943 19 28 40*

● **S'accorder un moment de détente** Fourbu après une journée de surf ou d'excursion ? Allez à la thalassothérapie de la plage de Deba : piscine d'eau de mer chauffée avec multi-jets, Jacuzzi, sauna... Et un catalogue impressionnant de massages et de soins (y compris la chocothérapie pour les gourmands !). Circuit thermal 14€ les 2h, massages à partir de 20€. Chambre double à partir de 90€. **Talasoterapia Kresala** *Markiegi, 6 Tél. 943 60 80 52*

Les environs de Deba

Mutriku

Cet ancien port baleinier, à l'extrémité occidentale de la côte du Guipúzcoa, près de la province de Biscaye, est à 5km à l'ouest de Deba. Des hauteurs du village, fondé en 1209, un dédale de ruelles descend jusqu'au port. L'église néoclassique Nuestra Señora de la Asunción (XIXe s.) donne sur la Plaza Cosme Damián Churruca – du nom d'un grand navigateur et cartographe qui trouva la mort lors de la bataille de Trafalgar, en 1805. Le héros naquit Calle Konde, dans un palais (le Palacio Arrietakua) construit au XVIIIe siècle par l'autre gloire locale, l'ingénieur naval Francisco de Gaztañeta. Les ruelles alentour et le port recèlent de belles demeures blasonnées et maisons-tours du XVIe siècle, dont la tour Berriatua, épargnée par le grand incendie de 1543. *À 5km à l'ouest de Deba par la BI633 puis la GI638* **Office de Tourisme** *Txurruka Plaza 20830 Mutriku Tél. 943 60 33 78 www.mutriku.net Ouvert en été : tlj. 10h-14h et 16h-18h ; reste de l'année : mar.-sam. 11h-13h et 16h-18h, dim. 10h-14h Visites guidées de Mutriku tlj. à 12h et 17h sur rdv Tarif 1€*

Nautilus, centro de Interpretación Geológica Ce centre didactique détaille l'évolution géologique de cette portion du littoral depuis quelque 120 millions d'années. Exposition de la collection de fossiles constituée par Jesús Narváez Amasorrain : pour tout savoir sur les ammonites du crétacé. Visites naturalistes en bateau sur la côte (12€). *José Antonio Ezeiza, 3 20830*

Mutriku Tél. 943 60 33 78 ou 657 79 46 77 Ouvert vac. de Pâques et juil.-août : mar.-sam. 10h-14h et 16h-18h, dim. 10h-14h ; 31 oct.-2 nov. : mar.-dim. 10h-14h Tarif 1€, visite guidée 2,50€

● Faire de la plongée, louer un kayak

Buceo Euskadi Une bonne adresse pour partir explorer les fonds de la sublime crique d'Arbe. Sorties toute l'année à partir de 26€, plongée à plus de 40m 40€. *Puerto 20830 **Mutriku** Tél. 943 19 50 88 ou 617 33 30 03 Appelez avant* **Mutrikuko Arraun Taldea** Location de kayaks. *Pinastegi Plaza, 2 20830 Mutriku Tél. 606 92 03 29*

● Se baigner

Face au port d'Ondarroa, la plage de **Saturraran**, la plus occidentale du Guipúzcoa, repérable à ses deux rochers pointus, est très appréciée des surfeurs. Les criques et petites plages sauvages qui festonnent la côte entre la plage de Saturraran et Mutriku lui ont valu le surnom de **Sieteplayas** ("Sept plages"). Accessibles seulement à marée basse, par des sentiers escarpés, elles sont plutôt fréquentées par les nudistes et les amateurs de plongée. Entre la pointe d'Alkolea et l'embouchure du río Deba, la crique d'**Arbe**, où se retrouvent les collectionneurs d'ammonites, attire aussi les planchistes en quête de sensations fortes. *Sur la GI638 entre Deba et Mutriku*

● Partir en randonnée

Les nombreux sentiers de petite randonnée (PR®) qui partent de Deba et de Mutriku sont autant d'occasions de jouir de vues panoramiques sur la mer ou de goûter le charme de vallées verdoyantes de l'arrière-pays. De la plage de Deba, le PR®GI44 grimpe jusqu'à l'église d'Itziar, puis suit une ancienne conduite d'eau, des moulins de Plazaola à Lastur, dans la vallée du même nom (22km). Le PR®-GI47 relie, lui, Mutriku à Olatz, dans le massif de l'Arno, en passant près de plusieurs fours à chaux, grottes et gouffres. *Renseignements et itinéraires à l'OT de Deba et de Mutriku*

Mendaro

Si vous traversez la basse vallée du río Deba, faites un détour par Mendaro, paisible bourgade établie au pied du mont Garailuz dont le nom rime dans tout l'Euskadi avec gourmandise. La **chocolaterie familiale Saint-Gerons** y est implantée depuis 1850. Laissez-vous tenter par les truffes ou par les tourons artisanaux vendus dans la boutique près de l'église Nuestra Señora de la Asunción. **Chocolaterie** *Calle Azpilgoeta 20850 Mendaro (à 8km au sud de Deba par l'A8 San Sebastián-Bilbao jusqu'à Elgoibar puis la N634) Tél. 943 75 51 15 www.chocolatesdemendaro.com*

● Où acheter des produits régionaux ?

Dans la vallée de Lastur, où paissent en semi-liberté des *betizuak* – vaches basques descendant en droite ligne des aurochs de la préhistoire –, l'agriculture biologique a le vent en poupe. La ferme d'Arruan-Haundi, spécialisée dans l'élevage écologique de petits chevaux pottoks et de brebis, vend du fromage et des yaourts au lait de brebis toute l'année et, l'été, du fromage de vache, du beurre, des confitures et d'autres produits artisanaux de la région (pain, légumes, cidre, txakoli, etc.).

Baserriko Arruan-Haundi *Lastur (à 6km à l'est de Mendaro pa le Gl3292 et à 6km au sud de Deba par la Gl3210 puis la Gl3292, suivre les panneaux "Lastur queso artesano")* Tél. *902 02 71 24 http://lastur.net/*

Elgoibar

Musée de la Machine-Outil Grand centre industriel de l'ouest du Guipúzcoa, situé à 13km au sud de Deba, Elgoibar n'est pas vraiment une ville de charme… Son musée expose sur près de 400m² fraiseuses, tours et perceuses, témoins de la place de cette production dans l'économie locale au début du XXᵉ siècle. **Museo de la Máquina-Herramienta** *Azkue, 1 (Barrio San Roque)* **Elgoibar** Tél. *943 74 84 56 www.museo-maquina-herramienta.com Ouvert lun.-ven. 9h-13h et 14h30-17h30 Fermé août, dim. et fêtes*

 Faire une randonnée à vélo Ce centre VTT est très complet : location de vélos, infos touristiques, sanitaires… Parmi les 14 itinéraires balisés dans la région, citons la balade Elgoibar-Deba (R06 : 29,05km, dénivelé de 1 469m), pour cyclistes aguerris, et l'itinéraire familial (R02 : 4,75km, dénivelé de 185m) qui longe le lac d'Aixola. Demandez les fiches au centre (gratuites). **Centre VTT Debabarrena** *Complexe sportif Mintxeta, Hameau Azkue 20870* **Elgoibar** *www.euskadibttzentroak.com Ouvert lun.-ven. 10h-21h, sam. 10h-13h et 15h-19h, dim. et fêtes 10h-14h*

CARNET D'ADRESSES

Restauration, hébergement

 camping

Itxaspe Un camping tranquille, avec vue sur les stupéfiantes falaises qui dominent les plages d'Aitzuri et de Sakoneta. Comptez 10,40€ l'emplacement + 4,75€ par adulte, location de bungalow à partir de 85€. *20829* **Itziar** *Sur la N634, bifurquer sur la Gl291 en direction du quartier d'Itxaspe* Tél. *943 19 93 77 www.campingitxaspe.com Ouvert Pâques-fin sept. : tlj ; le reste de l'année : week-ends et j. fér.*

prix moyens

Urgain Le cadre n'a rien d'exceptionnel, mais vous dégusterez là la meilleure cuisine basque de Deba. Poisson et fruits de mer de saison. En hiver, optez pour les *angulas* (pibales), l'été, pour les petits calamars. La morue *al pil-pil* aussi est excellente. Repas autour de 40€. *Hondartza, 5 20820* **Deba** Tél. *943 19 11 01 Service 12h30-16h et 20h30-23h Fermé mar. soir et 15 jours en nov.*

Cidrerie Txindurri-Iturri De janvier à septembre, cette cidrerie familiale du col d'Itziar sert un bon menu traditionnel. Rien de tel qu'un Txotx entre amis, accompagné de chorizo au cidre, d'une *tortilla* aux piments basques et *chuleta* (côte de bœuf). Si vous abusez du *sagardoa*, vous pourrez toujours louer l'une des 6 chambres d'hôtes de la ferme (à partir de 40€ la nuitée). Réservation impérative. *Barrio Mardari, 12 20829* **Itziar** Tél. *943 19 93 89 www.txindurri.com Service ven. 21h30-23h, sam.-dim. 14h-16h30 et 21h30-23h Sur la N634, à 7km de Deba,* *tourner à droite pour rejoindre le quartier de Mardari Restaurant fermé mi-sep.-mi-jan. Chambres d'hôtes fermées période de Noël*

 prix très élevés

Hotel Zumalabe Une excellente adresse, inaugurée en 2007 dans une région qui manque d'hôtels de charme. Six chambres avec sdb, un peu petites mais jouissant toutes de la vue sur le port de Mutriku et, pour certaines, d'un balcon. Cadre sobre mais soigné, accueil attentionné. Comptez 80€ la double (100€ avec balcon). *Bajada Puerto, 2 20830 Mutriku Tél. 943 60 46 17 www.hotelzumalabe.com*

AZPEITIA

20730

San Sebastián-Donostia

Azpeitia

Cette tranquille cité commerçante campée sur la rive de l'Urola, à l'abri du mont Erlo, vit naître Ignace de Loyola en 1491, avant de devenir, aux XVIe et XVIIe siècles, un foyer de la métallurgie. De nos jours, on visite dans ses environs immédiats la maison natale du fondateur de la compagnie de Jésus et la basilique baroque dédiée à ce "soldat de Dieu" canonisé en 1622. À proximité, les crêtes calcaires du massif d'Izarraitz, qui séparent les vallées du Deba et de l'Urola, invitent à de belles balades au cœur de hêtraies-chênaies qui cachent de mystérieuses grottes.

MODE D'EMPLOI

accès

EN VOITURE
À 42km au sud-ouest de San Sebastián et à 70km à l'est de Bilbao par l'A8 (sortie 12), puis la GI631.

EN CAR
EuskoTren Ligne Zumaia-Zumarraga. *Tél. 943 45 01 31*
Guipúzcoana Lignes San Sebastián-Tolosa et Zarautz-Azkoitia. *Tél. 493 85 11 59*
Pesa Liaison avec Bilbao *Tél. 902 10 12 10*

orientation

Se garer dans les rues étroites du centre d'Azpeitia (surtout les jours de marché !) relève de l'exploit. Préférez le stationnement gratuit à proximité de l'ancienne gare.

informations touristiques

Centre d'information touristique Le plus complet sur Azpeitia, Azkoitia et la " terre ignacienne", installé dans l'enceinte du sanctuaire de Loyola (à côté du parking, à droite après le pont). *Tél. 943 15 18 78 www.azpeitia. net et http://urolaturismo.net Ouvert mar.-dim. 10h-14h*

marché, fêtes et manifestations

Marché *Mardi, Plaza Mayor*
Fiestas Sansebastianes On fête ces jours-là la Saint-Sébastien, avec *tam-*

borradas d'enfants. *Les 19 et 20 janvier*

Fiestas Sanignacios Fête de Saint-Ignace. Animations taurines et foire régionale agricole. *Semaine du 30 juillet*

Santo Tomas Foire et *sokomuturras* (courses de vachettes). *Le 21 décembre*

DÉCOUVRIR

☆**Les essentiels** Le musée du Train, le sanctuaire de Loyola, la grotte d'Ekain **Découvrir autrement** Partez en excursion dans la vallée d'Errezil
➤ **Carnet d'adresses p.374**

Azpeitia

Centre historique Le principal monument de la vieille ville est l'église paroissiale San Sebastián de Soreasu, édifiée au XVIe siècle dans le style gothique et remaniée au XVIIIe. Elle renferme un retable baroque et, surtout, les fonts baptismaux sur lesquels aurait été porté saint Ignace de Loyola… Sur son flanc, l'ancien lavoir municipal (1842), récemment restauré, mérite le détour. Le cœur d'Azpeitia regorge aussi de belles maisons des XVe-XVIe siècles, telles la Casa Antxieta (en face de l'église) et la casa Altuna (Plaza Txikia), toutes deux de style mudéjar.

● À TOUTE VAPEUR
Le samedi ou le dimanche, le museo del Ferrocaril propose des balades d'un autre temps jusqu'à Lasao dans un authentique train à vapeur. Inoubliable !

☆☺ **Museo del Ferrocaril** L'ancienne gare de chemin de fer de l'Urola accueille une collection attrayante. Wagons en bois ou en métal, trains à vapeur ou diesel, tramway moderne, autobus des années 1960… l'exposition regorge de trésors. Quel que soit leur âge, les visiteurs contemplent ces machines avec des yeux d'enfants. *Julian Elorza Kalea, 8 Tél. 943 15 06 77 www.euskotren.es Ouvert jan.-avr. et nov.-déc. : mar.-sam. 10h-13h30 et 15h-18h30 ; avr.-juin et sept.-oct. : mar.-ven. 10h-13h30 et 15h-18h30, sam. 10h30-14h et 16h-19h30 ; juil.-août : mar.-sam. 10h30-14h et 16h-19h30 ; toute l'année : dim. et fêtes 10h30-14h Entrée 2,50€* **Parcours en train** *Azpeitia-Lasao 29 mars-2 nov. : sam. à 12h30 et 18h, dim. et fêtes à 12h30 Tarif 5€*

● **Où acheter des pâtisseries basques ?** Depuis 1902, la confiserie-pâtisserie Egana régale Azpeitia de ses chocolats et petits fours sucrés. Goûtez ses *ignacios*, de délicieux gâteaux fourrés à la crème et saupoudrés d'amandes effilées, vendus dans de jolies boîtes. Salon de thé et terrasse. **Gozotegia Egana** *Goiko, 10 Tél. 943 81 18 85 Ouvert 7h45-13h30 et 16h30-20h15 http://eganagozotegia.com*

Les environs d'Azpeitia

Vers la vallée d'Urola

☆ ☺ **Santuario de Loyola** L'ensemble fut bâti aux XVIIᵉ et XVIIIᵉ siècles autour de la Casa-Torre de Santo Ignacio de Loyola, né ici en 1491. Important lieu de pèlerinage, l'imposant édifice baroque conçu par le Romain Carlo Fontana, célèbre disciple du Bernin, fut pensé comme un "petit Vatican" et "pour la plus grande gloire de Dieu", selon la devise de la compagnie de Jésus : il est coiffé d'un dôme haut de 65m, ponctué d'une élégante lanterne ; son maître-autel porte un retable exubérant dû à Ignacio de Ibero, au centre duquel trône une statue en argent du saint qui fait son effet ! Blessé au combat lors de la bataille de Pampelune, Loyola renonce définitivement à la carrière des armes et se consacre à la Mission. Il meurt à Rome, en 1566, et sera canonisé en 1622. On découvre sa vie au fil de la visite de sa maison natale, dite Santa Casa, une demeure sobre et splendide, en bois et en pierre discrètement ouvragés. *Entre Azpeitia et Azkoitia, sur la Gl2634 Tél. 943 02 50 00 www.santuariodeloyola.com et www.tierraignaciana.com Ouvert tlj. 10h-12h30 et 15h-18h15 Sanctuaire Entrée libre Santa Casa 2€ Visite guidée pour les groupes seulement*

● **LE PREMIER DES JÉSUITES** La petite commune commerçante d'Azpeitia vit son destin basculer le 24 décembre 1491 lorsque naquit entre ses murs Iñigo de Loyola, fondateur de la congrégation des jésuites, un soldat de la Contre-Réforme dont la pensée révolutionna l'histoire de l'Église catholique. La terre ignacienne porte les traces de son cheminement, de sa maison natale à la basilique.

Azkoitia Très animée le matin (ne vous engagez pas dans ses ruelles en voiture), la vieille ville se déploie de part et d'autre du fleuve Urola. L'église de Santa María la Real, qui s'ouvre sur une placette fréquentée, abrite de précieux retables du XVIᵉ siècle et un orgue du XIXᵉ siècle, l'une des dernières réalisations d'Aristide Cavaillé-Coll – le facteur des orgues de Notre-Dame et de Saint-Sulpice, à Paris. Si tout village basque a son fronton, Azkoitia est gâtée en la matière… Le sculpteur Jorge Oteiza imagina pour ce "berceau de la pelote" un ensemble de six frontons symbolisant les provinces basques historiques. Le site inauguré en 2006 réunit toutes les générations autour d'un sport enraciné dans la culture locale, qui se joue à main nue ou à la *pala* (ici, point de chistera). *Frontons Jorge Oteiza Aingeru (avant la bifurcation de la Gl-2634 vers Elgoibar)*

● **Où boire un verre en terrasse ?** Quelques tables entre la rive de l'Urola et l'église Santa María la Real : la plus jolie terrasse d'Azkoitia pour prendre un verre de txakoli en observant l'animation de la place. Pratique aussi pour grignoter un *bocadillo*. **Paulaner** *Plaza Jesús Bihotzaren 20720* **Azkoitia** *Tél. 943 85 07 71*

● **Randonner dans la vallée d'Urola** Des nombreux chemins de randonnée qui la sillonnent, le plus connu est le GR®120, ou "route des trois temples", un itinéraire très sportif de 44km qui relie le sanctuaire de Loyola à la basilique d'Arantzazu via l'église d'Antigua (Zumárraga) (cf. Les environs de Bergara). Pour tout renseignement, appelez l'Agence de développement régional de l'Urola, qui a publié le guide de randonnée *Urola Mendi ibilbideak recorridos*. Visites guidées naturalistes en juillet-août et la 1ʳᵉ quinzaine de septembre. **Agence** *Aizkibel, 16 20720 Azkoitia Tél. 943 85 08 43 www.urolaturismo.net*

Vers la vallée d'Errezil

Ses vues amples sur les monts environnants ont valu à Errezil le surnom de "balcon du Guipúzcoa". La vallée ne manque pas d'intérêt avec ses hameaux noyés dans la verdure et leurs pommeraies (reinettes). *À 10km à l'est d'Azpeitia par la GI2634*

Monte Ernio C'est l'un des sommets emblématiques de la province : son occupation remonte à l'âge de fer et il fait l'objet de plusieurs pèlerinages, tel celui de la Romería de las Cintas, comme en témoignent les nombreuses croix qui le couronnent, à 1 072m. L'occasion pour les habitants de la région de randonner en famille jusqu'au col de Zelatun (et sa buvette !). Parcours sans difficulté, dénivelé 665m, durée moyenne 2h45. *Accès 400m après Errezil (direction Tolosa), tourner à gauche*

Zestoa

Au nord d'Azpeitia, en allant vers le littoral, la petite ville de Zestoa connut son heure de gloire à la fin du xixᵉ siècle quand l'aristocratie européenne s'enticha de ses eaux thermales.

☆ **Grotte d'Ekain** Fouillée de 1969 à 1975, cette grotte ornée de peintures du magdalénien (chevaux, bisons, ours…) a été inscrite sur la liste du patrimoine mondial de l'Unesco. Selon le grand préhistorien André Leroi-Gourhan, Ekain recèle "l'ensemble de chevaux le plus parfait de tout l'art du Quaternaire". Pour protéger ce trésor vieux de 13 000 ans, on l'a fermé au public, mais celui-ci peut visiter sa réplique, inaugurée en septembre 2008. *À 1,5km à l'ouest de Zestoa* **Bureau d'information** *Portale Kalea, 9 20740 Zestoa Tél. 943 86 88 11 www. ekainberri.com Ouvert mar.-ven. 10h-18h, sam.-dim. et j. fér. 10h-19h (sauf déc.-jan. 10h-18h) Fermé lun. sauf juil.-août Tarif 5€ TR 4€ Gratuit moins de 6 ans*

● **Prendre les eaux dans un hôtel rétro** Pratiquement détruit par des inondations, le Gran Hotel Balneario de Cestona, de style Belle Époque, a retrouvé sa superbe et dispose d'infrastructures de soins performantes, dont des soins de colorothérapie ! Parcours aquatonique à partir de 47€. Ne manquez pas de jeter un coup d'œil à la salle principale du restaurant de l'hôtel (520m², une hauteur sous plafond de 12m…) **Gran Hotel Balneario de Cestona** *San Juan 30 20740 Zestoa (à 8km au nord d'Azpeitia par la GI631) Tél. 943 14 71 40 www.balneariocestona.com*

● **S'adonner à une activité sportive** Ce centre anime de nombreuses activités éducatives et sportives : tir à l'arc, escalade, spéléologie, parapente, équitation, canoë sur l'Urola et voile sur la mer Cantabrique. Il est doublé d'une auberge de jeunesse aux installations correctes et bien tenues.

Différentes formules de prix selon les activités. **Sastarrain** *Quartier Lili 20740* **Zestoa** *Tél. 943 14 81 15/ 670 20 77 02 www.sastarrain.com*

CARNET D'ADRESSES

Restauration, hébergement

Hôtel Trintxera Entre Azpeitia et Tolosa, l'hôtel Trintxera offre un beau point de vue sur le "balcon du Guipúzcoa", le massif d'Ernio et la vallée d'Errezil. Son restaurant sert un menu du jour honnête à 11€. Joli salon avec cheminée. Chambres calmes, joliment décorées. Double à partir de 60€ en haute saison. *Suivre la GI2634 jusqu'au col de Bidania (Km 10) 20737* **Errezil** *Tél. 943 68 12 06/08*

prix élevés

Kiruri Jatetxea Un restaurant de cuisine basque traditionnelle, à l'entrée d'Azpeitia. Ses 4 salles lui valent d'accueillir souvent communions, noces et autres banquets. Spécialité de *lubina* (bar) au txakoli, pigeon rôti aux cerises, pâtisseries maison. Classique et efficace. Si le temps le permet et si la circulation ne vous incommode pas trop, optez pour la terrasse, elle donne sur le sanctuaire de Loyola... Parking de l'autre côté de la route. Repas autour de 40€. *Loiola, 24 20730* **Azpeitia** *Tél. 943 81 56 08 www.kiruri.com Service 12h30-15h30 et 20h-22h30*

Joseba Jatetxea Joseba Olaizola a installé son restaurant dans le Palacio Floreaga, une imposante maison-tour du XVIᵉ siècle, soigneusement restaurée en 1997. Spécialités : *lomos de merluza*, colin farci au tourteau, pigeon en sauce. Jolie salle aux murs en pierre décorés de blasons. On y célèbre souvent des mariages, aussi mieux vaut-il réserver. Repas autour de 40€. Au bout du quai Behobide, une petite place sans voitures où manger des salades ou des poissons grillés, face à la mer. *Palacio Floreaga Aizkibel, 10 20720* **Azkoitia** *Tél. 943 85 34 12 www. josebajatetxea.com Ouvert mer.-sam. 12h30-15h et 20h-22h Fermé dim. soir et mar. soir, lun. Fermé semaine sainte et 15 jours en août et Noël*

☺ **Hôtel Larrañaga** Ce *caserío* du XVIIIᵉ siècle abrite un hôtel de charme accueillant. Cinq chambres meublées à l'ancienne, chacune dans une tonalité différente. On accède à celle du dernier étage par un petit escalier. Grand salon avec billard. Dans la belle salle à manger voutée du rez-de-chaussée, de bons plats basques sont servis par un personnel chaleureux, habillé en costume médiéval. Double à partir de 72€. *Quartier Urestilla 20730* **Azpeitia** *(à 3km du centre par la GI3740 jusqu'au panneau indiquant l'hôtel) Tél. 943 81 11 80 http://hotel-larranaga.com*

GAMME DE PRIX	RESTAURATION	HÉBERGEMENT
Très petits prix	moins de 10€	moins de 30€
Petits prix	de 10€ à 15€	de 30€ à 40€
Prix moyens	de 16€ à 25€	de 41€ à 60€
Prix élevés	de 26€ à 45€	de 61€ à 80€
Prix très élevés	plus de 45€	plus de 80€

LE GUIPÚZCOA

BERGARA

20570

San Sebastián-Donostia

● Bergara

La ville surprend par son architecture élégante, qui contraste avec son environnement rural, ponctué de vallées industrialisées. C'est au XVIe puis surtout au XVIIe siècle que son visage actuel s'est modelé : les débuts du commerce et de l'industrie enrichissent une bourgeoisie qui bâtit palais et maisons opulentes. La naissance d'une brillante université, le Real Seminario Patriotico Bascongado, en 1776, parachève sa renommée. C'est ici que les généraux Maroto (carliste) et Espartero (libéral) mettent fin à la première guerre carliste par le célèbre *abrazo* (accolade) de Bergara en 1839. Aujourd'hui, la cité continue à vivre de son industrie métallurgique et textile. Sa population, essentiellement ouvrière et estudiantine, participe en nombre aux processions et fêtes ininterrompues de la semaine sainte, période la plus animée de la ville.

LE GUIPÚZCOA

MODE D'EMPLOI

accès

EN VOITURE
À 61km au sud-ouest de San Sebastián, à 60km au sud-est de Bilbao par l'A8 jusqu'à Eibar (sortie 15a), puis l'AP1 et à 18km au sud-ouest d'Azpeitia par une route en lacet.

EN CAR
PESA Liaison San Sebastián-Bergara (ligne San Sebastián-Onati). *Tél. 902 10 12 10*

informations touristiques

Office de tourisme Accueil charmant et en français, riche documentation sur Bergara et ses alentours.

Visites guidées de la ville tlj. à 11h et 17h (gratuit). *Plaza San Martin de Aguirre Tél. 943 77 91 00 www.bergara.net Ouvert mi-mai-début oct. et Pâques : lun.-sam. 10h30-14h et 16h30-19h30, dim. et fêtes 11h30-14h30*

fêtes et manifestations

Semana Santa Quatre jours de concerts, de danses, d'épreuves sportives, etc.
Romería de San Marcial *Le dimanche suivant Pâques, autour de l'ermitage San Marcial*
Fêtes patronales, fêtes de la Pentecôte *49 jours après Pâques*
Feria de Santa Lucia Grandes foires à Zumarraga et Urretxu. *Le 13 décembre*

DÉCOUVRIR

☆ **Les essentiels** Le centre historique de Bergara et l'ermitage de La Antigua à Zumárraga **Découvrir autrement** Empruntez les routes de la vallée du fer à partir de Legazpi

➤ **Carnet d'adresses p.378**

Bergara

☆ **Centre historique** La vieille ville, foyer commerçant de Bergara, constitue un bel ensemble architectural des XVIᵉ et XVIIᵉ siècles. Ses ruelles médiévales convergent vers la **Plaza San Martín de Aguirre**, que cernent de belles maisons seigneuriales et les palais d'Ondartza et Jauregi. L'hôtel de ville, dont la façade porte des inscriptions tirées de L'Ecclésiaste, s'élève face au **Real Seminario Patriotico Bascongado**, un collège jésuite devenu une université de renommée européenne au XVIIIᵉ siècle. Le chimiste français Joseph Louis Proust (1754-1826), l'un des précurseurs de la théorie atomique, y enseigna. Derrière la mairie, l'église Renaissance **San Pedro de Ariznoa** renferme un précieux retable baroque de Juan de Mesa (1622) et une *Adoration des bergers* attribuée à Ribera dans sa nef droite. Remarquez aussi, dans Barren Kalea, la Casa Arrese (au n°30) et la Casa Aroztegui (au n°7). Dans un cadre plus bucolique, au bord du río Deba, l'église **Santa Marina**, élevée de 1542 à 1672 dans le style gothique basque, se distingue surtout par son imposant retable du XVIIIᵉ siècle.

● **Où acheter des produits locaux ?** Un petit magasin où l'on trouvera tous les produits gourmands qui font le succès de la région : charcuterie, vin, haricots, fromages, et même des plats cuisinés. **Txukun** *Fraiskosuri, 6* Tél. 943 76 51 62

● **Où savourer des *rellenos* ?** Ce ne sont pas les meilleurs que l'on ait goûtés, mais les spécialités de cette pâtisserie centenaire réputée sont intéressantes, et leurs emballages séduisants. Car les véritables *rellenos* de Bergara, fourrés à la noisette et aux amandes, sont de plus en plus difficiles à trouver. **Raizabal** *Artekale, 9* Tél. 943 76 11 83 Ouvert mar.-ven. 9h-13h30 et 16h-20h30, sam. 9h-14h et 17h-20h, dim. 9h-14h

● **Où boire un verre en terrasse ?** La plus jolie terrasse de la ville, qu'ombragent deux grands arbres. Que ce soit pour le *café con leche* du matin, les rafraîchissements de l'après-midi ou l'apéritif, ses tables sont toujours occupées ! Le soir, les jeunes y parlent politique. Assiettes de *pintxos* 4,50€. **Eusebio II** *Irala, 1 (au bout de la place)* Tél. 943 76 07 92

Les environs de Bergara

Zumárraga

☆ **Ermitage de La Antigua** L'église semble une forteresse perchée sur une colline, comme sur le qui-vive. Sa silhouette massive et austère contraste de façon saisissante avec son intérieur. Passé le portail gothique (XIVᵉ s.), on découvre une étonnante nef rustique, dont les solides piliers de pierre soutiennent une galerie et une charpente complexe en chêne ornée de motifs géométriques et de figures de femmes. L'ancienne église paroissiale de Zumárraga, délaissée en 1576 pour une église de la vallée, est l'un des joyaux de l'architecture religieuse basque du XIIIᵉ siècle. Si vous le pouvez, assistez à l'Ezpatadantza (danse des épées) qui s'y tient le 2 juillet, pour la Sainte-Isabelle. *Carretera Antigua 20700* **Zumárraga** *(à 14km au sud-est de Bergara par la GI632, à 2 km de Zumárraga par la GI3801 à partir du quartier d'Elizkale) Tél. 943 03 79 14 Ouvert mai-oct. : mar.-dim. 11h30-13h30 et 16h30-19h30 ; reste de l'année : sam., dim. et j. fér. 11h30-13h30 et 16h-18h*

● **Se balader à vélo** Un agréable circuit qui part de Zumárraga (GI2630) et suit le cours de l'Urola. En chemin, on découvre les villages d'Urretxu et de Legazpi, le parc de Mirandoala et les forges, d'où la GI3540 serpente jusqu'au viaduc d'Ormaiztegi. Parcours de 24km, sans difficulté. *Renseignements à l'OT Urola-Garaia de Legazpi (cf. ci-dessous)*

Legazpi et la vallée du fer

Sa richesse forestière et son activité minière firent de Legazpi, bourgade de la haute vallée de l'Urola voisine du mont Aizkorri (1 528m), le berceau de la métallurgie du Guipúzcoa il y a un millénaire. Mais, sur le cours de l'Urola ("eau de forges" en basque), l'industrie du fer a toujours cohabité avec l'agropastoralisme. Le premier dimanche de septembre, Legazpi célèbre d'ailleurs l'Artzain Eguna, la Journée du berger, fête de grande ampleur avec concours du meilleur fromage, championnat provincial de chiens de berger, exposition de brebis et foire artisanale. *À 15km au sud-est de Bergara par la GI632 jusqu'à Urretxu puis par la GI2630* **Office de tourisme de l'Alto-Urola** *(Urola-Garaia) Parque de Mirandaola 20230 Legazpi Tél. 943 73 04 28 www.lenbur.com Ouvert juin-sept. : mer.-lun. 10h-19h, mar. 10h-15h ; oct.-mai : lun.-ven. 10h-17h30, sam.-dim. et j. fér. 10h-18h*

Musée du Fer basque Dans une fonderie aménagée par la fondation Lenbur (Legazpi Natura eta Burdina, "nature et fer"), ce musée présente au fil d'un parcours thématique l'industrie métallurgique sous ses aspects technique, humain et culturel, éclairant combien cette activité a profondément transformé la vallée et le quotidien de ses habitants depuis le Moyen Âge. Tous les dimanches (à 12h, 13h30 et 14h), d'avril à octobre, et le 1er dimanche du mois de novembre à mars, on peut y voir fonctionner la reproduction fidèle d'une forge du XVIe siècle. Un vrai voyage dans le passé ! *Mirandaola Parkea, Telleriarte auzoa 20230* **Legazpi** *Tél. 943 73 04 28 www.lenbur.com Ouvert juin-sept. : mer.-lun. 10h-19h ; oct.-mai : mer.-lun. 10h-17h30, sam.-dim. et j. fér. 10h-18h Tarif 3€, enfant 2,50€*

Les routes de la vallée du fer Une balade originale dans le très populaire parc de la Mirandaola, où le fer est l'occasion d'un circuit de 1h30 qui ravira les enfants. Parmi les parcours thématiques proposés, citons "Un voyage dans les années 1950 : la route ouvrière" et "Le martèlement des forges". *Renseignements et itinéraires disponibles à l'accueil du parc (cf. Musée du Fer basque) Tél. 943 73 04 28*

Ekomuseo del Pastoreo Pour découvrir tous les aspects du métier de berger, de la garde du troupeau à la production de fromage. *Caserío Erraizabal 20230* **Legazpi** *Ouvert en semaine sur rdv, dim. 10h30 et 11h30 Tarif 2€, enfant 1,50€ Réservations à l'accueil du parc (cf. Musée du Fer basque)*

El Ricon del Pan Au "Coin du pain", vous saurez tout sur la fabrication de cet aliment familier, du grain au four à bois. *Hameau Igaralde-Goena Quartier Brinkola 20230 Legazpi Ouvert en semaine sur rdv, dim. 10h30 et 11h30 Tarif 2€, enfant 1,50€ Réservations à l'accueil du parc (cf. Musée du Fer basque)*

Igartubeiti Baserria Dans un *caserio* du XVIe siècle, ce musée d'art populaire vous familiarisera avec l'économie rurale et la vie domestique d'antan au Guipúzcoa. Un pressoir à pommes d'origine en constitue l'attraction principale. Un centre d'interprétation est aménagé sous le parking. Aires de pique-nique avec une vue splendide sur la vallée. *20709 Ezkio Itsaso (sur la GI632 – attention aux cyclistes dans les virages ! – à 17km au sud-est de Bergara) Tél. 943 72 29 78 www.gipuzkoakultura.net www.lenbur.com Ouvert 15 juin.-15 sept. : mar.-dim. 10h-14h et 16h-19h ; juin-oct. : mer.-jeu. 10h-14h et 15h-17h, ven. 10h-14h, sam.-dim. et j. fér. 10h-14h et 16h-19h Sur rés. Entrée 1,20€ Gratuit pour les moins de 10 ans et jeu. pour tous Visite guidée (en espagnol) 1€ à 11h, 12h30 et 17h30*

CARNET D'ADRESSES

Restauration, hébergement

🧳 petits prix

☺ **Lamariano Etxeberri** Maite Aristegi Larrañaga se plie en quatre pour rendre agréable le séjour de ses hôtes dans sa jolie maison rustique dressée sur les hauteurs de Bergara. Six chambres confortables, meublées avec goût, et un petit déjeuner à base de produits bio du potager en saison. Réservez à l'avance, l'endroit est très recherché... *Chambres à 40€ HT, petit déj. 3,80€. Quartier San Martzial 20570 Bergara Tél. 943 76 35 06 ou 657 79 53 62 www.nekatur.net*

🍴🧳 prix moyens

Kabia Jatetxea Juanma Hurtado, qui a fait ses armes chez Pedro Subijana, à l'Akelarre (cf. San Sebastián, Carnet d'adresses, Restauration), s'emploie à concilier tradition et innovation, élégance et convivialité. Dans son coquet restaurant, on déguste une cuisine tournée vers les belles viandes (*solomillo de ternera*) et les poissons de saison (bar fumé aux petits pois). Suggestions du jour à 18€ à midi, menu dégustation à 42€ HT renouvelé toutes les semaines. *Legazpi, 7 (à côté de la mairie) 20700 Zumarraga http://restaurantekabia.com Ouvert ven.-sam. 13h-15h30 et 21h-23h, mar.-jeu. et dim. 21h-23h Fermé 1 sem. en jan., Pâques et 2 sem. en août*

☺ **Hôtel Ormazabal** Un hôtel familial un peu vieillot avec ses meubles anciens massifs, ses tableaux religieux et ses tapis épais, mais c'est bien ce qui fait son charme ! Certaines chambres sont plus agréables et confortables que d'autres, mais tous les sanitaires sont récents. Le petit déjeuner se prend dans une jolie salle, l'accueil est plus que cordial. *Double 60€, chambre supérieure, exagérément appelée "suite" 78€ HT. Barrenkale, 11 (donne aussi sur la Calle Irala) 20570 Bergara Tél. 943 76 36 50 www.gratisweb.com/hotelormazabal*

prix très élevés

☺ **Lasa** L'adresse gastronomique des environs, récompensée en 1997 par le prix Premio Euskadi et par une fugitive étoile au Michelin. Le cadre est splendide, un palais du XVIe siècle, classé monument historique, où vécut la sœur d'Ignace de Loyola. À l'intérieur, murs gris et parquets cirés, meubles Belle Époque. Dans l'assiette, des poissons fumés maison, des terrines et, surtout, des desserts fabuleux, dont un *turrón* exceptionnel. Comptez 50€ à la carte. *Palacio Ozaeta, Zubiaurre, 35 20570* **Bergara** *Tél. 943 76 10 55 www.restaurante lasa.com Ouvert mar.-sam. 13h-15h30 et 20h30-22h30, dim. 20h30-22h30 Fermé 3 semaines en août*

OÑATI

20560

On l'appelle la Tolède du Nord : son université du Sancti Spíritus, de style Renaissance plateresque, fondée par Rodrigo Mercado de Zuazola, est éblouissante. En face, la tour de l'église San Miguel, néoclassique, domine un édifice de pur style gothique basque. Dans le cloître, à côté du retable, également plateresque, on aperçoit le mausolée du fondateur de l'université. Mais l'enfant le plus célèbre de la ville est Lope de Aguirre (1510-1561), le démoniaque conquistador incarné par Klaus Kinski dans *Aguirre, la colère de Dieu* de Werner Herzog. Et si l'on ne sait plus très bien ce qui a valu à ses habitants le surnom de "Txantxiku" (grenouilles), le visiteur saura apprécier le charme bucolique des espaces verts aménagés à proximité du río – où ne coasse aucun batracien ! – et des ponts qui l'enjambent.

MODE D'EMPLOI

accès

EN VOITURE
À 77km au sud-ouest de San Sebastián et à 75km au sud-est de Bilbao par l'autoroute A8 jusqu'à Eibar (sortie 15a), l'AP1 jusqu'à Bergara (sortie 16), la GI627 jusqu'au carrefour de San Prudencio, puis la GI2630. À 19km au sud de Bergara par la GI2630.

EN CAR
PESA Liaisons avec San Sebastián et avec Bilbao. *Tél. 902 10 12 10*

orientation

Plusieurs parkings gratuits à l'entrée de la ville permettent de se garer facilement. Il est ensuite aisé de rejoindre le centre historique et ses rues piétonnes.

informations touristiques

Onatiko Turismo Bulegoa Une mine d'informations pour toutes les activités. Très bon accueil, en français, et documentation abondante. *San Juan, 14 Tél. 943 78 34 53 www.*

onati.org Ouvert avr.-sept. : lun.-ven. 10h-14h et 15h30-19h30, sam. 10h-14h et 16h30-18h30, dim. 10h-14h ; oct.-mars : lun.-ven. 10h-13h et 16h-19h, sam.-dim. 11h-14h

visites guidées

Visites de l'université Sancti Spíritus, de l'église Saint-Michel, circuits "Oñati historique" et "Oñati monumental". À partir de 1€/pers., en fonction du nombre de participants. Visite en français sur réservation à l'OT Tél. 943 78 34 53

marché, fêtes et manifestations

Marché alimentaire Excellents fromages d'Urbia. *Samedi matin*
Corpus Christi Cette grande fête, célébrée depuis le Moyen Âge, donne lieu à une procession qu'animent des danses traditionnelles. *Mai-juin*
Pèlerinage à Notre-Dame d'Arantzazu *Le 9 septembre*
Concours international de chiens de berger *Le 3e dimanche de septembre*
Saint-Michel *Le 1er dimanche d'octobre*

DÉCOUVRIR

☆ **Les essentiels** L'université Sancti Spíritus et le centre historique d'Oñati, le sanctuaire de Notre-Dame d'Arántzazu **Découvrir autrement** Visitez la grotte d'Arrikrutz ➤ **Carnet d'adresses p.382**

Oñati

☆ **Universidad Sancti Spíritus** L'architecture Renaissance de ce vaste édifice rectangulaire contraste avec tout ce que l'on a pu voir jusqu'à présent en Euskadi. Bâtie dans les années 1540 à la demande de l'évêque Rodrigo Mercado de Zuazola, cette université bénéficia d'un grand rayonnement jusqu'à sa fermeture, en 1901. Sa façade principale, œuvre du Français Pierre Picart, est ornée de remarquables bas-reliefs et statues de guerriers et de martyrs, qu'égayent quelques gargouilles gothiques. Le fondateur est représenté en orant au-dessus de la porte. À l'intérieur, admirez le patio, dont les deux niveaux d'arcades sont rythmés de portraits en médaillon de personnalités du XVIe siècle et de figures mythologiques, ainsi que le plafond *artesonado* de la cage d'escalier qui relie les deux étages. Le retable de la chapelle mérite aussi le détour. *Unibertsitate Etorbidea, 8 Ouvert lun.-jeu. 9h-17h, ven. 9h-14h Visites guidées avr.-sept. : sam.-dim. 10h-14h Sur rdv à l'OT*

Iglesia San Miguel Cette paroisse gothique fut élevée au XVe siècle sur des fondations romanes du XIe, et remaniée au XIIIe. En témoignent sa tour baroque, conçue par Manuel Martín de Carrera, et le retable churrigueresque du maître-autel. L'église abrite la chapelle funéraire de l'évêque Zuazola, dont le tombeau en marbre, dû à Diego de Siloé, représente le prélat en prière. Le cloître de style gothique flamboyant (XVIe s.) est particulièrement impressionnant. *Santa Marina Plaza, 2*

Ailleurs dans la vieille ville La ville a gardé le tracé médiéval de ses anciens quartiers – *zaharra* en basque, par opposition à *berria*, qui signifie "nouveau".

Sur l'imposante **Plaza de los Fueros** trônent le palais gothique de Lazaragga, remanié au XVIIᵉ siècle, et la mairie, qui doit sa belle façade baroque à Manuel Martín Carrerera (1778). En remontant Bakardadeko Ama Kalea vers l'est jusqu'à la Plaza de Santa Marina, on admirera trois autres palais du XVIIIᵉ siècle : les Casas Antia, Madinabeitia et Baruekua. À l'angle de Patrue Kalea et de Kale Barria, un balcon signale la Casa Otadui-Jausoro, élevée au tournant des XVIᵉ et XVIIᵉ siècles. Dans l'est de la ville, dans Lazarrag Kalea, le Monasterio de Bidarreta, fondé en 1510 par le secrétaire des Rois catholiques et son épouse. Son église, dans laquelle reposent les deux bienfaiteurs, recèle l'un des premiers retables Renaissance de la région (1533), œuvre de Juan de Olazarán (messes lun.-sam. à 20h, dim. et fêtes à 10h, 12h30 et 20h).

● **Où boire un verre en terrasse ?** La Taberna Arkupe possède la terrasse la plus agréable, et donc la plus fréquentée, de la place de la mairie. Ambiance familiale en journée : aux beaux jours, les parents y sirotent un *café con leche* tandis que les enfants jouent sur les pavés. On peut aussi y manger de bons *bocadillos*. **Taberna Arkupe** *Foruen Enparantza, 9 Tél. 943 78 16 99*

Les environs d'Oñati

☆ **Sanctuaire de Notre-Dame d'Arántzazu** Bâti par Francisco Saiz de Oiza et Luis Laorga dans les années 1950 dans un esprit résolument contemporain, le sanctuaire, perché à 800m d'altitude, s'intègre bien au site agreste qui l'environne. On y vénère une Vierge à l'Enfant découverte, dit la légende, sur le site en 1469. Les franciscains s'établirent en 1514 sur les lieux et, depuis, le sanctuaire attire les pèlerins. Au milieu du ravin s'élève aujourd'hui une tour de pierre, immense campanile hérissé de pointes, symbolisant l'aubépine. La basilique se dresse en contrebas. Sur le frontispice, quatorze apôtres ont été sculptés dans de grands blocs de calcaire par Jorge Oteiza. Les portes d'entrée, sous le porche, sont d'Eduardo Chillida et, à l'intérieur, le retable, plus de 600m² de bois polychrome, a été peint par Luis Muñoz. Xavier de Eulate réalisa d'étonnants vitraux à dominante bleutée, et Xavier Egaña recouvrit les murs de la chapelle de fresques. *À 9km au sud d'Oñati par la GI3591* **Basilique** *Ouvert 8h30-20h30 Messes en basque le dimanche à 9h, 10h, 11h et à 18h30 (17h30 en hiver) Renseignements Comunidad Franciscana Tél. 943 78 09 51 www.arantzazu.org* **Point d'information** *Ouvert juin-sept : tlj. 10h-14h et 15h30-18h30 ; hors saison : sam.-dim. 10h-14h Visites guidées (en espagnol) juin-sept. : à 10h30, 11h30, 12h30, 16h et 17h Tarif 2€*

● **SAUVÉE DES ÉPINES** Selon la légende, un berger du nom de Rodrigo de Balzategui aurait découvert la statuette de la Vierge dans un buisson épineux. Il se serait alors écrié : "*Arántzan zu ?*" ("Parmi les épines, toi ?").

Grotte d'Arrikrutz Sur la route du sanctuaire d'Arántzazu, sous le massif d'Aizkorri, la grotte d'Arrikrutz constitue l'un des sites pionniers de l'exploration spéléologique, archéologique et paléontologique en Euskadi. On y découvrit notamment un squelette complet de lion des cavernes et des crânes de panthères… Depuis 2007, elle fait l'objet d'un parcours pédagogique de 1h au fil de ses étonnantes concrétions minérales. *Route d'Arántzazu (dir. quartier d'Araotz) Tél. 943 08 20 00 Ouvert mars-mai et oct. : mar.-dim. 10h-14h et 15h-18h ; juin-sept. : mar.-dim. 10h-14h et 15h-19h ; nov.-fév. : mar.-dim. 10h-14h et 15h-17h Tarif 8€, 4-10 ans 6€ Prévoir des vêtements chauds et des chaussures fermées, même en été*

● Se balader à pied

Entre Urkilla et Aitzkorri Du belvédère du sanctuaire de Notre-Dame d'Arántzazu, on aperçoit les méandres karstiques de la Sierra de Urkilla – plusieurs sentiers s'y perdent. Se procurer le Topo-guide *Senderos de Oñatié,* publié par l'office de tourisme d'Oñati.

Parc d'Aizkorri-Aratz Une dizaine de PR® ont été tracés dans ce parc naturel. L'office de tourisme d'Oñati organise l'été des balades pour faire découvrir aux visiteurs la beauté de ses paysages et son patrimoine archéologique et architectural – la chaussée médiévale et le site mégalithique des plaines d'Urbia, notamment. *Informations et visites guidées à l'office de tourisme d'Oñati Tél. 943 78 34 53*

● S'initier au parapente
Initiations et stages de perfectionnement pour les amateurs de sensations fortes : on se lance du haut du mont Alona.
Ipar-Haize *Information et réservation Tél. 943 78 19 09*

CARNET D'ADRESSES

Restauration, hébergement

🍴 petits prix

Etxebarria Un petit restaurant familial, pris d'assaut à midi, qui propose un sympathique menu du jour à 9€ (12€ le week-end). Plats simples et roboratifs : asperges mayonnaise, jambon ibérique, *tortilla,* merlu de la maison, crevettes *a la plancha.* À la bonne franquette ! *Kalebarria, 19 20567 Oñati Tél. 943 78 04 60*

🍴🧳 prix moyens

Ongi Cet hôtel de 17 chambres ne paie pas de mine, mais son rapport qualité-prix et sa situation, en plein centre d'Oñati, en font une très bonne adresse. Double à 42€ HT. Petit déjeuner buffet à 6€. *Kale Zaharra, 19 20560 Oñati Tél. 943 71 82 85*

Goiko Benta Une grande demeure dominant la vallée, à la salle à manger vaste et accueillante. À la carte : des produits traditionnels – agneau et morue –, légumes de saison en entrée et desserts copieux. Chambres au-dessus, simples et confortables. Atmosphère rustique. De 50 à 55€ la double. *Goiko Benta, 12 Aránzazu, Oñati Tél. 943 78 13 05 Fax 943 78 03 21 Restaurant fermé le jeu. hors saison*

🍴 prix élevés

Zelai-Zabal Cette maison centenaire a vu passer bien des pèlerins. Son chef, Alberto Elorza, accommode les classiques basques au goût du jour : ravioli au crabe sauce safran, *taco de foie gras à l'aigre-doux, chuletón de buey* (veau aux pommes de terre et poivrons) et des desserts irrésistibles, tel le trio de chocolats. Jolie terrasse et jardin avec une vue époustouflante sur la vallée. Comptez 40€ à la carte. *Route d'Arántzazu, 38 (sur la Gl3591, à 9km d'Oñati) Tél. 943 78 13 06 www.* *zelaizabal.com Ouvert 13h30-15h et 20h30-22h*

TOLOSA

20400

San Sebastián-Donostia ○

● **Tolosa**

Fondée en 1256 par Alphonse X de Castille pour mieux défendre la frontière de son royaume avec la Navarre, la cité dûment fortifiée, baignée par le río Oria, devient un grand centre de foires et un foyer artisanal. La réputation de ses forgerons, bien établie au XVIe siècle, lui vaut d'accueillir une armurerie royale en 1630. Dévastée par les troupes françaises en 1794, elle renoue avec la prospérité grâce à l'industrie papetière au XIXe siècle et est promue capitale du Guipúzcoa de 1844 à 1854. Aujourd'hui, son centre historique regorge de jolies boutiques et son marché du samedi draine des acheteurs de toute la province... Cette enclave urbaine entre le parc naturel d'Aralar et le mont Ernio est aussi une étape gourmande incontournable : Tolosa est célèbre pour ses *alubias* (haricots) rouges et noirs, son boudin, son chocolat et autres gourmandises. Venez donc goûter son art de vivre !

LE GUIPÚZCOA

MODE D'EMPLOI

accès

EN VOITURE
À 25km au sud de San Sebastián et à 112km à l'est de Bilbao par l'A8 (sortie n°10) et la N1 (sortie n°436).

EN TRAIN
Renfe Ligne C1 Irún-Brinkola, arrêt Tolosa. Cercanías *Tél. infos 902 24 02 02 www.renfe.es/empresa/cercanias*

EN CAR
Tolosaldea Bus Lignes régulières locales. *Tél. 943 65 06 21*
TSST Liaisons avec San Sebastián. *Tél. 943 36 17 41*

orientation

Tolosa se développe de part et d'autre du fleuve Oria, principale-ment à l'est. On se garera dans les avenues du centre-ville (payant), puis on se rendra à pied dans le centre historique (attention : il est quasi-ment interdit à la circulation), der-rière la grande halle jaune du marché, au bord de l'eau.

informations touristiques

Tolosaldea Tour *Santa María Plaza, 1 Tél. 943 69 74 13 Fax 943 67 62 13 www.tolosaldea.net Ouvert hiver : lun.-ven. 9h30-13h30 et 16h-19h, sam. 9h30-13h30 ; été : tlj. 9h30-13h30-16h-19h*

location de deux-roues

BTT Begiristain *Eskolapiotako lorategial, 3 Tél. 943 67 56 34 Ouvert lun.-ven. 9h30-13h et 15h30-20h, sam. 9h30-13h*

LE GUIPÚZCOA

Plusieurs grands marchés animent Tolosa tous les samedis : aux halles du Tinglado (produits locaux), sur la place Euskal Herria (vêtements et fruits et légumes), et place Berdura, au cœur de la vieille ville (fleurs et plantes).

☺ **Carnaval** Une semaine de défilés joyeux, particulièrement animée. *En février*

Foire au bétail *Le 2ᵉ week-end de mars*

Tolosa Goxua. Concours de pâtisserie *Le 3ᵉ samedi d'avril*

San Juan Cérémonies, feux et foire agricole écologique. *Le 24 juin*

Foire d'élevage *En octobre*

Babarrunaren Eguna Fête du haricot de Tolosa. *Du 3ᵉ mercredi au 3ᵉ dimanche de novembre*

Fiesta del chuletón Fête du veau. *1ʳᵉ semaine de décembre*

DÉCOUVRIR
Tolosa

☆**Les essentiels** La vieille ville et ses commerces, le marché **Découvrir autrement** Savourez une viande grillée dans une rôtisserie et terminez par la dégustation d'une spécialité sucrée de la maison Oteiza
➤ **Carnet d'adresses p.386**

☆ **Vieille ville** On traversera d'abord le pont de Navarre (Naparzubia), pour contempler Tolosa de la rive droite de l'Oria. De cette passerelle du XIIIᵉ siècle maintes fois restaurée, Tolosa livre son meilleur profil : dans les eaux calmes du fleuve se reflètent les arcades du Tinglado (les halles, à gauche du pont) et la façade rose du Palacio de Idiakez (à droite), construit au début du XVIIᵉ siècle. Puis on retraversera le fleuve pour se rendre place Zaharra, que se partagent l'hôtel de ville (1657-1672) et d'autres édifices baroques. On gagnera ensuite l'église Santa María, probablement consacrée au XIIIᵉ siècle et relevée de 1548 à 1643. Son imposante façade baroque (1761) dissimule un intérieur représentatif du gothique basque. Sur son parvis se célèbrent toutes les grandes fêtes religieuses. Juste à côté, le Palacio de Aramburu, édifice du XVIIᵉ siècle à la façade blasonnée, abrite les archives municipales.

Museo de Confitería Gorrotxategi Lorsque José Gorrotxategi entreprit de rénover la confiserie fondée en 1680 par ses ancêtres, il n'eut pas le cœur à jeter les vieux ustensiles de cuivre qui dormaient dans son grenier. Il eut alors l'idée de les exposer, persuadé que ces drôles d'alambics, de passoires et de cuves cabossées intéresseraient bien quelqu'un. C'est ainsi que naquit ce petit musée placé sous le signe de la gourmandise… *Letxuga, 3 Entrée 1,50€ Sur réservation à l'OT (ne vous y prenez pas au dernier moment, les places sont limitées) Tél. 943 69 74 13 www.museodelchocolate.com*

● ☆ **Où remplir un panier pique-nique ?** Construites en 1899 et agrandies en 1927, les halles du Tinglado (ou Zerkausia) acueillent tous les samedis un marché fort réputé dans la région. On pourra y acheter les fameux haricots secs, mais aussi des légumes frais et des fruits de saison... **Halles du Tinglado**

● **Où acheter les Tejas y Cigarrillos de Tolosa ?** Une référence ! Les fameuses tuiles aux amandes et cigarettes russes de Tolosa sont présentées dans de jolies boîtes en métal aux couleurs de la maison. Également d'autres biscuits et pâtisseries, et quelques glaces artisanales. Salon de thé à l'étage. **Maison Oteiza** *Rondilla (près de la place Iturrixiki) Tél. 943 67 13 99*

● **Où trouver des espadrilles ?** Dans une rue aux maisons ornées de paniers de fleurs, ce petit magasin de chaussures mérite un arrêt. Une antique caisse enregistreuse, un beau bureau sculpté, une *ferrata* pour peaufiner le décor et un accueil à l'ancienne pour choisir une paire d'espadrilles ou de petits chaussons en cuir basque. **Garikano** *Letxuga, 6*

● **Où faire une pause gourmande ?** Une belle pâtisserie, spacieuse et vitrée sur toute sa façade. Dégustation sur place et vente à emporter de toutes sortes de douceurs : viennoiseries, *delicias* à la pâte d'amande, glaces, *xaxus* (de moelleux gâteaux aux amandes), mais aussi "produits du terroir" (haricots noirs, conserves...). Au bar, le chocolat est d'une onctuosité exceptionnelle. **Gorrotxategi** *Plaza Zarra, 7 Tél. 943 67 07 27 Ouvert lun.-ven. 8h30-13h30 et 15h30-20h30, sam. 8h30-13h45 et 16h-20h30, dim. 8h-14h15*

● **Visiter des ateliers d'artisans** En collaboration avec l'office de tourisme, certains artisans de la région ouvrent les portes de leur atelier. *Renseignements et réservation à l'OT Tél. 943 69 74 13*
Juan Carlos Otero Pelotes en cuir. ***Anoeta*** *(à 3km au nord de Tolosa) Tél. 943 650 091*
Iñaki Gorostidi Tailleur de pierre. ***Aduna*** *(à 7km au nord de Tolosa) Tél. 943 693 496*
José Manuel Aguirre Instruments musicaux. ***Tolosa*** *Tél. 943 670 504*

● **Explorer à pied les environs** Plus de 40 itinéraires de randonnée, de 3 à 15km et d'une difficulté faible à moyenne, ont été balisés dans la région. Une invitation à découvrir à son rythme les alentours de Tolosa. *Fiches en vente à l'OT de Tolosa (4€) Tél. 943 69 74 13*

Vagabonder d'églises en chapelles

La région de Tolosa est riche en édifices gothiques et baroques dont, en premier lieu, l'église **Santa María**, à Tolosa même. À Larraul, au nord, ne manquez pas **San Esteban** et, à Amezketa, au sud de Tolosa, **San Bartolomé**, sans doute la plus belle avec ses bougies votives posées à même le plancher. En chemin, vous découvrirez également de nombreuses chapelles : l'ermitage de **Santa Marina** à Albiztur (à l'ouest de Tolosa), ou encore celui de **Larraitz** à Abaltzisketa (au sud de Tolosa), non loin du portail roman de l'église **San Juan Bautista**.

Les environs de Tolosa

Vallée de la Leitzaran D'Elduain et de Berastegi (10 km à l'est de Tolosa) et de Villabona (8 km au nord), on pourra rejoindre le cours de la Leitzaran, une rivière à truite protégée. L'occasion d'une belle incursion dans une nature préservée. *Renseignements au centre des visiteurs Leitzaran Bisitarien Etxea Behea, 48 20140 **Andoain** Tél. 943 30 09 29 www.leitzaran.org*

Musée ethnographique de Larraul Charrues, bêches, charrettes, fouloir, pressoir, *kutxas* (coffres), pétrin, livres et autres objets du quotidien : la collection réunie par ce musée témoigne de la vie des paysans basques d'hier et d'aujourd'hui. *Accès au village par la GI348 Plaza San Esteban 20159 **Larraul** (à 14 km au nord-ouest de Tolosa, via Villabona) Visite sur rdv à l'OT de Tolosa Tél. 943 69 74 13*

● **Se balader sur une voie verte** Inaugurée en 2000, la voie verte du Plazaola suit un tronçon de l'ancienne voie ferrée San Sebastián-Pampelune. Longue de 43 km, elle relie ainsi Andoain (à 14 km au nord-est de Tolosa) à Mugiro, en Navarre, pour le plus grand bonheur des randonneurs, des cavaliers et des cyclistes. *www.plazaola.org*

CARNET D'ADRESSES

Restauration, hébergement

Parmi les spécialités régionales, il faut goûter bien sûr les haricots noirs (*alubias*) de Tolosa, le boudin (*morcilla*) et les piments (*guindillas*) d'Ibarra, ainsi que les savoureuses viandes grillées servies dans les *asadores* de la ville.

🍴 prix moyens

Frontón Dans ce bar-restaurant logé dans un immeuble des années 1930 doté d'un fronton, on déguste d'excellents *pintxos* au bar du rez-de-chaussée ou sur la terrasse, et des *alubias* et du boudin de Beasain (13€) au restaurant de l'étage. Les plus affamés opteront pour l'un des deux menus (35 et 44€). *San Frantzisko, 4 Tél. 943 65 29 41 www.restaurantefronton.com Ouvert 13h-15h30 et 20h-23h*

🍴 prix élevés

Asador Nicolas Derrière cette devanture discrète se dissimule un classique de Tolosa. Pour le trouver, il suffit de se laisser guider par l'alléchante odeur de viande grillée qui se répand dans le quartier dès le début du service. Nous vous recommandons tout particulièrement les *chuletas de vaca vieja*, mais les poissons ne sont pas mal non plus. Comptez 50€ à la carte. *Zumalakarregi, 6 Tél. 943 65 47 59 Ouvert lun.-sam. 13h-15h30 et 20h30-22h30*

🍴 🧳 prix très élevés

☺ **Casa Julían** Dans une petite salle, près d'une cheminée où se consument quelques braises, Julian s'affaire en gardant l'œil sur ses pièces de bœuf. Ici, les *chuletas* (côtelettes de bœuf grillée) sont un art. Vous aurez le choix avant entre un assortiment de charcuteries et des asperges fraîches en saison. Mention particulière pour les poivrons rouges passés au four, tout simplement exquis. Choix de vins excellents, rouges essentiellement. Comptez environ 60€ par personne, avec un verre de vin. *Santa Clara, 6 Tél. 943 67 14 17 Fermé dim.*

Hotel Oria Que ce soit dans sa partie moderne (où se tient la réception),

Calle Oria, ou dans la jolie maison bourgeoise de la Calle San Francisco, dont les chambres profitent d'une ambiance plus feutrée, l'hôtel Oria offre de bonnes prestations à deux pas du vieux Tolosa. Wifi gratuit. À partir de 81€ HT la double. Au rez-de-chaussée, le restaurant Botarri affiche midi et soir un menu très correct à 13,50€. *Oria, 2 Tél. 943 65 46 88 www.hoteloria.com*

ORDIZIA

20214

San Sebastián-Donostia

Ordizia

Cette bourgade, dont le noyau médiéval a été classé, est connue dans tout l'Euskadi pour son marché du mercredi, dont les prix des denrées agricoles servent de référence dans toute la province. Ordizia est le chef-lieu du Goierri, contrée verdoyante du sud-est du Guipúzcoa, frontalière de la Navarre. Si le nord de la région s'est tourné vers l'industrie, le sud est resté attaché à ses traditions agropastorales. On y confectionne un fameux fromage au lait cru de brebis : l'idiazabal !

MODE D'EMPLOI

accès

EN VOITURE
À 40km au sud-ouest de San Sebastián par l'A8 (sortie 10) et la N1 (sortie 422), et à 12km au sud-ouest de Tolosa (N1).

EN TRAIN
Renfe Cercanías Liaison San Sebastián-Brinkola. *Tél. 902 24 02 02 www.renfe.es*

EN CAR
Plusieurs compagnies desservent la commune :
Goierrialdea Ligne Beasain-Ordizia-Idiazabal-Zegama-Segura-Zerain. *Tél. 943 88 59 69*

PESA Ligne San Sebastián-Ordizia-Beasain-Ormaiztegi. *Tél. 902 10 12 10*

informations touristiques

Centro D'elikatuz-centre d'interprétation du Goierri *Barrenetxe Etxea, Santa María, 24 20240* **Ordizia** *Tél. 943 88 22 90 www.ordizia.org et www.goierriturismo.com Ouvert lun.-ven. 10h-13h et 16h-19h, sam.-dim. et j. fér. 11h-14h et 16h-19h*

visites guidées

Découverte du centre historique d'Ordizia avec entrée à D'Elikatuz (tarif 2€/pers.). Également sorties thématiques dans le Goierri (de 10h à 19h) : routes du fromage idiazabal, du

Goierri médiéval ou de la foire d'Ordizia (le mercredi). Tarif 30€/pers. avec le repas (mais sans le transport). *Renseignements et réservation au centre d'interprétation du Goierri*

marchés, fêtes et manifestations

Marché À Ordizia se tient le plus grand marché de la région : légumes, fruits, fromages et produits de saison – son origine remonterait à 1512 ! *Tous les mercredis*

Artzain eguna Foire du berger. *En mars*

Santa Ana Fêtes patronales. *Le 26 juillet*

Foire agricole et fêtes basques Moment fort de l'année dans la région avec le célèbre concours de fromage. *En septembre*

DÉCOUVRIR
Ordizia et ses environs

☆ **Les essentiels** Le marché d'Ordizia, l'ensemble médiéval d'Igartza, le fromage idiazabal **Découvrir autrement** Faites de la randonnée dans le parc naturel d'Aralar, visitez le village de Zerain, observez les *eguskilore* sur les portes des maisons de Segura ➤ Carnet d'adresses p.392

Ordizia

☆ **Marché** Le marché hebdomadaire d'Ordizia, dont l'origine remonterait à 1512, est un rendez-vous incontournable dans la région. Chaque semaine, en effet, on y fixe les prix de référence qui seront utilisés dans tout le Pays basque. Ses stands maraîchers s'abritent sous la halle construite en 1925 sur la Plaza Mayor. *20240 **Ordizia** Marché Plaza Nagusia (Plaza Mayor) et rues adjacentes le mer. www.ordiziakoferia.com*

D'elikatuz-Centro de Alimentación y Gastronomía Un lieu agréable, bien conçu, qui présente de manière ludique les habitudes alimentaires et traditions culinaires du Goierri. Projection d'un film sur l'histoire du marché d'Ordizia et animation sur le renouveau de la cuisine basque. Vidéos disponibles en français. *Barrenetxe Etxea, Santa María, 24 Tél. 943 88 22 90 www.delikatuz. com Ouvert lun.-ven. 10h-13h, 16h-19h, sam.-dim. et j. fér. 11h-14h et 16h-19h Tarif 3€*

● **Où faire une pause sucrée ?** La pâtisserie la plus réputée du Goierri expose dans sa vitrine un irrésistible assortiment de truffes au chocolat. On peut s'y attabler pour savourer une part de gâteau à l'idiazabal ou de tarte "Guipúzcoa" (aux pommes et amandes), à moins de fondre pour les mignardises de la maison, Bomba ou Milhoja. **Unanue** *Nagusia, 17 Tél. 943 88 15 51 www.unanuegozotegia.com*

Beasain

☆ **Ensemble médiéval d'Igartza** En bord de route, à l'entrée de Beasain en venant d'Ordizia, au milieu de constructions modernes, cet îlot historique surprend. Il se compose du palais Yarza, édifié au xve siècle sur des ruines du

XIIIe siècle, flanqué d'une modeste chapelle, d'un pont gardé par une haute croix en pierre, d'une forge et d'un moulin. Sur l'autre rive de l'Oria s'élève la Dolarea, un ancien hospice. *Peategi Ouvert week-ends et j. fér. : hiver 11h-14h et 16h-19h, été 11h-14h et 17h-20h Tél. 943 16 40 85 www.igartza.net (Fermé pour rénovation jusqu'en octobre 2010)*

● **Où trouver des spécialités locales ?**

Pastelería Julki Son décor impersonnel ne le laisse pas deviner, mais c'est une excellente pâtisserie ! On y croquera un Martintxos, petit gâteau typique de Beasain, ou la tarte de Segura, une spécialité aux amandes que la famille Ibañez a sauvée de l'oubli. *Nagusia, 11 Tél. 943 02 76 21 www.julki.com*

Boucherie Viuda de Olano Beasain est renommé dans tout l'Euskadi pour son boudin (*morcilla*), qui accompagne si bien les haricots du Goierri ! Chaque année, un concours de *morcilla* départage les nombreuses boucheries du village. Celle-ci est l'une des plus réputées... *Andre Mari, 3 Tél. 943 164 895*

Autour de Besain

Ormaiztegi Cette petite ville tristounette doit d'être connue à son viaduc de 1884, attribué à Alexander Lavalley, ingénieur du canal de Suez. On y visitera

LE GUIPÚZCOA

★ Randonner dans le parc naturel d'Aralar

Dans un univers minéral ponctué de pâturages, de bosquets et, sur les versants navarrais, d'une immense hêtraie, le Txindoxi (1 342m), le Ganbo (1 412m), l'Irumugarrieta et le Putxeri se découpent au loin. La Sierra de Aralar recèle l'une des concentrations préhistoriques les plus importantes du Pays basque, dont de nombreux mégalithes et 13 abris sous roche, protégés par le parc naturel d'Aralar, qui s'étend sur 10 956ha. Zaldibia (à 5km d'Ordizia par la GI2133) en est l'un des principaux points de départ de randonnée. Le Pr®Gi61 propose un aller-retour au pied du Txindoxi en 10km (balisage jaune et blanc). Le *Rutas para descubrir Euskal Herria 1* détaille une boucle de 22km, qui passe par le dolmen de Jentilarri et les chemins de transhumance pour découvrir la route des Gentiles, ces créatures mythologiques chères au cœur des Basques. Il existe de nombreux autres chemins – PR®GI de 1 à 7, n'excédant pas 8km, autour de Lazkao et Ataun. Les GR®20 et 35 passent également par ici. À partir du hameau d'Abaltzisketa, le SL-Gi7 dessine une petite boucle de 2,8km (balisage vert et blanc) sous le Txindoxi. Procurez-vous les topo-guides correspondants, dont le *Aralar Parque Natural*, de Mendi Ibilbideak (1999), et le *Goierri mendiz-mendi*, de Goitur. Fiches des sentiers disponibles chez Tolosaldea Tour. Vous pourrez loger et vous informer au col de Lizarrusti, après Ataun (de nombreux sentiers y convergent). **Centro de Interpretación del Parque de Aralar** *Lizarrusti Parketxea Barrio San Gregorio, Elkargune 20211 **Ataun** (sur la GI120) Tél. 943 18 02 85 www.goierri.org Ouvert tlj. 9h-13h et 15h-18h* le musée Zumalacárregi, dédié au général carliste Tomás de Zumalacárregi. Son intéressante collection illustre la vie des frères Zumalacárregui et l'histoire de la première guerre carliste. *De Beasain prendre la Gl632 en direction de Bergara* **Musée** *Muxika egurastokia, 6 (Casa Iriarte Erdikoa) 20216* **Ormaiztegi** *Tél. 943 88 99 00 Ouvert mar.-ven. 10h-13 et 15h-19h, sam.-dim. 11h-14h et 16h-19h Fermé lun. Tarif 1,20€, réduit 1€ Gratuit le jeu. et moins de 10 ans*

☆ **Idiazabal** Ne vous attendez pas à croiser quelques brebis égarées dans ce bourg tranquille, dont le nom rime avec fromage dans tout l'Euskadi ! Mais son centre d'interprétation vous apprendra tout ce qu'il faut savoir sur le métier de berger et sur l'idiazabal, de la fabrication de ce fromage de brebis à sa dégustation (le meilleur moment !). Jolie petite boutique où combler toutes vos envies fromagères. *Accès Prendre la N1 dir. Vitoria, sortie Idiazabal* **Centre d'interprétation** *Nagusia, 37 (signalé par des panneaux à l'entrée du village) 20213* **Idiazabal** *Tél. 943 18 82 03 Ouvert sam.-dim. et j. fér. (tlj. en juil.-août) 11h-14h et 16h-19h Entrée 2€*

☆ Segura

Prenez le temps de flâner dans ce beau bourg médiéval dont le quartier historique a été classé. Les portes en bois finement ciselées des demeures de pierre de sa rue principale, fort anciennes pour certaines, sont ornées de symboles religieux et de l'emblématique fleur du soleil, l'*eguskilore*, un chardon qui protège, dit-on, du mauvais œil. La Casa Ardixarra serait la plus vieille maison de bois de tout le Guipúzcoa. *Accès Par la N1, sortie Idiazabal, puis la Gl2637*

Casa Ardixarra Cette maison à pans de bois du XVIe siècle (une curiosité) héberge l'office de tourisme et un centre d'interprétation médiévale, qui replace la cité du XVIe-XVIe siècle dans son contexte régional, et en décrit l'urbanisation et les structures sociales (on y découvrira la symbolique phallique du bonnet que portaient les femmes mariées). *Nagusia 1 20214* **Segura** *Tél. 943 80 17 49 ou 943 80 10 06 www.seguragoierri.net Ouvert lun.-ven. 11h30-13h30 et 15h30-17h30, sam.-dim. et j. fér. 11h-14h et 16h-19h Entrée 2€*

Zegama

Si la ville de Zegama ne présente pas un intérêt fou, la route qui relie Segura à Zegama a beaucoup de charme. *À 4km au sud-ouest de Segura par la Gl2637*

Centre d'interprétation du bois Au pied de l'Aizkorri, l'ancienne auberge des pèlerins (XVIIe s.) abrite un point d'information touristique et un musée dédié au bois : 173 troncs d'arbres d'essences différentes, pour la plupart issus des forêts de la région, y sont entreposés. *Casa Andueza (signalée à l'entrée du village) 20215* **Zegama** *Tél. 943 80 21 87 www.museomadera.com Ouvert lun.-ven. 10h30-13h30 et 15h30-18h30, sam.-dim. et j. fér. 11h-14h et 16h-19h Entrée 2€ (enfant 1€)*

Zerain

Ses habitants ont décidé de tout faire pour maintenir en vie ce hameau agricole niché au cœur des collines boisées du Goierri, dans les contreforts de

Le Pays basque traditionnel

Les musées d'Art et Traditions populaires fournissent de nombreuses clés pour comprendre l'identité basque. Et quoi de mieux que les fêtes pour partager la culture basque ?

LE GUIPÚZCOA

l'Aizkorri ! Ils ont aménagé un petit musée ethnographique dans une belle maison ancienne en chinant des outils, ustensiles et costumes anciens dans les fermes des environs. La boutique du point d'information vend de l'artisanat et autres produits locaux (confitures, cidre, fromage et haricots secs). *À 13km au sud-ouest d'Ordizia par la N1 puis la GI-2637*

☺ **Musée ethnographique** Ce musée a pour cadre un bâtiment magnifique coiffé d'une charpente impressionnante. Au rez-de-chaussée, un diaporama présente le village et ses habitants, tous très attachés à préserver leur mode de vie. À l'étage, on découvre une collection d'objets d'art populaire passionnante, complétée par des pièces provenant de la mine voisine d'Aizpea. *En contrebas de l'office de tourisme Tél. 943 80 15 05 Ouvert lun.-ven. 10h30-13h30 et 15h30-18h30, sam.-dim. 11h-14h et 16h-19h Entrée 2€*

● **Randonner dans le Goierri** Amateurs de randonnée, vous serez comblés (attention toutefois aux brumes et brouillards) ! Signalons, parmi les nombreux sentiers qui sillonnent la région, le PR®Gi59, qui dessine une boucle de 9km allant de Segura à Santa Engracia et Zerain (balisage jaune et blanc). Plus court, le SLGi1 mène de Zerain à Mutiloa (5km, balisage vert et blanc). Dans le *Rutas para descubrir Euskal Herria 1*, un bel itinéraire (8km) à la découverte des mines de fer relie Zerain à Aizpea, passant par les galeries et les anciens fours. De Zegama, vous pourrez approcher de près le massif de l'Aizkorri à l'occasion d'une randonnée de 22km sur le PR®Gi70 (balisage jaune et blanc). Plus modeste, un circuit de 8km en donne déjà un très bel aperçu, le long des pâturages et forêts du PR®Gi69 (balisage jaune et blanc). Une autre superbe balade vous conduira au col d'Otzaurte, à partir de Zegama par la GI2637, puis au point de départ, à Aldaola : de là, vous franchirez le tunnel de San Adrian, passage obligé du chemin de Saint-Jacques depuis des millénaires. Le *Rutas para descubrir Euskal Herria 1* propose une marche de 11km autour du mont Arratz. Tous les circuits sont décrits dans le *Goierri mendiz-mendi*, de Goitur. **Centre d'information** *Tél. 943 16 18 23 ou 610 40 51 49 www.goierriturismo.com*

CARNET D'ADRESSES

Hébergement

 petits prix

Chambres d'hôtes Ondarre Karmele et sa famille tiennent avec beaucoup de gentillesse cette magnifique maison au bord de la rivière, qui offre des vues superbes sur les sommets de l'Aizkorri. Six chambres simples, mais bien tenues (demandez l'une de celles qui donnent sur l'arrière),

GAMME DE PRIX	RESTAURATION	HÉBERGEMENT
Très petits prix	moins de 10€	moins de 30€
Petits prix	de 10€ à 15€	de 30€ à 40€
Prix moyens	de 16€ à 25€	de 41€ à 60€
Prix élevés	de 26€ à 45€	de 61€ à 80€
Prix très élevés	plus de 45€	plus de 80€

et 2 appartements pour 4-6 personnes. Double à partir de 40€ HT. Petit déjeuner à 3€ servi dans la salle commune mansardée, avec accès à la cuisine. *À droite après le rond-point sur la route reliant Idiazabal à Segura (un panneau indique le baserria) 20014* **Segura** *(à 10km au sud-ouest d'Ordizia) Tél. 943 80 16 64 ou 943 80 03 26 www.acvmultimedia.com/ ondarre/*

☺ **Arrieta Haundi** Cette maison d'hôtes bénéficie d'un environnement des plus calmes : seules quelques cloches tintent au loin. La demeure est confortable, avec poêle et tapis moelleux. Cuisine moderne et bien équipée à disposition. Les chambres, vastes et lumineuses, offrent de bons lits garnis d'épaisses couettes. Comptez 36€ HT la double et 33€ HT la simple, 4€ le petit déj. *Arrieta Haundi Baserria (suivre le panneau sur la droite avant le bourg de Zegama, indiquant "Arrieta-haundi" puis monter tout en haut de la colline, suivre les panneaux "Neka-zalturismo") 20215* **Zegama** *(à 13km au sud-ouest d'Ordizia) Tél. 943 80 18 90 ou 656 72 12 65*

GEOREGION

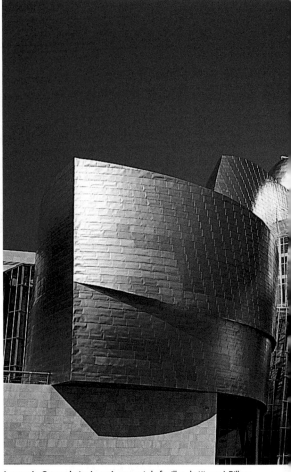

Le musée Guggenheim (p.414), couvert de feuilles de titane, à Bilbao.

LA BISCAYE

LA BISCAYE

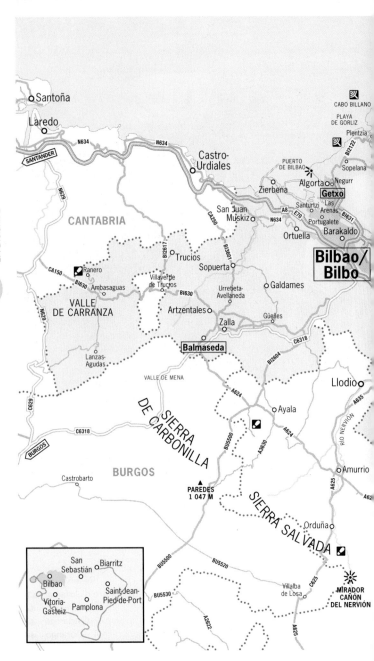

LA BISCAYE

MER CANTABRIQUE

PLAYA DE ARMINTZA
Gorliz
Armintza
ŝutroe

CABO DE MATXITXAKO/ MACHICHACO BURUA
San Juan de Gaztelugatxe
PLAYA DE BAKIO
Bakio
Bermeo
Mundaka
Sukarrieta
Busturia

ISLA DE IZARO
PLAYA DE ARITZATZ
PLAYA DE LAIDA
PLAYA DE LAGA
CABO OGOÑO
Elantxobe
PLAYA DE EA
PUNTA DE EA
Kanala
Ibarrangelu
Ea
PLAYA DE OGELLA
Lekeitio
ISLA SAN NIKOLAS
PLAYA DE ISUNTZA
PLAYA DE CARRASPIO
Ispaster
Mendexa

Mungia
SOLLUBE 686 M
Gautegiz-Arteaga
Islas
Murueta
Forua
Kortezubi
GROTTES DE SANTIMAMIÑE
Ondarroa

Errigoiti
BOSQUE DE OMA
PARQUE NATURAL DE URDAIBAI
RÍO LEA
Gernika-Lumo

Muxika
RÍO OKA
Markina-Xemein
Munitibar
Bolibar
Ziortza
BALCÓN DE BIZKAIA

Galdakao
Etxano
Amorebieta
OIZ MENDIA 1 028M
Ermua

Arrigorriaga
Zaratamo
RÍO IBAIZABAL
Iurreta
Berriz
Eibar

Ugao-Miraballes
Igorre
Durango
Abadiño
Necropolis de Argineta
Elorrio

Artea
Ugarana
RÍO INDUSI
ARRIETABASO 1 018 M
Atxondo

Areatza
Dima
Urkiola
AMBOTO 1 327 M
Arrazate/ Montragon

Orozko
Zeanuri
PARQUE NATURAL DE URKIOLA

PARQUE NATURAL DE GORBEIA
PUERTO BARAZAR 604M
GORBEIA 1 481 M
ARAMAJO 1 130 M
Otxandio

GORBEA MENDIALDEA
MACIZO DEL GORBEA
EMBALSE DE URKULU

Zigoitia
SIERRA DE ELGUEA

EMBALSE DE URRUNAGA
EMBALSE DE ULLIBARRI

MIRANDA DE EBRO
L'Álava
VITORIA-GASTEIZ
PAMPLONA IRUÑA

N
5 km

DONOSTIA SAN SEBASTIÁN

★ BILBAO BILBO

48000

Bilbao

On la croyait grise et bruyante, vrombissante, lourde des fumées de l'industrie, écrasée sous des immeubles de béton gris... Desservie par les paysages sinistres des friches de son passé industriel et les eaux polluées de son fleuve, Bilbao souffrait de la comparaison avec sa séduisante rivale du Guipúzcoa, San Sebastián. Mais, en 1997, l'inauguration du musée Guggenheim, navire de titane et de verre, sera à l'origine d'une véritable renaissance de la capitale de la Biscaye. Aujourd'hui, la moitié de la population de l'Euskadi vit dans cette agglomération commerçante, ambitieuse et innovante, en perpétuelle expansion, qui invente chaque jour un art de vivre entre tradition, mémoire et avant-garde.

UN PASSÉ INDUSTRIEL Entre la Castille, la France et l'Angleterre, Bilbao joue le rôle de plate-forme, envoie ou reçoit de la laine, du fer, des céréales qui prennent la mer sur de nouveaux navires, affrétés ici depuis le Moyen Âge. De l'autre côté de la Manche, on fait venir du charbon en échange de l'acier – et dès le XIXe siècle les hauts fourneaux essaiment en Biscaye, au pied des gisements de minerai. La bourgeoisie adopte le modèle britannique et, très vite, la ville se développe – industrie navale et sidérurgie, mais aussi banque et finance. Bilbao devient le deuxième port d'Espagne (après Barcelone) et s'impose comme la métropole industrielle la plus active de la péninsule. La guerre civile (1936-1939) vient mettre un frein à cet âge d'or. Puis, subissant de plein fouet la crise industrielle des années 1970-1980, la ville entame une longue période noire, brisée par le marasme économique. Après la crise de l'industrie et la fermeture des derniers chantiers navals, des reconversions sont nécessaires.

LE "GRAND BILBAO" : VERS UNE MÉTROPOLE DU IIIE MILLÉNAIRE Dans les années 1980, alors que la région végète dans un état de crise profond, déstabilisée par la reconversion de l'industrie lourde, le gouvernement nationaliste basque imagine un projet ambitieux pour Bilbao. Sur les terrains vagues abandonnés au bord de la ría de Bilbao, sur les ruines désaffectées des activités sidérurgiques et portuaires, symboles d'une cité moribonde, un projet fou voit le jour : un musée

Tableau kilométrique

	Bilbao	Gernika	Elorrio	Balmaseda	Vitoria
Gernika	35				
Elorrio	44	37			
Balmaseda	33	64	72		
Vitoria	65	67	46	70	
San Sebastián	100	92	73	128	110

LA BISCAYE

d'art moderne et contemporain. Aujourd'hui, l'"effet Guggenheim" est incontestable. En six ans, l'investissement initial a été remboursé, des dizaines de milliers d'emplois ont été créés et, surtout, Bilbao a accédé au rang de pôle culturel européen. Dans le sillage de Frank O. Gehry, qui mit tout son génie dans la conception du musée Guggenheim, les architectes se précipitent pour forger cette métropole du IIIe millénaire : Norman Foster (qui dessine son métro), Santiago Calatrava, Arata Isozaki…
Les hôtels de luxe se multiplient, de nouvelles tables voient le jour, les visiteurs se font toujours plus nombreux. Le port développe ses activités à destination du continent américain, le chômage baisse. Le succès de Bilbao a aujourd'hui un effet positif sur tout l'Euskadi. Un "miracle" qui fait figure d'exemple, un modèle de reconversion pour les friches industrielles du monde entier. Cependant, la crise économique internationale de la fin des années 2000 a aussi des répercutions sur le Pays basque espagnol, et l'euphorie générale est un peu passée.

MODE D'EMPLOI

accès

EN AVION
L'aéroport est situé à Loiu, à 5km au nord du centre-ville. Nombreux vols nationaux et internationaux.
Aéroport de Bilbao *Tél. 902 40 47 04 Accueil et informations touristiques Ouvert 7h30-23h Tél. 944 71 03 01 ou 944 70 65 00 www.bilbaoair.com*
Air France *Tél. 944 86 97 50 ou 944 86 97 51/52*
Bizkaibus A3247 Navettes directes pour le centre-ville toutes les 30min en semaine, de 5h25 à 21h55. Arrêts Gran Vía 79, Plaza Moyúa, Alameda Rekalde 11, Termibus. *Calle Gurtubay, 1 Tél. 902 22 22 65*

EN TRAIN
EuskoTren Trois lignes au départ de Bilbao, desservant la côte, la vallée du Txorierri et le Guipúzcoa.
Gare d'Atxuri (plan 9, D2) *Tél. 902 54 32 10 www.euskotren.es*
Renfe Relie Bilbao aux principales villes d'Espagne (Alicante, Barcelone, Burgos, Málaga, Saragosse ou Madrid).
Gare de Abando (plan 9, C2) *Plaza Circular, 2 Tél. 902 24 02 02 www.renfe.es*

Feve Liaisons avec Balmaseda, Santander et Léon. **Gare de la Concordia** *Bailén, 2 Tél. 944 23 22 66 www.feve.es*

EN VOITURE
À 100km à l'ouest de San Sebastián par l'A8, à 108km de Santander et à 65km de Vitoria-Gasteiz par l'A68.

EN CAR
De nombreuses compagnies desservent la région et les principales villes d'Espagne.
Gare routière Termibus (plan 9, A3) *San Mamès (sur la ligne 1 du métro) Tél. 944 39 50 77 www.bizkaia.net*
Alsa Liaisons avec Santander, Barcelone, Vallaloid. *Tél. 902 42 22 42 www.alsa.es*
Bizkaibus Dessert toute la Biscaye. *Tél. 902 22 22 65 www.biskaia.net*
PESA En été, liaisons régulières avec la France (Bayonne, Lourdes). *Tél. 902 10 12 12 www.pesa.net*

orientation

En arrivant de l'est (San Sebastián), on pénètre dans Bilbao par l'Ensanche, la partie moderne située sur la rive gauche de la ría de Bilbao, en

LA BISCAYE

LA BISCAYE

traversant le pont de la Salve, qui semble enjamber le musée Guggenheim et subjugue d'emblée le visiteur. Sur la rive droite se serre le quartier du **Casco Viejo** (plan 10), avec au sud le marché de la Ribera et, vers l'ouest et l'Océan, l'université de Deusto. S'il est facile de découvrir à pied l'essentiel de la ville, le métro s'avère utile pour relier le vieux Bilbao aux quartiers commerciaux de l'**Ensanche** (plan 9, B2-B3), où se concentrent boutiques, services, administrations et restaurants. Vous trouverez des parkings souterrains payants dans toute la ville (les plus pratiques étant, pour le Casco Viejo, celui de l'avenue de l'Arenal et, pour la ville moderne, le parking aménagé sous l'Alhóndiga, près de la Plaza Moyúa).

informations touristiques

Bilbao Turismo-office de tourisme principal (plan 9, B1) C'est le bureau principal et le point d'information le plus complet de la ville. Petit plus : il offre un service de réservation très performant. Vous y trouverez en vente la Bilbaocard (entre 6 et 12€), une carte de transport valable de 1 à 3 jours donnant droit à des réductions dans les musées et les commerces, ainsi que la revue bimestrielle gratuite *Bilbao Guide*, une mine d'informations culturelles et d'adresses. *Plaza del Ensanche, 11 Tél. 944 79 57 60 www.bilbao.net Ouvert lun.-ven. 9h-14h et 16h-19h30*

Annexe du théâtre Arriaga (plan 10, A1) Possibilité de visites guidées du Casco Viejo par un guide francophone, sur demande uniquement et pour un minimum de 15 personnes (90min, 4€). *Plaza Arriaga, s/n Ouvert sept.-juin : lun.-ven. 11h-14h et 17h-19h30, sam. 9h30-14h et 17h-19h30, dim. et j. fér. 9h30-14h ; juil.-août : lun.-dim. 9h30-14h et 16h-19h30*

Annexe du musée Guggenheim (plan 9, B1) *Avenida Abandoibarra, 2 Ouvert sept.-juin : mar.-ven. 11h-18h, sam. 11h-19h, dim. et j. fér. 11h-15h ; juil.-août : lun.-sam. 10h-19h, dim. et j. fér. 10h-18h*

visites guidées

EN BUS

Bilbao tour Un parcours à la découverte de Bilbao, du Guggenheim au Casco Viejo. Les billets s'achètent directement dans le bus ou à chacun des 13 arrêts. *Départ Calle Lersundi, 17 (plan 9, B1) Juil.-sept. et semaine sainte : mar.-sam. à 11h, 12h30, 16h et 17h30, dim. 11h et 12h30 ; oct.-jan. : mar.-sam. à 11h et 12h30 Tarif 12€, moins de 12 ans 6€, valable 24h*

EN BATEAU

Chaque année en septembre et octobre, les architectes de la ville embarquent les visiteurs sur le fleuve pour leur conter les métamorphoses urbaines de Bilbao (commentaire en espagnol). *Renseignements et réservation auprès du Colegio Oficial de Arquitectos Vasco Navarro, Alameda Mazarredo, 69-71 (bajo) Ouvert 10h-14h Tél. 94 424 44 74 Tarif 10€*

se déplacer en ville

MÉTRO

Metro Bilbao Le métro inventé par l'architecte anglais Norman Foster passe pour le plus beau du monde... Moderne, très facile d'accès, il vous transporte en un rien de temps d'un point de la ville à un autre et même au-delà : on peut aller à la plage en métro ! La ligne 1 relie Plentzia à Basauri, la ligne 2 Kabiezes à Basauri. Les stations du centre-ville entre San Ignazio et Etxebarri sont communes aux deux lignes. Tarification en fonction de la zone où se trouve la station : dans la zone A/centre-ville, le ticket se vend 1,40€. *Tél. 944 25 40 25 www.metrobilbao.net Ouvert dim.-jeu. 6h-23h, ven. et veilles de fêtes 6h-2h (toute la nuit en été), sam. 6h-toute la nuit*

TRAMWAY ET BUS

EuskoTran Le tramway (*tranvía*) traverse la ville et relie les quartiers de Basurto à Atxuri. Une manière simple de parcourir la ville en la visitant. *Tél. 900 15 12 06 www.euskotran.es Circule de 6h à 23h45, avec une fréquence de 5 à 10min*

Bilbobus Une quarantaine de lignes de bus quadrille Bilbao. Parmi les plus pratiques pour découvrir la ville, citons la 1 (Arangoiti-Plaza Biribila), la 56 (La Peña-Jesusen Bihotza) et la 76 (Moyúa-Rekalde). *Tél. 944 48 40 80 www.bilbao.net*

Renfe cercanías Trois lignes de train de banlieue desservent les alentours de Bilbao au départ de la gare d'Abando : la C-1 (vers Santurtzi), la C-2 (vers Muskiz) et la C-3 (vers Orduña). *Tél. 902 24 02 02 www.renfe.es*

TAXIS

Radio Taxi *Tél. 944 44 88 88*
Radio Taxi Bizkaia *Tél. 944 26 90 26*

location de voitures

Avis *Tél. 944 27 57 60*
Europcar *Tél. 944 42 22 26*
Hertz *Tél. 944 15 36 77*

accès Internet

Laser Bilbao (plan 9, C1) Le cyber-café préféré des étudiants, à quelques minutes du Casco Viejo. Connexion 0,05€/min. Impressions, fax et photocopies. *Sendeja, 5 Tél. 944 45 35 09 www.centroslaser.com/bilbao Ouvert lun.-ven. 10h30-1h, sam.-dim. 11h-1h*

marchés

Mercado de la Ribera (plan 10, B2) Cette grande halle couverte accueille une centaine de producteurs de la région (cf. Découvrir Bilbao). *Au sud du Casco Viejo, au bord du fleuve Ouvert lun.-jeu. 8h30-14h et 16h30-19h, ven. 8h-14h et 16h30-19h, sam. 8h30-14h30 www.mercado delaribera.com*

Mercado del Ensanche (plan 9, B1) Voisin de l'office de tourisme, ce marché est plus petit que celui de la Ribera. *Plaza del Ensanche www.mercadodelensanche.net Ouvert lun.-sam. 8h-14h*

Mercado de Santo Tomas (plan 9, B1) Un marché traditionnel de produits locaux. *Plaza Nueva Le 21 décembre*

fêtes et manifestations

Carnaval (Inauteriak) *En février-mars*

☺ **Semaine sainte** Les processions s'enchaînent dans la ville. *En mars ou avril*

Foire du livre Depuis 1975. *Paseo del Arenal En avril*

Feria de corrida *Une semaine en août*

Semana grande Dans les rues de la ville, pendant une semaine, s'enchaînent feux d'artifice, bals et corridas. *Autour du premier dimanche après le 15 août*

Fête de la Vierge de Begoña *15 août et 11 octobre*

Festival international du cinéma documentaire et du court-métrage *En novembre*

LA BISCAYE

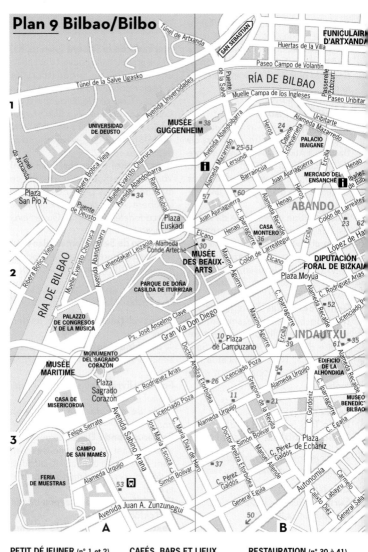

Plan 9 Bilbao/Bilbo

LA BISCAYE

LA BISCAYE

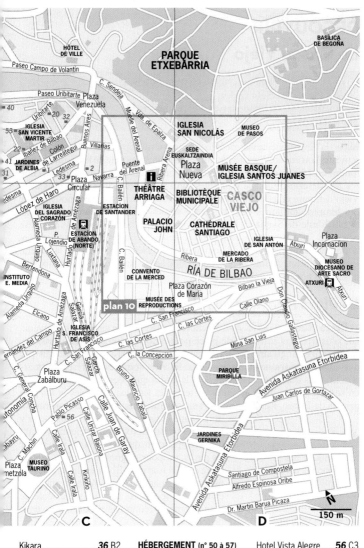

LA BISCAYE

DÉCOUVRIR
Le Casco Viejo

☆**Les essentiels** La Plaza Nueva et ses bars à *pintxos*, la balade médiévale à travers les Siete Calles **Découvrir autrement** Approfondissez vos
connaissances au Musée basque et au musée des Pasos, faites le tour
des étals du marché de la Ribera ➤ **Carnet d'adresses p.416**

Bilbao la Vieja, la vieille ville de Bilbao, souvent surnommée les *Siete Calles* (les
sept rues) ou encore *Barrenkale*, conserve la physionomie de la cité médiévale
fondée en 1300 par López de Haro. La population de la capitale biscayenne
n'a pas deserté ce dédale de ruelles sombres au tracé irrégulier. Le Casco
Viejo demeure en effet un véritable centre de vie pour les Bilbaínos : autour
des temples gothiques des XIVe et XVe siècles, de l'église San Antón et de
la cathédrale de Santiago, la tradition commerçante née au Moyen Âge se
perpétue, forte d'une offre commerciale riche, associant magasins typiques et
boutiques contemporaines à l'animation journalière du marché de la Ribera.
Le soir, les jeunes y font la fête, tandis que les gourmets goûtent l'ambiance
des bars à *pintxos* de la Plaza Nueva.

La Plaza Nueva et ses alentours

☆**Plaza Nueva (plan 10, A1-B1)** Achevée en 1851 après vingt ans de travaux,
elle n'usurpe pas son nom de place neuve. Son architecture néoclassique,
sa forme rectangulaire, ses 64 élégants arcs de pierre claire soutenus par
des colonnes doriques tranchent avec les rues sombres du reste du quartier. Si seuls quatre arbres rappellent le jardin qui s'épanouissait à l'origine
en son cœur, elle offre toujours les terrasses les plus agréables et les plus
prisées de Bilbao. Les bars-restaurants ouverts sous ses arcades constituent
un passage obligé pour les Bilbaínos, qui s'y
retrouvent nombreux, pour déjeuner, boire
un verre pendant que les enfants jouent sur
les pavés, ou pour grignoter quelques *pintxos*
entre amis le soir venu. Tous les dimanches s'y
tient un sympathique marché aux puces et,
chaque 21 décembre, le marché agricole de
Santo Tomás y réunit des producteurs venus
de toute la région.

 **ASCENSEURS
PUBLICS**
Ne manquez pas
une curiosité locale,
totalement intégrée au
quotidien des Bilbaínos :
les six ascenseurs publics
qui desservent les
quartiers juchés sur les
hauteurs du Vieux Bilbao.
À une centaine de mètres
de la station de métro
Casco Viejo, dans la Calle
Esperanza, le plus connu,
l'ascenseur de Begoña,
permet d'accéder aux
environs du parc
Etxebarria. *Tarif 0,35€*

L'Arenal (plan 10, A1) Ancienne bande
sableuse bordant la ría de Bilbao, aménagé dès
le XVIIIe siècle, le Muelle del Arenal constitue
un lieu de promenade très apprécié des habitants avec ses grands arbres, ses fontaines et
son kiosque à musique Arts déco. Il matérialise
la séparation entre le Casco Viejo et le reste
de la ville.

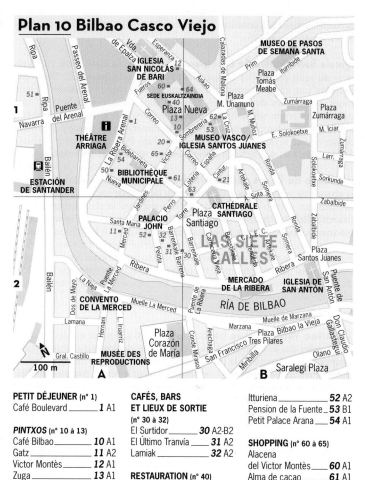

Plan 10 Bilbao Casco Viejo

PETIT DÉJEUNER (n° 1)
Café Boulevard _____ **1** A1

PINTXOS (n° 10 à 13)
Café Bilbao _____ **10** A1
Gatz _____ **11** A2
Victor Montès _____ **12** A1
Zuga _____ **13** A1

GLACES, TURRONES
(n° 20 et 21)
Turroneria
Adelia Iváñez _____ **20** A1
Turrones
y helados Iváñez _____ **21** B1

CAFÉS, BARS
ET LIEUX DE SORTIE
(n° 30 à 32)
El Surtidor _____ **30** A2-B2
El Último Tranvía _____ **31** A2
Lamiak _____ **32** A2

RESTAURATION (n° 40)
Victor _____ **40** A1

HÉBERGEMENT (n° 50 à 54)
Hotel Arriaga _____ **50** A1
Hotel Ripa _____ **51** A1

Itturiena _____ **52** A2
Pension de la Fuente _ **53** B1
Petit Palace Arana _____ **54** A1

SHOPPING (n° 60 à 65)
Alacena
del Victor Montès _____ **60** A1
Alma de cacao _____ **61** A1
Kukuxumusu _____ **62** B1
La Botica de la abuela **63** B1
Rui-Wamba _____ **64** A1-B1
Sombreros
Gorostiaga _____ **65** A1

Théâtre Arriaga (plan 10, A1) De style néobaroque, généreux en cariatides, angelots et guirlandes, il fut construit à la fin du XIXe siècle par les architectes Joaquín Rucoba et Octavio de Toledo sur le modèle de l'opéra de Paris. Il doit son nom au compositeur natif de Bilbao Juan Crisóstomo de Arriaga. Restauré en 1987, il a conservé la plupart de ses décorations d'origine et accueille aujourd'hui concerts, ballets et opéras. *Plaza Arriaga, 1 Tél. 944 16 35 33 www.teatroarriaga.com*

Iglesia San Nicolás de Bari (plan 10, A1) Erigée au xviiie siècle en l'honneur du saint patron des navigateurs par l'architecte Ignacio de Ibero, elle présente une architecture sobre, d'inspiration baroque "modérée". Deux tours symétriques dominent un portique orné du blason de la ville : une église, deux ponts, une tour et les loups, symboles de la famille Lopez (du latin *lupus*) de Haro, fondatrice des lieux. L'intérieur, de forme octogonale, conserve cinq retables et des sculptures de Juan Pascual de Mena. *Plazuela San Nicolás, 1 Tél. 944 16 34 24 Ouvert lun.-sam. 9h30-13h et 17h-20h30*

☺ **Museo de Pasos de Semana Santa (plan 10, B1)** Si vous n'avez pas la chance de vous trouver à Bilbao durant la semaine sainte, ce musée vous donnera un aperçu des fastes de la fête religieuse la plus importante de l'année, célébrée depuis les inondations de 1553. Les *pasos*, ce sont les chars qui transportent d'immenses reconstitutions de scènes de la Passion. Chaque confrérie (*cofradía* ou *hermandad*) entretient précieusement ces statues, dont certaines datent parfois du xvie siècle. Le musée expose aussi des costumes et blasons, ainsi que de nombreuses photographies qui témoignent de l'ampleur de la manifestation. *Iturribide, 3 Tél. 944 15 04 33 Ouvert mar.-sam. 10h30-13h30 et 16h-19h, dim. 10h30-13h30 Fermé août, semaine sainte et j. fér. Tarif 2€, gratuit pour les moins de 12 ans*

☺ **Museo Vasco-Musée basque (plan 10, B1)** Ce musée établi dans l'ancien collège des jésuites San Andrés (xviie s.) se déploie sur quatre niveaux pour éclairer l'histoire de la Biscaye de la préhistoire au xxe siècle. Enrichies année après année, ses collections nous racontent le berger comme l'homme de la mer, les premières manifestations de la vie humaine jusqu'aux activités industrielles. Au rez-de-chaussée, d'intéressantes expositions temporaires s'emploient à dépasser le seul registre de la culture basque. Ne manquez pas le cloître, de toute beauté, et sa sculpture zoomorphe du ve-1er siècle av. J.-C, l'idole de Mikeldi. Borne territoriale ou figure magique, les interprétations concernant cette dernière varient. *Plaza Miguel de Unamuno, 4 Tél. 944 15 54 23 www.euskal-museoa.org Ouvert mar.-sam. 11h-17h, dim. 11h-14h Fermé j. fér. Entrée 3€ Gratuit pour les moins de 10 ans et pour tous le jeu.*

Iglesia Santos Juanes (plan 10, B1) Construite au xviie siècle dans un style baroque biscayen par Martín Ibañez de Zalbidea, elle faisait partie de l'ancien collège San Andrés, aujourd'hui Musée basque. Après l'expulsion des jésuites d'Espagne en 1767, elle fut attribuée au culte des Santos Juanes de Ibeni. Remarquez la richesse de sa décoration intérieure, en particulier le très bel autel dédié au Sacré-Cœur de Jésus, du xviiie siècle. *La Cruz, 4 Tél. 944 15 39 97 Ouvert lun.-ven. 10h-12h et 16h-20h*

Basilique de Begoña (plan 9, D1) Elle fut construite au début du xvie siècle en l'honneur de la patronne de la Biscaye, sur les vestiges d'un ancien ermitage où serait apparue la Vierge, ou *Amatxo*. Les Basques lui vouent un culte particulier : chaque année, un pèlerinage attire jusqu'à elle de nombreux fidèles venus de toute la région. Bâtie dans un style gothique d'après les dessins de Sancho Martínez de Arego, l'église renferme un beau retable néoclassique et un carillon du début du XXᵉ siècle, dont les 24 cloches tintent 7 mélodies différentes. *Virgen de Begoña, 38 Tél. 944 12 70 91 Ouvert lun.-sam. 10h30-13h30 et 17h30-20h30 www.basilicadebegona.com*

● **Où acheter des produits régionaux ?** Épicerie fine du temple gastronomique Victor Montès qui officie à deux pas, cette *alacena* (littéralement "placard à provisions" !) est l'endroit idéal pour des achats gourmands. Jambons, foie gras, pâtés, vins, liqueurs et petits gâteaux : le vaste assortiment de produits du monde entier et d'articles de cuisine fait de cette boutique à la déco très étudiée un must pour tous les amoureux de l'art culinaire. **Alacena del Victor Montès (plan 10, A1)** *Plaza Nueva, 12 Tél. 944 15 43 85*

● **Où faire du shopping ?** Cartes postales originales, bouteilles isothermes décorées de brebis ou de cactus, articles pour bébés, textiles aux motifs amusants : il y en a pour tous les goûts et à tous les prix dans cette jolie boutique de la petite marque régionale. **Kukuxumusu (plan 10, B1)** *La Cruz, 13 Tél. 944 79 29 66 Ouvert lun.-sam. 10h30-20h30 (autre point de vente Calle Rodríguez Arias, 27 Près de la Plaza Moyúa)*

● **Où trouver des souvenirs et de l'artisanat ?** Sur l'une des places les plus typiques du vieux Bilbao, ce petit magasin à l'accueil charmant déploie un bric-à-brac d'objets hétéroclites. Au milieu de l'habituel assortiment de cadeaux souvenirs où la croix basque est omniprésente se cachent quelques belles pièces d'artisanat local (petites *kutxas*, céramiques...). **Rui-Wamba (plan 10, A1-B1)** *Plaza Nueva, 10 Ouvert lun.-sam. 10h-14h et 16h30-20h30*

● **Où prendre un petit déjeuner ?** L'une des plus anciennes adresses de la cité : le café Boulevard ouvrit ses portes en 1871 ! Sa précieuse décoration de la fin des années 1930 et ses vitraux, œuvre de l'artiste Luis Lertxundi, en sont aujourd'hui l'intérêt principal. Café d'artiste à l'ambiance bohème appréciée des étudiants et des touristes, il offre un cadre agréable pour un petit déjeuner complet (café, jus d'orange, croissant) à moins de 5€. **Café Boulevard (plan 10, A1)** *Arenal, 3 Tél. 944 15 31 28 Ouvert lun.-jeu. 7h30-23h, ven.-sam. 8h-2h, dim. 11h-23h*

● **Où grignoter des *pintxos* ?**
☺ **Gatz (plan 10, A2)** Habitué des palmarès des concours régionaux de *pintxos*, ce bar ne décevra pas l'amateur de haute cuisine en miniature. Tartare de bœuf ou de daurade, "caprice" de fromage et framboise sur lit de saumon : le comptoir en bois sombre est couvert de plats créatifs, à déguster dans une ambiance détendue. *Calle Santa María, 10 Tél. 944 15 48 61 Ouvert lun.-jeu. 13h-15h et 19h-23h, ven.-sam. 13h-15h et 19h-0h, dim. 13h-15h30*
☺ **Victor Montès (plan 10, A1)** Véritable institution bilbaína, le Victor Montès n'a pas volé son excellente réputation. Ce bar à vins à la cave impressionnante a tout pour plaire : une déco exceptionnelle, un service parfait, une clientèle de passionnés, des portions généreuses rehaussées d'une touche rétro irrésistible. Si les panneaux de bois de la devanture indiquent *quesos*,

pates e ahumados (fromages, pâtés et charcuteries), les *pintxos* de la maison font la part belle aux produits de la mer (thon en escabèche, saumon fumé, poulpe et tourteau). Très jolie terrasse sous les arcades. *Plaza Nueva, 8 Tél. 944 15 56 03 ou 944 15 70 67 Ouvert lun.-jeu. 10h-23h, ven.-sam. 10h-0h www.victormontesbilbao.com*

Café Bilbao (plan 10, A1) Créé en 1911, ce café chaleureux à l'atmosphère familiale se distingue par un décor d'*azulejos* dans les tons bleu et jaune, superbement restaurés. Une clientèle d'habitués, parmi lesquels des anciens du quartier qui apprécient ses petites tables carrées, s'y régalent de croquettes de jambon, de brochettes ou de *pintxos* froids, comme le classique Bilbaínito (œuf et crevettes), la morue marinée ou les "truffes" de fromage aux noix. *Plaza Nueva, 6 Tél. 944 15 16 71 www.bilbao-cafebar.com Ouvert lun.-sam. 6h30-23h, dim. 9h-15h*

Zuga (plan 10, A1) L'emblème du bar à *pintxos* le plus jeune de la Plaza Nueva est une drôle de grenouille. Le soir, il y a foule : faites comme les Bilbaínos, restez debout près du comptoir et de ses plats alléchants, ou installez-vous, un verre à la main, sur les bancs dehors. Il faut goûter les *pintxos* de très haut niveau concoctés par cette équipe dynamique et souriante : le spécial Zuga, au magret de canard et martini rouge, foie au vinaigre de Modène et fruits rouges, ou les cuillères de gazpacho. *Plaza Nueva, 4 Tél. 944 15 03 21 Ouvert lun.-jeu. 9h-22h30, ven.-sam. 10h-23h, dim. 10h-15h*

La cathédrale Santiago et les Siete Calles

☆ **Las Siete Calles (plan 10, B2)** Passé le Portal de Zamudio, l'ancienne porte de la ville où l'on prêtait serment aux *fueros*, vit le noyau originel de Bilbao. À ses trois rues les plus anciennes, Somera, Artekale et Tendería, datant d'environ 1300, se sont ajoutées en 1350 les Calle Belostikale, Carnicería Vieja, Barrenkale et Barrenkale Barrena : sept rues enchevêtrées où l'on commerça activement dès le XVIᵉ siècle.

● **DE SURPRISE EN SURPRISE**
Prenez le temps de flâner dans les Siete Calles, elles sont toujours très vivantes et vous réservent quelques surprises, à l'instar de cette "fontaine du chien", dans la rue du même nom (près de la cathédrale Santiago), et ses drôles de têtes de... lions d'inspiration égyptienne !

Cathédrale Santiago (plan 10, B2-B2) Dédiée à saint Jacques, saint patron de Bilbao depuis 1643, elle constitue l'une des étapes du chemin côtier de Saint-Jacques-de-Compostelle. Édifiée à la fin du XIVᵉ siècle dans un style gothique, elle forme une croix latine divisée en trois nefs surmontées de voûtes en croisée d'ogives. Son élégant cloître du XVIᵉ siècle communique avec l'extérieur par la porte dite de l'Ange, décorée d'étoiles, qui ouvre sur la Calle Correo. La tour et la façade principale, néogothique, furent achevées par Severino Achúcarro en 1887. Ses volumes de dimension modeste s'expliquent par le fait que l'édifice, à l'origine simple église, n'accéda au rang de cathédrale qu'en 1949. *Plaza de Santiago, 1 Tél. 944 15 36 27 Ouvert mar.-sam. 10h-13h30 et 16h-19h, dim. 10h30-13h30 Visites guidées S'adresser au Musée diocésain Tél. 944 32 01 25*

● **Où déguster du chocolat ?** Âme de cacao : le nom de ces chocolateries contemporaines, nées il y a quelques années à Bilbao, donne déjà le ton. Présentations élégantes, produits innovants : on se croirait presque dans une parfumerie au design épuré ! Palettes de saveurs, truffes, fondues au chocolat, les idées de cadeaux ne manquent pas. Et le parfum de chocolat, que l'on peut aussi déguster chaud, est irrésistible. Délicieuses crèmes glacées l'été. **Alma de cacao** (plan 10, A1) *Bidebarrieta, 9 Tél. 902 43 00 57 (autre adresse près de la Plaza Moyúa : Rodriguez Arias, 15) www.almadecacao.com Ouvert lun.-sam. 10h30-14h et 16h-20h30*

● **Où trouver des produits de beauté originaux ?** La "boutique de la grand-mère" était à l'origine une série d'émissions télévisées avant de devenir une chaîne de magasins à succès. Les Espagnoles se sont vite entichées de cette gamme complète de produits de beauté naturels à base de lavande, de concombre, d'huiles essentielles ou de miel. **La Botica de la abuela** (plan 10, B1) *Torre, 2 (entrée Plaza Santiago) Tél. 944 15 33 41 www.boticabuela.com Ouvert lun.-ven. 10h-13h30 et 16h30-20h, sam. 10h-14h*

● **Où acheter un béret ?** Fondée en 1857, cette maison de tradition sise au cœur du vieux Bilbao vend de vrais bérets basques. Pour une vingtaine d'euros, les connaisseurs rapporteront une belle pièce de fabrication artisanale, à moins qu'ils se laissent tenter par un bibi à plumes ou un feutre distingué de cette boutique au charme suranné. **Sombreros Gorostiaga** (plan 10, A1) *Victor, 9 Tél. 944 16 12 76 Ouvert lun.-ven. 10h-13h30 et 16h-20h, sam. 10h-13h30*

● **Où manger une glace, acheter des *turrones* ?**
Dans la Calle Correo, deux magasins se livrent une guerre particulière. Au n°12 et au n°23, les descendants d'Eladio Ivánez Coloma se disputent en effet l'héritage de leur illustre ancêtre, originaire d'Alicante, qui commercialisa à Bilbao ses *turrones* avec succès. L'été, les Bilbaínos s'y délectent des meilleures glaces de la ville, l'hiver, ils font le plein de *turrones* artisanaux en vue des fêtes de fin d'année. Car, au cœur de ce conflit de confiseurs, les deux adresses concurrentes ont en commun de succulents produits...
☺ **Turrones y helados Ivánez** (plan 10, B1) Une minuscule boutique décorée d'authentiques ustensiles anciens. Crèmes glacées aux parfums classiques. Belles présentations à l'esthétique rétro pour offrir des *turrones* de Jijona au miel (tendres) ou d'Alicante (durs). *Correo, 23 Tél. 944 79 24 07 www.turronbilbao. com Ouvert lun.-sam. 11h30-14h et 16h30-21h*
☺ **Turroneria Adelia Ivánez** (plan 10, A1) Adelia, la petite-fille d'Eladio Ivánez Coloma (dont une grande photo à l'entrée atteste la filiation !), propose un large choix de parfums, sorbets et spécialités pour diabétiques. Cadre moderne assez impersonnel, mais on peut s'asseoir à une table pour déguster sa glace. *Correo, 12 Tél. 944 16 93 26 Ouvert lun.-sam. 11h-21h*

Le Mercado de la Ribera et ses alentours

☺ **Marché de la Ribera** (plan 10, B2) Si la renommée du marché remonte au XIVe siècle, le bel édifice qui abrite aujourd'hui l'un des plus grands marchés couverts d'Europe date de 1929. L'architecte Pedro Ispizua conçut

LA BISCAYE

un bâtiment d'une grande modernité pour l'époque, ouvert pour éviter les mauvaises odeurs (plaie des marchés d'antan !) et laisser la lumière se diffuser harmonieusement. Les commerçants se répartissent sur trois niveaux : au rez-de-chaussée les poissonniers, au premier étage les bouchers et charcutiers, au second les primeurs, fruits et légumes. Le succès du lieu est confirmé par la quasi-absence de supérettes à Bilbao : le marché est un art de vivre pour les Bilbaínos. *www.mercadodelaribera.com Ouvert lun.-jeu. 8h30-14h et 16h30-19h, ven. 8h-14h et 16h30-19h, sam. 8h30-14h30*

Museo Diocesano de Arte Sacro (plan 9, D2) Aménagé dans l'ancien couvent des religieuses dominicaines de l'Incarnation construit au début du XVIᵉ siècle, le musée diocésain d'art sacré abrite depuis 1995 un fonds réunissant quelque 2 000 pièces du XIIᵉ au XXᵉ siècle : des vêtements sacerdotaux du XIVᵉ siècle, de l'orfèvrerie et une collection de peinture contemporaine, dont des œuvres du Bilbaíno Quintín de Torre et du Castillan López Villaseñor. *Plaza Encarnación, 9B Tél. 944 32 01 25 Ouvert mar.-sam. 10h30-13h30 et 16h-19h, dim. et fêtes 10h30-13h30 www.eleizmuseoa.com Entrée 2€ Gratuit le jeu.*

Musée des Reproductions (plan 10, A2) Empruntez le pont Merced ou le pont piétonnier de la Ribera et son armature métallique datant de 1881 pour rejoindre la rive gauche de la ría de Bilbao, désignée sous le nom de *Bilbao la Vieja* (Bilbao la vieille), et y visiter le petit musée des reproductions installé dans l'ancienne Iglesia del Corazón de María. Les inconditionnels de statuaire grecque seront comblés. *San Francisco, 14 Tél. 946 79 02 55 www.museoreproduccionesbilbao.org Ouvert mar.-sam. 10h-13h30 et 16h-20h, dim. 10h-14h Entrée 3€ Gratuit pour les retraités, les enfants de moins de 10 ans et le jeu.*

Hôtel de ville et parc Etxebarria

Ayuntamiento-hôtel de ville (plan 9, C1) La Casa Consistorial de Bilbao, réalisée entre 1883 et 1892 selon les plans de Joaquín Rucoba, a une apparence assez spectaculaire pour une structure dédiée à des activités administratives. Au centre, un large balcon fermé par des arcades soutenues par huit colonnes, surmonté d'une tour et son horloge. Sur la façade, une profusion de décorations, médaillons, guirlandes et pilastres néoclassiques. *Plaza Ernesto Erkoreka Visite sur rendez-vous lun.-ven. 9h-10h30 Tél. 944 20 52 97 ou 944 20 50 06*

Parque Etxebarria (plan 9, C1-D1) Le principal attrait de ce vaste espace vert qui domine le Casco Viejo est d'offrir l'une des meilleures vues sur Bilbao. Difficile de croire qu'il y a encore 25 ans une usine métallurgique occupait les lieux. De l'histoire ancienne, dont seule témoigne une cheminée exposée pour la mémoire collective au centre du parc. *Avenida Zumalacárregui*

● **Prendre le funiculaire** Depuis 1915, date de son inauguration, ce funiculaire (rénové) permet de rejoindre le parc Etxebarria et la colline Artxanda, où se trouve le complexe sportif municipal. Les wagons gravissent un peu moins de 800m en 3min. **Funicular de Artxanda** (plan 9, B1) *Départ en bas de la Calle Castaños (près de l'hôtel de ville) Renseignements Tél. 944 45 49 66 Tarif 0,84€ Circule de 7h15 à 22h (départ toutes les 15min)*

L'Ensanche

Sur la rive gauche du fleuve, l'Ensanche, la ville moderne, correspond à
l'urbanisation du XIXe siècle, une période prospère pour la cité qui vit alors
l'expansion de ses activités industrielles, minières et financières. Plusieurs
architectes, à l'instar de Severino de Achúcarro, furent chargés en 1876 d'en
concevoir le plan. À peine franchi le pont de l'Arenal, le changement de
paysage urbain est frappant : aux ruelles étroites et sombres du Casco Viejo
succèdent de larges avenues, des immeubles bourgeois, des espaces verts.
Les rues Gran Vía et Alameda Recalde constituent les axes principaux de ce
périmètre où les voies se croisent à angle droit, suivant un plan à la géométrie
très étudiée. Dans l'Ensanche, qui continue de s'étendre des deux côtés de la
ría de Bilbao, la ville prend de l'ampleur, une tout autre dimension.

Quartier Abando

Plaza Circular (plan 9, C1-C2) Point de jonction entre la vieille ville et
l'Ensanche, la place circulaire, cernée par des immeubles modernes, est un
nœud de circulation plutôt dense. Au centre, une colonne de marbre supporte
la statue élevée au XIXe siècle en l'honneur de Don Diego López de Haro,
seigneur de Biscaye qui fonda la ville en 1300.

Gare de Santander (plan 10, A1) Connue aussi comme gare de La
Concordia, elle fut construite en 1898. Aujourd'hui gare de la compagnie
ferroviaire de la Feve (qui assure en particulier des liaisons vers Balmaseda
et Santander), elle tourne vers le fleuve et le vieux Bilbao sa superbe façade
de style moderniste. *Bailén, 2*

☆ **Gran Vía de Don Diego López de Haro** (plan 9, B2-C2) Principale
artère commerçante de la ville, la Gran Vía attire le long de ses 1 600m les
fous de shopping : enseignes espagnoles de prêt-à-porter, auxquelles se joint
le grand magasin Cortès Inglès (les Galeries Lafayette ibériques). C'est aussi
le quartier des banques… À savoir : les magasins sont fermés en général le
samedi après-midi et le dimanche, et en semaine entre 15h et 17h.

Palacio de la Diputacíon-Palais du gouvernement autonome
(plan 9, B2) Appelé aussi Palacio Foral, ce bâtiment d'influence baroque a été
édifié en 1900 par l'Aragonais Luis Aladrén. L'architecte conçut une décoration éclectique, à la hauteur de l'essor et du succès de la capitale de la Biscaye,
un symbole pour les bourgeois de la ville qui vivaient alors une sorte d'âge
d'or. C'est là que se tient aujourd'hui le siège du gouvernement autonome.
Gran Vía Don Diego López de Haro, 25 Tél. 946 08 35 37 Visite sur rdv

Jardines de Albia (plan 9, C1) À deux pas du palais de justice, au cœur de
la zone commerciale et d'affaires de Bilbao, ce petit parc inauguré en 1895

LA BISCAYE

accueille souvent à l'heure du déjeuner des Bilbaínos en costume-cravate, venus profiter de l'ombre des grands arbres. L'église San Vicente Mártir de Abando adjacente, bel exemple de gothique basque du XVIe siècle, abrite le tombeau du poète Antonio de Trueba, dont la statue orne les jardins d'Albia. *Ibáñez de Bilbao, 18*

Plaza del Ensanche (plan 9, B1) Les anciens et les mères de famille ont leurs habitudes sur les nombreux bancs disposés autour du bâtiment qui abrite le bureau principal de l'office de tourisme de la ville, et surtout le marché de l'Ensanche. L'ancienne structure métallique a été remplacée en 1944 par l'édifice actuel, œuvre de l'architecte Germán Aguirre Urrutia. Si le marché de l'Ensanche n'a pas l'ampleur ni l'intérêt de celui de la Ribera, de l'autre côté de la ville, les Bilbaínos sont attachés aux quelques marchands qui y vendent encore.

● **Où prendre le petit déjeuner ?**

☺ **Café Iruña (plan 9, C1)** Ce café merveilleusement décoré d'*azulejos* et de boiseries ouvragées d'inspiration mudéjar est l'un des plus beaux de la ville. Véritable lieu de socialisation pour les Bilbaínos depuis 1903, il réunit dès le petit déjeuner (formule à 2,10€) une population bigarrée : hommes d'affaires tirés à quatre épingles, touristes en goguette, habitués agrippés au comptoir. Le café y est particulièrement bon et les garçons à l'ancienne, pas vraiment expansifs mais très professionnels, servent aussi un intéressant menu du jour et des *pintxos* au jambon *serrano* dans les salons du bar. *Colon de Larreátegui, 13 (en face des Jardines de Albia) Tél. 944 23 70 21 Ouvert lun.-jeu. 7h-1h, ven.-sam. 9h-2h, dim. et j. fér. 12h-2h*

☺ **Pasteleria New-York (plan 9, C1)** Cet adorable salon de thé – qui n'évoque en rien la ville américaine dont il porte étrangement le nom – propose une pâtisserie de grande qualité dans un décor Arts déco soigné. Commandez une assiette de mini-viennoiseries, un *pastel de arroz* ou le traditionnel *bollo de mantequilla* (pain au lait fourré au beurre), accompagnez-les d'un *café con leche* et prenez place au fond de la salle, décorée de totems aux couleurs de l'Amérique du Sud. Petit déjeuner autour de 3€. *Buenos Aires, 15 Tél. 944 23 25 17 Ouvert lun.-ven. 8h-22h30, sam.-dim. 9h-22h30*

La Plaza Moyúa et ses alentours

Plaza Federico Moyúa (plan 9, B2) Il s'agit du cœur névralgique du Bilbao commerçant, débordant de boutiques, de banques et de cafés, desservi par le métro et un grand nombre de lignes d'autobus. Au n°5, le **Palacio Chávarri**, propriété au XIXe siècle des frères Chávarri, deux ingénieurs qui contribuèrent au développement industriel de la région, abrite aujourd'hui la délégation du gouvernement. Au n°2 se dresse l'**hôtel Carlton**, symbole international du luxe, et vestige d'une autre époque. Construit en 1927, le prestigieux établissement se veut un mélange du Ritz parisien et de son homologue londonien. S'il s'enorgueillit d'avoir accueilli Federico García Lorca, Albert Einstein, Luciano Pavarotti ou Maria Callas, il revêt surtout une valeur historique pour Bilbao : en 1936, le gouvernement d'Euskadi s'y installa durant la guerre civile.

☆ **Museo de Bellas Artes (plan 9, B2)** En 1924, le musée des Beaux-Arts, fondé en 1908 à l'initiative de la Diputación de Biscaye et de la mairie de Bilbao, s'est enrichi du fonds d'art moderne de la ville. Le bâtiment actuel, de conception contemporaine, inauguré en 2001, abrite une collection riche de plus de 6 000 œuvres du XIIᵉ au XXᵉ siècle, présentées de façon chronologique. La section consacrée au XXᵉ siècle comporte de belles pièces signées Oteiza, Chillida ou Tàpies. À l'entrée, au rez-de-chaussée, un espace accueille tout au long de l'année des expositions temporaires de qualité. *Plaza del Museo, 2 Tél. 944 39 60 60 www.museobilbao.com Ouvert mar.-dim. et j. fér. 10h-20h Entrée 5,50€ Gratuit pour les moins de 12 ans et le mer. pour tous Billet couplé avec le musée Guggenheim 15€ Visite guidée (en espagnol) le dim. à 12h, sur réservation obligatoire préalable au 944 39 61 37 Tarif 5€*

● **FAUX GAUDÍ MAIS VRAI STYLE**
Édifiée au tout début du XXᵉ siècle, la Casa Montero est un exemple du style moderniste. Classée monument historique, elle est surnommée la Casa de Gaudí, même si elle n'a aucun lien avec Antoni Gaudí. Sa façade ouvragée, ses nombreux balcons aux lignes complexes et ses sculptures d'inspiration végétale présentent en effet quelques similitudes avec l'œuvre de l'architecte barcelonais.
Casa Montero (plan 9, B2) *Alameda Recalde, 34*

Parque de Doña Casilda de Iturrizar (plan 9, A2) Cet espace arboré de 115 200m² fut longtemps désigné comme le parc de l'Ensanche. Il porte aujourd'hui le nom de la bienfaitrice qui permit, au tout début du XXᵉ siècle, son aménagement en un parc romantique ponctué de quelques touches de style français par l'architecte Ricardo Bastida et l'ingérieur Juan de Eguiraun. Il est difficile de résister au charme de ce vaste jardin valloné d'esprit plutôt éclectique : une végétation luxuriante (pas moins de 1 500 arbres de 70 essences différentes, venus du monde entier), un étang aux canards, un colombier, des sculptures à foison (dont un buste en l'honneur du peintre Ignacio Zuloaga), des fontaines, et surtout la pergola de Juan de Ispizua (1927), qui entoure un petit jardin botanique. Des terrains de sport sont venus compléter l'ensemble, pour le grand plaisir des jeunes, qui s'y retrouvent très nombreux l'après-midi. Et pour le goûter ou la pause déjeuner, la cafétéria du musée des Beaux-Arts, au bout du parc, est tout indiquée.

Monumento del Sagrado Corazón de Jesús (plan 9, A3) Ce Sacré-Cœur de près de 5m de hauteur, plutôt massif, fut réalisé par Ángel Calahorra grâce à une souscription populaire à la fin des années 1920. Il se dresse de façon assez spectaculaire au bout de la Gran Vía, au croisement avec l'Avenida Sabino Arana, artère importante qui rejoint l'autoroute.

● **Où trouver de jolis vêtements d'enfants ?** Une jeune couturière talentueuse tient cette boutique spécialisée dans la confection de vêtements pour enfants de 0 à 4 ans. Une vraie maison de poupée qui mêle aux imprimés fleuris d'inspiration anglaise la touche innovante qui caractérise le style espagnol. Robe pour bébé à partir de 20€. **Morango Baby (plan 9, B2)** *Plaza Arriquibar, 2 Tél. 944 21 79 76 Ouvert lun.-ven. 10h-13h30 et 16h30-20h, sam. 10h30-14h*

LA BISCAYE

● ☺ **Où se régaler de chocolats ?** Cette jolie boutique ouverte en 1925 par la maison Arrese (fondée en 1852) dans la plus grande avenue de Bilbao entretient l'esprit de la Belle Époque avec ses dorures et ses marbres élégants. Ici, la spécialité est la truffe au chocolat (56€/kg), délicatement emballée dans un papier au look rétro, ainsi que les chocolats fourrés (*bombones*). Mais Arrese se distingue également par une offre alléchante de petits fours secs, tartes et viennoiseries. **Pasteleria Arrese (plan 9, B2)** *Gran Vía, 24 (autre adresse : Rodriguez Arias, 35) Tél. 944 23 40 52 www.arrese.biz Ouvert sept.-juin : lun.-sam. 9h30-20h30, dim. 9h30-14h30 et 17h30-20h30 ; juil.-août : lun.-sam. 9h30-14h et 17h-20h30*

● **Où boire un verre en terrasse ?** À quelques mètres de l'agitation de la Gran Vía, la rue piétonne Diputación offre une halte bienvenue. La terrasse du bar-restaurant Lekeitio, envahie à l'heure du déjeuner par les cadres des banques du quartier, attire le soir une clientèle plus jeune. Parmi l'assortiment de *pintxos*, on goûtera en priorité la *tortilla paisana*, une omelette aux légumes (comptez 2€ la portion) qui fait la réputation de la maison depuis près de trente ans. **Lekeitio (plan 9, B2)** *Diputación, 1 Tél. 944 23 92 40 www.restaurantelekeitio. com Fermé dim. et 15 jours en août*

Sur la rive gauche de la ría de Bilbao

☆ ☺ **Musée Guggenheim (plan 9, A1-B1)** Est-il encore nécessaire de présenter ce musée d'art contemporain célèbre dans le monde entier ? Cousin du Guggenheim new-yorkais, il partage avec lui la singularité audacieuse de son architecture, extérieure autant qu'intérieure. Construit en 1997 d'après les plans de Frank Gehry, il trône comme un navire scintillant au bord de la ría de Bilbao, recouvert d'écailles de titane et de feuilles de verre. Le thème du poisson est d'ailleurs omniprésent dans le musée, à l'instar de la forme des ascenseurs transparents et de la grande galerie principale où sont exposées les œuvres monumentales de l'Américain Richard Serra. À partir de l'atrium central (de près de 55m de hauteur), où se diffuse harmonieusement la lumière grâce à un ingénieux système de verrières asymétriques, on accède à la terrasse, d'où la vue sur le fleuve et le pont autoroutier de la Salve est spectaculaire. Dix-neuf salles, déployées sur trois niveaux, entourent l'atrium. Le fonds du musée, présenté par roulement, réunit au gré de quelque 11 000m² d'espace d'exposition des œuvres d'Edouardo Chillida, Yves Klein, Robert Rauschenberg, Antoni Tàpies ou Andy Warhol. Devant l'entrée, le chien *Puppy* de l'Américain Jeff Koons (13m de hauteur pour 15t, un "pelage" de 40 000 fleurs renouvelées deux fois par an) se prête volontiers à la photo souvenir pour les touristes. De l'autre côté de l'édifice, sur la promenade, la *Maman* de Louise Bourgeois, une inquiétante araignée de bronze, d'acier et de marbre de 10m de hauteur, fait partie intégrante du paysage de ce musée unique au monde. La bibliothèque, impressionnante, est passionnante. Restaurant de qualité sur place (cf. Carnet d'adresses). *Abandoibarra Etor-*

● **ART ET VIN**
L'architecte canadien Frank Gehry est très en vue au Pays basque puisqu'on a aussi fait appel à son talent en 2006 pour concevoir la très spectaculaire cité du Vin, près de Laguardia (cf. L'Álava, Laguardia).

bidea, 2 Tél. 944 35 90 80 www.guggenheim-bilbao.es **Musée** *Ouvert juil.-août : tlj. 10h-20h ; le reste de l'année : mar.-dim. 10h-20h Tarif 13€ (audioguide en français compris), réduit 10,50€, moins de 12 ans gratuit Billet couplé avec le musée des Beaux-Arts 15€* **Bibliothèque** *Ouvert mar.-jeu. 10h-13h et 15h30-18h30*

Paseo de la Memoria (plan 9, A1-A2) Le *paseo* (la promenade) tient de l'art de vivre en Espagne. Depuis la renaissance de la ville, les Bilbaínos ont tout loisir de sacrifier à ce rituel de début de soirée dans les nouveaux lieux aménagés à travers la cité. Réconciliés avec le fleuve et une zone portuaire qui n'avait jusqu'alors rien de très séduisant, ils peuvent ainsi déambuler au fil de la Promenade de la mémoire (ou Muelle Evaristo Churruca), entre l'emblématique musée Guggenheim et le palais Euskalduna ainsi que sous le pont de la Salve. Inauguré en 2003, cet itinéraire de sculptures a été pensé comme un musée en plein air, jalonné d'œuvres de Chillida ou de Dalí, pour ne citer qu'eux.

Palacio Euskalduna de Congresos y de la Música (plan 9, A2) Conçu par Federico Soriano et Dolores Palacios, le Palais des congrès et de la musique Euskalduna incarne depuis son inauguration en 1999 l'un des symboles de la renaissance de Bilbao. Ce complexe polyvalent prend la forme du dernier bateau (très destructuré !) sorti des cales de l'ancien chantier naval Euskalduna, qui se trouvait auparavant sur le site. L'auditorium et les nombreuses salles de conférences font du palais un lieu d'accueil événementiel incontournable. Ce secteur de la ville n'a pas achevé sa mutation : d'importants travaux y sont toujours en cours. *Avenida Abandoibarra, 4 www.euskalduna.net Visite guidée le sam. à 12h sur réservation au 944 03 50 00 Tarif 2€*

Museo Marítimo Ría de Bilbao (plan 9, A3) Pour les amoureux de la mer, ce musée inauguré en 2003 entreprend de reconstituer et d'entretenir la mémoire de l'activité fluviale et du port de Bilbao. L'histoire de la ría de Bilbao et de la vocation marine de la ville est évoquée à travers une exposition didactique passionnante, à l'esthétique particulièrement soignée. Des animations la complètent, éclairant l'essor du commerce et des activités portuaires depuis le XVIe siècle. *Muelle Ramón de la Sota, 1 Tél. 946 08 55 00 www.museo maritimobilbao.org Ouvert hiver : mar.-ven. 10h-18h30, sam.-dim. 10h-20h ; été : mar.-dim. 10h-20h Entrée 5€, moins de 6 ans gratuit*

● **Où trouver du vin basque ?** Un magasin au design très étudié où vous bénéficierez des conseils avisés de vendeurs connaissant particulièrement bien leurs produits. Vous y trouverez notamment l'incontournable txakoli de Bizcaye, ainsi que celui de Getaria (Guipúzcoa). **La Carte des vins (plan 9, B2)** *Iparaguirre, 7 Tél. 946 61 12 50 www.lacartedesvins.com Ouvert lun.-sam. 11h-15h et 17h-21h, dim. 11h-15h*

Le quartier Indautxu

Autour de la Plaza Indautxu s'étend un quartier plutôt résidentiel, plus calme que le secteur de la Plaza Moyúa. Les rues Iparraguirre, Ercilla et Rodríguez Arias alignent de nombreuses enseignes de prêt-à-porter et de décoration. Le soir, les étudiants se donnent rendez-vous dans les bars de la Calle Licenciado

LA BISCAYE

Poza. À côté de la minuscule Plaza Arriquibar, des grues s'activent sur le chantier de la Alhóndiga : un centre culturel ambitieux devrait y ouvrir ses portes en 2010. En attendant, dans le sous-sol de ce beau bâtiment du début du XXᵉ siècle, vous profiterez d'un parking public très pratique pour visiter le centre-ville.

Plaza de Toros de Vista Alegre et Museo Taurino (plan 9, C3) C'est en 1882 que Bilbao se dota pour la première fois d'une "place de taureaux", c'est-à-dire une arène. La structure actuelle fut inaugurée en 1962 après qu'un incendie eut détruit l'édifice ancien. Des corridas se déroulent tous les étés dans ces lieux qui accueillent quelque 15 000 spectateurs passionnés. Le musée taurin créé en 1995 sur la place vous apprendra tout de l'histoire de la tauromachie à Bilbao et en Biscaye. Si les corridas y sont moins répandues qu'en Navarre, la collection d'affiches des Ferias de Bilbao prouve à elle seule que cette culture fait partie intégrante de l'histoire de la ville. *Martín Agüero, 1 Tél. 944 44 86 98 www. plazatorosbilbao.com Ouvert lun.-ven. 10h30-13h et 16h-18h Entrée 1,20€*

● **Où manger des *pintxos* ?**

Bitoque (plan 9, B2) Dans ce tout petit bar vainqueur du concours de *pintxos* 2008 de la ville, Darren Williamson marie avec bonheur les saveurs anglaises et basques. Au menu, donc, des tapas "fusion" : risotto de fromage de brebis et truffes, oignons caramélisés, crème de pomme de terre à la poitrine fumée, artichauts confits... *Rodriguez Arias, 32 Tél. 944 41 88 30 www.bitoque.es Ouvert lun.-sam. 11h-0h et dim. 12h30-15h30*

Izaro (plan 9, B3) Ce bar à l'entrée discrète, encadrée de lourds rideaux de velours, est en passe de devenir l'un des incontournables de Bilbao. Récompensé aux championnats régionaux, il a déjà su s'imposer comme le meilleur endroit de la ville pour déguster une bonne *tortilla*. Mais il faut aussi y goûter le foie *a la plancha* ou le spécial "Izaro" à la morue et guacamole. Simple et efficace. *Alameda Urquijo, 66 Tél. 944 41 10 48 Ouvert lun.-sam.*

● **Où boire un verre en terrasse ?** Les étudiants prennent littéralement d'assaut la mini-terrasse de ce bar atypique, décoré de personnages mythiques des carnavals ruraux de Navarre. Ambiance musicale même en journée et barman très détendu ! *Ziripot (plan 9, B3) Licenciado Poza, 46 Tél. 944 27 05 30 Ouvert lun.-sam. 7h-23h30*

CARNET D'ADRESSES

Lieux de sortie

Bars

Le Casco Viejo attire les noctambules chaque week-end, en particulier la Calle Barrencalle Barrena, l'une des plus animées en soirée. Autour de la Plaza Moyúa, les lieux de sorties nocturnes ont la faveur d'une clientèle un peu plus âgée. La Calle Licenciado Poza, dans le quartier Indautxu, constitue le lieu de ralliement des étudiants.

El Último Tranvía (plan 10, A2) Ce bar de nuit à la clientèle très jeune décline dans un esprit BD sur le décor de ses murs la thématique du "dernier tramway". Il faut jouer des coudes parmi la foule qui se déchaîne sur des airs de musique bakalao pour se faire servir un verre de txakoli. *Barrencalle Barrena, 12*

El Surtidor (plan 10, A2-B2) Ses murs de brique, ses totems indiens et sa programmation musicale variée font de ce "pub" chaleureux l'un des lieux du vieux Bilbao les plus appréciés des jeunes Bilbaínos. *Barrenkale Barrena, 8 www.pubelsurtidor.com Ouvert ven. 22h-2h, sam. 18h-2h*

Lamiak (plan 10, A2) Musique lounge et ambiance tranquille dans ce joli bar cosy où il est agréable de prendre un thé en fin d'après-midi ou un verre en début de soirée. Clientèle gay et gay friendly. *Pelota, 8 Tel. 944 15 96 42 Ouvert tlj. 16h-0h*

Pub Otxoa (plan 9, B1) Des habitués de 40-50 ans et une clientèle éclectique, à l'image de l'excentrique patronne, dont les photos aux côtés de célébrités espagnoles (dont Pedro Almodóvar) ornent les murs. C'est depuis vingt ans un incontournable des nuits de Bilbao. *Lersundi, 8 Tél. 944 24 18 48 Ouvert lun.-dim. 19h-3h*

Splah & Crash (plan 9, B1) À défaut de passer une nuit dans l'hôtel le plus huppé de Bilbao, vous pourrez toujours boire un verre dans son bar du rez-de-chaussée, au design rouge et blanc très sixties. Il offre le soir une ambiance musicale aux accents lounge. Cocktail à partir de 10,50€. *Alameda de Mazarredo, 61 (au rez-de-chaussée du Gran Hotel Domine, cf. Hébergement) Tél. 944 25 33 00 Ouvert lun.-jeu. 13h-1h, ven.-sam. 13h-3h, dim. 15h-0h*

Salles de concert

Cotton club (plan 9, B3) Le meilleur endroit de Bilbao pour écouter du

jazz (en live le week-end). Spécialisé en bières et whiskys (plus de 100 références). *Gregorio de la Revilla, 25 Tél. 944 10 49 51 Ouvert lun.-jeu. 16h30-3h, ven.-sam. 18h30-6h*

Kafe Antzokia (plan 9, C1) Cet ancien théâtre a su s'imposer comme un centre culturel polyvalent. La programmation, très axée sur la culture basque, s'est progressivement ouverte à la world music, au reggae et au rock alternatif. Une vraie réussite. Entrée de 10 à 20€ selon le concert. *San Vicente, 2 Tél. 944 24 46 25 www.kafeantzokia.com Ouvert lun.-mer. 9h-23h, jeu. 9h-4h, ven. 9h-5h, sam. 12h-5h, dim. 17h-20h*

Club

Congreso (plan 9, C1) Discothèque à la mode, le Congreso est le temple des musiques électroniques. Jolies filles, gogo dancers, animations régulières et fêtes étudiantes toute l'année. *Uribitarte, 8 Tél. 944 24 73 82 www.salacongreso.com Ouvert ven.-sam. 1h-6h30*

Restauration

Bon à savoir : à Bilbao, la plupart des bars-restaurants proposent pour le déjeuner un menu du jour à moins de 15€, servi généralement entre 13h et 16h. Le soir, les Bilbaínos se retrouvent souvent pour déguster quelques *pintxos* et profiter de l'ambiance des bars de la Plaza Nueva, dans le Casco Viejo.

LA BISCAYE

LA BISCAYE

🍴 petits prix

Café La Granja (plan 9, C1) Un décor rétro inspiré des brasseries parisiennes, avec de petites tables octogonales et des banquettes de velours écarlate. Dans l'assiette, un honnête menu du jour à moins de 15€, des plats régionaux simples et copieux comme le *marmitako* (ragoût de thon). En soirée, pour changer des *pintxos*, on y mange sur le pouce, pour 4€, le *talo*, une crêpe sœur de maïs (petite sœur de la *tortilla* mexicaine ou de la *piadina* italienne) garnie de chorizo ou de boudin noir. *Plaza Circular, 3 Tél. 944 23 08 13 Ouvert lun.-ven. à partir de 7h, sam. à partir de 10h*

Tapelia (plan 9, C1) De grandes poêlées de riz aux légumes, aux fruits de mer, à l'encre de seiche, à déguster au bord du fleuve. Menu du jour à 15,50€, carte 30€. Au pied de la passerelle-sauterelle, le Zubi-Zuri. *Uribitarte, 24 Tél. 944 23 08 20 www.tapelia.com Ouvert tlj. 13h-2h*

🍴 prix moyens

Kikara (plan 9, B2) Dans la rue qui mène au musée Guggenheim, ce restaurant au cadre épuré (omniprésence du verre, tonalités de blanc et noir) se distingue par une cuisine d'auteur à la mode "fusion". Plats végétariens ou basses calories : tartare de tomates, saumon mariné au gingembre, gambas au pesto. Menu du jour à 19,70€ HT (20,80€ le sam.), menus dégustation à 26 et 50€ HT. *Iparraguirre, 23 Tél. 944 23 68 40 www.kikara.com Ouvert lun.-ven. 13h30-16h et 21h30-23h30, sam. 14h-16h et 21h30-23h30*

☺ **La Taberna de los Mundos (plan 9, B3)** Décorée dans un esprit "voyageurs", avec jeux de boiseries et peintures de cartes sur les murs, cette

taverne rencontre un grand succès auprès des jeunes, qui adorent ses sandwichs originaux (à choisir parmi la vingtaine proposée au menu pour environ 5€), ses *raciones* bon marché (assiettes de fromage, de jambon) et ses *cazuelitas* roboratives (*huevos a la plancha*, œufs aux patates, poivrons et chorizo). Pour les gros appétits, formules à 26€ et 33€. *Simón Bolívar, 17 Tél. 944 41 35 23 www.delosmundos. com Ouvert lun.-ven. 10h-2h, sam. 11h-1h30 et dim. 12h-0h*

🍴 prix élevés

Asador Getaria (plan 9, C1) Juste après le bar, vous serez accueilli par un large gril d'où proviennent d'irrésistibles odeurs. Autant dire qu'ici la grillade est un art pris très au sérieux. Une salle aux teintes chaleureuses où déguster des sardines marinées, des chipirons pelayo ou une daurade grillée. Menu dégustation 44€ HT ; à la carte, comptez environ 40€ HT.

Colón de Larreátegui, 12 Tél. 944 23 25 27 www.guetaria.com Ouvert lun.-dim. 13h30-15h30 et 21h-23h30

Asador Ibáñez de Bilbao (plan 9, C1)

Ce restaurant de grillades ne lésine pas sur l'accueil du client : sa décoration est particulièrement exubérante, mélange de folklore espagnol de style médiéval (pierres apparentes, boiseries, mosaïques colorées, vitraux...) et d'artisanat basque. À table, les viandes cuites à la braise sont parfaites, de l'entrecôte à la côte de bœuf. Spécialité de la maison : l'agneau de lait rôti au four. Menu à partir de 37€ HT. Ibáñez de Bilbao, 6 www.asadoriba nezdebilbao.com Tél. 944 23 30 34 Ouvert lun.-sam. 13h30-16h et 21h-0h

Restaurant Guggenheim (plan 9, B1)

Issu de la pépinière de chefs de l'incontournable Martín Berasategui, Josean Martínez Alija dirige avec brio ce restaurant-cafétéria très haut de gamme au cadre tonique. À midi, excellente introduction à une cuisine d'auteur à moindre coût avec le menu bistrot à 18,40€ HT (salade tiède de pâtes, échine de colin grillée) boisson comprise. Plus chic, les menus du restaurant gastronomique, à 62 et 72€ HT, proposent des plats comme le gigot de veau de lait au fromage blanc de sureau ou le porc ibérique au jus d'herbes champêtres. Il faut impérativement réserver sous peine d'être déçu : l'endroit, prisé des touristes comme des gastronomes, est toujours plein. Avenida Abandoibarra, 2 (accès par l'esplanade du musée Guggenheim) Tél. 944 23 93 33 www. restauranteguggenheim.com Bistrot Ouvert mar.-dim. 13h-15h15 Restaurant Ouvert mar. et dim. 13h30-15h30, mer.-sam. 13h30-15h30 et 21h-22h30

☺ Serantes (plan 9, B2)

Au rez-de-chaussée, un vivier et un espace bar tout en longueur, accueillant, où domine le brouhaha d'afficionados visiblement ravis. À l'étage, un restaurant décoré de boiseries et de vitraux aux motifs marins, doté d'une carte généreuse. À goûter : les fruits de mer, les poissons bien sûr (morue à la biscayenne, piments farcis au tourteau) et de savoureuses viandes (filet de bœuf Wellington, côtelettes de bœuf grillées). Repas autour de 45€. Licenciado Poza, 16 Tél. 944 10 20 66 (autres adresses à Bilbao : Alameda de Urquijo, 51 et près du Guggenheim, Alameda Mazarredo, 53) Fermeture annuelle fin août-fin sept.

☺ Arbola-Gaña (plan 9, B2)

Au dernier étage du musée des Beaux-Arts, dans sa partie vitrée. On mange dans une salle vaste et lumineuse, ouverte sur le ciel et les collines alentour. À la carte, des spécialités : foie frais poêlé, glace au vinaigre balsamique et fromage Idiazabal ; comptez environ 45€. Goûtez la cuvée recommandée par la maison. Service raffiné. Alameda Conde Arteche (angle Plaza Eduardo Chillida) Tél. 944 42 46 57 Fermé dim. soir, lun. et mar. soir, 25 déc. et 1er jan.

🍴 prix très élevés

Victor (plan 10, A1)

Ouvert en 1940, ce grand classique bilbaíno remporte toujours un franc succès. Si l'on apprécie l'ambiance bistrot du bar-cafétéria au rez-de-chaussée, c'est dans la salle à l'étage, plus élégante, que se déguste l'excellente cuisine régionale de la maison, accommodée d'une touche de gastronomie française : morue servie de quatre façons, chateaubriand de bœuf à la Victor, bullabesa (soupe de poisson). Menus à partir de 48€ HT (boisson incluse). Plaza Nueva, 2 Tél. 944 15 16 78 www.restaurantevictor. com Bar Ouvert lun.-sam. 8h30-2h Restaurant Ouvert 13h-16h30 et 21h-23h

LA BISCAYE

LA BISCAYE

Gorrotxa (plan 9, B2) Inutile de parler de cuisine d'auteur, ce n'est pas le genre de la maison. Ce coquet restaurant revendique son classicisme : ici, les assiettes sont généreuses et les spécialités bourgeoises (colin à la Gorrotxa, filet de bœuf au foie gras, mousse au chocolat au coulis acidulé). Belle cave et cigares pour les amateurs (en Espagne, il n'est pas encore interdit de fumer dans les lieux publics !). Six menus de 50 à 70€ HT (boisson incluse). *Alameda Urkijo, 30 (Galeria) Tél.* 944 42 05 35 *www.gorrotxa.es Ouvert lun.-sam. 13h30-16h30 et 20h30-00h Fermé semaine sainte et 25 août-15 sept.*

Etxanobe (plan 9, A2) Une adresse haut de gamme installée dans le Palais des congrès et de la musique, l'un des lieux emblématiques du renouveau de Bilbao. Fernando Canales, récompensé par une étoile au Michelin, œuvre dans ce restaurant élégant à l'atmosphère lumineuse, où dominent le blanc et l'ocre. Parmi les plats phares de la maison : les lasagnes froides d'anchois à la soupe de tomate, la morue *al pil-pil* ou à la braise, les œufs pochés au foie gras et les desserts au chocolat. Menu dégustation 57€ HT, menu découverte Etxanobe 120€ HT. Terrasse aux beaux jours. *Abandoibarra, 4 (Palacio Euskalduna) Tél.* 944 42 10 71 *www.etxanobe.com Ouvert lun.-sam. 13h-16h et 20h-23h30 Fermé semaine sainte et 20 jours en août*

Zortziko (plan 9, C1) Le plus fameux restaurant de Bilbao, dont le chef, Daniel Garcia, est célèbre dans le monde entier. Sa cuisine est d'une grande subtilité, assez simple, axée sur la qualité des produits, le respect des textures et des accords. Les arômes sont intenses et subtils à la fois, les légumes croquants, les sauces légères, confectionnées avec talent. Au printemps, il faut goûter son assortiment de verdures, sublime, et puis un de ses nombreux plats autour de la morue – poisson fétiche de Biscaye. Notre préférence : un pavé de morue vapeur passé quelques secondes à la poêle, servi sur une nage de palourdes dans une soupe tiède aux herbes vertes. Le cadre, lui, reste très classique, mais néanmoins plaisant. Menu dégustation 85€. *Alameda Mazarredo, 17 Tél.* 944 23 97 43 *www.zortziko.es Ouvert mar.-sam. 13h-15h30 et 21h-23h Fermé dernière sem. août et 1re sem. sept.*

Hébergement

Si vous choisissez un hôtel situé dans le Casco Viejo, quartier noctambule par excellence, n'oubliez pas de glisser dans vos bagages une petite boîte de boules Quiès ! Si vous cherchez la tranquillité, privilégiez plutôt le quartier central de l'Abando, animé en journée mais calme la nuit. Pensez à réserver (surtout en été et lors de la semaine sainte), et n'oubliez pas d'ajouter aux prix les 7% d'IVA.

 très petits prix

Albergue Bilbao Aterpetxea (plan 9, B3) Une vaste auberge de jeunesse

GAMME DE PRIX	RESTAURATION	HÉBERGEMENT
Très petits prix	moins de 10€	moins de 30€
Petits prix	de 10€ à 15€	de 30€ à 40€
Prix moyens	de 16€ à 25€	de 41€ à 60€
Prix élevés	de 26€ à 45€	de 61€ à 80€
Prix très élevés	plus de 45€	plus de 80€

sur 8 étages qui propose 48 chambres simples et fonctionnelles (pour 1 à 6 pers.). Nombreux services : laverie, accès Internet et salle de restaurant (menu 9€). Comptez 19,40€ HT pour une double en haute saison, petit déjeuner compris, par pers. de moins de 25 ans. Supplément de 1 à 2€ selon période pour les plus de 25 ans. À 4km du centre-ville, accès par les bus 58 et 80. Réservations sur Internet ou par téléphone de 8h à 21h. *Basurto-Kastrexana, 70 Tél. 944 27 00 54 http://albergue.bilbao.net*

 petits prix

☺ **Pension de la Fuente (plan 10, B1)** Une vieille dame discrète et charmante accueille les voyageurs en escale dans son grand appartement. Très propre, mais confort sommaire. Notre meilleure adresse dans cette catégorie, au calme qui plus est. Chambre double avec sdb sur le palier entre 35 et 40€, avec bains à l'intérieur 50€, et chambre individuelle 25€. Pas de réservation : téléphonez ou passez le jour même. *Sombreria, 2 (2ᵉ étage) Tél. 944 16 99 89 Ouvert toute l'année*

 prix moyens

Hotel Ripa (plan 10, A1) À deux pas de la gare d'Abando, ce petit hôtel ne paie certes pas de mine, mais il propose 15 chambres correctes et fonctionnelles à prix très doux en plein centre-ville. Double de 55 à 70€ HT. Wifi gratuit. *Ripa, 3 Tél. 944 23 96 77 www.hotel-ripa.com*

Hostal Central (plan 9, B2) Un "hostal" de 6 chambres confortables, décorées dans des tons pastel, à 5min du métro Moyúa et à proximité des principales artères commerçantes de Bilbao. Accueil très gentil. Pas de petit déjeuner. Double à 50€ HT (70€ en saison haute). Wifi gratuit. *Alameda Recalde, 35 A (au 1ᵉʳ étage) Tél. 944 10 63 39 www.hostalcentral.com*

Hostal San Mamés (plan 9, A3) Ce petit hôtel assez impersonnel est pris d'assaut par les jeunes touristes étrangers qui apprécient sa situation, à quelques mètres du Termibus, d'où partent des autocars pour toute l'Espagne. Dix-huit chambres doubles à 55€ HT. Petit déjeuner 3€. *Luis Briñas, 15 Tél. 944 41 79 00 www.sanmames.net*

Hotel Vista Alegre (plan 9, C3) À quelques pas de la Plaza Zabálburu, près des arènes de Bilbao, une adresse de 35 chambres convenables, idéales pour les petits budgets et les jeunes voyageurs. Location de vélos, Internet gratuit. Double à 50€ HT (60€ en haute saison). Petit déjeuner 6€. *Pablo Picasso, 13 Tél. 944 43 14 50 www.hotelvistaalegre.com*

 prix élevés

Hotel Arriaga (plan 10, A1) Un hôtel de famille au sens propre du terme : le fils a succédé à la mère, qui vient toujours donner un coup de main, et les grands-parents regardent la télévision dans le salon à l'accueil. Les chambres sont spacieuses et lumineuses. Préférez celles qui donnent sur l'arrière : côté rue, c'est vraiment bruyant, le tram circule devant l'hôtel dès le petit matin ! Pas de petit déjeuner. Double à 55€ HT (75€ en haute saison). *Ribera, 3 (à l'étage) Tél. 944 79 00 01 Fax 944 79 05 16*

☺ **Itturiena (plan 10, A2)** Dans l'une des rues les plus fameuses du Casco Viejo, là où la foule des bars à *pintxos* déborde sur les pavés, cette petite pension de 21 chambres pleine de charme n'a pas droit au nom d'hôtel car elle n'a pas d'ascenseur. Mais ras-

LA BISCAYE

surez-vous, il n'y a qu'un seul étage à monter. Pierres apparentes, murs ornés de curieux objets de brocante, boiseries, petits balcons en fer forgé, et confort digne d'un bon 2, voire 3-étoiles : literie confortable et salles de bains entièrement rénovées. Quant à l'accueil, il est souriant et efficace, nuit et jour. De 60 à 66€ la double, 50€ la simple, petit déjeuner complet 6€. *Santa María, 14 Tél. 944 16 15 00 Fax 944 15 89 29*

Petit Palace Arana (plan 10, A1) Ce bel édifice du XIXᵉ siècle face au théâtre Arriaga cache un hôtel moderne dont l'aménagement intérieur a été particulièrement soigné. "Palace", l'appellation manque certes un peu de modestie, mais l'on appréciera le niveau de confort des chambres dites "supérieures", équipées d'un PC avec accès Internet, d'une télé à écran plasma et d'un lit king size. Wifi gratuit dans tout l'hôtel. Une quarantaine de chambres doubles à partir de 70€ (attention, durant la semaine sainte, les prix grimpent jusqu'à 180€ !). *Bidebarrieta, 2 Tél. 944 15 64 11 www.petitpalacearana.com*

📖 prix très élevés

Hotel Ercilla (plan 9, B3) Situé dans la partie résidentielle du quartier de l'Indautxu, ce grand hôtel de 346 chambres, aménagé par les designers Philippe Starck et Ingo Maurer, jouit également de l'excellente réputation de son restaurant le Bermeo. Prestations de haut vol (salons élégants, terrasses dans certaines chambres), même si les chambres au confort "standard" sont assez petites. Double standard à partir de 87€ HT (195€ en saison haute), supérieures à partir de 126€ (251€ en saison haute). Petit déjeuner buffet 15€. *Ercilla, 37-39 Tél. 944 70 57 00 www.hotelercilla.es*

Miró Hotel (plan 9, B2) À 150m du Guggenheim, cet hôtel doit son aménagement intérieur au couturier Antonio Miró, qui a habillé ses beaux volumes de lumières tamisées, tissus veloutés et couleurs chaudes. Dans les chambres, pas de surenchère, du blanc et un design sobre. Bon équipement dès les chambres standard (lecteur DVD, télé LCD, mini-bar) et petites attentions agréables selon la période de l'année : entrée au musée Guggenheim offerte, prêt de DVD gratuit... Double à partir de 95€ HT (45 chambres, 5 juniors suites). Concert jazz dans le café de l'hôtel le dernier jeudi du mois. *Alameda Mazarredo, 77 Tél. 946 61 18 80 www.mirohotelbilbao.com*

☺ **Hotel Husa Jardines de Albia (plan 9, C1)** À l'intérieur d'un grand bâtiment impressionnant, 138 chambres lumineuses, décorées dans des tons jaunes et orangés. Design sobre, lits de 2m de large, confort parfait. Comptez de 85 à 180€ pour une chambre double. En bas, un espace spa complet, avec circuit hammam, jets et Jacuzzi à 27€, et de nombreux soins de massage et beauté. Installations neuves et impeccables. *San Vicente, 6 Tél. 944 35 41 40 Tél. Spa 944 35 50 26 www.hotelhusaspajardi nesdealbia.com*

Gran Hotel Domine (plan 9, B1) Ce 5-étoiles fait face au musée Guggenheim. Une fontaine extravagante ruisselle sur des alignements de vaisselle, à l'ombre d'une gigantesque colonne de galets. Quelques fauteuils de couleurs vives, années 1970, tranchent sur le blanc et l'anthracite, dans un rayon de lumière jailli du plafond. De 135 à 270€ la double selon l'occupation (moins cher en fin de semaine), de 135 à 240€ la simple. *Alameda de Mazarredo, 61 Tél. 944 25 33 00 Fax 944 25 33 01*

GETXO

48990

Getxo

Bilbao

Getxo, c'est un peu le Deauville des Bilbaínos, le port industriel et la pollution en plus… Sur la promenade Zugazarte, où se dressent le palais de Churruca et le manoir Bake-Eder, villas balnéaires et palaces reflètent bien l'ambition de cette banlieue chic de la capitale de Biscaye où les plus aisés acquièrent un bien immobilier, histoire de changer d'air en fin de semaine. Pour découvrir le cœur de la ville, il faut longer la plage d'Ereaga jusqu'au vieux port d'Algorta, dont les ruelles conservent d'anciennes maisons de pêcheurs, serrées les unes contre les autres. Mais, pour le visiteur, l'attrait principal réside dans l'étonnant pont transbordeur, passerelle impressionnante suspendue entre les deux rives de la ría de Bilbao, qui relie Getxo à Portugalete.

LA RÍA DE BILBAO L'agglomération de Bilbao s'étire le long du fleuve pour trouver, enfin, un accès à la mer, au terme d'une succession d'usines et de chantiers navals. Sur la rive gauche de l'estuaire, Portugalete et Santurzi voient défiler les plus gros navires, prompts à charger ou à décharger, puis à repartir. De la chimie aux métaux en passant par le bois, le papier et les objets manufacturés, tout y transite et parfois s'en échappe. On dit qu'il vaut mieux éviter de se baigner trop près des installations portuaires et préférer les plages de la rive droite, vers Plentzia. Pour s'y rendre, le spectacle est grandiose : on emprunte le pont transbordeur, inauguré en 1893, dont la nacelle suspendue au-dessus de l'eau brave vents et tempêtes. Arrivé sur la rive droite, à Neguri, on profite du spectacle des superbes villas balnéaires érigées par la haute bourgeoisie, qui contemplent la mer depuis plus d'un siècle.

LA BISCAYE

MODE D'EMPLOI

accès

EN VOITURE

À 16km au nord de Bilbao par l'A8, la N637 et la BI631. Attention : aux heures de pointe, la circulation se révèle très dense sur ces axes (beaucoup de poids lourds). On peut embarquer avec sa voiture sur le pont transbordeur, ou bien traverser à pied, tout en haut. *Puente Colgante* Tél. 944 80 10 12 www.puente-colgante.com Ouvert tlj. 24h/24 Tarif 0,30€/pers. et 1,20€/voiture

EN MÉTRO

La ligne 1 (direction Plentzia) part toutes les 10min de Bilbao : 6 arrêts dans Gexto, dont Areeta (centre-ville), Neguri (port de plaisance), Algorta (vieux port). Pour Portugalete, empruntez la ligne 2. *Rens.* Tél. 944 25 40 25 www.metrobilbao.com

EN CAR

Biskaibus Compagnie proposant les lignes les plus pratiques au départ de Bilbao, avec une fréquence de 20-30min : A3413 (Bilbao-Aizkorri),

A3414 (Bilbao-Getxo) et A3411 (Bilbao-Getxo). *Tél. 902 22 22 65*

EN TRAIN
Renfe cercanías Un train de banlieue relie Bilbao à Portugalete. *Tél. 902 24 02 02 www.renfe.es*

TAXIS
Radio Taxi Getxo *Tél. 944 91 53 53*

orientation

La ville de Getxo s'étend sur plusieurs kilomètres le long du littoral, du pont transbordeur (Puente Colgante) jusqu'à l'ancien village de pêcheurs d'Algorta, le port de plaisance étant situé à mi-chemin. Elle se parcourt aisément à pied – la voiture, en été, est plutôt déconseillée, surtout le week-end. La plage d'Ereaga, notamment, est prise d'assaut, et le stationnement le long de la mer se révèle très difficile.

informations touristiques

Office de tourisme Vous y trouverez des brochures sur Getxo et ses environs, un service de réservation ainsi qu'un large catalogue de visites et de propositions de loisirs sportifs. Vélos à disposition : 2€/j. *Playa de Ereaga Tél. 944 91 08 00 www.getxo.net Ouvert 15 juin-15 sept. : tlj. 10h-20h ; hors saison : lun.-ven. 9h30-14h30 et* 16h-19h, sam.-dim. et j. fér. 10h30-14h30 et 16h-20h

Point d'information au pont de Biscaye *Tél. 615 75 62 90 Ouvert 15 juin.-15 sept. : tlj. 10h30-14h30 et 16h-20h ; 16 sept.-14 juin : lun.-ven. 11h-14h et 16h-19h*

visites guidées

Getxo Taxi Tour Visitez Getxo en taxi ! Deux circuits au choix : "Getxo à fond" (1h30, 35€/taxi), ou formule "Front de mer et monuments", à partir du pont Colgante (20min, 10€/taxi). *Renseignements et réservation à l'OT Tél. 944 91 08 00*

location de deux-roues

Ekobizi Prêt gratuit de bicyclette du 15 juin au 15 novembre, de 8h à 20h. *Renseignements Tél. 645 00 66 35 ou à l'OT Tél. 944 91 08 00*

fêtes et manifestations

Foire de l'artisanat *En mai-juin*
Festival international de jazz de Getxo Une sélection très européenne. *Première semaine de juillet (dates variables, se renseigner)*
Fêtes patronales de San Roque *À Portugalete, en août*
Fêtes du vieux port de Getxo (Algorta) *Processions. Mi-aôut*

DÉCOUVRIR

☆ **Les essentiels** Le vieux port, le pont transbordeur **Découvrir autrement** Déambulez dans la vieille ville de Portugalete, profitez de la mer sur les plages de Sopelana ➤ Carnet d'adresses p.429

Getxo

☆ **Vieux port** Dans la baie de l'Abra, le quartier des pêcheurs est l'un des sites les plus pittoresques de Getxo. Les Bilbaínos viennent le dimanche sur

LA BISCAYE

le port d'Algorta profiter de l'animation permanente de ses bars, flâner au gré de ses ruelles escarpées jusqu'à la chapelle dédiée à saint Nicolas de Bari, goûtant l'ambiance populaire de ses maisons colorées. Au-dessus de la plage d'Arrigunaga et du moulin à vent d'Aixerrota, le fort de la Galea, connu sous le nom de "château du prince", est un bel exemple de construction militaire du XVIIIe siècle : il protégeait la côte de la menace des troupes anglaises.

Casa de Náufragos Le *paseo* qui longe la plage d'Ereaga attire les promeneurs tout au long de la journée. Sur le quai de Arriluce, qui mène au port de plaisance, cette maison des naufragés, un phare à l'architecture étonnante, est le siège de la Croix Rouge maritime. La baie, longtemps considérée comme une zone maritime très dangereuse, fut sécurisée par l'ingénieur Evaristo Churruca, auquel la ville dédia un monument.

☆ ☺ **Puente Bizkaia-pont transbordeur** Contemporain de la tour Eiffel, haut de 63m et long de 160m, le pont conçu par l'ingénieur Alberto de Palacio en 1893 connaît une renaissance depuis qu'il a été inscrit sur la liste du patrimoine de l'humanité par l'Unesco en 2006. Mais l'imposante structure métallique du premier pont suspendu et pont transbordeur au monde fait avant tout partie du quotidien des habitants des municipalités de Getxo et de Portugalete : ils l'empruntent à pied, en voiture ou en scooter, comme ils prendraient l'autobus. Un ascenseur vous montera jusqu'à la

LA BISCAYE

Train touristique de la Rhune (p.146), près de Sare.

Foire aux pottoks, en janvier, à Espelette (p.148).

passerelle piétonne d'où, à 50m du sol, vous observerez les allers et retours de la nacelle, chargée de voyageurs et de véhicules. De là, le panorama sur l'embouchure de la ría de Bilbao est spectaculaire – mais l'aventure est formellement déconseillée si vous souffrez de vertige (ainsi qu'aux jeunes enfants). *Barria, 3 (quartier Las Arenas) Tél. 944 80 10 12 ou 944 63 88 54 www. puente-colgante.com* **Pont** *Ouvert tlj. 24h/24 Tarif 5h-22h : 0,30€/piéton et 1,20€/ voiture ; 22h-0h : 0,20€/piéton et 1,50€/voiture ; 0h-5h : 1,15€/piéton et 2,20€/ voiture* **Passerelle panoramique** *Ouvert avr.-oct. : lun.-dim. 10h-21h ; nov. : mar., w.-e. et j. fér. 10h-20h30 Tarif 4€*

● **Où acheter des douceurs ?** Si vous n'avez pas encore goûté les délicieuses truffes Arrese dans la maison-mère de Bilbao, vous aurez l'occasion de vous rattraper dans cette petite pâtisserie-confiserie ouverte en 2002. **Pasteleria Arrese** *Mayor, 9 (quartier Las Arenas) Tél. 944 80 01 72 Ouvert lun.-dim. 10h-14h30 et 17h-20h30 Fermé dim. en juil.-août*

● Où grignoter des *pintxos* ?

Itxas Bide Ambiance et déco marines dans le bar-restaurant le plus réputé de la ville. Jeunes et moins jeunes s'y retrouvent pour picorer quelques portions replètes d'anchois, de poulpe et des *pintxos* variés. Idéal pour l'apéritif ou pour grignoter à petits prix sur la plage d'Ereaga. *Muelle de Ereaga, 42 Tél. 944 91 05 89 Ouvert tlj. 10h30-23h*

Arrantzale Un bar très animé du vieux port, où l'on déguste en toute convivialité les produits typiques de la région. À l'honneur, l'omelette de morue, le boudin noir, le chorizo au cidre et les piments farcis. Petite terrasse l'été pour humer l'air marin. *Puerto, 3 (vieux port d'Algorta) Tél. 944 60 12 44 www. arrantzale.com Ouvert lun.-ven. 12h-23h, sam.-dim. 12h-0h*

● ☺ Où manger du poisson sur le port ?

Un *asador* aux poutres de bois sombre, plafond bas, décor basque de carte postale avec nappes à carreaux et objets d'artisanat hétéroclites : cette ancienne maison de pêcheur a du charme à revendre. Dans cette adresse familiale, on mange une cuisine locale tournée vers les produits de la mer (si vous avez envie de viande, passez votre chemin !). Poissons *a la plancha* (colin, chinchard), fruits de mer, *cazuela* d'anchois. Mention particulière pour les gâteaux faits maison au citron ou à la pomme. À la carte, comptez 35-40€. Réservation conseillée l'été et le week-end. **Asador El Puerto-Zabala** *Aretxondo, 20 Tél. 944 91 21 66 Ouvert 13h30-16h et 21h-00h Fermé 2e quinzaine d'août*

● Profiter de la mer

Plages d'Ereaga et d'Arrigunaga Inutile de raconter des histoires, les plages de Getxo sont assez peu recommandables pour la baignade : polluées par la proximité des activités portuaires, elles n'offrent pas une qualité et une sécurité suffisantes. Faites comme les habitants : cantonnez-vous au bronzage, à la promenade ou au footing, elles sont parfaites pour cela.

A toda vela Propose des excursions sur toute la côte basque et des sorties en mer en voilier dans la baie de l'Abra à partir de 50€ la demi-journée. *Renseignements et réservation au moins 10 jours à l'avance auprès de l'OT Tél. 944 91 08 00*

LA BISCAYE

Les environs de Getxo

Portugalete

De l'autre côté du pont transbordeur, la tranquille commune de Portugalete, ancienne forteresse médiévale fondée en 1322 par María Díaz de Haro, connut avec la construction du chemin de fer un essor important à la fin du XIXe siècle. Les rues pavés et les édifices baroques et néoclassiques de sa vieille ville méritent aujourd'hui le coup d'œil, en particulier la basilique de Santa María, un joyau de style gothique-Renaissance du XIVe siècle, et la tour de Salazar, une maison-tour du XVe siècle.

Rialia-Museo de la Industria Il n'est pas étonnant que les rives de la ría de Bilbao accueillent un musée entièrement dédié à l'industrie. Les collections, un fonds éclectique composé de photos d'époque, de documents anciens, d'outils, de maquettes et d'œuvres d'art, retracent l'histoire de l'industrialisation dans la région. *Paseo de la Canilla Tél. 944 72 43 84 www.rialia.net Entrée 2€, 14-26 ans 1€, gratuit moins de 14 ans et plus de 65 ans Ouvert avril-oct. : mar.-ven. 10h-13h et 17h-19h, nov.-mars : mar.-ven. 9h30-13h et 15h30-19h*

Sopelana et la route de la côte

Principal attrait de la commune de Sopelana, ses plages plutôt sauvages sont les plus agréables de la région, idéales pour la baignade et les loisirs nautiques. Pendant l'été, un service d'autobus (Sopelbus) les dessert. Accès routier par la BI634 ou en métro (Bilbao-Plenzia), ligne 1. **Office de tourisme** *Sabino Arana, 1 Tél. 944 06 55 19 Ouvert hors saison : lun.-sam. 10h-14h et 16h-19h ; 15 juin-15 sept. : lun.-sam. 10h-14h et 16h-19h, dim. 10h-14h*

● Aller à la plage

Plage Meñakoz Cette petite plage est le domaine des surfeurs. Quelques nudistes s'y risquent, mais la mer y est agitée et peu indiquée pour la baignade.
Plage Arrietara-Atxabiribil La plus longue plage de Sopelana est aussi la plus fréquentée : se garer à proximité n'est souvent pas une mince affaire. Public familial, possibilité de pratiquer de nombreux sports.
Plage Barinatxe Une très belle plage de sable fin, fréquentée à la fois par des familles et des nudistes, à des endroits différents. Une course à pied réservée aux nudistes s'y déroule d'ailleurs tous les ans en septembre... Douches, toilettes et snack-bar l'été. Grand parking payant (4€/journée).

● S'initier au parapente, au surf

Parapente Sopelana SL Vols biplace, cours de parapente avec ou sans moteur. *Arrietara, 87 Tél. 607 21 34 31*
Quiksilver Surf Eskola Cours de surf et initiation à partir de 8 ans. *Plage Arrietara Tél. 667 55 78 39*

CARNET D'ADRESSES

Restauration, hébergement

 **prix très élevés**

Jolastoky Dans ce très joli restaurant du quartier Neguri, Sabin Arana ajoute une touche d'avant-garde à la tradition culinaire biscayenne. La spécialité la plus aboutie du maître de maison est le turbot grillé à la purée de chou-fleur truffée. Les amateurs de douceurs ne manqueront pas la *pantxineta* au chocolat. Menu à partir de 70€. Les grandes verrières de la salle qui donne sur la terrasse-jardin ont un charme fou. Réservation recommandée. *Avenida de los Chopos, 24 (quartier Neguri) Tél. 944 91 20 31 www.jolastoki.euskalnet.net Fermé dim. soir, mar. soir et lun., semaine sainte et 1re quinzaine d'août*

Hôtel Igeretxe-Agustín C'est sa situation en front de mer, entre le port de plaisance et le vieux port d'Algorta, qui fait tout l'attrait de cet hôtel centenaire d'architecture Belle Époque, qui fut un centre de balnéothérapie réputé au début du XXe siècle. Les chambres, de style moderne, sont fonctionnelles et bien équipées. La terrasse de la cafétéria donne sur la plage et offre un point de vue propice à la détente. Dix-huit chambres doubles, avec minibar et wifi gratuit, à partir de 100,49€ HT petit déjeuner compris. *Muelle d'Ereaga, 3 (quartier Algorta) Tél. 944 91 00 09 www.hoteligeretxe.com*

Hôtel El Embarcadero À deux pas du Muelle de las Arenas, sur le front de mer, cet hôtel luxueux appartenant au groupe Ercilla a été aménagé dans une belle demeure bourgeoise de style basque du début du siècle dernier. Ses chambres, très confortables, ont un petit côté anglais, à la fois très cosy et contemporain. Terrasses sur la mer. Son restaurant est l'un des plus fréquentés des environs. Vingt-quatre chambres doubles avec wifi et TV à écran plat, à partir de 118€ HT. *Zugazarte, 51 (quartier Las Arenas) Tél. 944 80 31 00 www.hotelembarcadero.com*

BERMEO

48370

Bermeo
●
Bilbao

Le soleil décline et se profilent au large les silhouettes des bâteaux qui rentrent au port, les soutes chargées de poisson. Protégée par le cap Matxitxako des forts courants de la mer Cantabrique, la petite ville de Bermeo a lié son destin, depuis sa fondation en 1266, aux activités de la mer. Accrochée sur les flancs du mont Sollube, elle a su développer un port de pêche très actif, qui continue de faire vivre ses habitants grâce à l'industrie des conserveries de poisson. Avant d'aller faire un tour à la nouvelle criée, à la sortie de la ville vers Mundaka, prenez le temps de flâner sur les quais du vieux port, de l'autre côté, et de regarder les barques de bois flotter au soleil.

LA BISCAYE

MODE D'EMPLOI

EN VOITURE
À 29km de Bilbao par la N637 et la
BI631 via Derio et Mungia. Empruntez
la BI3101 de Gorliz et Bakio, et la
BI2235 de Gernika.

EN TRAIN
Ligne 3 Urdaibai De Bilbao (gare
d'Atxuri ou Bolueta), comptez 1h10 ; sur
la même ligne, de Gernika, 25min.
EuskoTren *Tél. 902 54 32 10 (horaires)
et 946 88 03 57 (gare) www.euskotren.
es*

EN CAR
Lignes A3515 (Bermeo-Gernika-Bilbao)
et A3527 (Bilbao-Mungia-Bermeo).
Bizkaibus *Pour les horaires, téléphonez
au 902 22 22 65 www.biskaia.net*

Bermeo est bâtie autour de ses deux
ports : le quartier historique, piétonnier, au-dessus du vieux port, et la
partie plus récente de la ville, autour
du nouveau port. Inutile de le cacher :
se garer relève ici du parcours du
combattant ! Pas grand-chose à faire,
à part tenter sa chance dans les rues
à la périphérie de la commune. Évitez
absolument de vous engager en voiture dans le dédale de ruelles du
centre historique.

Office de tourisme *Lamera Tél. 946
17 91 54 www.bermeo.org Ouvert juil.-
août : lun.-sam. 10h-20h, dim. 10h-14h
et 16h-20h ; sept.-juin : lun.-sam. 10h-
14h et 16h-19h, dim. 10h-14h*

Feria del Pescado *Fin mai*
Saint-Jean Pèlerinage traditionnel à
San Juan de Gaztelugatxe. *Le 24 juin*
Fêtes de la Madalena Processions
dans les rues de Bermeo, Mundaka
et Elantxobe. *Le 22 juillet*
**Concours agricole et artisanal de la
Santa Eufémia** *Le 16 septembre*
Feria de San Martín Foire agricole.
Le 11 novembre

DÉCOUVRIR

☆ **Les essentiels** L'ermitage San Juan de Gaztelugatxe **Découvrir autrement** Imprégnez-vous de l'ambiance du parc de la Lamera et du port de
Bermeo, buvez un verre de txakoli à Bakio ➤ **Carnet d'adresses p.433**

Bermeo

Toute la vie du vieux Bermeo s'organise autour du parc de la Lamera. Contigu
au port, où le mouvement des bâteaux rythme les activités de toute la ville, il se
déploie en contrebas de l'enchevêtrement des ruelles du Casco Viejo.

Cloître du couvent de San Francisco Commencé en 1357, il ne fut
achevé qu'au XVIᵉ siècle. Cette construction gothique décorée de représentations
de moines en prière, qui fut utilisée comme caserne, prison, école et marché,
conserve aujourd'hui des sculptures données par l'artiste contemporain et
enfant du pays Néstor Basterretxea. *Plaza Taraska Tél. 946 17 91 54*

Torre de Ercilla-musée du Pêcheur La Torre de Ercilla, une superbe maison-tour du XVe siècle – l'une des plus anciennes et des mieux conservées du Pays basque –, abrite un musée entièrement dédié à la gloire des hommes de la mer. Vous y découvrirez tout un bric-à-brac de maquettes, de gravures, d'outils, de petites embarcations et d'objets liés au labeur des pêcheurs comme à leur vie quotidienne, à bord et sur terre. *Torrontero Enparantza, 1 Tél. 946 88 11 71 Ouvert mar.-sam. 10h-13h30 et 16h-19h, dim. 10h-13h30 Entrée 3€*

Ballenero Aita Guria-Centre d'interprétation de la pêche à la baleine Comme d'autres villages de pêcheurs sur la côte basque, Bermeo pratiqua longtemps cette pêche lucrative mais très dangereuse, dont l'imaginaire collectif conserve d'épiques récits. Il n'est donc pas étonnant de trouver ici une réplique d'un baleinier du XVIIe siècle (un peu clinquant mais bien fait) et un centre d'interprétation dédié à cette pêche quasi mythique, qui éclaire l'histoire de cette activité et le destin des hommes qui la pratiquèrent. *Muelle Erroxape (sur le port, en face de l'OT) Tél. 946 17 91 21 www.aitaguria. bermeo.org Ouvert mar.-sam. 10h-14h et 16h-20h, dim. 11h-14h et 16h-19h Entrée 5€, 4-14 ans 3€*

● **Où manger sur le port ?** La "cantine" de la confrérie des pêcheurs de Bermeo fait dans l'authentique : grandes tablées, soupe de poisson, omelette à la morue, convivialité assurée. Toute l'ambiance du port de Bermeo dans une assiette à moins de 15€. **Asador San Pedro Cofradía** *Erroxapeko Kaia (sur le quai) Tél. 946 88 35 64 Ouvert lun.-ven. 13h-16h*

● **Où boire un verre sur le port ?** Bondé à l'heure de l'apéritif, ce bar sert de très bons *pintxos* à base de morue et de chipirons. Ambiance jeune et populaire. **Kafe Loidxie Bar** *Nardiz Tar Benancio, 11 Tél. 946 18 60 84*

● **Pêcher en mer ou observer les cétacés**
Atuntxo Organisation de sorties de pêche et pêche sous-marine, de juin à octobre. *Renseignements au 662 25 00 11 www.atuntxo.com*
Hegaluze Deux petits bateaux parcourent la zone de l'Urdaibai de San Juan de Gaztelugatxe jusqu'à Mundaka et Lekeitio. Au programme : l'observation de cétacés. À partir de 12€ par personne. *Renseignements et réservation au 666 79 10 21 www.hegaluze.com Départ sur le vieux port*

Les environs de Bermeo

☆ ☺ San Juan de Gaztelugatxe

Sur la côte ouest du cap de Matxitxako, la petite presqu'île de Gaztelugatxe, reliée à la terre par un petit chemin de pierre raide et étroit, fut longtemps un belvédère stratégique où s'abattirent les pirates comme les tempêtes pendant des siècles. Un escalier de 231 marches conduit à cet ermitage de pierre dédié au Xe siècle à San Juan, qui aurait laissé là l'empreinte de ses pas. Une corde fouette le mur sous l'effet du vent – en l'attrapant, on fait sonner une cloche et l'on formule ses vœux devant l'infini bleu azur. L'endroit est vraiment magique,

● **FERVEUR EN FÊTE**
Le meilleur jour pour visiter l'ermitage de San Juan, haut lieu de l'Euskadi, est le 24 juin : le grand pèlerinage organisé chaque année pour la Saint-Jean révèle alors l'importance du rocher pour les habitants de Bermeo et de Bakio, qui célèbrent cette journée en grande pompe, avec fanfares et animations.

tout indiqué pour un pique-nique. *Entre Bermeo et Bakio, sur la BI3101* **Ermitage** *Ouvert semaine sainte et juil.-août. 11h-18h Messes célébrées les 23 et 24 juin, 31 juillet, 29 et 30 août*

Bakio

Bakio se situe à 12km à l'ouest de Bermeo. À l'entrée de la ville, la succession de résidences récentes à l'architecture sans âme ne rend pas justice à cette petite station balnéaire accueillante, dont le nom dérive de *bakea*, "paix" en basque. Si le bourg a longtemps pâti de ne pas avoir de port, contrairement à sa voisine Bermeo, elle s'enorgueillit de posséder la plus vaste plage de Biscaye, bien entretenue et bordée de restaurants élégants et modernes. La qualité de ses vagues attire les surfeurs et les amateurs de sports nautiques. Une station balnéaire sympathique pour passer une journée de plage en famille. *À 27km de Bilbao par la BI2101, desservi par les autocars de la compagnie Bizkaibus, ligne A3518 (Bilbao-Mungia-Bakio)* **Office de tourisme** *Agirre Lehendakaria Plazea, 3 48130 Bakio Ouvert lun.-sam. 10h-14h et 16h-19h, dim. et fêtes 10h-14h* **Point d'information San Pelaioko** *Bide Nagusia, 48 (près de la plage) Tél. 946 19 57 21 Ouvert l'été tlj. 10h-20h*

● **Où goûter du txakoli ?** Il semble que la situation géographique et le micro-climat dont jouit Bakio ont beaucoup favorisé la culture de raisins. Le txakoli est l'une des ressources les plus importantes de la ville, puisque l'on en produit ici plus de 100 000l par an. Les trois bodegas de Bakio (Abio, Zabala et Gorrondona) bénéficient de l'appellation d'origine "Bizkaiko Txakolina". Et, le 6 décembre, on fête le txakoli dans toute la région. *Visites de bodegas réservées aux groupes*
Gotzon Jatetxea Un peu en retrait de la plage, la terrasse de ce bar-restaurant décoré dans un style marin particulièrement élégant est certainement la plus agréable de Bakio. Calé dans l'un de ses fauteuils en rotin, on sirote à l'ombre un verre de txakoli, à moins d'être tenté par les *pintxos* disposés sur le comptoir à l'intérieur. Beaucoup d'habitués se retrouvent là à l'heure de l'apéritif. Clientèle chic, mais ambiance détendue et sympathique. *Benta Alde, 135 Tél. 946 19 40 43*
Doniene Gorrondona Txakolina Ce domaine produit l'un des meilleurs txakolis de Biscaye. L'office de tourisme organise parfois des visites, sinon, téléphonez pour prendre rendez-vous. *Bentalde, 10 Tél. 946 19 47 95 www.donienegorrondona.com Ouvert toute l'année*

Mundaka

La vie de ce modeste village de pêcheurs à l'embouchure de la ría de Gernika (quelques kilomètres au sud de Bermeo) a basculé au début des années 1970 avec l'arrivée du surf. La "gauche" de Mundaka l'a en effet propulsé au premier plan des spots les plus reconnus de la planète surf, à tel point que la compétition du Billabong-pro s'y tient chaque année en octobre depuis 1998. Si les villageois profitent de l'activité économique générée par ce sport à la mode, ils ne délaissent pas pour autant leur culture et leurs traditions : ils brûlent toujours, au solstice d'été, la représentation d'une sorcière – un rite païen ancestral haut en couleur, célébré au son strident des *txistus* (flûtes basques). *À 44km de Bilbao par la BI2235, desservi par les autocars de la compagnie Bizkaibus, ligne A3515 (Bermeo-Gernika-Amorebieta Etxano-Bilbao)* **Office de tourisme** *Kepa Deuna (sur le port) 48360* **Mundaka** *Tél. 946 17 72 01 www.mundaka.org Ouvert mar.-sam. 10h30-13h30 et 16h-19h, dim. et fêtes 11h-14h*

● **Où boire un verre en terrasse ?** De la terrasse du charmant hôtel familial El Puerto, vous serez aux premières loges pour apprécier toute l'authenticité du cœur de Mundaka. Sous les platanes, l'endroit ne manque pas de pittoresque, et les anciens du bourg s'y donnent rendez-vous pour déjeuner. **Hotel El Puerto** *Portu Kalea, 1 Tél. 946 87 67 25 www.hotelelpuerto. com*

● **S'initier au surf** Le club de surf de Mundaka organise toute l'année des cours et des initiations au sport roi. Fabrication de planches, location de matériel. Cette boutique créée par un "pionnier" australien dans les années 1980 est une vraie référence. **Mundaka Surf Shop** *Txorrokopunta Ibiltokia, 8-10 Tél. 946 87 67 21 www.mundakasurfshop.com*

CARNET D'ADRESSES

Restauration, hébergement

 camping

Portuondo Le site est sublime : en plein été, il faut absolument penser à réserver. Vues magnifiques sur la ría de Gernika et la plage de Laida, en face. Piscine. Comptez de 5,90 à 6,50€ par adulte, de 5,20 à 5,80€ pour les moins de 10 ans, et de 12,20 à 12,80€ l'emplacement (5,80 à 6,40€ la tente seule). *Route de Gernika 48360* **Mundaka** *(à 5km à l'est de Bermeo) Tél. 946 87 77 01 www.campingportuondo.com*

 prix moyens

Hotel Mundaka Un petit hôtel très bien placé au cœur de la ville, pris d'assaut par la clientèle internationale des surfeurs. Les chambres, simples et meublées dans un style moderne, sont d'une propreté méticuleuse. Accueil particulièrement sympathique. Chambre double à partir de 54€ TVA incluse (76€ en saison haute). Petit déjeuner complet (jus de fruits, céréales, gâteaux) à 7,50€. Wifi gratuit. *Florentino Larrínaga, 9 48360* **Mundaka** *Tél. 946 87 67 00 www.hotelmundaka.com*

🍴 prix élevés

Jokin Sa vue imprenable sur le port et ses spécialités de poisson ultra-frais sont les atouts de ce bar-restaurant au décor plutôt quelconque. On s'y régale d'un merlu à la biscayenne, d'une lotte grillée ou de quelques palourdes en *salsa verde*. Côté dessert, délicieux sorbets maison. Menu dégustation à 35€. *Eupeme Deuna, 13 48370* **Bermeo**

LA BISCAYE

Tél. 946 88 40 89 www.restaurante jokin.com Ouvert lun.-sam. 13h30-16h et 20h30-23h, dim. 13h30-16h

Zintziri Errota Au bord de la rivière, cette bâtisse du XVIIe siècle construite par la puissante famille des seigneurs de Bùtron servit de fabrique de fer avant d'être transformée en moulin au XIXe siècle. Ce musée-restaurant sert une cuisine traditionnelle dans un cadre très original : morue *al pil-pil*, entrecôte grillée, sorbet citron au txakoli. Repas autour de 35€. De nombreux mariages y sont célébrés : il est plus prudent de réserver. *Artzalde, 3 48130 Bakio Tél. 946 19 32 23 www.zint zirierrota.com Fermé fév. ; mi-juin-mi-sept. : dim. soir et lun. ; mi-sept.-mi-juin : lun. et le soir du dim. au jeu.*

☺ **Eneperi** Un superbe *caserio* du XVIIe siècle au cadre rustique et authentique (murs en pierre, boiseries) particulièrement séduisant. Dans l'assiette, une solide cuisine bourgeoise et des spécialités de la région : magret aux pommes, bouchées de langoustine, daurade grillée, *lomos* de morue aux piments. Le lieu, d'où l'on profite d'un point de vue extraordinaire sur San Juan de Gaztelugatxe, est aussi un véritable musée ethnographique : il abrite une collection d'objets liés à l'artisanat du bois et à la mer. Comptez 40-50€ à la carte. *San Pelaio, 89 (sur la route entre Bakio et Bermeo) 48130 Bakio Tél. 946 19 40 65 www.eneperi.com Ouvert mer.-dim.*

GERNIKA-LUMO

48300

Gernika
Bilbao

La première chose que l'on vous montrera à Gernika, c'est ce qu'il subsiste de la ville d'avant le bombardement, c'est-à-dire pas grand-chose. La seconde, ce sont les monuments que les Gernikarras ont édifiés pour se souvenir de ce jour-là. Ici, l'air est plus lourd qu'ailleurs, la politique enracinée sous un chêne. Mais si les habitants portent la mémoire de leurs blessures passées, la vie a repris le dessus depuis longtemps. Après l'école, les enfants s'ébattent joyeusement dans les rues, les places neuves s'animent et l'affluence des jours de marché reflète l'importance des traditions agricoles de cette ville devenue symbole.

LE BOMBARDEMENT DU 26 AVRIL 1937 Tandis que la guerre civile éclate en Espagne le 18 juillet 1936, le Pays basque va rapidement constituer un front d'opposition aux forces franquistes. Il semble donc que ce soit à la demande des chefs militaires de Franco (une thèse que réfutent certains historiens) que les avions allemands de la légion Condor bombardent Gernika le 26 avril 1937. C'était un lundi, jour de marché : on estime à 6 000 le nombre de personnes présentes cet après-midi-là dans la petite ville de Biscaye. Le bilan est lourd : 1 654 morts et plus de 800 blessés. Les 50t de bombes incendiaires dévastent le bourg, qui est détruit à 80%. La communauté internationale est révoltée. Pablo Picasso commence dès le 1er mai un tableau où il exprime toute sa colère : *Guernica* est exposé pour la première fois le 25 mai à l'Exposition universelle de Paris. Souvent considérée comme une vision prophétique de la Seconde Guerre mondiale, œuvre majeure du XXe siècle à la symbolique toujours discutée, la toile monochrome qui accède au rang d'emblème international de la paix appartient aujourd'hui à la collection du musée de la Reine Sofia à Madrid. À Gernika, on peut tout de même admirer sa reproduction grandeur nature, réalisée en mosaïque, Calle Pedro Elejalde (en face du centre médical).

MODE D'EMPLOI

accès

EN VOITURE
À 35km à l'est de Bilbao par la BI635. Il est possible également de gagner Gernika par la BI2238 de Lekeitio et la côte est, et à 13km au sud de Bermeo par la BI2235.

EN TRAIN
EuskoTren La ville est bien desservie : liaisons Bilbao-Gernika-Bermeo et San Sebastián-Amorebieta-Gernika. *Tél. 902 54 32 10*

EN CAR
Bizkaibus Accessible par les lignes A3523 et A3514. *Tél. 902 22 22 65*

orientation

Gernika est traversée par une grande rue principale, dans laquelle on peut, parfois, trouver à se garer. La circulation est particulièrement difficile dans le centre le lundi et le samedi, jours de marché. Le plus simple est encore de laisser son véhicule dans le grand parking gratuit situé à l'entrée de la ville après le pont de Rentería (direction Mundaka-Bermeo). Sinon aux abords de la gare, le long de la voie ferrée : le stationnement y est gratuit.

informations touristiques

Office de tourisme Documentation riche sur Gernika-Lumo (nom officiel de la ville) et la région. En saison, distribution de bons (gratuits) de dégustation de *pintxos* pour découvrir les bars de la ville. Egalement vente d'un billet spécial donnant accès aux quatre musées (5,25€, 7,25€ avec audioguide). *Artekale, 8 Tél. 946 25 58 92 www.gernika-lumo.net Ouvert lun.-sam. 10h-14h et 16h-19h (10h-19h en juil.-août), dim. 10h-14h*

visites guidées

Une visite générale de Gernika est proposée les mardi et mercredi à 10h30 (tarif 2,33€, visite en espagnol). D'autres visites thématiques de la ville sont organisées tout au long de l'année. *Renseignements et réservation préalable obligatoire auprès de l'OT Tél. 946 25 58 92*

marchés

Marché du lundi Marché traditionnel alimentaire parmi les plus réputés du Pays basque. Sur la place de Gernika, les halles accueillent des stands de primeurs, fleuristes, fromagers, volaillers, bouchers. À l'extérieur, sous le vaste auvent, de petits producteurs de fruits et légumes viennent vendre leurs produits. *Chaque lundi matin*
Marché du samedi Chaque premier samedi du mois, il se consacre à un produit différent : fromage idiazabal et txakoli de l'Urdaibai (juin), vin de Rioja Alavesa (juillet), piment de Gernika et lapin de Biscaye (août), cidre

LA BISCAYE

LA BISCAYE

de Biscaye et fromage de chèvre (sept.), haricots de Gernika (oct.). *Le samedi matin de juin à décembre*

Carnaval L'occasion de jouer à des jeux très anciens, comme le *juego del gallo*, où il faut trouver un coq les yeux bandés. *En février*

Anniversaire du bombardement Journée de commémoration marquée par de nombreuses conférences. *Le 26 avril*

San Roque et Santa María Fêtes patronales. *Du 14 au 19 août*

Concours de bétail pyrénéen *Les 1ers dimanche et lundi d'octobre*

Foires artisanales et agricoles *Les derniers dimanche et lundi d'octobre*

DÉCOUVRIR
Gernika

☆ **Les essentiels** La Casa de Juntas et l'arbre de Gernika, le musée de la Paix **Découvrir autrement** Profitez de l'ambiance de la ville les jours de marché, assistez à une partie de pelote basque sur le fronton Jai-Alai

> **Carnet d'adresses p.437**

☆ **Casa de Juntas (Batzarretxea)** Flanqué du nouvel arbre de Gernika, ce bâtiment néoclassique édifié en 1826 accueille désormais les assemblées. On peut y admirer un magnifique vitrail représentant l'arbre de Gernika et une collection d'objets historiques. *Allende Salazar Tél. 94 625 11 38 Ouvert oct.-mai : lun.-dim. 10h-14h et 16h-18h ; juin-sept. : lun.-dim. 10h-14h et 16h-19h Entrée libre*

☆ **Fondation-musée de la Paix de Gernika** "Un musée pour le souvenir, un musée pour le futur." Inauguré en 1998, ce musée est un modèle de pédagogie. Quelques belles salles, dont celle consacrée au bombardement, où les vitrines exposant des gravats constituent un saisissant témoignage, et celle présentant l'explication détaillée du célèbre tableau de Picasso, conservé à Madrid. Pistes de réflexion intéressantes sur l'action en faveur de la paix et l'identité basque. *Foru Plaza, 1 Tél. 946 27 02 13 www.bakearenmuseoa.org et www.museo delapaz.org Ouvert sept.-14 juin : mar.-sam. 10h-14h et 16h-19h, dim. 10h-14h ; 15 juin-août : mar.-sam. 10h-20h, dim. 10h-15h Tarif 4€, réduit 2€, moins de 12 ans gratuit*

● **TOUT UN SYMBOLE** L'arbre de Gernika figure sur le blason de la ville comme symbole d'histoire et de liberté pour le peuple basque. Si l'on conserve le tronc d'un chêne du XVIIIe siècle sous un dôme soutenu par des colonnes, un nouvel arbre a été planté pour rappeler celui qui abritait autrefois les *juntas*, les assemblées des représentants des villages de Biscaye qui, sous ses branches, prêtaient serment de respecter les *fueros* (charte médiévale garantissant les privilèges des villages).

Musée d'Euskal-Herria Ce musée logé dans une belle demeure baroque du XVIIIe siècle explore les origines et l'histoire du peuple basque. Sont convoqués à cette fin maquettes, dessins, gravures, et une belle collection d'instruments nautiques du XVIe siècle. *Palacio Ale-*

gría, Allende Salazar, 5 Tél. 946 25 54 51 Fax 946 25 74 15 Ouvert mar.-sam. 10h-14h et 16h-19h, dim. 11h-15h, j. fér. 11h-14h30 et 16h-20h Tarif 3€, réduit 1,50€

Parc "Pueblos de Europa" Ouvert depuis 1991, le parc des Peuples d'Europe offre un joli cadre de verdure à la sculpture massive d'Eduardo Chillida intitulée *Gure aitaren etxea* (La maison de notre père), un monument à la paix haut de près de 8m, réalisé à l'occasion des 50 ans du bombardement de Gernika. *Allende Salazar (à côté de la Casa de Juntas) Ouvert lun.-dim. 10h-19h (21h en été)*

● **Où acheter la *tarta* de Gernika ?** La tarte de Gernika se rapproche fortement du classique gateau basque. De forme rectangulaire, fourrée d'une crème à la frangipane, elle présente néanmoins une petite particularité : elle peut se conserver pendant près d'une année ! Mais n'attendez pas : goûtez-la dans cette pâtisserie-cafétéria très fréquentée qui sert aussi de très bons petits déjeuners (succulent chocolat chaud) dans un décor d'inspiration marine. **Cafetería Omago** *Plaza Alegria, 1 (en face du marché) Tél. 946 25 04 67 Ouvert lun.-sam. 7h-14h et 16h30-21h, dim. 7h30-14h30 et 17h30-21h*

● **Où manger une glace ?** Les meilleures crèmes glacées seraient italiennes, c'est bien connu. À Gernika, ce glacier moderne dont les produits n'utilisent ni colorant, ni conservateur, ni additif ne trahit pas cette réputation. Une centaine de parfums, avec quelques influences locales comme la glace au piment de Gernika ou celle au fromage idiazabal ! **Il gelato** *Artekalea, 6 Tél. 944 65 34 79 Fermé mar. et jan.*

● **Où boire un verre en soirée ?** Bar chaleureux, certainement le plus animé de Gernika, le Musutruk organise régulièrement en fin de semaine des concerts pop-rock. Décor design et expositions d'artistes locaux. Belle carte des vins et nombreux cocktails. **Musutruk** *Industria, 10 Tél. 946 25 24 08 www. musutruk.com Ouvert 10h-15h30 et 18h-0h Fermé mar.*

● **Assister à une partie de *cesta punta*** Un véritable sanctuaire de la *cesta punta* – pelote à grande crosse en paille tressée, la plus impressionnante. Vous pourrez assister à des matchs professionnels, le lundi et le samedi aux alentours de 17h (de juil. à oct.). **Fronton Jai-Alai** *Carlos Gangoiti, 14 Tél. 946 25 58 92*

CARNET D'ADRESSES

Restauration, hébergement

 petits prix

Boliña Zaharra La tradition avant tout ! Telle pourrait être la devise de ce restaurant qui réunit à midi une clientèle d'habitués, à deux pas du marché. Cuisine basque solide (comme les lourdes armoires en chêne de la grande salle), à base des meilleurs ingrédients de la région et avec une préférence pour le poisson : piments de Gernika farcis à la morue,

LA BISCAYE

LA BISCAYE

merlu, marmite de poulpe aux langoustines, soupe de poisson (seulement 5,60€ !), merlu *a la plancha*. Menu déjeuner 12€. Menu dégustation 32€. *Adolfo Urioste, 1* **Gernika** *Tél. 94 625 05 87 www.hotelbolina.net Ouvert tlj., fermé 2 sem. en août et 2 sem. en jan.*

🍴 🧳 prix moyens

Caserío Garro Une très belle maison du XVᵉ siècle : plafonds bas, poutres anciennes, murs en pierres apparentes, cheminées... l'endroit a un cachet rustique indéniable. Les 6 chambres, meublées avec beaucoup de goût par la propriétaire, offrent un confort plus que correct. Double à 45€ HT (48€ en saison haute), petit déjeuner à base de produits fermiers à 5€. Supplément de 5€ pour pouvoir utiliser la cuisine. *Hameau Gerrikaitz (près de la rivière) 48381* **Munitibar** *(à 13km au sud-est de Gernika par la BI-2224) Tél. 946 16 41 36*

🍴 🧳 prix élevés

Restaurante Zallo-Barri Un décor minimaliste dans les tons crème pour un restaurant haut de gamme, dirigé par le chef Iñigo Ordorica. Sa cuisine mixe avec créativité les saveurs basques et méditerranéennes et respecte la qualité première du produit : entrecôte aux piments grillés et crème de gorgonzola, morue à la soupe de haricots de Gernika, ventrêche de thon au pesto. Menu du jour 24€. Menu dégustation à partir de 40€. À la carte, comptez environ 50€. *Juan Calzada, 79* **Gernika** *Tél. 946 25 18 00 www.zallobarri.com Ouvert 13h-15h30 et 20h-23h Fermé le soir dim.-jeu.*

Hotel Gernika Un établissement moderne en brique et pierre grise aux prestations correctes. Sur la route de Mundaka-Bermeo, il constitue un point de départ pratique pour rayonner dans la région. Trente-six chambres doubles à 80,42€ HT, petit déjeuner 6,50€. Wifi gratuit. Bar et cybercafé. *Carlos Gangoiti, 17* **Gernika-Lumo** *Tél. 946 25 03 50 www. hotel-gernika.com*

★ RÉSERVE DE BIOSPHÈRE D'URDAIBAI

Réserve de biosphère d'Urdaibai

Bilbao

C'est en 1984 que l'Urdaibai a été déclaré réserve de biosphère. Ce territoire de 23 000ha bordant l'estuaire de l'Oka offre une grande diversité de paysages : landes côtières et plages s'étirant au pied des falaises d'Ibarrangelu à Bermeo, forêts luxuriantes couvertes de chênaies, villages ruraux s'égrenant au gré de vallées sinueuses. Sans oublier l'extraordinaire richesse de son écosystème : des milliers d'oiseaux, hérons cendrés, cormorans, balbuzards pêcheurs, sternes ou encore vanneaux huppés viennent hiberner dans les franges sableuses des méandres de ses marais. En circulant au fil des petites routes qui quadrillent la zone, on passe de la mer à la montagne, de la plage de sable fin au sous-bois brousailleux en l'espace de quelques kilomètres. Une beauté naturelle qui fait de l'Urdaibai une destination idéale pour les adeptes du tourisme vert.

MODE D'EMPLOI

accès

EN VOITURE
Les routes BI2235 et BI3223 relient la majeure partie des communes de la réserve.

EN CAR
Bizkaibus Les autocars de la compagnie régionale desservent la plupart des communes de la réserve. *Tél. 902 22 22 65*

EN TRAIN
Euskotren Les communes de la réserve sont desservies par la ligne Bilbao-Bermeo : arrêts à Gernika-Lumo, Busturia et Mundaka. *Tél. 902 54 32 10*

orientation

De Bermeo au nord-ouest à Elantxobe, de l'autre côté de l'estuaire, au nord-est, en passant par Gernika-Lumo, au sud, la réserve couvre quelque 23 000ha. On circule assez facilement à travers les 22 communes de la réserve. Mais soyez attentif : les routes sont souvent très étroites.

informations touristiques

Office de tourisme de Gernika-Lumo Le plus pratique est de s'adresser à l'office de tourisme de Gernika, qui dispose de plusieurs brochures sur l'Urdaibai. Renseignements disponibles également dans les bureaux d'information des villes de Mundaka et de Bermeo. *Artekale, 8 48300* **Gernika** *Tél. 946 25 58 92 www.gernika-lumo. net Ouvert lun.-sam. 10h-14h et 16h-19h (10h-19h en juil.-août), dim. 10h-14h*

fêtes et manifestations

Foire écologique de l'Urdabai *À Busturia, en août*

LA BISCAYE

DÉCOUVRIR
La réserve d'Urdaibai

☆ **Les essentiels** Le Centre de la biodiversité, les plages de Laga et Laida
Découvrir autrement Allez observer avec vos enfants les animaux du parc de Basondo, sillonnez la réserve à VTT, descendez l'estuaire en canoë
➤ **Carnet d'adresses p.442**

Sur la rive gauche de l'estuaire

☆ **Torre Madariaga-Centro de la Biodiversidad de Euskadi** La biodiversité ! Voilà le maître mot de ce centre aménagé dans une maison-tour du XVe siècle. Protéger et valoriser la diversité du vivant (des hommes comme des animaux) et la richesse du patrimoine naturel des écosystèmes de la réserve est le fil conducteur des expositions permanentes qu'il présente. Le centre organise aussi des sorties dans la zone protégée des marais de l'Urdaibai, refuge annuel des oiseaux migrateurs. *Madariaga Dorretxea (quartier San Bartolome, sur la Bl2235, la route Gernika-Bermeo) 48350* **Busturia** *Tél 946 87 04 02 www.torremadariaga.org Ouvert sept.-juin : mar.-dim. 10h-19h ; juil. : mar.-dim. 10h-20h ; août : mar.-dim. 10h-20h Tarif 3€, réduit 1€, gratuit pour les moins de 12 ans Visite guidée (en espagnol) 5€*

● **Observer les oiseaux** Ce prestataire organise des visites guidées (en espagnol) de la réserve de la biosphère d'Urdaibai. L'occasion de s'initier à l'ornithologie en guettant les oiseaux (plus de 100 espèces) qui séjournent dans les marais. **Aixerreku** *Caserio Landako, 11 (quartier Altamira) 48350* **Busturia** *Tél. 946 87 02 44*

● **Partir en randonnée** Au départ de Sukarietta, le GR 98-1 effectue une boucle sur les hauteurs du mont Katillotxu, déroulant une vue extraordinaire sur Mundaka, et même jusqu'aux forêts au-dessus de Laida et l'ermitage de San Martín. **Boucle du mont Katillotxu** *Longueur 8,3km* **Durée** *2h30* **Difficulté** *moyenne* **Dénivelé** *325m* **Fiche technique** *disponible à l'OT de Mundaka*

Sur la rive droite de l'estuaire

Parc de Basondo Attention, ce n'est pas un zoo, mais un refuge pour les animaux sylvestres menacés, fondé par un vétérinaire aujourd'hui disparu (sa fondation gère l'endroit). Bisons, cerfs, reptiles, renards, tortues et lynx peuplent ainsi le parc, pour le grand bonheur des enfants. *Quartier Basondo, 8 48315* **Kortezubi** *Tél. 946 25 44 36 www.basondo.com Accès par la Bl2224 (Gernika-Lekeitio) : suivre le panneau à droite qui indique Basondo-Bosque d'Oma-Cuevas de Santamine Ouvert sam.-dim. 11h-tombée de la nuit Tarif 7€, réduit 4,50€ Visites guidées réservées aux groupes*

Cuevas de Santimamiñe Découvertes en 1916, les grottes paléolithiques de Santimamiñe ont été fermées après 90 années de visites pour préserver leurs précieuses peintures rupestres de la période magdalénienne : un ensemble artistique vieux de 14 000 à 16 500 ans, mettant en scène 32 bisons, 7 chèvres, 6 chevaux et un ours ! Une consolation tout de même, vous pourrez découvrir sur les lieux une réplique virtuelle des grottes en 3D. Les fouilles continuent sur le site : il n'est pas exclu que les grottes soient à nouveau ouvertes au public un jour. *Quartier Basondo (après le parc, suivre le panneau : parking devant le restaurant) 48315* **Kortezubi** *Tél. 944 65 16 57 Réservation téléphonique préalable fortement conseillée Tarif 5€, réduit 2€ Ouvert mar.-dim. 10h-13h30 et 15h-19h*

● **Expérimenter une randonnée artistique** L'artiste Agustín Ibarrola a littéralement investi depuis 1984 un bois escarpé sur les flancs du mont Ereñozar. Sur les troncs, il a peint avec des couleurs primaires près de 45 figures géométriques, un patchwork de bandes aux teintes alternées qui inventent des histoires répondant au nom de "géant rouge", "grand œil", "fillette rose" ou "feu rupestre"... Une forme de land-art ludique et récréative. **Bosque pintado-forêt d'Oma** *Accès en face du parking du restaurant Lezika : le Bosque d'Oma se trouve à 3 km Boucle totale de plus de 7km avec un dénivelé de 204m Durée environ 3h (ne convient pas aux enfants)*

● **Sillonner la réserve à VTT** Ce point d'information dédié aux cyclistes tout-terrain délivre les brochures des 10 itinéraires spécifiques balisés de la réserve. Des parcours de 8 à 32km pour découvrir, en pédalant, la vallée d'Oma, les beautés du "balcon de Biscaye", sur le mont Oiz, ou encore le col de Gerekiz. Location de VTT. **Busturialdea Centro BTT** *Quartier Eleixalde 48382* **Mendata** *Tél. 946 25 72 04 www.mendata.es Ouvert avr.-oct. : mer.-dim. 9h-14h et 16h30-19h30 ; nov.-mars : mer.-dim. 10h-14h*

● **Aller à la plage**
☆ ☺ **Plages de Laga et Laida** Au pied du cap Ogoño, au nord-est de l'estuaire, la plage de Laga, adorable petite étendue de sable fin aux eaux claires couleur d'azur, est littéralement prise d'assaut aux beaux jours. Difficile de trouver une place dans le parking. Faites comme tout le monde : garez-vous sur la route d'Ibarrangelu et marchez ! Plus vaste que sa voisine, la plage de Laida se prête parfaitement à la pratique des sports nautiques. Très fréquentée par les habitants des communes environnantes (attendez-vous à une circulation dense sur la route de Gernika le week-end et l'été), elle offre les plus belles vues sur l'estuaire de l'Urdaibai. *Sur le territoire de la commune d'Ibarrangelu, accessible par la BI3234 La ligne A3526 (Gernika-Ibarrangelu) de la compagnie Bizkaibus dessert les deux plages*
Plage d'Ea Dans un environnement boisé, au cœur du village d'Ea, une petite plage de sable familiale et tranquille. *Dans le village d'Ea, sur la route BI3228, à 10km à l'ouest de Lekeitio La ligne A3513 (Gernika-Lekeitio) de la compagnie Bizkaibus dessert le village*
Plage d'Ogella Cette plage sauvage bordée de forêt plaît tellement aux amateurs de tranquillité qu'il n'est pas exclu que vous y rencontriez des nudistes ! Peu adaptée aux enfants : elle présente quelques bandes de flysch. Attention si vous vous baignez ! *À la sortie du village d'Ispaster (suivre le panneau) en direction d'Ea, sur la BI3238 La ligne A3513 (Gernika-Lekeitio) de la compagnie Bizkaibus dessert le village*

LA BISCAYE

Est-ce que j'ai une gueule de biosphère ?

Créées en 1971 par l'Unesco, les réserves de biosphère sont des territoires où l'activité humaine est réglementée afin de pouvoir répondre aux besoins des générations actuelles sans menacer le patrimoine des générations à venir. En mettant l'accent sur le développement durable et la biodiversité, les quelque 500 sites choisis dans plus de 100 pays s'emploient à promouvoir un mode de développement économique et social basé sur la conservation et la valorisation des ressources locales, ainsi que sur la participation citoyenne.

● **Faire du kayak ou du surf** UR, le centre d'activité de l'Urdaibai, est le meilleur prestataire de la réserve ! Il y en a pour tous les goûts : location de kayaks 10€ HT/h (29€/j.), de planches de surf 7€ HT/h (29€/j.). Initiation et leçons de surf pour tous niveaux. Organisation de descentes de l'estuaire en canoë 30€ HT/pers. (matériel et guide inclus), traversées de la ría 24,50€ HT/pers. (matériel et guide inclus), sorties en kayak de mer pour explorer le littoral de la réserve (Mundaka, Elantxobe, Bermeo, île d'Izaro) 49€ HT/pers. Réservation préalable impérative pour toutes les activités (4-5 pers. minimum). **UR, centre d'activités de l'Urdaibai** *Plage de Laida (quartier Arketa), sur la Bl3234, à côté du camping 48311* **Ibarrangelu** *Tél. 946 27 66 61 Ouvert mars-oct.*

CARNET D'ADRESSES

Hébergement

Arketas Derrière la plage de Laida : pour se baigner dès le réveil. Comptez environ 15€ pour l'emplacement d'une tente pour 2 personnes. *48311* **Ibarrangelu** *Ouvert fin mars-sept. Tél. 946 27 81 18*

prix moyens

☺**Hotel Gametxo** Des chaises longues sur la terrasse (le lieu rêvé pour déguster son petit déjeuner) invitent à profiter pleinement du magnifique panorama sur la plage de Laida et de l'île d'Izaro. Les 18 chambres doubles, confortables et habillées de couleurs chaudes, disposent de belles salles de bains. Double à partir de 55€ HT. Copieux petit déjeuner buffet à 7€. Appartements équipés pour 4 personnes à louer dans un bâtiment indépendant pour 110€ HT. Wifi gratuit. *Quartier Gametxo (sur la Bl3234 entre les plages de Laida et de Laga, suivre les panneaux) 48311* **Ibarrangelu** *Tél. 946 27 77 11 www.hotelgametxo.com Fermé mi-déc.-mi-jan.*

Iturbe Une barque dans le jardin rappelle la proximité de la mer Cantabrique. Sur les hauteurs d'une campagne verdoyante, au cœur de la réserve d'Urdaibai, cette belle demeure assure à ses hôtes un séjour calme et détendu. Six chambres doubles à 43€ HT (62€ en haute saison). Petit déjeuner complet et généreux avec viennoiseries et fruits frais 4€. Droit pour utiliser la cuisine : 4€ par chambre. Possibilité de louer des appartements (à partir de 77€/4 pers.) ou la maison entière (à partir de 246€/12 pers.). *Quartier Altamira (sur la Bl4232), route de San Bartolome 48350* **Busturia** *Tél. 636 32 81 35/946 18 64 91*

prix élevés

Lur deia Il faut prendre de la hauteur pour accéder à cette belle maison d'hôtes qui jouit d'une vue imprenable sur Bermeo et la mer. Ses 8 chambres, aux murs colorés et aux meubles rustiques de style basque, offrent un équipement parfait (salle de bains privée, TV écran plat, chauffage). Double à partir de 65€ HT (85€ pour la chambre mansardée, très romantique, "Eguzki" et celles dôtées d'un balcon). Petit déjeuner préparé avec les produits de l'exploitation horticole biologique (possibilité de participer aux récoltes). Enfants acceptés à partir de 12 ans.

Wifi gratuit. Réservez longtemps à l'avance : cette adresse accueillante est très courue. *Quartier Artike (hameau sur les hauteurs de la ville, accès par la BI4209) 48370* **Bermeo** *Tél. 666 47 76 65 www.lurdeia.com*

☺ **Castillo de Arteaga** Assurément l'adresse la plus prestigieuse de la Biscaye ! Un château d'exception, élevé en 1856 sur un édifice du XIIIe siècle par deux architectes français en l'honneur du fils d'Eugénie de Montijo et de Napoléon III, dont les 14 chambres sont aménagées de meubles anciens dans une décoration parfois un peu tape-à-l'œil. La chambre la plus surprenante est la suite dite "du torreon" (210€, 285€ en haute saison tout de même...), où un petit escalier en colimaçon conduit à une terrasse privative équipée d'une piscine. Chambre double à partir de 130€ HT (160€ en haute saison), petit déjeuner inclus. Le site accueille fréquemment des mariages : il est prudent de réserver. *Gaztelubide, 7 48314* **Gautegiz-Arteaga** *à 3km au nord de Gernika par la BI3223 Tél. 946 27 04 40 Fermé fêtes de fin d'année et 19 jan.-5 fév.*

LA BISCAYE

LEKEITIO

48380

Sur le blason de la ville, une baleine malicieuse esquive les coups de harpon : depuis le Moyen Âge, les pêcheurs de Lekeitio sont réputés pour leur adresse au lancer. Si le port vit toujours de la pêche, il ne pratique plus le grand commerce et la navigation qui ont contribué à sa renommée. Le tourisme, quelques conserveries et un atelier de charpenterie maritime maintiennent le site en activité. Le matin, les habitants font leurs courses chez les petits marchands ambulants postés à l'angle des rues et, très vite, l'heure du déjeuner approchant, s'élève en ville un délicieux fumet qui pousse le visiteur vers les bistrots du quai. En face, l'île San Nicolás accueille au rythme des marées le ballet des oiseaux marins virevoltant entre les pins. Ce village de pêcheurs aurait même fasciné le peintre mexicain Diego Rivera, qui en immortalisa l'atmosphère dans plusieurs de ses toiles.

MODE D'EMPLOI

EN VOITURE
À 55km de Bilbao par la BI638. Vous pouvez rejoindre Lekeito par la BI2238 au départ de Gernika (22km), par la BI2405 et la BI638 d'Ondarroa (8km). D'Ondarroa, accès possible également par la route côtière BI3438 (pittoresque mais étroite, attention aux randonneurs et aux cyclistes), qui ménage de beaux points de vue sur la mer Cantabrique.

EN CAR
Bizkaibus Ligne Lekeitio-Markina-Bilbao. Un car toutes les heures. *Tél. 902 22 22 65 (horaires) et 944 54 05 44 (infos locales)*

LA BISCAYE

PESA Ligne Lekeitio-San Sebastián : 5 cars par jour en semaine, 2 le week-end. *Tél. 902 10 12 10*

orientation

La ville s'organise autour de sa place principale, devant le port où se concentre l'essentiel des activités. Les parkings (payants) sont souvent complets, mais on trouvera facilement un stationnement à la périphérie du centre-ville (inutile d'essayer sur le port). Le week-end, il est préférable de se garer en direction de Markina (parking plus vaste).

informations touristiques

Office de tourisme de Lea-Artibai Large documentation sur la ville et sur la communauté de communes de Lea-Artibai. Organisation de visites guidées à bord d'un bateau de pêche. *Independentzia Enparantza Tél. 946 84 40 17 www.lekeitio.com Ouvert 15 sept.-14 juin : lun.-sam. 10h30-13h30 et 16h-19h, dim. et fêtes 10h-14h; 15 juin -14 sept. : lun.-dim. 10h-14h et 16h-20h*

fêtes et manifestations

San Pedro Fête des pêcheurs, avec processions et danses. *Le 29 juin*
San Antolin Cette "fête" des oies célébrée depuis 350 ans, spectaculaire et très barbare, attire des milliers de curieux. *Du 1er au 8 septembre*

DÉCOUVRIR

☆**Les essentiels** Le quartier des pêcheurs et l'église Santa María de la Asunción **Découvrir autrement** Profitez de la plage d'Isuntza, dégustez des anchois sur le port en observant le ballet des bâteaux de pêche
➤ **Carnet d'adresses p.445**

Lekeitio

Son succès, Lekeitio le doit à son ☆**quartier de pêcheurs** resserré autour du vieux port, ses maisons colorées où dominent le rouge, le vert et le bleu, ses tavernes chaleureuses et ses restaurants d'où s'échappent d'alléchantes odeurs de poisson grillé à l'heure du déjeuner. La Calle Arranegi, où se vendait le poisson autrefois, aligne de belles demeures blasonnées des XVIe et XVIIe siècles. Sur la place principale, en face de l'office de tourisme, ☆**l'Iglesia Santa María de la Asunción** fut édifiée au XVe siècle sur les vestiges d'un sanctuaire du XIIIe. De style gothique basque tardif, elle renferme l'un des plus célèbres retables d'Espagne (XVIe s.), polychrome et couvert de dorures.

● **Où prendre un petit déjeuner sur le port ?** Une taverne sympathique à l'heure du *café con leche* du matin : sa terrasse est un poste d'observation idéal pour regarder les manœuvres des bateaux de pêche qui vont et viennent dans le port. **Willows Tavern** *Quai Txatxo Tél. 946 84 23 12*

● **Où manger des *pintxos* sur le port ?** Un pub à l'ambiance très jeune, dont on aime la déco recherchée, les boiseries aux tons chauds et les affiches originales. Sur le comptoir, *pintxos* à profusion avec jambon et anchois à gogo. Bière et *txakoli* coulent à flots. **Serenga Taberna Café** *Quai Txatxo Pas de tél.*

● **Se balader le long des chemins** À gauche du palais Arostegi, rue Abaroa (au-dessus de l'église Santa María), on gravit les marches qui mènent au cimetière et l'on emprunte le chemin plus loin qui conduit au mont Lumentza. À mi-parcours, une bifurcation permet d'accéder à la grotte de Lumentza (fermée au public) où, dans les années 1930, des fouilles ont mis au jour des traces de vie humaine, allant du paléolithique supérieur à l'époque romaine. Au sommet du mont, vous profiterez d'un superbe panorama sur Lekeitio et l'île de San Nicolás. **Mont Lumentza** *Dénivelé 120m* **Difficulté** *Promenade facile* **Durée** *1h30 Renseignements à l'OT*

● **Aller à la plage**
Plage d'Isuntza À l'embouchure de la Lea, une jolie plage de sable fin bien équipée, avec snack-bar accueillant et grand parking. Le public est familial. À marée basse, on peut rejoindre l'île de San Nicolás (connue aussi sous le nom de Garraitz, "le rocher"), ombragée de pins.
Plage de Karraspio De l'autre côté de l'embouchure, cette petite plage, un peu plus isolée que sa voisine Isuntza, est à la fois familiale et tranquille.

CARNET D'ADRESSES

Restauration, hébergement

🍴 prix moyens

Kaia Ce restaurant profite de l'une des meilleures vues sur le port et mériterait mieux que des chaises en plastique blanc sur sa terrasse. Reste que cette ancienne taverne de pêcheurs sert une très bonne cuisine à base de poisson. Plats recommandés : *piquillos farcis à la morue*, morue à la biscayenne, poisson du jour *a la plancha*. Menu déjeuner 16€. À la carte, comptez 30€.

Quai Txatxo, 5 Tél. 946 84 02 84 www. lekeitiokaia.com Ouvert mar.-dim. 13h-16h et 21h-23h, dim. 14h-16h

🍴🧳 prix élevés

Zapirain Dans une rue escarpée proche de la place San Kristobal, ce petit restaurant qui ne paie pas de mine est tout simplement la meilleure adresse de Lekeitio. Spécialités de la mer, succulent mérou cuit *a la plancha* et soupe de poisson relevée de piment. Comptez 35€ à la carte. *Igualdegi, 3 Tél. 946 84 02 55 Ouvert hors saison : lun., mer. et jeu. 13h30-15h30, ven.-dim.*

LA BISCAYE

GAMME DE PRIX	RESTAURATION	HÉBERGEMENT
Très petits prix	moins de 10€	moins de 30€
Petits prix	de 10€ à 15€	de 30€ à 40€
Prix moyens	de 16€ à 25€	de 41€ à 60€
Prix élevés	de 26€ à 45€	de 61€ à 80€
Prix très élevés	plus de 45€	plus de 80€

13h30-15h30 et 20h30-22h30 ; en été : mer.-lun. 13h30-15h30 et 20h30-22h30 Fermé 10 déc.-10 fév.

Zubieta Dans le parc du palais de Zubieta, un bel édifice du XVIIIe siècle où logeaient autrefois les gardiens des jardins a été aménagé en petit hôtel de charme. Meubles anciens, poutres apparentes, couleurs vives... l'ambiance est soignée et l'accueil attentif. Huit chambres doubles à partir de 78€ HT (90€ en saison haute), petit déjeuner 9,50€. Réservation conseillée en été. *Portal de Atea (au sud de la ville, sur la route en direction de Bilbao-Durango-Markina) Tél. 946 84 30 30 www.hotelzubieta.com Fermé nov.-fév.*

ONDARROA

48300

Ondarroa
Bilbao

À l'embouchure du petit fleuve côtier Artibai, Ondarroa est la ville des ponts. Ancien comme le Zubi Zaharra du centre historique, piéton à l'image de la passerelle métallique surnommée "Perra Chica", ou résolument moderne à l'instar de l'avant-gardiste Itsas Aurre imaginé par Santiago Calatrava. Cette construction à l'architecture décriée fait le lien avec la zone portuaire, qui concentre toutes les activités de la ville. On prendra plaisir à flâner dans le quartier historique, en évitant soigneusement les infrastructures disgracieuses de ce port, l'un des plus actifs de la mer Cantabrique.

MODE D'EMPLOI

accès

EN VOITURE
À 72km de Bilbao par l'A8 (sortie Iurreta) puis la BI3438 (attention aux promeneurs et aux cyclistes). À seulement 5km de Mutriku (Guipúzcoa) par la GI638.

EN CAR
Bizkaibus Des autobus des lignes A3915 (Bilbao-Durango-Ondarroa) et A3916 (Bilbao-Ermua-Ondarroa) partent toutes les 30min du Termibus de Bilbao. *Tél. 902 22 22 65*

orientation

Pour accéder au port, vous devrez emprunter le nouveau pont d'Itsas Aurre. Le stationnement se révèle assez facile dans les rues du centre-ville.

informations touristiques

Office de tourisme Point d'information dans le bâtiment de la confrérie des pêcheurs. *Erribera, 9 Tél. 946 83 19 51 www.ondarroa.net Ouvert 15 sept.-14 juin : ven.-sam. 10h30-13h30 et 16h-19h, dim. et fêtes 10h30-14h ; 15 juin-14 sept. : ven.-sam. 10h-14h et 16h-19h, dim. et fêtes 10h30-14h30*

fêtes et manifestations

Regates de trainières *En avril*
San Juan Défilés de personnages mythologiques et feux de la Saint-Jean. *Le 21 juin*

Zapatu Azule Fête des marins : tout le monde s'habille en bleu ! *Dernier samedi de juin*

Fêtes de Santa María *Du 14 au 17 août*

DÉCOUVRIR
Ondarroa et ses environs

☆ Les essentiels Le centre historique d'Ondarroa et son église Santa María Découvrir autrement Goûtez aux cocottes de Markina, allez à Bolibar rendre hommage au Libertador ➤ Carnet d'adresses p.448

Ondarroa

Les habitants d'Ondarroa sont très attachés à la Cofradía Vieja, l'ancienne confrérie des pêcheurs. Si l'édifice abrite aujourd'hui l'office de tourisme, c'est surtout un point de rencontre où convergent toutes les générations lors des fêtes qui rythment les saisons. Juste en face se dresse le Zubi Zaharra, vieux pont de pierre initialement bâti au XVIIIe siècle (et largement reconstruit après les inondations de 1953) en remplacement d'un pont-levis du XIVe siècle, où les embarcations devaient s'acquitter d'un impôt. Plus loin sur le quai, ☆ **l'Iglesia Santa María**, rénovée aux XVIIIe et XIXe siècles, fut édifiée en 1462 dans un style gothique. Levez la tête pour observer une vraie curiosité sur le haut du bâtiment : un ensemble de statues de style flamand, connues sous le nom de *Kortxeleko mamuak*, représentant une Cour médiévale. Des personnages devenus mythiques, puisque la légende veut qu'ils descendent parmi les hommes durant les fêtes de Santa María pour s'amuser avec eux.

● **Où acheter des conserves de poisson ?** Depuis un siècle, les conserveries Ortiz mettent en boîte des anchois et du thon pêchés dans les eaux du golfe de Biscaye. Mais attention, ne croyez pas que le poisson en conserve soit un mets de second choix. En Espagne, il est préparé avec art. Essayez le thon germon à l'huile d'olive, qui se bonifie en vieillissant, la ventrêche de thon ou les anchois en salaison. **Conservas Ortiz** *Iñaki Deuna, 15 Tél. 946 13 43 83 www.conservasortiz.com*

● **Où acheter des vêtements basques ?** Foulards, chaussons de cuir, pantalons, chemises, robes, lainages... Vous trouverez dans cette boutique un éventail très large de vêtements et d'accessoires traditionnels basques, d'une qualité artisanale impeccable. **Beheko Torre** *Iñaki Deuna, 16 Tél. 946 83 28 13 www.behekotorre.com*

● **Aller à la plage** Sur la rive droite, la petite plage d'Arrigori n'est guère conseillée pour la baignade en raison de la proximité du port. Mais elle est très appréciée des promeneurs, qui vont s'y détendre l'après-midi ou en début de soirée. À un kilomètre vers l'est, la belle plage de Saturraran est déjà dans le Guipúzcoa (cf. Le Guipúzcoa, Les environs de Deba). **Plage d'Arrigori**

LA BISCAYE

Markina-Xemein

Ce petit bourg fondé au XIVᵉ siècle est connu dans tout l'Euskadi comme le berceau de la pelote basque. Pourtant, plus que le fronton surnommé l'"'université de la Pelote'', c'est l'imposante église des carmélites de style baroque tardif (XVIIᵉ s.), à quelques mètres de la grande place arborée – où les anciens se retrouvent pour jouer… aux boules ! –, qui s'impose comme l'édifice le plus important du village. Mais lors des fêtes patronales de Santa Carmen, à la mi-juillet, un championnat de *cesta punta* voit tout de même l'affrontement des meilleurs *pelotaris* de la région. *À 12km au sud d'Ondarroa par la B1-633, à 51 km de Bilbao par l'A8 (sortie 17 Iurreta) puis la BI633 Les lignes Lekeitio-Bilbao, Ondarroa-Lekeitio-Bilbao et Ondarroa-Ermua-Bilbao de Bizkaibus s'arrêtent Plaza Abesua Point d'information à la mairie Goiko Portala, 3 48270* **Markina-Xemein** *Tél. 946 16 74 54 www.markina-xemein.com*

● **Où déguster des pâtisseries ?** Les cocottes de Markina, de petits gâteaux à base d'amande recouverts de glaçage, sont la grande spécialité de l'unique pâtisserie de la ville. Les Markinarres qui vont y acheter du pain s'attardent souvent au bar pour prendre un café accompagné d'une pâtisserie ou de quelques chocolats. **Tate Gozotegia** *Abesua, 3 48270* **Markina-Xemein** *Tél. 946 16 60 69*

Bolibar

C'est un petit village blotti dans les collines, dont les environs invitent à de jolies promenades sur les flancs du mont Oiz, derrière le monastère. Mais on s'y rend surtout pour visiter la maison familiale du Libertador – une belle demeure de trois étages qui entretient la mémoire de l'enfant du pays. *À 5 km au sud-ouest de Markina-Xemain par la B1-633 puis B1-2224*

Museo Simón Bolívar Le second étage de ce musée abrité dans un ancien *caserio* est entièrement dédié à la gloire de Simón Bolívar (1783-1830), figure emblématique de l'émancipation des colonies espagnoles d'Amérique du Sud au début du XIXᵉ siècle, dont la famille était originaire de ce tout petit village de Biscaye. *Beko Kale, 4 48278* **Ziortza-Bolibar** *Tél. 946 16 41 14 www.simonbolivarmu seoa.com Ouvert sept.-juin : mar.-ven. 10h-13h, sam.-dim. et fêtes 12h-14h ; juil.-août : mar.-ven. 10h-13h et 17h-19h, sam.-dim. et fêtes 12h-14h et 17h-19h Entrée libre*

CARNET D'ADRESSES

Restauration, hébergement

 prix élevés

Sutargi Ce bar-restaurant sert de bons *pintxos* (sa *tortilla* de pommes de terre a même été primée lors d'un concours régional) mais, plutôt que de vous accouder à son bar, nous vous conseillons de vous attabler confortablement pour déguster la spécialité de la ville, le merlu à la Ondarresa (grillé en tronçons avec de l'ail), des brochettes de lottes ou un bon *mar-*

mitako de thon blanc. Autour de 35€ à la carte. *Nasa, 11 48700* **Ondarroa** *Tél. 946 83 22 58 Ouvert mar.-dim. 13h-15h et 20h30-22h30*

☺ **Hotel Ansotegi** La bâtisse massive, où fonctionnèrent jusqu'au XIXᵉ siècle un moulin et une forge hydraulique, abrite aujourd'hui un hôtel de charme particulièrement séduisant. Ses 15 chambres, très confortables et décorées de tons chauds, assurent un séjour au calme. De très bons menus du jour sont servis au restaurant de l'hôtel pour 18€. Chambre double avec terrasse 110€ (130€ en saison haute), sans terrasse 100€ (110€ en saison haute). Le petit déjeuner buffet est compris dans les prix. *Quartier Altxa, Ansotegi Errota, 15 48277* **Etxebarria** *(après Markina-Xemein en direction d'Elgoibar) Tél. 946 16 91 00 www.hotelansotegi.com*

LA BISCAYE

DURANGO

48200

Bilbao
Durango

Il faut pénétrer au cœur de la vieille ville de cette cité ouvrière, protégée par le somptueux massif de Gorbeia, pour saisir l'esprit qui y souffle : celui d'un tempérament d'acier, forgé au fil d'une histoire cruelle, entre procès en sorcellerie et persécutions franquistes. Sous le porche de l'église retentissent les cris des enfants, la balle résonne sur le mur devenu fronton, un vent nerveux gémit... Partout des graffitis réclament l'autonomie pour l'Euskadi. Durango a du caractère, mais sa position stratégique, à mi-chemin entre les capitales régionales de Bilbao et de Vitoria-Gasteiz, ne lui fait jamais oublier sa vocation commerçante.

UNE HISTOIRE SANGLANTE La ville fut fondée au XIIᵉ siècle au cœur du royaume de Navarre. En 1442 y débute la terrible période des "hérétiques de Durango". Un frère franciscain, Alonso de Mella, conteste alors le dogme de l'Église. Ses idées sont plutôt originales : il prêche pour une nouvelle interprétation de la Bible et le partage des richesses, contre le mariage et le célibat des prêtres ! En 1444, la répression est impitoyable : des centaines de disciples du religieux sont brûlés vifs dans la rue Kurutziaga. Près de 500 ans plus tard, un autre événement tragique marquera l'histoire des Durangoarrak. En pleine guerre civile, le 31 mars 1937 au matin, les Allemands bombardent le centre-ville. Le bilan de 500 morts se révèle moins lourd qu'à Gernika, attaquée quelques semaines plus tard, et aucun peintre génial ne fixe sur sa toile l'étendue du drame. Si l'événement n'eut aucun retentissement international, il laissa une empreinte douloureuse, difficile à cicatriser.

LA BISCAYE

MODE D'EMPLOI

EN VOITURE
À 30km au sud-est de Bilbao par l'A8 (sortie 17) ou par la N634 (un peu plus long).

EN TRAIN
EuskoTren Ligne 1 Bilbao-San Sebastián. De Bilbao (gare Atxuri ou Bolueta), comptez de 30 à 40min de trajet ; de San Sebastián, le voyage s'effectue en 1h30. *Tél. 902 54 32 10 www.euskotren.es*

EN CAR
Trois compagnies desservent Durango :
Bizkaibus *Tél. 902 22 22 65 www. bizkaia.net*
Continental Auto *Tél. 945 28 64 66 www.continental-auto.es*
PESA *Tél. 902 10 12 10 www.pesa.net*

Le centre de Durango est entièrement piétonnier, ne vous y aventurez pas en voiture. Dans les rues périphériques, vous trouverez facilement des places (attention : lignes bleues uniquement, les lignes orange indiquent les places réservées aux résidents), la solution la plus pratique étant encore de se garer dans le grand parking souterrain Barandiaran (suivre la direction du centre-ville).

Office de tourisme Accueil très sympathique et large documentation en français. Possibilité de réserver diverses activités sportives (cheval, randonnée, VTT) pour explorer le parc d'Urkiola. *Askatasun Etobidea, 2 Tél. 946 03 39 38/46 www.durango-udala.net Ouvert lun.-ven., j. fér. 9h30-14h30 et 16h-17h, sam.-dim. 9h30-14h30*

L'office de toursime organise chaque samedi matin des visites du centre historique. *Renseignements et réservation à l'OT Tél. 946 03 39 38*

La Passion de Durango Mise en scène de la passion du Christ dans les rues du centre historique. *Pendant la semaine sainte, en mars ou avril*
Euskal Astea (semaine basque) Foire agricole et danses folkloriques. *Mi-juin*
Fêtes patronales de San Fausto Jeu du *Zezenak dira* (lâcher d'un taureau sur la place Santa Ana) et dégustation de l'*artopillek,* un gâteau à base de maïs. *Le 13 octobre*
Euskal Denda Grande foire d'artisanat. *Du 5 au 8 décembre*
Foire du livre et du disque basques *1re semaine de décembre*

DÉCOUVRIR

☆**Les essentiels** Le portique de la basilique Santa María de Uribarri et la place Santa Ana **Découvrir autrement** Promenez-vous dans le parc naturel d'Urkiola, révisez vos connaissances sur l'histoire de la région au musée du Nationalisme basque ➤ **Carnet d'adresses p.456**

Durango

Le cœur du centre historique de Durango bat sous le superbe ☆ **portique** en bois, soutenu par des piliers de pierre, de la basilique Santa María de Uribarri (xvᵉ siècle pour la basilique, xviiᵉ pour le portique). C'est le plus grand du Pays basque, et il abrita longtemps les marchés et les réunions publiques. Les habitants ont gardé l'habitude de s'y retrouver. Dans la rue Artekale, vous découvrirez les peintures étonnantes (et un peu clinquantes), avec angelots et fioritures "à la française", de la façade de la Casa Consistorial (hôtel de ville) du xviᵉ siècle, restaurée après les bombardements de 1937.

☆ **Plaza Santa Ana** La place, au pavement orné d'une grande étoile à huit branches, est dominée par l'église Santa Ana, édifiée au xviᵉ siècle mais largement reconstruite au xviiiᵉ, qui dégage une impression de sobriété et d'austérité. L'arc de style baroque (1566), rénové en même temps que l'église, est le dernier vestige des six portes des anciens remparts qui protégeaient la cité. N'hésitez pas à traverser la rivière et à vous attarder dans le romantique jardin Pinondo pour admirer avec un peu de recul cet ensemble architectural bucolique.

> ● **GARE AU TAUREAU !**
> Sur les bords de la rivière Mañaria, la place de Santa Ana est le cadre du *Zezenak dira*, où, lors des fêtes de San Fausto, les plus courageux (ou inconscients...) se font courser par un jeune taureau.

Croix de Kurutziaga Véritable symbole de Durango, cette croix gothique du xviᵉ siècle, décorée de sculptures représentant les apôtres, les symboles de la passion du Christ et le péché originel, fut érigée comme monument expiatoire après un grand procès en hérésie. L'Inquisition condamna à une mort atroce des centaines d'habitants de Durango. *Dans l'ermitage de la Vera Cruz (Kurutziaga, 38)*

Musée d'Art et d'Histoire de Durango Pour ceux qui souhaitent approfondir leur connaissance de l'histoire de la ville, ce musée installé dans le beau palais baroque d'Etxezarreta (xviiiᵉ s.) expose des fonds historiques (gravures, maquette de la ville, documents divers) ainsi qu'une collection de peinture basque moderne et contemporaine. *San Agustinalde, 16 Tél. 946 03 00 20 Ouvert mar.-ven. 11h-14h et 16h-20h, sam. 11h-14h et 17h-20h, dim. et j. fér. 11h-14h Entrée libre*

Iglesia San Pedro de Tabira Édifié au début du xviᵉ siècle sur un temple du xiiᵉ, cet édifice gothique est souvent présenté comme la plus ancienne église de Biscaye. Elle abrite deux sarcophages historiques, qui renfermeraient les corps des comtes de Durango. *Calle Tabira (à l'extérieur de la ville, près du rond-point de la N623 en direction de Vitoria-Gasteiz)*

● **Où trouver des produits régionaux ?** Cette chaîne d'épicerie fine régionale propose les meilleurs produits labellisés "Euskadi". Très large gamme de charcuterie, fromage de brebis, haricots secs et txakoli. **La Oca** *Andra Mari, 3 Tél. 946 81 79 36 Ouvert lun.-sam. 9h-13h30, sam. 10h-13h*

● **Où savourer des pâtisseries ?** Une pâtisserie minuscule tenue par une mamie sympathique. On y trouve toutes les spécialités de la région : *tarta* de Gernika, cocottes de Markina, *turrones* et chocolats. **Pasteleria La Exquisita** *Andra Mari, 4 Tél. 946 81 08 36 Ouvert mar.-sam. 8h-13h et 16h30-20h, dim. et lun. 8h-13h Fermé j. fér.*

● **Où acheter des chocolats ?** Dans cette petite confiserie décorée de tableaux, vous goûterez de délicieuses créations au chocolat, comme les bonbons de txakoli. Choix alléchant de chocolats fourrés et truffes, et jolies présentations. **Confiserie Zenitagoia** *Goienkalea, 6 Tél. 946 81 62 86 Ouvert lun.-sam. 10h-13h15 et 17h-20h*

● **Où boire un verre en terrasse ?** Une adorable terrasse dont les tables n'hésitent pas à empiéter sur la place Santa Ana. Le bar tient d'ailleurs son nom de sa situation originale : il est aménagé dans la maison de pierre qui jouxte l'arche historique. *Bocadillos* et *raciones* variés à manger sur le pouce. **El Arco** *Plaza Santa Ana Tél. 946 81 09 41*

● **Où sortir le soir ?** Faites comme les jeunes de la ville le week-end : la tournée des bars de la Goienkalea. Attendez-vous à une ambiance très politisée (les messages *"Amnistia"* sont partout) – mais qui, fort heureusement, n'empêche personne de s'amuser !
Rugby taberna Même si, dans la région, on manie avant tout la pelote et la chistera, ce bar, siège de l'équipe locale de rugby (créée il y a vingt ans avec 1 500 pesetas – soit moins de 10€ – et un seul ballon ovale !), est devenu l'un des hauts lieux de la fête à Durango. Ambiance assurée. *Goienkalea, 18 Tél. 946 20 00 07*

Les environs de Durango

Elorrio

Le bourg d'Elorrio a été fondé en 1356 pour défendre les seigneurs de Biscaye des attaques de leurs ennemis de Guipúzcoa. Il conserve de beaux palais des XVIIe et XVIIIe siècles ainsi qu'un nombre conséquent d'édifices religieux. La place Gernikako Arbola est le lieu de rendez-vous favori des habitants, qui apprécient d'y prendre un verre en terrasse. Sur le parvis, la Basilica de la Purísima Concepción (fin XVe s.) associe au style gothique de ses lourdes portes et de son portique un clocher Renaissance aux volumes délicats. À l'intérieur, le retable baroque chargé de dorures (XVIIe s.) a des dimensions particulièrement imposantes. Le premier dimanche du mois d'octobre, il ne faut pas manquer la fête des *errebombillos*, où des salves de fusil sont tirées pendant la procession de la Virgen del Rosario. Elorrio se distingue aussi par l'agilité de ses danseurs, qui sont réputés figurer parmi les meilleurs de la région pour les démonstrations de Dantzari Dantza. *À 10km au sud-est de Durango par la BI632*

Nécropole San Adrián de Argiñeta Dans l'enceinte de l'ermitage San Adrián, cette nécropole d'une vingtaine de tombeaux datant du VIIe au IXe siècle, répartis dans un petit espace de verdure ombragé par de grands arbres et délimité par des pierres plates, constitue un lieu particulièrement paisible sur les hauteurs d'Elorrio. *Quartier Zenita (à 1,5km du centre, suivre les panneaux)*

☺ Parc naturel d'Urkiola

Parc naturel depuis 1989, l'Urkiola se partage entre les territoires historiques de Biscaye (85%) et d'Álava (15%) : 6 000ha de forêts verdoyantes et d'impressionnants sommets rocheux calcaires. Si les hêtraies et les chênaies occupent la majeure partie de ses zones boisées, c'est au bouleau, *urkia* en basque, qu'il doit son nom. Dans cette région de forte tradition pastorale, on rencontre surtout dans les pâturages des troupeaux de brebis *latxa*, dont le lait est destiné à la fabrication de fromage et de *mamia* ou *cuajada* (caillé). Mais la faune du parc est riche de rapaces (vautour, faucon pèlerin), de sangliers et de fouines. Les cavernes dissimulées sur les hauteurs de l'Urkiola conservent des mythes et des légendes millénaires : le sommet le plus élevé, l'Anboto (1 328m), serait le lieu de prédilection de la déesse-mère Andra Mari. *Au sud de Durango vers Otxandio sur la BI623, suivre les panneaux en direction de Puerto de Urkiola (col d'Urkiola) Point d'information au Centre d'interprétation du parc naturel d'Urkiola*

Toki-Alai-Centre d'interprétation du parc naturel d'Urkiola Après avoir laissé votre véhicule sur le parking à côté du restaurant, vous rejoindrez à pied la Maison du parc. Vous y trouverez une abondante documentation, des itinéraires gratuits de randonnée très complets (en espagnol), ainsi que des fiches de balades naturalistes pour observer les oiseaux (*La senda de la sombra*) et la flore de l'Urkiola (*La senda magica*). *Puerto de Urkiola, Caserio Toki-Alai 48211* **Abadiño** *Tél. 946 81 41 55 www.urkiola.net Ouvert hiver : tlj. 10h30-14h30 et 15h30-17h30 ; été : tlj. 10h-14h et 16h-18h*

● **Où trouver de l'artisanat ?** Reproduction d'œuvres d'art, stelles funéraires, cadrans solaires, presse-papier, trophées... ce tailleur de pierre ne manque ni de travail ni d'imagination. Appelez avant de vous déplacer. **Bernat Vidal** *Murueta, 19 48220* **Abadiño** *Tél. 946 20 20 00 ou 639 25 17 18 www.eskuekin.net/hargina*

● **Partir en randonnée**
Itinéraire de montagne Puerto de Urkiola-Mañaria Empruntez le chemin qui part en bas du centre, sur la gauche en direction du mont Saibi. La piste forestière déroule des vues impressionnantes sur les montagnes. Par temps clair, on peut même voir la plage de Laida de la réserve d'Urdaibai. La randonnée, particulièrement recommandée à l'automne, permet de découvrir le mont Saibi (945m) avec sa croix de pierre, le lieu dit Akelarre où se réunissaient les sorciers *sorginak* et les hauteurs de l'Untzillatx jusqu'au village de Mañaria. Demandez la fiche gratuite au centre Toki-Alai. *Longueur 9,3km Durée 3h30 environ Difficulté moyenne Dénivelé 240m en montée, 700m en descente*
Sanctuaire des saints Antonio de Urkiola et Antonio de Padua Plusieurs fois par an, des processions convergent vers les hauteurs sublimes du Puerto de Urkiola où s'élève cette grande église connue comme le sanctuaire d'Urkiola.

LA BISCAYE

Le 13 juin en particulier s'y déroulent les fêtes de saint Antoine de Padoue. Si beaucoup de fidèles prient le saint de les aider à retrouver un objet égaré, les célibataires l'invoquent pour dénicher enfin chaussure à leur pied… Un chemin fléché à côté du sanctuaire vous mènera en 1min à pied, après le petit ermitage Santo Cristo, au panorama superbe du mirador des Trois Croix.

Artea

À une vingtaine de kilomètres à l'ouest de Durango, ce petit bourg rural lové dans les contreforts du parc naturel de Gorbeia vaut un arrêt pour les deux intéressants musées qu'il abrite. Tous les troisièmes samedis de septembre, sa foire basque d'alimentation et d'artisanat attire beaucoup de monde. *48142 Artea À 25km de Durango par l'A8 et la N240, bourg desservi par la ligne A3928 (Artea-Bilbao) de la compagnie Biskaibus (Tél. 902 22 22 65)*

⬤ **RENAISSANCE D'UNE NATION** À la fin du XIXᵉ siècle, Sabino Arana (1865-1903) crée le premier parti nationaliste basque (Partido Nacionalista Vasco) et, par la même occasion, ses symboles d'identification : le nom Euskadi et le drapeau basque, *ikurriña*, dont le croquis original de la main d'Arana est exposé au musée du Nationalisme basque.

☺ **Musée du Nationalisme basque** Sonnez à l'interphone et attendez qu'on vienne vous ouvrir ! C'est ainsi que débute la découverte de ce passionnant musée du Nationalisme géré par la fondation Sabino Arana. La visite guidée (en espagnol) s'emploie à éclairer les racines politiques des revendications nationalistes qui défraient toujours l'actualité. Les vitrines de l'exposition retracent, à travers photographies et objets divers, les années noires de la guerre civile et du franquisme, jusqu'aux formes violentes du nationalisme actuel marqué, en 1959, par la naissance du mouvement armé ETA. *Herriko Plaza, 39 Meñaka Jauregia Tél. 946 31 72 86 www.sabinoarana. org Ouvert mar.-sam. 11h-14h et 16h-19h, dim. et j. fér. 11h-14h*

Ecomuseo del Caserío Vasco Dans un *caserio* construit dans le style d'une ferme traditionnelle du XVIIᵉ siècle, ce musée d'ethnographie nous raconte les travaux agricoles et la vie quotidienne du XVIIIᵉ au XXᵉ siècle en terre basque. *Herriko Plaza Tél. 946 31 70 86 Ouvert lun.-jeu. 10h-16h, sam.-dim. et j. fér. 10h-14h et 16h-20h www.euskalbaserria.com*

⬤ **Où goûter du miel de montagne ?** Koldo Belasko, un apiculteur passionné, produit de délicats miels de montagne, mille fleurs ou de bruyère, qui bénéficient du label basque de qualité. Comptez environ 9€/kg. **Eztiola** *Quartier Esparta Tél. 946 73 90 78*

★ ☺ Parc naturel de Gorbeia

Avec ses 20 000ha de montagne aux paysages sublimes, frontière naturelle séparant la Biscaye et l'Álava, le parc naturel de Gorbeia est souvent représenté par la Cruz de Gorbeia, une croix posée sur une structure métallique haute de 18m installée à la demande du pape Léon XIII en 1901 au sommet

LA BISCAYE

du massif (1 480m). Véritables références pour les amateurs de randonnée et d'alpinisme, les sommets de Gorbeia, Aldamin, Oketa ou Berretin déploient des vues spectaculaires. Le massif où prennent naissance, entre autres, les fleuves ría de Bilbao et Arratia abrite des forêts denses, jalonnées de moulins et de grottes, où s'enracinent nombre de légendes de la mythologie basque, où s'épanouissent la faune (éperviers, cerfs, putois, fouines…) et la flore, à l'instar des arbres millénaires, des "Arbres singuliers" protégés (Tejos d'Aginalde et d'Aginarte sur le territoire de Zeanuri). Les villages d'Areatza, Zeanuri, Orozko, Artea, Zuia et Zigoitia offrent tous des accès de randonnée dans le parc. Les petites routes au charme pittoresque qui les relient sont bordées de *caserios* en pierre et de maisons blasonnées qui valent le détour. *Point d'information au Centre d'interprétation du parc naturel de Gorbeia*

Centre d'interprétation du parc naturel de Gorbeia Une exposition didactique vous expliquera tout ce qu'il faut savoir sur la faune et la flore du parc. Large documentation pour partir en randonnée (sentiers, espèces végétales et animales, etc.), des fiches et le bimensuel *Gorbeiako* disponibles en basque et en espagnol. Un lieu très accueillant. *Gudarien Plaza, 1 48143* **Areatza** *(à 20km environ au sud-ouest de Durango, sur la place principale du village) Tél. 946 73 92 79 Ouvert toute l'année 10h-14h et 16h-18h www.gorbeialdea.com*

● **Où acheter du fromage d'appellation idiazabal ?** Le meilleur fromage de lait de brebis des environs se vend à Zeanuri, petit village réputé pour ses traditions pastorales (à 5km au sud d'Artea) **Altunoste Gaztaitegia (Emilia Arana)** *Quartier Altunoste 48144* **Zeanuri** *Tél. 946 33 81 61*

● **Où acheter des biscuits typiques ?** On ignore pourquoi ces *bizkotxoak* "Guardias Civiles", biscuits triangulaires couverts de glaçage blanc, ont hérité de ce nom de gendarmes, mais ils font la renommée d'Areatza (à 2km au sud d'Artea) ! **Panaderia Zamakona** *Goikokalea, 5 (quartier Villaro) 48143* **Areatza** *Tél. 946 73 90 45*

● **Partir en randonnée** Muni des nombreuses fiches techniques délivrées par le centre d'interprétation, vous pourrez partir au fil de l'un des sept sentiers balisés (de difficulté et de longueur variables, entre 2 et 10km) qui quadrillent le parc. Une vingtaine de PR® sont aussi l'occasion de sorties d'une journée ou d'une demi-journée à la découverte des beautés naturelles et ethnographiques de la zone. La boucle du PR®BI1 part ainsi de la place Aita Urraburu, derrière la mairie du joli village de Zeanuri. Ce sentier forestier passe devant trois moulins (Errotaberri, Landreabe et Ibargutxi) et près de l'ermitage de San Juan : une belle balade entre fermes et moulins. **PR®BI1 (Zeanuri-San Juan-Landreabe-Zeanuri)** *Durée* 3h30 *Longueur* 11,3km *Difficulté* moyenne *Dénivelé* 220m

● **Faire une excursion à cheval** Ce centre équestre situé à une dizaine de kilomètres à l'ouest de Durango organise des randonnées dans le parc naturels d'Urkiola, mais aussi dans celui de Gorbeia. Tous niveaux, et possibilité de prendre des leçons dans les infrastructures du centre. **Centre équestre Kati-Bi Zalditegia** *Ibarra, 7 (quartier Montorra) 48340* **Amorebieta** *Tél. 946 73 41 82*

Orozko

Dans la vallée baignée par l'Altube et l'Arnauri, ce village très typique, dont l'habitat est dispersé dans différents hameaux, compte de belles bâtisses en pierre. Dans le quartier de Zubiaur, le Palacio Legorburu, une maison seigneuriale du XVIIIᵉ siècle, accueille un musée ethnographique et un point d'information touristique. Les collections mettent en valeur le patrimoine historique de la vallée, la vie quotidienne de ses habitants et le cours des activités agricoles. *À 40 km à l'ouest de Durango par la N634, la N240 puis l'agréable BI3513* **Musée ethnographique et point info Casa-Palacio Legorburu** *Plaza Mayor de Zubiaur 48240* **Orozko** *Tél. 946 33 98 33 www.orozkoudala.com Ouvert jeu.-ven. 10h-14h, sam. 10h-14h et 17h-19h, dim. 10h-14h*

 Où remplir son panier de pique-nique ? Le samedi, sur la Plaza de Zubiaur, se tient un petit marché alimentaire très vivant où vous pourrez trouver tous les meilleurs produits locaux (pain, fruits, légumes, charcuterie, dont le chorizo d'Orozko) et des gâteaux basques, spécialités des pâtissiers du village. *Plaza Mayor de Zubiaur 48240* **Orozko**

 Où acheter un gâteau basque ? Dans une des rares pâtisseries de la vallée. **Jon Etxebarria Alday** *Maison Iguatze (quartier Ugarritza sur la BI3513) Betikogia 48410* **Orozko** *Tél. 946 33 05 73 ou 680 16 18 60*

CARNET D'ADRESSES

Restauration, hébergement

 camping

Zubizabala Le seul camping entre les parcs d'Urkiola et de Gorbeia. Arboré, il jouit d'une situation assez exceptionnelle pour partir en excursion. Tarifs très compétitifs : 4,15€/adulte, 3,30€/enfant, parcelle 4,05€, 3,60€/voiture. Douches, bar, épicerie. Réservation préférable. *Alto de Barazar (sur la N240 Bilbao-Vitoria, à 18km au sud de Durango) 48144 Zeanuri Tél. 944 47 92 06 ou 660 42 30 17 Fax 944 47 88 41 www.zubizabala.com*

 petits prix

☺ **Makaztui** Au-delà du village de Dima, sur la crête entre Gorbeia et Urkiola, en suivant une route unique d'où vous apercevrez chevaux, poneys et brebis dans un environnement forestier, vous trouverez sur la droite, à mi-chemin, une longère. Dans une ambiance familiale et chaleureuse, vous dormirez dans des chambres on ne peut plus confortables, avec du parquet et un mobilier ancien, pour une somme modique. Double 38€. Petit déjeuner 2,50€. Accès libre à la cuisine, au rez-de-chaussée. *Barrio Makaztui-Bekoa 48141 Dima (à 15km au sud-ouest de Durango) Tél. 946 33 81 60 ou 656 79 10 01 www.nekatur.net*

 prix moyens

Ibarluze Ce gîte, aménagé dans une maison typique du XVIIᵉ siècle tenue par des agriculteurs sympathiques, offre 4 belles chambres très spacieuses avec murs en pierres apparentes et poutres au plafond. Double à 45€ HT. Petit déjeuner 3€. Location de la maison à la semaine 165€ HT (190€ en saison haute). *Iguria, 18 (à la sortie du village sur la Bl632) 48230 **Elorrio** Tél. 946 58 29 74 ou 635 71 20 36*

Hotel Kurutziaga Vous serez accueilli en français dans cet hôtel à l'ancienne qui donne sur un joli jardin fleuri. Les chambres, spacieuses, sont d'un grand confort, avec des petits "plus" : abondante documentation sur la région, coin lecture avec liseuse... Double de 70 à 100€ HT. Petit déjeuner buffet très copieux à 8€. Le bar-restaurant El Templete propose des spécialités bourgeoises à base de produits locaux (merlu, morue *al pil-pil* et gibier). L'été, on dîne dans la jolie salle de la véranda ou sur la terrasse. Autour de 30€ à la carte. Parking privé. Wifi gratuit. *Kurutziaga, 52 48200 **Durango** Tél. 946 20 08 64 www.kurutziaga.net*

☺ **Axpe Goikoa Erretegia** Une bâtisse impressionnante, dressée au sommet d'une colline face au massif de Gorbeia. On y boit un verre en terrasse, au soleil, avant de filer à l'étage pour déguster une cuisine fine et goûteuse. Carte variant au fil des saisons, autour du foie gras, des poissons de la côte et des viandes de pâturages. Accueil souriant, service soigné. Menu déjeuner 23€ et à la carte 40€. *Barrio Iturrioz, 11 48141 **Dima** (à 15km au sud-ouest de Durango) le restaurant se trouve du côté d'Artea, sur l'autre versant Tél. 946 31 72 15 www.axpe-goikoa.com Ouvert mar.-dim. midi et sam. soir*

☺ **Etxebarri** Le hameau fait rêver, au pied du mont Amboto, avec son église de pierre, sa place fleurie et ses splendides maisons restaurées. Dans l'une d'elles, une des meilleures tables des environs, avec une carte appétissante de viandes et poissons braisés, et une offre de desserts originale – en été, l'infusion de fruits frais est un pur bonheur pour le palais. Comptez de 20 à 30€ pour les plats, soit de 70 à 80€ pour un repas complet. *Plaza San Juan, 1 48291 **Axpe-Atxondo** (à 7km au sud-est de Durango) Tél. 946 58 30 42 www.asadoretxebarri.com Fermé lun. et le soir (sauf le sam.)*

LA BISCAYE

BALMASEDA

48800

Bilbao
Balmaseda

Comme endormie le long du río Cadagua, la ville la plus ancienne de Biscaye – son *fuero* (charte médiévale) date de 1199 – est l'un de ces bourgs tranquilles dont la physionomie change radicalement lorsque débutent les fêtes qui jalonnent son calendrier. Venus de toute la région, des milliers de curieux se précipitent alors dans la petite cité médiévale pour prendre part aux festivités, religieuses ou païennes, processions costumées ou foires d'artisanat. Cette effervescence perpétue la vocation commerçante qui fut la sienne depuis le Moyen Âge, et que rappelle l'architecture de ses plus vieilles demeures, témoignage de sa prospérité passée.

★ **LES ENCARTACIONES** Cette région de 500km² située à l'extrême l'ouest de la Biscaye, à cheval entre la Castille et la Cantabrie, réunit dix communes (Lanestosa, Karrantza, Turtzioz, Artzentales, Sopuerta, Galdames, Gordexola, Güeñes, Zalla et Balmaseda), avec, entre les villages d'El Peso et d'El Suceso, une petite enclave qui appartient à la Cantabrie. On pense qu'elle tire son nom des tractations passées entre les seigneurs locaux, propriétaires de leurs terres, et celui de Biscaye, maître de la province. En échange de privilèges, ils auraient rédigé et signé, en 1576, une charte (*carta*), et auraient été incorporés à la province. Depuis le déclin des activités minières qui firent leur richesse au XIXᵉ siècle, les vallées verdoyantes aux terres prospères vivent aujourd'hui principalement d'élevage et de culture.

MODE D'EMPLOI

accès

EN VOITURE
À 38km à l'ouest de Bilbao par l'A8 puis la BI636.

EN TRAIN
Feve Liaison régulière Bilbao-Santander, avec arrêt à Balmaseda. *Tél. 946 10 69 89 ou 946 80 19 64*

EN CAR
Bizkaibus Les lignes 33-34 et A0651 de cette compagnie relient Bilbao à Balmaseda. *Tél. 902 22 22 65 (horaires) Tél. 946 36 27 82 (agence locale)* **Alsa** Liaisons directes Bilbao-Balmaseda et Balmaseda-Carranza-Lanestosa. *Tél. 902 42 22 42*

orientation

Balmaseda s'étend sur les rives du río Cadagua, organisée en une rue principale et des ruelles piétonnes. Garez-vous dans l'un des parkings aménagés près de la gare, sur le Paseo Martín Mendia, et allez visiter la ville à pied en traversant l'un des ponts.

informations touristiques

Turismo Encartacione-Enkartur Vous y trouverez une large documentation sur la ville ainsi qu'une carte gratuite, la "Enkarterri Biskaia card", qui donne droit à une réduction de 15% dans les hôtels (à solliciter au moment de la réservation) et divers avantages dans les musées de la région. *Martín Mendia, 2 Tél. 946 80 13 56 www.balmaseda.net et www.enkartur.net Ouvert lun.-ven. 10h-14h et 16h-19h, sam.-dim. et j. fér. 10h-14h Ouvert à partir de 9h en été*

fêtes et manifestations

Foire médiévale Spectacles de rue avec rapaces et charmeurs de serpents, marché folklorique, animations musicales... *Date variable (avril-mai)* ☺ **Semaine sainte** Processions de grande ampleur et reconstitution de la passion du Christ, les jeudi et vendredi saints, avec plus de 500 participants costumés. *En mars ou avril* **Fêtes de Nuestra Senora del Carmen** Fêtes taurines, feux d'artifice. *Le 16 juillet* **Fêtes patronales de San Severino** Concours de *putxera* (ou *olla ferroviaria*), la "marmite" traditionnelle des machinistes des trains à vapeur : haricots secs, chorizo, lard et boudin cuisent dans des chaudrons en pleine rue ! *Le 23 octobre*

DÉCOUVRIR

☆ **Les essentiels** Le patrimoine médiéval de Balmaseda **Découvrir autrement** Profitez de l'ambiance de la place San Severino le soir, découvrez l'univers du béret au musée Boinas La Encartada, explorez les grottes de Pozalagua à Karrantza Harana ➤ **Carnet d'adresses p.460**

Balmaseda

LA BISCAYE

☆ **Vieille ville** La place San Severino concentre les monuments les plus intéressants de la ville. Construite au XIVᵉ siècle, l'église gothique San Severino présente des ajouts baroques, en particulier un clocher du XVIIIᵉ siècle, et renferme un orgue Cavaillé-Coll et un retable du Calvaire de style plateresque. Juste à côté, la Casa Consistorial (hôtel de ville), du XVIIIᵉ siècle, développe une architecture surprenante. Sous son porche à arcades, surnommé *la Mezquita* en référence au décor des mosquées d'Andalousie, se tient parfois un marché. Dans la Calle Martín Mendia, vous découvrirez au n°14 le Palacio Horcasitas, un palais néoclassique blasonné datant du XVIIᵉ siècle. Plus loin, sur la place, l'Iglesia San Juan del Moral abrite un petit musée qui retrace l'histoire de Balmaseda. **Iglesia San Juan-Museo de Historia de Balmaseda** *Ouvert été : mar.-ven. 10h30-13h30 et 17h-19h30, sam. 10h-13h30 et 17h20h, dim. et j. feriés 10h-14h, hiver : mar.-sam. 10h-13h30 et 16h30-19h, dim. et j. feriés 10h30-14h30 Entrée 1€*

SUR LE PONT
Le Puente de la Muza, ou Puente Viejo (vieux pont), l'édifice le plus emblématique de Balmaseda, fut longtemps point de passage obligé vers la Castille. Il est amusant d'emprunter encore aujourd'hui ce pont de pierre, construit au XIIIᵉ siècle, comme tant de voyageurs sur la route de la Castille le firent avant nous dès le Moyen Âge.

Musée Boinas La Encartada Comme l'affirme le proverbe, "un béret sur la tête et on fait le tour du monde". L'ancienne manufacture de La Encartada (fermée en 1992 après un siècle d'activité) s'est reconvertie depuis 2007 en une usine-musée dédiée à l'emblème de la région : le béret basque. Un voyage dans le temps, à travers une magnifique collection de machines-outils de la fin du XIXᵉ et du début du XXᵉ siècle, comme si rien n'avait bougé, ici, depuis les années de prospérité industrielle. *Quartier El Peñueco, 11 (à la sortie de la ville en direction de Burgos) Tél. 946 80 07 78 www. laencartadamuseoa.com Ouvert hiver : mar.-ven. 10h-14h, sam. 10h30-19h, dim. et j. fér. 11h-15h ; été : mar.-ven. 10h-14h et 16h-19h, sam. 10h30-19h, dim. et j. fér. 11h-15h Entrée 5€, réduit 3€*

● **Où boire un verre de txakoli et manger sur le pouce ?** Ce cocktail-bar à la déco design dans les tons blanc, rouge et noir, propose un bel assortiment de *pintxos* (boudin noir, fromage de brebis, piments farcis) et la traditionnelle *putxera* (marmite) de haricots secs. La vue sur le río Cadagua est imprenable. **Pintxo i Blanco** *Martín Mendia, 5 Tél. 637 80 35 16 www. pintxoiblanco.com*

Les environs de Balmaseda

Musée des Encartaciones Logé dans l'ancienne Casa de Juntas (maison des Assemblées) édifiée au XIVe siècle mais presque entièrement reconstruite au XIVe à la suite de nombreux dommages, le musée des Encartaciones retrace l'histoire et les origines de la région et de ses habitants de la préhistoire à nos jours. *Quartier Abellaneda 48869 Sopuerta (à 12km au nord de Balmaseda par la BI630 et la BI2701) Tél. 946 50 44 88 www.enkarterrimuseoa.net Ouvert mar.-sam. 10h-14h et 16h-18h (17h-19h en été), dim. et j. fér. 10h-14h Entrée libre*

☺ **Grottes de Pozalagua** Un conseil : couvrez-vous bien, hiver comme été, pour partir à la découverte de ce site exceptionnel creusé dans les entrailles du massif calcaire des Peñas de Ranero. C'est par hasard que des ouvriers qui dynamitaient la montagne en 1957 découvrirent ces grottes où aucun homme n'avait jamais pénétré. Du spectaculaire lac intérieur qu'ils eurent la chance alors de contempler, il ne reste que quelques flaques, mais le reflet des stalagmites y est toujours saisissant. On déambule au gré d'un labyrinthe de pierre aux couleurs subtiles, où des stalagtites très rares composent un étonnant plafond, tapissé d'une sorte de corail des profondeurs. À l'extérieur, un auditorium pouvant accueillir jusqu'à 2 000 personnes offre son acoustique inégalable à de fréquents concerts. *Quartier de Ranero 48891 Karrantza Harana (à 30km au nord-ouest de Balmaseda par la BI630, desservi par la ligne A0652 de la compagnie Bizkaibus) Tél. 649 81 16 73 www.karrantza. com Ouvert 15 juin-14 sept. : mar.-dim. 11h-19h ; 15 sept.-14 juin : mar.-dim. 11h-17h La billetterie ferme 30min avant Entrée 5€, réduit 3€ (visite guidée en espagnol de 45min environ)*

CARNET D'ADRESSES

Restauration, hébergement

 très petits prix

Bar Los Gemelos Dans ce petit bar de quartier, on entend souvent *"Bai"*, *"Ez"* ou *"Handiak"* : des mots prononcés avec une certaine solennité par les joueurs de *mus* (prononcez "mouche"), un jeu de cartes basque, quasiment incompréhensibles pour qui ne pratique pas l'euskara. L'assiette est simple mais bonne, avec des menus du jour composés de spécialités locales roboratives : pommes de terre à la balmasedana ou aux anchois, poulet rôti. Très agréable terrasse l'été sous la pergola. Menu du jour 7€, dessert et vin compris. *Pío Bermejillo, 13 48800 Balmaseda Tél. 946 80 16 22*

GAMME DE PRIX	RESTAURATION	HÉBERGEMENT
Très petits prix	moins de 10€	moins de 30€
Petits prix	de 10€ à 15€	de 30€ à 40€
Prix moyens	de 16€ à 25€	de 41€ à 60€
Prix élevés	de 26€ à 45€	de 61€ à 80€
Prix très élevés	plus de 45€	plus de 80€

LA BISCAYE

 prix moyens

Casa rural Enkartada Dans le bourg de Sopuerta, 4 chambres confortables aux murs en pierres apparentes et peinture aux coloris toniques. Meubles récents et sanitaires irréprochables. Accueil très gentil, rapport qualité-prix remarquable. Wifi. Double 45€ HT (50€ en saison haute). *Barrio Mercadillo, 34 48190 **Sopuerta** À 9km au nord de Balmaseda Tél. 638 57 91 83 ou 946 10 40 05 www.enkartada.com*

 prix élevés

☺ **Hotel-restaurant Convento San Roque** Dans cet ancien monastère édifié en 1666, les cellules des religieux ont cédé la place à des chambres confortables et pleines de charme. Une vingtaine en tout, au mobilier rustique, réparties sur deux niveaux autour d'un patio superbe. Les ambiances sont recherchées, avec jeux de lumières tamisées et bougies qui éclairent de petits coins-salons romantiques sous les arcades. Parking privé. Double 71€. Petit déjeuner buffet 6€. Possibilité de pension complète. Accueille souvent des mariages et des célébrations : pensez à réserver, en particulier pendant la semaine sainte. L'excellent restaurant sert, dans un cadre élégant, une cuisine raffinée et des viandes grillées au feu de bois. Repas autour de 30€. *Campo de la Monjas, 2 48800 **Balmaseda** Tél. 946 10 22 68 www.sanroquehotel.net*

LA BISCAYE

GEODOCS

Fresque murale, "Le peuple basque doit vivre".

POUR EN SAVOIR PLUS

BIBLIOGRAPHIE

architecture, arts

Architecture Art déco sur la Côte basque, Ségot Jean-Philippe, Atlantica, Anglet, 2000

Arquitectura del caserio vasco (La), Alfredo Baeschlin, éditions Villa, Bilbao, 1930, réédition 1968

Balades architecturales, Archives d'architecture de la Côte basque, éditions Lavielle

Maison basque, Christian Aguerre, Atlantica, Anglet, 2003

Maison rurale en Pays basque (La), Jean Loubergé, éditions CRÉER, Nonette, 2002

Pays basque vu par les peintres (Le), Séverine Berger, éditions Atlantica, Anglet, 2004

Poterie de Ciboure (La) (1919-1945), Séverine Berger, Atlantica, Anglet, 2000

histoire et société

Euskal Herria : les 40 lieux qui font l'histoire, Peio Etcheverry, Elkar, Donostia, 2008

Corsaires basques et bayonnais du XVᵉ au XIXᵉ siècle, Pierre Rectoran, Cairn, 2004

Histoire générale du Pays basque (tomes 1 à 4), Manex Goyhenetche, Elkar, Donostia, 1998

Mouvement culturel basque (Le), 1951-2001, Michel Oronos, Elkar, Donostia, 2003

Pays de Cize (Le), collectif, Éditions Izpegi, Saint-Étienne-de-Baïgorry, 2006

Peñas etxetera (Bayonne, ses associations et leurs fêtes), collectif, Milan, 2002

Vallée de Baïgorry (La), collectif, Éditions Izpegi, Saint-Étienne-de-Baïgorry, 2003

Vitoria-Gasteiz a través de la historia, Mairie de Vitoria-Gasteiz, 1989

Tontons surfeurs (Les) – Aux sources du surf français, Gardinier Alain, Atlantica, Anglet, 2004

littérature

Anonyme La Chanson de Roland, Flammarion, Paris, 2003

Atxaga, Bernardo Obabakoak, Christian Bourgois Éditeur, 1989, L'Homme seul, Christian Bourgois Éditeur, 1995

Barthes, Roland Roland Barthes par Roland Barthes, Seuil, Paris, 1995

Borda, Itxaro 100% basque, Éditions du Quai Rouge, 2005

Elorriaga, Unai Un tranvía en SP, Éditions Punto de lectura, 2008

Lafaurie, André-Jean La Maison Etcheverry, Éd. Anne Carrière, 2005

Loti, Pierre Ramuntcho, Folio Gallimard, Paris, 1990, Le Pays basque, Auberon, 2007

Martinez de Lezea, Toti La Calle de la judería, Éditions Ttentallo, Donostia, 2003

Saizarbitoria, Ramòn Guardame bajo tierra Éditions Alfaguara, 2002

guides de randonnée

Balades nature au Pays basque, collectif, Dakota éditions, Paris, 2010

GR®10 Pyrénées occidentales, Topoguide FFRP, 2008

Sentier vers Saint-Jacques-de-Compostelle via Le Puy, Moissac-Roncevaux, Topo-guide FFRP, 2007

Escaladas sencillas a grandes cumbres del pireneo, SUA Edizioak, 2007

PR® Le Pays basque à pied, Topo-guide FFRP, 2010

Pyrénées Basques, coll. Cahiers pyrénéens, Miguel Angulo, éditions Sua, 2009

Rutas para descubrir Euskal Herria, Éditions Travel Bug, San Sebastián. Volume 1, 2003, volume 2, 2004

Sentiers d'Émilie au Pays basque (Les), Nathalie Magrou, Rando Éditions, Ibos, 2006

Randonnées sur les sentiers du Pays basque, Anne-Marie Minville Glénat, coll. Rando-Évasion, 2005

Vos 30 itinéraires au Pays basque, Pierre Marcia, Rando-Éditions, coll. Label Rando, 2008

guide et beau livre

Pays basque, coll. Encyclopédies du voyage, Gallimard, 2010

La Corniche basque, Alban Larousse, coll. Carnets du littoral, Gallimard, 1998

Saint-Jacques-de-Compostelle

Caminos de Santiago por Euskadi (Los), Abella, Cobreros, Imaz, Lecanda, 1991

Cantilène du chemin, Journal de pèlerinage, Nanou Saint-Lèbe, Aubéron, 2004

Chemins de Saint-Jacques, coll. Encyclopédies du voyage, Gallimard, 2009

Compostelle, le grand chemin, Xavier Barral i Altet, coll. Découvertes Gallimard, Paris, 1993

Guide du pèlerin de Saint-Jacques-de-Compostelle (Le), Aymery Picaud, traduction de Jeanne Vielliard, Vrin, Paris, 1997

Sur les routes de Compostelle, Sophie Martineaud et Arlette Moreau, Flammarion, Paris, 1999

cuisine et gastronomie

Bacalao, Montagud Editores, Barcelona, 2003.

Donde comer bien en el Pais Vasco, Mikel Zeberio, Editorial Everest S.A. 2003.

LEXIQUE

Le Pays basque espagnol a deux langues officielles : le basque (euskara) et l'espagnol, dit castillan (castellano). On retrouve souvent les deux sur toute la signalétique routière, administrative et touristique – mais parfois seule la langue basque est employée, ce qui peut décontenancer au départ. Mais on repère assez vite les termes les plus importants, afin de pouvoir se nourrir et se diriger... Au Pays basque nord, la langue officielle est le français, mais la double signalétique est de rigueur au moins sur tous les noms de lieux. Et des deux côtés de la frontière, les bascophones apprécieront vos quelques rudiments d'euskara...

prononciation

En castillan Certaines consonnes placées en fin de mot ne se prononcent pas, comme le "d" de "ciudad" (la ville), celui de "mitad" (la moitié). La "ñ" se prononce "gn", le "s" est comme un "ss" et non un "z", le "g" est un "gu", le "c" est un "k" sauf devant le "e " et le "i" où il devient comme le "th" anglais. Le "j", appelé la jota, a une prononciation proche de r. Le "ch" se dit "tch", les "ll" deviennent "y", le "z" se prononce lui aussi "th", et le "x" se dit comme le "j". Pour ce qui est des voyelles, le "e" se prononce "é", le "u" se dit "ou", et le "y" comme un "i".
En basque Pas de consonnes muettes : toutes les lettres se prononcent. En revanche, on n'utilise pas les lettres "c", "q", "v",

"w" et "y". Le "j" se prononce "di", le "s" et le "x" se disent tous deux "ch", et le "z" se dit "ss". Comme en castillan, le "u" se prononce "ou".

mots utiles

Français	Espagnol	Euskara
Oui	Si	Bai
Non	No	Ez
Bonjour	Buenas dìas	Egunon
Salut	Hola	Kaixo
Au revoir	Adios	Agur
S'il vous plaît	Por favor	Mesedez
Merci	Gracias	Eskerrik asko
Pardon	Perdon	
Bienvenue	Bienvenido	Ongi etorri
Pays basque	País vasco	Euskadi
Office de tourisme	Oficina de Turismo	Turismo buleoga
Mairie	Ayunta-miento	Udaletxea
Police	Policia	Ertzaintza
Plage	Playa	Hondartza
Restaurant	Restaurante	Jatextea
Parking	Aparca-miento	Aparlekua

premiers contacts

Ils se font, la plupart du temps, en castillan.

Comment allez-vous ? ¿ Qué tal ?
Je ne parle pas bien espagnol, ni basque No hablo mucho castellano, nor euskara.
Pardonnez-moi Lo siento.
Pardon ! ¡ Disculpe ! ou ¡ Perdon !
Je ne comprends pas No entiendo.
Je cherche... Estoy buscando...
Quelle heure est-il ? ¿ Que hora es ?

Quels sont les horaires d'ouverture ? ¿ Cuales son los horarios de apertura ?
À quelle heure arrive le train ? ¿ A que hora llega el tren ?
Où peut-on louer une voiture ? ¿ Donde se puede alquiler coche ?

à l'hôtel

Avez-vous une chambre de libre ? ¿ Tiene habitacion libre ?
Une double ou une simple ? ¿ Una doble o una individual ?
Avec un lit double ou 2 lits ? ¿ Con una cama de matrimonio o dos camas ?
Avec une douche ou une baignoire ? ¿ Con una ducha o un baño ?
Combien coûte la chambre ? ¿ Cuanto cuesta la habitaciòn ?
Toutes taxes comprises IVA incluido.
C'est trop cher Es demasiado caro.
C'est très bon marché Es muy barato.

à table

Peut-on manger, à deux ? ¿ Se puede comer, para dos personas ?
Je voudrais réserver une table pour 20h Quisiera reservar una mesa para las ocho.
Avez-vous un menu du jour ? ¿ Tiene menu del dìa ?
Qu'avez-vous en entrée ? ¿ Que primer plato tiene ?
Et en plat de résistance ? ¿ Y de segundo plato ?
Ce sont des desserts maison ? ¿ Son postres caseros ?
Et comme boisson ? ¿ Y para beber ?
Un verre de vin rouge avec un sandwich Un vaso de vino tinto con un bocadillo.
Une grande bière et un galopin Una cerveza grande y un zurito.

L'addition, s'il vous plaît La cuenta, por favor.
Je voudrais un reçu Necesito un ticket.

se repérer dans l'espace

À gauche A la izquierda.
À droite A la derecha.
Tout droit Todo recto.
Près de... Cerca de...
Un peu plus loin Un poco mas lejos.
Où se trouve...? ¿ A donde es...?
Je me suis perdu Me he perdido.

se repérer dans le temps

Jour	Dia
Nuit	Noche
Tôt	Temprano
Tard	Tarde
Matin	Mañana
Après-midi	Tarde
Aujourd'hui	Hoy dia
Demain	Mañana
Demain matin	Mañana por la mañana
Hier	Ayer
Lundi	Lunes
Mardi	Martes
Mercredi	Miércoles
Jeudi	Jueves
Vendredi	Viernes
Samedi	Sàbado
Dimanche	Domingo
Week-end	Fin de semana
Jours fériés	Festivos

compter

Un	Uno
Deux	Dos
Trois	Tres
Quatre	Cuatro
Cinq	Cinco
Six	Seis
Sept	Siete
Huit	Ocho
Neuf	Nueve
Dix	Diez
Onze	Once
Douze	Doce
Vingt	Veinte
Vingt et un	Veinte uno
Vingt-deux	Veinte dos
Trente	Treinta
Quarante	Cuarenta
Cinquante	Cincuenta
Cent	Cien, ciento
Mille	Mil

lieux publics et transports

Toilettes	Servicios
Vieille ville	Casco antiguo
Poste	Correos
Banque	Banco
Église	Iglesia
Gare ferroviaire	Estacion de trenes (Renfe)
Gare routière	Estacion de autobuses
Station de métro	Estacion de metro
Station-service	Gasolinera
Supermarché	Supermercado
Boutique	Tienda
Boulangerie	Panaderia
Boucherie-charcuterie	Carniceria
Rue	Calle
Autoroute	Autopista
Voiture	Coche
Vélo	Bici

GLOSSAIRE

Alubias Variété locale de haricots rouges, blancs ou noirs. Les plus célèbres : ceux de Tolosa (Guipúzcoa).
Axoa Ragoût de veau aux piments et aux poivrons.
Borde ou **cayolar** Cabane de pierres sèches, le plus souvent, conçue pour abriter le berger mais aussi parfois le troupeau, dans les zones de moyenne montagne.

Autrefois les bergers y passaient presque six mois de l'année, pendant l'estive – un usage aujourd'hui en passe de disparaître.

Casa-torre On appelle ainsi les tours fortifiées qui parsèment tout le Pays basque espagnol. Elles datent en général du Moyen Âge, mais ont été parfois réaménagées aux XVe et XVIe siècles pour être plus confortables. Certaines ont ainsi perdu une partie de leur aspect défensif d'origine, avec l'ouverture de fenêtres plus grandes.

Caserio Nommé *baserria* en basque : c'est la ferme, unité de vie et d'exploitation, de grande taille et de construction robuste, conçue pour abriter les nombreux membres de la famille aux étages, et les bêtes au rez-de-chaussée.

Cuajada Appelée *mamia* en basque, c'est une crème dessert, sorte de lait caillé de brebis chauffé à l'aide de pierres incandescentes, que l'on plonge traditionnellement dans un seau en bois, le *kaiku*.

Dulce Habituellement *dulce de membrillo* ou *dulce de manzana* : pâte de fruits sucrée, composée à partir de la pulpe de coings ou de pommes, consommée traditionnellement, du côté espagnol, avec du fromage de brebis et des noix.

Etche ou Etxe Maison traditionnelle basque.

Flysch Phénomène géologique particulier, où les formations détritiques se déposent en couches inclinées – dans les géosynclinaux – en présentant au fil des siècles une succession de visages variés : calcaires, grès, schistes...

Fueros À l'origine, ensemble de privilèges accordés à une ville par le souverain ou le seigneur, pour inciter à sa fondation et y attirer une population. Au Pays basque, les *fueros* sont également une sorte de code territorial – avec des lois économiques, financières, commerciales et judiciaires propres.

Guindillas Petits piments verts-jaunes, longs et fins, marinés dans le vinaigre. Ils ont leur appellation propre, liée à la région d'Ibarra, au Guipúzcoa.

Kaiku Récipient à traire taillé traditionnellement dans du bois de bouleau, au profil légèrement penché vers l'avant. Une fois rempli de lait, on y plonge des pierres brûlantes pour faire la *cuajada*.

Makhila Bâton de bois traditionnel, ouvragé, utilisé pour la marche mais aussi pour la défense grâce à son embout de métal.

Mamia Yaourt au lait caillé de brebis.

Pays basque nord/sud C'est ainsi que les Basques désignent les parties française et espagnole du territoire basque.

Pintxos La variante basque des tapas : une variété infinie d'amuse-bouches à déguster au comptoir des bars, à l'apéritif.

Pottok Célèbre poney basque, descendant du poney sous-pyrénéen des temps quaternaires – semblable aux petits chevaux des fresques de Lascaux... Cette variété de poney est ici abondante, et vit encore en semi-liberté.

Ventas Épiceries-restaurants postées à la frontière espagnole où les Basques du Nord venaient s'approvisionner en alcools et marchandises moins chères qu'en France.

Publiez, échangez, partagez
vos plus belles photos
www.geo.fr

Les bons plans des voyageurs sont sur mon**voyageur**.com

CONSULTEZ les avis des voyageurs sur des milliers d'adresses dans le monde (hébergements, restaurants, patrimoine, loisirs…)

CHOISISSEZ votre prochaine destination de voyage en fonction de vos critères personnels (budget, période de l'année, centres d'intérêts…)

PARTAGEZ toutes vos découvertes, vos émotions et vos expériences avec la communauté des voyageurs.

AIDEZ-NOUS À CONSTRUIRE DES GEO**GUIDE** QUI RÉPONDENT ENCORE MIEUX À VOS ENVIES !

Merci de nous retourner ce questionnaire à l'adresse suivante :

Questionnaire GEO**GUIDE** – BP 67 – 59053 Roubaix Cedex 1
Pour vous remercier, nous aurons le plaisir de vous offrir une nouveauté Folio.

● **Pour commencer, dans quel GEOGUIDE avez-vous trouvé ce questionnaire ?**
....

● **Combien de séjours à but touristique effectuez-vous chaque année :**
      En France   ❏ 1 ❏ 2 ❏ 3 et +
      À l'étranger ❏ 1 ❏ 2 ❏ 3 et +

● **Vous partez pour** (plusieurs réponses possibles, hors visite parents et amis) :
      La France   ❏ 1 semaine ❏ 2 semaines ❏ 3 semaines et +
      L'étranger   ❏ 1 semaine ❏ 2 semaines ❏ 3 semaines et +

● **Combien de week-ends à but touristique effectuez-vous chaque année** (hors visite parents et amis) :
      En France   ❏ 1 ❏ 2 ❏ 3 et +
      À l'étranger ❏ 1 ❏ 2 ❏ 3 et +

● **Vous partez** (plusieurs réponses possibles) :

	Voyage en France	Voyage à l'étranger	Week-end
Seul			
En couple			
En famille			
Avec des amis			
En voyage organisé			

● **Comment voyagez-vous principalement** (hors visite parents et amis) **?**
❏ En voiture   ❏ En train   ❏ En avion   ❏ Autres : ....

● **Quand vous partez, combien et quel type de guides achetez-vous ?**

	Voyage en France	Voyage à l'étranger	Week-end
Guides pratiques *			
Guides culturels **			

*axés sur les informations pratiques et les adresses, contenant plus de texte et de cartes que de photographies
**axés sur l'histoire et la culture, contenant beaucoup de photographies et d'illustrations

● **Combien de temps avant votre départ achetez-vous votre (vos) guide(s) :**

	Voyage en France	Voyage à l'étranger	Week-end
Entre 3 et 6 mois avant			
Dans le mois qui précède			
Sur place			

● **Avec les guides de quelles collections partez-vous le plus souvent** (plusieurs réponses possibles) :
....
....

● **Cherchez-vous de l'information sur votre destination ailleurs que dans les guides de voyage :**
❏ Oui   ❏ Non
Si oui, où :
      ❏ presse magazine   ❏ sites internet des offices de tourisme
      ❏ forums de voyageurs   ❏ offices de tourisme (sur place)
      ❏ voyagistes en ligne   ❏ autre : ....

● **Si vous avez acheté ce guide vous-même, pourquoi avez-vous choisi GEOGUIDE**

(plusieurs réponses possibles) :

❑ conseil de votre entourage ❑ article de presse
❑ conseil de votre libraire ❑ confiance dans les guides Gallimard
❑ publicité ❑ confiance dans le magazine GEO
❑ vous l'avez découvert vous-même sur votre lieu d'achat

Dans ce dernier cas, quels sont les critères qui ont motivé l'achat de ce GEOGUIDE ?

❑ format ❑ contenu pratique
❑ couverture ❑ contenu culturel
❑ rabat proposant des cartes dépliantes ❑ volume d'information
❑ photographies couleur ❑ prix
❑ présentation intérieure en couleurs ❑ autre : ....

● **Que pensez-vous de votre GEOGUIDE et de ses différentes rubriques ?**

Concernant les informations culturelles, vous avez trouvé GEOGUIDE :

	Pour l'introduction culturelle générale (le GEOPANORAMA)	Pour les visites et descriptions des sites (dans les GEOREGION)
Très complet		
Complet		
Assez complet		
Pas du tout complet		

Concernant les informations pratiques (prix, horaires, coordonnées...), vous avez trouvé GEOGUIDE :

❑ Très fiable ❑ Fiable ❑ Assez fiable ❑ Pas du tout fiable

Votre opinion sur la sélection d'adresses :

	Qualité des adresses		Nombre d'adresses	
	Suffisante	Insuffisante	Suffisant	Insuffisant
Hébergement				
Restauration				
Monuments, sites				
Balades et randonnées				
Activités de loisirs				
Shopping				

● **Avez-vous des remarques et suggestions ?**

....
....

● **Repartirez-vous avec un GEOGUIDE ?** ❑ Oui ❑ Non

● **Vous êtes :** ❑ un homme ❑ une femme

● **Votre âge :** ❑ - de 25 ans ❑ 25-34 ans ❑ 35-44 ans ❑ 45-64 ans ❑ 65 ans et +

● **Votre profession :**

❑ agriculteur ❑ profession libérale ❑ cadre supérieur ❑ encadrement et technicien
❑ employé ❑ ouvrier ❑ retraité ❑ sans activité professionnelle ❑ étudiant

● **Êtes-vous abonné(e) au magazine GEO ?** ❑ Oui ❑ Non

Si non, quel est votre magazine préféré ? ....

Merci de nous indiquer votre adresse si vous souhaitez recevoir un Folio *

Nom : ....
Adresse : ....
Code postal : .... Ville : .... Pays : ....
Acceptez-vous d'être contacté(e) par mail pour être informé(e) des nouveautés GEOGUIDE ? ❑ Oui ❑ Non
Adresse mail : ....

En application de l'article 27 de la loi du 6 janvier 1978, les personnes physiques sont informées qu'elles
pourront faire l'objet d'un droit d'accès et de rectification des données nominatives les concernant.
* OFFRE VALABLE JUSQU'AU 31/08/2010

INDEX

INDEX

INDEX DES CARTES ET DES PLANS

LÉGENDE DES CARTES ET DES PLANS

Aaa Ville ou site étape	Axe urbain principal	ⓘ Office de tourisme
Autoroute et 2x2 voies	Zone urbaine	✈ Aéroport
Route principale	Espace vert	🚉 Gare ferroviaire
Route secondaire	Cimetière	🚌 Gare routière
Autre route	Voie ferrée	Plage
...... Limite administrative, frontière	⇄ Col, tunnel	Point de vue
Parc naturel	▲ Sommet	● Site remarquable

INDEX *(vertical, left margin)*

TITRES DÉJÀ PARUS

UTEURS
PANORAMA Maitane Ostolaza.
PRATIQUE Virginia Rigot-Muller.
RÉGIONS
abourd Virginia Rigot-Muller.
asse Navare Virginia Rigot-Muller.
ule Virginia Rigot-Muller.
allées de Navarre Lara Brutinot.
elune et le sud de la Navarre Lara Brutinot.
va Lara Brutinot.
uipúzcoa Lara Brutinot, Peggy Picot.
scaye Lara Brutinot, Peggy Picot.
DITS PHOTOGRAPHIQUES Couv. © L. Zabulon/Vandystadt. 1 © L. Zabulon/Vandystadt.
Gilles Rigoulet. 8 © Stéphane Frances/hemis.fr. 31 © Marc Dozier/hemis.fr. 40-41 © Romain Cintract/
s.fr. 57 haut © Gilles Rigoulet. 57 bas © G. Giuglio/hemis.fr. 66-67 © Jean-Daniel Sudres/Top. 117 © Guillot/
nonstop. 162-163 © Jacques Sierpinski/hemis.fr. 202-203 © Didier Sorbé. 215 haut © G. Jioux/hemis.fr.
as © Iconotec/Photononstop. 220-221 © J. Vialat/Top. 234 © Jean-Luc Barde/Scope. 242-243 © D. Barnes/
nonstop. 266 © Didier Sorbé. 284-285 © Marc Dozier/hemis.fr. 295 haut © Gilles Rigoulet. 295 bas
oine Lorgnier/Diaporama. 312-313 © Franck Tophoven/Laif-Réa. 337 © J. Camera/Age Photostock/
Qui. 394-395 © José Manuel Navia/Vu. 426 haut © G. Jioux/hemis.fr. 426 bas © Gerard Sioen/Rapho.
63 © Zir/Signatures.
RTOGRAPHIE INFOGRAPHIQUE Édigraphie.
MERCIEMENTS Merci à Charlotte d'Anjou (correspondante pour le GEOPlus Randonnée pédestre),
ne Ostolaza (conseiller scientifique), Iñaki Ostolaza (correspondant pour le GEOPlus Fêtes de San
n), Carole Alves, Maylis Cabanieu, Jean-Sébastien Halty. Merci également à Sylvie Tailland pour
terventions sur les régions Guipúzcoa et Biscaye. Merci enfin à Marion Disdier, Ariane Tahar et
Malheiro.
LLIMARD LOISIRS 5, rue Sébastien-Bottin 75328 Paris Cedex 07.
49 54 42 00 contact@geo-guide.fr www.geo-guide.fr
ISMA PRESSE **Régie publicitaire** Prisma Presse 6, rue Daru 75379 Paris Cedex 08.
nsable de clientèle Évelyne Allain-Tholy. Tél. 01 44 15 32 77 Fax 01 44 15 31 44.

imard Loisirs 2010. **Premier dépôt légal** mars 2005.
t **légal** avril 2010. **Numéro d'édition** 169666. **ISBN** 978-2-74-242653-9.
gravure ARG (Gentilly). **Impression** LEGO (Italie).

Pays basque

ALTITUDE EN MÈTRES

- PLUS DE 2 000
- DE 1 500 À 2 000
- DE 1 000 À 1 500
- DE 500 À 1 000
- DE 200 À 500
- DE 100 À 200
- DE 0 À 100

AUTOROUTE
ROUTE PRINCIPALE
AUTRE ROUTE